宁乡年鉴

（2016）

中共宁乡县委
宁乡县人民政府 主办

宁乡县史志档案局 承办

方志出版社

图书在版编目(CIP)数据

宁乡年鉴. 2016/宁乡县史志档案局编. —北京:方志出版社,2016.11
ISBN 978-7-5144-2207-8

Ⅰ.①宁… Ⅱ.①宁… Ⅲ.①宁乡县—2016—年鉴
Ⅳ.①Z526.44

中国版本图书馆 CIP 数据核字(2016)第 287026 号

宁乡年鉴(2016)

编　　者:宁乡县史志档案局
责任编辑:冯　松

出 版 人:冀祥德
出 版 者:方志出版社
地址　北京市朝阳区潘家园东里 9 号(国家方志馆 4 层)
邮编　100021
网址　http://www.fzph.org
发　　行:方志出版社发行中心
电话(010)67110500
经　　销:各地新华书店
印　　刷:湖南天闻新华印务有限公司

开　　本:889×1194　1/16
印　　张:23.25
字　　数:788 千
版　　次:2016 年 11 月第 1 版　2016 年 11 月第 1 次印刷
印　　数:0001~1000 册

ISBN 978-7-5144-2207-8　　定价:160.00 元

2015 年 10 月 29 日，县委书记谭小平(左一)向全国政协副主席马培华(中)介绍宁乡出土的国宝级文物四羊方尊

2015 年 7 月 15 日，省委副书记、省长杜家毫在红宇新材调研

时任县委书记谭小平(右二)与刘源(中)合影

2015年10月20日,省委常委、长沙市委书记易炼红(前右一)在黄鹤学校调研

2015年10月31日,副省长何报翔(右四)等领导参观宁乡美丽乡村经济博览会

2015年10月15日,市委常委、组织部部长程水泉(前左二)在沩山乡沩水村调研建设扶贫工作

2015年4月7日,长沙市政府·华强集团合作框架协议签约仪式

2015年4月14日,县委书记谭小平(右二)在邦普新材料听取相关工艺流程介绍

2015 年 4 月 30 日，谭小平为“创新发明标兵”颁奖

时任县委书记谭小平（右四）、县人大常委会副主任周泽祥（右一）、副县长冯智君（左二）调研金玉项目建设

时任县委副书记邓杰平（右二），时任县委常委、宣传部部长王湘云（右四）等县领导出席第 26 届春季环城马路赛

时任县委副书记邓杰平考察锦门旅游小镇

2015 年 10 月 30 日，全县政法工作会议召开

“狮子型”团队、“狮子型”干部颁奖典礼

宁乡县人民代表大会

2016 年 11 月 30 日，喻亚军在县十七届人大一次会议上当选为宁乡县人大常委会主任

时任宁乡县人大常委会主任贺应辉作人大常委会工作报告

2015 年 8 月 18 日，省人大常委会党组书记、副主任于来山(前右二)就宁乡贯彻《中华人民共和国水污染防治法》开展执法检查

市人大常委会主任会议成员到宁乡调研

市人大代表视察宁乡县禁毒工作

宁乡县“面对面、互动式”普法活动启动仪式

县人大常委会开展《中华人民共和国渔业法》执法检查

县人大常委会组织开展《物业管理条例》执法检查

县人大常委会召开“发挥代表作用，推进三大建设”人大代表座谈会

县人大常委会视察评议县教育局工作

县人大常委会组织人大代表慰问敬老院老人

宁乡县人民政府

2016 年 11 月 30 日，王雄文在县十七届人大一次会议上当选为宁乡县人民政府县长

2016 年 10 月 12 日，县委副书记、代县长王雄文调研金玉集中工业区项目

2015 年 1 月 13 日，时任县委副书记、县长周辉作政府工作报告

2016 年 11 月 2 日，县委副书记、代县长王雄文调研湖南白沙液文化产业园项目

2015 年 4 月 2 日，省委常委、统战部部长李微微考察宁乡县阅读教育

2015 年 12 月 18 日，省委常委、市委书记易炼红，市委副书记、市长胡衡华现场观摩未来方舟创业创新示范基地

2015 年 7 月 14 日，省委常委、市委书记易炼红在“一园一中心”项目建设现场调研

2015 年 11 月 5 日，省政府领导袁建尧（前右二）一行在县委副书记、县长周辉（前左一）陪同下视察烟基工程。

袁隆平院士视察双凫铺镇“百千万”超级杂交稻情况

全国人大常委、中国民办教育协会会长王佐书(前)在副县长钟利仁等领导陪同下，视察金海中学

2015 年 5 月，国家烟草专卖局副局长杨培森（前左一）视察宁乡县现代烟草农业工作

2015 年 9 月 9 日，市委常委、副市长张迎春（前右一）等领导在精量重工车间考察

宁乡县第五届宜居文化节房产交易展示会

时任县委副书记、县长周辉调研指导宁乡十三中校园建设工作

时任县委副书记、县长周辉，县委常委、副县长龚畅调研城建项目

湖南省农村信用社理事长张志军（左三）、时任副县长刘俊武（左四）深入宁乡农商银行农产品加工专业支行指导调研工作

中国人民政治协商会议宁乡县委员会

2016 年 11 月 29 日，新当选的十二届县政协主席会议成员合影。左三为十二届县政协主席邓杰平

时任县政协主席喻亚军向大会报告工作

举办宁乡县“楚沩发展大讲堂”报告会，全国政协文史学习委副主任卞晋平授课

市政协主席范小新调研宁乡新材料产业项目建设情况

县政协“建设 WIFI 平台，打造智慧宁乡”专题协商会议

县领导与首届宁乡"十佳社会贤达"合影

县政协督办重点提案办理情况

县政协调研金玉工业集中区飞地经济发展

县政协组织部分委员视察回龙铺镇美丽乡村建设

县政协召开民主评议乡镇暨社会贤达评选动员大会

中共宁乡县纪律检查委员会

县委常委、纪委书记张武

2015 年 3 月 13 日，省纪委在宁乡县关山参加植树活动

2015 年 4 月 1 日，县管正职接受县委集体谈话暨向县纪委全会述责述廉

2015 年 8 月 17 日，县四大家领导调研党风廉政建设工作

2015 年 10 月 14 日，长沙市查处群众身边的“四风”和腐败问题暨专项整治工作推进会在宁乡县召开

第六届廉政文化周活动

宁乡经济技术开发区

2015年7月15日，宁乡经开区党工委副书记、管委会主任戴中亚（右五）陪同杜家毫省长（右六）调研

2015年3月18日，省政协主席陈求发（前右二）一行在加加集团视察

2015年12月18日，省委常委、市委书记易炼红（前左一）一行观摩宁乡项目工程

2015年8月20日，宁乡经开区举行重点项目集中签约仪式

"2015·蓝月谷之夏"食品饮料产业活动总结大会

湖南省孕婴童用品行业协会会长叶衍清（右一）向宁乡经开区党工委副书记、管委会主任戴中亚（左一）授牌

宁乡高新技术产业园区

2015 年 12 月 17 日，省委常委、市委书记易炼红，市委副书记、市长胡衡华率团观摩宁乡高新区项目

2015 年 6 月 26 日，“一园一中心”揭牌暨项目签约仪式在宁乡高新区举行。图为李友志副省长在揭牌仪式上讲话

2015 年 3 月 27 日，湖南省低碳技术实践交流会在宁乡高新区举行

2015 年 5 月 15 日，宁乡高新区举行首届职工趣味运动会

2015 中国（长沙）科技成果转化交易会宁乡高新区专场

2015 年 11 月 27 日，湖南省大学科技产业园建设推进现场会

目 录

宁乡县人民代表大会及其常务委员会

宁乡县人民政府

政协宁乡县委员会

中共宁乡县纪律检查委员会

民主党派和工商联

群众团体

武　装

政　法

经济综合管理

城建·环保

农村经济

交通·邮政·电信

贸　易

旅游业

财政·税务

金融·保险·证券

科技·教育

文　化

卫　生

社会生活

乡　镇

人　物

荣誉在册

统计资料

文件选编

特 载

万众一心 只争朝夕
奋力推进三大建设向广度深度高度进军
——在县委十一届七次全体(扩大)会议上的讲话

中共宁乡县委书记 谭小平

(2015 年 12 月 29 日)

同志们:

今天召开的县委全会,是在“十二五”圆满收官、“十三五”科学布局、全面建成小康社会进入决胜阶段的关键时刻召开的一次重要会议。会议的主要任务是,认真回顾总结宁乡“十二五”以及今年工作,深入研究部署“十三五”和明年工作,动员和号召全县上下万众一心,只争朝夕,奋力推进三大建设向广度深度高度进军。现在,我根据县委常委会研究形成的共识,讲三点意见。

坚持一届接着一届干, 宁乡在更大范围内异军突起的强劲势头令人鼓舞,“十二五” 成就为 “十三五”发展打下坚实基础

县委十届九次全体(扩大)会议以来,县委团结带领全县人民,坚决贯彻落实中央、省市各项重大决策部署,科学应对持续下行的宏观经济形势,加快推进全面深化改革和全面建成小康社会, 奋力开创了增速与质量双高、规模与效益共增、当前与长远兼顾、强县与富民共进的发展新局面,在宁乡发展史上写下了浓墨重彩的篇章。

——“十二五”完美收官。“十二五”时期是宁乡发展历程中极不平凡、具有里程碑意义的五年,是改革开放以来经济发展最快、人民得实惠最多、社会大局和谐稳定的时期之一。五年来,全县上下坚持“一张好的蓝图干到底”,围绕“挺进五十强、提速过百亿,建设全国一流现代经济强县”的战略部署,紧扣“打造省会次中心,构建幸福新宁乡”的目标追求,保持了转型发展、创新发展、率先发展的良好态势。经济实力大幅增强。构建了复合型产业发展体系,推动 GDP 从 490 亿元增至 1000 亿元, 财政收入从 19 亿元增至 60 亿元,工业总产值突破 2000 亿元大关,累计引进千万元以上项目 1191 个,其中亿元以上项目 397 个,到位县域外资金 1053 亿元,主要经济指标一年一个台阶,几年一个翻番,获评全省全面小康“经济强县”奖,县域经济基本竞争力位居全省三强和全国百强第 39 位。区位平台持续优化。深度实施东进融城战略,五条大道、四条高速、三条铁路纵横交汇、通达全国,多层畅达的内外交通加速形成。经开区成功晋升国家级,金洲新区获批省级高新区,撤县设市上报国务院,荣获全国卫生县城,获全国文明城市提名资格,获评国家科技进步先进县、全国电子商务进农村示范县,“5127”人才引进、干部素质提升“四五”工程为县域发展提供了强大的智力支撑,经开区、高新区、沩东新城成为湘江新区核心组团,县城建成区面积达 40 平方公里,人口达 34 万人。民生福祉不断增进。按照“保基本、兜底线、促公平”要求,公平普惠各类民生保障,广大群众共享发展成果,2015 年城乡人均可支配收入达 33920 元、21590 元, 五年分别增长 182%、234%。创成全省首个教育强县,完成基层医疗卫生机构标准化建设, 获评全省保障性安居工程先进县,城乡基本医疗、养老保险实现全覆盖。“十

二五”期间,各项工作统筹协调推进,城乡面貌发生显著变化,实现了上级精神、时代要求、宁乡实际和干群期盼的高度融合,圆满超额完成了“十二五”目标任务。

——三大建设取得丰硕成果。县委十一届六次全会确定了“加快三大建设,实现全面小康”的工作总要求,翻开了宁乡发展的崭新一页。实力园区、新型城镇、美丽乡村建设全面展开,广大干群在三大建设的宏阔舞台上找到了位置、找到了抓手、找到了动力、找到了激情,一股强大的发展之势在宁乡凝聚和迸发。今年 GDP 增长 12%(预计数,下同);财政收入增长 8%;实现规模工业增加值 500 亿元,增长 14.5%;完成固定资产投资 851 亿元,增长 19.3%;实现社会消费品零售总额 235 亿元,增长 15.5%,大部分经济指标实现两位数增长。密集开展两轮项目建设“百日大会战”,强化抓大项目、促大投入、突大拆迁,全年投资千万元以上项目达 728 个,完成投资 662 亿元,创造了交通项目“一百天一百公里”、绿化提质“一百天一百公里”、征地拆迁“一百天 16 万平方米”等一系列“宁乡速度”。园区成为县域发展的强力支撑。园区深入开展提档升级、满园扩园行动,紧扣现代产业集聚区、两型社会示范区、产城融合样板区目标,持续做大、做强、做特、做美。宁乡经开区食品加工、智能家电成为省重点扶持的 12 个特色产业之一,格力电器综合生产基地加快建设,将成为湖南最大家电生产基地;国家级农业科技示范园加快创建,引进投资 60 亿元的绿色建材科技产业园;完成财政收入 20 亿元,同比增长 17.7%。宁乡高新区成功获批国家新型工业化产业示范基地,打造了“135”工程创新创业园、湖南省大科园、中国金洲锂电谷三大发展平台,园区承载力、吸纳力、竞争力显著提升,高新技术产业加快发展,全年完成工业增加值 99.5 亿元,同比增长 23.9%,实现财政收入 8 亿元,同比增长 15.8%。金玉工业集中区坚持高品位规划、建设和管理,项目建设如火如荼,园区骨架快速拉开,年内实现投产项目 20 个以上,飞地园区“金玉模式”得到全省推介。城镇发展展现全新格局。积极抢抓长沙“东提西拓”和湘江新区建设机遇,一批事关宁乡长远发展的重大战略项目科学布局、加快启动,对外开放、对内畅达的交通网络加快形成,一批底蕴厚重、特色鲜明的新型城镇呼之欲出。华强文化产业示范园强势启动,为全省、全市重大项目建设注入“强心剂”,道林古镇、炭河古城、香山风情小镇、香山教育城、沩江“十里画廊”等项目加快建设,花明楼、沩山、流沙河、煤炭坝、双凫铺等特色镇、中心镇同步发展,密印寺千手千眼观音圣像实现开光,灰汤创成首批国家级旅游度假区,布局合理、串珠成链、互动并进的宁乡特色城镇群逐步呈现。益娄衡高速等战略交通项目加快建设,长沙南北横线相继启动,宁乡大道、金洲大道、煤双公路、宁横公路、香山公路等提质改造完成,形成了全县交通路网大建设、大提质、大畅达的火热场景。玉潭公园、滨江公园、市民公园等 16 个社区公园扮靓城市家园。全县商品房销售达 115 万平方米,销量增幅居全市之首。史上最严格城市管理扎实推进,阳光征拆新政深入实施、成效彰显,“八好社区”创建获各方支持、参与,违章建筑和户外广告的整治取得显著成效,共拆违 4459 户、41 万平方米,拆除广告招牌 1.1 万余处,自然、清秀、整洁的城市形象得以彰显。美丽乡村建设梯度推进。将美丽乡村建设作为做好群众工作、提升基层治理能力的最好抓手,坚持一镇一特分类指导,促推美丽乡村与美丽经济相伴而生,以审美情趣的涵养淳化乡风民风,在楚沩大地刮起了“美丽旋风”。抢抓中韩(湖南)经贸文化周契机,创新谋划和举办美丽乡村经济博览会,全方位展示了宁乡的美丽乡村、乡品、乡贤、乡韵和美丽产业,“美丽经济、花开宁乡”,签约重大项目 18 个,总投资额达 105 亿元。全省加快转变农业发展方式现场会在宁乡召开,农村土地合作经营“鹊山模式”得到各级各界认可。以道林非煤矿山整治为切入,对挖山、采砂等破坏生态环境行为开展铁腕整治,县域内煤矿全部关闭,小瓦窑、小砖窑专项整治有序推进,烟花鞭炮、小水泥等产业加快退出。组织多轮美丽乡村观摩,一批批美丽集镇、村庄、屋场、庭院、机关、公路和美丽河流加快创建,保持了村点出彩、沿线美丽、面上洁净的良好环境,起到了以点带线带面的示范效应。群众主体作用有效发挥,很多汇集群众智慧的土办法、好办法、巧办法充分运用、逐步推广,实现了由干干净净、整整齐齐到漂漂亮亮、舒舒服服,部分地区正在朝快快乐乐、甜甜蜜蜜梯度跨越,有如“芝麻开花节节高”。

——党风政风民风持续好转。坚持从严治党,抓住“关键少数”,推进作风建设,夯实基层基础,构建了心齐气顺、政通人和的大好局面。通过“狮子型”团队和干部的评选,锤炼了能征善战的干部队伍。坚持正确的用人导向,选优配强各级领导班子,坚持在项目建设一线发现、培养和锤炼敢于攻坚克难的“狮子型”干部,为宁乡加速发展造就了先锋队伍。通过机构改革和乡镇撤并,增强了政府工作活力和基层治理能力。圆满完成部门机构改革和乡镇撤并工作,管理体制进一步理顺,行政资源配置更加科学,为加快推进“三大建设”提供了体制保障。通过强化党风政风建设，营造了廉洁高效的发展环境。探索开展人大评议部门、政协评议乡镇工作，各级各部门行政效能进一步提升。深入评选表彰一大批生活在基层、群众公认的社会贤达，广泛凝聚了“三大建设”正能量。建立“党小组+”模式和“一亮两定三办法”党员教育管理模式，基层党建“361”工程品牌效应不断彰显。严格落实党风廉政建设责任制，坚持常态化约谈，不定期明察暗访，着力驱散政治生态“雾霾”，为经济社会发展营造了良好政治环境。通过集中教育活动，确保了广大干部群众同步受教育。扎实开展“三严三实”专题教育，深入推进基层干部不作为、乱作为专项整治，创新开展“讲道德、明是非、守纪律”集中教育活动，为全县广大干部群众的思想和行为制定一个规范、一个边界、一个遵循，推动了民风社风的进一步淳化。

同志们，我们矢志探索实践一条从跟跑、并跑到领跑，从谋势、蓄势到成势的县域发展之路，为未来发展积蓄了强劲势能。当前，“三大建设”如火如荼，更是迎来了改革创新、担当奋进的黄金发展期。在此，我代表县委，向为宁乡发展和稳定付出了聪明才智和艰辛努力的同志们表示崇高的敬意和衷心的感谢！

发展的成果令人鼓舞和自豪，但我们还不具备骄傲的资本，必须始终保持清醒的头脑。应该认识到，县域发展体量还不够大，产业结构还不够优，核心竞争力还不够强，城乡统筹发展的水平还有待进一步提高；个别地方风气不好、正气不彰，治安案件和丑恶现象令人忧虑，维护社会稳定、和谐、安全还有大量工作要做；有的同志对党的事业不够忠诚，同群众感情不够融洽，与岗位职责不相适应。对于这些问题，同志们务必直面正视，务必深入思考，务必团结一心加以解决。

以创新、协调、绿色、开放、共享发展理念为先导，推动实力园区、新型城镇、美丽乡村“三大建设”向广度、深度、高度发展，实现县域硬实力、巧实力、软实力迅速壮大

党的十八届五中全会提出了创新、协调、绿色、开放、共享发展理念，为我们谋划推动“十三五”发展确立了新坐标、指引了新航向。宁乡作为长沙市“一体两翼”格局中的重要一翼和湘江新区的重要组团，要把平面上的战略规划变成立体化的发展现实，不仅需要战略定力，更需要战略穿透力。我们要在市委的坚强领导下，自觉将“五个发展”有机融入明年和“十三五”发展的全过程，全力推动“三大建设”向广度、深度、高度发展。要延伸广度，核心是地域范畴和力量范畴的延伸，最广泛地调动群众参与的积极性，把宁乡全域作为一个大公园、大花园、大观园来打造，实现规划、建设、管理和经营全覆盖。要拓展深度，核心是通过内涵的挖掘，推进产业、城市、生态、文化的深度融合，实现以产兴城、以城促产、双向融合，走出一条产城融合、城乡融合的发展新路。促推美丽乡村、美丽产业与美丽经济相伴相生，让美丽山水和绿色发展的理念激情碰撞，产生乘数效应。要提升高度，核心是层级的提升和挺进，追求高品质、高品位，推动三次产业高端协调发展，引导支持企业开发高附加值、高竞争力产品，不断提升城乡建管品质，从环境美向心灵美、物质美向精神美同步跨越，推动经济社会在新的五年里实现新的跨越。

“十三五”时期的战略定位是：率先全面建成小康社会，加快实现基本现代化。“十三五”时期的战略重点是：加快建成有较高美誉度的省会次中心城市，打造湘江新区高端制造业重要板块，培育和壮大现代服务型经济，用工业理念推进农业现代化，加快信息化与三次产业的深度融合，强化改革创新开放的发展驱动，实现发展成果的普惠共享，构建多元社会治理新体系，不断强化行动纲领的实施保障。“十三五”时期的奋斗目标是：GDP 年均增速 9%，过 1600 亿元；规模工业增加值年均增速 10%，过 1000 亿元；财政收入年均增速 10%，过 100 亿元；固定资产投资年均增长 12%，过 1500 亿元；社会消费品零售总额年均增长 15%，过 470 亿元；金融机构贷款余额 800 亿元以上；城乡人均可支配收入分别达 5 万元、3 万元以上。

2016 年是“十三五”的开局之年，也是拓展和巩固“三大建设”成果的关键之年，做好明年工作，对加快实现全面小康，具有十分重要的意义。明年发展的主要任务是：实现 GDP1100 亿元以上，增长 10%；财政收入 66 亿元以上，增长 10%；规模工业增加值 560 亿元以上，增长 12%；固定资产投资 950 亿元以上，增长 15%；社会消费品零售总额 270 亿元以上，增长 15%；城乡人均可支配收入分别达 3.6 万元、2.3 万元以上，分别增长 12%、13.8%。

——要把产业园区作为助推经济发展的强大引擎，持续筑牢县域硬实力。产业园区是经济发展的主阵地，也是县域竞争的主战场。要充分发挥园区的引擎作用，有效拉动县域经济社会更好更快发展。

强力推动实力园区建设再提速。坚持园区发展“四个优先”，坚定不移走新型工业化发展道路。园区要注重亩均产出，把主要精力用于抓招商引资、产业

扶持和税源培植。宁乡经开区要致力"后发赶超,鼎足三湘",加快创建全国首家安全食品示范园区。要实施项目攻关,推动格力电器、康师傅、华润饮料二期、盼盼食品、玉屏山国际产业城、未来方舟等项目加快建成投产达效,大力支持加加食品、楚天科技产业扩张,加快国家级农科园创建,着力引进一到两个投资50亿元以上项目,向规模工业增加值300亿元冲刺。要加快滨江大道及堤防工程、蓝月谷大桥、蓝月谷大道等园区路网建设,启动食品专用水厂等项目建设,大力提升园区功能配套。宁乡高新区要加快创建国家级高新区,全力打造全国战略性新兴产业基地、全省制造业智能升级先行示范园。要加速科研成果向现实生产力全面转化,加快湖南大科园建设,扶持一批龙头企业做大做强,力促杉杉新材2016年实现产值100亿元以上;加快中国金洲锂电谷、九龙仓、锂顺能源等项目建设,力促中信新能源汽车尽快落地,力争实现规模工业增加值150亿元;要加快金洲南路、金桥路等项目建设,推进电力增容及线路改造、东城污水处理厂建设,全力构建产城融合、创新驱动的城市工业经济综合体。金玉工业集中区要坚持"飞地经济"不动摇,实现开发建设全面提速。有关乡镇特色园区要立足特色,错位发展。要完善"上门式、跟踪式、覆盖式"企业帮扶机制,主动帮助企业解决要素保障、用工需求、融资扩产等实际问题。

精心培育食品加工、智能家电、新材料三大产业集群。紧扣"中国制造2025"行动,大力实施主导产业培育工程,着力引进一批优强项目,精心培育一批骨干企业,打造千亿级产业集群。要强化食品安全与质量管理,重点支持液态食品、休闲食品、农产品精深加工和清真食品等高附加值产品领域;充分发挥加加食品、华润饮料、康师傅、宁乡食品示范园等项目带动引领作用,集聚一批行业领军企业,打造食品产业化循环经济产业链。要依托格力电器宁乡综合生产基地、智能家电产业园供应链等项目,发展智能家电新产品、新服务和新模式,积极引进海信、美的等一批国内、国际先进家电产业配套厂商,引导传统工程机械配套企业向智能家电配套企业转型,形成智能家电完整产业链。要大力支持松井新材、中国金洲锂电谷等重点企业和基地发展,依托绿色建材科技产业园、联塑建材、邦普循环、中财化建等产业基础,发展新型功能材料、高性能结构材料和先进复合材料,着力引进一批科技含量高、市场份额大的新材料项目,打造具有区域影响力的新材料生产基地。

——要把加快新型城镇和美丽乡村建设作为统筹城乡发展的金钥匙,着力提升县域巧实力。以矢志不移的战略定力推进新型城镇和美丽乡村建设,加快形成定位清晰、空间优化、功能完善、风貌独特的城乡发展格局,实现生产集约高效、生活宜居适度、生态山清水秀,充分展示宁乡的巧实力。

加快道路交通成环成网。将交通先行先导融入基本现代化的大背景来布局和谋划,加快推进一批重要交通干道和连接线建设,进一步打通大动脉、疏通微血管、带动大发展。要科学铺排给排水、信息能源、道路景观等基础配套,力争让每条道路都与发展要求相适应、与城乡风貌相协调。积极争取长沙地铁12号线延伸至宁乡,积极服务渝长厦高铁、石长铁路复线、洛湛铁路复线建设,深度融入长株潭轨道交通和全国铁路网。全力服务益娄衡高速、长益高速复线建设,早日启动长韶娄高速翻江互通至沩山、长韶娄高速灰汤互通至益娄衡高速唐市互通等连接线建设,形成每个乡镇"30分钟上高速"的快速交通圈。加快岳宁大道建设,主动对接枫林三路西延、湘江新区环线和长株潭外环线,促成1121工程早日投入使用,以多方式、多通道加快与长沙的无缝对接,打造快速公交、城市干道、高速、铁路、城际轨道、机场等互联的现代综合立体交通网。疏通城区及乡镇之间的交通循环,贯通西三环北段、人民北路、文体路,建成站前路、花明路、学府路,加快南坝线、回煤线、双偕线、灰老线、夏高线等乡镇路网建设,构建更加安全、畅达的快速交通圈。着力补齐北部和西部地区的交通短板,加快长沙南北横线宁乡段建设,建成华强大道、龙江大道,加速启动金花大道、金唐公路建设,全面畅通西、北进出城通道。

打造宜业宜居宜游的特色城镇群。坚持因地制宜、串珠成链,按照"一年成形、二年成品、三年成景"的要求,着力构建独具楚沩风情的宁乡城镇群,把绿水青山护得更好更美、把金山银山做得更大更高。沩山—黄材景区要依托青铜文化、宗教文化资源和自然景观,以黄材为核心,以沩山、巷子口、沙田为基点,把沩山密印寺景区与炭河古城、青羊湖、青山湖、千佛洞等景区景点串联成线,打造成集禅宗养心、文物博览、生态观光、休闲度假等于一体的综合风景名胜区。炭河古城要整合炭河里博物馆及现有的山水资源,集中打造西周遗址、青羊人家等七大板块,重现商周古城风貌,引领宁乡西部旅游开发。花明楼—道林景区要以少奇故里景区为支撑,突出红色文化、乡土风格、靳江生态,建设"花明国际"等一批文旅项目,放大道林古镇开发建设辐射作用,带动双狮岭、大夫堂等景点开发,实现红色观光游与绿色休闲游"红绿互动"。道林古镇要按照"乡愁、古韵、穿越、风情”的要求，充分挖掘道林历史文化底蕴，放大靳江两岸山水资源优势，结合潇湘影视城建设，致力打造湘江古镇群中一颗耀眼明珠，形成环长株潭城市群一流水准的乡村旅游休闲目的地。灰汤—回龙山景区要擦亮首批国家级旅游度假区金字招牌，加快重大项目建设，重点引进特色项目，加快完善景区基础配套，提升接待能力，推动景区消费从观光旅游向健康休闲度假转变；加快回龙山融入大灰汤景区步伐，大力完善基础配套，提升景区品质，挖掘“烛文化”底蕴，做旺景区人气，使之成为镶嵌在宁沩、灰沩旅游线路中的耀眼明珠。关山—香山景区要发挥四条大道对接长沙的优势，以现代农业科技示范区为龙头，以关山小镇、“稻花香里”农耕乐趣园、大河西农产品物流中心等项目为支撑，放大香山国家森林公园和香山风情小镇生态优势，加快香山教育城建设，将319国道两厢景观及周边观光农业示范片有机整合，融入历史、山水、人文元素，做活一三产业深度结合文章，建成宁乡对接大长沙的生态旅游休闲中心。煤炭坝景区要坚持大范围、大力度、大手笔，挖掘采煤文化，做强门业产业，将煤炭坝采煤工业遗存化腐朽为神奇，致力发展乡村休闲游、煤都文化体验游，实现资源枯竭城镇向浓郁特色风情旅游名镇的华丽转身，辐射带动大成桥、喻家坳、回龙铺等乡镇共同发展。流沙河、青山桥镇要发挥交通区位优势，做活边贸流通，加快融入长沙、宁乡、娄底一小时经济圈，建成宁乡西部经济、文化、商贸、宜居中心。其他乡镇要传承生态理念，挖掘文化底蕴，定好位，布好局，发挥主观能动性，各显神通，大力实施“五个一”工程，力争每个乡镇都建成一条特色鲜明的靓丽街道、一座运行良好的污水处理厂、一所现代实用的合格学校、一个生态精致的社区公园、一个标准规范的农贸市场，打造独具自然风貌、乡土情怀、人文气息和文化特色的城镇旅游综合体。

推动全域景区化。要积极引导乡村旅游项目与资源要素有机结合，把宁乡全域作为一个有机整体来谋划布局，着力打造一批具有宁乡特色、现代气息、生态品质的人文景观，让景观风貌成为生产力，推动全域景区景点、标准化建设、网络营销、民宿经济、农事体验“五个全覆盖”。加强旅游品牌宣传，加快建立旅游促销网络。着力把宁乡大道、金洲大道、宁横公路、岳宁大道、宁灰公路、黄祖沩公路建设成为展示宁乡形象的对外窗口。发挥星级农庄的引领作用，让特色餐饮、乡村休闲旅游成为宁乡的一道靓丽风景线，加快形成以重点景区为龙头、骨干景点为支撑、“农家乐”休闲旅游业为基础的乡村休闲旅游格局，吸引外地人士到宁乡养生定居。要充分尊重群众意愿，有效调动群众参与美丽乡村建设积极性，让群众促动群众、群众教育群众、群众点赞群众，让群众真正成为美丽乡村建设的主体，自己动手建设美丽家园。因地制宜实施美丽乡村建设提升工程，对经济条件差、农民基本生活条件较薄弱的村庄主要以道路硬化、排水设施、饮水安全等整治为主，突出底线导向；对经济实力较好、基础比较完善的村主要以垃圾污水处理、农户院落风貌整治、公共活动场所建设、绿化美化亮化为建设方向，突出目标导向，推动美丽乡村建设全覆盖。注重引导多元生态产业、特色产业发展，扩大无公害农产品、绿色食品和有机食品生产，让美丽产业成为美丽经济。

建设系列“千手工程”。扶贫济困是全面小康的补短板工程。要做大做强“千手爱心基金”，举办各类扶贫济困募捐活动，积极向社会募集爱心基金，着力开展城乡低保、大病救助和救灾救济，对特困群众进行不设比例的兜底救助。要打造“千手爱心热线”品牌，为城乡居民提供紧急救助。要在小区、学校、商场等设置“千手爱心驿站”，让爱心多元收集、快捷传递。要通过实施发展生产脱贫一批、易地搬迁脱贫一批、生态补偿脱贫一批、发展教育脱贫一批、社会保障兜底一批“五个一批”工程，全面学习推广“黄鹤经验”，加快32个省定扶贫村、5.6万贫困人口脱贫步伐。要积极探索整村易地搬迁模式，将黄材水库周边涉及的贫困村整体易地搬迁至“千手大屋”集中安置；在香山风情小镇建设集中安置点，对全县有意愿的贫困群众逐步实行易地搬迁，确保搬迁群众“搬得出、稳得住、能致富”。

——以加快建成具有较高美誉度的省会卫星城为目标，不断增强县域软实力。充分发挥县域内自然山水资源和历史人文资源优势，切实提升城市包容度和开放度，切实提升城市承载功能和城市人文魅力，实现县域软实力的迅速提升。

要努力培育独具楚沩特色的文化品牌。坚持“越是民族的就越是世界的，越是久远的就越是新鲜的，越是特色的就越是大众的，越是生态的就越是现代的”理念，保护、开发和利用好宁乡宝贵的文化遗存，构筑全面小康社会的文化内核，努力为后人留下可传承的宝贵文化遗产。重点做好刘少奇故居、何叔衡故居、谢觉哉故居等名人故居的保护，推进炭河里遗址公园、状元易祓墓、刘家大屋等历史文化项目的建设保护，实施“楚沩名品”“楚沩名匠”“楚沩民俗”发掘和保护工程，传承和振兴宁乡花鼓戏、麻山锣鼓、灰汤杂技等特色非物质文化遗产。巩固美丽乡村经济博览会、沩山观音圣像开光法会等节会成果，开设沩禅文化论坛、青铜文化论坛，彰显文化节会品牌。注重自然景观和乡村民居特色保护，多留遗产，不留遗憾，让纯朴清新的乡村风貌风情、自然人文景观在城镇化进程中得以传承和保护。

要努力提升城市规划建设管理水平。坚持东进融城战略，构建多线梯次融城格局，以沩东新城为桥头堡，加快发展成为湘江新区产业布局的重要板块。要推进“生态城市”建设，加快沩江“十里画廊”、滨江棚改、利和商业综合体、海绵城市等项目建设；加快推进城市园林绿化，深入开展全民绿化大行动，教育引导城乡居民养成良好的生态自觉。要推进“文化城市”建设，以华强文化产业示范园为引爆点，集聚一批文化创意企业，大力推进文化产业与科技、信息市场融合，建设一批集新媒体、动漫、文化休闲及相关产业于一体的文化创意街区。深化文明创建，2017 年创成全国文明城市。完善状元楼、玉潭公园等文化平台建设，启动香山巷历史文化街区建设，打造一批人文休闲载体。要推进“智慧城市”建设，做活做实“互联网 +”，推动信息技术与县域发展全面深度融合，加快新一代移动通信网、互联网和广播电视网“三网融合”，实现全县无线网络全覆盖。持续实施最严格最有效的城市管理，深入开展违章建筑和户外广告整治，打造“零违建”城市。

要努力构筑公平合理的社会保障体系。坚持新增财力更多地投向民生领域，确保每年新增财力的大部分用于民生。开展创业型城市创建，完善政策支持、创业培训、创业服务体系，进一步扩大就业、扶持创业，推动城乡居民收入倍增，形成全社会支持创新创业的生动局面。健全社会保障体系，2017 年前解决失地农民社保问题。着眼人口老龄化趋势，大力发展养老产业。推动教育资源均衡配置，着力破解城区大班额和边远山区师资不足问题，建设更高质量的教育强县。全面对接人口计生新政，提高全民生育、健康水平，健全覆盖城乡的基本医疗卫生制度，启动改善医疗服务三年行动计划，保障人民群众的健康需求。广泛开展“七五”普法教育，引导群众通过法律途径解决矛盾纠纷；坚持公正司法，努力让人民群众在每一个案件中都能感受到公平正义。深化平安宁乡建设，深入开展群防群治“红袖章”工程，强化安全生产常态监管，有效预防和坚决遏制各类安全事故发生，让平安成为群众幸福指数提升的鲜明标签。

广泛深入持久开展“讲道德、明是非、守纪律”集中教育活动，推动党风、政风、民风持续好转，实现县域风清气正和长治久安。

好的风气是县域发展的隐形翅膀，能够在潜移默化之中扬善扶正。要把握社会新情况，顺应人民新期待，适应发展新常态，在广大干部群众中扎实开展“讲道德、明是非、守纪律”集中教育活动，努力开辟宁乡科学发展的新境界，为前进的宁乡注入不竭动力。

——要充分展示有激情、有定力、有办法、有格调的精神风采，做组织和群众信赖的好干部。上行而下效、上率而下行，率先垂范是正党风的澎湃力量。广大党员干部特别是领导干部要将有激情、有定力、有办法、有格调的“狮子型”干部的特质内化于心、践诺于行。要满怀激情干事创业，在改革发展面前，强化勇于拼搏、敢于攻坚、一往无前的担当精神，浓厚想事、谋事、干事、成事的氛围，在项目建设一线和各个岗位上苦干、实干、巧干，干出一方事业。要定力坚韧常抓不懈，以“功成不必在我”的胸怀，坚持数年办好一件事，多做利长远、打基础的事，对认准的事、定下的事就一根杆子插到底。要正确对待去留，明年县、乡四大家班子同步换届，大家要以平常心态正确对待进退留转，以进取心认真对待事业工作。要善于运用辩证思维，以“庖丁解牛”的智慧破解难题，坚持走群众路线，面对任何困难和复杂情况，坚持从群众中来到群众中去，发挥人民群众的主体作用，使党委政府的决策变为广大群众的自觉行动。要用格调魅力感召周围，强化修身养德，保持独立人格，不趋炎附势、不嫌贫爱富、不见利忘义。严格遵守《准则》和《条例》，自觉接受党内和人民群众的监督。继续扎实推进基层党建“361”工程，筑牢基层基础。夯实主体责任，把纪律挺在前面，着重解决发生在基层和群众身边的吃拿卡要、与民争利问题，严肃查处各类腐败案件，以正风肃纪的新成效取信于民。

——要驰而不息整治公职人员的不作为、慢作为、乱作为，大力营造亲民爱民便民利民的政务环境。要发扬服务发展的“店小二”精神，真心实意为企业、为基层、为群众办好事，也让群众好办事、办成事。要打掉思想和权力里的“拦路虎”，彻底摒弃“占山为王”的错误认识，将服从意识和大局意识放在首位。要加快市民中心建设，实行行政审批和管理“大一统”，切实减少审批事项、缩短审批时间、提高审批效率，加快做到一份清单管边界、一颗印章管审批、一个部门管市场、一支队伍管执法，决不能让“小道理”管住“大道理”，让“软道理”淹没“硬道理”。要着力消除“中梗阻”，以最铁的手腕、最严的纪律，问责查处“卡先生”“慢先生”“拖先生”，对在服务市场主体过程中不作为、乱作为的人和事，对人民群众切身利益不闻不问、久拖不办的人和事，发现一起、问责一起，坚决向这些官场旧习开刀，向这些歪风邪气说不，向这些错误言行叫板，让昂扬向上的正气抬起来，让干事创业的氛围浓起来，让跨越赶超的士气振起来。

——要让社会主义核心价值观内化于心、外化于行、落地生根，推动民风社风向善向好。通过广泛深入开展“讲道德、明是非、守纪律”集中教育活动，让社会主义核心价值观本土化。常态开展志愿服务、百姓城管、道德讲堂等实践活动，深入推进星级党员、星级文明户、文明单位、文明社区、好青年好少年等创建评选活动，努力实现居民文明习惯的逐步养成和整体素质的全面提升。要充分发挥工青妇等群团组织作用，将“三大沙龙”开展成群众的“民主之屋”“智慧之窗”，持续放大社会贤达、道德模范、优秀党员和“五老”优势，润物无声地引导人民群众形成向上的力量、向善的力量，使团结互助、吃苦耐劳成为宁乡精神的鲜明特征。开展最美家庭创建，多渠道推进家风建设，以“敬长辈、爱劳动、重节俭”等活动为载体，让传统美德滋养每一个家庭细胞。拓展群众性精神文明创建活动，积极开展欢乐楚沩、书香楚沩、善行楚沩活动，搭建“文化下乡”、“周末我登台”等平台，引导群众在寓教于乐中传播真善美、弘扬正能量。党员干部要成为“讲道德、明是非、守纪律”的模范，从而引领全社会共同努力，去实现更高层次文明社会的美好愿景。

同志们，我们正处在一个伟大的时代，为党和人民再立新功的机会就在我们自己的手中，我们一定要以时不我待、只争朝夕的精神，去开拓宁乡发展的新境界，为实现人民的美好向往而努力奋斗！

宁乡县人大常委会工作报告

2016年1月7日在宁乡县十六届人民代表大会第五次会议上

宁乡县人大常委会主任　贺应辉

各位代表:

我受宁乡县人民代表大会常务委员会的委托,向大会报告一年来的工作,请予审议,并请列席人员提出意见。

2015年主要工作

2015年,是全面完成"十二五"规划的收官之年,县人大常委会在长沙市人大常委会的精心指导和中共宁乡县委的正确领导下,在"一府两院"的紧密配合和全体代表的共同努力下,深入贯彻党的十八大和十八届三中、四中、五中全会精神,认真履行宪法和法律赋予的各项职责,圆满完成各项任务。全年共召开常委会会议10次,主任会议17次,听取和审议"一府两院"工作报告41项,开展各类视察调研110余次。依法任免国家机关工作人员100人,补选市十四届人大代表4名、县十六届人大代表4名;接受2名市十四届人大代表和2名县十六届人大代表辞去代表职务的请求,充分发挥地方国家权力机关的职能,为推进依法治县,促进全县经济发展、民生改善、社会和谐发挥重要作用。

一、坚持深化监督与加强支持并重,服务全县工作大局

县人大常委会坚持以县委的决策部署为导向,以人民的利益需求为重点,不断完善监督方式,增强监督实效,使人大工作始终与党心民意同频共振,与"一府两院"合力并进。

(一)围绕中心,促进全县经济进中求好

一年来,不断深化经济监督。听取和审议县人民政府关于财政预决算的报告,积极推动新预算法在我县的贯彻落实,深化对政府预算的全口径监督;听取和审议县人民政府关于国民经济和社会发展计划执行情况的报告,监督支持政府着力推进产业转型升级和城乡统筹发展,积极应对经济发展新常态;听取和初审县人民政府关于"十三五"规划编制情况并进行专题调研,提出相关修改意见,督促县人民政府对"十三五"规划纲要草案进行认真修改和完善,并提请本次大会审查批准。

一年来,积极服务重大项目。县人大常委会对县人民政府提出的一批重点基础设施建设项目、重大民生项目融资、贷款的议案进行审议把关,提出审查报告和批准相关议案的建议。先后组织常委会组成人员和人大代表对城建、公路、水利、农业、工业、房地产等方面的全县重点建设项目进行跟踪视察调研,掌握工程进度,助力支持推进,促进全县经济社会均衡协调发展。

一年来,强力助推"三大建设"。围绕县委"实力园区、新型城镇、美丽乡村"三大建设任务,先后组织各级人大代表召开专题座谈会、交流会4次,开展专题调研视察5次;将服务"三大建设"工作纳入年度考核,要求各乡镇(街道)人大、各级人大代表积极投身"三大建设",以身作则、率先垂范;开展"服务三大建设优秀人大代表"评选活动并予以宣传表彰,充分激发代表的服务热情。在县人大常委会的积极推动下,各乡镇(街道)人大因地制宜、奋力作为,服务"三大建设"工作有声有色;一大批优秀人大代表纷纷涌现,在服务"三大建设"中谱写动人的篇章,展现人大的风采。

(二)关注民生,维护全县社会和谐稳定

一年来,切实关注生态环境。先后组织开展对我县新环保法贯彻实施和推进城乡生态环境保护一体化工作情况的视察调研,听取和审议县人民政府相关工作情况的汇报并提出审议意见;组织开展黄材水库集水区养殖污染调查和铁冲水库库区周边污染情况调研,督促相关单位加快推进养殖污染治理及库区周边养殖退出工作;深入开展"宁乡环保世纪行”，精心组织“沩江水质三看三促”活动，致力沩江水质保护工作；组织开展对全县城区学校、医院煤改气情况的视察调研，督查燃煤锅炉加快退出工作；听取和审议县人民政府关于《宁乡县退出投肥养殖三年行动实施方案》落实情况的汇报，全县166座水库已经基本退出投肥养殖，共拆除水库周边养猪场11处面积3000平方米，关停养殖场21处；多次配合省市人大到我县开展环境保护的视察调研，得到上级的一致肯定。

一年来，积极回应社会关切。针对群众反映强烈的小区物业管理问题、瓶装液化气市场统一管理问题进行专题调研和督查；深入开展“农产品质量安全行”“三湘农民健康行”活动；组织人大代表开展对县住房和城乡建设局、国土资源局、文化体育广播电视局、审计局、交通运输局、安全生产监督管理局、食品药品监督管理局、人力资源和社会保障局等8个部门单位的视察评议，就全县教育、医疗、就业、食品安全、社会保险、城市建设、公众文体设施建设、县乡公路建设、土地管理、烟花爆竹安全监管等开展深入调研视察并提出相关建议，督促县人民政府及有关部门认真研究处理，采取措施抓好落实，有效维护民生福祉。

一年来，不断加强信访工作。进一步完善信访工作制度，认真做好信访接待，加强交办督办工作。全年共受理群众来信、来访116件次，接待群众232人次，受理上级转批件12件。认真督促政府有关部门及时办理，妥善化解各种矛盾，切实维护人民群众的合法权益，为维护全县社会和谐与大局稳定发挥积极作用。

（三）依法治县，推动民主法治不断前行

一年来，执法检查持续开展。围绕宪法和法律的正确贯彻实施，群众普遍关心的热点难点问题，先后开展《中华人民共和国政府采购法》《中华人民共和国预算法》《中华人民共和国食品安全法》《中华人民共和国药品管理法》《中华人民共和国渔业法》《中华人民共和国兵役法》《中华人民共和国物业管理条例》《中华人民共和国环境保护法》《中华人民共和国禁毒法》9部法律法规的执法检查；配合省市人大开展《水污染防治法》的执法检查。通过执法检查，有力推进全县执法效能、环境、秩序的改善和优化。

一年来，司法监督持续加强。精心组织开展“司法公正长沙行”活动，各单位分别利用庭审公开日、检察开放日、警民联系互动活动以及社会调查评估工作等活动形式进行宣传，进一步扩大群众知晓面；听取和审议县人民法院、县人民检察院、县公安局、县司法局的工作汇报，不断规范司法行为，维护司法公正；认真做好规范性文件的报送、接收、登记、分送、审查和存档等工作；对省、市人大交办案件积极协调处理，对人民群众涉法上访案件按程序积极督办，努力维护人民群众合法权益，力促公正司法。

一年来，普法教育持续深化。开展对全县“六五”普法规划实施情况的调研，听取和审议县人民政府专题工作汇报；推动县司法局深入开展“面对面、互动式”普法宣传活动，共组织8个普法小组深入全县100个村（社区）开展以案释法的面对面普法宣传活动，在14个县直部门、园区设立法律咨询室，由律师坐班接访，为群众免费提供法律咨询服务；组织人大新任国家领导干部在国家宪法日开展“向宪法宣誓”主题教育活动，大力弘扬宪法精神，教育引导社会各界牢固树立宪法意识、增强宪法观念。

二、坚持夯实基础与强化服务并举，发挥代表主体作用

县人大常委会坚持以代表为主体，创新代表工作机制，丰富代表活动内容，切实为代表履职创造条件、提供服务，全县各级人大代表的职能和作用得到有效发挥。

（一）以学习培训为抓手，提升代表履职能力

一年来，县人大常委会累计各乡镇（街道）授课和指导各类学习交流与履职活动10多场次；开办全县人大代表依法履职法律培训班1次，重点就依法治国的决定解读以及《宪法》《代表法》《监督法》等重要法律邀请省市专家教授进行专题讲解培训；积极组织代表参加上级人大举办的培训班，部署要求各乡镇、各代表小组认真组织开展履职学习交流培训活动；及时向代表发放、邮寄各类人大刊物、文件、公报，确保代表的知情权。通过各种方式的学习培训，代表的法律知识得到增强，履职水平得到提高，综合素质得到提升。

（二）以活动开展为载体，激发代表履职活力

一年来，县人大常委会继续深入实施“双联”活动、“五百”活动，代表示范作用得到较好发挥。以乡镇代表活动室为阵地平台，深入开展“代表接待选民、代表向选民述职”活动，全年共组织县人大代表70多名公开向选民述职，接受群众测评，代表履职热情进一步激发；配合全国人大代表潘润兰就农村妇女权益保护进行为期一个月的专题调研，调研报告得到全国人大常委会充分肯定；组织各级代表先后围绕禁毒、食品安全、环境保护等问题开展调研视察10余次，参与执法检查、部门评议、专题座谈、项目观摩等活动50余次；积极引导各级人大代表开展对口

帮扶困难群众、失学儿童等活动,全年共计帮扶困难群众170户,援助失学儿童300余名;代表联系敬老院活动进一步深化,全年累计捐资捐物达200多万元。大力弘扬扶危济困、尊老助残的社会传统美德。

(三)以建议督办为重点,增强代表履职动力

一年来,县人大常委会狠抓代表建议督办,办理质量不断提升。县十六届人民代表大会四次会议期间,共收到代表建议、批评和意见204件,县人大常委会坚持实行代表建议办理"一把手"负总责、分管领导领衔办理制,并纳入绩效考核重要内容;召开建议督办会,及时督促各承办单位按时按质办好代表建议;召开代表评议建议办理工作会议,听取代表对部分承办单位办理工作的意见,进一步办理代表提出的有关问题和建议。204件县人大代表建议在规定时间内全部办理完毕,办理实效明显提高。

三、坚持专项教育与转变作风并行,提升自身建设水平

县人大常委会以"三严三实"专项教育为契机,着力增强全体机关干部服务大局的凝聚力、干事创业的内驱力、促进发展的推动力,自身建设取得显著成效。

(一)机关自身建设持续推进

一年来,县人大常委会一手抓"三严三实"专项教育,一手抓年度各项工作的落实,坚持把学习教育贯穿始终,把解决问题作为重点,把为民要求落到实处。切实加强学习,较好贯彻执行机关学习制度;严格制度强管理,先后建立健全监督工作办法、联系代表制度、信访工作机制等7个方面17项制度,形成科学有序的运行机制。通过加强学习和完善制度,全体机关干部、职工循规于心、外化于行,整体风貌焕然一新。

(二)乡镇人大工作再上台阶

县人大常委会不断加强对乡镇(街道)人大工作的指导和联系,全县各乡镇(街道)人大在坚持依法履职、服务中心大局、加强监督评议、开展代表活动等各方面有新的提高。一年来,各乡镇(街道)人大积极组织代表进行学习培训,代表履职意识和能力进一步增强;精心实施部门评议和执法检查,人大监督职能得到充分发挥;开展专项调研视察并提出许多建设性的意见和建议,为党委决策提供重要参考;充分发挥代表活动室的阵地平台作用,积极组织代表开展"代表联系选民、代表向选民述职""双联"活动、"五百"活动、"服务三大建设"等各项主题活动,代表的带头示范作用进一步彰显。

(三)对外宣传交流不断强化

县人大常委会及时宣传报道人大工作重点、代表工作亮点、日常工作特点。一年来,我县人大工作在省、市、县各级主流媒体进行宣传报道100余次;深入挖掘在各行各业、不同领域以及"三大建设"中履职优秀的先进典型代表,在宁乡电视台、《今日宁乡》开辟专栏予以宣传推介。不断加强纵向和横向联系,全年省、市人大领导多次莅临我县考察指导;外地人大来我县考察学习7次;组织在湘部分全国人大代表到花明楼镇视察农村社区建设,起到较好的宣传推介作用。

各位代表,回顾过去的一年,县人大常委会各项工作所取得的成绩,是县委正确领导的结果,是"一府两院"密切配合、各级人大代表积极参与、全县人民和社会各界共同努力的结果。在此,我谨代表县人大常委会,向所有关心、帮助和支持人大工作的各级领导和同志们、朋友们表示崇高的敬意和衷心的感谢!

同时,我们也清醒地认识到,我们的工作中还存在一些问题和不足,与代表的要求和人民的期望还有一定的差距。在创新人大工作、增强监督实效、充分发挥代表作用等方面还存在薄弱环节。在今后的工作中,我们将认真正视不足,采取有效措施,切实加以改进,努力使人大工作更加与时俱进,更加贴近民意,更加富有实效。

2016年的主要任务

2016年是全面实施"十三五"规划的开局之年,人大工作责任重大、使命光荣。县人大常委会工作的指导思想是:深入贯彻党的十八届三中、四中、五中全会精神和习近平总书记系列重要讲话精神,坚持党的领导、人民当家作主和依法治国的有机统一,在中共宁乡县委的正确领导下,紧紧围绕县委十一届七次会议总体部署,以更加奋发有为的精神状态,认真履行宪法和法律赋予的各项职权,为推动三大建设发展、加快建成全面小康社会作出新的贡献。

一、把握工作大局,深入推进依法治县

要把坚持依法治县,维护宪法和法律权威作为县人大及其常委会的重要任务,在推进政府依法行政和"两院"公正司法上积极作为,继续深入推进"法治宁乡"建设。在县委的领导下,深入开展以宪法为主的法治宣传教育,组织好宪法日活动和任命干部向宪法宣誓仪式;继续推进"七五普法"工作,深入实施"面对面、互动式"普法宣传活动;继续深入开展"司法公正长沙行"和司法体制改革专项督查活动,听取和审议相关单位的工作汇报;全面有效开展规范性文件备案审查工作,探索建立主动审查措施和

办法；继续开展部门评议和执法检查，开展对县发展和改革局、水务局、市场和质量监督管理局、卫生和计划生育局等4个部门单位的视察评议，开展《中华人民共和国城乡规划法》《中华人民共和国食品安全法》《中华人民共和国禁毒法》等法律的执法检查。通过深入推进依法治县，督促"一府两院"及相关部门规范执法、透明执法、公正执法，以法治思维和法治方式，推动各项工作依法依规进行。

二、力求精准履职，切实加强监督实效

加强人大依法履职能力建设，进一步强化人大监督实效。继续强化财政监督，在做好计划、预算审查监督工作的基础上，开展对政府性债务、新一轮财税体制、失地农民养老保险、部分政府重点项目建设资金到位和使用情况等方面的专题调研，监督县人民政府进一步规范好、管理好"钱袋子"。继续强化民生监督，切实关注人民群众最关心、最直接、最现实的民生问题和影响社会和谐稳定的热点难点问题，积极回应社会关切。继续督促县人民政府落实《沩江流域生态环境综合治理及水资源保护》建议；开展对我县城区饮用水源保护情况、烟叶产业发展情况、城区教育布局和卫生规划情况的调研；围绕"清霾洁水"主题，组织开展全县生态保护的调研，听取县人民政府关于城乡生态环境保护工作情况的汇报；继续听取县人民政府关于禁毒、食品安全的汇报；继续深入开展好"三湘环保世纪行""农产品质量安全行""三湘农民健康行""民族团结进步行"等主题活动。继续加大对涉法涉诉信访案件的督办力度，认真接待和处理人民群众的来信来访，积极化解社会矛盾，维护群众合法权益，促进社会和谐稳定。

2016年全省各市、县、乡同级领导班子将实现同步换届，要站在全局高度，切实深化对同步换届工作重要性的认识，坚定不移地贯彻省、市委的重大决策部署，严格按照县委的要求，切实做好换届选举工作，加强对换届选举工作的指导和监督，严格执行换届选举的相关法律规定，坚决落实中央和省、市、县委关于严肃换届纪律的有关要求，确保换届选举风清气正，圆满完成任务。

三、注重服务保障，积极发挥代表作用

继续深入开展"双联"活动。健全代表履职服务保障机制，坚持代表履职学习制度，提高代表履职水平；进一步完善人大常委会组成人员联系走访代表、代表列席常委会会议等制度；健全代表闭会期间履职机制，加强闭会期间代表活动的组织和指导，完善代表小组活动制度。推进代表活动室规范化建设，拓宽和丰富代表联系群众的渠道和内容，更好地发挥代表了解民情、反映民意、集中民智的作用；健全代表建议办理机制。完善"主任领办、重点交办、追踪查办、全面督办"的工作制度，加大代表建议督办力度。继续深入开展"五百"活动，引导和激励代表争当发展的推动者、人民利益的代言者、带头示范的实践者、社会和谐的促进者、民生实事的参与者。继续精心组织代表主题活动，围绕"三大建设""精准扶贫"等中心工作扎实开展代表活动，充分发挥代表引领示范作用；在全县人大代表中深入开展"讲道德、明是非、守纪律"，组织和引导各级人大代表带头依法履职、带头推动发展、带头遵纪守法、带头扶贫助困、带头移风易俗；继续强化代表宣传报道，充分展示人大代表的风采。

四、强化自身建设，着力提升工作效能

坚持党对人大工作的领导，认真贯彻落实中共中央转发的《中共全国人大常委会党组关于加强县乡人大工作和建设的若干意见》精神，进一步巩固扩大"三严三实"专题教育成果，严格遵守中央和省、市、县委各项规定，坚决抵制四风，不断改进作风；进一步完善常委会机关工作制度，建立健全有助于履职尽责的长效机制，不断促进常委会各项工作制度化、规范化；进一步加强机关干部队伍建设，不断提高专业化和职业化水平；进一步加强对乡镇（街道）人大工作地联系指导，推动人大制度和人大工作与时俱进，提升全县人大工作整体水平。

各位代表，美好蓝图已绘就，奋发有为正当时。新的一年、新的目标、新的起点、新的任务，让我们在中共宁乡县委的坚强领导下，积极进取、扎实工作，不断开创我县民主法治建设新局面，为推动实力园区、新型城镇、美丽乡村建设向广度、深度、高度发展，加快建成全面小康社会做出新的更大的贡献！

政府工作报告

2016年1月6日在宁乡县第十六届人民代表大会第五次会议上

宁乡县人民政府县长　周　辉

各位代表：

现在，我代表县人民政府向大会报告工作，请与《宁乡县国民经济和社会发展第十三个五年规划纲要(草案)》一起审议，并请县政协委员和其他列席的同志提出意见。

一、2015年和"十二五"工作回顾

一年来，我们在县委的正确领导和县人大、县政协的监督支持下，紧紧围绕"加快三大建设、实现全面小康"的战略部署，齐心协力、真抓实干，保持了经济社会平稳健康发展。全县实现生产总值1000亿元(预计值，下同)，增长12%；规模工业增加值500亿元，增长14.5%；财政总收入60.15亿元，增长8.03%，其中公共财政预算收入40.68亿元，增长15.21%；固定资产投资851亿元，增长19.3%；社会消费品零售总额235亿元，增长15.5%；城乡居民人均可支配收入分别达33920元和21590元。除财政收入指标未能完成年初目标外，其他经济社会发展主要指标均超额完成。

(一)着力于产业的培育壮大。完成规模工业产值2000亿元，增长16%，规模稳居全省第二。平台支撑力进一步增强，经开区蓝月谷、玉屏山产业城、现代农业科技园加快建设，引进了2个50亿元以上项目，规模工业产值、财政收入分别增长12.5%和20%，绿色食品、智能家电两个特色产业园获得省重点扶持；金洲新区晋升省级高新区，获批国家新型工业化产业示范基地，"一园一中心" 和锂电谷建设加速推进，规模工业产值、财政收入分别增长27.5%和25%；金玉工业集中区启动项目30个，竣工投产5个；煤炭坝门业园落户企业达80家。政策针对性进一步增强，以实力园区建设为总揽，细化支持工业企业创新与发展的"双十条"，补贴43家企业82台套设备1600万元，四个百亩标准厂房建成招商，新增57家规模企业、59家高新技术企业、3家新三板上市企业。产业集中度进一步提高，一手抓支柱产业的壮大，食品、新材料、先进装备制造等产值占比达到了75%；一手抓落后产能的淘汰，强制关停"五小"企业17家，特别是最后2家煤矿顺利封井，煤炭产业彻底退出。农副产品加工特色县域经济重点县建设成效显著，引进培育主营企业1345家。粮食生产连续8年全国先进。收购烟叶12.8万担，质量效益稳步提升。宁乡花猪、沩山茶叶等特色农产品提质扩市。农村土地承包经营"鹊山模式"得到上级肯定和推介，全省加快转变农业发展方式现场会在宁召开。灰汤国家级旅游度假区获批，沩山千手观音圣像开光，美丽中国?长沙文化科技示范园落户，香山景区及风情小镇、炭河古城、道林古镇建设铺开，文化旅游产业蓄势发展。大河西汽车城、未来方舟、大河西农产品物流中心、九龙仓·奥特莱斯等商贸综合体加快建设，获评全国电子商务进农村示范县，商贸物流经济有新的增长。房地产业平稳发展，实现商品房销售115万平方米，培育了标准厂房、养老地产、创客空间等一些新业态。

(二)着力于项目的攻坚突破。更加注重招商引项目。年初组建了11个招商专班，引进中建建材、中大锂电、长沙卫职院、瀚德大学等重大项目201个，到位资金243.6亿元。更加注重务实抓项目。实施项目建设两个"百日大会战"，开工千万元以上项目733个，完成投资275.8亿元。格力商通、湖粮集团、联塑建材、万鑫精工等加速推进，小洋人乳业、杉杉新能源等竣工投产。一批项目建设先进个人和单位获得县委"狮子型干部"和"狮子型团队"表彰。更加注重要素保项目。报批土地565.5公顷，清理闲置用地189.65公顷。阳光征拆集体土地上的房屋2600栋、

腾地611.4公顷。项目融资198亿元,新增贷款95亿元。获批全国深化县城基础设施建设投资体制改革试点县。湖南省大学科技产业园、玉屏山产业城、未来方舟创客空间等创业创新平台加快建设。楚天科技获国家火炬重点高新技术企业,飞翼股份、松井新材、星城石墨等企业建成省级院士专家站、省市级企业技术中心。

(三)着力于城乡的品质提升。在建设更加畅达的交通上下功夫。岳宁大道、益娄衡高速加速建设,长沙北横线宁乡大道北延线段率先动工;拓宽白马大道和宁韶公路喇叭口段,出城难得到明显改善。宁黄、横益、煤双、宗准、莲花、夏高等公路完成改造。在建设更加宜居的城市上下功夫。获批国家生态文明先行示范区。县城总体规划获市批复。沩东水厂、八家湾水库启动建设。319国道慢行车道、紫金广场人行天桥投入使用。改造交通渠化岛和右转弯车道31处,喇叭口等3处停车场建成运营。市民公园建成开放,新建社区公园5处。29个机关实现拆墙透绿,15条城区主干道完成绿化提质。改造背街小巷23条。建成公共站厕9座、垃圾站22个。县城经营性户外广告得到规范整治,渣土车管理、治超限载取得新成效。在建设更加美丽的乡村上下功夫。成功举办美丽乡村经济博览会,美丽屋场、美丽村庄等建设掀起全民参与的热潮,建成89个美丽乡村示范点,涌现出一批为人称道的社会贤达、美丽村嫂。铁冲水库扩建竣工,54座小二型水库除险加固,新建骨干山塘978口,疏浚沟渠6087千米,农村田间水利扩容提质。解决农村7万人安全饮水问题。新建和改造农村公路300千米、危桥25座。新改扩建35千伏、110千伏变电站各3座。完成黄沩公路、319国道东线立面改造。新增植树400万株、绿道500千米。开展对道林非煤矿山、金洲砖窑和黄材水库规模养殖场的专项整治,取得积极的成果。建成4家乡镇污水处理厂。

(四)着力于民生的持续改善。民生支出占公共财政预算的77%。省市为民办实事任务全面完成。新增城镇就业1.3万人,农村劳动力转移就业1.4万人,零就业家庭保持动态清零。强化社保扩面征缴,新增参保13万人。重视解决失地农民的社保问题,筹缴基金14.7亿元,新增参保6590人。实施四大“千手工程”,全面部署精准化常态化扶贫。建成边远乡镇教卫公租房3615套。完成农村危改2556户,避险安置845户。白马桥中学投入使用,北师大附小、蓝月谷小学主体竣工,新建公办幼儿园20所,改造薄弱学校42所。改造乡镇卫生院6家、村卫生室127家,县公共卫生服务中心落成。新建提质乡镇文化站6个、村民健身中心20个,文化馆、图书馆免费开放。东湖塘、煤炭坝、巷子口三所敬老院建成使用。强制火化区实现全覆盖。开展“金盾”“打黑除恶”“打击盗骗毒”等严打整治行动,刑事发案率下降4.4%,破案率提升7.2%,连续5年命案全破。乡镇矛盾调解、社区矫正作用得到加强。包案化解信访积案,进京非访登记总量大幅下降。安全生产形势总体平稳,食品药品安全、校车安全工作卓有成效。各民主党派、工商联及工会、共青团、妇联、残联、民族、文联、老干、关协、计生协、科协等工作创造新的业绩。

(五)着力于政府的自身建设。以新一轮政府机构改革和乡镇区划调整为契机,撤并部门16个、乡镇4个,“三乡一镇”改设街道办事处。公布政府部门的权力清单、责任清单和流程清单,实行模拟审批、在线审批和并联审批,行政效能实现新提升。市民之家启动建设,乡镇政务中心标准化建设全面完成。商事登记、土地确权、不动产登记等务实推进。主动接受人大法律监督和政协民主监督,办理人大代表建议201件、政协委员提案164件,办复率达到100%。政府性文件、合同规范管理。编制全口径预算,推进预决算公开,国库集中支付乡镇全覆盖。强化政府投资审计监管。深入开展“三严三实”专题教育活动,驰而不息整治“四风”问题,监察问责150人次,处理“为官不为”、不在状态的领导干部39名。国防动员全面加强。对台、侨务、水文、供销、农机、气象、石油、海事、盐业、机关事务、史志档案等工作都取得新的成就。

各位代表,2015年在全县人民的共同努力下,为“十二五”画上了圆满的句号。过去的五年,是宁乡经济社会发展极不平凡的五年,是全县上下团结奋进、铸就辉煌的五年。

五年来,我们致力于经济转型发展,综合实力持续攀升。县域生产总值突破千亿元大关,三次产业比调整至10.7∶68.2∶21.1;财政总收入、公共财政预算收入、规模工业产值分别达到“十一五”末的2.9倍、3.6倍、2.9倍;固定资产投资、社会消费品零售总额年均增长25.5%和14.5%;县域经济基本竞争力由73位上升到39位。

五年来,我们致力于统筹城乡建设,人居环境更优更美。县城建成区从34平方千米扩展到49.2平方千米,城镇化率从44.3%提高到53.3%。新建供水、污水、燃气管网666千米,县城日供水能力达到13.5万吨。新改建农村公路1000千米,农网升级改造全面覆盖。实施植树、护水、清整三个“美丽宁乡”行动计划,挖山洗砂全部禁止,投肥养鱼全面退出,“五小”

企业基本关闭。

五年来,我们致力于构筑投资洼地,发展动能更加强劲。京港澳西线、长韶娄高速的通车,关山互通口的开设,沩丰坝、溜子洲大桥的建成,玉煤、金朱、宁朱等公路的畅达和岳宁大道的新建,进一步强化了县域的交通区位优势,有力地带动了沩东新城、香山教育城、金玉工业集中区、灰汤国家级旅游度假区、现代农业示范区和特色城镇群等新经济平台的发展。累计引进千万元以上项目1191个,启动建设1065个,培育了格力电器、华润饮料、杉杉新能源等一批重大工业企业。各种生产性、生活性服务业态竞相成长。

五年来,我们致力于提升民生福祉,人民生活持续改善。城乡居民人均可支配收入分别为“十一五”末的1.6倍、1.9倍。民生事业累计支出213亿元,解决了一批重点民生问题,办成省市民生实事183项,医疗、教育、保障性住房水平全省领先,社保覆盖率达95%以上。

五年来,我们致力于加强自身建设,行政运行更加高效。围绕法治政府、服务政府、高效政府和廉洁政府建设,深入开展群众路线教育实践、“三严三实”专题教育等活动,积极推进行政审批制度改革,理顺大城管、大交通、环委会等管理机制,切实加强公共资源管理,严格项目、土地、资金、合同和人事管理,政府权力运行更加规范。

五年的奋斗历程充满艰辛,五年的发展成就来之不易。这些成绩的取得,是上级和县委科学决策、正确领导的结果,是全县人民团结进取、顽强拼搏的结果,是社会各界通力合作、关心支持的结果,凝聚着历任领导、离退休老同志和全县广大干部群众的心血和汗水。在此,我谨代表县人民政府,向积极投身宁乡经济社会建设的广大干部群众、驻宁部队和武警官兵,向给予政府工作支持和监督的各位人大代表、政协委员和离退休老同志,向各民主党派、人民团体和所有关心支持宁乡发展的各界人士,表示衷心的感谢,并致以崇高的敬意!

回顾五年尤其是2015年的工作,我们清醒地认识到政府工作还存在许多薄弱环节和不足之处。一是部分目标任务没有完成。去年政府工作报告的109项目标任务中,有财政税收、每个乡镇引进一个企业到金玉工业集中区、洋河酒业落户、开通朱良桥双江口公交等4项工作未能实现预期目标。二是发展支撑依然不够强劲。传统优势产业经历阵痛,新兴支柱产业尚未形成,大企业、好企业依然不多,经济运行中存在的隐忧值得关注和防范。三是影响社会稳定因素仍然较多。特殊群体、少数群众生活依然困难,民生改善还须付出更多努力;社会事业、社会治理等方面还存在不少问题。四是政府建设还有待进一步加强。干部不作为、乱作为现象依然存在,群众、企业和基层办事难现象还相当严重。针对这些问题,我们一定采取有效措施,切实加以改进。

二、“十三五”时期的主要目标与任务

“十三五”时期,是宁乡全面建成小康社会的关键时期。纵观国内外形势,今后五年,尽管我们面临着不少困难和挑战,特别是世界经济复苏缓慢,国内经济尚未探底,区域竞争更加激烈,对后发赶超的宁乡影响更加深刻、更为深远,但总体上,我们依然处于大有可为的重要战略机遇期。中央明确了“调控不减速”的总基调,转方式、调结构、稳增长依然是发展的主旋律,必将为我们提供稳定的政策环境;“一带一路”和长江经济带建设战略全面实施,特别是国家级湘江新区全面建设,宁乡作为重要组团和纵深腹地将获得更多更好的机遇。“十二五”形成异军突起的强劲势头,为“十三五”打下坚实基础。只要我们坚定信心、把握机遇,万众一心、共克时艰,就一定能够战胜一切困难和挑战,开创“十三五”发展的崭新局面。

“十三五”时期的总体要求是:坚持以科学发展观为统揽,深入贯彻实施“四个全面”总战略,遵循“五个发展”新理念,全力加快实力园区、新型城镇、美丽乡村三大建设,扎实抓好产业转型、城乡提质、投入拉动、创新驱动、民生保障,调动一切积极因素,激发社会创新活力,率先全面建成小康社会,加快实现基本现代化。

“十三五”时期的战略重点是:加快建成有较高美誉度的省会次中心城市,打造湘江新区高端制造业重要板块,培育和壮大现代服务型经济,用工业理念推进农业现代化,加快信息化与三次产业的深度融合,强化改革创新开放的发展驱动,实现发展成果的普惠共享,构建多元社会治理新体系,不断强化行动纲领的实施保障。

“十三五”时期的奋斗目标是:GDP年均增速9%,过1600亿元;规模工业增加值年均增速10%,过800亿元;财政收入年均增速10%,过100亿元;固定资产投资年均增长12%,过1500亿元;社会消费品零售总额年均增长13.5%,过443亿元;金融机构贷款余额800亿元以上;城乡居民人均可支配收入分别达5万元、3万元以上。

实现以上目标和愿景,我们必须把握以下五个关键:

——突出创新发展,着力培育产业经济新体系。改造提升传统优势产业,培育壮大新兴支柱产业,加快产业结构调整和产业融合发展。重点抓好绿色食品、锂基电池、文化旅游三大产业发展,培育智能装备制造、食品、新材料千亿产业集群,打造湘江新区高端制造业重要板块;建成国内知名文化旅游目的地和区域性物流中心;构建特色鲜明、安全健康、产出高效的现代农业体系。打造一批创新平台和创客空间,促进大众创业、万众创新。

——突出协调发展,着力构建多极增长新格局。加快沩东新城建设步伐,主动融入湘江新区,构建多线梯次融入长沙的城市发展格局。建管并重,以人为本,加快生态之城、文化之城、智慧之城建设。加快小城市、中心镇和特色镇建设,形成以城带乡、城乡融合的特色城镇群发展格局。全面改善提升农村生产生活条件。

——突出绿色发展,着力彰显两型城乡新面貌。合理划分重点开发、限制开发和禁止开发区域,严格执行发展、国土、建设和环保等"多规合一",加快全域景区化建设。执行最严格的环境保护和治理政策,实施流域截污、全民造绿、非煤矿山和畜禽污染专项整治大行动,力争万元 GDP 能耗下降 12%、绿化覆盖率达到 50%以上,让楚沩大地的山更青、水更绿、天更蓝、景更美。

——突出开放发展,着力增创区域竞争新优势。加快县内高速公路互联互通,主动对接城市轨道交通和湘江新区环线建设,改善西部交通状况,全面建成融入大长沙、辐射湘西南的交通网络,实现交通优势与区位优势、发展优势叠加聚变。坚持招商引资和招才引智并举,"请进来"与"走出去"并重,加速要素资源聚集,提高经济外向度。

——突出共享发展,着力建设和谐幸福新宁乡。牢固树立以人为本、民生为重的执政理念,以供给侧结构性改革为抓手,深入推动发展成果共享,把新增财力更多地投向民生领域,扎实抓好就业、教育、文化、医疗、社保、养老等基本民生。大力实施精准扶贫、精准脱贫,务必到 2017 年实现所有贫困人口全部脱贫、所有贫困村全部摘帽。切实加强和创新社会治理,努力使全县人民生活得更为富裕、更加幸福、更有尊严。

三、2016 年工作重点

2016 年是"十三五"规划的开局之年。按照中央、省市经济工作会议和县委十一届七次全会精神,今年全县经济社会发展的预期目标是:县域生产总值增长 10%以上;财政总收入增长 8%以上;规模工业增加值增长 12%以上;固定资产投资增长 15%以上;社会消费品零售总额增长 13.5%以上;城乡居民人均可支配收入增长 10%以上;能耗降低率及污染物排放标准达到省市要求。实现上述目标,我们要突出工作重点,保持工作定力,推动实力园区、新型城镇、美丽乡村三大建设向广度、深度、高度发展。

在实力园区建设上,要更加注重亩均产出和税收贡献,把主要精力用在工业招商和企业帮扶上,按照新型工业化的要求和"四个优先"的发展理念,实现做大、做强、做特、做优和做美的有机统一。国家级宁乡经开区要主攻智能家电、绿色食品、绿色建材、妇孕婴童等特色产业,加快玉屏山产业城和现代农业科技园建设,引进 1 到 2 个投资过 50 亿元和一批投资过 10 亿元的重大项目,促进格力电器、湖粮集团产业园等项目建成投产,创建全国安全食品示范园区和新型工业化食品示范基地,进一步发挥好领头羊和主阵地作用。宁乡高新区要加快创建国家级高新区,全力打造全国战略性新兴产业基地、全省制造业智能升级先行示范园。要加快湖南省大学科技园建设,扶持一批龙头企业做大做强,力促杉杉新能源实现产值 100 亿元以上;加快中国金洲锂电谷的项目建设,力促中信新能源汽车等一批重大项目引进落地,构建产城融合、创新驱动的城市工业经济综合体。金玉工业集中区要坚持"飞地经济"不动摇,实现开发建设全面提速,新增引进项目 20 个以上,累计投产 30 个以上,争创省级工业集中区。夏铎铺机械、煤炭坝门业、双凫铺制鞋、老粮仓珠宝等特色产业基地要夯实基础、完善配套、加快发展。着力打造生产成本最低的工业区,更加突出帮扶企业发展,把县域经济的工业基础进一步夯实做强。

在新型城镇建设上,要进一步完善和明晰城镇整体规划和功能布局,着力构建内外互联互通的大交通格局,实行最严格最有效的城市管理,按"生态+文化+科技"理念建设魅力之城。加快沩东新城开发,建成岳宁大道宁乡段,启动华强大道、香山大道建设,提速美丽中国·长沙文化科技示范园、香山教育城建设。坚持因地制宜、串珠成链,按照"一年成形、二年成品、三年成景"的要求,加速灰汤小城市建设步伐,高标准打造道林古镇、炭河古城、香山风情小镇,着力推进花明楼、沩山、流沙河、煤炭坝等特色镇、中心镇的建设,构建宜业宜居宜游的特色城镇群。力促益娄衡高速、渝长厦高铁、"1121"工程等项目建设,力争长益高速复线、城际轻轨、县综合交通枢纽等项目加快启动,完成石长铁路电气化改造;提质南坝、双偕、横雷线,规划建设灰(汤)唐(市)连接线、翻江互通至沩山风景名胜区旅游快线;加快南、北横线和中西部高速前期工作并分步推进。加快县城扩容提质。加速滨江和龙溪路棚户区改造,启动金洲湖扩建和沩江"十里画廊"、利和商业综合体、正大广场等建设。建成龙江大道和宁乡大道北延线,进一步畅通出城通道;拉通学府路,延伸人民北路、文体北路、花明北路;规范城市出租车运营,扩大主要园区公交网络,启动实施公交车电动化改造;建成沩东自来水厂,推进八家湾水库、"引黄入玉"工程建设;建成县城截污管道22千米,沩东污水处理厂投入使用;依法推行最严格最有效的城市管理,强力推进拆违控违,规范广告招牌设置,强化建筑工地和渣土运输管理,加强治超工作;深度实施城市绿化、亮化工程;建设"智慧宁乡",推进"三网融合",实现重点区域无线网络全覆盖;提升玉潭公园、状元楼,启动香山巷历史文化街区建设。完善教育、医疗、文化等功能配套,推进物业标准化建设,提升楼盘整体品质,落实"四个一"的购房政策,着力稳定房地产市场。推广"互联网+"等新业态,完善创业就业公共服务体系,培育发展现代服务业和现代物流业。

在美丽乡村建设上,要统筹推进农业农村经济,统筹推进农村社会治理,统筹推进基层组织建设,全面展现宁乡山水自然和人文历史、乡土文明与城市文明高度融合的美丽画卷。大力发展现代农业。稳定粮食播种面积,巩固产粮大县地位;推动烤烟集中连片种植,确保产烟18万担;力促宁乡花猪网站、冷链配送网络、销售体验网点"三张网"建设,打响宁乡花猪品牌;扶持茶叶、蔬菜、水果等特色产业发展。加大新型农机农技推广力度。精心组织第三次全国农业普查。改善农村发展基础。加大对农村水利、电力、交通等领域投入力度,实施官桥河治理、农村饮水安全等15个重大水利建设项目;新扩建35千伏沩山变电站,改造10千伏线路180千米、10千伏配变304台和低压线路705千米;新改建农村公路200千米、危桥25座,完成危险路段的排查整治;引导农村电子商务发展,争创全国农村物流强县。坚持由点到线到面搞好环境整治,由初级到中级到高级逐步提升品质,由表及里及深美化乡村环境。深入开展"三年造绿"大行动。坚决淘汰高危行业、污染企业和落后产能。按不新批、不续批、不扩界的原则,强势推进非煤矿山专项整治。进一步巩固挖山洗砂、投肥养鱼治理成果。全面退出沩江、楚江、乌江沿线和黄材水库、田坪水库、洞庭水库周边500米内的规模养殖。实施全域景区化发展战略,推动乡村游、文化游和休闲体验游融合发展。加快花明国际幸福城建设,放大道林古镇开发辐射作用,打造长株潭城市群一流乡村休闲旅游目的地。丰富灰汤国家级旅游度假区的功能和内涵,融合回龙山景区,引进一批运动休闲、民俗文化、健康养生等主题项目,做好东鹜山保护性开发工作。建成炭河里国家考古遗址公园,加快炭河古城开发建设,拉通沩山景区旅游环线,形成西部文化旅游经济增长极。抓好关山古镇、香山景区、煤炭坝采煤工业遗存公园建设,打造近城度假休闲景区。更加注重名人故居、文物古迹和文化传承的保护。

推动三大建设向广度、深度、高度发展,我们必须始终坚持以项目建设为抓手。紧盯做强主导产业、培育新兴产业,深入开展专班招商和产业链招商,切实注重项目的质量和效益,力争引进亿元以上产业项目50个,到位资金248亿元。继续强化项目建设集中交办、联点帮扶、分类调度、限时办结、考核评比等行之有效的工作举措,力争新开工项目200个,竣工项目200个,投入286亿元以上。积极推动基础设施和公共服务项目PPP运作,支持重点平台发行债券等直接融资,鼓励金融机构扩大投放,净增信贷投放90亿元、直接融资40亿元。做好土地调规和用地报批,把土地供应与用地规划、投资安排、开工承诺、建设进度和优惠政策挂起钩来,清理和减少低效用地、闲置用地和违法用地。全面推进"阳光征拆",确保项目落地建设。支持引进和培育各类创新型人才,为县域发展增强智力支撑。

推动三大建设向广度、深度、高度发展,我们必须始终坚持以民生改善为根本。突出共建共享,提高社会保障水平。鼓励大众创业、万众创新,新增城镇就业1.5万人,转移农村劳动力2万人,保持零就业家庭动态清零。新增"五大保险"参保3万人。切实改善群众居住条件,新建公共租赁住房2016套,改造城市棚户9332户,完成农村危改1500户。做好精准扶贫和慈善救助工作,强化三个"千手"爱心平台作用,启动"千手大屋"建设,加快贫困人口脱贫步伐。认真做好失地农民社保工作,新增登记参保5000人。开展城乡低保"阳光行动"。新建和改扩建乡镇敬老院4所。政府主导、社会参与、市场运作,加快县城养老中心建设。提质改造42所薄弱学校,促进教育资源均衡配置,完善城区学校布局,有效解决大班额问题。推进妇幼保健院和妇女儿童医院、县人民医院流沙河分院建设,提升基层医疗卫生机构服务能力。落实一对夫妻生育二孩政策,提升出生人口素质。新建2个乡镇综合文化站,完善县文体中心的功能配套。全域推进殡葬改革,统筹规划建设一批农村公益性墓地。切实加强社会治理,完成城乡社区、村部规范化建设，发挥社区（村）自治和矫正作用。认真开展“七五”普法。开展群防群治“红袖章”工程，完善升级治安防控体系，打造城区“5分钟治安控制圈”。加快规划建设监管中心，严厉打击涉刑、涉毒、涉黄、涉赌等违法犯罪，推进禁毒工作社会化，有效遏止吸毒、赌博等丑恶现象蔓延。依法办访，落实“诉访分离”，推行“阳光信访”，努力化解信访积案。严厉打非、强力治违，有效预防和坚决遏制各类安全生产事故发生。坚持以最严标准和监管保障食药安全。加强国防后备力量建设，推进军民深度融合发展，创建“全国双拥模范县”。支持工青妇等人民团体开展工作。

推动三大建设向广度、深度、高度发展，我们必须始终坚持以效能提升为保障。各级政府及其组成部门，要以不找借口的责任心、不留退路的危机感、不限止境的事业观和不打折扣的执行力，把县委决定的、人大议定的、上级部署的和群众期盼的事项，一件一件地抓紧抓实、抓出成效，努力为“十三五”开好局、起好步。致力效能提升，深化行政审批制度改革，加快智慧政务建设步伐，让“数据多跑路，群众少跑腿”。深化财税体制改革，统筹整合财政资金，着力加强财源建设，建立财政收入与经济协调增长机制。深化投融资体制改革，整合转型政府平台公司，做足资本金、做实抵押物、做优价值链，控制防范债务风险，特别是系统性、区域性金融风险。继续做好撤县设市、政府职能转变和机构改革、农村改革工作，推进生产经营性事业单位改革，完成合村调整、县乡两级政府换届选举。致力依法行政，主动接受各界监督。坚持法定职责必须为，法无授权不可为，坚决服从县委的正确领导，依法接受人大及其常委会的法律监督和工作监督，主动接受政协的民主监督，高质量办理人大代表建议和政协委员提案。广泛听取各民主党派、人民团体和社会各界人士的意见，高度重视社会监督和舆论监督。规范行政执法行为，强化过错责任追究，提升依法行政水平。持续推进政府信息公开，切实做好行政复议工作。致力作风改进，坚持“严”字当头，落到“实”处，严格落实党风廉政建设责任制，完善惩治和预防腐败体系，严肃查处各类违纪违法案件。加大重点领域、重点行业、重点部位和关键环节的监管力度，强化执法监察、效能监察、廉政监察，推动电子监察，加强审计监督，深化“四风”问题整治，努力树立勤勉务实、清正廉洁的政府形象。广泛深入持久开展“讲道德、明是非、守纪律”集中教育活动，推动党风、政风、民风持续好转，实现县域风清气正和长治久安。

各位代表，时代赋予重任，人民委以重托，实干铸就辉煌。让我们在中共宁乡县委的坚强领导下，奋勇担当、奋力拼搏、奋发有为，为加快推进三大建设、率先建成全面小康而努力奋斗！

推进协商民主 服务三大建设 为率先全面建成小康社会献智出力

——在政协宁乡县第十一届委员会第五次会议上的工作报告

宁乡县政协主席　喻亚军

(2016 年 1 月 5 日)

各位委员,同志们:

我受政协宁乡县第十一届委员会常务委员会委托,向大会报告工作,请予审议,并请列席会议的同志提出意见。

2015 年工作回顾

一年来,在中共宁乡县委的正确领导和市政协的具体指导下,县政协认真学习贯彻党的十八大,十八届三中、四中、五中全会和习近平总书记系列重要讲话精神,坚持围绕中心、服务大局,科学履行政治协商、民主监督、参政议政职能,切实发挥人民政协在凝聚共识、汇集力量、建言献策等方面的独特优势,在加快实力园区、新型城镇、美丽乡村三大建设中彰显政协价值,取得良好工作成效。

一、聚焦协商民主,履行政协职能更加科学

1. 搭建协商议政平台。一年来,县政协召开全体会议 1 次,主席会议 18 次,常委会议 4 次,政联处主任会议 5 次,各类专题座谈会 30 多场次。县政协十一届四次会议期间,全体委员以高度的政治责任感和强烈的主人翁精神,通过分组讨论、界别活动、调研座谈、撰写提案等形式围绕稳增长、促改革、调结构、惠民生提出 45 条建设性的意见,得到县委、县政府及有关部门的重视和采纳,在社会各界产生良好影响。有 6 位委员在大会上作发言,分别从“做大盘活飞地经济”“着力解决城区停车难”“科学处理城乡生活垃圾”等方面提出具有前瞻性和可操作性的建议。为进一步完善政协协商民主,推进政协工作制度化、规范化、程序化,县政协组织专门力量,认真总结提炼近年来政协履职实践中的好做法、好经验,出台履行三项职能的规定,已经中共宁乡县委研究并印发实施。同时,制定《政协宁乡县委员会 2015 年协商计划》,正式启动“双月”协商座谈活动,重点对 WIFI 平台建设、企业转型升级、宁乡县“十三五”规划有关产业发展布局、学前教育等议题进行专题协商,形成协商纪要并提交县委、县政府。县委常委会专门听取政协工作汇报,县政府及时向县政协常委会议通报全县经济社会发展情况并听取意见和建议,各乡镇(街道)党(工)委定期邀请政协委员列席相关会议,共同协商地方发展大计,全县协商议政的氛围日益浓厚。

2. 拓宽民主监督渠道。一是委派民主监督员。县政协继续组织开展委派民主监督员工作,54 位民主监督员分成 6 个小组,委派到县发改局等 6 家单位。各民主监督小组分别就优化行政审批程序、重点用户供电、商事登记制度改革等群众关心关注的热点难点问题进行有序监督,促进相关问题的及时解决。各委派单位虚心听取意见,认真整改落实,及时整理反馈,切实增强民主监督实效。二是民主评议乡镇(街道)。5 月份,县政协启动对全县乡镇(街道)的民主评议工作,县政协主席会议成员带队,组织部分政协委员和政协工作者分成 6 个评议小组,调查走访全县所有乡镇(街道),召开不同形式的座谈会 60 多场次,掌握大量一手资料,取得阶段性的评议成果。三是开展专项视察监督。组织委员对新闻宣传、学前教育、环保执法工作和金玉工业集中区发展情况进行专项视察,并召开座谈会提出许多可操作性的意见建议,有效解决相关问题。

3. 提高参政建言实效。一是成功举办“楚沩发展大讲堂”。邀请全国政协文史和学习委员会副主任卞晋平教授作“协商民主新格局和人民政协”的主题报告,组织全县党政负责干部和部分政协委员近 300

人参与活动。二是切实做好提案工作。县政协十一届四次会议以来，共收到政协委员提案 177 件、立案 174 件。县委、县政府高度重视提案办理，将其纳入全县绩效考核内容，并进行集中交办、统一考核。县委、县政府主要领导领衔督办重点提案，县政协主席会议成员专题督办重点提案，有力促进提案办理和落实。截至 2015 年 11 月底，提案全部办理完毕，答复率 100%，满意和基本满意率 98%。三是注重加强合作共事。加强与各民主党派、工商联和无党派人士的联系交流，积极为他们搭建建言献策、参政议政的平台，努力营造畅所欲言、合作共事的良好政治氛围。民进宁乡工委、农工宁乡基层工委、县工商联和广大无党派人士积极参政议政，深入调查研究，提交的《加快改变农村“养儿防老”现状》《关于规范化回收处理废旧电池的建议》等调研文章为党委政府科学决策提供重要参考。

二、紧扣改革发展，助推三大建设更加主动

1. 积极开展“三服务”活动。按照市政协“服务发展大局、服务民生民利、服务社会和谐”的“三服务”活动要求，开展以助推“三大建设”为主题的系列服务活动。县政协主席会议成员率相关职能部门负责人和部分政协委员多次深入夏铎铺镇、回龙铺镇、东湖塘镇等乡镇开展服务活动，协调解决镇、村反映的 10 多个问题；组织部分政协委员、政协工作者在双江口镇檀树湾“政协林”基地开展义务植树活动。扎实开展“百名政协委员帮扶百名优秀贫困学子”活动，县政协主席会议成员带队，采取入户发放和集中发放相结合的方式，及时将 36.4 万元资助款送到 130 名优秀贫困学子手中。

2. 积极参与重点工作。按照县委要求，县政协主席会议成员深入各自联系的冠源·爱琴湾、印象麓山现代农业基地等 12 个重大项目和 13 家重点企业进行帮扶，协调解决具体问题 42 个；多次深入各自联点的学庵社区等 7 个村(社区)调研指导拆违控违工作，全面了解工作进度，积极推进相关工作；扎实开展基层党组织结对共建、建设扶贫和“一推行四公开”群众工作，进一步密切党群干群关系，推动帮扶联系村的各项工作有序开展；认真组织扶贫济困精准化常态化工作，积极开展“进村入户、访困问需、访贫问计”的“一进二访”活动，县政协主席会议成员多次深入东湖塘镇、龙田镇、沙田乡、资福镇等乡镇实地调研当地情况，全面核实扶贫对象，走访慰问贫困家庭，有针对性地指导扶贫脱贫工作。政协机关 23 名干部与回龙铺镇塅家桥村、泉福村 44 个重点贫困户进行结对帮扶。

3. 积极彰显委员作为。政协常委会鼓励委员立足本职岗位，履行职能，服务发展，委员在各自的岗位上做出突出贡献。刘颖、唐朝晖、严柏军等委员积极投身实力园区建设主战场，为园区招商引资、项目建设竭诚尽智。何峰委员所在的沪农商村镇银行积极构建支持中小企业的融资体系，拓展中小企业的直接融资渠道。陈科军、杨瑞祥、王泽良等委员全力服务城市开发建设，为我县城镇品质的提升做了大量富有成效的工作。汤亚平、周国勇、于子长等委员用心开发高品质楼盘，进一步靓化城市形象，提升城市品位。王建新委员引导社区居民积极支持新型城镇建设工作，有效助推喇叭口停车场建设。黄治国委员参与组织成立东莞市湖南长沙商会，广泛动员省内外宁乡籍人士为美丽乡村经济博览会出资出力。杨建新委员积极投身民办教育事业，打造的“闪光课堂”模式在省内外产生广泛影响。胡宇委员积极参与组织大型宗教文化活动，引导宗教界人士和信教群众服务县域发展。潘继斌、李慈君、周光如等委员热心参与公益事业，善于化解社会矛盾，积极弘扬传统美德，获评首届“宁乡县十佳社会贤达”。周朝阳、袁志青、姜配良等委员在扶贫助学、关爱孤寡老人中发挥表率作用，受到社会各界的交口称赞。玉潭建筑的唐春明、沙龙畜牧的李述初、拜特生物的彭建宗、长河机械的胡均平、邦普循环科技的李长东、松井新材料的凌云剑等一大批委员积极兴办实业，为县域发展做出积极贡献。

三、把握工作主题，服务社会和谐更加精准

1. 重视联络联谊，增进团结友谊。今年以来，接待省、市政协及兄弟县(市)政协 30 多批次到宁乡指导交流工作。9 月份，组织部分政协常委和政协工作者分成 5 个小组，分赴山东邹平、陕西蓝田等县(市)政协进行考察交流，营造出联络联谊的良好氛围。举办迎春茶话会，邀请各界人士欢聚一堂，庆佳节、话和谐、谋发展。7 月份，县政协积极参加长沙市第三届“政协杯”男子篮球赛，并取得全市第二名的佳绩，展示宁乡政协良好的精神风貌。

2. 评选社会贤达，广泛凝心聚力。5 月份，正式启动首届“宁乡县社会贤达”和“宁乡县十佳社会贤达”评选表彰工作，县政协对各乡镇、各战线的推荐人选进行了认真审核把关，通过组织考察、部门联审、专题研究、社会公示等程序，评选出 10 名“十佳社会贤达”、24 名“十佳社会贤达提名人选”和 342 名“社会贤达”。同时，组织拍摄制作《贤达风采》宣传片，编辑出版《宁乡当代社会贤达大典》。12 月份，隆重举行首届宁乡县社会贤达表彰活动，并充分利用媒体广泛宣传社会贤达的典型事迹，大力营造崇尚贤达、学习贤达、争当贤达的浓厚氛围。在全面落实

"讲道德、明是非、守纪律"集中教育活动中,有效发挥社会贤达的重要作用,积极汇聚推动县域经济社会发展的正能量。

3. 深化文史宣传,扩大社会影响。广泛开展文史资料的征集整理,成立宁乡县历史文化丛书编辑委员会,正式启动《宁乡历史文化丛书》编辑出版工作。编辑《社情民意》40期,报送县委、县政府及上级有关部门,其中老粮仓镇政联处主任黄昆明撰写的《农村基层党总支下设支部应注重科学性》等12条社情民意被省、市政协采用。精心办好《宁乡文史》专刊、《宁乡政协》会刊和宁乡政协网站,并在《人民政协报》《湘声报》《长沙晚报》等国家、省、市报刊发表宣传宁乡的文章75篇,其中《湖南省宁乡县专题建言学前教育》等3篇稿件在《人民政协报》新闻版刊发,《关于宁乡林业改革发展的调研报告》在省政协组织的调研报告评选活动中荣获三等奖。

四、注重自身建设,夯实基层基础更加有效

1. 认真开展"三严三实"专题教育活动。按照中央和省、市、县委的统一部署,县政协深入开展"三严三实"专题教育活动,县政协主席会议成员针对"严以修身、严以用权、严以律己"开展三次专题学习研讨,促进相关问题的整改落实;机关干部、职工认真学习"乐东经验",积极开展研讨,撰写心得体会,取得改进作风、推动工作的良好成效。

2. 不断提升机关委办工作水平。机关各委办按照"热情、规范、效能、和谐"的工作要求,精心组织好各项活动。办公室积极发挥参谋服务作用,进一步强化办文、办会、办事的归口管理和精细服务,促进机关工作质量和办事效率的提升。经科委牵头负责民主评议、专题调研工作,真正做到问计于基层、求知于实践,使调查研究的成果具有很强的针对性和可操作性。群团联络委统筹协调委派民主监督员工作,认真组织迎春茶话会和"双百"爱心助学活动,促进民主监督和联络联谊工作的有序开展。文教卫体委组织开展湘西、炭河里采风活动,成功举办宁乡群众书法展和女子书法展,为推动全县文化建设发挥积极作用。提案法制委建立健全提案工作机制,创新提案征集办法,加大重点提案督办力度,及时对提案的落实进行跟踪问效,提案成果转化得到进一步提升。人资环委对黄材水库、铁冲水库的水资源保护和利用情况进行深入调查研究,提出科学合理的建议。

3. 充分发挥乡镇(街道)政联处作用。各乡镇(街道)政联处在当地党(工)委的领导和支持下,为地方经济社会事业发展做了许多卓有成效的工作。东湖塘镇政联处认真做好拆违控违工作,全力服务新集镇建设。大成桥镇政联处积极助推"鹊山模式"的实施和推广,为实现土地流转规模经营探索出一条新路子。大屯营镇政联处组织委员主动捐资投劳、积极调解拆迁纠纷,助力美丽乡村建设。坝塘镇政联处成功组织文艺汇演活动,广泛宣传美丽乡村建设典型事迹。玉潭街道政联处以"彰显玉潭魅力,扩大政协影响"为主题,组织委员捐资助学、扶贫帮困,得到社会广泛赞誉。城郊街道政联处组建"爱泽郊扬"志愿服务队,开展服务活动10多次,切实解决部分困难群众的实际问题。道林镇、双凫铺镇、历经铺街道政联处积极开展精准扶贫工作,组织政协委员对贫困户进行资金资助、就业扶助、患病救助和生产生活帮助。金洲镇、沙田乡、菁华铺乡、白马桥街道等乡镇(街道)政联处全力服务"三大建设",扎实做好"两评"工作,认真组织委员撰写调研报告,反映社情民意,委员活动有声有色。

过去一年,县政协常委会工作取得的各项成绩,是中共宁乡县委正确领导的结果,是市政协精心指导的结果,是县人大、县政府及各部门、乡镇(街道)大力支持的结果,是广大政协委员和政协工作者共同奋斗的结果。在此,我谨代表政协宁乡县第十一届委员会表示衷心的感谢。

在肯定成绩的同时,也要看到我们的工作还存在一些薄弱环节,如助推发展的能力需要进一步提升,参政议政的成果转化机制需要进一步健全,委员履职的主体作用需要进一步发挥。这些我们都应在今后的工作中认真加以研究,切实予以改进。

2016年工作思路

2016年是"十三五"的开局之年。县政协工作的总体要求是:高举中国特色社会主义伟大旗帜,认真贯彻党的十八大以及十八届三中、四中、五中全会和习近平总书记系列重要讲话精神,按照《中共宁乡县委关于进一步加强人民政协工作的意见》要求,在中共宁乡县委的正确领导下,认真履行政治协商、民主监督、参政议政职能,全力服务实力园区、新型城镇、美丽乡村建设,不断提高人民政协协商民主制度化、规范化、程序化水平,为率先建成让人民群众看得见、摸得着、感受得到的全面小康社会做出新的更大贡献。

一、坚持党的领导,在增进政治共识上把准方向

要把学习贯彻党的十八届五中全会和习近平总书记系列重要讲话精神,作为当前和今后一个时期的首要政治任务,通过专题讲座、学习研讨、座谈交流、理论研究等多种形式,学深学透,学以致用。要坚定正确的政治方向,切实把思想和行动统一到中央和省、市、县委的决策部署上来,把智慧和力量凝聚到县委十一届七次全会确定的目标任务上来,巩固团结奋斗的共同思想政治基础，汇聚服务创新、协调、绿色、开放、共享发展的强大合力。要自觉把政协工作置于党的领导之下，坚持重要工作及时请示，重点建议及时报送，重大活动及时邀请党政主要领导出席，努力形成“党委重视、政府支持、政协主动、部门配合”的工作格局。要从宏观上准确研判和把握发展的新趋势，适应新常态、融入新常态、引领新常态，善于运用法治思维和新常态理念观大势、谋大局、履好职，努力使政协工作体现时代性、把握规律性、富有创造性。

二、积极履行职能，在推进协商民主上深入探索

按照《中共宁乡县委关于转发〈政协宁乡县委员会关于政治协商、民主监督、参政议政的规定（试行）〉的通知》（宁发〔2015〕14号）要求，突出履职重点、创新工作方法、狠抓制度落实，不断提高政协工作科学化水平。通过政协全体会议、常委会议、主席会议、专题会议、专委会会议等形式，对全县经济社会发展中的重大事项，深入开展广泛多层的政治协商，坚持协商于决策之前和决策实施之中，为县委、县政府科学民主决策提供支持。制订和落实好年度协商计划，有序开展专题协商、对口协商、界别协商、提案办理协商，促进协商议政更加富有成效。定期邀请党政负责同志到政协通报全县经济社会发展情况，精心组织“楚沩发展大讲堂”等有政协特色的建言活动。深入推进委派民主监督员工作，扎实搞好民主评议乡镇（街道）工作，进一步提高监督实效。重视专题调研、委员举报，加强民主监督成果的转化运用，加大对重要协商意见的督办力度，推动各类协商建议的跟踪落实。探索组织部分政协委员对政府相关职能部门进行“信任度”测评，更有效地提高参政议政的实际成效。

三、汇聚改革合力，在助推经济发展上积极作为

严格落实市政协“三服务”活动要求，结合工作实际，加大督查指导，树立活动典型，努力实现为“三大建设”助力，为民本民生解难，为促进和谐支招的“三为”活动目标。按照县委统一部署，积极参与项目企业帮扶、拆违控违、精准扶贫等重点工作，在促进发展中出实招、办实事、求实效。继续开展“政协领导乡镇行，三看三促谋发展”活动，引导广大政协委员和政协工作者，积极投身经济社会发展的主战场。继续提请县委、县政府主要领导领衔督办重点提案，组织好提案办理“回头看”活动，更好地运用提案服务地方发展。组织政协委员和政协工作者积极参与“全民植树、美丽宁乡”活动，切实维护好“政协林”基地，以实际行动助推秀美幸福宁乡建设。

四、突出团结民主，在营造和谐氛围上彰显价值

继续开展“百名政协委员帮扶百名优秀贫困学子”活动，适时召开总结大会，宣传推介活动典型，切实彰显活动成效。积极引导委员参与扶贫帮困、爱心资助、社区服务等社会公益活动，为民生改善多作贡献；充分发挥社会贤达在弘扬正义、和睦邻里、调处纠纷等方面的重要作用，为促进社会和谐凝心聚力。坚持把增进团结、协调关系、化解矛盾作为履行职能的重要着力点，积极促进政党关系、宗教关系、阶层关系和海内外同胞关系更加和谐。多渠道、多领域、多形式地加强同各地宁乡知名人士的联系，认真组织好迎春茶话会、中秋联谊会等各种联络联谊活动，更广泛地凝聚发展正能量。围绕群众思想认识困惑点、利益关系交织点、社会矛盾易发点，及时了解并准确反映社情民意，有效维护团结稳定的社会大局。充分发挥文史资料存史资政、团结育人的社会功效，全面完成《宁乡历史文化丛书》的编辑出版工作，办好《宁乡文史》《宁乡政协》和宁乡政协网站，不断扩大政协工作影响。

五、强化自身建设，在提升履职能力上务求实效

严格按照中央和省、市、县委的要求，扎实开展“三严三实”专题教育活动，积极参与“讲道德、明是非、守纪律”集中教育活动。进一步健全常委会工作机制，创新工作方式，激发履职活力，提高新形势下政协常委会工作水平。注重发挥专委会的基础性作用，各专委会要结合工作实际，按时完成一个课题调研，组织一次对口协商，撰写一篇有影响的理论文章或社情民意信息在市级以上刊物发表，进一步彰显专委会的履职成效。按照“守纪律、讲规矩、敢担当、提效能”的工作要求，切实加强机关思想、作风、制度、能力建设，努力提高机关干部队伍整体素质。组织开展委员评先评优、优秀调研报告评比等一系列评选表彰活动，组织召开委员履职优秀事迹报告会，充分调动委员履职的积极性和主动性。进一步加强对乡镇（街道）政联处工作的指导，适时组织各乡镇（街道）政联处同志研讨交流、述职测评，不断提升乡镇（街道）政协工作整体水平。2016年是十一届县政协任期的最后一年，县政协在圆满完成工作任务的同时，要严格按照县委要求，认真筹划，精心安排，确保政协换届工作顺利进行。

各位委员，同志们！风正海阔，自当扬帆破浪；任重道远，更须策马扬鞭。让我们更加紧密地团结在以习近平同志为总书记的中共中央周围，在中共宁乡县委的坚强领导下，满怀豪情，团结奋进，求真务实，改革创新，为实现我县“十三五”精彩开局、率先全面建成小康社会而努力奋斗！

概 述

2015年,宁乡县辖4个街道、21个镇、4个乡:玉潭街道、城郊街道、白马桥街道、历经铺街道、道林镇、花明楼镇、东湖塘镇、夏铎铺镇、双江口镇、煤炭坝镇、坝塘镇、灰汤镇、双凫铺镇、老粮仓镇、流沙河镇、巷子口镇、龙田镇、横市镇、回龙铺镇、黄材镇、大成桥镇、青山桥镇、金洲镇、大屯营镇、资福镇、菁华铺乡、喻家坳乡、沙田乡、沩山乡。县政府驻玉潭街道金州大道5段。县域总面积2905.92平方千米,年末全县总户数45.83万户,户籍总人口140.63万人。宁乡地处雪峰山余脉东缘和湘江下游西侧,地势由西向东呈阶梯逐级倾斜。属亚热带季风湿润气候,2015年,县年平均气温18.0℃,较历年平均偏高0.9℃,年降水量1458.6毫米,较历年同期偏多7.9毫米,年日照时数1408.3小时,较历年同期偏少274.2小时。特别是11月日照时数48.2小时。全年,宁乡县紧扣"加快三大建设,实现全面小康"的工作总要求,克难奋进,县域经济在严峻复杂形势下实现"稳中趋缓"增长。社会各项事业稳中有进。

综合。2015年,宁乡县实现地区生产总值(GDP)1002.17亿元,比上年增长12.1%。其中第一产业实现增加值109.72亿元,增长4.9%;第二产业实现增加值675.55亿元,增长12.7%;第三产业实现增加值216.90亿元,增长13.0%。按常住人口计算,人均GDP达8.17万元。第十五届县域经济基本竞争力排名前移11位,跃居全国百强第39位,中部第3位。全县三次产业结构由上年的10.9∶68.2∶20.9调整为10.9∶67.4∶21.7,工业增加值占GDP的比重为61.2%。第一、第二、第三产业对经济增长的贡献率为3.6%、75.7%、20.7%,分别拉动GDP增长0.4、9.2、2.5个百分点。宁乡GDP总量、工业增加值、全社会固定资产投资、社会消费品零售总额占全市的比重分别为11.8%、16.4%、13.2%、6.4%。全年新增城镇就业1.23万人,新增农村劳动力转移1.39万人,失业人员再就业2650人,其中就业困难对象再就业990人,零就业家庭动态就业援助100%,年末城镇登记失业率为2.96%,培训失业人员1.25万人,其中开办创业班12期,培训人数348人。

农业。2015年,宁乡县实现农林牧渔业总产值168.40亿元,比上年增长5.0%。其中农业产值94.29亿元,增长9.9%;林业产值5.32亿元,增长5.5%;牧业产值60.37亿元,下降2.5%;渔业产值5.80亿元,增长5.2%;农林牧渔服务业产值2.62亿元,增长9.9%。全年粮食种植面积199.12万亩,比上年增长0.3%,其中稻谷播种面积182.97万亩,增长0.5%,优质稻种植面积所占比重为80.1%;蔬菜种植面积69.90万亩,增长1.0%;烟叶种植面积6.49万亩,下降25.0%。主要农产品产量有增有减,全年粮食总产量88.76万吨,比上年增长3.7%;烟叶0.95万吨,下降25.0%;蔬菜166.52万吨,增长3.3%;出栏肉猪212.70万头,出笼家禽3857.20万羽,分别下降4.4%、1.3%。全县年末农机总动力170万千瓦,比上年增长3.3%。共有联合收割机5400台,大中型拖拉机2142台,插秧机607台,分别比上年增加616台、300台、100台。水稻耕、种、收综合机械化水平达到70.4%,比上年提高0.4个百分点。农村基础条件不断夯实,全年累计清淤山塘607口,沟渠疏浚259.07千米,改造河坝70座。改造建设农村公路283.66千米、危桥26座,建成户用沼气池306口,农村改水改厕2540座。

工业和建筑业。2015年,宁乡县实现工业增加值613.11亿元,比上年增长13.4%,工业对经济增长的贡献率为72.7%;其中规模工业增加值490.52亿元,增长15.0%,高于全市5.8个百分点。规模工业总产值突破2000亿元,达到2015.38亿元,增长15.1%。在规模以上工业中,股份制企业实现增加值421.60亿元,占规模工业增加值的比重85.9%。港澳台投资企业和股份制企业增速较快,分别增长29.3%和16.8%。全县园区规模以上工业实现产值1469.89亿元,占全部规模工业的72.9%,增长19.6%;实现增加值360.74亿元,增长19.4%。先进装备制造、食品、新材料新能源三大主导产业共实现产值1461.67亿元,占全部规模工业比重72.5%,增长15.6%。全县规模工业实现主营业务收入1936.58亿元,比上年增长18.6%;利润总额205.42亿元,增长23.5%;利税总额301.37亿元,增长15.8%。全年全县建筑业增加值62.50亿元,比上年增长6.0%。22家具有资质等级的总承包和专业承包建筑业企业实现总产值64.23亿元，增长3.9%；房屋建筑施工面积591.41万平方米，下降4.9%；竣工面积260.39万平方米，增长25.7%。

固定资产投资和招商引资。2015年，宁乡县完成固定资产投资842.09亿元，比上年增长18.4%。完成投资超过5000万元的在建项目123个，全年完成投资190.03亿元，占全社会投资总额的22.6%。在固定资产投资中，第一产业完成投资23.46亿元，增长0.1%；第二产业完成投资523.19亿元，增长72.2%；第三产业完成投资295.44亿元，下降23.1%。基础设施建设投资221.12亿元，增长13.1%；房地产开发投资35.25亿元，增长3.7%；商品房销售面积102.99万平方米，增长14.3%；其中住宅95.36万平方米，增长22.1%；商品房销售额43亿元，增长8.3%；其中住宅36.77亿元，增长24.6%。引进1000万元以上项目223个，其中亿元以上项目77个。实际到位县域外资金243.53亿元，下降4%；实际到位省外境内资金64.40亿元，增长10.6%；实际到位境外资金2.75亿美元，增长14.1%。

商贸和旅游。2015年，宁乡县实现社会消费品零售总额236.45亿元，比上年增长16.2%。按经营地统计，城镇消费品零售额175.33亿元，增长17.0%；乡村消费品零售额61.12亿元，增长14.0%。按消费形态统计，批发业实现31.34亿元，增长26.2%；零售业实现175.70亿元，增长14.5%；住宿业实现2.27亿元，增长16.7%；餐饮业实现27.14亿元，增长16.6%。按规模统计，限额以上单位商品零售额80.56亿元，增长14.2%；限额以下单位商品零售额155.89亿元，增长17.3%。在限额以上单位商品零售额中，通讯器材类增长38.0%，汽车类增长29.0%，日用品类增长24.2%，烟酒类增长23.5%，石油及制品类增长23.0%，饮料类增长21.9%。全年共接待海内外游客1642.06万人次，比上年增长13.9%；实现旅游收入200.64亿元，增长33.4%。

交通和邮电。2015年，宁乡县内公路里程4318.33千米，其中国道24.72千米，省道481.85千米；境内铁路里程68千米。全年旅客周转量比上年增长2%；货物周转量增长5%。全年完成邮电业务总量3.44亿元，比上年增长13.1%。年末本地固定电话用户9.41万户，下降6.9%；移动电话用户107.92万户，增长1.7%；互联网宽带用户11.36万户，增长9.1%。

财政和金融。2015年，宁乡县实现财政总收入82.16亿元，比上年增长2.0%，其中地方财政收入60.16亿元，增长8.0%，公共财政预算收入40.74亿元，增长15.4%。公共财政预算支出77.88亿元，增长18.3%。年末全县金融机构各项存款余额503.42亿元，比年初增加104.36亿元，增长26.2%。其中城乡居民储蓄存款余额298.05亿元，比年初增45.15亿元，增长17.9%；企业存款余额205.37亿元，比年初增加64.15亿元，增长45.4%；金融机构各项贷款余额462.50亿元，比年初增加163.21亿元，增长54.5%；金融机构利润总额8.91亿元，下降9.6%。

科学技术和教育。2015年，宁乡县拥有高新技术企业和生产高新技术产品的企业181家，全年实现高新技术产值1194.27亿元，比上年增长23.9%；实现增加值288.05亿元，增长21.9%，占地区生产总值的比重为28.7%，同比提高5.1个百分点。全年申请专利1380件，增长20.9%；其中发明专利371件，增长20.1%；授权专利955件，其中发明专利146件。成功申报国家、省、市各级科技项目167项，转化科技成果120项。全县有国家高级技术产业化基地1个、国家级科技企业孵化器1个、博士后科研工作站2家、院士后工作站4家、国家级工业设计中心1家、国家级企业技术中心2家、省级科技企业孵化器3个、省级工程技术研究中心7家、省级企业技术中心19家、省级工业设计中心1家、市级工程技术研究中心18家、市级企业技术中心27家。全县共有普通中小学321所，中职学校6所，特教学校1所。在校中小学生14.97万人，其中高中学生3.12万人（含中职学生5135人），初中学生4.1万人，小学学生7.73万人，特教学生142人。全县中小学教师职工9260人，其中专任教师8621人。全县共有幼儿园221所，在园幼儿3.94万人，教师职工2073人，其中专任教师992人。适龄儿童入学率100%，九年义务教育完成率100%，小学升学率100%。高考一本上线1082人，上线率13.8%；二本上线3487人，上线率44.5%，上线人数、上线率、录取人数、录取率居全省农村县市前列。中考合格率92.6%，比上年提高0.2百分点。

文化、卫生和体育。2015年，宁乡县拥有广播电台1座，电视发射台和转播台1座，公共图书馆1座，藏书量15万册。广播、电视综合人口覆盖率均98%，有线电视用户17万户。全县共有150支群众文艺团队，全年组织公益演出200场，公益电影放映4626场，捐赠图书1.6万册。共查处违法违规经营文化场所109家，收缴非法出版物8221册。全县拥有医院、卫生院52个，其中县直医卫单位8个，乡镇卫生院33个，民营医院11个。全县医疗机构床位总数6183张，其中县直医疗单位2913张，乡镇卫生院2145张。在编在岗卫生工作人员3677人，其中执业医师及执业助理医师2811人(含临聘人员),注册护士2545人(含临聘人员)。全年孕产妇住院分娩率100%,死亡率17.34/10万,5岁以下儿童死亡率4.8‰。全县共有体育场馆7座,400米田径场14个,乡镇门球场20个,拥有19个体育协会。承办中立篮球对抗赛,参加全国迎新年登高赛、百强县市男子篮球赛、江西婺源全国气排球邀请赛、湖南省体育系统登山比赛、湖南省气排球比赛、长沙市城区公仆杯篮球赛、长沙市欢乐潇湘广场舞大赛等,均分别取得一定成绩。

环境保护和安全生产。2015年,宁乡县工业废水排放达标率95%,"三同时"执行合格率100%,城镇生活垃圾无害化处理率100%,农村饮用水源达标率100%。全年空气质量优良天数355天,城区环境空气质量优良率97.7%。全县各类安全生产事故12起,死亡12人。其中道路交通生产性经营事故9起,死亡9人;工矿商贸等8大行业事故3起,死亡3人。

人口、人民生活和社会保障。2015年,宁乡县人口性别比为105.5∶100。年末常住总人口123.55万人,比上年增长1.4%。人口出生率13.39‰,死亡率5.51‰,自然增长率为7.88‰。城镇化率53.0%,比上年提高2.9个百分点。全年城乡居民人均可支配收入2.71万元,比上年增长9.0%,其中人均工资性收入、经营净收入、财产净收入、转移净收入分别为1.62万元、4702元、2770元、3497元。城镇居民人均可支配收入3.39万元,比上年增长9.0%,其中人均工资性收入、经营净收入、财产净收入、转移净收入分别为1.94万元、4150元、5915元、4443元;农村居民人均可支配收入2.15万元,比上年增长8.9%,其中人均工资性收入、经营净收入、财产净收入、转移净收入分别为1.34万元、5159元、162元、2714元。全年城乡居民人均消费性支出1.94万元,其中居住、食品烟酒、交通通信、教育文化娱乐支出分别占比24.1%、24.0%、16.7%、16.3%。城镇居民人均消费性支出2.21万元,其中居住、食品烟酒、教育文化娱乐、交通通信支出分别占比28%、22.9%、17.3%、10.4%;农民人均生活消费支出1.72万元,其中食品烟酒、交通通信、居住、教育文化娱乐支出分别占比25.2%、23.3%、20.0%、15.2%。全县承办的35个省、市重点民生实事项目全部圆满完成任务。五大社会保险参保总人数37.12万人,比上年末增长1.3%;新增参保人数13.21万人,增长6.8%。城乡居民基本医疗保险和养老保险参保人数分别为119万人、71.82万人。

推进改革创新,健全机制体制。2015年,宁乡县一是"十三五"规划编制顺利推进。《宁乡县国民经济和社会发展第十三个五年规划纲要(草案)》完成编制,为未来5年发展绘就蓝图。二是经济体制改革深入推进。全面推进商事制度改革,推行企业工商营业执照、组织机构代码证、税务登记证"三证合一",实行"多证合一、一照一码"登记模式;价费改革纵深推进,全面清理行政事业性收费,取消竞争性环节政府定价行为,深化重要公用事业、公益性服务价格监管;出台《宁乡县本级重大项目决策程序规定》,确保政府决策科学化、民主化和法制化;创新设立城市发展基金、招商基金、美丽乡村建设基金,有效缓解资金瓶颈压力;编制《深化县城基础设施建设投融资体制改革试点方案》,推进供水、供热、燃气、排污、教育、医疗等重点领域和薄弱环节县城基础设施建设融资改革;积极推进PPP模式,成功将炭河里遗址公园(二期)、妇女儿童医院等项目纳入省发改委PPP储备库;城投集团推进现代企业体制改革。三是政府机构改革迈出实质性步伐。推进新一轮政府机构改革和乡镇区划调整撤并部门16个,乡镇4个。四是行政审批制度改革步入深水区。清理精简规范县本级行政审批事项和行政职权,县本级行政审批事项从287项精简为176项,精简38.67%,公布《宁乡县县本级行政审批事项目录》《宁乡县人民政府部门责任清单》;保留县本级行政职权清理3275项,精简49.2%;加快建设市民之家工程,推动全县35家单位440个审批服务事项进驻市民之家。五是强化社会管理体制创新。重点破解失地农民社保问题,补缴6590人社保,完成2000人参保。新建32个"一站式"乡镇政务服务大厅。

大 事 记

2015年宁乡大事记

1月

1月12日　政协宁乡县第十一届委员会第四次全体会议隆重开幕，袁志恒、黎春秋、戴中亚、周辉、贺应辉到会祝贺，喻亚军作常委会工作报告。

1月13日　县十六届人大四次会议隆重开幕，黎春秋等大会执行主席在主席台就座，周辉作《政府工作报告》。

1月20日　宁乡县备受关注的重点招商项目——湖南宁乡义乌小商品批发城盛装开业，该项目开创了项目建设的“宁乡速度”，实现了建设速度、招商业绩、销售业绩三个第一。

1月21日　在北京召开的全国高级法院院长会上，宁乡县人民法院被最高人民法院授予“全国优秀法院”荣誉称号。

1月　在北京举行的第六届全国敬老爱老助老主题教育活动表彰大会上，宁乡县获得全国敬老模范单位称号。

2月

2月10日　宁乡县道林文化古镇、龙凤国际房车文化旅游露营基地项目在2015年长沙市文化产业投资推介会暨项目签约仪式上签约，同时宁乡县炭河里文化休闲旅游产业园、灰汤文化产业园等6个重点文化产业项目纳入《长沙市文化产业投融资项目手册》在签约会上发布。

2月28日　全国精神文明建设工作表彰暨学雷锋志愿服务大会在京召开，宁乡县获得全国文明城市(县级)提名资格，白马桥乡获评“全国文明村镇”。

2月　宁乡县花明楼镇入选住房城乡建设部公布第二批国家宜居小镇、宜居村庄示范名单，湖南4镇5村入选，数量位居全国第二。

3月

3月1日　楚天科技所研制的防污染无菌隔离高速针剂生产联动整体技术与装备成功打破国外垄断，荣获2014年湖南省科技进步一等奖。

3月3日　长沙市召开“2015雷锋精神论坛暨长沙学雷锋工作表彰会”，宁乡县玉潭镇通益社区获得长沙市“雷锋号示范社区”殊荣。

3月4日　宁乡县人民政府被评选为2014年度长沙市加速推进新型工业化工作优秀单位。

3月6日　金洲新区湖南省大学科技园项目举行签约仪式，签约四方采取PPP模式合作，总投资50亿元，建设战略性新兴产业培育基地、科技创业孵化和加速基地、科技创新研发总部基地与科技成果转化和知识产权交易中心。

3月9日　金洲新区跻身“国家级”产业示范基地，系全省唯一拥有“国家级”品牌的新材料(电池材料)产业基地。

▲　湖南首个“航空小镇”落户宁乡县，一个主打航空文化旅游的“航空小镇”在沩山风景区破土奠基，总投资5亿元，计划3年建成。

3月12日　宁乡经开区与安徽省滁州经开区签署食品饮料产业战略合作联盟框架协议。

3月18日　省政协主席陈求发就加快培育新兴产业、构筑“多点支撑”格局，打造湖南发展升级版，到宁乡县工业园区和企业进行调研。省委常委、市委书记易炼红，省政协副主席武吉海，市委副书记、市长胡衡华，市政协主席范小新，市委常委、市委统战部部长文树勋，市委常委、市委秘书长陈献春，县委书记黎春秋参加调研。

3月19日　宁乡县县城总体规划通过市规委会

评审,新《总规》规划区控制范围670.02平方千米,规划建设用地50—75平方千米。

3月21日　宁乡县在湖南省全面建成小康社会推进工作会议上喜获“全年小康经济强县奖”。

3月27日　湖南省低碳技术实践交流会在金洲新区工业集中区举行,40多名国内外专家参加了交流会。

▲　长沙市科技大会召开,楚天科技荣获“2014年度长沙市企业科技创新市长奖”,公司首席技术总监刘振被评为“长沙市首席科技创新创业领军人才”。

3月28日至29日　由香港艾力彼医院管理研究中心、香港《医院观察》杂志社主办的2015中国医院竞争力论坛在广州中国大酒店举办,宁乡县人民医院获中国最具竞争力县级医院50强,名列第42位。

3月　省农委近日发出的表彰全省2014年度社会主义新农村建设先进单位的通报,左家山村获评“湖南省美丽乡村建设示范村”。

4月

4月1日　农工党湖南各市州专职副主委到宁乡县就农工党基层组织建设工作进行专题调研,并先后参观农工党宁乡基层工委办公室,农工党中央、省、市、县四级社会化活动服务点横市镇泉柳村,楚天科技,林盛科技等企业。

4月2日　省委常委、统战部部长李微微深入宁乡县玉潭镇学庵小学和城郊乡中心小学,就香港“阅读·梦飞翔”文化关怀项目在宁乡县开展情况进行调研,要求宁乡县不断创新理念、拓展视野,总结提升经验,为项目在全省推广作出示范;同日,省委常委、统战部部长李微微,省台办主任冯波,市委常委、市委秘书长陈献春等一行还对宁乡县绿野香田温泉生态健康城这一台商项目进行现场调研。

4月7日　长沙市人民政府与深圳华强集团正式签订项目合作框架协议,“美丽中国·文化产业示范园”项目落子宁乡。

4月13日　县委召开全县党政负责干部会议,长沙市委组织部常务副部长袁黎明宣读湖南省委、长沙市委关于宁乡县委主要负责人职务调整的决定:经2015年3月30日省委常委会议和2015年3月24日市委常委会议研究,黎春秋不再担任中共宁乡经济技术开发区党工委书记、委员,中共宁乡县委书记、常委、委员职务,已由省委提名为长沙市人民政府副市长候选人;谭小平任中共宁乡经济技术开发区党工委委员、书记,中共宁乡县委委员、常委、书记。

4月14日　长沙市2014年度经济社会发展综合实力“十强十块”乡镇街道名单揭晓,宁乡县玉潭、白马桥、沩山、偕乐桥获评。

4月17日　宁乡经开区获授“湖南省孕婴童产业示范园区”。

4月28日　加加食品投资12亿元兴建的食品科技工业园正式竣工投产,标志着国内规模最大的日式高端酱油生产线投入使用,将新增公司酱油产能20万吨。

4月　湖南十大全面小康经济强县名单首次公布,宁乡县位居十强小康经济强县第二位。

▲　大河西农产品物流中心项目在全市现代农业发展综合考评中获“长沙市2014年度现代农业项目建设优秀单位”。

5月

5月8日　金洲新区工业集中区项目签约仪式举行,长沙银行(金洲)战略合作基金、鑫磊国际精密铸件、锂电谷10亿安时动力产业园、广州长岳玻纤、华铝机械航空和轨道交通检修平台等5个项目成功签约,项目总投资达46亿元。

5月12日　县委十一届六次全体(扩大)会议召开,会议绘制宁乡未来发展新蓝图,号召全县上下加快实力园区建设、新型城镇、美丽乡村建设,努力建成看得见摸得着感受得到的全面小康。

5月15日　“美丽中国·长沙文化产业示范园”的首期项目——湖南华夏历史文明传承主题园在深圳文博会上正式签约。

5月26日　湖南省人民政府《关于设立宁乡高新技术产业园区的批复》(湘政函〔2015〕79号)正式下发,金洲新区成功跻身省级高新技术产业园区行列,升级为宁乡高新技术产业园区,标志着宁乡县实力园区建设再获新突破。

5月28日　宁乡县召开“十三五规划”编制部署动员大会。

5月30日　湖南省公示6名省推荐的全国优秀县委书记人选,宁乡县委书记谭小平成为长沙进入候选的唯一人选。

5月　宁乡县花明楼景区、沩山密景区进入国家旅游局首批“全国旅游价格信得过景区”名单。

6月

6月3日　湖南省首批“国培计划”项目县评审结果公布，宁乡榜上有名，为长沙市首批唯一评审通过的单位。

6月4日　湖南省在湘潭经开区举行“省级特色产业园”授牌会，17个特色产业基地获得授牌，宁乡经开区被授予“家电特色产业园”和“食品加工特色产业园”。

6月5日　宁乡县召开加快新型城镇建设动员大会，正式出台《宁乡县加快新型城镇建设实施方案》，方案明确了宁乡县2015年到2017年新型城镇建设的三年总体目标。

6月6日　小洋人宁乡基地竣工投产，该项目在两到三年内，将实现销售10亿元，税收8000万元，宁乡基地成为小洋人集团布局在华北、华东之外的第三个战略支点。

▲　湖南首届“互联网+”智慧商业高峰会在宁乡县召开。20余位互联网行业领军人物，以及城市管理、商业地产、农业、旅游文化等领域的专家参加本次盛会。省商务厅副厅长周船，副市长何寄华，县委副书记、县长周辉出席开幕式。

▲　湖南异地商会联合会顾问许云昭一行到宁乡考察，并先后考察洋河酒业项目和东方红郡项目建设情况。

6月10日　县人民政府与麦德龙·麦咨达（上海）公司就农业咨询及追溯系统项目落户宁乡正式签约，为宁乡县农产品走出国门架设金桥。

▲　县城管、公安、工商、食安等200多名执法人员开展联合执法，对城区违法违规经营的30余处夜宵摊贩、夜市摊点进行集中整治。

6月11日　宁乡县台侨法律服务中心在湖南省严明律师事务所挂牌成立。

6月13日　首届沩山茶业黄茶文化节在宁乡沩山密印寺开幕。

6月16日　水利部副部长李国英率领中央涉农专项督导组到宁乡，就涉农资金专项整治情况进行督查。副省长戴道晋，副市长黎石秋等领导一同督查。

▲　宁乡县启动为期17天的2015年“食品安全宣传周活动”。

6月26日　宁乡高新区举行湖南省大学科技产业园、湖南省高等院校知识产权运营服务中心揭牌暨项目签约仪式，副省长李友志，市委常委夏建平等领导出席。

▲　宁乡县在楚天科技大剧院举办首届宁乡(博鑫)烟花安全文艺汇演。

6月27日　宁乡县召开庆祝建党94周年纪念大会，表彰了“十佳基层党组织”“十佳党组织书记”“十佳共产党员”、92个“先进基层党组织”，以及267名优秀个人。

6月28日　在宁乡县文体中心举行2015中国国家男子篮球队和立陶宛国家男子篮球队对抗赛，中国男篮以73：77不敌立陶宛队。

▲　市委副书记、市长胡衡华率市发改、国土、交通、水务、规划等部门单位负责人，到宁乡县调研北横线(宁乡段)的规划建设工作。

6月30日　宁乡经济技术开发区党工委书记、县委书记谭小平获“全国优秀县委书记”称号，并出席党中央在北京人民大会堂举行的表彰大会。

6月　国家发展和改革委员会专家组到龙田镇，就棠甘山锰矿矿区历史遗留重金属污染综合整治项目进行考察。

▲　安徽滁州市人大常委会主任李耀才、国家级滁州经开区管委会主任刘茂松一行到宁乡经开区考察园区企业的发展情况。

▲　《2015年中国工业发展报告》中首次发布2014年全国工业百强县（市）名单，宁乡名列第20位。

7月

7月4日　灰汤·相里湖南印象民俗体验村奠基。

7月7日　市委常委、宣传部部长张湘涛率市交通、农业、环保、电力、国土、水务等部门相关负责人到东湖塘镇牛山村，就牛山村产业发展、美丽乡村建设进行实地调研。

▲　县人民政府与长沙银行举行恳谈会，探讨双方合作事宜，并就合作设立城市发展基金、续贷基金、招商基金，以及美丽乡村建设基金签署战略合作协议。

▲　全省“飞地园区”试点建设现场会在宁乡县召开，宁乡“金玉模式”得到其他11家飞地规模产业园的认可。

7月9日　环保部总量司副司长黄小赠率队对宁乡县上半年减排工作进行现场核查，对减排工作总体表示满意。

7月14日　宁乡密印寺露天千手观音造像获得国家宗教事务局行政许可决定。

7 月 15 日 新华联集团总裁傅军一行到宁乡县考察投资环境,并先后考察县城建设、华强项目选址地、陶家湾原职业中专、宁乡经济技术开发区、宁乡高新技术产业园区、关山古镇等,详细听取了情况介绍。

7 月 18 日 韩国居昌郡郡守李洪基一行到宁乡县考察,以进一步增进对宁乡县的了解,促进两地在经贸、旅游、文化、现代农业技术交流等多方面开展合作。

7 月 21 日 国家统计局固定资产投资统计司司长贾海,到宁乡县调研上半年投资运行情况和上半年投资统计方法制度改革进展情况。

▲ 省人大常委会副主任陈叔红一行到宁乡县,深入楚天科技股份有限公司、东方红郡项目部、金玉乡镇工业集中区进行调研,并要求要全面深入了解企业生产发展状况,切实帮助企业解决矛盾和问题。

7 月 22 日 省委常委、市委书记易炼红率市委、市人大、市政府、市政协领导,以及各区县(市)、园区和市直部门主要负责同志,现场观摩宁乡县拆违控违和造绿透绿工作。

7 月 24 日 宁乡县召开县委常委议军会议,研究新形势新任务下,如何进一步加强宁乡县党管武装工作,高标准推进国防后备力量建设相关事宜。

7 月 30 日 WWF(世界自然基金会)气候与能源部主任卢伦燕一行到宁乡高新区进行节能低碳项目调研。

▲ 宁乡县广告管理办公室在县城市管理局挂牌成立。

7 月 31 日 芙蓉区委书记梁仲,区委副书记、区长于新凡率芙蓉区部分领导和相关部门负责人一行到宁乡县灰汤镇了解灰汤温泉文化展示馆、汤泉社区背街小巷等项目建设情况。

8 月

8 月 4 日 宁乡县中小企业协会第一届理事会暨组织机构选举会在宁乡经济技术开发区长宇科技园内召开。会议认真审议协会章程,选举会长、副会长、秘书长和副秘书长,32 家企业成为理事单位。

▲ 江苏省湖南商会在宁乡县举行捐建复办宁乡八中捐赠仪式。

8 月 10 日 岳阳市委书记盛荣华率岳阳市党政代表团到宁乡县考察经济社会发展情况。

8 月 11 日 省委宣传部副部长、省文明办主任刘进能等领导到宁乡县调研农村精神文明建设工作。

▲ 市委常委、常务副市长陈泽珲,副市长何寄华率 11 个市直部门单位负责人深入宁乡县调研香山国家森林公园保护和开发工作。

8 月 13 日至 14 日 慈利县县委书记、代县长邱初开率党政代表团,到宁乡县考察新型城镇建设、政府投融资平台转型工作。14 日宁乡县与慈利县签订友好县战略合作协议。

8 月 16 日 宁乡经济技术开发区与香港大嘉国际集团签署共建中部首家国际清真产业园《战略合作协议》。

8 月 18 日 省人大常委会党组书记、副主任于来山率相关省人大代表到宁乡县开展《中华人民共和国水污染防治法》执法检查。

8 月 22 日 第十五届县域经济与县域基本竞争力百强县(市)排名公布,宁乡县位居第 39 位。

8 月 26 日 省科协党组书记、常务副主席毕华率队到宁乡经济技术开发区开展企业科协工作专题调研。

9 月

9 月 7 日至 8 日 水利部副巡视员赵乐诗率省市相关部门负责人一行督查宁乡县农村饮水安全工作。

9 月 10 日 宁乡县在人人乐广场举行“文明交通微行动”启动仪式,全县各界代表 600 多人参加。

9 月 11 日 宁乡县首座人行天桥——紫金广场人行天桥竣工通行。

9 月 12 日 深圳市库贝尔生物科技有限公司向宁乡县捐赠价值 680 万元的医疗设备,用于乡镇卫生院“IOSS 标准化检验科”建设。

9 月 14 日 副省长李友志到宁乡高新区,对“一园一中心”(湖南省大学科技产业园、湖南省高等院校知识产权运营服务中心)的建设进行突击检查,并对项目建设和现场管理等给予了高度评价。

▲ 省卫生计生委主任张健到宁乡县白马桥乡卫生院和县人民医院,调研宁乡县推进卫生信息化、健康管理卡、医改等工作。

9 月 16 日 华容县县委书记刘铁健率华容县党政代表团一行考察宁乡县产业园区升级和“飞地经济”发展情况。

9 月 16 日至 17 日 全国烟农专业合作社行业示范社评定会在宁乡县召开。喻家坳乡金醇烟叶合作社被评定为行业示范社。

9月17日　省委督办专员调研组在蒋新祺组长的率领下,到宁乡县就园区建设发展情况、园区发展所取得的经验及存在不足、"十三五"园区发展思路、园区产业发展重点，以及对各级政府支持园区发展建议等进行调研，对宁乡昂扬向上的发展态势给予高度评价。

9月18日　宁乡县召开政府机构改革工作会议,宁乡新一轮政府机构改革工作全面启动。会议下发了关于《宁乡县人民政府职能转变和机构改革方案的实施意见》的通知。

9月19日　由省农村信用社联合社主办、宁乡农商银行承办的省农村信用社2015年"福祥·宁乡杯"男子篮球赛在县文体中心体育馆拉开帷幕。16支代表队的200多名运动员参加为期4天的角逐。

9月21日　中央党史研究室主任曲青山率调研组一行调研宁乡县党史工作,并深入花明楼镇,察看刘少奇纪念馆和刘少奇故居。

9月23日　宁乡县太平、鹞子山两家落后小煤矿关闭退出通过市政府验收组验收，标志着煤矿产业已经全部退出宁乡县工业的历史舞台。

9月24日　吉首市副市长谢党率吉首相关部门单位负责人一行到长沙大河西农产品物流中心考察。

9月26日　中国工程院院士、省政协副主席、"杂交水稻之父"袁隆平专程考察双凫铺镇超级杂交稻"百千万工程"高产攻关示范片示范基地。

9月28日　宁乡县第五届宜居文化节房产交易展示会在人人乐商业广场开幕,此会共持续3天,按照"政府搭台、企业唱戏、市场运作"模式,共吸引68家开发商和金融、物流等相关行业企业参加,现场布展企业57家,展区面积达3000多平方米。

9月　宁乡县成功申报成为国家电子商务进农村综合示范县。

10月

10月1日至5日　宁乡县在玉潭公园展出首届女子书法作品125件。

10月9日　国家旅游局宣布全国共17家首批国家级旅游度假区，宁乡县灰汤温泉旅游度假区名列其中,系湖南省唯一一家。

10月13日　副省长张剑飞到宁乡格力电器生产基地进行专题调研，并对格力电器宁乡综合生产基地前期建设给予充分肯定。

10月15日　国家卫计委副主任、党组成员崔丽一行调研宁乡县基层医改、公立医院改革和村卫生室管理建设等工作。

10月20日　省委常委、市委书记易炼红到宁乡县巷子口镇开展接访下访工作。

10月22日　湖南省加快转变农业发展方式现场会在宁乡举行,与会代表现场观摩湘都生态农业、卫红米业等农业企业,听取宁乡、桃源等县转变农业发展方式的经验介绍。

10月26日　宁乡经开区党工委书记、县委书记谭小平专程到北京拜会十二届全国政协副主席、民建中央常务副主席、我国新材料新能源领域的著名科学家马培华，请求他对宁乡新材料新能源产业发展、对宁乡高新技术区锂电谷建设给予指导和支持。

10月28日　宁乡举行炭河古城建设集中开工仪式,全面拉开炭河古城建设序幕。

10月31日　2015(首届)湖南中韩经贸文化活动周在长沙红星国际会展中心举行，设38个展馆,11月3日闭幕。

11月

11月2日　由湖南上懿丰新材料有限公司研制的新型超级节能气凝胶玻璃生产线在宁乡高新技术区正式投产,这是国内首条生产线。

▲　在省商务厅的带领下，韩国居昌郡郡守张敏哲带领韩国部分电梯产业、食品产业、化妆品、护理品客商代表到宁乡经济技术开发区进行考察,并实地考察加加酱油、飞翼股份、楚天科技等多家企业。

11月6日　上海市合作交流办公室书记温新华率团到宁乡县金洲镇关山村，就新农村建设进行考察。

11月10日　省文物局局长陈远平一行到宁乡县调研，决定将炭河里遗址定为全省文物保护和利用唯一创意示范工程。

▲　湖南省投资规模最大的文化产业项目——美丽中国·长沙文化产业示范园在宁乡县沩东新城开工建设。省委常委、市委书记易炼红,市委副书记、市长胡衡华,市人大常委会主任袁观清,市政协主席范小新等领导出席开工建设动员仪式。

11月13日　江苏省泰兴市委副书记孙云率领党政代表团到宁乡县考察新型工业化建设,并先后到宁乡高新技术产业园区和宁乡经济技术开发区考察。

▲　2015中国(长沙)科技成果转化交易会举行宁乡高新区专场,宁乡高新区现场签约项目7个,投资金额达39亿元。

▲ 市政协党组书记、主席范小新率市政协中共界别委员到宁乡开展视察活动，并先后到炭河里国家遗址公园、万佛灵山文化公园、长沙格力暖通制冷设备有限公司、宁乡未来方舟城市综合体项目、湖南省大学科技产业园、湖南省高等院校知识产权运营服务中心等地，考察文化旅游、重点工程建设、科技创新等情况。

11月18日 市人大代表第二小组对宁乡县国税工作开展情况进行调研，以进一步了解宁乡经济发展形势。

11月19日 县委书记谭小平，县委副书记、县长周辉率县委常委会成员赴益阳考察学习城市园林绿化工作，并先后考察学习益阳顺德城、汉森制药、茶业市场、胡林翼陈列馆、海洋城、万达广场、秀峰公园、奥林匹克公园等重大项目建设和城市配套工程。

11月20日 宁乡县首家社会停车场建成开放，喇叭口社会停车场位于历经铺乡319国道北侧金南社区9组范围，占地8.224公顷，总投资约8860万元，由县城投集团开发建设，项目于7月启动一期4.33公顷建设，建成停车位432个，其中小型车车位86个，自卸车(渣土车)位315个，铰接车(集装箱车)位31个。

11月24日 宁乡县在刘少奇铜像广场举行刘少奇同志诞辰117周年纪念活动。中央文献研究室、湖南省委宣传部、省文化厅、长沙市委宣传部、宁乡县委等领导，刘少奇女儿刘爱琴、任弼时女儿任远芳等革命元勋后代和当地群众参加。

11月26日 长沙市南北横线项目正式开工建设，省委常委、市委书记易炼红，市委副书记、市长胡衡华一行专程赶往南北横线项目宁乡大道北延线工程建设现场，看望慰问了项目建设者。南横线起于浏阳市文家市镇，止于宁乡县龙田镇冬塘村，全线长253.5千米，实际建设里程193.3千米。北横线起于浏阳市大围山横山界，止于宁乡县与安化县交界处的茆山溪，全长273.49千米，实际建设里程228.9千米。

11月27日 由省落实党风廉政建设责任制检查考核组组长、省纪委副书记、省监察厅厅长周农带队的省检查组一行，对宁乡2015年度落实党风廉政建设责任制工作进行检查考核和指导。

▲ 昆明市委副书记、市委政法委书记拉玛·兴高率考察团一行，到宁乡县考察涉农产业。先后前往宁乡金洲镇关山古镇、加加集团、乐福来食品公司、湘都生态农业发展有限公司考察。

11月28日 宁乡经济技术开发区与多力发展(香港)有限公司签署合作协议，多力外贸服饰产业园及太阳能光伏离网发电系统项目正式落户园区。

12月

12月1日 湘潭市委副书记、市长胡伟林率考察团到宁乡县关山古镇，考察旧城改造及特色小城镇建设工作。

▲ 随着提质改造绿化工程进入扫尾阶段，白马大道已经全面通车，白马大道提质改造工程北起仁福大道，南止于宁灰公路交叉处往南0.4千米处，全长2.8千米，灰汤支线长0.7千米，对白马大道行车道进行拓宽，将原有绿化带区域改造成为行车道，变为双向6车道。项目于2015年8月开工，总投资约7000万元。

12月4日 上午8时许，宁乡县举行国家宪法日集体宣誓仪式。宣誓仪式结束后，县领导一行前往人人乐广场参加“遵守宪法万人签名”活动。

12月17日 省十二届人大五次会议、市十四届人大四次会议召开前夕，在宁乡的省、市两级人大代表集体视察建设中的沩东新城。

12月18日 宁乡县首条城市自行车绿道正式投入使用，该道沿319国道连接历经铺街道喇叭口和夏铎铺镇天马新村。

12月19日 沩山密印寺千手千眼观音圣像开光，此次开光的千手千眼观音圣像高99.19米，是目前世界上最高的露天千手千眼观音。

12月23日 宁乡县举行“重大项目攻坚年”“狮子型”团队、“狮子型”干部颁奖典礼，11个“狮子型”团队和11名“狮子型”干部受到表彰。

12月24日 宁乡高新技术区与中铁九局集团有限公司、中钢设备有限公司、中民金融投资管理有限公司3家世界500强企业成功签约，并在宁乡举行项目开工仪式。

12月25日 宁乡县表彰376名社会贤达，其中“宁乡县十佳社会贤达”10人、“十佳社会贤达提名人选24人”、“社会贤达”342人。

12月 宁乡县入选全国生态文明先行示范区，成为全省唯一入选的县级行政单位。

▲ 宁乡完成区划调整，具体调整情况为：撤销原枫木桥乡、偕乐桥镇、灰汤镇，设立灰汤镇；撤销原坝塘镇、南田坪乡，设立坝塘镇；撤销原双江口镇、朱良桥乡，设立双江口镇；本次区划调整共涉及7个乡镇，81个村5个社区。

注：“▲”表示同月或同日。

中共宁乡县委

中共宁乡县委员会

书　　记　黎春秋(4月免)
　　　　　谭小平(4月任)
副 书 记　周　辉　　邓杰平
常　　委　黎春秋(4月免)
　　　　　谭小平(4月任)
　　　　　周　辉　　邓杰平
　　　　　刘永红(5月任,挂职)
　　　　　刘　亮　　汤智斌
　　　　　龚　畅　　张　武
　　　　　谢圣彬
　　　　　陈永高(9月免)
　　　　　刘　平　　王湘云
　　　　　吴文海(6月免)
　　　　　彭　韬(11月任)
督 办 员　胡新华(9月免)
　　　　　彭兵良(9月免)
　　　　　文跃军(9月免)
　　　　　戴鹏飞(9月免)
　　　　　黄　进(9月免)
　　　　　颜春泉(9月免)
　　　　　陈小平(9月免)

【县委常委会会议概述】 2015年，县委共召开县委常委会会议12次。会议坚持以习总书记系列重要讲话精神为指引,以“加快三大建设,实现全面小康”为工作总要求统领发展全局，始终高举富民强县旗帜,坚持民主团结,精心谋事议事,认真务实肯干,为建设更加富饶美丽幸福的安宁之乡作出科学决策部署。

关于“两新”组织党建工作。会议认为，在全面从严治党新形势下，进一步加强基层党建工作十分重要。“两新”组织党建工作是最基层的党建工作，要根据上级要求和自身实际，切实加强县“两新”工委自身建设,在人、财、物等方面给予充分保障，在抓好党组织覆盖、党的工作覆盖“两个覆盖”,“两新”组织党组织在职工群众中发挥政治核心作用，在企业中发挥政治引领作用“两个作用”等方面着力,扎实推进“两新”组织党组织标准化、规范化建设,推动基层党建工作迈上新台阶。

关于引进华强集团建设大型文化项目。会议认为,引进深圳华强文化科技集团建设湖南华夏历史文明传承主题园项目，是宁乡历史上最大的文化产业项目,将有力推动全县文化产业整合提升，有效提升宁乡县域发展的美誉度、影响力。湖南华夏历史文明传承主题园项目选址于沩东新城核心区范围内岳宁大道历泉互通东南角。为全力服务项目建设,成立宁乡县湖南华夏历史文明传承主题园项目建设领导小组，全面负责项目的对接推进落实工作。

关于统战工作。会议认为,党外知识分子是宁乡县优秀人才队伍的重要组成部分，是推动宁乡经济社会发展的重要力量，必须作为统战工作的重要对象来服务好、凝聚好。会议同意成立宁乡县党外知识分子联谊会，搭建成为宁乡县开展党外知识分子工作的有效载体，成为县委凝聚各方力量的重要平台。

关于议军工作。会议认为,做好武装工作，意义重大，使命光荣。会议要求,要着力强化党管武装使命,着力提升拥军兴武水平,大力加强作风建设，加强素质能力建设,提升参建参治水平,积极投身三大建设，实现县域发展与国防建设的良性互动，强县与兴武的有机统一。要着力强化拥军支武保障,营造良好氛围,坚决落实制度,坚持多办实事,以实际行动把拥军支武工作落到实处。

关于民生工作。会议认为,民生问题意义重大，事关党的执政之基。扶贫济困是最实在的民生工作。会议要求,要加大扶贫开发攻坚力度,推进扶贫济困精准化,至2017年,实现全县5.6万建档立卡贫困户“清零”、32个省定贫困村“摘帽”。重点抓好“千手”爱心救助基金、“千手”爱心救助热线、“千手”爱心驿站、“千手”大屋等民生实事，推动精准扶贫落地生根,确保人民群众得实惠。

关于开展“讲道德、明是非、守纪律”集中教育活动。会议认为，随着党的群众路线教育实践活动、“三严三实”专题教育等活动的持续推进，党员干部党性修养有所提升，但人民群众的素质与文明社会的要求还有差距,有必要开展“讲道德、明是非、守纪律”集中教育活动,让群众和党员干部一起受教育。会议原则同意制定印发《中共宁乡县委 宁乡县人民政府关于在全县广大干部群众中开展“讲道德、明是非、守纪律”集中教育活动的意见》和《宁乡县“讲道德、明是非、守纪律”集中教育活动实施方案》，利用2015年国家宪法日到2016年清明节这段时间，在全县广泛集中开展“讲道德、明是非、守纪律”集中教育,为“加快三大建设,实现全面小康”营造良好的德治、法治环境,推动党风、政风、民风的持续好转,实现县域的长治久安。

关于乡镇区划调整工作。会议认为,合理调整乡镇行政区划有利于构建宁乡县布局合理的城镇体系,有利于推进新型城镇化进程,有利于提高县域经济社会管理效能。会议原则同意撤销枫木桥乡、偕乐桥镇、灰汤镇,设立灰汤镇;原则同意撤销双江口镇、朱良桥乡,设立双江口镇,原则同意撤销坝塘镇、南田坪乡,设立坝塘镇。会议要求,全县各相关乡镇、部门要把乡镇区划调整改革工作作为一项重要政治任务来抓,积极抓好上级对接、信访接待等各项工作,确保如期如质完成区划调整工作。

关于干部教育培训工作。会议认为,宁乡作为干部大县,要认真学习中央党校工作会议精神,切实办好县委党校,办成一所一流党校。会议要求,要高度重视干部教育培训工作,由县委组织部牵头,出台干部培训轮训实施方案,统筹村干部、人大代表、政协委员等全县各级各类培训,创造出宁乡特色和宁乡经验。

关于群团工作。会议要求,群团组织要认真学习中央、省市群团工作会议精神,做好创新和结合两篇文章。创新就是要打破思维惯性,提出新思路和新理念。结合就是要结合宁乡实际和宁乡特色,围绕"三大建设",凝聚各方力量,为宁乡改革发展稳定做出新的更大的贡献。会议原则同意出台中共宁乡县委《关于进一步加强和改进党的群团工作的实施意见》,推动群团组织积极投身"三大建设"。

关于合并村工作。会议认为,合并村工作是继乡镇区划调整之后的又一重大政治任务。会议原则同意下发《关于做好乡镇区划调整改革中合并村工作的通知》和《乡镇区划调整改革工作中合并村工作指导意见》。会议要求,全县上下要统一思想认识,明确目标任务,坚持工作原则,切实做细工作,加强组织协调,确保2016年1月31日前完成合并村工作,确保合拢人心,迸发活力。

(彭　舜　徐建华)

【县委十一届六次全会概述】 县委十一届六次全体(扩大)会议于2015年5月12日在县会议中心一会议室召开,全体县委委员、县委候补委员,以及各乡镇、部门党政班子成员,村(社区)党组织书记,全国、省、市、县人大代表和政协委员代表等共1200多人参加会议。会议听取宁乡经开区党工委书记、县委书记谭小平所做的《加快三大建设 实现全面小康》的工作报告,全面部署全县当前和今后一段时期的经济社会发展工作。

会议明确提出"加快三大建设,实现全面小康"的工作总要求,号召全县上下加快实力园区建设、新型城镇建设和美丽乡村建设,努力在2017年建成让人民群众看得见、摸得着、感受得到的全面小康。

会议强调,"三大建设"与历届县委发展战略和思路一脉相承,既体现现阶段发展特点、突出工作重点,又覆盖到现阶段发展与工作的各个方面,同时又与广大干部群众的迫切愿望相契合,是各级各部门和广大干部、群众最广阔的舞台。

会议指出,"三大建设"决定宁乡发展能否开创新局,决定全面小康能否如期实现。全县上下要以一种时不我待、只争朝夕的紧迫感去推动这一历史进程,完成这一历史使命!

(徐建华)

【县委十一届七次全会概述】 县委十一届七次全体(扩大)会议于2015年12月30日在县会议中心二会议室召开,县领导和全体县委委员、候补委员和县纪委委员参加会议。会议听取宁乡经开区党工委书记、县委书记谭小平所作的《万众一心　只争朝夕　奋力推进"三大建设"向广度深度高度进军》的工作报告,回顾总结县"十二五"以及2015年工作,深入研究部署"十三五"和2016年工作。

会议明确,"十三五"时期的战略定位是:率先全面建成小康社会,加快实现基本现代化。"十三五"时期的战略重点是:加快建成有较高美誉度的省会次中心城市,打造湘江新区高端制造业重要板块,培育和壮大现代服务型经济,用工业理念推进农业现代化,加快信息化与三次产业的深度融合,强化改革创新开放的发展驱动,实现发展成果的普惠共享,构建多元社会治理新体系,不断强化行动纲领的实施保障。

会议号召,全县广大党员干部要以时不我待、只争朝夕的精神,开拓宁乡发展的新境界,为实现人民的美好向往而努力奋斗!

(徐建华)

【县全面小康工作概述】 2015年,宁乡明确"加快三大建设,实现全面小康"的工作总要求,奋力推进实力园区、新型城镇、美丽乡村"三大建设"向广度深度高度发展,致力实现经济总量、运行质量和人均均量"三量齐升"。2015年,全面小康实现程度达86%,提升3.9个百分点。五大类指标中,经济发展类实现78.1%,提升6.1个百分点;人民生活类实现85.8%,提升7.5个百分点;生态文明类实现100%。36项分类指标中,20项指标实现100%,新增金融机构各项贷款增长率、农村居民安全饮水比率、人均拥有公共文化体育设施面积、城镇建成区绿化覆盖率4项“满分”指标。在省委扶贫开发暨全面建成小康社会推进工作会议上,获评省全面小康“经济强县”奖,排名跃居全省“经济强县”第一位。

建立健全全面小康推进工作机制。一是加强统筹推进。县四大家联席会议专题审议研究2015年度县全面小康考核考评工作,全县上下加快建成全面小康的氛围进一步浓厚。二是争取指导支持。作为全市四个代表之一,参加长株潭部分县市区全面建成小康社会座谈会并作发言。省小康办专题来宁调研,宁乡全面建成小康社会的做法和成效得到专题推介。三是树立考核导向。将36项全面小康指标分解至相关部门单位,以此倒逼上肩上劲、强力推进。四是浓厚工作氛围。指导各部门单位开展工作,并在报纸、电视、门户网站等媒体开辟宣传专栏。（聂　凯）

【县改革工作概述】 2015年,县委改革办紧扣三大建设主题,按照“夯实改革基础、抓好规定动作、创造县域特色”的总体思路,狠抓改革落实。一是改革基础工作实。2015年,宁乡改革工作共确定9大类50项170小项改革任务,印发《全面深化改革领导小组2015年工作要点》等文件。开发改革动态管理信息平台,向中央改革办报送案例1篇,在省、市委《改革简报》发表文章3篇,印发县委《改革简报》3期,并拍摄了《新宁乡》改革宣传片。二是重点改革推进稳。乡镇国库集中收付制度全县覆盖。农村土地确权颁证全面推进,麦德龙蔬菜肉类食品溯源系统建成。推进国家生态文明示范县细胞工程建设,建立乡镇环保站体系,形成环保联合执法机制。完成县政府机构改革。商事登记实现“三证合一”。启动司法改革“四项试点”,实行人民陪审员、监督员制度,裁判文书上网公开。社会保障“一卡通”投入使用。严格落实纪检监察机关“三转”改革。三是特色举措亮点多。申报国家县域基础设施PPP试点。宁乡经开区获批省级特色园区,金洲新区升为省级高新区。申报国家生态文明建设先行示范区。行政审批制度改革得到全国专项改革工作座谈会推介。义务教育质量接受了国家首轮正式监测。土地合作经营“鹊山模式”“粮食银行”工作经验全国推介。（吴晓婵）

【县委督查工作概述】 2015年,县委督查室紧贴县委重大决策部署、县委领导批示件、交办件等中心工作,以务实的作风抓好工作落实,主动服务三大建设。全年主要做好三项工作。一是竭尽全力打响宁乡品牌。2015年县委督查室撰写的《以三大举措加快推进全面小康建设》书记署名文章获省委督查室《湖南督查交流》第8期专题推介;撰写的《宁乡县贯彻落实炼红书记视察调研讲话精神情况汇报》获省委常委、市委书记易炼红的亲笔批示:“将宁乡经验在全市范围内推广。”中共长沙市委办公厅以《着力推进三大建设奋力实现全面小康》为题,刊发市委通报在全市范围内对宁乡“三大建设”工作经验及亮点工作进行专题推介。同时,2015年度,宁乡县委督查室被评为长沙市“督查工作先进单位”、长沙市“网友留言办理先进单位”,连续两年被评为湖南省“优秀县委督查室”。二是凝心聚力当好发展推手。县委督查室紧紧围绕三大建设谋划开展督查,深入三大建设主战场挖掘特色,推介典型,形成积极导向,浓厚发展氛围,充分运用《县委督查专报》《宁乡督查》平台,全年共印发专报、通报31期,充当助推发展、解决难题的好助手。县委督查室以“树典型、抓落实、促发展”为主题,集中推介一批特色成效明显的旗帜标杆,如枫木桥乡的化债经验、沩山群众工作经验等;围绕“三大建设”,对宁乡大道生态绿道建设、黄祖沩公路沿线景观提质改造、创园绿化项目、喇叭口周边环境综合治理等项目进行实时督查;围绕重点项目,深入炭河古城、香山景区、道林古镇等项目一线促项目进度、解项目难题。2015年县委督查室撰写的项目督查、宣传推介等文章共7次获得谭小平书记的批示与肯定。三是耐心细致赢得群众口碑。对待信访群众,督查干部始终坚持“热心、诚心、耐心、细心”的服务态度。全年共接待群众来信、来电、来访180人次,对省委巡视组交办的六批共28个重点信访问题进行督办和答复;办理各级领导批示交办件182件,其中省市主要领导批示件12件,办结率100%;办理红网《问政湖南》、人民网等网友留言答复件共计112件。督查干部以实打实、硬碰硬的作风,以有访必答、有难必解的担当赢得信访群众的赞赏。（于　彪）

【县委政研工作概述】 2015年,宁乡县县委政研室按照“坚持想在领导前面,把工作做到极致”要求,勤于钻研,敢于创新,努力提升政研室文字水平和工作能力,较好地完成各项工作任务。全年撰写或协助撰写报告、讲话和各类材料194篇80多万字,撰写领导署名文章8篇,编印《崛起》5期。

一、强化学习交流,形成一套工作机制。县委政研室把加强学习、加速入门作为基本要求,结合政研室工作人员实际创新形成一套针对性强的学习方法。一是持续开展业务"四环学习法"。坚持每月召开业务学习会议,按照"学习、反思、探讨、总结"四个环节,相互交流前段学习体会、借鉴他人成功经验,针对经典材料进行专门和深入研讨,先后就如何撰写署名文章、工作汇报、各类致辞统一标准,明晰政研室工作人员的努力方向和奋斗目标。二是苦练业务"五项基本功",致力记牢基础数据、提升基本技能、形成基本常识、构架基本结构、储备基本素材,将2005~2015年宁乡主要经济指标、各线基本情况、各类专有名词建档收藏,并要求政研室工作人员将一些主要指标和常用信息牢记于心。致力构架"思路树",将领导讲话录音和县外领导各类讲话稿提纲提炼汇总,将办文、办会、接待等基本常识形成一套流程,为提高工作水平打下坚实基础。

二、强化精品意识,撰写一批高质量讲话稿。优质地完成全年几个重要报告,撰写的县委十一届六次全会报告、县委十一届七次全会报告赢得各级各界高度肯定,年初党政负责干部大会报告等较好地统一思想,凝聚人心。在全县"讲道德、明是非、守纪律"集中教育活动中,圆满完成书记电视电话会议讲话稿、起草文件、制订实施方案等相关材料任务。完成杜家毫省长到宁乡工作汇报、易炼红书记到宁乡工作汇报、徐宏源副书记到宁乡工作汇报等材料,每月县委工作联席会议讲话、县四大家述职述廉报告等系列材料赢得大家一致好评。

三、强化经验总结,刊发一批署名文章。做好本职工作,撰写系列理论文章,先后在《湖南日报》《新湘评论》《长沙晚报》《今日宁乡》等主流媒体上刊发《创新推动扶贫济困精准化常态化》《重大决策已定,关键在于落实》《沩江潮涌浪逐高》等署名文章和特约评论员文章。

四 、强化调查研究,开展一系列工作调研。2015年,县委政研室围绕县委重大决策和工作部署,先后前往大成桥镇、巷子口镇等地组织开展多次专题调研和服务性调研,撰写《小山村能做大文章——农村土地整村流转合作经营"鹊山模式"的调查与启示》和《深入推进精准扶贫稳定脱贫的"黄鹤模式"》等多篇调研报告,真实、及时、准确掌握一线材料,挖掘和推介工作典型,提高政研室的影响力和效益,为县委制定决策较好地摸清底子、当好参谋。

五、强化弘扬正能量,办好《崛起》刊物。传递县委决策部署声音,创新办刊思路,对内部刊物《崛起》进行大力度改版,扩大刊物容量,增加可读性;精选有影响力的照片,有针对性地约稿,刊物质量和水平进一步提升,得到领导肯定和兄弟区县的好评。

(王艳杰)

【县信息工作概述】 2015年,县委办信息科紧扣全县发展大局,加强领导、完善制度、强化队伍,不断增强信息服务的功能和作用,不断创新信息服务的内容和方式,不断提高信息的针对性和有效性,为领导决策和全县经济社会事业的发展做出积极贡献。一是不断亮化特色工作,加强信息编报工作。根据省、市委办公厅信息处的报送要求,围绕宁乡县在全国、全省首创或者领先的亮点特色工作,切实提高报送信息的数量和质量,全年向省、市党委报送综合信息300余条,被采用各类信息80余条。二是着力服务中心工作,积极创新信息载体。努力在"定位高、选题准、处理精"三个方面狠下功夫,不断提高信息工作服务领导决策的整体水平,全年向县委主要领导报送《领导专供信息》98期,紧急信息60条,为县委及时准确了解情况、科学决策、指导和推动工作发挥重要作用。三是积极搭建工作平台,加强信息网络建设。强化党委的引领作用,统筹各方资源,加快建立覆盖广泛、渠道畅通的县、乡(镇)、村三级信息网络体系。加大培训力度,全年举办信息员培训班四次。通过建立信息业务通报机制、信息工作"第一时间"报送机制、信息预约机制,打通信息报送工作流程,全年全县未出现迟报、漏报、瞒报等重大紧急信息现象。四是加强工作绩效引导,建立健全工作制度。根据年初县委的考核标准,年底对各乡镇、各县直部门进行考核,考核成绩纳入年终绩效考核。细化对问题信息或调研信息被省市采纳的奖励措施,通过评选信息工作先进单位和优秀个人,对被采用的信息编撰者物质奖励,形成"人人关心信息、人人参与信息"的良好氛围。

(彭智勇　黄　奕)

【县委县政府接待办工作概述】 2015年,宁乡县接待办认真贯彻落实党的各项精神,以"三严三实"专题教育活动为契机,严格按照中央和省、市委关于改进工作作风的相关规定,精心做好每一次接待,为"三大建设"提供有力保障。

一、主动服务,用抓经济工作思路抓接待工作。2015 年,宁乡县接待办在接待重要客商,服务重大签约仪式以及重要活动中,通过热情、周到、细致的服务工作,展现宁乡县优越的投资发展环境,让客商感受到宁乡人民的热情和诚意,从而使各项活动有序而顺利地完成。

二、加强管理,提高服务保障水平。一是建立健全国内公务接待各项管理制度。二是严格审批制度。三是实行公函制度。四是制定招商引资等专项活动的接待办法。五是抓好接待基地建设。

三、坚持创新,打造具有宁乡特色的政务接待。一方面,本着"以客为尊、用心服务"的理念从"客随主便"转变为"主随客便"。另一方面,以"五养宁乡"为中心,突出宁乡接待文化。一是以美丽乡村建设为抓手,突出饮食文化;二是以新型城镇建设为抓手,突出旅游文化;三是以实力园区建设为抓手,突出工业文化。

(资贝贝)

【县委发文目录】

▲宁发〔2015〕1 号　中共宁乡县委 2015 年工作要点

▲宁发〔2015〕2 号　关于转发《政协宁乡县第十一届委员会 2015 年工作要点》的通知

▲宁发〔2015〕3 号　关于切实加强基层党的建设的实施意见

▲宁发〔2015〕4 号　关于认真抓好 2015 年百大建设项目帮扶工作的通知

▲宁发〔2015〕5 号　关于转发《宁乡县人大常委会 2015 年工作要点》的通知

▲宁发〔2015〕6 号　关于落实党风廉政建设党委主体责任和纪委监督责任的实施意见(试行)

▲宁发〔2015〕7 号　关于评选十佳基层党组织、先进基层党组织、十佳党组织书记、优秀党组织(党组)书记、十佳共产党员、优秀共产党员、优秀党务工作者的通知

▲宁发〔2015〕8 号　关于认真做好 2015 年百家优强企业帮扶工作的通知

▲宁发〔2015〕9 号　关于围绕"重大项目攻坚年"开展"狮子型"团队和干部评选表彰活动的实施意见

▲宁发〔2015〕10 号　关于加快实力园区建设促进宁乡工业转型创新发展的实施意见(试行)

▲宁发〔2015〕11 号　关于十佳基层党组织、十佳党组织书记、十佳共产党员、先进基层党组织、优秀党组织(党组)书记、优秀党务工作者、优秀共产党员评定结果的通报

▲宁发〔2015〕12 号　关于进一步加强农村基层党风廉政建设的实施意见

▲宁发〔2015〕13 号　关于切实做好扶贫济困精准化常态化工作的通知

▲宁发〔2015〕14 号　关于转发《政协宁乡县委员会关于政治协商、民主监督、参政议政的规定(试行)》通知

▲宁发〔2015〕15 号　关于印发《宁乡县人民政府职能转变和机构改革方案的实施意见》的通知

▲宁发〔2015〕16 号　关于进一步加强生态环境保护工作意见的通知

▲宁发〔2015〕17 号　《关于印发宁乡县乡镇区划调整改革工作方案》的通知

▲宁发〔2015〕18 号　关于在全县广大干部群众中开展"讲道德、明是非、守纪律"集中教育活动的意见

▲宁发〔2015〕19 号　关于首届"宁乡县十佳社会贤达""宁乡县十佳社会贤达提名人选"和"宁乡县社会贤达"评选结果的通报

▲宁发〔2015〕20 号　关于表彰"重大项目攻坚年'狮子型'团队和'狮子型'干部"的决定

▲宁发〔2015〕21 号　关于宁乡特色城镇群规划建设的指导意见

▲宁发〔2015〕22 号　关于做好乡镇区划调整改革中合并村工作的通知

中共宁乡县委办公室

主　　任　陈永高(9 月免)
　　　　　彭　韬(11 月任)
副 主 任　陶志高
　　　　　张永胜(11 月任)
　　　　　王　坚(9 月免)
　　　　　陈　全　胡乾山
　　　　　刘庆丰　彭智勇
　　　　　李志勇
　　　　　陈科军(11 月任,兼)

县委常委会秘书

　　　　　曹一航(9 月免)

县委政策研究室

主　任　李志勇
副主任　周姝香(女)　彭　舜

县委督查室

主　任　陶志高
副主任　杨一帆　王宁波

县保密局

局　长　陈国红
副局长　彭劲松(11 月免)
　　　　戴　懿(女)

县委机要局

局　长　陈泽军

副局长　　徐　翔

县委县人民政府接待办公室

主　任　　王　坚(9月免)
　　　　　谢建华(9月任)
副主任　　谢建华(9月免)
　　　　　资贝贝(女)

改革办

主　任　　陈永高(9月免)
　　　　　彭　韬(11月任)
副主任　　陈　骁　郑光辉

组织工作

县委组织部

部　长　　汤智斌
副部长　　刘骥扬(常务)
　　　　　陈科军(11月免)
　　　　　黎国希(11月免)
　　　　　袁国华(兼)
　　　　　詹爱芝(兼,11月任专职)
　　　　　赵龙希(兼,9月免)

县直机关工委

书　记　　汤智斌(兼)
副书记　　黎国希(兼,11月免)
　　　　　曾铁坚(兼)
委员、纪工委书记　　李　龙
委员、工会主席　　杨　洋
委　员　　周金国　胡乾山(兼)
　　　　　钟炳权(兼)

县委基层办

主　任　　陈科军(兼,11月免)
　　　　　詹爱芝(兼,11月任)
常务副主任　　梁继荣

县人才工作局

局　长　　詹爱芝(9月免)
　　　　　谢　政(9月任)
副局长　　周步荣

县党员干部现代远程教育中心

主　任　　吴山川

【概况】 2015年,宁乡县组织工作全面抓好领导班子建设、干部队伍建设、人才队伍建设、基层组织建设、党员队伍建设和组织部门自身建设,为全县深入推进“三大建设”提供坚强的组织保障和有力的人才支撑。“三严三实”专题教育活动扎实开展,规划村务监督工作得到《全国基层组织建设情况通报》专题推介;“狮子型”团队和干部评选表彰活动,得到《光明日报》《湖南日报》等多家主流媒体重点报道;基层党建“361”工程推进扎实、作风平实、步子坚实,集中交办基层党建问题清单、创新建设51个党建文化养老综合服务中心、精准扶贫“黄鹤模式”等多项工作得到《人民日报》《湘组研究》等权威媒体的报道推介。

【“三严三实”专题教育扎实推进】 2015年,县委组织部编印发放《永远的叔衡》等学习资料和专题笔记本,全县副县级党员领导干部共讲授党课56堂次,听课党员8000多人次;围绕“严以修身、严以用权、严以律己”开展3次高质量专题研讨,切实增强落实“三严三实”要求的思想和行动自觉。严抓问题整改和立规执纪,围绕群众办事难、“三公”经费开支过大等突出问题,立行立改、正风肃纪;制定出台《县委常委会议事规则》、土地管理、政府投资等27项制度,建立健全用制度规范、靠制度管人、按规矩办事的长效机制。深入开展基层干部不作为、乱作为等损害群众利益问题专项整治;创新开展村(社区)干部“三零”(零白条、零接待、零承揽工程)整顿,建立健全村务监督委员会“三定三抓三保障”模式,做法得到中组部《全国基层组织建设情况通报》专题推介。

【干部队伍建设切实加强】 2015年,县委组织部深入推进“五好”领导班子创建活动,评定“五好领导班子”52个,评定“一般班子”1个;评定“优秀”领导干部434名,评定“立三等功”领导干部107名。“不定等次”和评定“基本称职”领导干部5名。按照“有激情、有定力、有办法、有格调”的标准,在全县评选表彰11个“狮子型”团队和11名“狮子型”干部,激发领导班子和广大干部担当负责、主动作为、攻坚克难的精神,做法得到《光明日报》等多家主流媒体重点报道。积极推进与干部交心谈心常态化、全覆盖,切实为担当者解压、为改革者撑腰、为创新者鼓劲,做法在全市推介。围绕“三大建设”科学制定绩效考核办法及细则,加强日常督查监管,有力地促进工作落实和任务完成。推进政府机构改革,13个单位合并与撤销,31个单位重新核定职数与单位性质。

【干部教育管理工作有序开展】 2015年,通过邀请蒋志予、谢德荪等著名学者到宁乡讲座、组织干部人才到高校研修、上级部门跟班学习、外派挂职锻炼和驻点招商、依托县委党校开展轮训、借助网络平台开展在线学习等方式,全年共培训干部人才5000余人次。精心编印《经济知识简明读本》和《法律知识简明读本》发放给全县党员干部,督促党员干部日常自学。严格执行《关于试行“三评四查五找”调整不胜任现职领导干部工作暂行办法》,2015年,共甄别考察38人次,9名“为官不为”、不在状态的领导干部被免职、21名领导干部调整交流。全年共办理领导干部离任经济事项交接3批112人次，对9名领导干部进行任期经济责任审计。认真抓好干部信息管理及档案审核工作，规范完善1938名干部出入境信息，干部信息规范化管理水平不断提升。

【人才引进和人才服务工作稳步推进】 2015年，宁乡实施“四千”人才计划，举办“智汇宁乡”大型人才专场招聘会，签约各类人才500多名。加大科技特派员派遣力度，安排各级科技特派员33名；科技特派员培训农民7500余人，推广新技术新产品720项，申请发明专利371项。积极搭建科技成果转化平台，全县新增7家省级工程技术中心、15家市级工程技术中心、2家省级创业孵化园。组织“5127”人才围绕县委、县政府中心工作进行课题研究，形成课题调研成果15个，人才资源的潜在优势正逐步转化成为县域发展核心竞争力。

【基层党组织和党员队伍建设成效明显】 2015年，县委组织部实行年初签订责任状、半年全面督查核实、定期座谈讲评、年底综合考核问责“四位一体”的务实举措，抓严抓实党建工作责任。明确22类党建工作者和党员以及12类党组织党建工作责任清单；成立督查组对全县2990个基层党组织进行全面“体检”，将问题集中交办，6083个重点难点问题得到解决，做法得到《人民日报》重点推介；召开“七一”表彰大会，在全县评选“十佳基层党组织”“十佳党组织书记”“十佳共产党员”；评选“先进基层党组织”92个、“优秀党组织（党组）书记”20名、“优秀共产党员”227名；精心设计考核评价体系，对全县基层党组织分一、二、三类进行排名定等，在全县营造以党建工作“比忠诚、分优劣、定奖惩”的良好导向。切实加大基层保障力度，投入党建资金1788.9万元，党建经费实现倍增；29个乡镇（街道）全部成立党建办，配备2—3名组织干事；分类举办专题培训班，对2000多名基层党组织书记和党务工作者进行专题培训；创新建设模式，投入9520万元建设51个村级党建文化养老综合服务中心，中心集医疗养老服务、便民服务和文化活动三大功能于一体，《湖南日报》头版进行报道。均衡推进各类党组织建设，在农村大力推行“党小组＋”工作模式，在机关深化“三定三同三提高”结对共建、精准扶贫等工作，在“两新”组织深入开展“五联五促”等活动；认真开展党员“积分评星”、在职党员社区报到服务等活动，按照“三定四抓五环节”模式稳妥开展不合格党员处置工作，做法得到省市肯定，基层党建“361”工程品牌效应不断彰显。

【组织部门和组工干部队伍建设水平提升】 2015年，县委组织部积极推进组工文化建设，组织“我最推崇的组工格言”心得征文活动，向市推荐多篇优秀文稿。加强组工干部管理监督，大力推进部机关文明办公和精细化管理，树立“清廉、公正、敬业、进取”的组工形象。

（刘　蜜）

宣传工作

县委宣传部

部　长　王湘云
副部长　易光辉(9月免)
蒋平波（9月任）
汤命强　邓利良
刘建威（兼）
李洪波(兼)
李锡泉（兼）

县文明办

主　任　李洪波（兼）

县新闻中心

主　任　邓利良（兼）

【概况】 2015年，宁乡县委宣传部共有办公室、理教科、新闻中心、文明办（挂牌机构）、文产办等4个内设机构，网宣办为二级事业单位。干部、职工15人，其中公务员9人，事业人员6人。2015年全县宣传思想文化工作，通过塑造“四大环境”，服务“三大建设”，为宁乡提速转型创新发展提供强有力的精神动力、舆论支持和文化条件。

【塑造学习环境】 一是学习调研扎实推进。2015年，县委宣传部围绕习总书记系列重要讲话、意识形态工作责任制、三大建设等主题，组织县委中心组学习11次。县委书记谭小平专题调研宣传思想文化工作，撰写调研文章《加强基层意识形态工作要把握五个关键词》，在《长沙宣传工作通讯》第9期刊发。全年，共有7篇调研文章在《长沙宣传工作通讯》刊发。为各乡镇、县直单位征订《法治热点面对面》等多本理论读物。全年舆情信息被中宣部采用70多条。二是理论宣讲扩面提质。全面开展“楚沩好声音”宣讲走基层活动，组建“楚沩好声音”讲师团，推出精品课程30堂，全年开展宣讲活动达300多场。组织开展微宣讲竞赛、微巡讲活动，宣讲员陈红兵被评为2015年全省理论宣讲先进个人，宣讲员段习传在全市“五老”宣讲竞赛中荣获一等奖。规范全县各类主要宣讲、讲坛活动,出台《县委讲师团管理办法(试行)》,规范全县各类讲座论坛、理论宣讲工作。三是读书活动氛围浓厚。全年组织4期宁乡读书会活动,致力掀起全民读书热潮。开展"读书活动送基层""图书巡展惠民助学"、阅读推广先进个人评选等活动,全民读书氛围进一步浓厚。创新打造读书平台,以"书香楚沩"公众微信号为新媒体平台,为干部群众打造掌上阅读工具。

【塑造舆论环境】 一是新闻外宣品牌彰显。截至11月,宁乡在中央、省、市主流媒体累计上稿1000多条,充分展示宁乡发展成就。组织中央、省、市、县媒体专题宣传推介宁乡"三大建设"特别是美丽乡村建设和"百日会战"成效,专题宣传全国优秀县委书记,集中宣传"讲道德、明是非、守纪律"集中教育活动。二是新媒体平台加速建立。升级"幸福宁乡"新闻客户端,正式运行新版本,做好日常更新和维护。支持县内国有媒体开发建设"宁视界""宁乡网"等微信公众号建设,并组织选送优秀微信公众号维护人员参加市网宣办培训。三是舆情处置张弛有度。组建专职网评员队伍,全年累计发表转贴150条、评论1300余条。编文下发《网络舆情通知》91条,形成网络舆情通报、反馈、回复处置机制。

【塑造人文环境】 一是阵地建设全面加强。成功申报创建省级现代公共文化服务体系示范区。县文化馆接受文化部"国家一级馆"的评估定级。新建和提质乡镇综合文化站6个,新建示范性村(社区)文化活动室10个,新建乡镇户外全民健身中心20个,提质农家书屋100个,获批市级固定电影放映点9个。为各乡镇配备全民健身设施70套,配备广场舞器材180套。广播村村响工程全面完成,验收顺利通过。二是文体活动蓬勃开展。开展"欢乐潇湘 幸福宁乡"周末我登台群众文艺展演活动17场,参演节目240个;广泛开展校园文化进社区活动,组织演艺进社区、讲座进社区、作品进社区活动20余场;组织市民讲坛、花鼓戏、合唱培训,举办"你太有才了"全民才艺梦想秀,挖掘宁乡的文化艺术人才。联合湖南广播电视台电视剧频道录制"农民话剧"演讲大赛宁乡专场活动。依托县文体中心举办2015年中立国际篮球对抗赛、春季马路赛、"喻家金醇"杯宁乡县男子篮球赛等,完成公益电影放映4800场。三是文化产业项目撬动发展。在长沙市区县中组建第一支专业文化产业招商队伍——宁乡县文化产业招商专班。采用集中招商和点对点招商的方式,在深圳文博会作为湖南代表项目成功签约,促成深圳华强集团美丽中国?长沙文化产业示范园落地宁乡沩东新城,美丽中国·长沙文化产业示范园、雅居乐旅游地产项目、蓝城宁乡文化城、道林古镇等一批优质文化项目落户和建设,为宁乡文化产业发展增添新的活力。

【塑造文明环境】 一是做实城市管理。出台《新型城镇文明创建"七大提升"行动方案》,将文明创建目标任务量化分解;实施文明创建"五进网格"责任制,实现城市管理大提升。二是做精城市品质。实施城市"八好"社区创建工作,开展文明城市创建大讲堂"进企业、进机关、进学校、进社区"主题教育活动;开展社会主义核心价值观进机关、进企业、进学校、进农村、进社区、进公共场所"六进""我们的节日"等系列活动;启动宁乡文明网建设运营,完成县志愿服务总站建设,完善县志愿服务联合会建设,开辟精神文明建设新领域;启动建设玉潭公园、亮月湖公园社会主义核心价值观文化主题公园、主题广场,培养市民家国情怀,凝聚城市正能量。三是共建大美宁乡。以培育文明乡风、建设美丽乡村为主题,组织开展"乡风红黑榜个十百千万"系列活动,实施美丽乡村"结对共建文明"行动,推动美丽乡村建设大提升。广泛利用乡村少年宫、青少年活动中心等场所,举办"环保大讲堂""法制大讲堂"、道德模范先进事迹报告会等,大力弘扬传统美德。鼓励未成年人围绕"中国梦""社会主义核心价值观"等主题创作"中国梦"优秀童谣100多首,开展"建美丽校园 办美好教育"大创建活动和"绿书签"进校园、进社区、进家庭"三进"活动。

(彭　威)

统战工作

县委统一战线工作部

部　长　汤智斌

副部长　邹素武(常务)

唐志强(9月免)

李　杰(9月任)

周名生

【概况】 2015年,宁乡县统战工作紧扣县委"三大建设"主题,坚持以"同心工程"为抓手,稳固基础抓重点,突出特色创亮点,各项工作整体推进,为县域经济社会发展提供广泛的力量支持。

【"四同创建" 卓有成效】 2015年,县委统战部把"四同创建"作为统一战线参与实力园区、新型城镇、美丽乡村"三大建设"抓手。

全年召开现场办公会6次，整合各类资金500多万元，解决各类问题30多个。推出县级领导联点、部门单位联动、民主党派联村、非公企业联建、统战人士联谊等切实有效的运行机制，打造“四同创建”点42个，成功创建省、市、县三级示范点13个，争取省、市财政奖补资金60万元，县财政兑现奖补资金15万元。“阅读·梦飞翔”文化关怀项目荣获省级同心项目奖。

【合作共事务实推进】 2015年，县委统战部在中央社会主义学院首开县级举办党外干部培训班的记录，选送100名非公经济人士到清华大学、浙江大学进修，党外干部中涌现出金洲镇副镇长段志斌、夏铎铺镇副镇长李拥华等一批“狮子型”干部。全县共有副科级实职以上党外干部80名，其中党外乡镇长2名，县直单位正职7名。开展党外干部、党外人士谈心谈话100多人次，推动统战部门与党外人士谈心谈话制度化、长效化。举办各类学习报告会、宣讲会和培训讲座6场次，组织开展“发展大调研·同心献良策”活动，各民主党派、工商联和无党派人士在“两会”期间，提交议案提案30多件和建议意见50多条。出台《县委常委与党外代表人士联谊交友制度》，筹备成立党外知识分子联谊会。统战信息报送获市委统战部突出贡献奖，民进宁乡工委委员姜笑澜撰写的建议《农民期盼尽快改变养儿防老现状》被中央统战部《零讯》采用，获国家领导人批示。

【经济统战亮点纷呈】 2015年，县委统战部举办创新创业先进典型巡回报告会，切实做好创业富民工作。全年为703家企业争取市级创业富民扶持资金2800多万元。开展非公企业走访活动，省委常委、省委统战部部长黄兰香深入宁乡县妙盛动力科技帮扶。组织开展“十佳”功勋企业家评选表彰活动，楚天科技董事长唐岳获评“全国劳动模范”。指导成立广州宁乡商会、深圳宁乡商会、宁乡邵阳商会。召开回乡企业家春节恳谈会，开展重点项目投资推介。推进村、企共建，组织70多家非公企业与200多个村对接，实施产业带动项目103个，安置劳动力8880人，提供就业岗位9673个。

【“两新”党建成果显著】 2015年，县委统战部对全县359家“两新”组织党组织进行全面调研，在全省率先出台“两新”组织党组织和党员动态管理办法。深入开展“五联五促”活动，按照每名党员200元的标准，县财政补助246个两新组织党组织党建经费共计58.9万元。在豪德商会、严明律师事务所、金海中学、南雅医院开展社会组织统战工作试点。精量重工、楚天科技、忘不了、中国水务（长沙）等公司荣获省、市“先进基层党组织”称号，精量重工党总支先后获得省、市非公党建成果展第一名，成为全市基层党组织教育示范基地。

【和谐统战创佳绩】 2015年，县委统战部举办“台商宁乡行”“旅台同乡联谊会家乡行”等活动，成立台侨法律服务中心，妥善协调处理灰汤绿野香田项目纠纷。香港“阅读·梦飞翔”文化关怀项目捐建学校图书馆46家。承办齐学启将军抗日爱国精神座谈会，邀请海峡两岸和香港地区及海内外110多人到宁乡参观考察。牵头组织宁乡首届功勋荣誉市民的评选。协调推进双凫铺摇篮坡美丽景区建设。打造民族团结进步新典型，“切糕王子”阿迪力荣获第六届“全国民族团结进步模范个人”称号。为沩山千手千眼观音圣像举办开光活动。成立全省第一个县级宗教文化交流会，出版《清心》会刊6期。首次将民族宗教工作纳入县委中心组学习内容，邀请中国人民大学温金玉教授对全县党政领导干部进行“民族宗教知识”专题培训。

（龚 鹏）

新经济、新社会组织工作委员会

书　记　汤智斌
副书记　邹素武
　　　　唐志强（9月免）
　　　　李　杰（9月任）
　　　　廖　斌（11月免）
　　　　刘胜光（11月任）
委　员　谢　政　刘志强
　　　　黄海泉

县委台湾工作领导小组办公室

主　任　周名生
副主任　王智茹（女）

县归侨侨眷联合会

主　席　秦　硕
副主席　周志文

党校工作

县委党校

校　　长　邓杰平
常务副校长　胡志平
副 校 长　陈小冬　刘学武
　　　　　黄学君
校务委员　朱锡宁（女）

【概况】 2015年，中共宁乡县委党校有在职干部、职工32人，其中教学人员19人（高级职称6人，中级职称10人，助讲和教员

3人)。内设办公室、教务科、教研室、后勤科四个科室。2015年,县委党校紧紧围绕县委工作大局,立足单位主体职能,积极服务"三大建设",务实进取,真抓实干,开创党校事业的新局面。年内,党校被评为县党风廉政建设工作先进单位、宣传思想工作先进单位,领导班子被评为县"五好领导班子",学校支部被评为县"优秀基层党组织"。

【干部培训】 2015年,党校不断完善办学理念,积极为县委"三大建设"提供人才保障和智力支持。先后举办全县村(社区)支部书记培训班、离退休支部书记培训班、人大代表培训班、"一提高两促进"培训班、国土规划培训班、征拆业务培训班、新型城镇化业务培训班等各类班次共23期3460人次,其中主体班15期2314人、部门班3期748人。与此同时,积极发挥党校优势,深入宣传党的路线方针政策,广泛传播社会正能量,为全县党员春训、深化改革与小康社会建设、美丽乡村建设、党风廉政建设等重点工作送课进机关、入社区、到农村100多堂。发挥党校的窗口作用,先后接待新田县、华容县、茶陵县、嘉禾县等400多名外县党政干部到宁乡学习培训,宣传推介宁乡工作。

【队伍建设】 2015年,党校继续深入实施以"一个课堂、一个栏目、一份笔记、一篇文章、一次考试"为内容的素质提升"五个一"工程。通过周五课堂组织集中学习22次,年底开展知识测试和抢答赛。同时,鼓励教职工参加各类公开考试,培养健康的兴趣爱好。年内,一名教师成功通过全国司法考试,一名干部获全省"欢乐潇湘"群众艺术比赛书法组三等奖。注重为干职员工学习搭建平台。党校网站及时更新、上传最新的理论动态和时政热点,提供实用性强,可学性高的网站链接,网络学习平台利用率高;图书室定期添置图书辅导资料,做好归类整理,主动为教师教学科研工作服务,全年花费2万多元购置新书近1000册;选送教职员工多途径深造学习,先后有7名老师、3名管理人员被选派到北京大学、浙江大学、中国人民大学等高校和国家行政学院、成都市委党校、省党校、市党校等学习深造。

【教学科研】 2015年,党校以打造"名师名课"为目标,定期组织教师集体听课评课,不断提高教师课研开发能力和授课水平。4月,吴亚军在全县"微宣讲"活动中获二等奖,陶俊、周艳红成为市"微宣讲"团骨干成员,到全市各单位、社区讲课10堂,并在5月全市党校系统教学比武活动中,分获第1名和第5名。其中陶俊作为全市区县党校的唯一代表,在6月全省党校系统教学比武中,取得并列第一的好成绩,相继被请到张家界市委党校、省委党校、市委党校、长沙县、岳麓区党校以及县"三严三实"专题教育活动现场进行专题授课,讲出党校老师的风采,提升宁乡党校的影响力。

在抓好教学工作的同时,党校鼓励老师们结合授课专题、县域经济社会发展、党的建设等内容撰写科研文章。全年有35篇文章在《湖南党校报》《中国民族博览》《决策咨询》《崛起》《今日宁乡》等报纸、杂志公开发表,其中在省级刊物公开发表2篇,市级1篇,县级32篇。成功申报省级课题1个,市级课题2个,县级课题2个。主持编撰《宁乡县简明经济读本》和《党群政务简明读本》,参与编撰《法律知识简明读本》。在全省党校系统理论研讨征文中,获省级一等奖1名、二等奖7名、三等奖2名,市级二等奖1名、三等奖1名,优秀奖8名。

【机关党建与精准扶贫】 2015年,党校认真抓好"三严三实"专题教育活动,党员春训、"三会一课"、党支部民主生活会等基础工作扎实到位。通过组织党员到杨开慧故居、任弼时故居学习参观,提高党性修养。"七一"听党课,表彰优秀党员,组织观看《信仰》专题教育片,慰问基层困难党员,内容丰富,形式多样。高度重视在职党员进社区志愿工作,组织党员参加环城马路赛、机关工委运动会等活动,党建带团建、带工建、带妇建作用有效发挥。精准扶贫工作开展有力。班子成员多次带队到村上了解情况,进行扶贫帮困、结队共建,同时安排教师到村上课,发动干部、职工到村上义务植树种花,帮助建设美丽乡村。驻村工作队员工作扎实,情况明,思路清。全年支持资金7万多元帮助解决村上具体困难,村级面貌有明显变化。

(朱　灵)

老干部工作

县委老干部局

局　　长　　袁国华

副 局 长　　孙向京(女)

　　　　　　蒋才良　金章国

【概况】 2015年,县老干部局全面落实老干部"两项"待遇,切实提高离退休干部服务管理水平,积极引导老干部"学教乐为",不断加强老干部工作者自身队伍素质建设,全县老干部事业有序推进，卓有成效。县委老干部局被评为全省老干部宣传工作红旗单位，局领导班子被评为县“五好领导班子”。县老年大学微霞艺术团荣获“市百佳艺术团”和“五星文艺团队”称号。

【老干部工作地位不断提升】 2015年，县委拨专款近80万元开展春节走访慰问老干部活动，先后主持召开老干部迎春茶话会、全县老干关协工作大会和老干部重阳节座谈会等，听取老干部工作情况汇报，对老干部节日慰问、活动开展、老年教育等问题进行详细了解，重点支持，每年预算20万元作为宁乡县老干部事业发展专项配套补助资金，将老干关协工作纳入全县绩效考核范畴。各乡镇（街道）各单位均将老干关协工作纳入乡（镇）对村和主管局对二级单位目标管理考核范围，坚持把老干部工作与其他工作同研究、同部署、同考核、同评比，做到了政治上给地位、待遇上给保障、生活上给关怀、活动上给支持，全县老干部工作地位不断提高，工作氛围不断浓厚。

【老干部“两项待遇”全面落实】 2015年，县老干工作坚持走访慰问制度，春节期间走访慰问630多名老干部，重要节点慰问新中国成立前入党离休干部9人1.8万元，慰问抗战离休干部15人6000元，慰问抗战离休干部吕志敏5000元；坚持祝悼慰制度，悼念老干部8人，看望住院老干部26人，为老干部祝寿3人；组织四大家老领导赴怀化、芷江等地接受革命教育，重阳节参观考察宁乡县美丽乡村建设和新型城镇建设成果，赴长沙红星国际会展中心参观宁乡县美丽乡村经济博览会，感受地方发展变化；开展“铭记历史、共铸辉煌”纪念抗日战争胜利70周年大走访活动，给100多名抗战老干部家中送去慰问和关怀，为老干部解决实际生活困难。及时发放离休干部生活补贴、无固定收入配偶遗孀生活补贴，共计150多万元；组织全县300多名老干部进行健康体检，增加CT等体检项目，建立健康台账；帮扶特困离休干部及配偶遗孀21人次，解决生活医疗救助3.90万元；大走访活动中，共慰问30多户困难离休干部和遗孀，慰问资金近2万元；按政策对离休干部生活补贴、无固定收入配偶遗孀生活补贴和59名建国初期参加革命工作的退休干部的生活补贴和医疗补贴进行提标。

【老干部“两项建设”成效突出】 2015年，县老干部局组织举办第二届全县离退休党支部书记培训班，120多名党组织负责人参加，交流经验，专题培训，指导开展党建工作；举办“法治中国的顶层设计”和“当前国际国内形势及热点问题分析”两场形势报告会，开展老干部理论学习大课堂9次；开展以“为党和人民事业增添正能量”为主题的系列征文活动，收集稿件80多件，编发《“五老”抒怀》500册下发至每个离退休党支部；投入1.2万元为每个党支部订阅《学习参考》，提升业务水平，拓宽工作思路。精心编印下发《离退休人员党支部阵地建设操作手册》，对离退休人员党支部建设进行统一规范；在全县广泛开展“五好”离退休干部党支部示范点创建活动，成功创建市级示范点10个，并对18个县级示范点给予5000元补助资金。特聘14名老干部为特约网宣员，明确工作职责和考评办法，开办暑期老干部电脑培训班，培训100多名网宣储备力量；建立月通报制度，每月通报一次老干部网宣员的发帖跟帖情况，年底评选表彰“优秀老干部网宣员”5名和“优秀网评文章”“最给力网贴”“精华论文”15篇，老干部网宣热情空前高涨；全县50多名老干部网宣员在主流媒体发文跟帖1500余条，发表个人原创作品643篇，64名老同志开通微信（易信）并关注共产党员公众号，营造健康向上的网络舆论氛围。

【老年教育事业快速发展】 县老年大学本部共开设60个老年班，学员近1800人（次），乡镇分校和村（社区）的学校共招收学员3000余人；24个乡镇37个村（社区）开辟老年教育网络课堂，共培训学员2000多人次，设立网络课堂培训班，培训学员近100人，建立老年大学微信公众平台和QQ群等宣传平台，创建市级老年教育示范点16个，县级示范点12个。组织学员参加“相约北京”全国文学艺术大赛获诗词一等奖、书法二等奖，参加全国纪念舒同诞辰100周年书画大赛获书法一等奖、绘画一等奖；组织县老年大学建校15周年庆典系列活动，编印《银色风流》特刊1000多册，举办学员优秀作品展览，表彰一批模范教师和模范学员，举行文艺庆祝晚会；组织学员到县精神病院开展慰问演出和捐款活动，捐送过冬衣物千余件。

【老干部活动有声有色】 2015年，县老干部书画协会举办纪念抗战胜利70周年书画展，收录作品100余件，到社区开展“勿忘国耻、同圆中国梦”活动，创作一批体现中国精神的优秀作品；县老年保健协会组织健康保健交流会、保健知识讲座，印发《夕阳文摘》《宁乡县民间验方集》1000册；县老年大学微霞艺术团获得长沙市“百佳艺术团”和“五星文艺团队”称号，全年开展活动50余次；县老干部活动中心举办宁乡县第二届老干部运动会，共152名老干部运动员参与比赛，组织参加市第三届老干部运动会，获门球赛一等奖、象棋赛三等奖；县老龄协会与司法局开展面对面普法，发放《老年人权益保障法》20万本，开展全失能老人走访慰问活动，共慰问300多人次，慰问资金10多万元。

【关心下一代工作亮点纷呈】 2015年，举办全县青少年“爱我中华”纪念抗战胜利70周年故事演讲比赛，共有37名选手参加，向市推荐2名；整合教育局家长学校、民政局孤儿救助、司法局法制教育、工商局民营关工委、团委希望工程、妇联预防性侵犯等10家关心下一代资源，形成关爱合力；推进民营企业关工委建立工作，民营企业关工委增至101家；全县各级开展扶贫助学活动，全年扶助资金820万元；县关心下一代协会与县农商银行开展“农商爱?伴成长”活动，自2015年开始对98名失亲少儿按照小学2000元/年、初中3000元/年、高中6000元/年的标准进行资助帮扶，启动三年大回访活动，给予失亲少儿精神上的鼓励。

【“五老四教”主题教育活动纵深推进】 2015年，县老干部局组织两次关工委主任和“五老”宣讲骨干培训班，培训200人次，参加省、市级培训5次，组织前往开福区、岳麓区学习关工委工作经验；开展纪念抗战胜利70周年“荣光历史”主题征文赛，征集作品63件，评选出优秀作品汇编成册，弘扬抗战精神；组织“五老”参加市县微宣讲比赛，段习传和颜新望分别获得市“畅谈发展变化”微宣讲比赛一等奖和三等奖，宁乡县获优秀组织奖；新创建市级示范阵地4个、县级示范阵地6个，7个已创市示范阵地得到巩固发展并顺利通过复检；“五老”组建“环境卫生义工队”“五老环卫督察组”等志愿者服务队，出钱出力，参与全县环境卫生治理、拆违控违、禁毒宣传、文明巡防、校外辅导、矛盾调解、民情联络等工作，维护社会和谐稳定，促进地方经济发展；协助美丽乡村建设，在干部、群众中起到良好的示范带头作用；“五老”以法制教育、社会主义核心价值观等为重点内容，与司法局开展“普法进百村(社区)、五老在行动”活动，深入全县95个村(社区)开展活动，据统计，共有360名“五老”参与宣讲报告845场次，使5.63万人受教育。

【评先创优树典型】 2015年，全县老干关协工作大会表彰94个先进单位和204个先进个人；在全县开展村(社区)“五好支部书记”和“五好关协主席”评选活动，表彰5名基层支部书记和5名基层关协主席；推介5家单位和6名老同志参加市离退休干部“双先”表彰大会；推介3家单位和2名老同志参加县先进基层党组织和优秀共产党员的表彰；全县“社会贤达”评选活动，在老干部中共评选出40多名；组织对抗战老干部吕志敏先进事迹进行采访，积极宣传典型，弘扬争创精神。

（戴娇龙）

机构编制工作

县机构编制委员会办公室

主　任　戴晓成(9月免)
黎爱莲(9月任)
副主任　周光仕
何志文(女，11月免)

【概况】 2015年，县机构编制委员会办公室积极推进县政府机构改革、行政审批制度改革、事业单位分类改革“三大改革”；完善实名制管理，规范机构编制审批程序，建立健全机构编制管理制度，强化机构编制监督检查，充分发挥机构编制保障作用，机构编制管理规范化、法治化建设成效显著。2015年全县绩效考核荣获“先进单位”及“五好领导班子”双项殊荣，同年8月，宁乡县作为湖南省唯一县级单位代表出席全国地方行政审批制度改革工作座谈会。

【县政府机构改革】 2015年，县政府机构改革，县政府工作部门精简为24个，调整部门职责37项，理顺部门之间职责边界事项82项，完成涉改部门“三定”工作，实现政府部门职责定位更加清晰、组织结构更加优化、编制核定更趋合理。

【行政审批制度改革】 2015年，宁乡县行政审批制度改革经验全国推广。一是全面落实简政放权。先后承接落实省政府下放的2项行政许可，以及市政府下放的132项经济社会管理权限；对应取消省政府明确取消的4项县级行政审批项目。全面完成非行政许可审批事项清理。以灰汤镇(原偕乐桥镇)为试点，推进完成乡镇“两单一图”(即权力清单、责任清单和权力运行流程图)建设，基本实现民生事项镇内办结，收效显著。二是率先公布“三张清单”。率先公布政府部门权力清单、责任清单、流程清单“三张清单”，形成“三位一体”的政府部门权责网络体系，建立健全清单动态调整机制，规范创新审批措施，改革成效显著。8月28日，宁乡县作为湖南省唯一县级单位代表出席2015年全国地方行政审批制度改革工作座谈会并作典型发言。三是全力推进“三集中三到位”改革。加快“市民之家”“智慧政务”建设，构建行政审批“大一统”。组织相关单位赴银川、杭州、余杭等地考察和跟班学习“市民之家”运营管理先进经验；明确规定单位有行政审批事项的，必须集中行政审批事项和相关服务事项并全部授权到位，综合设立行政审批服务科；成立三个督查组专项督导改革。“市民之家”于12月正式启动建设。

【事业单位分类改革】 2015年，县编制办事业单位分类改革有序推进，获市编办通报表扬。全面开展事业单位清理，顺利完成646家事业单位改革分类。结合县政府机构改革，整合撤并商务、招商等17家事业单位。按省市部署要求，统筹推进相关改革，着力推进不动产登记职责整合工作，积极做好乡镇区划调整后相关机构编制调整工作。

【服务发展卓有成效】 2015年，县编办积极服务经济发展大局。一是理顺体制搭建平台服务发展。理顺县住保局、黄水局、县城投管委会等单位管理体制，为县域社会和经济发展搭建良好平台。牵头组织协调原县工商体制改革遗留问题，妥善处理县工商局（原市场服务中心)30人编制等问题，为相关单位顺利开展工作创造良好的条件。经开区正式由宁乡县政府管理调整为长沙市政府统一管理。二是全力保证重点项目编制保障。在全县机构编制总量不增的前提下，确保“市民之家”、县政务服务中心等重点项目、重大民生保障方面的机构编制需求。创新管理模式，盘活编制资源，科学制定编制使用计划，积极参与中小学教师和卫技人员招聘、公务员选调、事业单位人才招聘等工作，全年累计引进各类人员人才700多名。三是抓实市场监管体制专项改革。按照省市统一部署，结合县政府职能转变和机构改革，将县工商局、县质监局、县药监局和县食安办合并组建县市场监管局，将流通领域食品药品安全职责整合归由县市场监管部门承担，进一步明确市场监管机构有关机构编制事项，建立健全市场监督管理体制。

【机构编制严格管理】 一是严格机构编制基础管理。县编委和县编委领导高度重视机构编制工作，周辉县长等领导多次就加强和规范机构编制管理作出批示、提出明确要求，并带头严格坚持“五个严禁、四个一律”机构编制工作纪律和机构编制“一支笔”审批制度，从紧从严控制机构编制，健全规范编委会议制度，相继出台《宁乡县规范机关事业单位工作人员管理若干规定》等一系列制度文件，实行财政与机构编制部门联合管控机制，坚持组织、人社、财政、编办等部门的联合控编，形成层层把关的约束机制，规范机构编制管理取得成效。二是严格编外用人管理。按照《宁乡县机关事业单位聘用临时工作人员管理办法（试行)》，严格审批程序、加强聘用管理。对现有编外自聘人员，按照单位申报，严格计划审批，制定清理方案，逐步清退规范到位，2015年清理规范编外人员1100余人。三是严格股级职数管理。出台《宁乡县行政事业单位内设机构设置和股级职数管理办法》(试行)，组织开展对全县机关事业单位内设机构和股级职数进行全面清理，全面规范内设机构设置和股级职数核定。

【机构编制队伍建设】 2015年，县编办按照全县统一部署，积极开展“三严三实”等主题活动和专项整治，成效显著。一是提升认识深度，严守“三坚持”。坚持加强理想信念教育，树立正确的世界观、人生观、价值观；坚持学以致用，理论联系实际，立足县情、投身改革、强化管理，不断提升机构编制管理的法制化、科学化、规范化；坚持原则，勇于担当，力争打造一支务实型、廉洁型、业务型的机构编制队伍。二是提高业务精度，严抓“三结合”。坚持将党建、纪检等精神融入日常业务工作，着力提升机构编制工作精度。严抓工作目标与活动内涵的紧密结合，全面强化全办干部围绕中心、服务大局工作理念；严抓工作任务与活动环节的紧密结合，坚持循序推进、务求实效，推进机构编制工作任务落实。严抓工作纪律与活动要求的紧密结合，以不厌其严的工作原则、不厌其烦的工作态度、不厌其细的工作作风，全面提升机构编制管理效能。三是恪守纪律，严守“三准绳”。县编办严格贯彻编制管理工作“三准绳”：严守机构编制法律法规，严格贯彻省委、省政府提出机构编制和干部人事管理“五个严禁”“四个一律”规定，严守全县机构编制工作原则，坚持“凡有所加、必有所减”，切实维护机构编制的权威性、严肃性；严守围绕中心服务大局，进一步强化编制管理工作的统筹协调，严格执行程序和标准，更好地服务于全县经济社会发展。

（鲁子君）

事业单位登记管理局
局　　长　　　杨　艳
监督检查科科长　　喻国栋

史志档案工作

县史志档案局
局　长　　谢仲舒
副局长　　姜政军
　　　　　张合民(11月免)

【概况】 2015年,县史志档案局干部职工19人,退休干部14人,内设办公室、党史科、年鉴科、档案查阅科、业务指导科、法教科6个科室。获得“2015年度长沙市党史工作目标管理先进单位”、“2015年度长沙市档案工作目标管理先进单位”称号,《宁乡年鉴(2013)》获第五届年鉴编纂出版质量评比综合三等奖。

【达标升级工作出亮点】 2015年,县档案局指导玉潭镇政府、县疾控中心、县城管局做好晋升省一级的迎检基础工作,包括档案年度整理、输机、制度上墙、库房规范、统计台账、材料汇编等,按照湖南省档案工作规范化管理评估内容和评分细则,逐一做好落实,三家单位均通过评估验收,圆满完成目标任务;对县国土局、水务局等几家单位省一级复查验收工作,进行指导,对其库房建设、制度上墙、统计台账、设备设施等进行了细致察看和评估,均验收通过;对县经开区的省特级复查验收工作进行指导,验收通过。

【档案执法及业务指导上台阶】 2014年,全县绩效考核工作首次将档案工作纳入目标管理,全局上下非常重视,县委办和绩效考核办也高度重视,各乡镇和县直单位密切配合。2015年检查组在检查工作中,对照考核标准,认真履职,动真格,较好地掌握全县档案工作动态,同时也通过考核带动全县各单位优化整合档案资源,投入大量经费建设高标准档案室,使宁乡档案工作上新台阶。

【档案基础工作扎实】 以科学发展观为指导,坚持基础工作不放松,认真组织基层档案室人员学习国家档案局8号令,加强检查指导,明确档案工作基本要求。6月9日是“国际档案日”,档案局围绕“走进档案”这个宣传主题,组织工作人员15人,现场发放各种档案宣传资料1000多份。深入宣传以《中华人民共和国档案法》《中华人民共和国档案法实施办法》等档案法律法规知识,重点宣传《档案管理违法违纪行为处分规定》,进一步增强公众档案意识,扩大档案工作影响力。

【加强村级档案室建设】 2015年,县档案局为了改善和加强村级(社区)档案工作,提高基层档案员的业务能力和管理水平,更好地适应新时期档案工作发展需要,档案局于9月28日组织举办乡村档案员业务培训班,参加培训人员共计313人。通过2014年、2015年的两期培训,全县做到村级档案工作全覆盖。

【切实抓好党史工作】 2015年,县档案局以纪念抗战70周年为主题,开展一系列富有影响的活动,一是在省、市黄埔同学会和统战部门举行的纪念齐学启烈士大型活动中,县档案局作为主要成员单位,推出关于介绍齐学启烈士生平事迹专题文章,并在大会上发言;二是完成省、市党史部门纪念抗日战争70周年征文7篇,推介一批宁乡抗日烈士的先进事迹;三是在市档案局的支持下,举办“铭记历史.珍爱和平”70周年档案巡回展;四是支持宁乡籍作家成瑞祥出版抗日专著《靳江记忆》,在全县引起强烈反响;五是把握宁乡文化内涵,推出鲁涤平专题文史研究,2015年年底已完成60万字的初稿。完成省委党史办抗灾救灾稿件2篇。完成市委党史办编著的《长沙党史联络工作纪事》材料上报。征订党史刊物《湘潮》300份,免费向全县各单位以及社会发放,为党政机关和基层干部群众“补钙铸魂”。搭建资源共享平台。依托自主网站,及时更新党史工作动态,上传共享党史事件、革命遗址、党史成果、人物传记等重要研究成果。

【地方志工作见成效】 2015年,地方志工作卓有成效。一是收集资料,整理、编辑出版《宁乡年鉴(2015)》。全书涉及156个单位,收集资料200多万字,成书78万字,彩页16个版面,印刷1000册,由方志出版社于11月出版发行。拓展资料收集,撰写2014年宁乡大事记两万多字。二是完成《长沙市志(1988—2012)》的入志资料,宁乡概述篇经过收集、整理、4次提炼加工,9月,长沙市编纂委员会验收合格。三是完成上报省、市年鉴宁乡入鉴资料。“挺进全国五十强、长韶娄高速全线通车、历经铺乡获评‘国家级生态乡镇’、创建湖南省教育强县、宁乡三个镇入选全国重点镇”等近20个宁乡重大事项条目报省、市年鉴并被采用。4月21日至23日,在杭州萧山举行的第十六次全国地州区县年鉴研讨会暨第五届年鉴编纂出版质量评比颁奖大会上,《宁乡年鉴(2013)》荣获中国出版协会第五届年鉴编纂出版质量评比综合三等奖，同时获框架设计三等奖、条目编写三等奖、装帧设计三等奖。蔡水林撰写的《谈年鉴条目的编撰》在第十六次全国地州区县年鉴研讨会上交流，并得到好评。

【筹备档案馆建设】 2015年，县档案局完成国家综合档案馆的建设编制工作，按照省、市要求，编制申报档案建设规划，争取中央相关政策资金480余万元，12月，档案馆建设破土动工。

【档案馆利用出实效】 2015年，县档案局坚持以热情、优质、高效的服务理念和工作态度，认真做好档案服务利用工作，为每一位利用者排忧解难。全年共接待查档者3020人次，调阅档案3811卷，复印档案资料提供证据6581页，查找率95%。为丰富馆藏内容更好地提高利用率，认真做好档案的征集和接收工作。入库接收县档案局档案20盒，县委档案76盒，县经信局档案13箱。接收《人民日报》《湖南日报》合订本等并存档。

（程　燕）

信访工作

县信访局

党组书记、局长	赵龙希(9月免)
	徐鹏飞(9月任)
副书记、副局长	欧阳定良(9月免)
党组成员、副局长	黄菊彬(11月免)
	冯伏坚
	谢　文(女)
	唐　华　张勇波
党组成员	杨青兰(女)

【概况】 2015年，县信访局以信访法治化建设为主线，以“三严三实”为标准，狠抓干部作风建设，抓实群众密切关注的民生实事，正面回应群众各类诉求，积极创新社会管理，积极服务三大建设，全县社会大局持续保持和谐稳定。全年来县上访群众1427批4126人次，与上年同比批次下降33%，人次下降41%；到市访181批366人次，同比批次下降43%，人次下降30%；赴省196批463人次，同比批次下降39%，人次下降21%。进京非访登记35人次，同比下降55.7%，11月实现单月非访零登记。全年共办理群众来信231件，承办中央、省、市、县领导批示交办信访案件55件。县信访局被评为2015年度县绩效考核一类单位，并被市委、市政府评为2015年度信访工作目标管理考核优秀单位。

【县级领导接访】 2015年，县委、县政府实施信访工作领导轮流坐班制，每周一，由一名县领导轮流到县信访局坐班接待来访群众，乡镇和部门单位主要领导在本单位信访接待室接待群众。县领导接访32次，共计接待群众502批1215人次，批示交办案件461件。

【信访积案化解】 2015年，在信访积案化解上，县信访局坚持多措并举，最大限度推动“事要解决”，切实减少积案存量。一是领导“包案化解”。按照领导分工、联系乡镇及“谁主管、谁负责”原则，县信访联席办筛选出34件重要信访积案，由县委常委以及人大、政府、政协主要领导包案；同时，挑选出130个一般信访积案，由所属乡镇党委书记或县直单位主要负责人包案。全年34件重要信访积案化解15件，化解率44.2%；130个一般信访积案化解102件，化解率达78.5%。二是信访援助“会诊化解”。县信访联席办信访援助小组继续发挥作用，针对多次进京到省上访的老户，筛选出部分交由信访援助小组介入处理。2015年共受理复杂疑难信访事项53件，结案16件。三是公开听证“阳光化解”。对合理诉求得到解决仍不息访息诉的信访老户，组织进行信访公开听证。由县领导或社会贤达人士担任听证会主持人，邀请人大代表、政协委员、律师、村民代表和专业人士组成听证员团队，采取辨法析理、公众评议等方式，促使信访人息访息诉。全年县级组织信访听证3次，各乡镇(街道)也积极采取该方法化解疑难信访问题，均取得很好的社会效果。四是媒体报道“舆情化解”。5月，开辟《第二调解室》电视专题节目，对信访诉求明显无理，信访人仍纠缠不清的，经本人同意后，通过电视媒体向社会公开信访事项及调解全过程，实行定期播放，让人民群众来评判是非曲直解决信访问题。全年播出节目3期，群众反响很好，有效助推信访问题的解决和公民法律意识提高。

【依法治访规范信访秩序】 2015年，宁乡县信访秩序明显好转，进京非访呈“三个下降”趋势：一是非访登记总量下降。全年县进京非访登记35人次，与上年同比下降55.7%。11月，实现单月非访零登记；二是失控进京人数下降。全国“两会”期间，全县失控10人，与上年同比下降80.77%；三是特护期非访登记数下降。全国“两会”期间，全县非访登记1人次，较上年同比下降75%。“五一”“九三”特护期间宁乡县无人进京上访，实现“零登记”。强力规范信访秩序，打击涉访违法行为，全年刑事立案4件，刑拘3人，治安拘留

26 人次,治安罚款 4 人次。

【集中处理信访突出问题及群体性事件联席会议】 2015 年,县集中处理信访突出问题及群众性事件联席会议发挥有效作用,召集领导定期组织召开联席会议,分析信访工作形势,研讨重大信访问题,部署后段工作。年内共召开联席会议 30 余次,研究处理道林非煤矿山关停、退岗农电员、涌泉山煤矿未在职亦工亦农人员等群体性突出问题以及谢某某、邱某某等重点个案。

【网上信访】 2015 年,全县 33 个乡镇、71 个部门实现联网办公,建立网下办理、网上流转的群众信访事项办理程序,实现群众对办理过程和结果可查询、可跟踪、可督办、可评价,增强透明度。全年共受理网上信访 231 件,与上年同比增加 41.66%。

【"一推行四公开"群众工作】 2015 年,是市委实行新一轮"一推行四公开"群众工作的开局之年,宁乡严格按照《中共长沙市委关于深入实施"一推行四公开"工作进一步密切联系群众的意见》文件精神,紧紧围绕"服务三大建设、实现全面小康"的目标,以"大走访"活动和美丽乡村建设为载体,切实解决群众反映的热点难点问题。全年全县群工队员共走访群众 71.31 万户次,收集群众反映问题 1.33 万件,化解矛盾纠纷 2930 件,为民办实事好事 5176 件,提供帮扶救助资金 589.95 万元,切实解决一批广大人民群众最关心、最直接、最现实的问题,赢得群众的认可。在美丽乡村建设、精准扶贫等中心工作中,广大群工队员既充当宣传员又充当组织者和督促员,通过组织召开动员会议、组织外出参观学习、开展环境专项整治行动等方式,进一步密切干群联系,加深干群感情。

（马　莹）

宁乡县人民代表大会及其常务委员会

宁乡县人民代表大会常务委员会

主　任　贺应辉

副主任　周泽祥　谢文军　熊志扬　闵志平　彭曦明(女)

委　员　王春林　王碧玲(女)　刘义军　刘信群　刘晴明(10月辞)　刘骥扬　杨　振　肖水平　吴　彪　宋志宏　张　莹(女)　易光辉　赵建华(女)　钟　鑫　夏国勋　唐　正　陶文英(女)　彭晓静(女)　释贤心　曾子文　詹亮明　蔡跃武　黎卫华(女)

【概况】 2015年,县人大常委会共召开常委会会议10次,主任会议17次,听取和审议"一府两院"工作报告41项,开展各类视察调研110余次。依法任免国家机关工作人员100人,补选市十四届人大代表4名、县十六届人大代表4名;接受2名市十四届人大代表和2名县十六届人大代表辞去代表职务的请求,充分发挥地方国家权力机关的职能,为推进依法治县,促进全县经济发展、民生改善、社会和谐发挥重要作用。

一、坚持深化监督与加强支持并重,服务全县工作大局。2015年,县人大常委会围绕中心,促进全县经济进中求好。监督支持政府着力推进产业转型升级和城乡统筹发展,听取和初审县人民政府关于"十三五"规划编制情况并进行专题调研,积极应对经济发展新常态;组织对城建、公路、水利、农业、工业、房地产等方面的全县重点建设项目进行跟踪视察调研;围绕县委"实力园区、新型城镇、美丽乡村"三大建设任务,先后组织各级人大代表召开专题座谈会、交流会4次,开展专题调研视察5次;将服务"三大建设"工作纳入年度考核,要求各乡镇(街道)人大、各级人大代表积极投身"三大建设";开展"服务三大建设优秀人大代表"评选活动并予以宣传表彰。关注民生,维护全县社会和谐稳定。组织黄材水库集水区养殖污染调查和铁冲水库库区周边污染情况调研;深入开展"宁乡环保世纪行",精心组织"沩江水质三看三促"活动,致力沩江水质保护工作;组织开展对全县城区学校、医院煤改气情况的视察调研,督查燃煤锅炉加快退出工作;听取和审议县人民政府关于《宁乡县退出投肥养殖三年行动实施方案》落实情况的汇报,全县166座水库退出投肥养殖,共拆除水库周边养猪场11处面积3000平方米,关停养殖场21处。针对群众反映强烈的小区物业管理问题、瓶装液化气市场统一管理问题进行专题调研和督查;深入开展"农产品质量安全行""三湘农民健康行"活动;对县住房和城乡建设局、国土资源局、文化体育广播电视局、审计局、交通运输局、安全生产监督管理局、食品药品监督管理局、人力资源和社会保障局等8个部门单位的视察评议。全年共受理群众来信、来访116件次,接待群众232人次,受理上级转批件12件。依法治县,推动民主法治不断前行。先后开展《中华人民共和国政府采购法》《中华人民共和国预算法》《中华人民共和国食品安全法》《中华人民共和国药品管理法》《中华人民共和国渔业法》《中华人民共和国兵役法》《中华人民共和国物业管理条例》《中华人民共和国环境保护法》《中华人民共和国禁毒法》9部法律法规的执法检查;精心组织开展"司法公正长沙行"活动,开展对全县"六五"普法规划实施情况的调研,推动县司法局深入开展"面对面、互动式"普法宣传活动,做好规范性文件的报送、接收、登记、分送、审查和存档等工作。

二、坚持夯实基础与强化服务并举,发挥代表主体作用。2015年,县人大常委会以学习培训为抓手,提升代表履职能力。县人大常委会累计各乡镇(街道)授课和指导各类学习交流与履职活动10多场次;开办全县人大代表依法履职法律培训班1次,积极组织代表参加上级人大举办的培训班,及时向代表发放、邮寄各类人大刊物、文件、公报,确保代表的知情权。以活动开展为载体,激发代表履职活力。继续深入实施"双联"活动、"五百"活动,全年共组织70多名县人大代表公开向选民述职,引导各级人大代表开展对口帮扶困难群众、失学儿童等活动,全年共计帮扶困难群众170户,援助失学儿童300余名;代表联系敬老院活动进一步深化,全年累计捐资捐物达200多万元。以建议督办为重点,增强代表履职动力。县十六届人民代表大会四次会议期间,共收到代表建议、批评和意见204件,年内全部办理完毕。县人大常委会坚持实行代表建议办理“一把手”负总责、分管领导领衔办理制;召开建议督办会和代表评议建议办理工作会议,进一步办理代表提出的有关问题和建议。

三、坚持专项教育与转变作风并行,提升自身建设水平。县人大常委会以“三严三实”专项教育为契机,着力增强全体机关干部服务大局的凝聚力、干事创业的内驱力、促进发展的推动力,自身建设取得显著成效。坚持把学习教育贯穿始终,把解决问题作为重点,把为民要求落到实处。先后建立健全监督工作办法、联系代表制度、信访工作机制等7个方面17项制度,形成科学有序的运行机制。乡镇人大工作再上台阶。县人大常委会不断加强对乡镇(街道)人大工作的指导和联系,全县各乡镇(街道)人大在坚持依法履职、服务中心大局、加强监督评议、开展代表活动等各方面有新的提高。对外宣传交流不断强化。全县人大工作在省、市、县各级主流媒体进行宣传报道100余次;深入挖掘在各行各业、不同领域以及“三大建设”中履职优秀的先进典型代表,在宁乡电视台、《今日宁乡》开辟专栏予以宣传推介。

【宁乡县第十六届人民代表大会常务委员会会议】 2015年,县人大常委会共召开常委会会议10次。

1月15日,召开县十六届人大常委会第十五次会议。审议《关于提请审议决定接受姚仁智辞去长沙市第十四届人民代表大会代表职务请求的议案》;审议《关于提请审议决定补选杜中塔为长沙市第十四届人大代表的议案》。

2月10日,召开县十六届人大常委会第十六次会议。审议《宁乡县人大常委会2015年工作要点(草案)》;听取县司法局关于“六五”普法工作情况的汇报。

4月23日,召开县十六届人大常委会第十七次会议。听取和审议县人民政府关于《中华人民共和国政府采购法》实施情况的汇报;听取和审议县人民政府关于《中华人民共和国预算法》贯彻实施情况的汇报;听取县人民政府关于《中华人民共和国物业管理条例》贯彻实施情况的汇报;听取和审议县人民政府关于《中华人民共和国药品管理法》贯彻实施情况的汇报;听取和审议县人民政府关于《中华人民共和国渔业法》贯彻实施情况的汇报;审议《关于提请审议决定接受廖国珍同志辞去宁乡县第十六届人民代表大会代表职务请求的议案》;审议《关于提请审议决定补选四名宁乡县第十六届人民代表大会代表的议案》;审议《关于提请审议决定补选长沙市第十四届人民代表大会代表的议案》;进行有关人事任免。

6月26日,召开县十六届人大常委会第十八次会议。听取和审议2014年宁乡县财政决算(草案)的报告;听取和审议2014年宁乡县同级预算执行审计情况的报告;听取和审议对县审计局视察评议工作的汇报;听取和审议对县国土资源局视察评议工作的汇报;听取和审议对县住房和城乡建设局视察评议工作的汇报;听取和审议对县文化体育广播电视局视察评议工作的汇报;听取和审议《宁乡县第十六届人民代表大会常务委员会代表资格审查委员会关于谭小平等四位同志代表资格的审查报告》。

8月14日,召开县十六届人大常委会第十九次会议。听取和审议2015年上半年宁乡县财政预算执行情况的报告;听取和审议2015年上半年宁乡县国民经济发展计划执行情况的报告;听取和审议县人民政府关于《中华人民共和国环境保护法》贯彻实施情况及生态环境保护一体化的工作情况汇报;听取和审议县人民政府关于《中华人民共和国禁毒法》贯彻实施情况的汇报;听取和审议县人民政府关于《中华人民共和国食品安全法》贯彻实施情况的汇报;听取县人民政府关于《宁乡县退出投肥养殖三年行动实施方案》落实情况的汇报;进行有关人事任免。

9月17日,召开县十六届人大常委会第二十次会议。审议《关于提请许可对崔宁山采取刑事强制措施的议案》。

10月27至28日,召开县十六届人大常委会第二十一次会议。听取和审议2015年1月至9月县财政预算执行情况及2015年财政预算调整(草案)的报告;听取和审议县人民政府关于《中华人民共和国兵役法》贯彻实施情况的汇报;听取法院、检察院、公安局、司法局关于“司法公正长沙行”工作情况的汇报;听取和审议对县交通运输局、安全生产监督管理局、食品药品监督管理局、人力资源和社会保障局视察评议工作的汇报;听取“双联”活动开展情况的汇报;进行有关人事任免。

12月4日,召开县十六届人大常委会第二十二次会议。进行有关人事任免;审议《关于提请审议决定接受黎春秋辞去长沙市第十四届人民代表大会代表职务的议案》。

12月11日,召开县十六届人大常委会第二十三次会议。审议《关于提请许可对宁乡县第十六届人民代表大会代表杨国良采取刑事强制措施的议案》。

12月29日,召开县十六届人大常委会第二十四次会议。听取和审议县人民政府关于2015年宁乡县国民经济和社会发展计划执行情况及2016年国民经济和社会发展计划(草案)的报告;听取和审议县人民政府关于“十三五”规划编制情况的报告;听取和审议县人民政府关于2015年宁乡县财政预算执行情况及2016年财政预算(草案)的报告;听取和审议县人民政府关于黄材水库水资源保护规划的汇报;审议县十六届人大五次会议大会筹备方案(草案);审议县十六届人大五次会议人大常委会工作报告(草案);听取和审议关于规范性文件备案审查工作的汇报;听取和审议县"一府两院"关于代表建议办理工作情况的报告;审议县十六届人民代表大会优秀人大代表推荐人选;进行有关人事任免。

【宁乡县第十六届人民代表大会第五次会议】 2016年1月6日至8日,宁乡县第十六届人民代表大会第五次会议在玉潭镇召开。会议共进行七项议程:一是听取和审查县人民政府县长周辉关于政府工作的报告;二是听取和审查县人民政府常务副县长刘亮关于宁乡县国民经济和社会发展第十三个五年规划纲要草案的说明,批准宁乡县国民经济和社会发展第十三个五年规划纲要;三是审查县发展和改革局局长刘寄华关于宁乡县2015年国民经济和社会发展计划执行情况与2016年国民经济和社会发展计划草案的报告(书面),批准宁乡县2016年国民经济和社会发展计划;四是审查县财政局局长谭启良关于宁乡县2015年财政预算执行情况与2016年财政预算草案的报告(书面),批准宁乡县2016年财政预算;五是听取和审查县人大常委会主任贺应辉关于县人大常委会工作的报告;六是听取和审查县人民法院院长张帅关于县人民法院工作的报告;七是听取和审查县人民检察院检察长罗斌关于县人民检察院工作的报告。

会议认为,"十二五"时期是宁乡经济社会发展极不平凡的五年,是全县上下团结奋进、铸就辉煌的五年。全县上下深入贯彻科学发展观,积极作为、开拓进取,致力于经济转型发展,综合实力持续攀升;致力于统筹城乡建设,人居环境更优更美;致力于构筑投资洼地,发展动能更加强劲;致力于提升民生福祉,人民生活持续改善;致力于加强自身建设,行政运行更加高效。特别是2015年,面对发展新常态下的新环境、新形势和新任务,县人民政府在县委的正确领导和县人大、县政协的监督支持下,团结带领全县人民,紧紧围绕"加快三大建设、实现全面小康"的战略部署,齐心协力、真抓实干,较好地完成县十六届人大四次会议所确定的各项目标任务。

会议指出,"十三五"时期,是宁乡全面建成小康社会的关键时期。全县上下要坚持以科学发展观为统揽,深入贯彻实施"四个全面"总战略,遵循"五个发展"新理念,突出实力园区、新型城镇、美丽乡村三大建设,扎实抓好产业转型、城乡提质、投入拉动、创新驱动、民生保障,调动一切积极因素,激发社会创新活力,率先全面建成小康社会,加快实现基本现代化。2016年是"十三五"规划实施的开局之年,政府工作要以中央、省、市经济工作会议和县委十一届七次全会精神为指导,围绕提档升级,突出实力园区建设;立足内涵扩张,加快新型城镇建设;坚持强农富民,加速美丽乡村建设;聚焦项目投入,持续增强发展后劲;突出共建共享,全面促进社会和谐;致力效能提升,打造人民满意政府。

会议强调,县人民政府及各部门必须紧紧围绕发展这一主题,围绕破梗阻、立新规,务实推进改革创新;坚持法定职责必须为,法无授权不可为,更加注重依法行政;坚持"严"字当头,落到"实"处,强化"一线"工作法,做到领导在一线指挥、问题在一线解决、实绩在一线创造,提高工作效率,提升执行能力;强化执法监察、效能监察、廉政监察,努力树立勤勉务实、清正廉洁的政府形象。

会议号召,全县上下要紧密团结起来,在中共宁乡县委的正确领导下,以更加宽广的视野谋划发展,以更加昂扬的斗志迎接挑战,以更加务实的作风勤勉工作,为率先全面建成小康社会、实现人民的美好向往而不懈努力。

(谭永华)

县人大常委会工作机构

办公室

主　任　詹亮明(9月免)
　　　　杨正文(9月任)
副主任　姜夕兰(11月免)
　　　　黎　明　喻　波

教育科学文化卫生工作委员会

主　任　赵建华(9月免)
　　　　何赞兵(9月任)
副主任　邬明华

财政经济工作委员会

主　任　曾子文(9月免)
　　　　王碧泉(9月任)
副主任　刘南科

内务司法工作委员会

主　任　夏国勋
副主任　李金龙(11月免)

选举任免联络工作委员会

主　任　刘信群
副主任　王京湘

农业与农村工作委员会

主　任　钟　鑫
副主任　李文杰

城乡建设环境与资源保护工作委员会

主　任　彭晓静
副主任　欧阳练兵

宁乡县人民政府

宁乡县人民政府
县委副书记、县长　　　　周　辉
县委常委、常务副县长　刘　亮
县委常委、副县长　　　龚　畅
　　　　　　吴文海(挂职,6月免)
副 县 长　钟利仁　刘俊武
　　　　　漆曙光(11月免)
　　　　　冯智君
　　　　　彭　韬(11月免)
　　　　　章晓波(11月任)
　　　　　陈德奇(11月任)
副调研员　周明山　吴国强
　　　　　孔秋生　胡　长
县长助理　刘润乾(9月免)
主任督学　杨旭东(9月免)
督 办 员　王导成(9月解聘)
　　　　　胡明德(9月解聘)
　　　　　文金凤(9月解聘)
　　　　　周进军(9月解聘)
　　　　　戴向军(9月解聘)
　　　　　黎成吉(9月解聘)
　　　　　王社平(9月解聘)
　　　　　廖非平(9月解聘)

【概况】 2015年,宁乡县政府办紧紧围绕县委、政府中心工作和决策部署,以“三大建设”为抓手,紧扣“参谋、服务、协调、督办”主题,锐意进取、狠抓落实,主动作为、开拓创新,切实保障县政府各项工作高质高效完成。

一、强化职能,服务大局。一是强化以文辅政,参谋作用得到有效发挥。2015年,政府办高质量完成政府工作报告的调研、起草、定稿。高质量起草工作汇报、领导讲话、调查研究等重要材料700余篇次,完成文化旅游产业“十三五”发展、标准化厂房建设、出租车运营与管理、秸秆焚烧等调研报告10余篇次,参与了项目建设管理、特色经济发展等一系列重大政策文件的制定,为领导决策提供了一手资料,当好了参谋助手。同时,向省市报送信息180篇次,整理录音180余篇100万余字,印发政府工作简报54期。二是突出以督辅政,决策部署得到有效落实。2015年共开展重点项目、双百服务等重点工作专项督查80余次,开展安全生产专项督查20多次,办理省、市、县领导批示交办件600余件,受理和办复问政湖南信访件138件、市长信箱件122件,编发《督查通报》36期,下发督办函20多份,382件建议提案全部按期办复,35项重点民生实事任务全面完成。三是坚持以事辅政,行政效能得到有效提升。其一,联线服务工作达到新高度。各条线联线干部、职工紧紧围绕分线工作,确保日常工作和牵头重点工作有序推进。对于由政府牵头进行的1121工程、城市投融资管理、校车安全管理、超限超载治理、医改、“双百”项目企业帮扶、滨江棚改拆迁、煤矿关闭退出等重点工作稳步推进。其二,政令畅通执行有新提升。做好对上衔接和对下沟通协调,坚持24小时值班值守制度,确保上级指示精神第一时间得到部署,政府领导批示精神第一时间得到落实。全年共计收转便文和通知2000余件,反馈有效信息500余次。其三,办文办会效率有新高度。全年共接收办理上级来文575件、下级请示件238件、印发本级文件912件,收转文件万余次。全年共计承办会议1000余次,承办县政府常务会议14次、县长办公会议24次,下发通知1000余个,确保省、市、县领导会议精神得到及时传达部署和有效落实。其四,信访接待工作有新突破。2015年共接待来访群众900多批次、1400余人,办理中央、省、市领导信访督办件20余件,信访批转件40余件,办理结案率95%以上,妥善处理好各类信访问题。四是注重以法辅政,依法行政得到有序推进。严格文件合法性审查,全年审查政府文件166件,提出法制意见建议119条,提出专题性会议法制意见建议147条;加强规范性文件管理,审查政府规范性文件10件,向市政府、县人大报备规范性文件9件,规范性文件备案均达100%;强化政府性合同法律审查,全年对69份政府性合同进行法律审查,对85份合同进行事后审查备案,提出合同修改意见达260余条,涉及合同标的额约1600亿元;加强行政执法监督。会同县审改办积极清理本级行政审批、权力清单和责任清单事项,减少行政权力事项2804项,精简率达44.7%,精简行政许可41项,取消非行政许可审批事项。

二、创新管理,凝聚合力。一是应急体系更加完善。以常规工作落实为抓手,有效预防和妥善处置各类突发事件。2015年,共开展4次预案演练,举办“5·12”防灾减灾日集中宣传活动,协调处置了“3·7经开区海纳新材料火灾”“5·11 县域短时暴雨”“10·11 花明楼镇地质沉陷事件”等突发事件，全年未发生重大及以上突发事件。二是人防工作再上台阶。2015 年，全县共收取人防易地建设费 2300 万元；着力推动人民医院地下停车场项目、人防疏散基地建设，维修维护 17 处保存相对完好的早期人防工程，人防指挥通信系统更加完善；精心组织，“11·1”防空警报成功试鸣；加强人防宣传教育，全县人防宣传教育阵地逐步形成。三是电子政务创新管理。加强网络管理，全面参与无线城市建设，新增电子政务外网管理监控平台。创新网站建设，为公众、企业和政府三大用户群体提供全方位用户服务体验，开发首届赛狮活动、政府部门权力清单、行政审批项目流程清单等专题网站，完成第一次全国政府网站普查工作。开发“宁乡县领导信箱综合管理平台”，完成网上信访系统宁乡网络平台建设。四是侨务驻外齐头并进。组织开展侨情调查和慰问走访活动，重点推动与韩国居昌郡的合作交流。切实规范因公出国，全面清理归档 2013~2015 年因公出国（境）档案，全年因公出国（境）2 批次 7 人。依法监管境外非政府组织，积极引导捐资助学活动，香港“阅读·梦飞翔”文化关怀慈善基金建成 50 家“阅读·梦飞翔”图书室。

三、以人为本，提升活力。一是狠抓落实，党建工作取得成效。加强党员教育管理，扎实开展党建活动；深化作风建设，按照“三严三实”专题教育活动要求，组织开展学习、研讨、自查、整改等各环节活动，在办公室内部开展“不严不实”问题自查和整改，切实改进作风；结合“美丽乡村”建设，扎实抓好煤炭坝贺家湾村的党建共建工作；密切联系群众，扎实做好精准扶贫工作。

二是精细管理，后勤保障坚实有力。财务上，以“保证运转、促进工作”为目标，执行制度、开源节流、规范管理。公务接待上，坚持热忱接待、按规定接待的原则，以最优的服务接待好每一批客人。公车管理上，严格落实党风廉政建设的相关规定，严禁公车私用，周末及国家法定节假期间政府办所有公车均要求有序停放在机关大院内。

【县政府常务会议研究事项】 2015 年，县人民政府共召开常务会议 14 次，主要研究事项如下：

1 月 29 日，研究招商引资项目评审机制；研究 2014 年政府投资项目工程变更事项；研究转业士官安置工作；传达学习 2015 年长沙市“两会”精神。

3 月 18 日，审议首轮特色县域经济重点县宁乡县农副产品加工业 2015 年实施方案；研究土地变性工作；研究人民医院五号住院大楼项目建设资金和 2015 年常规医疗设备购置工作；研究金洲新区消防能力建设工作；研究市长信箱、县长信箱、媒体信件、县长热线办理工作。

4 月 14 日，研究安全生产工作；研究征地拆迁工作；研究依法行政工作；研究全县道路交通安全管理工作。

4 月 27 日，研究县属国有、集体困难企业退休人员基本医疗保险问题；研究防范和处置非法集资工作；研究县妇幼保健院引入社会资本成立股份制医院问题。

6 月 25 日，研究审议《关于进一步规范用地管理的规定（试行）》（送审稿）；研究审议《宁乡县被征地农民社会保障和就业培训办法》（送审稿）；研究审议县本级行政职权事项目录（送审稿）；研究审议 2014 年财政决算（草案）和 2014 年度同级预算执行审计整改工作。

7 月 30 日，研究县“十三五”重大项目计划及拟申报中央、省、市、湘江新区“十三五”规划重大项目计划；研究 2015 年政府投资项目工程变更；研究被征地农民社保问题；研究中医院购置医用设备工作；研究农村土地承包经营权确权登记颁证工作。

9 月 7 日，研究审议《宁乡县土地利用总体规划建设用地指标调整总体方案》和《宁乡县城镇工矿用地剩余指标调整预方案》。

9 月 29 日，研究审议县城截污管道工程建设运营 PPP 项目方案。

10 月 22 日，听取县“十三五”规划十大项目进省、市及湘江新区规划情况；听取美丽经济博览会筹备情况；研究审议《关于支持工业企业发展的十条政策措施》（审议稿）；研究审议《2015 年 1 至 9 月财政收支执行情况及预算调整》（草案）。

11 月 9 日，研究终止宁乡县城市固体废弃物处理场特许经营权工作。

11 月 18 日，研究金洲新区相关工作；研究禁毒工作；研究“十三五”期间国省干线公路 PPP 项目；研究原县工商局 30 名返聘人员身份编制问题；研究不动产统一登记工作。

12 月 3 日，研究《宁乡县国民经济社会发展第十三个五年规划纲要（草案）》；研究 2015 年度转业士官城镇退役士兵安置工作；研究 2015 年度军转干部及随调家属安置工作；研究机关事业单位养老保险制度改革工作。

12 月 16 日，研究市民之家进驻筹备工作；研究行政审批“三集中三到位”改革工作;研究公共资源交易管理体制改革工作;研究智慧城市建设工作。

12月28日，研究审议2016年政府工作报告、《关于2015年宁乡县国民经济和社会发展计划执行情况及2016年国民经济和社会发展计划(草案)的报告》《关于2015年宁乡县财政预算执行情况及2016年财政预算（草案）的报告》;研究审议经开区等八宗工业用地变性工作；研究支持楚天科技发展工作；研究黄材水库水资源生态保护工作。

【县长办公会议研究事项】 2015年,由县委副书记、县长周辉主持召开县长办公会议24次,主要纪要如下:

1月16日,县长周辉在县行政中心十二楼会议室主持召开支持城郊乡建设发展办公会议。

2月5日，县长周辉在县行政中心十二楼会议室主持召开益娄高速公路流沙河连接线等项目建设工作办公会议。

3月5日，县长周辉在县行政中心十二楼会议室主持召开创建省级园林县城工作办公会议。

6月2日，县长周辉在县行政中心十二楼会议室主持召开保障性安居工程项目办公会议。

6月2日，县长周辉在县行政中心十二楼会议室主持召开基金设立、债券发行、企业上市工作办公会议。

6月17日,县长周辉在县行政中心十二楼会议室主持召开美丽中国·长沙文化产业示范园项目建设办公会议。

6月30日下午、6月30日晚上、7月4日上午、7月8日上午，县长周辉分别就经开区、高新区、城投集团、国资公司及其他重要载体单位、金玉工业集中区和乡镇特色园区项目开工促进工作5次主持召开办公会议。

6月27日,县长周辉在会议中心五会议室主持召开沩水流域综合治理项目融资工作办公会议。

6月30日,县长周辉在县行政中心十二楼会议室主持召开智慧宁乡建设办公会议。

7月17日,县长周辉在县行政中心十二楼会议室主持召开棚户区改造项目建设办公会议。

7月17日,县长周辉在县行政中心十二楼会议室主持召开新型城镇建设“百日会战”和华强项目办公会议。

7月20日,县长周辉在县行政中心十二楼会议室主持召开现代农业科技示范区项目建设办公会议。

7月29日,县长周辉在县行政中心十二楼会议室主持召开小煤矿关闭工作办公会议。

7月30日,县长周辉在县行政中心十二楼会议室主持召开支持青山桥镇发展工作办公会议。

8月31日,县长周辉主持召开社保资金补缴调度会议。

9月24日,县长周辉在县城投集团五楼会议室主持召开利和宁邦广场、蓝城文化城项目建设办公会议。

9月28日,县长周辉在县行政中心十二楼会议室主持召开医疗卫生专项规划、县人民医院项目建设及水务工作办公会议。

10月12日，县长周辉在县行政中心十二楼会议室主持召开市民之家、智慧城市建设及行政审批制度改革工作办公会议。

10月19日，县长周辉在县行政中心十二楼会议室主持召开“一园一中心”建设及减轻工业企业成本负担加强要素保障工作办公会议。

10月29日，县长周辉在县行政中心十二楼会议室主持召开市民之家PPP项目、滨江棚户区改造及建设“百日会战”拆迁清零工作办公会议。

12月1日,县长周辉在县行政中心十二楼会议室主持召开湘茶集团宁乡产业园项目县区办公会议。

【政府经济研究工作】 2015年，政府研究室紧紧围绕政府中心工作,突出政务主体,优化服务环境意识,积极参谋,强化服务,狠抓落实，切实保障各项工作高质高效完成，树立和维护政府机关勤政、高效、廉洁、务实的良好形象。一是高标准、严要求,完成各类文稿起草。以“快、精、准”为工作要求,确保高质量、高标准完成领导交办的各类文字综合材料。认真学习领会上级重要会议精神,了解和研究主要领导的思路和想法,并准确融入文字综合工作中;对各类综合材料做到精雕细琢,反复推敲，内容上力求做到观点正确、表述精准、条理清楚、用词生动;紧跟县委、县政府的重大决策和干部群众普遍关心的热点、难点问题,深入基层,深入实际,开展调研,圆满完成2015年政府工作报告起草，全年撰写经济形势分析材料及各类汇报、情况介绍、致辞演讲、论文材料等300余篇,为主要领导提供背景材料60余次。确保综合工作高质量、无差错、无纰漏、无延误,全年各种材料的综合采用率达93%以上。二是走乡镇、访企业,积极开展各类调研。开展课题研究和参与重大调研活动是研究室的一项主要职能，也是研究室贴近政府中心工作、贴近领导决策需要的有效途径。全年研究室紧紧围绕全县经济社会发展中的重点、难点和热点问题，深入开展调查研究，提出切实可行的对策建议，为政府决策提供有力的政策依据。2015 年针对粮食生产、秸秆焚烧、文化旅游产业发展、混凝土搅拌厂、出租车价格调整等课题，形成调研材料 20 篇，为领导决策提供有力的支持。三是找问题、抓整改，务实推进“三严三实”活动。5 月，县委部署全县“三严三实”专题教育，政府研究室充分认识到活动的高度政治性、深刻现实性和极端重要性，协助县政府领导班子完成班子及个人专题研讨发言等相关材料，协助开展县政府班子专题民主生活会。及时向市县组织部反馈活动情况，保障专题教育有序开展，确保整改落到实处。四是突亮点、强特色，做好县域经济社会发展服务。在做好本职工作的基础上，县政府研究室围绕宁乡经济社会发展，协助特办开展项目申报、现场督查、材料汇报等工作；加强政府办内设机构设置调研，为政府办内设机构改革提供参考；政府研究室相关成员利用业余时间，走基层、进车间，为企业排忧解难，推动项目落地、建设、达产。

【政务督查工作】 2015 年，县政府督查室以政府决策事项、会议决定事项、《政府工作报告》目标任务、省市和县长交办事项、为民办实事、建议提案办理等方面为督查重点，建立健全运行机制，不断丰富督查工作内涵，提高督查服务质量，较好地发挥督促检查职能作用，全年编发《督查通报》36 期；受理市长信箱 122 件，办复 122 件，办复率 100%；受理问政湖南信访件 138 件，已全部办复，办复率 100%。一是抓住《政府工作报告》目标任务不放松。根据宁政办发〔2015〕1 号《关于对 2015 年县〈政府工作报告〉目标任务和长沙市〈政府工作报告〉涉及宁乡县目标任务实施责任分解的通知》文件，对目标任务完成情况实行一季一督查、一季一通报，及时掌握各项工作进展情况、存在的问题，采用表格的形式汇报各责任领导，通报各责任单位。经过督促检查，有力地推进各项工作的开展，确保政府工作目标的贯彻落实。二是抓住重点工作专项督查不放松。针对安全生产、重点项目、“双百服务”、烟叶生产、动物防疫、城乡环境卫生整治、城乡绿化补植补造、滨江棚改、益娄公路建设、建议提案办理等重点工作开展专项督查，确保各项工作落到实处，共开展专项督查 80 余次。三是抓住群众关心的热点难点问题解决不放松。认真抓好为民办实事工作。2015 年，省市重点民生实事工作涉及宁乡县指标任务 35 项，其中省 19 项、市 16 项，涉及主要责任单位 19 个。截至年底，35 项重点民生实事任务全面完成，其中有 10 项超额完成。农村危房改造整体推进省级示范现场推进会在宁乡县召开；农村广播“村村响”工程的市级经验交流会在宁乡县举办。认真做好人大代表建议、政协提案的办理工作。政府督查室全程参与建议提案的办理工作，在收到建议提案后，提出建议承办单位交县政府领导审定，及时将建议提案交由有关部门办理，并跟踪督办，开展专项督查，对答复件进行审查把关，不断提高办理工作质量。2015 年，县政府共承办省建议 1 件（会办 1 件），市人大代表建议 14 件（主办 6 件、分办 1 件、会办 7 件），政协委员提案 2 件（会办 2 件），县人大代表建议 201 件，县政协提案 164 件，县人民政府和各承办单位高度重视办理工作，切实强化领导，狠抓落实到位，较好地完成办理任务。382 件建议提案全部按期办复完毕。其中，会办的 10 件省市建议提案的会办意见均及时报送主办单位；主办的 7 件市建议已全部办结。201 件县代表建议得到解决或基本解决的 121 件，占 60.2%；正在解决或列入规划逐步解决的 65 件，占 32.3%；受条件和政策限制目前暂不能解决的 15 件，占 7.5%。164 件县委员提案得到解决或基本解决的 101 件，占 61.6%；正解决或列入规划逐步解决的 61 件，占 37.2%；受条件和政策限制目前不能解决的 2 件，占 1.2%。四是抓住会议议定事项和领导批示落实不放松。对县政府常务会议、专题会议决定事项的落实情况及时进行督查，并对个别落实不力的单位和进展缓慢的工作进行跟踪督查，及时向县政府领导报告督查结果并定期发出通报。对省、市领导和县政府领导的批示件、交办件落实情况及时跟踪督查并反馈结果，全年共办理省、市、县领导批示交办件 600 余件。

【政府法制工作】 2015 年，宁乡县法制办全面贯彻落实党的十八届四中全会精神，积极履行依法行政职责，充分发挥参谋助手作用，为全县经济社会发展提供满意的法制服务。

一、立足实际推进立法，紧盯形势落实新法。一是深入开展调研，摸底立法需求。2015 年，县法制办通过邀请市人大、市政府法制办立法工作组实地调研、专题书面汇报等多种方式争取多部地方性法规纳入市立法计划。协助沩山风景名胜区管委会和黄材水库管理局起草《沩山风景名胜区保护条例（草案）》和《长沙市黄材水库饮用水水源保护办法（草案)》。二是积极学习宣传,促进新法落实。法制办认真学习十八届四中全会后修改的《中华人民共和国行政诉讼法》,组织开展学习研究。组织县直执法单位和乡镇法制分管领导和法制科长(专干)召开全县政府法制系统新行政诉讼法研讨会。会上,湖南师范大学法学院院长肖北庚教授、长沙市中级人民法院审判监督委员会委员张丽娟法官对新诉讼法作全面的讲解。

二、把好文件审修关口,提升政府决策水平。一是严格文件合法性审查。2015年,县法制办共审查政府文件166件,提出法制意见建议119条,为激发市场活力、优化企业发展环境把好源头关口。同时,参加政府常务会、县长办公会,以及各类专题会议,对会议及纪要提出各项法制意见建议147条。二是加强规范性文件管理。全年共审查政府规范性文件10件,向市政府、县人大报备规范性文件9件,接受县直部门和乡镇规范性文件登记备案2件,规范性文件备案三率均达100%。

三、规范复议应诉案件,树立政府权威形象。一是依法办理行政复议案件。全年收到行政复议申请46件,逾期未补正视为撤回申请1件,不予受理5件,立案复议40件,经复议后审结27件,其中维持13件,确认违法6件,责令履行6件,撤回申请2件。未有被市人民政府法制办撤销、改变、确认违法的行政复议案件。二是积极推进行政复议工作规范化建设。从探索设立行政复议委员会等方面对行政复议规范化建设进行系列探索,提出行政复议决定书上网公开等创新性措施,推动行政复议工作从粗放型向精细化、制度化方向发展。三是稳妥做好行政应诉工作。2015年,法制办办理县政府应诉案件46件,经法院审理后驳回诉讼请求19件,正在审理27件,无行政诉讼败诉案件。严格落实行政负责人出庭应诉制度,年内有2名行政负责人出庭应诉。

四、严格政府合同管理,降低政府法律风险。一是强化政府性合同法律审查。2015年,法制办对69份政府性合同进行法律审查,对85份合同进行事后审查备案,提出合同修改意见260余条,涉及合同标的额约1600亿元,参与合同谈判和合同草稿征求意见会议20余次。二是完善合同审查制度化建设。针对《宁乡县政府性合同监督管理暂行办法》8月31日到期废止这一情况,法制办组织形成《〈宁乡县政府性合同监督管理暂行办法〉实施效果自评报告》。三是加强政府性合同规范管理。2015年,法制办深入开展政府合同管理制度执行情况专项检查,对61个县直部门、33个乡镇自2013年9月1日至2015年年底以本单位名义签订合同的情况进行检查。

五、加强行政执法监督,规范行政权力运行。一是积极配合县审改办清理县本级行政审批、权力清单和责任清单事项。经梳理,宁乡县行政权力事项从5071项精简到2267项,精简率达44.7%;行政许可事项由187项精简为146项,减少41项;取消非行政许可审批事项。年末,发布《宁乡县县本级行政审批权力清单》。二是组织发布宁乡县2015年行政执法指导案例。3月9日,法制办下发《关于报送行政执法指导案例的通知》,9月15日,发布《宁乡县人民政府关于印发〈宁乡县2015年度行政执法指导案例〉的通知》(宁政发〔2015〕28号),并在宁乡县公众信息网上发布。三是认真落实行政处罚决定书上网工作。年末,有县环保局、县城管局等十多个县直执法部门报送行政处罚案件目录,并及时在网上公布行政处罚决定书。四是严格开展2015年度行政执法案卷评查工作。案卷评查工作自2015年9月16日下发通知部署开始,至2015年10月20日县政府办发布评查通报结束。法制办抽取许可案卷29卷,处罚案卷59卷,共计88卷进行评查。五是组织开展行政执法人员资格管理和培训。2015年共组织培训6次,培训人员1142人,重点学习《湖南省公务员依法行政手册》等内容。共发放执法证件270本,注销执法证件159本。全面完成执法人员数据库核对清理工作,实现45个单位1854名行政执法人员网上在线管理。

六、围绕服务中心工作,打造"狮子型"机关。一是组织起草《宁乡县十三五法治政府建设规划(草案)》。该草案通过组织专家论证,征求县直相关部门和群众意见建议,明确6大块30项法治政府建设任务。力争通过5年的努力,基本建成法治宁乡,为加快实力园区、新型城镇、美丽乡村三大建设提供有力的法治保障。二是主动深入基层,积极参加党组织结对帮扶、对口扶贫等工作。在青山桥镇栗狮村美丽乡村建设中,组织全办人员积极为其出工出力。在青山桥镇永锋村对口扶贫工作中,积极为村集体经济发展出谋划策,并组织全办人员看望困难群众10人。三是扎实开展"三严三实"专题教育。结合工作实际,突出政府法制工作特色,及时启动"三严三实"专题教育活动。年末,共征集办公室成员"不作为、乱作为"问题6个,集中研学1次，为下一步的整治行动做好各项准备。

【县电子政务管理工作】 2015年，县电子政务管理办根据县委县政府的总体要求，结合工作实际情况，加快硬件建设，强化管理服务，健全管理制度，有效地开展工作。

一、创新网站建设，提高服务质量。一是围绕公众、企业和政府三大用户群体，提供政务公开、网上办事和互动交流等全方位用户服务体验，通过“七大板块 彰显服务”“三类需求 精准对接”“双重评议 激活动力”，为全县人民提供方便、快捷、高端的网上政务服务。二是完成第一次全国政府网站普查任务。按照中央、省、市文件要求，电子政务管理办投入大量的精力，对县本级及县直单位、乡镇的44家政府网站进行多轮的自查、梳理、整改等，确保宁乡县所有参加普查的政府网站全部合格达标。三是开发首届赛狮活动、宁乡县人民政府部门权力清单、行政审批项目流程清单等专题网站，为中心工作的开展提供较好的网络平台。四是全面收集各类政务信息，精心筛选，及时上报到市政府门户网站，并对存在安全漏洞的网站在规定时间内进行修复，较好地完成市电政办交办的任务。

二、加强网络管理，保障安全稳定。一是完成市治税平台、市商事服务平台、省统计联网直报平台、“省长信箱”综合管理系统、市交通运输信息平台的网络部署，为相关单位的业务办理提供高速的网络通道和优质的网络服务。二是全面参与宁乡县无线城市建设，制定《宁乡县免费WIFI平台建设技术方案》，在第一行政中心、第二行政中心、机关事业单位，相关旅游景点、商场、公园、医院等场所，建成一个用户接入简单、上网环境安全、浏览网速快捷、覆盖范围广、容纳用户多的免费WiFi平台。三是新增电子政务外网管理监控平台，做到网络故障在第一时间发现，第一时间处置，第一时间恢复。

三、规范项目建设，深化行业应用。一是出台《宁乡县人民政府办公室关于进一步加强政府投资信息化项目管理的通知》，明确工作流程，完善宁乡县政府投资信息化项目的规范化、集约化建设，避免重复建设，提高财政投资效益。二是推动成立宁乡县党政系统信息化工作领导小组和智慧城市建设工作领导小组，全面负责宁乡县党政系统信息化建设和智慧城市建设。三是牵头负责宁乡县智慧城市建设，提出宁乡县建设智慧城市和智慧政务的基本思路、开发模式和实施路径等，得到县委、县政府的认可。四是在升级原有“县长信箱”管理平台的基础上，将信件办理流程进行整合和优化，依托移动互联网，利用移动终端，开发一个能随时、随地、随需处理信件的“宁乡县领导信箱综合管理平台”（含手机版和电脑版），加快信件传输效率、提高信件回复质量。

四、强化队伍建设，提升专业水平。一是紧跟时代前沿，紧扣工作实际，面向全县电子政务管理工作者，举办县电子政务业务技能培训班，促进党政机关干部更注重电子政务技能在实际工作的应用，更好地推动宁乡县电子政务项目的顺利实施，推进学习型、服务型、创新型机关建设。二是在实践工作中，始终坚持研究先行，撰写的《基于移动学习的农村党员现代远程教育模式初探》于2015年5月在国家级刊物《中国教育信息化》上公开发表。

【县外事侨务工作】 2015年，宁乡外侨工作紧紧围绕全县发展和稳定大局，坚持以“三大建设”为目标，不断提升对外开放形象，不断提升管理水平，不断为宁乡社会经济发展助力。

一、夯实侨务基础，服务发展大局。第一，认真开展侨情调查摸底工作。摸清底细，掌握动态，服务大局，是做好侨务工作的前提。县外事侨务办开展四个方面的侨情调查。一是开展全县的重点侨情调查。二是华侨华人港澳同胞捐赠使用情况的调查。三是宁乡县归侨侨胞眷属困难情况调查。四是宁乡县涉侨企业调研。这些调查涉及全县33个乡镇，所有科局、两大园区。全面掌握重点华侨华人181人、归侨5人、侨眷116人、归国留学人员及留学生69人，全县侨胞眷属3600余人，新移民124人，分布30多个国家和地区。第二，宣传法律法规，落实相关政策。2015年，县侨办会同侨联、旅游局、商务局等10多个部门开展普法现场咨询活动6次，利用报纸、电视、宣传栏等形式宣传侨务知识9次，请县级主要领导现场演讲、撰写宣传材料3次，5月12日配合应急宣传活动，开展涉外侨务应急宣传活动。慰问侨务对象10户，不定期走访任务对象30户。及时办结侨胞眷属来信，合理保护相关权益。第三，加强对外交流，为经济建设加速助力。2015年，重点加强与韩国居昌郡的合作交流，双方互派考察团考察学习，保持频繁的交流往来。在2015年10月31日长沙举办的首届湖南中韩经贸文化活动周期间，与居昌郡签署居昌加祚温泉专区休养地、金猿山石佛建设、升降机产业交流等相关协议，并商讨发展两地旅游产业的相关事宜。

二、把握原则，规范因公出国管理。贯彻中央和省、市有关文件精神，进一步加强因公出国(境)工作管理。一是组织一次出国须知的宣传活动。举办一期全县外事工作领导因公出国审批管理和外事礼仪培训班，印制《宁乡县因公出国服务指针》《外侨知识问答》《外事资料汇编》三种资料。二是加强因公出国(境)档案的清理归档，并对照文件规定找问题、看不足，不断完善和提高管理工作。三是加强整章建制工作。加强因公出国财务的管理，进一步规范因公出国(境)审批流程，加强出国人员资格的审核。加强出国人员相关资料、函件、出国必要性的初审。2015年，因公出境共2批次7人，未发现违规违纪行为。四是加强涉外景点管理，做好接待服务工作。2015年，共接待5批次，近150人，加强对景点、宣传介绍的内容等进一步的补充完善，使形象更加鲜明、接待更上水平，内容更具针对性。

三、合理监管境外非政府组织。宁乡县境外非政府组织管理工作，按照市外侨办的统一部署，认真完成境外非政府组织和活动情况的调查摸底工作。建立联席会议机制，充分发挥领导、管理、协调、交流作用。2000~2015年在宁乡活动的境外非政府组织24个，未发现境外非政府组织在宁乡登记、注册或设立代表机构的一类组织。对捐资助学等活动进行合理引导，积极推进县域经济文化发展。特别是香港"阅读梦飞翔"文化关怀慈善基金会活动，由教育局牵头，活动开展有声有色。宁乡县第一家"阅读·梦飞翔"图书室于2008年建立，到2015年10月，已建成50家"阅读·梦飞翔"图书室，下半年6所学校开馆，覆盖全县33个乡镇。2014年至2015年，由"阅读·梦飞翔"基金新建立的图书室教育基金会每所拨付5000元用于购买图书，并且对2015年评估获得优异等级的17个学校进行奖励，每个馆奖励5000元用于图书的新增。

【县应急管理工作】 2015年，全县应急管理工作紧扣全年工作要点，以"加强源头治理、动态管理、应急与处置相结合的社会管理机制"为目标，以完善体制机制为保障，以常规工作落实为抓手，强化基层基础工作，突出预案编制与演练，有效预防和妥善处置各类突发事件，最大限度地减少和消除突发事件给公众和社会造成的危害和影响。

一、领导重视，强化责任，应急体系建设不断完善。一是领导重视，作用发挥明显。县政府常务副县长多次调研应急管理工作，及时解决应急管理工作中存在的突出问题。年初，商议确定2015年县应急工作要点并明确工作责任，应急委各成员单位、各专项指挥部、县应急办工作职责日益明确规范，全县应急常态化工作机制已初步形成。二是办事机构日趋完善，上下联动能力增强。各乡镇、街道应急管理办公室职能作用凸显，县直有关部门明确具体科室负责应急管理工作，并有专、兼职工作人员；各乡镇、街道应急管理机构建设全面完成，有人管事、能办成事。县、乡两级应急管理架构健全，工作职责明确，上下联动机制进一步完善。

二、强化措施，务求实效，应急管理水平不断提升。一是加快应急预案修编，加强预案演练工作。根据《宁乡县突发事件应急预案管理办法》规定，要求各部门、乡镇和街道针对一些常用预案，编制简便实用的操作手册，明确突发事件应对的责任体系、现场指挥体系、工作流程和处置方法。年末，全县各级各类应急预案600件，其中总体预案1件、专项预案22件、部门预案57件；基层应急预案520件，"横向到边、纵向到底"的应急预案体系已形成。预案演练突出易发事件多、潜在隐患大、救援能力薄弱的领域，有针对性地开展符合实际、涉及面广、公众参与度高的预案演练。5月11日，市地震局、市教育局参加，在宁乡县第十三中学举办学校防地震逃生应急演练；6月29日，县直有关部门、各乡镇参加在巷子口镇开展地质灾害应急演练；8月18日，省、市、县相关部门在青岛啤酒举行特种设备液氨泄漏事故应急救援演练；10月23日，省、市、县相关部门在经开区妙盛工业园举办突发环境事件应急演练，这几次全县性应急演练的举办，收到很好的效果。教育部门积极开展防灾减灾知识进学校、进课堂活动，提高防灾减灾知识的普及率；通过开展主题班会、讲座、知识问答等多种形式的活动，全县各中、小学校在宣传周期间进行火灾和地震逃生应急演练。玉潭街道、历经铺街道、花明楼镇、老粮仓镇、朱良桥乡等13个乡镇、街道组织开展防汛、非煤矿山、地质灾害、森林防火、学生逃生、火灾、校车等应急演练。全年，宁乡县各级共组织开展各种应急演练活动360场。二是重视突发事件信息报送，强化应急处置能力建设。进一步规范突发事件信息报告流程，坚持突发事件信息日报告和终报告制度。完善全县应急信息横向纵向、交叉报告体系，实现一旦发生突发事件，事发地、主管部门、公安局三个单位同时报告、相互印证，做到速报，避免迟报、漏报、瞒报。各类突发事件发生后，事发单位立即反应，迅速开展前期处置，全力控制事态发展。全年发生了“3·7”经开区海纳新材料火灾（经济损失800多万元）、“4·24”双凫铺商平辉家庭火灾（死亡2人）、“5·11”县域短时暴雨（960人受灾，农作物受灾153公顷，倒塌与严重损坏房屋90间）、“6·14”暴雨（8720人受灾，农作物受灾530公顷，倒塌与严重损坏房屋20间）、“9·28”黄材镇姜贱生故意伤害致人死亡案（造成3人死亡，1人自杀身亡）、“10·11”花明楼镇地质沉陷事件（地震沉陷无法定损），所有事件发生后，宁乡县部门、乡镇通力合作，信息报送及时，应急预案可操作性强，上下联动整体性强，全年未发生重大及以上突发事件。三是强化突发事件风险隐患排查，加强源头治理。各乡镇、街道，各部门，按照“安全关口前移、工作重心下移”的工作原则，对辖区内管理行业的风险源、重点隐患目标加大监测力度，认真落实突发事件风险隐患排查、登记、监控和治理制度，建立风险隐患数据库和动态监控体系，做到风险隐患有排查、有登记、有监控、有治理。对各隐患点的安全状态、可控程度、责任单位和责任人、整改措施等进行登记造册，责令责任单位进一步完善预防措施，整治到位。四是强化预警监测能力。气象、国土、水务、农业、畜牧、林业、交运等部门实行重大、关键、转折性天气过程分析会商制度，及时发布预警信息；国土部门在全面地质隐患排查的基础上与所有地质隐患点相关乡镇、村组签订速报责任书，制订中长期地质灾害防治方案；县社会安全、食品卫生、信访信件建立联合会商预警系统，定期会商形势，对可能出现的苗头性问题发出预警。全年共发布灾害性气象预警信息23期、气象服务信息300期，事故灾难应急知识宣传车载信息、电视字幕信息全年播放，农作物和林业病虫害趋势预报16期。五是应急救援队伍建设稳步推进。县综合应急救援队为全县重要的应急救援队伍；各部门的专业、半专业救援队伍、志愿者应急救援队伍是全县的主要应急救援队伍；乡镇、街道民兵应急分队是全县的各类突发事件的先期处置和社会维稳力量。2015年，全县有各类应急救援队伍40支1300人。六是加快推进应急避难场所建设。将应急避难场所建设融入到城市建设规划中，依托公园、绿地、广场、学校、体育场馆建设应急避难场所，2015年，全县具备基本生活功能的，有明显标志的应急避难场所4处（宁乡一中、市民广场、玉潭公园、文体中心），可容纳16万多人。七是强化宣教培训，提高群众应急意识。充分利用报刊、电视、互联网、手机短信等媒体，于“5·12”防灾减灾日、“安全生产月”“世界环境日”等宣传月、日集中宣传普及应急管理法律法规和应急常识。各乡镇、街道和部门采用各种有效措施，实现应急管理知识进社区、进农村、进学校、进企业的“四进”目标。全年共悬挂宣传横幅220条，制作宣传展板624块，张贴应急管理宣传挂图500余套，公共安全手册4800余份，宣传折页8600余份，发放宣传资料5.86万份，向1.2万名手机用户播发防灾减灾信息，接受群众咨2.85万人次。7月16日，在县城召集各乡镇、工业园区重点企业140余人进行应急管理干部培训，各职能部门根据各自行业均进行系统内培训。

三、整合资源 强化基础 应急保障能力不断提高

一是强化应急物资保障。各乡镇、街道和部门不断创新社会化储备方式，采取与商店、企业签订供应协议和实行企业代储应急物资的模式储备应急物资。民政、水务、林业、卫计、粮食、公安、消防等部门建立相应的应急物资储备库，生活救助、防洪抗旱、公共卫生、抢险救灾等应急物资储备及专业、半专业救援装备的种类和数量较往年有大幅度增加。二是财政保障得以落实。县财政每年储备应急保障经费，确保用于处置各类突发事件的资金能够及时到位，预算应急办工作经费，确保应急管理常态和非常态工作需要。

四、创新方法，强化监督，制度建设日趋科学。一是完善考核工作。进一步优化应急管理工作绩效考核细则，实行考核指标动态管理，突出综合考核评价导向作用，实现全县各乡镇、街道和有关部门应急管理绩效考核全覆盖。二是建立督查工作机制。强化对常规工作的日常督查，突出重要、重点工作的专项督查。2015年，应急办着重就应急事件值班值守、应急事件应急准备、应急预案演练、安全隐患排查治理等进行专项督查，明确存在问题的整改时限，同时进行跟踪督办，确保整改成效。

（邓伟雄　王维富　刘慧群）

【2015年宁政发文件目录】

▲宁政发〔2015〕1号　关于开展危货运输治违卡点专项行动的通告

▲宁政发〔2015〕2号　关于对2015年县《政府工作报告》目标任务和市《政府工作报告》涉及我县目标任务实施责任分解的通

知

▲宁政发〔2015〕3号 关于进一步加强防范和处置非法集资工作的指导意见

▲宁政发〔2015〕4号 关于1121工程先行用地协议拆迁的通告

▲宁政发〔2015〕5号 关于玉潭公园项目用地协议拆迁的通告

▲宁政发〔2015〕6号 关于维护高考秩序的通告

▲宁政发〔2015〕7号 关于黄材水库饮用水源保护区全面退出畜禽养殖的通告

▲宁政发〔2015〕8号 关于城区(集镇)禁止擅自设置户外宣传品的通告

▲宁政发〔2015〕9号 关于龙江大道金玉路段协议拆迁的通告

▲宁政发〔2015〕10号 关于喇叭口停车场项目协议拆迁的通告

▲宁政发〔2015〕11号 关于取消非行政许可审批事项的决定

▲宁政发〔2015〕12号 关于印发《宁乡县财政支出绩效评价结果应用管理办法》的通知

▲宁政发〔2015〕13号 印发《关于进一步规范用地管理的规定(试行)》的通知

▲宁政发〔2015〕14号 关于华强项目协议拆迁的通告

▲宁政发〔2015〕15号 关于划定沪昆铁路线路安全保护区的通告

▲宁政发〔2015〕16号 关于进一步加强财政财务管理严肃财经纪律的通知

▲宁政发〔2015〕17号 关于印发《宁乡县被征地农民社会保障和就业培训实施办法》的通知

▲宁政发〔2015〕18号 关于关闭鹞子山煤矿和太平煤矿朱家岭井的决定

▲宁政发〔2015〕19号 关于宁乡县滨江棚户区改造项目房屋征收补偿方案征求意见的通告

▲宁政发〔2015〕20号 关于宁乡县残疾人托养康复中心项目房屋征收补偿方案征求意见的通告

▲宁政发〔2015〕21号 关于做好2015年烟叶收购工作的通告

▲宁政发〔2015〕22号 关于白马桥五福广场片区城市综合体基础设施项目协议拆迁的通告

▲宁政发〔2015〕23号 关于九龙仓项目周边部分房屋协议拆迁的通告

▲宁政发〔2015〕24号 关于清理整顿非法办学机构的通告

▲宁政发〔2015〕25号 关于白马桥五福广场片区城市综合体基础设施项目第一批房屋征收补偿方案征求意见的通告

▲宁政发〔2015〕26号 关于花明楼镇花明国际项目协议拆迁的通告

▲宁政发〔2015〕27号 关于宁乡县残疾人托养康复中心项目房屋征收决定的通告

▲宁政发〔2015〕28号 关于印发《宁乡县2015年度行政执法指导案例》的通知

▲宁政发〔2015〕29号 关于公布第七批县级文物保护单位的通知

▲宁政发〔2015〕30号 关于金玉工业集中区范围内项目区部分房屋协议拆迁的通告

▲宁政发〔2015〕31号 关于宁乡经开区中国建筑与檀金路项目协议拆迁的通告

▲宁政发〔2015〕32号 关于防空警报试鸣的通告

▲宁政发〔2015〕33号 印发《关于支持工业企业发展的十条政策措施》的通知

▲宁政发〔2015〕34号 关于整顿关闭宁乡县坝塘镇宁龙锰矿等7家非煤矿山企业的决定

▲宁政发〔2015〕35号 关于1121工程建设项目协议拆迁的通告

▲宁政发〔2015〕36号 关于宁乡县滨江棚户区改造项目房屋征收补偿方案(征求意见稿)修改情况的通告

▲宁政发〔2015〕37号 关于炭河遗址公园配套项目部分房屋协议拆迁的通告

▲宁政发〔2015〕38号 关于全面推行殡葬改革的通告

▲宁政发〔2015〕39号 关于金香路金岳路项目协议拆迁的通告

县人民政府办公室

主 任	赵光辉(8月免)
	蒋鹏海(8月任)
副主任(常务)	周铁军(9月免)
	黎正明(9月任)
副主任	文 剑(9月任)
	胡以红(兼)
	胡胜长(9月免)
	蒋平波(兼,9月免)
	周旭文(兼,9月免)
	唐朝晖
	叶 辉(9月免)
	刘跃华(兼)
	刘宇雄(9月免)
	熊佑新(11月任)
	张赞辉(9月任)
	姜佳宏 范建强

县纪律检查委员派驻

县人民政府办公室

纪检组长	苏剑波(11月任)

县人民政府督查室

主　任　欧阳立
副主任　黄胜男　蒋建华

县人民政府法制办公室
主　任　罗桂华
副主任　吴泽平　黄俊峰

县外事侨务办公室
主　任　杨文斌(9月免)
　　　　肖立云(9月任)
副主任　欧志雄(11月免)
　　　　刘　霞(女)

县人民政府驻广州深圳联络处
主　任　陈　健

县电子政务管理办公室
主　任　徐　文

县人民政府研究室
主　任　邓旺华
副主任　贺俊军(9月免)
　　　　江　波

县应急管理办公室
主　任　何立辉

人民防空

县人民防空委员会办公室
主　任　隆志申(9月免)
　　　　杨皎峰(9月任)
副主任　隆志申(9月任)
　　　　夏晓红(11月任)

【概况】 2015年,宁乡县人民防空办公室(以下简称人防办)全面贯彻中央、省、市人防工作会议精神,坚持"长期准备、重点建设、平战结合"的方针,紧紧围绕全县社会经济发展大局,遵循人防建设与经济建设协调发展、人防建设与城市建设联动结合的原则,积极主动、创造性开展工作,取得一定的成绩。

【人防政策执行到位】 2015年,人防办坚决贯彻执行省政府令第270号、湘价费〔2014〕60号文件,严格防空地下室建设标准,不打折扣,坚决杜绝减、免、缓行为,确保人防收费依法依规实行。2015年全县共收取人防易地建设费2300万元,其中宁乡经开区、宁乡高新区收取1200万元。

【完善行政审批程序】 2015年,人防办从利民、便民着手,按照"能减则减、能简则简"原则,进一步优化审批流程;全面对接市人防办审批程序,严把项目审批关,人防行政审批流程全面规范。

【推进人防工程建设】 2015年是人防项目的竣工验收之年,嘉诚首府、翰林华府、湘核花园二期、湘核花园五期、春城佳苑、财汇立方、华天城成功完成竣工验收,验收面积达1.6万平方米;格林春天、翡翠湖、龙泉美墅、盛翠豪庭等在建项目加快建设,翡翠湖二期、钰景苑等项目报批、报建稳步推进。

【完善指挥通信系统】 2015年,人防办新增电声警报器2台,对全县所有警报器进行检测维修维护,2015年年末,宁乡在城区共配备23台人防警报器;"11·1"防空警报试鸣活动取得成功,圆满完成市人防办各项指挥通信培训任务;加快海事卫星系统的硬件软件建设,加强与市办互联互通,确保通信畅通。

【开展早期人防工程维修维护】 老旧人防工事是人防设施的重要组成部分,为充分发挥这些工事的效能,人防办组织专门人力、物力,对全县17处保存相对完好的早期人防工程进行维修维护,整合人防资源,强化县城的防卫作战能力。

【开展宣传教育工作】 2015年,人防办与应急办等部门联合开展"5·12"防灾减灾活动;圆满完成"11·1"防空警报试鸣活动,并同步组织开展人防宣传教育;以创办人防示范校、示范社区为突破口,在楚沩社区、香山社区、白马桥中学、南郊小学等8个社区、学校开展人防宣传教育活动,发放人防教育宣传手册3万册,全面增强广大市民国防和人防意识,提高防灾减灾、自救互救能力。加强对宁乡县凤凰青少年素质教育培训学校的政策、资金支持,倾力打造宁乡综合性人防宣传教育基地。2015年,开展中、小学人防宣传教育累计达2.8万余人次。

【推进人防疏散基地建设】 根据《长沙市宁乡县接收岳麓区防空袭离城疏散人员安置方案》《湖南省长沙市宁乡县人民防空袭方案》要求,人防办对疏散区域进行广泛调研,结合疏散区各社区、行政村的区位、现实条件,制定《宁乡县2016—2020年人防疏散安置区建设计划表》,并向省、市人防部门进行专项申报,争取上级支持,各项工作正稳步开展。

（吴　阳）

政务服务中心

县政务服务中心
党组书记、主任　蒋平波(9月免)
　　　　　　　　刘宇雄(9月任)
副主任　杨红秀(女)
党组成员、副主任
　　　　青小华　周永清
　　　　易鹏志
党组成员　李春香(女)

【概况】 宁乡县政务服务中心与县优化经济发展环境领导小组办公室合署办公，并对县行政效能监察中心(因职能“三转”工作人员已调回县纪委)、县治理经济环境110中心和县收费管理中心实行统一管理,对外合称“一办四中心”。中心领导班子成员1正5副共6人，下设办公室、优化环境科、政务公开科、业务指导科、县长热线服务科,集环境协调整治、行政审批服务、效能投诉处置、推进政务公开、加强收费管理等职能于一体。县政务大厅进驻窗口25个，进驻审批服务事项171项,工作人员72人。

2015年,县政务中心以争创“人民满意政务服务中心”为目标,紧扣“三大建设”工作,政务公开、政务服务、优化环境工作迈上新台阶。县政务大厅共接待办事群众6.81万人次,接受咨询4.49万件,办结事项2.3万件,相比上年大幅增长；一家收费中心收取报建费用1.025亿元,县网上政务服务和电子监察系统共受理事项5796件,办结事项5712件,办结率98.6%;县长热线科共受理工单4878件,回访满意率92.26%。

【平台建设取得新突破】 2015年，县政务中心平台建设取得新突破。第一,迁新址办公。县政务中心11月16日整体搬迁至行政中心第三办公区正式办公，新址办公后,功能更加齐全,项目建设审批手续办理实行“一条龙”服务;服务更加细致,在办事一厅增设排队叫号机，解决排队时间长的问题;环境更加宽敞,新大厅面积1500多平方米，采光明亮,通风透气。第二,市民之家建设有序推进。一是借鉴外地经验,县领导带队分赴银川、杭州、余杭、绍兴等地，考察学习市民之家和智慧城市建设,组织县纪委、县编办、县法制办、县政务中心等单位选派24名审批服务人员,赴杭州市余杭区市民之家跟班学习15天,学习智慧城市建设和市民之家进驻、运行、管理、标准化建设等情况;二是开始顶层设计,对市民之家进驻事项数、窗口数、人员数及所需面积进行摸底、梳理、反复论证，不断优化调整市民之家整体布局；三是正式启动进驻筹备工作建设，市民之家项目11月24日破土开工，占地面积5.18公顷,总建筑面积5.64万平方米.制定《宁乡县市民之家进驻筹备工作方案》(宁政办函〔2015〕53号),对筹建事项进行安排部署。

【服务升级取得新突破】 2015年，县政务中心多措施优化审批服务。第一,审批流程更加精简透明。一是优化审批流程。修订文件《关于进一步优化建设项目审批流程的实施意见》(宁政办发〔2015〕3号)，简化审批手续4项、合并审批环节3项,取消或限制审批事项8项。二是创新并联审批模式。印发《宁乡县重点建设项目并联审批实施方案》(宁政办发〔2015〕15号),实行“一个窗口”统一受理,减少申报材料,实行限时办结,由发改局、国土局、规划局等牵头负责项目立项、用地、规划、施工四个审批环节手续限时办理,并联审批实行后,社会投资建设项目审批时间约43个工作日，政府建设投资项目审批时间约50—65个工作日。三是编制流程清单。根据《宁乡县人民政府关于公布县本级行政审批项目的决定》(宁政发〔2014〕32号)文件要求，对全县156项行政审批事项编制流程清单，并向社会公示。四是完善办事指南。为方便业主办理相关审批事项，按照省、市、县有关要求,针对县人民政府公众信息网“网上办事”频道中的“办事指南”栏目存在要素和内容严重缺失的问题，组织相关县直部门逐项逐条予以完善整改。第二,审批服务更加优质高效。一是召开审批协调会。组织召开审批手续调度会22次,解决审批问题58个,全力推进项目审批进程。8月，组织召开道林古镇项目推进会,会上完成9个项目的51项审批盖章。10月,组织涉及签字盖章的相关部门集中办公,确保“炭河古城”项目28日顺利进入招投标程序。二是开展系列调研。深入各大园区调研项目建设，特别是项目前期手续办理情况和园区的经济发展环境状况，提出强化服务、全程代办、特事特办等对策及建议。调研优雅新城、亮之星谷力新能源、南太湖水厂及配套管网工程、黑金时代二期四个百大建设项目，充分掌握项目审批中存在的问题,协调发改局、水务局、规划局等部门研究破解方案。三是开展电话回访。抽选服务对象进行电话回访,就窗口服务态度、办事效率、按章办事、廉洁自律等内容充分听取群众意见，收集整理有效提升政务服务质量的意见建议。四是进行窗口整治。负责制定全县《机关窗口服务专项整治工作方案》并组织进行督查。五是开展模拟审批,拟定出台《宁乡县人民政府办公室关于进一步优化建设项目审批流程的实施意见》和《宁乡县重点建设项目并联审批实施方案》两个文件,对项目审批流程进行全面优化。实行并联审批、模拟审批,加快工业企业项目落地,为恩龙农业等34个项目办理模拟审批。积极帮扶湖南湘路机械科技有限公司，多次上门及时传导相关政策。全面开展百大项目调度，对每个百大项目逐个审批环节进行摸底，准确掌握前期审批情况，各审批部门窗口提前介入，对方案文本等先期进行技术性审查。

【环境优化取得新突破】 2015年，县政务中心在优化服务环境上狠下功夫。第一，政风行风千人测评再次创新。一是创新测评方案，引入测评全覆盖，116个单位参加，注重服务质量，注重平时工作实效，强化广泛性和针对性。二是强化监督检查，组织政风、行风监督员，走遍全县33个乡镇，调查农户5000多人次，针对全部参评单位进行万人问卷调查，征集1000多条意见并进行归类整理，共计316大类意见，涉及42个县直单位和25个乡镇。三是开展评议活动，组织监督员于8月和11月先后两次对参评单位进行上门评议，结合评议情况，对参评单位进行计分。四是注重民意导向，委托市统计局对116个单位进行民意调查，重视调查结果，民意调查在总测评分中占20分。第二，及时高效处理环境问题。县优化办、治理经济环境110中心深入乡镇，为移动公司、联通公司和电信公司协调4G网络建设环境事件。先后组织协调处理岳宁公路建设、横益公路建设、神塑管道资产重组、福临门名都拖欠民工工资事项、冷链物流园项目建设、尚品彩印包装厂搬迁建设、岳宁大道一标项目阻工事件，以及黄材青洋建设开发公司与安徽浙通投资有限公司合同纠纷问题。第三，落实企业宁静日制度。对涉企检查进行备案登记，对省、市、县43个环境监测点进行定期走访，了解各职能单位服务企业的情况，共征集意见50多条，并逐条进行处理。

【民生服务取得新突破】 2015年，县政务中心把为民生服务摆在首位。第一，创新热线管理方法。对热线管理平台升级，开通短信提醒功能，实现话务业务分类统计，加大对诉求办理全过程的监督和管理力度，促进规范履职。工单的重复派单率、按时办结率、回访满意度等相关指标均纳入系统自动考评。第二，规范工单办件。印发《关于进一步做好市长信箱县长信箱媒体信件县长热线办理工作的通知》（宁政办函〔2015〕5号）文件，进一步规范工单办理，严格考核问责制度。编印县长热线专供信息10期报送县领导，印发到热线成员单位。第三，推进乡镇政务中心标准化建设。加强对乡镇政务服务中心工作的指导，13个乡镇完成标准化政务中心建设，其中5个乡镇（街道）被评为优秀，至此，全县33个乡镇（街道）政务服务中心全部通过市级验收。第四，推进重点领域政务公开。印发《宁乡县2015年度重点领域信息公开工作任务分解表》。8月对17个重点领域信息公开工作单位开展督导活动，规范公开内容、要求、方式，确保人民群众对重要信息、重点部门、重要环节信息需求。

【队伍管理取得新突破】 2015年，县政务中心狠抓自身队伍建设管理。第一，大厅管理举措多。一是抓班子，带队伍，通过开展工间操、举办讲座、不定期召开大厅科长会议等一系列丰富多彩的活动，凝聚干部队伍忠诚履职的正能量。二是压担子，抽鞭子，在实战中培养锻炼干部。通过"政务服务之星""红旗窗口""党员服务标兵""三查三比"等评先评优活动，结合具体的工作任务进行考核排名。三是抓制度，抓督查，狠抓大厅作风建设。严格窗口人员调换、请销假、脸部识别考勤、外出公示制和AB岗制等制度。严格执行首问责任制、一次性告知、即时办结、服务回访等制度，三个大厅均明确一名管理员，做到"一日一考勤，一月一通报，一季一讲评，一年一考核"。第二，廉政党建措施硬。一是狠抓学习教育，组织廉政知识讲座；二是明确党风廉政建设党组主体责任和纪检组监督责任，建立完善相关制度文件；三是狠抓作风建设，采用脸部识别打卡机进行考勤管理，考核领导小组不定期检查，每月通报发至各窗口单位。第三，中心工作积极落实。一是做好文明创建工作，政务大厅配备充电器、针线包、医疗箱等便民设施，切实提高文明服务水平；二是做好万名干部下基层、"一推行四公开"、精准扶贫等工作，先后联点城郊乡茆田村，回龙铺天鹅村，做好帮扶工作。帮扶党建联点白龙村资金7万元，协助白龙村控建拆违、金龙公路整修、环境卫生等工作，集中慰问贫困户。（刘容正）

机关事务

县机关事务管理局

局　长　何春章

副局长　肖知义

朱红斌（女，11月免）

胡铁文（11月免）

胡　晓（11月免）

【概况】 2015年，宁乡县机关事务管理局紧紧围绕县委"加快三大建设，实现全面小康"的战略部署，全面履行服务、管理、保障三大职能，着力推进机关事务工作创新发展，圆满完成全年各项工作任务，为宁乡经济社会发展做出新的贡献。2015年,县机关事务局在职责和管辖范围上都有所增加,在工作职责方面,事务局由原来的办公区域的庭院管理服务增加牵头负责全县的办公用房、公务用车、公务接待的监管,并纳入全县作风建设督查与年度绩效考核范畴。在管辖范围方面,由原来管理服务行政中心第一、二办公区域增加管理服务第三、四办公区和武装部这三个办公区域。

【服务工作】 2015年,县机关事务物理局所管辖的五个办公区域的服务实现高效服务零障碍、优质服务零投诉、用心服务零失误、安全服务零事故。一是强化工作机制。严格落实带班值班制度,实行局领导带班、中层骨干当班、科室人员值班制;对物业工作坚持日督查、周例会、月考核、季满意度测评,从机制上督促服务细心、工作用心。二是营造优美环境。实行卫生保洁标准化,要求全天保洁,确保20多万平方米的办公环境干净整洁。加强绿化养护,扎实做好浇水、施肥、防病治虫、修剪工作,使机关大院更舒适。12月,投入100多万元对市民广场进行林荫化改造,机关大院形象得到提升。三是提高餐饮服务。7月,天元酒店整体收回,由事务局直接经营管理。收回后,改造厨房,改善厨房安全与环境卫生条件;投入宴会大厅,增加餐位,就餐场地更宽敞;购置清毒柜等清洁餐具,安装纯净水系统,保证餐饮卫生安全;改造设立接待区域,提高公务接待水平;与龙源湖合作建设食材保障基地,确保食堂食材绿色环保;加强服务员业务技能培训,提升服务素质;有效提高餐饮服务满意度,获得行政中心干部、职工的一致好评。四是规范会务接待。2015年,共接待服务各类会议2000多场次,每场会议都坚持做到会前准备充分、会中现场服务到位、会后清整有序。全年协助做好大中型接待20多次,对每次接待的服务工作做到细心周到,得到参会人员的一致肯定。

【保障工作】 2015年,事务局切实加强对行政中心日常维修维护,确保房屋设施完好。加强机器设备的维护。完成对办公大楼监控系统和消防系统的升级改造,对电梯系统和空调系统进行大修,为保证行政中心各项设备正常、安全运行,基本利用夜间时间加班加点进行维护维修。行政中心是全县的政治中心,安全责任重于泰山。因而事务局进一步强化预防手段,提高安全处置能力。安装安检门禁系统,有效提高安全防范能力和应急处置能力。加强安全巡逻管理,实施24小时安全巡查。通过这些保障措施,做到接待上访处置妥当及时,安全防范措施落实到位,车辆出入停放管控有序,确保机关安全和谐。县机关事务管理局社会治安综合治理工作连续5年被评为红旗单位。行政中心全年实现无刑事案件、无治安案件、无火灾事故、无盗窃案件、无责任事故的目标。

【管理工作】 一是办公用房管理进一步加强。2015年年初,事务局对全县各县直部门单位、各乡镇及其二级机构的办公用房进行了全面摸底,腾退封存办公用房3.41万平方米,整体腾空并封存原民政局等6个院子,有效整合办公资源,办公用房管理工作得到省市领导的高度肯定。二是公共机构节能工作持续深化。组织全县节能知识培训;参加全省节能产品推广活动;对行政中心水电、照明设施不断实施节能改造,根据节能监测平台统计,全年节约水电费20万元。2015年,被评为全省节水型示范单位(全省仅两家县级单位)。宁乡县公共机构节能工作继续保持全国先进,市对县考核连续4年排名第一。三是公务用车管理得到加强。本着保障公务、规范使用、厉行节约的原则,制定公务用车管理制度,严格公务用车管理。不定期地对节假日公车集中停放进行督查,发现问题及时纠正,进一步降低公车运行成本。2015年1月启动全县公务用车制度改革,作为牵头单位,成立公务用车制度改革领导小组,对相关成员单位进行责任分工;对全县公务用车情况进行全面调查摸底,核实上报相关数据,并进行车改业务培训,为全县2016年3月底前完成第一批车改做好前期基础工作。四是公务接待管理进一步规范。本着有利公务、务实节俭、严格标准等原则,制定《宁乡县党政机关国内公务接待实施细则》,并认真管理监督执行,规范公务接待行为,有效地节省公务开支。五是国有资产管理进一步落实。主动与财政国资部门对接,加强业务衔接;主动与资产使用单位协调,取得理解支持,确保国资管理工作顺利开展。全年为县四大家及部委领导及时调配办公家具20多次;全年修缮破损家具260件,延长30万元资产的使用寿命;加强资产购置价格市场调查,避免盲目采购;加强大楼的资产管理,防止国有资产流失,逐笔查阅2007年至2015年资产账目,为资产盘点、估值、账务调整、盘亏处置提供可靠依据。

【政府中心工作】 一是团购商品房活动成效显著。2015年1月,事务局全体上下迎难而上,牵头组织全县团购商品房活动，通过宣传发动，强力组织推进，超额完成目标任务。成功销售商品房1599套，销售商品房面积19.34万平方米，刺激相关消费12亿元，为财政增收5000多万元，实现政府、购房者、房企“三赢”。二是坚决执行县委决策部署，大力整治环境。坚决执行县委部署的拆违控违工作，拆除县行政中心路口的两块大型三面翻广告牌，拆掉一、二办及周边单位的10多块不锈钢宣传栏。坚决落实县委部署的拆墙透绿工作，将行政中心第二办公区的围墙按要求拆除，清运建筑垃圾和市民生活垃圾100多车，平整后新增车位70多个，既缓解车位紧张的问题，又方便市民出入和休闲。同时会同园林局督促各部门单位搞好拆墙透绿。三是积极支持联系点美丽乡村建设。为配合坝塘镇军礼村搞好美丽乡村建设工作，选派三名工作队员协助村支两委工作；支持近20万元为村上安装48盏太阳能路灯；支持1.6万元为村上植树200多株，做好主干道及其庭院绿化；2015年1月，发动干部、职工为村上18户困难户捐款，为他们送上慰问款和过年物资、家具用品近3万元。

【机关自身建设】 2015年，事务局落实党风廉政建设责任。明确责任分工，突出重点领域，抓住关键环节，强化监督检查，所有物资采购和维修改造项目严格依法依规依程序进行。持续开展文明创建活动。组织倡导行政中心及周边50多家单位开展以“创建节约型机关”为主题的文明创建活动。整个活动坚持持续推进、专人督查、多方协作三个机制，注重将巩固群众路线教育实践活动成果与机关日常管理不断创新相结合，取得“三公”经费明显下降、作风明显转变、发展环境明显优化三个成效。文明创建工作经验被国家级刊物《精神文明导刊》专题推介。（李　洁）

政协宁乡县委员会

中国人民政治协商会议
宁乡县委员会

主　席　喻亚军
副主席　喻立明　胡日新(兼)
程万谋(兼)
李　纯(女)　杨志武
秘书长　梁正文
常　委　(按姓氏笔画排名)
于子长　王乔明
王泽良　邓红梅(女)
邓跃平　左志华
刘细平　刘　颖
刘瑞山　汤亚平
许　晖(女)　许东山
朱红斌(女)
李　纯(女)　李述初
李曙光　杨红秀(女)
杨志武　杨瑞祥
杨建新　何志文(女)
何雨春　邹庆林
张　奇　张彩霞(女)
陈科军　欧志坚
易　勇　周国勇
周常青(女)　周朝阳
胡　宇(女)　胡日新
胡强辉　贺　敏
贺永中　秦　硕
秦友良　袁志青
袁雪梅(女)　夏汗青
唐凤华(女)　唐志强
唐春明　唐春艳(女)
梁正文(1月任)
黄立志　彭建宗
喻立明　喻亚军
喻国军　喻昭强
程万谋　曾含玲(女)
廖蓉燕(女)
谭　震(11月免)
谭强凯　黎正明
黎伟明　潘继斌
戴　琼(女)　戴克难
戴事雄　魏善军

【概况】 2015年,县政协坚持围绕中心、服务大局,科学履行工作职能,积极服务改革发展,广泛凝聚各方力量,深入开展"三严三实"专题教育活动,在加快三大建设中彰显政协价值,取得良好工作成效。全年,县政协共召开全体会议1次,主席会议18次,常委会议4次,政联处主任会议5次,各类专题座谈会30多场次。围绕社会各界关心的热点、难点问题进行广泛深入的协商讨论,促进有关工作的落实。各乡镇定期邀请政协委员列席相关会议,协商讨论地方发展大计,乡镇(街道)政协工作活跃有序。

【政协宁乡县第十一届委员会第四次会议】 政协宁乡县第十一届委员会第四次会议于2015年1月12日至1月14日在玉潭召开。这次大会在中共宁乡县委的领导下,通过全体委员和与会同志的共同努力,圆满完成各项议程。会议听取和审议喻亚军代表政协宁乡县第十一届常务委员会所作的工作报告,听取和审议杨志武代表政协宁乡县第十一届委员会所作的关于十一届三次会议以来提案工作情况的报告。会议期间,委员们列席宁乡县第十六届人民代表大会第四次会议,听取并协商讨论《政府工作报告》及其他有关报告,协商有关人事。委员们提出很多科学的建议和意见,统一思想,达成共识。

会议指出,2015年是全面深化改革的关键之年,是全面推进依法治县的开局之年,也是全面完成"十二五"规划的收官之年。人民政协是构建和谐社会的一支重要力量,要不负时代使命,就经济社会发展重大问题和涉及群众切身利益的实际问题更好地协调关系、汇聚力量、建言献策、服务大局,争做深化改革创新的推动者、实践者、参与者。会议号召全体委员和社会各界人士要深入贯彻落实党的十八大及十八届三中、四中全会精神,在中共宁乡县委的领导下,主动作为,服务发展,勇于担当,努力推动政协工作迈上新台阶,为加快实现省会次中心,幸福新宁乡宏伟目标做出新的更大贡献。

【政协宁乡县第十一届常务委员会会议】 2015年4月2日,县政协十一届九次常委会议在沩东新城会议室召开,会议由县政协副主席李纯主持。会上,通报县政协2015年工作要点、委派民主监督员实施办法;安排部署专题协商计划、民主评议等工作。县政协主席喻亚军就做好当前政协工作提出了具体要求。2015年7月30日,县政协十一届十次常委会议在县政协常委会议室召开,会议由县政协副主席李纯主持。会上,协商讨论全县上半年经济社会发展情况;协商增免政协委员事宜和《政协宁乡县委员会关于政治协商、民主监督、参政议政的规定(试行)》。喻亚军主席对上半年政协工作进行回顾，对下半年工作进行安排部署，要求全体政协常委要不断提高履职能力，创新开展工作，务实推进“三服务”活动、民主评议乡镇、社会贤达评选活动；切实抓好提案办理、专题协商和民主监督工作；认真推进“双百”活动，做好文史宣传工作，确保全年工作任务顺利完成。2015年11月3日，县政协十一届十一次常委会议在沩山乡政府会议室召开，会议由县政协副主席李纯主持。会前，视察大成桥镇、沩山乡美丽乡村建设情况。会上，通报首届社会贤达评选活动进展情况；协商人事。2015年12月28日，县政协十一届十二次常委会议在县政协常委会议室召开，会议由县政协副主席喻立明主持。会上，传达同级领导班子同步换届工作的有关精神；听取县政协十一届五次会议筹备工作情况汇报；协商确定县政协十一届五次会议日程、议程；协商讨论县政协常委会工作报告和提案工作报告；协商确定优秀提案和提案办理先进单位。县政协主席喻亚军要求全体常委按照《中共宁乡县委关于进一步加强人民政协工作的意见》要求，不断提高人民政治协商民主制度化、规范化、程序化水平。

【提案工作】 县政协十一届四次会议以来，共收集政协委员提案177件、立案174件。县委、县政府高度重视提案办理，将其纳入全县绩效考核内容，进行集中交办、统一考核。县委、县政府主要领导领衔督办重点提案，县政协主席会议成员专题督办重点提案，有力促进提案办理和落实。截至2015年11月底，提案全部办理完毕，见面率和答复率100%，满意和基本满意率98%。《建设WIFI平台，打造智慧宁乡》等20件提案获评优秀提案；县教育局等15个单位获评提案办理先进单位。

【调研视察】 2015年县政协组织开展“加快三大建设，实现全面小康”为主题的调研活动，共收集调研报告60多篇，已择优在《宁乡政协》会刊上刊发。民进宁乡工委、农工宁乡基层工委、县工商联和广大无党派人士积极参政议政，认真调查研究，提交的《加快改变农村“养儿防老”现状》《关于规范化回收处理废旧电池的建议》等调研文章为党委政府科学决策提供重要参考。2015年，先后组织委员对新闻宣传、学前教育、环保执法和金玉工业集中区发展情况进行专项考察，并召开座谈会提出许多可操作性的意见建议，有效解决相关问题。

【民主评议】 县政协继续组织开展委派民主监督员工作，54位民主监督员分成6个小组，委派到县发改局等6家单位。各民主监督小组分别就优化行政审批程序、重点用户供电、商事登记制度改革等群众关注的热点、难点问题进行有序监督，促进相关问题的及时解决。各委派单位虚心听取意见，认真整改落实，及时整理反馈，切实增强民主监督实效。5月，县政协启动对全县乡镇的民主评议工作，县政协主席会议成员带队，组织部分政协委员和政协工作者分成6个评议小组，调查走访全县所有乡镇，召开不同形式的座谈会60多场次，掌握大量一手资料，取得阶段性的评议成果。

【社会贤达评选】 2015年5月，正式启动首届“宁乡县社会贤达”和“宁乡县十佳社会贤达”评选表彰工作，县政协对各乡镇、各战线的推荐人选进行认真审核把关，通过组织考察、部门联审、专题研究、社会公示等程序，评选出10名“十佳社会贤达”、24名“十佳社会贤达提名人选”和342名“社会贤达”。同时，组织拍摄制作《贤达风采》宣传片，编辑出版《宁乡当代社会贤达大典》。12月，举行首届宁乡县社会贤达表彰活动，充分利用媒体广泛宣传社会贤达的典型事迹，大力营造崇尚贤达、学习贤达、争当贤达的浓厚氛围。在全面落实“讲道德、明是非、守纪律”集中教育活动中，有效发挥社会贤达的重要作用，汇聚推动县域经济社会发展的正能量。

【联络联谊】 2015年，县政协接待省、市政协及兄弟县（市）政协30多批次到宁乡指导交流工作。9月，组织部分政协常委和政协工作者分成五个小组，分赴山东邹平、陕西蓝田等县（市）政协进行考察交流，营造联络联谊的良好氛围。举办迎春茶话会，邀请各界人士欢聚一堂，庆佳节、话和谐、谋发展。7月，县政协参加长沙市第三届“政协杯”男子篮球赛，并取得全市第二名的佳绩，展示宁乡政协良好的精神风貌。

【文史宣传】 广泛开展文史资料的征集整理，成立宁乡县历史文化丛书编辑委员会，正式启动《宁乡历史文化丛书》编辑出版工作。精心办好《宁乡文史》专刊、《宁乡政协》会刊和宁乡政协网站。在《人民政协报》《湘声报》《长沙晚报》等国家、省、市报刊发表宣传宁乡的文章58篇，其中《湖南省宁乡县专题建言学前教育》等3篇稿件在《人民政协报》新闻版刊发，《关于宁乡林业改革发展的调研报告》在省政协组织的调研报告评选活动中荣获三等奖。

（郑小玲）

政协宁乡县委员会工作部门

办公室

主　任　沈迪斌(9月免)

副主任　李雨璇(女)　罗　杰

经济科技委员会

主　任　张小平(9月免)

副主任　李德良(11月免)

提案法制委员会

主　任　颜署琦(9月免)

左志华(9月任)

副主任　王笑佳(女,9月免)

易胜礼(9月任)

文教卫体委员会

主　任　夏汗青(9月免)

副主任　贺小平

群团联络委员会

主　任　陈美连(9月免)

潘志武(9月任)

副主任　严配坤

人口资源环境委员会

主　任　王智琦(9月免)

何友良(9月任)

副主任　严国元

中共宁乡县纪律检查委员会

中共宁乡县纪律检查委员会

书　记　张　武

副书记　袁德强(11月免)
黎国希(11月任)
肖水平　张　毅

纪委常委　张　武
袁德强(11月免)
黎国希(11月任)
肖水平　张　毅
胡利元(9月免)
孙意谋
易建芳(9月免)
廖国珍　张益华
郑香平(9月任)
姜　伟(9月任)

县监察局

局　长　袁德强(11月免)
黎国希(11月任)

副局长　刘望平

县预防腐败局

局　长　袁德强(11月免)
黎国希(11月任)

副局长　郑香平(女,9月免)

【概况】 2015年,宁乡纪检监察系统全面深化“三转”(转职能、转方式、转作风),积极创新体制机制,切实夯实基层基础,创新履行监督责任;广大党员干部、人民群众和社会各界积极支持、参与反腐败工作,共同营造风清气正的良好政治生态。经过全县上下的共同努力,全县党风廉政建设和反腐败工作取得新的成效,党风政风呈现出新的气象。

一、压实“两个责任”,履责意识全面强化。2015年,县纪检监察系统强化明责知责,深入组织开展“两个责任”、新《中国共产党廉洁自律准则》《中国共产党纪律处分条例》的学习讨论,出台《关于落实党风廉政建设党委主体责任和纪委监督责任的实施意见(试行)》,及时开展履责情况约谈,县委、县纪委共集体约谈党政正职3次、个别谈话60多人次,较好地提升各级履责的主动性。经常督责评责,组织召开县管正职接受县委书记集体谈话暨向县纪委全会述责述廉会,定期开展党风廉政建设工作督查,组织对基层纪委书记进行述职评议,所有单位党组织及班子成员、纪委及纪委书记(纪检组长)按要求报告责任执行情况并接受民主测评,同时县纪委针对责任履行、“三重一大”决策、作风建设、财务管理等问题及时提醒、警示约谈,共提醒约谈副科职以上领导干部59人次,有效促进常态履职。坚持失责必究,实行“一案双查”,对查办的每起案件点名道姓公开通报,共办理花明楼镇党委履行主体责任不力等责任追究案件21起,17名领导干部、7个单位被追究责任,产生良好的教育倒逼效果。

二、聚焦主业主责,挺纪在前扎实推进。2015年,县纪委督查组针对重点问题不定期开展深度督查、邀请媒体记者及党风政风监督员不定期开展暗访协查、相关职能部门每月开展一次以上专项检查、片区单位之间每月开展一次以上异地交叉检查,全年共开展作风督查186批次,问责150人次,通报典型案件23起,推动干部作风的进一步好转。聚力立项监督检查,着眼县委关注、群众关心的热点难点问题,年初纪委全会立项,先后组织开展农村基层党风廉政建设、乡镇集镇建设和村民建房违法用地、政府投资项目招投标问题等专项监督检查,严肃查处发现的问题,推动县委、县政府出台《关于进一步加强农村基层党风廉政建设的实施意见》等文件,达到“查办一批案件、解决一批问题、完善一批制度、堵塞一批漏洞”的管理目的。8月至12月,开展查处群众身边的“四风”和腐败问题专项检查,共提醒警示镇村干部77人、处理处分101人,有力促进农村基层管理,全市现场推进会在宁乡召开。加大纪律审查力度,通过完善县委反腐败协调小组工作规则与案件查办协作配合办法,与县委组织部建立加强干部监督工作的备忘录机制,按月召开协调小组成员单位会议和案件线索排查会,积极探索试行缺席审理机制,全年行政执法单位共移送问题线索189条,全县纪检监察系统共立案328件,结案321件,给予党纪政纪处分321人,其中科级干部18人,移送司法机关3人,案件查办数较上年同比增长77%。全年共缺席审理案件26起,其中11起案件被审查人转变态度配合纪律审查转入正常程序,共有112人次主动上交红包礼金130多万元。

三、创新方式方法,监督绩效显著增强。2015年,县纪检监察系统开展片区联动，建立乡镇片区联动协作机制，将全县33个乡镇划分为4个片区，由乡镇纪委书记担任片区组长，组织开展交叉检查、案件协作查办等联动工作。通过片区联动协作，共发现问题183个，向党委交办反馈问题129个，处理警示干部116人次，有效改变乡镇纪委力量不足、工作拉不下情面等问题，全面提升乡镇纪委整体工作水平，此方式得到省市各级的高度肯定。实施阳光处访，建立以纪检监察信访举报工作管理办法和初访承诺制度、阳光处访制度为主要内容的“1+2”信访处置机制，有效规范信访举报处置工作流程，促进群众反映的问题在基层及时解决。全年县纪委共受理各类信访举报210件，基层纪委召开公开答复会21次，开展信访监督化解、澄清各类问题53个，反映村级的信访量较上年下降72%。加强宣传教育，成功举办第六届“廉政文化周”活动，集中组织开展《准则》《条例》专题讲座、中小学生廉政漫画比赛等六大活动，全县共举办各类主题活动150多场；成立25人的“楚沩清风”廉政宣讲团，授课120多场次，反响良好；建立反腐倡廉网络舆情联动处置机制，及时处置各类信息50多条，较好地引导社会舆论导向。

四、坚持从严从实，队伍素质稳步提升。2015年，在全县纪检监察系统创新开展提升“理解力、执行力、创造力”主题活动，一定三年，推动创先争优工作格局形成。坚持常态教育提升理解力，在全系统组织开展“每月一课”活动，定期邀请省市专家和基层一线创业领头人授课；在委局机关组织开展“每周一讲”活动，由机关干部轮流主讲、开展研讨；组织参加各类业务调训，不定期开展党性党风教育，纪检监察干部忠诚履职、积极作为的思想自觉和行动自觉不断增强。严格科学管理提升执行力，建立委局机关工作周通报、月例会制度，建立纪检监察系统工作月报告、季讲评、半年述职、年度考核制度，促进整体工作的联动有序开展；进一步规范基层纪委书记、副书记的职责分工，完成委局机关内设机构的调整，清理县纪委参与的议事协调机构由12个减到4个；严肃查处委局机关和基层纪检监察干部的违纪案件，进一步纯洁干部队伍。积极创新实践提升创造力，鼓励基层创新创造，培育夏铎铺镇夏铎铺社区坚持阳光公开规范村级管理、偕乐桥镇建立“两个清单”开展精准监管等示范点，带动面上整体工作提升；建立调研信息联动机制，定期对工作热点、难点、亮点进行分析研究、总结提升，探索并推出责任落实、片区协作、立项监督等系列创新作法。2015年，《中国纪检监察报》《湖南日报》、湖南卫视、《三湘风纪》《长沙晚报》、长沙廉政网等媒体对宁乡县“两个责任”落实、信访处置、专项监督检查、《准则》《条例》学习等工作进行240多篇(次)报道，省纪委领导多次到宁乡调研给予充分肯定，并就案件审理、信访举报等工作专门批示和推介。2015年，宁乡代表长沙市接受省委对市委的党风廉政建设责任制考核，得到省委考核组的高度评价。

【中共宁乡县第十一届纪委第五次全会】 2月5日上午，第十一届县纪委第五次全体会议暨反腐败工作会议在县会议中心一会议室召开。会议回顾总结2014年全县党风廉政建设和反腐败工作，对2015年工作进行安排部署。2015年，全县各级坚决贯彻中央全面从严治党、依法治党要求，深入落实中央纪委五次全会部署，紧紧围绕全县改革发展大局，不断深化纪检监察机关转职能、转方式、转作风(“三转”)，不断提升全县纪检监察系统的理解力、执行力、创造力(“三力”)，更加聚焦中心任务，强化监督执纪问责，创新体制机制，夯实基层基础，努力构建党风廉政建设新常态、实现纪检监察工作新作为、凝聚改革发展新动力(“三新”)。会后，由县委常委分组牵头组织各乡镇、县直单位一把手，进行如何落实党风廉政建设主体责任的讨论。下午，与会纪检监察干部进行落实监督责任讨论，并召开第二次会议，审议通过工作报告和会议决议。

【开展农村党风廉政建设专项监督检查】 2015年，县纪检监察系统综合信访、审计等方面的情况，在全县每个乡镇抽出一个群众意见大、信访举报多、工作基础薄弱的村(社区)，从4月中旬开始，开展为期三个月的专项监督检查。专项检查以解决问题为导向，以各乡镇党委为责任主体，以乡镇纪委为工作主体，以县委局联系室为督导主体，以乡镇纪委片区联动协作为主要方式，重点检查农村(社区)惠农资金管理、财经制度执行、“三资交易”监管、村务公开、个人廉洁自律等事项。针对各村不同情况，采取召开见面会、恳谈会、立案查办等方式，确保问题根本解决。此次检查，共处分处理村干部71人，其中移送公安机关1人，党纪政纪处分28人，批评教育、诫勉谈话等处理42人；免去乡镇经管站站长职务1人；收回或上交违纪资金28万多元，挽回直接经济损失200余万元。

【组织开展乡镇集镇建设和村民建房违法用地专项监督检查】 5月，县纪委组织对国土清理中发现的集镇建设和村民建房违法用地开展为期一个半月的专项检查。通过厘清基层国土所、乡镇政府、县国土局三级的责任，共对涉及的18个乡镇、31个国土所及国土资源局执法大队相关责任人员进行问责处理和通报，其中警示谈话23人、诫勉谈话31人、纪律处分4人、通报批评5人、调离岗位2人、问责单位2个，同时，推动县政府出台《关于进一步规范用地管理的意见》文件。

【举办第六届“廉政文化周”活动】 10月26日至30日，宁乡县成功举办第六届廉政文化周活动。以“让纪律释放出沉潜的力量”为主题的第六届“廉政文化周”活动，把新修订的《中国共产党廉洁自律准则》以及《中国共产党纪律处分条例》贯穿始终，共集中举办学习动员会暨第480期“楚沩清风讲堂”“学少奇精神兴廉洁家风”领导干部配偶访刘少奇纪念馆、党纪条规知识考试、演讲大赛、以案说纪警示教育、廉政漫画展等六大活动。全县各单位共举办各类主题活动150多场，参与活动的干群人数超过50万人次。

【委局机关内设机构调整】 2015年，根据中央“三转”要求，按照上级统一部署，经报请市纪委(批复文件长纪函〔2015〕32号)和县编委（批复文件宁编办〔2015〕117号)研究同意，12月，县纪委监察局内设机制正式调整到位。撤销纪检监察室、执法监察室、党风廉政建设室、宣传教育室、行政效能监察室、纠正行业不正之风室、干部室（监督检查室)7个内设机构，新设立组织部、宣传部、党风政风监督室（加挂县政府纠正行业不正之风办公室牌子)、案件监督管理室、第一纪检监察室、第二纪检监察室、第三纪检监察室、第四纪检监察室等8个内设机构，保留办公室、信访室、案件审理室等3个内设机构，办公室不再加挂调研法规室牌子。调整后，县纪委监察局机关设11个内设机构。内设室部领导职数11名，即各室、部分别核定主任、部长1名（乡科级副职)。

（胡齐华）

办公室
主　任　（缺）

宣传教育室
主　任　陈必文(8月免）

信访室
主　任　夏新华

党风廉政建设室
主　任　姜赛男(女）

行政效能监察室
主　任　（缺）

纪检监察室
主　任　唐可夫

执法监察室
主　任　杨旺斌

案件审理室
主　任　杨中(11月免）

纠正行业不正之风室
主　任　刘俐华(女）

干部(监督检查)室
主　任　成素芬(女）

县纪委派出纪工委书记
(县监察局派出分局局长)罗建宇

县纪委派出
纪工委副书记
(县监察局派出分局副局长)刘利兵
派驻县卫生局
纪检组长　彭立平
派驻县交通运输局
纪检组长　张慧明
派驻县民政局
纪检组长　姜　伟(9月免）
派驻县教育局
纪检组长　符灿阳
派驻县住保局
纪检组长　颜　剑
派驻县住建局
纪检组长　孟友良
派驻县城建投
纪检组长　欧腊梅(女）
派驻县城乡规划局
纪检组长　陈鹏飞
派驻县财政局
纪检组长　何　欣
派驻县水务局
纪检组长　容胜强

民主党派和工商联

中国民主促进会
长沙市委员会
宁乡县工委

主 任 委 员　程万谋
副主任委员　张超明　夏汗青
委　　　员　杨红菊　王碧玲
　　　　　　姜笑澜　彭　飞

【概况】 2015 年,民进宁乡县工委下设 4 个支部,即宁乡一中支部、宁乡十三中支部、玉潭教育支部、综合支部,会员 72 人。2015 年,民进宁乡县工委在民进长沙市委和宁乡县委统战部的领导下,以加强组织建设和推进创先争优活动为契机,加强自身建设,积极参政议政,努力服务社会,各项工作取得一定的成绩。

【社会服务再推进】 双江口镇山园村是民进省委的联系点,也是“四同创建”中民进宁乡县工委的“同心乡村”建设点。2015 年工委为该村争取亮化资金 5 万元,协助民进市委争取自来水项目资金 20 万元,协助该村做好土地平整工作,协助民进市委到该村扶贫送教。各支部和会员积极开展社会服务活动,如:十三中支部组织会员赴边远山区学校宁乡十中开展送课下乡;玉潭教育支部联合城北中学振兴校区到宁乡县虎山特校开展爱心助学;夏汗青为重病幼儿捐献书法作品;朱爱英资助喻家坳贫困家庭等。

【履职水平再提高】 一是抓参政议政。县工委会员中有市县人大代表、政协委员 12 人。2015 年“两会”前夕,工委组织召开座谈会,发挥集体智慧,围绕经济社会发展中的难点、热点问题准备议案提案。夏汗青作政协大会发言,《关于引进大型文化机构的建议》获县优秀提案奖,并向市人大提交议案《关于将状元易祓墓修缮工程纳入市级重点文化扶持项目的建议》;李砺、姜笑澜等人的提案被评为县优秀提案。二是抓调研信息。工委根据县政协和统战部的要求进一步加大信息报送工作。姜笑澜报送的《加快改变广大农村养儿防老现状》在中央统战部《零讯》刊发,并获国家领导人批示;杨柏松报送的让六类人担任“第一村支书”等 3 篇社情民意被省政协、市政协采用。夏汗青提交《关于宁乡县学前教育情况的调研报告》,李铁辉提交《关于政府机构改革中“改非”的思考》的调研报告。

【会员素质再提升】 2015 年,县工委各支部完成换届工作,一批年轻有为的会员进入各支部班子。工委和各支部以同心思想、坚持和发展中国特色社会主义为主要内容,开展多种形式的学习活动。7 月,组织去刘少奇、毛泽东故居接受革命传统教育。程万谋、朱爱英参加民进市委基层组织负责人培训班,吴学良赴美国罗格斯大学留学。广大会员发挥自身优势在各自的岗位上为社会争做贡献。如:程万谋多年来为宁乡工业发展和招商引资不懈努力;张超明负责的宁乡旅游工作屡创佳绩;王培玉在省特教会课堂调研活动中被评为“优秀个人”;郭天明出版书籍 4 本;黄爱华论文获省三等奖;李跃明被市教育局评为市级骨干教师;廖丽娟《农村小学生养成教育策略研究》获市级优秀课题奖;肖小平获全国新概念创新作文最佳指导教师奖;杨红菊获长沙市创作杯作文竞赛特等指导教师奖;蔡竖恒获市中小学校园文化艺术节美术比赛活动优秀指导教师奖等。

中国农工民主党
长沙市委员会
宁乡基层工作委员会

主 任 委 员　谢文军
副主任委员　贺小平　杨曙光
　　　　　　陈　胜

【概况】 2015 年,农工民主党宁乡总支正式升格为中国农工民主党长沙市宁乡基层工作委员会。共有党员 49 名,有人民医院、中医院、综合支部 3 个支部。所有党员均具有大专以上文化程度,包括医药卫生、政协、农业、乡镇、企业等各界人士,其中副教授以上职称 11 人,教授职称 6 人,市、县人大代表、政协委员 11 人,党员素质普遍较高。2015 年,农工党宁乡基层工委坚持中国共产党领导的多党合作制,立足自身特点、发挥自身优势，全面开展党派工作，取得丰硕的成果，为构建和谐社会，服务“三大建设”做出贡献。2015年，被农工中央授予“全国先进基层组织”称号。

【队伍建设】 2015年，农工党宁乡基层工委注重学习培训，提高党员各项能力。坚持每个季度进行一次集中学习，学习内容包括党章、时事、科学发展观等。既提高党员的业务水平，又交流思想，融洽感情，增进友谊。5月15日晚，全体党员在行政中心六楼农工民主党办公室学习县委十一届六次全会精神。会上谢文军主委传达会议精神，全体党员为推动宁乡县“三大建设”积极献言献策，谢文军主委要求全体党员要在学习中形成向心力，在贯彻中形成推动力，在结合中形成活力，发挥党派特点和优势，在社会服务、参政议政、同心工程等方面推动“三大建设”。

全体党员积极奋进，在各自岗位上取得优异成绩。人民医院支部黎清华荣获长沙市“青年岗位能手”称号，荣立县三等功；陈俊获得中医药大学示教二等奖；刘青云论文《子宫内膜异位性疾病385例临床分析》发表于《世界新医学》；邓红浪论文《综合护理干预对脑梗塞患者心理状态和生活质量的影响研究》发表于《现代养生》《脑出血合并院内肺部感染的原因分析及护理干预研究》发表于《医学信息》；中医院支部杨曙光团结带领全院医务人员积极进取，全年实现业务收入2.048亿元，创历史新高；杨铁论文《108例泌尿外科腹腔镜微创手术围术期护理临床疗效分析》发表在国家级刊物《延边医学》；综合支部贺小平荣获2015年长沙市最美家庭“书香家庭”称号；陈巨友在《长沙农工》发表《关于在全县推广使用病死动物焚烧炉的建议》论文；陶文英带领湖湘林盛公司创全国巾帼现代农业科技示范基地，并获得优秀县人大代表荣誉；优秀党员曾子玲、刘丛娟、杨铁代表农工党宁乡基层工委参加农工党长沙市委组织的知识竞赛获得三等奖，曾子玲代表农工党长沙市委参加农工党省委组织的知识竞赛获得二等奖。

【参政议政】 2015年，农工民主党宁乡基层工委全体党员立足岗位优势，围绕“活力宁乡、美丽宁乡、幸福宁乡”中心开展工作。充分利用党员来自社会各界，人才济济，人大代表、政协委员多等优势，组织文字功底深、研究能力强、熟政策懂民情的精干力量广泛开展调查研究，认真写好调研文章，有针对性提出高质量的议案、提案和建议，围绕县委、政府的决策部署和人民群众普遍关心的问题提出解决办法和措施；积极撰写社情民意，深入农村、基层和社区收集社情民意，把人民反映的问题和要求以提案形式报告给县委、政府，在政府与社会、政府与人民之间架起一座沟通和联系的桥梁。总支组织的一系列调研和向县市政府部门提交的一批议案、提案都具参考价值，陈胜撰写《关于加强医疗卫生人才队伍建设的提案》《关于优化医患纠纷人民调解的建议》关注民生，直击问题；综合支部张彩霞撰写的《关于加强对废旧电池进行规范化回收处理的建议》被列为宁乡县政协十一届四次会议重点提案。中医院支部王应军撰写《关于交通意外所致伤残参保人员巨额医疗费用报销问题的建议》和《关于解决县城交通问题的建议》两件议案。

【社会服务】 2015年，农工党湖南省委拟在宁乡县增设省、市、县三级社会化服务活动点，而推进社会化服务点建设工作。2月26日，市政协副主席、农工党长沙市委主委龚振湘率市县相关单位负责人就福安村新农村建设进行实地调研，共同研讨村级经济的发展规划。同时，党员们还积极为福安村美丽乡村建设和乡卫生院建设出谋划策，多次到福安村开展活动，杨跃清、黄晓佳等党员撰写文章在报刊发表，宣传推介福安村。7月3日，人民医院支部组织医务人员共20多人，带上B超机、心电图机等设备，随带100多种常规药物，为福安村敬老院老人及当地村民100多人进行义诊，受到当地村民的好评。10月23日，中医院支部前往煤炭坝双龙村开展义诊活动，为200多名群众提供免费视力和眼底检查、血糖、血压、B超等常规检查，还有内科、外科、针灸科、耳鼻喉科等多科门诊咨询，并给腰腿疼痛的群众提供现场针灸治疗。

（罗　芳）

县工商业联合会

县工商联主席、总商会会长
程万谋

党组书记　唐志强（9月免）
李　杰（兼，9月任）

副主席（副会长）
谢志远　罗新文

党组成员　宋海波　李玉梅

兼职副主席
尹　俐（女）　罗文亮
罗美元（女）　王新华
刘义军　杨　振
廖跃飞　王青山
蔡跃武　熊正明
徐建民

兼职副会长

方忠杰	赵　宇
汤亚平	陈基良
陈小亮	罗赞村
易石洪	贺凯良
胡均平	徐世玉
黄德宏	曾凡云
梁晓斌	谢寄彪
谢晓楠	颜桂华

【概况】 2015年,县工商联紧扣县委“三大建设”,立足“两个健康”主题,充分发挥“五项职能”作用,各项工作整体推进,为县域经济社会发展做出较大贡献。

【积极投身三大建设】 2015年,县工商联按照县委部署要求,积极投身“三大建设”。一是开展走访调研。开展“为非公企业解难题、办实事,集中大走访”调研活动,走访调研副主席、副会长企业25个。开展“三联三促”活动,全年下基层访企业160多次,为企业解决各类问题23个。开展问卷调查,全年发放各类调查问卷1400多份,其中组织全县各乡镇、园区开展调研发放调查问卷1000份,与县政协经科委联合下发对全县中小企业转型升级调查问卷380多份,规模企业调查问卷20份。开展“十三五规划”专题协商,全年共撰写调研材料19篇,组织人大代表、政协委员撰写提案、议案14篇,报送各类信息40多篇。二是举办专题讲座。邀请中南大学教授、湖南省委《电视问政》首席评论员王林教授主讲《新形势下企业面临的机遇与挑战》专题讲座,组织全县工商联执常委、企业家商会会员等200多人参加。邀请浙江大学DHP传承导师吴铭峰教授主讲“种子的力量”专题讲座;邀请世界知名学者、美国斯坦福大学管理与工程系教授谢德荪主讲“源创新与企业突围”大型专题讲座,并组织20多名企业家与教授面对面座谈。三是推动维权服务。聘请河清律师事务所程万科、长沙道河律师事务所邹永生2名律师为法律顾问,为会员企业提供法律服务,维护企业合法权益。开展“三十工程”“双百服务”“百大建设项目”服务,加强与职能部门的沟通联系,为万家灶具、戴斯光电等企业解决问题4起,优化企业发展环境。四是开展融资服务。以召开常委会、基层商会会长会为契机,组织企业与银行对接,其中企业家商会与长沙银行对接,为商会授信1亿元,2015年年底放贷6000万元。引导一呼百应、百顺复混肥料、沩山茶业、惠元农业等5家公司在省股权交易所挂牌。五是开展联络联谊。接待望城、长沙、浏阳工商联、吉首工商联考察团到宁乡考察;组织企业、商会赴雨花区学习,参观比亚迪和机器人公司,开阔企业家及基层商会会长眼界;组织参加深圳宁乡商会、广州宁乡商会、东莞长沙商会成立大会,积极推介重点项目,大力宣传推介宁乡,吸引更多投资者到宁乡创新创业;组织部分企业赴成都大邑县商会考察学习,学习商会大厦建设经验。

【企业家光彩事业】 2015年,县工商联组织长河机械、林盛林业、小小玉服饰等企业家开展“送温暖,促和谐”慰问活动,为“同心工程”联系点夏铎铺镇福安村特困群众送去慰问金6000元。组织豪德商会开展爱心援助活动,为液化器爆炸重度烧伤者杨秀群送去慰问款1.4万元,为青山桥特困群众送去油、米及慰问金1万多元,为花明楼、南田坪等乡镇特困户送去慰问金近2万元。组织企业家商会走进双江口、流沙河敬老院送温暖,送去衣服、鞋、袜300套,米45袋、油45桶,合计金额28万元。组织企业参与“千手爱心基金”捐款活动,会员企业累计募捐745.9万元

【“十大功勋企业家”评选表彰活动】 2015年,县工商联为进一步弘扬企业家精神,树立创新创业时代典型,讴歌为县域经济发展做出突出贡献的企业领军人物,在全县组织开展“十大功勋企业家”评选表彰活动。利用电视、报纸、网络等多种方式公布评选表彰活动相关事宜,号召社会各界广泛参与,共推荐企业40家,经相关单位联合初审,有30名企业家入围候选人,提交千人测评大会测评。

【开展“同心工程”活动】 2015年,县工商联组织长河机械、林盛林业、中南散热器、海斌酒业支持夏铎铺福安村“同心乡村”建设;组织拜特生物、金牛家电、百顺超市、明仕烟花支持煤炭坝双龙村“同心乡村”建设;组织南雅、横市商会、物流商会、佳程旅游支持横市泉柳村“同心乡村”建设;组织金典建设、富之岛、文航装饰、海大铝业支持双江口山园村建设。各非公经济人士在资金、技术、产业等方面积极投身“四同”创建工作。工商联机关积极参与“同心”活动,为联系村枫木桥双井村村部会议室捐赠会议桌椅一套;组织机关干部、职工为村特困群众捐款近1万元。为同心工程双江口镇山园村争取亮化资金5万元,为山乔小学自来水项目争取资金20万元。

【组织建设工作】 2015年,县工商联指导宁乡邵阳商会召开成立

大会。选举产生以李伟康为会长的商会领导班子，并进行授牌仪式。县领导出席会议并为商会授牌。相关县直单位及银行负责人、省、市、县有关媒体记者及商会会员代表近200人参加会议。引导豪德商会入会。2015年,工商联组织引导豪德商会以团体会员的身份成功入会，进一步壮大基层商会队伍。指导企业家商会换届。8月22日,宁乡企业家商会在玉潭镇政府会议室召开换届选举大会。会议审议并通过《宁乡企业家商会第一届理事会工作报告》《宁乡企业家商会第一届理事会财务工作报告》《〈关于章程修正案〉的议案(草案)》《宁乡企业家商会第二届一次会员大会选举办法（草案)》等。大会选举产生新一届商会班子,蔡跃武当选为商会会长。

【筹备商会大厦建设】 2015年,县工商联主持召开多次专题会议。召开商会大厦筹建专题常委会、基层商会会长会,下发调研问卷150多份，广泛征求会员对商会大厦建设的意见、建议。开展专题考察。组织部分企业赴成都市商会、大邑县商会考察学习,学习商会大厦建设经验。开展专项调研。组织有出资筹建意向的会员就商会大厦选址、商会大厦规模、商会大厦功能、商会大厦造价等开展全面调研，并召开多次碰头会,撰写筹建方案和规划。

【创业富民工作】 一是抓创业富民项目面审。在2015年年度项目申报中,向市申报项目317个,经市创业办初审，有242个项目通过专家审核,4月，市创业办、市财政局对242个项目进行面审，共有207家项目获取长沙市创业富民资金491.5万元。二是抓“初创企业财务培训”。继续举办初创企业“项目企业绩效评价和财务管理培训班”。针对2014年获得创业富民资金的企业负责人和财务管理人员进行专题培训，并组织开展绩效评价,撰写评价报告。三是做好创业富民工作交接。根据市创业办会议精神和县委、县政府领导批示，创业工作从创业办(办公室设县工商联)整体移交至县人社局，并签署工作移交协议。

【创建全国“五好”县级工商联】 2015年，县工商联将创建全国“五好”县级工商联目标作为新形势下工商联工作的战略之举,始终坚持“建一流队伍、创一流业绩、树一流形象”的创建理念,全面开展县级工商联“五好”创建工作。通过一年的努力,宁乡县工商联达到“五好工商联”的标准,接受全国工商联检查组检查，评估得到检查组的充分肯定，被省联确定为湖南省“五好”县级工商联。

（李玉梅）

群众团体

县总工会

县总工会
主　　席　　钟利仁(女,兼)
党组书记、副主席
　　刘晴明(9月免)
　　贺太泉(9月任)
党组成员、副主席
　　文　珍(女)
副 主 席　　陈桂荣
党组成员、纪检组长
　　贺立军(11月免)
党组成员　　张怡汉
经费审查委员会主任
　　邹利红(女)
女职工委员会主任
　　戴　琼(女)

【概况】 2015年,宁乡县共有基层工会组织3195个,工会会员14.99万人。县总工会现有机关干部、职工17人,离退休人员13人,下辖二级事业机构工人文化宫。2015年,宁乡县工会工作主动适应经济发展新常态、职工诉求新变化,着力推进"三服务一加强",鼎力服务实力园区建设,各项工作取得创新发展。职工医疗互助工作在全市专项工作会议上作经验交流;《工人日报》10月9日头版头条报道《楚天科技工匠成股东》;9月18日《湖南日报》头版报道《"三措并举"精准帮扶惠民生—宁乡县总工会助推县域经济发展跨越式发展侧记》《诠释劳动的崇高与美丽—中国梦·劳动美劳模大讲坛宁乡开讲》《省劳模楚天科技唐少锋的故事》《宁乡评选百名工人之星》等均见诸《湖南工人报》头版。县总工会各项工作在《工人日报》《中国报道》《湖南日报》《湖南工人报》《长沙晚报》等新闻媒体报道30余次。

【服务工运事业发展】 2015年,县总工会注重强化学习宣传,积极服务工运事业发展。召开全县工会工作会议,传达中央关于党的群团工作会议精神,让职工深入领会群团工作会议精神;积极推荐楚天科技董事长唐岳、一线技工唐少锋、领导干部喻亚军分别获评2015年度全国劳动模范称号、全省劳动模范称号;应省、市总工会部署,成功举办"中国梦·劳动美"劳模大讲坛活动,组织各界职工聆听劳模先进事迹报告;编印《劳动光荣》宁乡劳模风采录发放到职工手中。

【拓展经济技术活动】 2015年,总工会着力拓展经济技术活动,助推实力园区建设。一是首评百名宁乡"工人之星"。在全县首次选树创新发明标兵、工艺制造明星、岗位技术能手、职业道德标兵、外来务工明星共100名"工人之星",并进行表彰。二是精心打造高端"周末沙龙"。动员全县各界职工服务"三大建设",助力实力园区。县总工会精心策划、广邀社会贤达参与"实力园区·周末沙龙"活动,全年共举办7期高端周末沙龙活动。三是倾情服务"百家优强"企业。按照"精心服务,创新发展"的理念,解疑难、帮招工、促转型、扩产能、送关怀,为长沙特耐金属材料有限公司提供全方位服务,两名班子成员几十次上门主动服务。四是积极开展找寻宁乡"老师傅"活动。为大力倡导弘扬时代工匠精神,彰显一线职工和技能人才的光辉风采,凸显宁乡技工品牌,县委、县政府10月底开启寻找宁乡"老师傅"活动。通过深入宣传发动,短短一个月时间,共收到推介表182份。在宁乡电视台、《今日宁乡》开设专栏,定期刊播"老师傅"专辑,取得一定成效,产生深远影响。

【打造常态化普惠平台】 2015年,县总工会组织开展各种普惠活动。一是普惠服务。办理工会服务卡2.9万张,组织2.52万名职工参加在职职工医疗互助,1691名因病住院职工享受医疗(大病)救助金185万余元,给40名患重大疾病职工补助14万元。二是"春送岗位"活动。积极搭建企业招工、用工桥梁,帮企业发布招聘公告,为农民工提供就业信息。参与园区企业用工招聘20多场,协助招录用工1200多人。三是"夏送清凉"活动。7月29日下午,组织25万多元防暑降温药(物)品,在邓杰平副书记、钟利仁副县长带领下,前往园区企业和项目工地开展高温慰问。四是"金秋助学"活动。连续15年开展"金秋助学"活动,延续"1+1"爱心结对,筹资42.2万元,助114名寒门学子圆梦大学。五是"冬送温暖"活动。

组织资金90万元,先后深入困难企业、劳模和下岗职工家中,为全县1082名困难职工送温暖。六是中秋赏月晚会。情牵企业外籍职工,让他们感受"家"的温馨,邀请400余名在宁乡工作的企业外籍农民工,共赏"中秋月·宁乡情"赏月晚会。七是职工文体活动。开展企业职工安全生产知识抢答赛、禁毒知识竞赛、首届职工七人制足球赛、女职工趣味体育比赛、"最美芙蓉花"微信摄影赛等活动,有效地丰富职工的文化生活。

【深化维权机制建设】 2015年,县总工会主动适应职工诉求新变化,积极参与劳资纠纷、安全事故的仲裁调处,引导职工依法理性表达合理诉求,坚持维权与维稳的有机结合,千方百计畅通劳资双方对话渠道,有效化解劳动关系中的不和谐音符。全年开展区域(行业)性工资集体协商52次,签订工资协议文本104份,覆盖企业1108家,涵盖职工4.56万人。 (杨小龙)

共青团宁乡县委员会

共青团宁乡县委员会

书　记　　唐　正(9月免)
　　　　　周海滨(9月任)

副书记　　严　玲(女)
　　　　　周海滨(8月免)
　　　丁彩霞(女,挂职,9月任)

【概况】 2015年,宁乡县共有青年(14周岁至35周岁)38.5万人,其中共青团员18.5万人。有专职团干部7人,兼职团干部1702人,基层团委79个,团总支60个,团支部1458个。共青团宁乡县委围绕"加快三大建设、实现全面小康"的决策部署,紧贴青年需求,紧扣基层实际,聚精会神抓团建,全心全意谋团务,引领全县广大团员青年在创新创业中奋勇担当,圆满完成全年各项工作任务,荣获"宁乡县五好班子"荣誉称号。

【服务大局有新作为】 2015年,团县委引导全县团员、青年为"三大建设"献智出力。一是助力实力园区,在宁乡经开区成功打造创客中心;在玉屏山国际产业城打造项目孵化基地;在湖南省大学生科技产业园设立大学生创业基地。联合县人社局和园区共同开展3场"缤纷之夏"高校毕业生专场招聘会,吸引5000余人到现场求职,近1000人达成就业意向,帮助园区企业解决招聘难题。二是助推新型城镇,开展"加强公园建设与管理""城市规划、建设、管理向广度、深度、高度、精度进军"等50多场新型城镇建设周末沙龙,包括人大代表、政协委员、部门领导、青年企业家、社区群众在内的1000多人积极报名参与,《今日宁乡》就此活动数次整版报道。三是助效美丽乡村,发动全县各级团组织开展"美丽乡村?共建共享"志愿服务活动,在"319"国道、二环路、宁横公路等主要干道开展文明宣传、卫生清扫等各类活动300多场次。组织资福镇窑里社区40多名代表赴望城区交流学习,指导窑里社区制定《窑里"美丽社区"创建工作三年行动计划》,帮促发展美丽产业,窑里社区黄金组成功跻身全县美丽乡村建设第一批观摩点。四是添彩宁乡重大活动。参与县委、县政府组织的大型活动,提供精准志愿服务。在宁乡美博会期间,面向整个长沙地区招募100余名优秀青年志愿者,为贵宾接待、场馆讲解、媒体采访等环节提供服务;在千手千眼观音圣像开光法会上,400多名志愿者参与深夜接站接机、全程讲解、车辆现场引导等,热情周到服务受到领导和嘉宾高度赞许;在全省普通高校"转型发展、内涵发展、特色发展"会议暨湖南省大学科技产业园建设推进现场会上,组织40余名青年志愿者一对一贴心服务,展示宁乡青年良好形象。五是帮扶基层发展。联点资福镇窑里社区实施精准扶贫,团县委班子成员及全体干部分别与村上8户贫困家庭长期结对认亲,"一户一策"制定扶贫帮困计划,通过引入"e互助"金融帮扶等方式、整合社会爱心力量实现一对一精准帮扶。创新开展2015年宁乡基层共青团调研走访活动,深入了解青年需求、解决具体困难。引导青年文明号提升窗口单位服务水平,新评定5家市级"青年文明号"、10家县级"青年文明号"。鼓励青年立足岗位成长成才,五名青年荣获市级"青年岗位能手"称号。

【关爱成长有新成效】 一是加强青少年思想道德建设。2015年,团县委组织开展"奋斗的青春最美丽"十八岁成人仪式、"我的中国梦"、美德少年评选等主题活动,激励同学们向上向善、奋发有为,推介宁乡创业青年阿迪力·买买提吐热入选全国"向上向善好青年"并作巡回演讲,宣传和弘扬社会正能量;在全县机关事业单位中举行"让纪律释放沉潜的力量"演讲比赛,筑牢青年领导干部遵纪守法、执政为民的思想防线。积极利用微信、微博等媒体,搭建"青年之声"平台,及时推送全年工作动态信息,影响显著。以"6·26"国际禁毒日为契机,开展"扫除毒品危害、构建平安宁乡、万名志愿者在行动"大型禁毒宣讲活动,指导全县乡镇(街道)团(工)

委开展禁毒主题宣传教育活动；以“12·4”国家宪法日、“12·5”国际志愿者日为契机，指导宁乡青年创业者协会、宁乡青年帮衬协会等社会组织，广泛开展“讲道德、明是非、守纪律”集中教育活动，青少年思想道德建设得到进一步加强。二是不断突破和优化学少工作。在宁乡县职业中专举行“彩虹人生——奋斗的青春最美丽”优秀中职毕业生校园分享报告会，通过交流学习坚定中专技校学生的理想信念；在全县学校系统开展“内有书香，外有花香”美丽庭院共建共享活动，评选出星级美丽庭院100户，发放读书卡等奖品10万元，在全县中小学形成大手牵小手共建家园、齐读经典的良好氛围；按照“坚持标准、控制规模、提高质量、发挥作用”的要求，新发展学生团员7000余名，促进中学生树立正确理想，养成良好道德品行。2015年，宁乡县少工委荣获湖南省争戴“雷锋章”、争创“雷锋式中(小)队”活动优秀组织奖称号，教育局团委书记谢彩飞荣获“湖南省最美基层团干”荣誉称号。三是积极服务青年创新创业。组织召开“五四”青年创新创业创优座谈会，县委书记谭小平出席并发表重要讲话。下拨20万元专项经费，开展基层共青团工作创新项目，15个基层项目围绕“三大建设”，内容涵盖全民阅读、关爱未成年人、志愿者服务、青年创业、城市管理、美丽乡村建设等，为服务宁乡中心工作、完善团的职能职责提供重要参考。2015年，团县委作为唯一基层团组织代表，出席全省纪念“五四运动”九十六周年暨青年创新创业创优座谈会并做典型发言。工作经验在《湖南新闻联播》进行宣传推介。创业青年李振江荣获团中央、全国人力资源部第八届“中国青年创业奖”，王建益入选2015年湖湘青年英才支持计划，宁乡县青年创业者协会获评省级示范性青少年综合服务平台。四是深入开展青少年维权工作。开展“青春自护·平安春节”青少年自护教育、“12355阳光行动”活动，进一步提高广大青年防护意识和心理承受能力；在全县各乡镇(街道)开展法制宣传进校园活动，促进青少年知法、懂法、守法；推荐宁乡县检察院公诉科申报全国“青少年维权岗”；县法院团委创新开展未成年犯“代理家长”制度初探课题，更好地保护和挽救失足少年。五是扎实推进希望工程爱心事业。成功举办“心得乐”爱心活动，动员300多名志愿者和2万多名爱心人士参与支持，现场为100名贫困学生募集爱心款228.8万元，83名贫困学子获得爱心人士长期结对帮扶。正式启动“加加学子”助学项目，加加食品集团长期支持12名学生每人每年8000元直至大学毕业。扎实开展希望工程圆梦行动，开启“林通学子”“建筑学子”“商会学子”等五大爱心项目，现场发放助学金80.6万元，资助贫困学子343名，85名学生获得长期结对帮扶。开展“轻松筹”微信募捐，半个月时间为东湖塘镇燕山村患癌青年成腾辉募集社会爱心款1.27万元。

【自身建设有新形象】 一是加强组织领导。2015年，团县委组织机关和基层团干部及时学习中央、省、市、县相关精神，引导广大团青干部进一步领会上级工作精神，明确工作方向。密切联系群众，开展“三走三深入”活动，深入一线走访调研，获得第一手资料，锤炼团员干部务实的工作作风。先后将8名基层团干输送到浙江大学、省委党校、市委党校参加培训学习。二是推进基层团建。构建扁平化管理模式，全县划分为12个板块，通过分组联系、片区座谈、微信互动等方式，做到横向联合全覆盖、高效沟通无障碍。探索“两新”组织团建，通过非公经济团工委的形式组建两新团组织121家，把生产和建设一线的青年紧密联合在团组织周围。重视农村团建工作，推介老粮仓镇团委成功入选“全国农村基层团建创新项目”，大成桥“鹊山模式”基层团建典型上报团中央。

(谭　曼)

县妇女联合会

县妇女联合会

党组书记、主　席
　　刘红云(女,7月任)
党组书记　李　庆(女,7月免)
党组成员、副主席
　　周常青(女)
副 主 席　王　书(女)

【概况】 2015年，宁乡县有33个乡镇妇联会，75个县直科局和驻宁单位妇委会，8个私营企业妇委会，383个村妇代会，37个社区妇联会，基层网络健全。全县各级妇联组织把联系和服务妇女儿童作为工作生命线，着力服务“三大建设”，工作取得明显成效。宁乡县妇联获评湖南省妇联系统“宣传工作先进单位”、长沙市妇联系统“目标考核先进单位”、宁乡县绩效考核一类单位，县妇联领导班子被评为“五好领导班子”。

【美丽乡村周末沙龙活动】 2015年，宁乡共开展美丽乡村周末沙龙活动513场，“移风易俗树新风”主题沙龙41场，参与群众1

万余人次，收集意见、建议3600余条，充分发挥群众在美丽乡村建设中的主体作用。沩山乡开展沙龙活动后，全乡4700多名家庭主妇踊跃参加美丽乡村建设，2000余户家庭创建美丽庭院。作为创新精品活动，美丽乡村经济沙龙被选定为中韩经贸文化活动周宁乡美丽经济博览会的主体活动之一，活动邀请原省委常委、省委秘书长杨泰波、原市人大常委会主任余合泉、市妇联主席谭慧慧、县委书记谭小平等领导出席，与会代表共同探讨宁乡美丽乡村经济的发展，为美丽乡村建设出谋划策。《人民日报》、人民网等媒体对此活动进行专题报道，县妇联获评“美博会先进单位”“县《美丽乡村》建设先进单位”。

【“讲道德、明是非、守纪律”主题活动】 2015年，县妇联按照集中教育活动要求，大力开展家风建设评比。评选一批“最美家庭”，通过寻、议、评、展、秀五个步骤在全县广泛开展寻找“夫妻关爱”“孝老爱亲”“教子有方”“勤俭持家”“邻里友善”五类“最美家庭”的活动，共评选出100户“最美家庭”，其中夏铎铺镇凤凰社区陶炅等8个家庭被评为长沙市“最美家庭”，公安系统张杰等10个家庭被评为宁乡县“十佳最美家庭”。继续推进文明家庭创建，征集“好家风、好家训、好家庭”的故事，表彰100户县级五好文明家庭，推荐1000户文明家庭参评“长沙市万户文明和谐家庭”。与县纪委联合举办“学少奇精神，兴廉洁家风”家庭助廉活动，组织全县各单位195位党政一把手的配偶到花明楼接受廉政教育，开展廉政承诺，打造廉洁家风。

【城乡女性创业就业】 2015年，县妇联成立女性创业者协会，吸纳会员202人，动员更多的女性投身创业大潮。组织女企业家协会积极开展活动，建立公众微信平台，创办《女人梦》杂志，为女企业家提供展示、沟通、交流的平台，促成15家企业实现跨界经营。举办“春风行动”女性专场招聘会，帮助1600名女性找到就业岗位。做好妇女小额担保贴息贷款工作，8名妇女获小额贷款资金42万元。举办家政、月嫂、服务、农技等妇女创业就业培训50期，助推女性创业就业。林盛林业获评国家级巾帼现代农业示范基地，俏农女农业获评省级巾帼现代农业示范基地，湘宁玫瑰等4个基地获评市级巾帼现代农业示范基地，农商银行营业部获全国巾帼文明岗。

【贯彻实施《妇女儿童发展规划》】 2015年，县妇联开展《宁乡县妇女儿童发展规划（2011~2015年）》终期评估，整体规划目标实施进展顺利，在市级督导中得到充分肯定。接待国务院法制办调研组就反家暴立法的专项调研，为全国反家暴立法提供一手材料。开展维护农村妇女土地权益的专题调研，为全国人大提供基层素材。

【维护妇女儿童合法权益】 2015年，全县各级妇联组织高度关注妇女弱势群体的利益诉求，热情接访，主动援助，积极化解矛盾。全年，县妇联共接待妇女群众来信来访329件，接听“12338”维权热线89件，有效处理率达82%，成功办理典型案件23起。婚姻家庭纠纷调解室调处婚姻纠纷410件，缓解家庭矛盾，维护社会稳定。

【启动“促进反家庭暴力立法，推广多部门合作模式”项目】 宁乡是全国妇联、联合国妇女署“促进反家庭暴力立法，推广多部门合作模式”项目全国四个试点县之一。7月，组织全县公安、检察、法院、司法、民政、卫生、妇联、社区等多个部门的反家暴工作者举办反家暴技能培训班，得到联合国妇女署项目官员郭瑞香的高度评价。在“11·25”国际消除对妇女的暴力日，开展“反对家庭暴力，呵护美好生活”的广场宣传活动，现场2000多人接受咨询。举办多部门合作反家暴基层工作者沙龙，研究纵向县、乡、村三级联动、横向多部门合作的基层反家暴工作模式，探讨相关工作制度的进一步细化和完善，推动工作取得新进展。

【关爱留守儿童】 2015年，县妇联实施“同在蓝天下、牵手共成长”关爱留守儿童公益项目。编印、发放3万本《七彩童年》手册和至家长的一封信；组织50名特困留守儿童到长沙雨花营地开展夏令营活动，体验军营生活，接受感恩教育；指导坝塘镇乐安村、沩山乡妇联开展大学生志愿者服务留守儿童支教活动；在喻家坳乡中心小学开设音乐、舞蹈、书法、美术4门主要课程，为113名特困留守儿童提供免费培训；举办关爱留守儿童家长课堂，300名留守儿童家长参加。承接湖南省“温暖微行动·彩虹行”项目启动仪式，发放书包文具1300套；联合县文体局在全县发起“情系农家书屋、关爱留守儿童”图书捐赠活动，收集书籍2.1万册。开展与西部山区孩子共庆“六一”活动，为黄材镇、沩山乡200名留守儿童送去书包和文具，为20名贫困留守儿童发放爱心款8000元。

【关爱留守妇女】 2015年,县妇联在沩山乡组织举办关爱留守妇女手工编织技能培训班,在金洲镇关山村等地开展农家乐、家庭旅馆等培训,因地制宜,提升留守妇女就业技能。组织动员女企业家牵手留守妇女,优先安排就业,促成750名留守妇女在家门口就业。实施全国农村妇女“两癌”免费检查项目,完成宫颈癌检查4.3万人次,乳腺癌检查3485人次,发现乳腺癌16人,宫颈癌19人,实现早发现、早治疗。积极争取上级妇联的支持,为贫困“两癌”妇女争取救助资金近30万元、春蕾女童救助资金4万元、孤残儿童救助资金6.4万元,全年向上争资、自筹资金发放救助资金共计46.94万元。

【妇联阵地建设】 2015年7月,县妇女儿童之家正式在县文体中心挂牌成立。广泛开展村(社区)标准化妇女儿童之家的创建工作,创建3个市级示范妇女儿童之家,1个市级反家暴示范妇女儿童之家,33个县级示范妇女儿童之家,组织13个妇女儿童之家参加市优秀妇女儿童之家品牌案例展示活动,夏铎铺社区获三等奖,东沩社区、喻家坳村获优胜奖。在3个民营企业成立妇委会,进一步延伸工作层面。

【宣传推介】 2015年,县妇联加强与市县媒体联系,畅通与全国、省、市妇联信息报送渠道,大力宣传宁乡妇女工作和妇女先进典型,扩大妇女工作的影响力。全年,在潇湘女性网上登载信息20条,长沙妇女网上登载61条,《今日女报》报道5条,宁乡电视台报道35次,《今日宁乡》报道32次,宁乡政务公开信息网上登载55条,有效宣传推介妇女工作。

(喻胜华)

县残疾人联合会

县残疾人联合会

党组书记、理事长　刘要军

副理事长　姜艳阳(女,9月免)

　　喻灿平

党组成员　谢晓南

【概况】 2015年,宁乡县残疾人联合会(以下简称残联)围绕“搏疾争位,项目兴残,特色造势,仁善惠残”的工作思路,积极践行“四家工作法”(把残疾人当作家人,把残疾人的事当作家事,把残疾人来信当作家书,把残疾人事业当作家业),深入推进残疾人全面小康进程,为广大残疾人谋求福祉。

【基层组织建设】 2015年,残联加强基层组织建设,规范化建设乡镇残联和村(社区)残协。制定残疾人专职委员管理选聘办法,健全残疾人五个专门协会,创新开展专门协会委员定期值班制度和分片联乡制度。加强基层残疾人工作者培训教育,指导100名残疾人专职委员和8名专门协会主席、副主席进行远程教育,合格率100%。加强创建工作指导和投入,成功创建12个长沙市残疾人工作明星乡镇和4个长沙市残疾人工作星级社区。

【就业创业扶持】 宁乡县残疾人联合会将2015年确定为残疾人就业创业年,从人力、物力、财力上大力支持。制发《关于加强残疾人就业创业扶持和奖励的通知》,明确对17类残疾人就业创业行为予以扶持,共为54名残疾人申报扶持资金112万元。开展长沙市残疾人创业扶持项目申报,扶持对象62家,扶持资金117.12万元。为45户残疾人家庭、17家帮扶或安置残疾人就业的基地和17家残疾人企业申报省市贷款贴息项目,扶持资金84.3万元;为31名残疾人个体工商户养老保险缴费补贴9.3万元。成立宁乡县盲人按摩协会,规范盲人按摩行业发展;为5家盲人按摩店申报盲人按摩进社区项目,扶持19名盲人就业。开展残疾人职业技能培训300人次,实用技术培训700人次,选送51名残疾人去省市培训。举办宁乡县残疾人经济组织管理知识和社会化服务知识培训班,召开残疾人创业创新工作大会、残疾人就业创业座谈会、残疾人技能人才座谈会,并制作残疾人就业创业宣传片在县电视台《关注》栏目连续播出一个星期。依法推进按比例安排残疾人就业工作,把残疾人就业保障金征收标准提高至4.33万元。

【人人享有康复服务】 2015年,残联实施0—14岁残疾儿童抢救性康复246例,省、市重点为民办实事项目完成141例,超额完成61例。“光明·关爱”低弱视力患者和贫困眼疾患者筛查1.2万人次,实施救助350例。“义肢助残”完成任务61例。开展辅具适配进家庭50户。各乡镇自筹发放各类残疾人辅助器具1019件,人工耳蜗救助5例。

【精准扶贫】 2015年,县委、县人民政府出台《关于切实做好扶贫济困精准化常态化工作的通知》,启动重残补助提标、一户多残户补助工作。争取国家发改委立项,建设宁乡县残疾人托养康复中心,这是湖南省首家公办寄宿制残疾人托养机构。有在托残疾人40人。开展重度残疾人特殊生活补贴和重度残疾人护理补贴申报、异动、发放等工作，1.15万名残疾人享受重度残疾人护理补贴686.28万元，1.1万名残疾人享受重度残疾人特殊生活补助799.16万元。符合条件的重度残疾人全部享受养老保险和医疗保险补贴。居家托养160户，危房改造226户，扶残助学472人。联点宁乡县老粮仓镇藕塘湾村精准扶贫工作，173户贫困户逐户制定脱贫计划。认真开展“654321”活动，争取宁乡县巷子口镇光权李子合作社支持，建设百亩李子扶贫基地。

【稳定维权工作】 2015年，残联规范残疾人证办理，全年办证2421本，总办证2.99万本。实施残疾人机动轮椅车燃油补贴386名，无障碍设施改造进家庭项目30户。争取县委组织部支持，特批5名残疾人入党指标。加强残疾人信访和维权工作，全年接待来访残疾人512人次，办结交办件、函4件，答复率100%、处理率98%。畅通法律救助通道，发挥残疾人法律救助中心、站、所的作用，出台人性化的代办、代写等便民措施，全年接受残疾人法律咨询127人，共办理残疾人法律援助案件41件，为受援残疾人挽回经济损失120万元。

（姜　涛）

武 装

人民武装

中国人民解放军
湖南省宁乡县人民武装部

部　长	谢圣彬
政　委	田　剑
副部长	黄文钦 （兼军事科科长）
政工科长	张易才
后勤科长	王　寒

【概况】 宁乡县人民武装部（以下简称县人武部）位于县城玉潭镇香山巷，为正团级单位，负责全县的国防动员和全民国防教育、民兵工作、征兵工作，参与地方经济社会建设。2015年，县人武部按照习主席“努力建设一支听党指挥、能打胜仗、作风优良的人民军队”重要指示精神，遵循“固牢根本，狠抓中心，夯实基础，积极作为，安全发展”的思路，扎扎实实地开展工作，圆满完成年度各项任务，被长沙警备区评为“民兵工作先进单位”“安全工作先进单位”“新闻报道工作先进单位”，政工科被评为“先进政工科”。部长谢圣彬被评为“优秀团级单位主管”。

【党委班子和队伍建设不断加强】 2015年，县人武部领导班子是一个讲学习、讲政治、讲团结、求真务实干事业的班子，主要体现在：一是党内民主制度坚持好。认真贯彻民主集中制原则，坚持党委集体领导下的首长分工负责制，涉及大项工作决策、大项经费开支，都坚持党委集体决策，党委班子核心领导作用得到有效发挥。二是认真学习不松懈。正副书记能带头积极参加党委中心组理论学习和党课教育。部党委组织党员认真学习十二届全国人大三次会议精神、省军区和警备区党委全会精神，党委“一班人”积极树立新思维、新理念，坚决执行新的政策规定，坚决拥护和服从国防和军队改革，确保政治上的坚定和思想道德上的纯洁。三是是坚持聚焦强军不“散光”。党委“一班人”着眼破除省会城市国防后备力量建设瓶颈，沉入一线调研，坚持强军导向，剖析武装工作建设实际问题，集思广益研讨形势、方法、路子，以能支援保障打胜仗为目标，以深化拓展军民融合为途径，聚焦强军目标，从严整风整改，夯实基层基础，推动武装工作全面发展。四是坚持正风肃纪讲规矩。党委以“学习践行强军目标，做新一代革命军人”主题教育、“三严三实”专题教育、省军区系统“职工专项教育整顿”活动、“干部工作大检查”“财务工作大清查”和“涉徐才厚涉郭伯雄涉周永康信息清查”工作为抓手，坚持将政治纪律和政治规矩摆在首位，干部、职工对照自查自纠，破除思想杂念，振奋精神士气，分类整改清查逐一过关。

【军事斗争准备工作有序推进】 2015年，县人武部坚持军事斗争准备龙头地位不动摇，有效履行使命任务，持之以恒往实里抓，不断推进军事斗争准备深化拓展。一是抓实战备教育，强化战备意识。宁乡县人武部机关战备工作，坚持在每月和重要时期进行形势政策、战备常识教育，坚持利用党委会、交班会进行工作讲评。注重加强对地方的战备教育，部领导深入党校和园区企业进行知识授课；组织县人防办定期拉响防空警报；在城市地标广场进行防空袭战备宣传。利用民兵整组、民兵训练、国庆、征兵等重要时期开展国家安全形势和战备常识教育。10月，联合县人大对全县《兵役法》执行情况开展专项督查，强化群众全民国防意识。二是不断完善战备设施，提高战备能力。协调县财政投入资金200多万元，建设作战室和人武部办公楼四楼库室，采购两台价值100万元的森林消防车以及50多万元的森林防火和防汛器材。督促各乡镇修建应急战备库室，并补充战备器材。加强国防通信基站建设。从上级协调争拨两台车、3艘冲锋舟和1艇橡皮艇。三是持续动态修订应战应急预案体系。结合形势任务需要，持续动态修订信息作战、防空袭作战、反恐维稳、应急动员等战备方案，与公安、林业、水利、卫生等部门会审修订森林防火、抗洪抢险、应急处突、军警民联防等行动预案，形成种类齐全、衔接配套、实在管用的预案体系。四是坚持训练为主，提高实战能力。10月，联合县应急办，组织民兵在金洲新区开展“有毒化学物质泄漏防护”演练行动。在“湘江—2015”演习中，认真研判作战文书，规范演练程序，科学处置演练情况，观摩学习友邻单位经验，收获很大。五是整合强化民兵分队力量。按照上级民兵整组指示，结合任务进行布局编组，强化民兵分队训练。系统整合区域编组兵员资源，县民兵应急连结合县森林消防队伍和城管局编组；按照任务确定编组序列，优先保障预备役部队和民兵重点队伍编组所需；拓宽编组范围，利用宁乡县经济园区有近300多家企业的优势，采取区域抽编、划片联编、就近选编、专业集编等多种办法，将业务精、素质好的企业退伍军人骨干充实到民兵分队中。结合民兵分队“两应”要求和年度军事演练，扎实开展7期共495名民兵分队训练。六是编实建强基层武装力量。突出抓好专武干部队伍建设，针对地方选举换届，及时组织搞好专武干部队伍情况摸底，积极与组织人事部门沟通，衔接专武干部任免事宜，在换届选举中保持专武干部队伍相对稳定。七是征兵工作完成出色。始终坚持“一季征兵、四季准备”的原则，督促民政局按时发放新兵优抚金，组织全县现役军人家属和军校国防生举办“光荣军属”集体授牌仪式。征兵前期，面向辖区内所有高中应届毕业生做抽样调查，组织县教育部门召开座谈会研究对策措施，多措并举营造浓厚的征兵工作氛围，做到早筹划、早部署。通过认真准备，顺利完成征兵工作任务。

【参建参治工作出色】 2015年，宁乡共发生森林火灾3起、汛情4起，县人武部接到县政府紧急求援3起，组织民兵应急分队迅速赶赴现场，扑灭山火，抢救转移受灾群众82人。3月，人武部组织民兵应急分队圆满完成经开区“海纳新材料有限公司”爆炸事故后续警戒维稳、消除次生灾害等任务。7月，紧急出动舟桥分队赴回龙铺镇沩河抗洪抢险，政工科长张易才同志沉着冷静解决重大险情，成功营救出4名掉入江中的落水群众，受到群众高度赞誉。5月，组织60名驻宁部队官兵和民兵开展“保护沩江母亲河”专项治污清理活动，深入社区街头宣传“保护沩河，从我做起”，倡导大家爱护环境；10月，全力做好精准扶贫工作。按照“54321”的标准，即正处级干部结对帮扶5户、副处级干部结对帮扶4户、正科级干部结对帮扶3户、副科级干部结对帮扶2户、一般干部结对帮扶1户，对贫困户进行资金资助、就业协助、致富援助和生产生活帮助。

【安全工作多措并举】 2015年，县人武部始终把安全工作作为重点工程来抓，做到常抓常议，确保社会环境安全稳定。一是抓教育引导。定期组织干部职工学习法规条令，观看教育警示片，分析安全形势。1月30日，邀请省消防协会教官，就常见火灾防范、扑救、逃生等知识，组织全体干部、职工和部分专武干部现场学习演练培训。3月17日，组织干部、职工和80名民兵骨干参观人武部退伍军人之家的禁毒宣传展、消防宣传展、人防宣传展等，加强全县民兵队伍的感性认识，达到培养骨干、以点带面的目的。二是抓隐患排查。2015年，对照省军区保密工作要求，组织对所有武器装备、涉密载体、涉徐信息、办公设施等进行安全隐患排查，对可能出现的问题进行分析整改。组织全体干部职工签订保密协议，所有干部签订手机使用承诺书。加大部队依法治军、从严治军管理，重点整肃了上下班、请销假、车辆派遣、营门出入等制度，部队“四个秩序”进一步正规。三是抓安全防范。机关加强仓库警卫人员力量，配备对讲机、手电、警棍，组织定期检查巡逻。加强武器装备安全管控，完善营院大门视频监控系统，确保营区监控无死角。时刻监控网络舆情，坚决杜绝安全事故和群体性上访事件。年初，人武部投入30余万元建设集保密、安防、办公于一体的独立文印室，进一步规范涉密文件的管理。四是重视涉军舆情监控，军地配合抓安全。认真制定涉军维权、网络舆情应急预案，坚持定期向地方信访局、维稳办、县委防范和处理邪教办等部门了解情况，从保护现役官兵合法权益出发，对涉军维权的人和事，多次与法院进行协调，做到主动介入、积极作为。2015年，共处理涉军维权事件28起，处理及时妥当，受到现役官兵军属的好评。

【纪念抗战胜利70周年】 2015年是世界反法西斯胜利和中国人民抗日战争胜利70周年。8月，县委常委、县人武部部长谢圣彬向全县广大民兵和人民群众发表电视演讲。他演讲的题目是《宁乡军民抗日三次战事》。他首先全面介绍抗战期间宁乡人民抗日基本情况，然后详细叙说宁乡军民抗日三次战事全过程，对广大官兵进行民族忧患意识教育，激发广大人民群众的爱国热情。

（黄祖同）

武装警察

中国人民武装警察部队
黄金十一支队

支 队 长　　蔡有良（上校）
政治委员　　袁华章（上校）
副支队长　　曹正旺（中校）

	沈明军(中校)
副政治委员	余彦忠(中校)
总工程师	张建国(上校)
参谋长	杨运生 (中校,1月免) 张新刚 (中校,1月任)
政治处主任	张自强 (中校,1月免) 聂新桥 (中校,1月任)
后勤处处长	杨天胜 (少校,1月免) 张　锋 (少校,1月任)

【概况】 中国人民武装警察部队黄金第十一支队 (简称武警黄金第十一支队),其前身为湖南省冶金地质二三七队。1980年4月,湖南省冶金地质二三七队整编为中国人民解放军基本建设工程兵第五一六大队。同年大队改团,番号不变。1985年1月1日,改为中国人民武装警察部队黄金第十六支队。2002年4月1日,改为武警黄金第十一支队。部队主要任务是黄金地质找矿和维稳处突。

2015年,支队围绕建设现代化国家地质野战军总目标,按照指挥部、总队党委总体部署,服从服务大局,勇当西进北上排头兵和调整转型先锋队,结合支队环境苦、风险多、任务重、要求严、战线长、摊子大等实际,支队全体官兵抢抓机遇、勇于克难,各项任务完成出色,全面建设稳中有升,圆满实现年度十大奋斗目标。一是西藏两个区矿调项目成果报告通过中国地调局评审均为优秀,11个图幅"9优2良",成为黄金部队承担的"海拔最高、面积最大、任务最艰巨、提交图幅优秀率最高"的连片项目。二是西藏矿区估算金属量较为丰富,措美县矿区新增锑资源量,新增可供普查的找矿靶区2处,可供进一步工作找矿靶区4处,施工力量整体移藏得到保证。三是新获取探矿权4个,移交七支队矿权8个,注销矿权7个,为深化转型发展提供保障。四是3月取得西藏地质灾害调查与评估丙级资质;圆满完成"4·25"特大地震抗震救灾任务,首次代表黄金部队出国遂行任务,实战中地灾救援能力初步形成,七中队因地灾救援表现突出荣立集体二等功。五是政治建警富有成效,广大官兵面临迁藏带来的诸多实际困难和问题,始终保持思想稳定、士气高昂,"八个到现场"试点成果被指挥部推广。六是基层建设整体水平稳步提升,4个先进中队建设基础比较稳固,2个重点帮建单位全面建设均有较大进步。七是依法从严治警提质提效,支队连续14年实现"三无"。八是西藏营区已完成95%的配套建设项目,营区环境设施初步到位;林芝基地办理土地证,完成围墙施工;益阳基地经适房竣工并通过武警总部验收和指挥部审计,8月分配入住,武警部队第一家经适房试点任务圆满完成;投入75.8万元用于益阳、宁乡基地营房修缮。九是公用经费节约10%,黄金工作费节余50万元,接待费用与上年同比下降68%,家底资金突破1000万元。十是4个基地职工队伍自建自管规范运转进入常态;完成职工住房补贴发放702人,资金共计1264万元;住房公积金发放108人,并轨缴存193人,实现零错漏;三季度完成第五、六、七批共88名职工移交工作。

【加强思想政治建设】 2015年,黄金十一支队进一步加强思想政治建设。一是注重抓好思想政治教育。采取蹲点常委巡回讲、敏感时节集中讲、结合"三工"随机讲等形式,认真开展"三严三实"专题教育整顿、主题教育和"新一代革命军人样子"大讨论活动,不断激发官兵迎难而上的雪域高原精神。支队"新一代革命军人样子大讨论"活动经验做法被指挥部转发。二是注重抓好干部队伍建设。认真贯彻落实《黄金部队加强党员领导干部教育管理监督若干规定》和《总队进一步加强干部队伍教育管理监督十二条措施》《总队干部管理七条禁令》,深入开展"增强事业心责任感、保持部队安全稳定"作风纪律整顿活动,以履职尽责、改进作风为重点,严格落实测评讲评、教育管理、问责奖惩等制度,先后通报批评违规干部5名,进一步强化干部事业心责任感。合理制定和落实干部休假计划,年内,干部休假平均52天,休假率100%、休满假率68%;协调办理36名干部家属落户拉萨、3名干部子女入学、3名干部家属随调安置事宜,慰问、救济特困和生病干部35名,安排5名干部参加疗养,进一步激发干部队伍工作热情。三是注重抓好政治工作。扎实推进政治工作"八个到现场",隆重召开表彰奖励暨出队誓师大会,认真开展"问心事、解难事、办实事、做好事"活动,组织评选第五届"感动支队人物",不断强化官兵的责任担当。重视抓好宣传报道工作,央视央广和解放军报等媒体先后22次报道支队应急救援情况。四是注重抓好政治领域安全。以中央查处军内外领导干部贪腐案件为镜鉴,采取集中授课、专家辅导、个人自学、观看录像、实践教学等形式,深入开展法纪道德专题教育,引领部队与党中央、中央军委保持高度一致。针对部队地处民族敏感和边境地区，积极做好政治测评工作，对37名要害岗位人员进行政治考核，确保纯洁可靠。全面清理带有部队番号名称的QQ、微信群23个，强化官兵防间保密意识。

【加强力量体系建设】 2015年，支队领导着重强化力量体系建设。一是强化区矿调能力。发挥外聘专家帮带作用，通过以师带徒、以老带新，不断夯实技术队伍“两调”基本功。采取“五定”“倒计时牌”等措施，探索工作定额量化、任务绩效管理、野外津贴差异发放等模式，抓好矿调项目野外验收问题整改和提高，结题项目成果报告通过中国地调局评审均为优秀（11个图幅9优2良）。科学制订计划，加强全员规程规范培训，严格质量检查监督，稳步推进新开和续作项目。全年累计完成1∶5万水系沉积物测量1800平方千米，1∶5万区域地质矿产调查1784平方千米。二是提高多金属勘查能力。调整机关年富力强的技术干部担任大队主管工程师，组织精干力量主攻西藏和安徽矿区。全年累计完成槽探2.15万立方米、钻探6053.98米，圆满完成年度任务，16个钻孔优质孔率为87.5%，钻孔见矿率62.5%。矿产调查评价项目在指挥部安全质量检查中被评为优秀。藏区“两调一查”一体化发展格局初步形成。三是建实地灾救援力量。年初调整七中队专门担负地质灾害应急救援任务。3月取得西藏地质灾害调查与评估丙级资质，是黄金部队取得资质的第一家支队级单位。“4·25”中尼边境特大地震发生后，支队先后投入兵力77名、车辆及专业装备器材110余台（套），历时1个月，首次代表黄金部队出国遂行任务，在境内境外2个战场，聂拉木、吉隆、仲巴3个方向开展地质灾害应急调查工作，为西藏自治区转移安置灾民和灾后重建，为武警交通救援大队紧急抢通318国道聂拉木至樟木段和两次抢通中尼公路提供技术支撑，通过实战锤炼，提高地灾救援能力。四是建强维稳处突能力。西藏的特殊环境，对支队维稳战备工作提出更高要求。春节期间，组织2次雪天、5次夜间的恶劣环境下紧急出动演练。通过遂行3月维稳敏感期、“萨噶达瓦节”二级战备、“卫士—15·雪域”演习一级战备和西藏自治区成立50周年大庆安保任务，组织31千米全员全要素野营拉练，规范野外防袭击工作措施，支队抗震救灾中安全管理和敏感期维稳战备工作做法分别被指挥部、总队转发。

【加强正规化建设】 2015年，结合支队藏、湘、皖三线作战、指挥距离长的实际，走依法从严治警、内涵式发展之路，支队连续14年实现“三无”，部队管理质量和效益有明显提高。一是抓制度。坚持连续4年修订并印发《支队标准制度汇编》，包括基层季度考核、地质工作量化、职工管理和公务接待规范等22项管理规定。结合藏区实际制定《支队地勘作业期基层单位安全管理四项规定》和《车辆维修管理细则》，组织开展“学法规、用法规、守法规”和“条令法规学习月”活动，围绕“你对当前安全工作形势怎么看”“我为预防警民纠纷进一言”两个主题进行群众性大讨论，形成人人讲安全、处处建安全的良好局面。二是抓养成。日常管理从定责管好车、定标准管住接待等小处做起，日常制度从落实一日生活、礼节礼貌、警容风纪等细处抓起，规范日常秩序。基层管理坚持每月、每季分析部署讲评。9月底收队后强化军事训练和备勤拉练，以考促训，以训促管，训管相长，确保部队“四个秩序”正规。三是抓安全。认真开展“百日创安”活动，逐个单位进行安全巡考巡查巡展，落实《人员跟踪管理卡》、天气预报提示、安全员等制度，外出填写“人员跟踪管理卡”、探亲休假签订安全责任书。深刻汲取互联网传输涉密问题的教训，教育引导官兵认清新环境对“防间保密”工作新要求，更换办公电脑硬盘76个，系统屏蔽USB接口，与内地涉密来往刻录光盘和寄带等进行传输。四是抓纪律。严格纪律刚性约束，及时查处7名官兵违规违纪问题。

【加强现代后勤建设】 2015年，支队加强现代后勤建设。一是严格经济管理。修订《支队经费综合管理办法》《地勘成本管理办法》等制度规定，建章立制严管理。加大党委集体理财力度，严把审核报销关口，严格落实“一个控制、七个不报”和“一事一借、一事一报、先批后支”制度，坚决杜绝先办后批、越权审批。强力推行公务卡结算，累计办理公务卡116张，确保使用率达到95%以上。突出抓好人、财、物协管，不断加强账户管理、资金运行、内控机制常态化监督检查。2015年公用经费节约10%，接待费用与上年同比下降68%，家底资金突破1000万元大关。二是搞好综合保障。督促基层单位落实好《地勘作业期野外中队伙食管理办法》和《地勘准备期伙食保障办法》，保证六菜一汤两种主食。利用考核、蹲点等时机，检查通报各单位伙食管理情况，有效提高伙食满意率。推进军人保障卡办理，采集汇总官兵职工个人信息。出队前,组织全体官兵进行健康体检,对身体状况异常的及时调整岗位。投入78万元,检修车辆和各类设备187台(套),满足中心工作需要。规范迁藏后装备和营产、物资的清查、建账和计价管理,抓好宁乡基地营具修旧利废,节省经费300多万元。开展司务长、核算员、炊事员、卫生员、驾驶员等后勤专业兵复训78人次。7月,组织野外中队车辆安全强制检测,及时搞好维修保养。三是加强职工管理。年初制订《宁乡、益阳和洞口基地营区管理规定》,3个基地和黄山基地实现职工化、物业化管理,为部队轻装进藏夯实基础。5月,按照政策和时间节点为702人职工发放住房补贴1264万元;8月底完成职工住房公积金发放108人、在职职工住房公积金并轨缴存193人,实现零错漏。益阳职工经济适用房作为武警部队第一个试点任务圆满完成,通过武警总部验收,8月分配入住。2013年以来于2015年的第五、六、七批88名职工移交工作,9月底全部完成。四是抓好配套建设。西藏营区配套建设74个项目,完成70个项目,在建4个项目。其中,军事工作配套项目完成20项,政治环境配套项目完成22项,后勤配套项目完成28项。

【加强基层全面建设】 2015年,支队加强基层全面建设。一是增强抓建能力。地勘准备期,利用人员相对集中的时机,分常识学习、技能训练、难题会诊3个版块,采取常委授课辅导、组织研讨交流、集中解疑释惑等形式,开展为期一周的新《纲要》应用性培训,增强各级按纲抓建的意识和能力。每季度组织一次"指导员之家"活动,重点从实际操作上加强应用性训练。二是加大统筹力度。年初,制定《二〇一五年度支队按纲服务指导基层措施》,抓好全年工作统筹。先后5次累计安排25名部门以上领导下基层蹲点帮建,9名机关干部下部队当兵代职,常委下基层不带随从,不安排接送,每周向政治处上报工作开展情况;认真组织季度检查考核,返回后及时召开常委会,专题听取情况汇报,为摸清基层具体情况,把握基层指导方向提供依据。三是提高经常性工作落实质量。利用蹲点帮建、季度考核等时机,规范基层按纲建队计划、党日活动、六本一表一册填写和野外政治文化环境建设,帮助基层理清工作思路,抓好八项经常性工作落实,基层软硬件水平得到同步提升。收队后,广泛开展基层单位四项评比活动,每周由部门以上领导带队,对基层单位军事训练、政治教育、作风纪律和内务卫生进行检查,并通报全部队,有效激发基层单位争先创优的意识。

【加强党委班子建设】 一是加强学习研究,保持思想活力。学习贯彻习主席系列重要讲话精神,认真学习领会"四个全面"重大战略思想以及武警党委首长的重要指示精神,认真抓好党委中心组带机关理论学习,每季度为班子成员配发5本书,先后安排6名常委、4名部门副职、8名机关干部作交流发言,形成一批有指导性和操作性的理论成果。二是注重依法决策,深化集体领导。注重抓好民主集中制的经常性学习教育,修订完善《党委常委会议事规则》和《首长办公会议事规则》,认真落实重大决策征求领导、专家、群众意见制度,讨论决定事项实行"票决制",坚持"四公开",党委科学民主依法决策质量不断提升。班子成员与干警们深入谈心交心,深度沟通磨合,营造"关起门来畅所欲言议大事,走出门去一个声音抓落实"氛围。建立党委决议分工落实、纠错问责机制,明确支队副职领导分工,确保各项工作有人抓、抓到位。三是坚持标本兼治,推动作风整改。认真开展"四整三查"和"八个专项清理整治"活动,对干部大检查存在的7类45个具体情况进行整改,对财务大清查中查出的6类86个问题逐一整改,"三严三实"专项教育整顿成果得到官兵普遍认可。大力倡导较真碰硬精神,每次常委会上,正副书记对委员落实党委决议情况点人点事问责,委员对正副书记敢于提出意见建议,浓厚党内生活的原则氛围。班子成员对照检查、调研文章、辅导授课、述职报告都是自己动笔,人均蹲点达到62天,帮助解决实际困难35个。 （殷　明）

武警消防

宁乡县公安消防大队

大 队 长	肖云峰
教 导 员	丁德局
副大队长	申俭生
副教导员	周志钢

【概况】 宁乡县公安消防大队属于公安现役部队,现为副团职单位,辖区面积2906平方千米(含33个乡镇、54个社区),下辖宁乡县消防中队、蓝月谷消防中队。有官兵90人,其中大队干部8人、中队干部7人、现役战士29人、政府专职消防队员37人、政府专职消防文员9人,配有行政车辆2台、消防车辆12台,各种消防装备1900余件。承担着全县火灾防控、消防业务行政审批、消防监督执法、火灾事故调查、火灾扑救

及抢险救援任务等职责。大队本级辖管260家消防安全重点单位。

2015年,宁乡消防大队认真贯彻落实全军和公安现役部队政治工作会议精神,牢固树立“法纪、科技、人文”消防发展理念,以深入推进“宁乡消防”品牌创建为目标,以“四项建设”为载体,以纠风正气为突破口,不断推动宁乡消防工作和部队建设创新发展,确保社会面消防安全形势和部队管理“双稳定”。年内,全县消防部队共接警511起,出动523次(含增援),出动消防车709台次,消防队员5028人次,抢救被困人员80人,疏散人员901人,抢救财产价值合2116万元。

【消防班子和队伍建设成效明显】 2015年,大队把党建工作纳入全县消防工作和队伍建设的全局谋划和“长沙消防”品牌战略建设中,使党建工作成为引领各项工作全面推进的龙头。一是以“安宁消防”文化为依托,打造“宁乡消防”品牌战略。大队以党的十八大和十八届三中、四中、五中全会精神为指导,以《“长沙消防”品牌战略规划》为蓝本,以独具宁乡地域特色的“安宁消防”文化为依托,大队党委研究制定了“宁乡消防”品牌战略规划,为大队未来发展指明方向。二是全面规范党委(支部)工作,提升党组织建设水平。大队党委以市“示范基层党组织”建设现场会为契机,从健全制度、规范程序入手,严格落实七项学习、工作、生活制度和七项组织生活制度,及时收集整理党组织的各种文件和活动记录,完善基层党组织台账信息,通过台账实现党支部的精细化管理;大队党委制定出台《基层党组织规范化建设细则》《党务工作使用手册》全面规范部队基层党建工作。三是坚定信念铸魂育人,增强官兵责任意识和使命感。以党的群众路线教育实践活动为抓手,创建“党员先锋岗”“雷锋示范岗”等服务平台,全面激发队伍的凝聚力、战斗力、向心力;组织全体官兵深入学习十八届三中、四中、五中全会精神,观看党史影片、阅读红色书籍进一步增强官兵的责任意识和大局意识。四是加强党风廉政建设,提高队伍纯洁性。开展“讲党性、守党规、严党纪”反腐倡廉教育活动。一方面强化廉政教育,组织官兵、特别是防火监督干部集中学习上级党风廉政建设文件,开展集中整治消防执法腐败专项行动等活动,通过召开民主生活会、警示教育、谈心等多种方式,不断提高廉洁从警意识;另一面多方借力促进党风廉政建设,建立警务公开制度,提高大队消防监督工作的透明度。4月10日,为切实巩固专项清理整治工作成果,深入推进专项清理整治工作,宁乡大队将本单位干部办公用房、住用公寓房、购买房改房和经适房等情况进行公示,接受全体官兵对领导干部工作、生活、待遇等问题专项清理整治工作的全程监督。5月26日上午,宁乡大队召开“三严三实”专题教育动员部署大会,组织全体参会干部重点学习习近平总书记关于“三严三实”的重要论述,对此次教育整顿活动的实施步骤、工作要求等作出具体部署。

【提升部队战斗力】 2015年,宁乡消防大队以“能打胜仗”为准绳,努力提升部队战斗力。一是依法带兵,部队管理正规有序。宁乡县大队作为全市消防部队正规化建设试点单位,依托正规化建设试点工作,紧紧围绕“努力建设一支现代化公安消防铁军”的目标要求,部队管理严格落实“谁主管谁负责,谁组织谁负责,谁指挥谁负责”的责任制。制定《精细化管理手册》《内务设置标准细则》《政府专职文员考评办法》严格对照细则实施精细化考评和奖惩,坚决落实一日生活制度。二是从难从严,消防战斗力大幅提升。在日常训练中广泛开展体能、技能和合成训练,打牢官兵体能、技能基础,有针对性地开展模拟训练和操法、战法训练,坚持装备知识“每月一考”、装备器材每周巡检工作,值班值勤力量实现电子屏实时滚动显示,保证每天1小时体能训练、每周2次队列训练,每月组织对体能和常规项目进行考核,奖优罚劣,官兵训练热情和效果明显提高。在“1·3”宁乡县液化气供应点爆炸事故救援、“3·7”宁乡县海纳新材料公司车间爆炸事件、“10·11”宁乡三江华宇冶金炉料公司厂区地陷救援事件中,宁乡大队官兵沉着应对、科学处置、英勇作战的精神获得支队党委、常委的表彰。5月20日,在全市部队军事队列会操活动中,宁乡中队以44.8分的总分成绩位列全市第三名。三是防微杜渐,安全之弦始终紧绷。大队始终把安全工作当成重点工作来抓,明确大、中队军政主官为安全工作第一责任人,逐级、逐岗明确安全职责,量化任务分工,形成安全工作体系。定期召开安全形势分析会和安全警示教育会,大队成立安全监察小组,每月定期对中队开展安全隐患检查,深入查摆部队管理中存在的隐患和漏洞,及时整改落实,有效地杜绝各类事故的发生。

【后勤保障工作跨越提升】 2015年,县消防大队努力以“经费保障效能化”为目标,后勤保障工作得到跨越提升。一是经费保障渠道拓宽、增量喜人。加强财务管理,严格经费开支审批,规范财务行为。大队党委积极向地方政府争取消防业务经费基本预算达800万元,同时加大装备建设等专项经费的筹措力度。牢固树立“过紧日子”的思想,精打细算。开展保障流程标准化管理,真正把钱用在刀刃上。科学合理编制预算,严格执行预算,彻底改变预算与制度脱节现象。积极推行厉行节约反对浪费,压缩“三公”经费,加强对日常消耗性经费的管理和控制。二是基础建设全面铺开、进展提速。其一,加快推进消防队站建设。县第四消防站灰汤消防站已完成选址工作。3月26日,县长周辉主持召开宁乡县第十六届人民政府第33次常务会议,专题研究宁乡县金洲新区消防站建设工作,解决消防发展难题。5月6日,县消防大队和金洲新区管委会相关负责人深入实地研究金洲新区消防站选址工作。7月17日,县政府召开会议专题研究金洲新区消防站建设事宜,对金洲新区消防站建设项目可行性研究报告进行论证。年底,金洲消防站完成初步设计,启动拆迁建设。其二,加快推进市政消火栓建设和消防装备建设。2015年,县人民政府投入专项经费336万元购买大功率泡沫消防车1台、A类抢险救援车1台,投入100多万元新增市政消火栓200个。其三,推进乡镇专(兼)职消防队、志愿消防队和应急救援队伍建设。积极推进乡镇政府专职消防队伍建设,配备消防装备器材,定期组织开展消防业务和技能培训,每季度由当地乡镇、派出所组织进行考核,开展消防演练,全面提升乡镇专职消防队对初起火灾的处置能力。

【服务地方经济社会发展】 2015年,宁乡县消防安全工作进一步为地方经济社会发展服务。一是领导重视,政府主导,消防安全责任体系全面落实。其一,强化组织领导。1月26日,宁乡县政府组织召开消防工作推进会。分析研判全县火灾安全形势,部署下阶段火灾防控工作,扎实抓好消防安全工作。4月15日,县政府组织召开全县消防工作会议,专题研究部署消防工作开展。6月1日,宁乡县政府组织召开全县夏季消防检查动员部署会,贯彻落实习近平、李克强等中央领导对河南省平顶山市鲁山县康乐园老年公寓“5·25”特大火灾事故作出的重要批示精神,全面部署夏季消防检查行动。6月29日,宁乡县副县长漆曙光组织安全生产行业、监管部门和行业单位代表就如何做好安全生产工作进行谈心对话,全面落实社会单位安全生产主体责任,深入推进夏季消防安全专项整治行动。8月27日,宁乡县召开安全生产工作谈心对话交办会,县委书记谭小平出席会议并讲话,会议传达了习近平总书记、李克强总理及省委、省政府主要领导关于安全生产工作的重要指示,特别是天津滨海新区“8·12”爆炸事故发生后所作的重要批示精神和国务院、省市安全生产电视电话会议精神。9月6日,宁乡县政府组织召开居民住宅小区消防安全专项治理工作部署会,会议宣读《宁乡县住宅小区消防安全专项整治工作方案》,明确专项整治工作重点、工作任务和目标,对此次专项整治工作作出详细的安排部署。11月11日,县政府组织召开全县火灾防控工作会,对消防工作进行全面部署。其二,强化考评责任。4月15日,县政府组织召开全县消防工作会议,专题研究部署消防工作开展,并当场与33个乡镇政府签订消防工作责任状,将消防工作纳入政府目标责任考核和政务督察内容。年内,由县政府督查室牵头、多部门参与,先后组织对各乡镇政府消防工作开展情况进行督察,并下发消防专项督查通报2期,推动乡镇政府责任的落实。其三,深化消防安全网格化建设。建立覆盖全县33个乡镇、368个村、54个社区的消防安全网格化管理网络;组织对全县33个乡镇负责人,村“两委”负责人开展了消防培训。通过培训,明确乡镇消防安全网格化管理职责、任务和工作流程。宁乡县消防安全网格化管理正逐步走上正轨,落到实处。二是部门联动,动真碰硬,消防安全环境有效净化。2015年,县消安委先后组织开展重大火灾隐患专项整治、人员密集型场所消防安全专项整治、劳动密集型企业消防安全专项整治,养老院和福利机构消防安全专项整治、易燃易爆场所消防安全专项整治、夏季消防安全检查、居民住宅小区消防安全专项行动等消防安全整治行动。县消防大队、各公安派出所和行业系统主管部门通过夏季消防检查、集中整治、行业专项检查、消防产品专项整治等平台,深入全县宾馆、饭店、商场、市场、住宅小区、易燃易爆场所和生产经营企业进行全面检查,坚决依法查处各类消防违法行为。年内,大队及公安派出所、相关职能部门先后联合开展40余次联合检查,有效打击各类消防安全违法行为,形成分工协作、齐抓共管的良好局面。全年,大队和全县(含派出所)共组织检查单位7018家,监督检查出动人数1.41

万人次，举报投诉检查23次，发现火灾隐患或违法行为1.08万处，督促整改火灾隐患或违法行为1.08万处，拘留20人，罚款53万元，责令三停16家，下发重大火灾隐患整改通知书3份，临时查封39家。三是源头把控，规范执法，群众满意度和规范化建设水平全面提升。其一，坚持服务常态化。在全县开展党的群众路线教育实践活动的大环境下，宁乡大队立足“亮窗工程”，转变工作作风，增强服务观念，进一步加强窗口规范化管理，对企业单位申报的消防设计审核、消防验收、开业前检查等消防行政许可事项，实行“一次告知、一次办结”，简化流程，提高办事效率。其二，坚持执法规范化。定期召开执法工作例会，专题研究执法工作开展；严格依照法律法规，做到明示事项、依法取证、程序规范、环环相扣。其三，坚持消防监督管理科学化。重新调整并监管260家消防安全重点单位，对新列增单位进行全面检查和防火指导，重点单位全部完成“户籍化”信息录入工作；定期对各重点单位进行防火检查，加强监督管理，着力提升消防管理水平。四是多管齐下，打造特色品牌，实现消防宣传全覆盖。拓宽消防宣传阵地，推行“政府主导、社区、村组织、居民楼栋、村组配合、中介实施”的全员普训模式；在各乡镇、社区全面普及推广全民消防安全知识和避灾自救技能。在“3·15”国际消费者权益日、5·12”防灾减灾日、“6·16”安全生产月、消防站开放日、“11·9”宣传月等多个平台，分别组织宾馆、酒店、网吧、学校、加油站等来自各行各业消防安全岗位从业人员3万人进行消防安全知识培训，共发放宣传资料三万余份；吸引1500多名“小嘉宾”走进红门消防，让师生零距离体验消防、感受消防；积极发挥工商、教育、安监、旅游等部门优势，将消防知识纳入日常教育、检查和宣传贯彻之中，通过多种途径，宁乡消防安全宣传力度和效果显著提升。在夏季消防检查中广泛开展消防宣传“七进”活动，充分利用广播、电视、报纸等传统媒体和网络、手机APP等新兴媒介，动员社会各界力量广泛参与，宣传效果显著。

（张林霞　王晓宇）

政　法

政法委及综治工作

县委政法委员会
书　记　刘　平
副书记　潘顺秋
　　　　徐鹏飞(9月免)
　　　　周定兴(兼)
　　　　黄岳君(9月任)
　　　　向觉前(9月免)
　　　　程志坚(9月免)
　　　　喻钢伟(兼)
　　　　朱洪波(11月任)

县社会治安综合治理委员会办公室
主　任　潘顺秋(兼)
副主任　刘克强(11月免)
　　　　刘宁湘　杨建兵

县维护稳定工作领导小组办公室
主　任　徐鹏飞(兼，9月免)
　　　　黄岳君(兼，9月任)
副主任　杨文杰　邓铭心

【概况】 县委政法委员会与县社会治安综合治理委员会办公室及县维护稳定领导小组办公室合署办公,担负着全县政法、社会治理及维护稳定等职能。2015年,宁乡县获评全省铁路护路联防工作先进集体、全省平安校园建设先进县(市区)、市综治工作优秀区(县)和市维护社会稳定工作优秀区(县)等荣誉。沩山乡被评为市综治维稳工作红旗乡镇和平安乡镇,青山桥镇、坝塘镇、历经铺街道、龙田镇、白马桥街道、回龙铺镇被评为市优秀乡镇(街道),宁乡经济技术开发区被评为市平安红旗园区,1人获评省见义勇为先进个人,2人获评市见义勇为先进个人,4人被评为市社会管理综合治理先进个人,6人被评为市维稳工作先进个人。县评出综治维稳工作红旗乡镇(街道)4个、先进乡镇(街道)9个,红旗单位20个、先进单位19个,村(社区)综治工作考评红旗村(社区)40个、先进村(社区)28个,综治工作先进个人99人,专业型人才培养计划带头人7人、精英30人、能手31人,见义勇为先进个人10人。

【社会治安综合治理】 2015年,县社会治安综合治理委员会办公室在全县村(居)民小组长中开展“法律明白人”评选活动,充分调动村(居)民小组长参与矛盾纠纷调解的积极性,把矛盾化解在基层,化解在萌芽状态。进一步健全专业性、行业性人民调解委员会,成功调解矛盾纠纷1372件,为群众挽回直接经济损失3500万元。在全县29个乡镇(街道)创新设立矛盾调处中心(驻派出所),将“110”报案中的民事纠纷分离出来,进行人民调解。年内,共调解矛盾纠纷7303件,调解成功7228件,成功率98.9%。针对群众反映强烈的黄赌毒等违法犯罪行为,由县综治办牵头,开展城区扫黄专项行动,集中对步行街及周边地区进行重点整治;开展边界禁赌专项行动,严厉打击边界聚众赌博和地下“六合彩”,查破黄赌案件254起,打击处理1022人;开展重点乡镇禁毒专项行动,破涉毒刑案248起、缴获毒品88.7公斤、移送审查起诉267人、强戒348人、社区戒毒345人。2015年,全县刑事发案率与上年同比下降4.4%,破案率上升7.2%,各类场所吸毒现象大为减少,现场发现和查处率低于4%,影响人民群众安全感的“两抢三盗”等多发性侵财案件、影响恶劣的“黄赌毒”案件得到有效控制。在城区继续推进网格化治理,不断完善“四位一体”的网格化治安防控体系建设。落实网格化巡防,坚持“一网多格,一格多点”,确保无缝化;加强“天网工程”建设,新建视频监控点649个,安装摄像头751支,“天网工程”视频信息在破案中的总作用率达到40%以上;常态化开展设卡盘查、集中清查和定点清除突击专项行动,始终坚持严防严查严管的管理措施,可防性案件与上年同比下降12.4%。

【维护社会稳定】 2015年,宁乡县维稳工作进一步强化和落实党政领导一把手责任制,进一步健全社会稳定风险评估机制。建立情报信息预警系统,对有可能影响稳定的事件坚持主动介入、提前介入。全年收集有效信息839条,成功化解多起赴省进京等群体性上访事件;建立防控群体性事件工作机制和群体性事件快速维稳处置工作机制,妥善处理集体上访91起;建立信访援助机制,信访援助工作组全年共参与援助信访积案45起,程序性结案5起,进入协调程序18起,调查进行中9起，多名信访对象停访息诉;创新进京访处置机制,依法处置非法信访行为，综合运用法律手段对有关人员进行训诫,进京非访人数较上年减少55.7%，全县进京非访情况明显好转。

【服务经济发展】 2015年,县政法委继续开展政法系统联点活动。实行政法单位联系重点项目或企业制度。全年共走访企业200多家,解决问题140多个,调处各类项目工程矛盾纠纷100多起。继续推进“资深法官进园区、联企业”活动,向园区企业主动提供司法咨询4000余次,解决纠纷200余起。在楚天科技、三一重工、红宇耐磨等企业开展法律讲座10余次,指导企业避免潜在的劳动人事、合同等纠纷。准确把握司法政策导向，依法促进经济转型升级,妥善处理涉企纠纷2548件,解决争议金额5.1亿元,审结金融借款合同纠纷773件，民间借贷纠纷1068件,涉案标的金额共计7.3亿元，有效防范区域性金融风险，为实力园区建设营造优良法治环境。强力推进整治阻工闹事专项行动。启动企业（项目)“110”报警追踪、督办制。深入开展项目施工环境专项整治行动，重点打击阻工闹事、强装强卸、强买强卖、强揽工程等违法行为，为项目和企业提供优良的施工环境和有序的经济秩序。

【平安建设】 2015年,政法系统平安建设工作以“个十百千万工程”作为主体工程推进。“个”是把宁乡平安创建最难的、最有代表性的玉潭镇作为乡镇样板来打造。“十”是创建10个平安单位,“百”是100个平安村（社区),“千”是1000个平安窗口,“万”是评选1万户平安家庭。提高平安创建知晓率。4月和9月是平安建设集中宣传月,在县城小区、人流集中的车站、广场、商贸区和乡镇的集镇，通过宣传展板、电子屏、宣传车等形式,大力进行平安建设宣传，在宁乡电视台滚动播放平安创建内容并开辟“平安在线”和“第二调解室”栏目。根据政法系统各单位和乡镇提供的代表性案例进行录播，切实增强群众法制观念和法律意识。开发“平安宁乡”宁视界APP手机客户端和微信公众号,同时,还与移动公司合作，向全县手机用户发送平安建设的宣传短信，做到平安创建的宣传内容随处可见。

【政法队伍建设】 2015年,县政法委在全县政法系统推行专业人才培养计划,从非领导职务(副科级以下)工作人员中按接处访类、检察业务类、法院审判类、法院执行类、公安侦查类等十类评选工作能手、精英和带头人,共评选出68名专业型人才,并进行奖励表彰。加强国家公职人员学法用法工作。对政法系统具有行政执法资格的公职人员，采取闭卷的形式进行法律考试，考试结果纳入年度考核评定参考，对考试成绩优秀的11名干部进行表彰奖励。以“三严三实”专题教育狠抓纪律作风建设。召开政法委机关干部、职工廉政会议3次，法院、检察院、公安局、司法局各单位均组织干警和干部进行职业道德教育，增强执法为民的政治责任感,切实维护人民群众的合法权益。建立健全教育、制度、监督并重的惩治和预防腐败体系的实施办法，邀请县委书记为全县1000多名政法干警讲授“三严三实”党课。以专项整治强化队伍管理。开展为警不为和为警乱为专项整治行动,强化追责问责,严格实行倒查追责。

【执法监督】 2015年,县政法委进一步强化执法监督职能，促进司法公平公正。一是深化执法司法公开。将执法司法活动时刻置于社会监督之中，深化审务、检务、警务公开,提高政法队伍公正司法形象。扎实开展涉法涉诉中损害群众利益行为专项整治,严肃查处“人情案”“关系案”“金钱案”。在宁乡电视台设立“政法在线”、开通“平安在线”微信公众号，争取第一时间将有关案件在媒体公开。二是加强执法司法监督。开展经常性的案件评查,组织评查40余件案件,通报各类瑕疵案10件。重点解决损害群众权益的突出问题，建立结果运用和追责机制，严查基层贪腐和执法不公。开展专项执法检查。开展“收费、罚款、涉案财物专项执法检查,采取交叉检查、实地走访、案件抽查等方式,对县法院、县检察院、县公安局和县司法局的所有收费项目进行专项检查,并对39件涉案财物案件调卷进行检查。严格依法按程序开展案件核查督办工作，对上级交办和当事人反映强烈的5件案件进行核查督办;加强执法质量考评,严格落实执法纠错追责刚性机制。三是加大涉法涉诉信访积案化解力度。共接待涉法涉诉上访群众200余人次，解决涉法涉诉信访问题100余件。妥善解决涉法涉诉信访群众“法度之外、情理之中”的实际问题和困难，积极实行国家司法救助工作,对15起案件中困难群众实施救助。积极开展涉法涉诉信访改革，设立涉法涉诉信访分流窗口，建立涉法涉诉信访事项导入法律程序工作机制,将涉法涉诉信访问题纳入法治化轨道处理。 (喻庆霞)

防范和处理邪教

县委防范和处理邪教问题领导小组办公室
主　任　周定兴
副主任　吴素婵(女)　杨旺兴

【概况】 宁乡县委防范和处理邪教问题领导小组办公室（简称县防范办)有干部8人。2015年,县防范和处理邪教工作充分发挥组织、指挥、协调的工作职能,夯实基层基础,强化宣传教育,精准打击防控,突出“创建”示范,提升队伍建设，开创防范和处理邪教工作新局面，确保全县社会政治大局稳定。

【领导重视】 2015年年初,县委书记黎春秋主持召开县委常委会，听取防范和处理邪教工作汇报,全面推进宁乡“无邪教创建”工作;4月2日,县委防范和处理邪教办出席“全省‘无邪教创建示范工程’活动现场推进会”,在会上作典型发言。4月,新任县委书记谭小平专门听取县防范办情况汇报,在组织领导、队伍建设、责任落实、经费保障、部门联动等方面作出全面要求。

【帮教工作】 2015年,县防范办以集中办班为主,社会帮教、家庭帮教为辅,全力抓好帮教工作。年内,根据省、市要求,宁乡县对全能神对象喻某、贺某、欧某进行社会帮教,对邪教“法轮功”对象徐某进行社会帮教。8月底,对“法轮功”拟转化对象曹某、姜某进行送班帮教,效果良好。同时,对全县刑释解教对象、已转化实名制对象、人户分离对象,各责任单位通过上门走访、电话回访的方式进行回访巩固。

【警示教育】 2015年,县防范办开展多种形式的警示教育活动。一是利用传统的方式开展形式多样的反邪教警示教育宣传。各乡镇利用宣传栏、宣传车、横幅、标语、展板、公开信、宣传册和“村村响”广播系统进行广泛宣传。白马桥乡、城郊乡、玉潭镇、坝塘镇、资福镇等重点乡镇在大型广场、人流量大的集镇等场所开展反邪知识展板宣传，摆放宣传板块160余块,悬挂横幅(条幅)120多条,发放反邪宣传资料1.9万多份。各中、小学校利用寒暑假印发《致学生家长的公开信》共6万份。二是利用现代传媒进行灵活多样的反邪教警示宣传教育。在宁乡电视台和《今日宁乡》开辟专栏,专题报道反邪教斗争成果。通过手机短信平台、公共场所电子显示屏、手机终端等载体不断深化警示教育宣传,2015年，发送手机宣传短信3万多条,使“无邪教创建”活动深入人心,家喻户晓。三是充分发挥反邪文艺宣传队的作用，如夏铎铺镇、老粮仓镇反邪文艺宣传队利用端午节、重阳节进行巡演,南田坪乡、青山桥镇反邪文艺宣传队利用“六一”儿童节、教师节到学校进行反邪教文艺演出。玉潭镇楚沩社区反邪文艺宣传队结合文化长廊,经常进行反邪文艺演出。四是充分发挥县反邪教警示教育基地的作用。2015年,县反邪教警示教育基地接受学校、镇村干部、基地学员参观36场次,受教育人数2万多人。五是积极开展对邪教问题的涉网斗争。2015年,网上发表文章27篇。

【队伍建设】 一是加强信息员队伍建设。建立覆盖乡(镇)、村(社区)的情报信息网络,将情报网络延伸至小组。二是抓好反邪教应急队伍建设。积极组建10支反邪教应急大队,覆盖玉潭、城郊、白马桥等6个乡镇，有效提升处突应急能力。三是抓好专干队伍培训。2015年,宁乡举办2期专干培训班,注重专干业务能力的提升。

【阵地建设】 2015年,为落实全省“无邪教创建示范工程”活动现场推进会精神,深入推进“无邪教创建”全国示范县工作,宁乡建立县级反邪教警示教育室，建成宁乡县法制教育中心和12个乡镇反邪教警示教育室。积极开展无邪教创建工作，新创建13个乡镇、173个村(社区)、5个科局、54所学校为“无邪教创建”单位。全年宁乡共有20个乡镇、20个科局、338个村(社区)、67所学校开展“无邪教创建”创建工作,创建工作覆盖面分别达到60.6%、80%、80.8%、95.7%，基层反邪教阵地建设得到不断夯实。

(*石爱兵*)

公　安

县公安局
党委书记、局长
漆曙光(11月免)
章晓波(11月任)
副书记、政委　陶　述
副书记、常务副局长
肖学强
副书记、副政委、政工室主任
刘海波(女)
党委委员、副局长
罗继元
肖文亮(9月免)
沈新宇
刘志良
曾宁汉
唐朝阳(10月免)
党委委员、纪委书记
张文辉

【概况】　宁乡县公安局机关驻地为玉潭镇二环西路。机关内设科室5个:指挥中心(办公室、加挂县人民政府反恐怖领导小组办公室牌子)、政治工作办公室、纪委(监察室，加挂警务督察大队牌子)、法制科、后勤保障科;设直属大队10个：国内安全保卫大队、刑事侦查大队、治安管理大队(加挂爆炸危险物品监管大队牌子)、交通警察大队、巡逻警察大队、禁毒大队、经济犯罪侦查大队、人口与出入境管理大队、网络安全保卫大队、单位内部安全保卫大队;设监管场所2个：看守所、拘留所;设行政派出所34个;2015年12月,因乡镇合并,偕乐桥所、枫木桥所并入灰汤所，南田坪所并入坝塘所，朱良桥所并入双江口所。2015年县公安局有民警职工678人，其中女民警职工69人，职工7人，副科职以上干部135人。

2015年,宁乡县公安局紧紧围绕“加快三大建设、实现全面小康”的战略部署,扎实开展各项工作,有效维护发展环境,切实加强队伍建设，为全县经济社会又好又快发展创造和谐稳定的社会环境。年内,治安大队荣获国家版权局查处侵权盗版案件有功单位二等奖。刑事侦查大队获评全省公安机关命案侦破工作成绩突出集体;荣立“3·12”特大网络非法制贩、持有枪支案宁乡专案组集体二等功;荣立部督“1415”全国一级建造师考试舞弊案宁乡专案组集体二等功；荣获全省公安机关民警基本功大赛暨警务技战术比武基本功比赛团体一等奖。刑侦大队被评为2015年视频侦查比武优胜单位;全市公安机关“禁毒会战”成绩突出集体;治安大队被评为全市治安管理工作先进集体、全市缉枪治爆先进集体、“扫黄打非”工作有功集体、全市卷烟打假工作先进集体；人口与出入境大队被评为全市公安人口与出入境管理工作成绩突出集体;人口与出入境大队党支部被评为长沙市公安局基层党建工作示范点;全市公安机关“云搜索”应用技能比武“公安云搜索”应用先进单位；长沙市第十届公安理论研讨会优秀组织奖；长沙市公安局2016年“迎新春”警体趣味运动会三等奖；长沙市公安局第二届金盾杯七人制足球比赛第四名；金洲派出所被评为全市公安机关执法示范单位；灰汤派出所户籍室被评为全市公安人口与出入境管理工作成绩突出派出所户籍室；梅家田派出所荣立侦破恶势力团伙案专案组集体三等功;黄材派出所获集体嘉奖;玉潭所、夏铎铺所荣获全市公安机关“禁毒会战”成绩突出集体。县公安局公安业务综合考评进入全市优秀行列,县政府绩效考核一等奖。

【周赛保莅临公安局调研督导】2015年5月28日上午，省公安厅党委委员、纪委书记周赛保带领省厅督察总队副总队长黄勇等4人，深入宁乡县公安局调研督导立案突出问题专项治理工作。周赛保书记一行深入金洲派出所、玉潭派出所实地查看立案突出问题专项治理工作台账、自查自纠情况，随后召开调研督导座谈会,副县长、局党委书记、局长漆曙光及纪委书记张文辉就公安局开展立案专项突出问题专项治理工作进行详细汇报。最后,省厅纪委周赛保书记作重要讲话,充分肯定县局前期开展立案突出问题专项治理工作情况，并对立案突出问题专项治理工作提出具体要求及措施。

【唐向阳视察调研宁乡公安工作】4月2日下午,长沙市副市长、市公安局党委书记、局长唐向阳带领市局党委委员、副局长夏晓鸥,市局警令部主任黄英岗等3人赴宁乡县公安局视察调研工作。宁乡县县委常委、政法委书记刘平,副县长、县公安局党委书记、局长漆曙光等陪同调研。唐向阳副市长一行实地察看梅家田派出所、指挥中心、天网工程项目、网技工作站、刑事技术室等。随后,唐向阳副市长一行在县局七楼局务会议室举行调研座谈会。局长漆曙光就宁乡公安工作进行专题汇报。唐向阳副市长在充分肯定宁乡公安工作的同时提出殷切期盼,要求全市公安人要开拓创新、共同努力,打造“三个满意”警队,做到让人民群众满意、让党委政府满意、让民警及家属满意。

【谭小平一行到公安局调研政法工作】　6月9日下午,宁乡经开区党工委书记、宁乡县委书记谭小平带领县委副书记邓杰平、县委常委、政法委书记刘平等一行7人莅临公安局视察调研政法系统工作。局长漆曙光就宁乡公安工作作详细汇报。县委书记谭小平在会上作重要讲话。谭小平书记用“班子强、工作实、绩效好”三句话给予全县政法系统工作充分肯定，并要求全体政法战线干部要切实以提高人民群众满意度为目标，为三大建设提供强有力的法治保障。

【政治建警】　2015年,县公安局各级领导干部扎实开展“三严三实”专题教育,坚持以上率下,带头讲好党课,带头查摆和解决“不严不实”的问题。将学习贯彻党的十八大、习近平总书记一系列重要讲话精神作为全局各级领导班子的首要政治任务，年初制定《宁乡县公安局2015年度党员民警学习计划》，坚持用最新的政治理论武装头脑，不断增强对深化社会体制改革的政治认同、理论认同、情感认同，不断增强政治敏锐性和政治鉴别力，始终保持清醒的政治头脑和坚定的政治立场。

【从优待警】 2015年，县公安局积极探索和实践选人用人机制，通过推进公安人事改革将一批优秀青年民警提拔到重要岗位，树立良好的用人导向，充分调动广大民警的工作热情，形成奋发向上的良好工作氛围。坚持以人为本，大力开展“听警声、解警忧、暖警心、爱警营”的“四警”活动，以打造“健康警队”为核心，主动关心、关注民警的思想动态和身心健康，畅通紧急救治绿色通道，组织民警、职工、离退休人员享受免费体检和女性民警、职工防癌检查，完善工作人员健康信息电子档案平台。详细制定民警年休假计划，全局人员实现年休假90%以上。做实县警察协会工作，安排专项资金用于困难党员慰问和民警受灾、住院、因公负伤、亲属病故看望慰问等。

【从严治警】 2015年，县公安局全面落实党风廉政建设党委主体责任和纪委监督责任，组织全体民警签订《廉政承诺书》，积极组织参与各级警示教育和“廉政文化”活动。强化从严治警，加强内部监督，加强队伍管理，全年未发生较大违法违纪问题。畅通群众监督举报渠道，除“110”受理群众举报外，开通局长信箱及门户网站，对群众反映和督查发现的违纪违规、破坏公安民警形象等问题，一查到底，严肃追究。开展督察暗访460余次，受理检举、投诉等260余件，立案查处10人，行政处分10人。主动接受并积极参与社会监督，核查处理上级督办和领导批办事项50件，全部办结。

【文化育警】 2015年，县局加强典型培育，治安大队等一批先进集体受到公安部、省、市、县的表彰奖励，涌现出县“狮子型干部”刘志良、全市“我最喜爱的人民警察”周立、全国“社区戒毒、康复优秀教案二等奖”获得者徐睿等一大批先进个人，全局共有456人次荣获各级表彰奖励。积极打造“健康警队”，成立县局“青工委”，组建13个兴趣小组，组织开展16次文体活动。加强公安宣传，编发《宁乡公安简报》58期，省、市公安内网刊发各类信息100余篇，各级媒体刊播新闻稿件300余篇，荣获“全市第十届公安理论研讨会优秀组织奖”。积极开展安全防范“五进”“大走访开门评警”“大手牵小手”等活动，发放宣传资料30余万份，解决群众实际问题100余个，扶贫帮困群众800余人、捐资30余万元。多方式推进警民关系和谐发展，“宁乡警事”“宁乡交警”等微信公众号在信息发布、舆论引导、服务群众方面作用初显，粉丝合计10万人，“双微”平台点击量高达400万次，全省政务微信排名稳居前五。

【国内安全保卫】 2015年，县局国内安全保卫大队全年搜集、掌握情报信息1020条，市局采用203条，省厅采用75条，采用率居全市前列。及时预警瓦解“3·4”79人员、企业下岗转业志愿兵联合进京、“4·30”“5·7”“5·12”三次的士停运、全国两参人员“9·21”“11·23”联合进京等集访行为31起。妥善处置银汇通投资公司集资户、福临门·名都项目和人民医院五号楼项目民工到县群访、春城万象项目民工上路游行、碧桂园项目民工堵门、尚风尚水工地民工跳楼、花明楼三江华宇冶金炉料有限公司厂区沉陷等多起群体性事件121起。依法处理非访人员53人次，下半年进京非访人数明显减少，“9·3”特护期实现进京非访“零指标”。围绕重要节点，对159名重点人员、160名肇事肇祸精神病人，“五包一”稳控。圆满完成“中立国际篮球对抗赛”“湖南宁乡密印寺千手千眼观音圣像开光法会”等大型活动、重要会议和领导来宁警卫安保任务32次。

【刑事侦查】 2015年，县局刑侦大队相继开展“金盾创安”“金盾亮剑”“金盾会战”“打黑除恶”“打击盗骗毒”等专项行动，最大限度压缩犯罪空间，坚决遏制刑事案件高发态势。全年立刑事案件4726起，与上年同比下降4.4%，破1859起，同比上升7.2%；刑拘1137人，移送审查起诉1313人；9起命案全破，连续5年荣获“全省侦破命案工作先进单位”；立八类恶性案件51起，同比下降23%，全年共打掉涉恶团伙10个、侵财团伙102个，破侵财案件1280起，破获“袁某恶势力团伙案”“周某开设赌场案”“广西巴马籍团伙系列入室盗窃案”等一批大要案件，受到部、厅表彰。梅家田派出所立全市“侦破恶势力团伙案”集体三等功。

【禁毒严打】 2015年，县局禁毒大队深入开展禁毒会战专项行动，破涉毒刑案248起、缴获毒品88.7公斤、移送审查起诉267人、强戒348人、社区戒毒345人，与上年同比分别上升 57%、303.2%、48.3%、33.8%、5.2%。，破获“张某特大跨省贩毒团伙案”，受到公安部表彰，玉潭所、夏铎铺所荣获全市公安机关“禁毒会战”成绩突出集体。

【扫黄禁赌】 2015 年，县局治安大队查处治安案件 6551 起，治安拘留 3135 人。大力开展“扫黄禁赌”“打四黑除四害”“打击食品犯罪、保卫餐桌安全”等专项行动，查破“水立方养生会所介绍、容留卖淫案”“后某、邓某开设赌场案”等黄赌案件 254 起，打击处理 1022 人，成功侦破“彭某涉嫌假冒注册商标案”“张某等人生产销售有毒有害食品案”等食药烟环案件 4 起，抓获涉案人员 13 人。治安大队荣获国家版权局“查处侵权盗版案件有功单位二等奖”、全市“扫黄打非工作有功集体”。黄材派出所侦办的“6·14 开设赌场案”获全市嘉奖。

【缉枪治爆】 2015 年，县局治安大队深入推进“缉枪治爆”，办理涉枪、涉危、涉爆案件 70 起，移送审查起诉 32 人，行政拘留 38 人，行政罚款 3 人，行政处罚单位 13 家；收缴枪支 135 支、弹药 5600 发、烟花爆竹 8800 件、引线 160 件、雷管 827 发、炸药 5000 公斤。治安大队荣立“3.12”特大网络非法制贩、持有枪支案集体二等功。

【巡逻防控】 2015 年，县局巡逻警察大队社会面安全防控得到强化，完善“网格化”巡逻机制，落实“六位一体”武装巡防，开展机关民警街面夜巡，“红袖章”工程群防群治，可防性案件与上年同比下降 12.4%。

【交通管理】 2015 年，县局交通警察大队稳步实施“四位一体”事故调处机制，交通社会化管理推进有序，“三治三改三建”大整治成效良好。创新改革城区交通管理勤务模式，变城区交通分线管理为辖区管理，设置行政中心、紫金广场、车站广场、南站广场 4 个综合型中队，将原有的业务线分工改成按路段区域分工，提高民警责任心，促进路段责任到位，提升工作效率，交通组织、管理、事故处理融为一体，实现“一警多能”，缩小处警范围，增加处警人员，提高交通事故处理和交通秩序维护的快速反应能力。大力推进“互联网 + 宣传”工作模式。建立微信工作群调度机制，实时沟通调度，信息反馈直观高效；创建“宁乡交警”微信宣传品牌，周点击量平均 20 万次，总点击量达 400 万次，新媒体排行榜稳居全省前五，受到各级领导、社会各界好评。

【优化经济发展环境】 2015 年，县局经济犯罪侦查大队不断优化服务经济发展环境，荣获“全县项目工程服务先进单位”。打击经济犯罪有力，侦破省督 701 专案、1000 万元政府引导资金被挪用、“10·29”伪造货币等 20 起案件，刑拘 22 人。开展两次集中打非行动，对全县有非法集资风险的单位或个人逐个清理摸排，清理排查投资中介机构 123 家，有力维护良好经济发展环境。重点项目工程护航有效，相继对老粮仓镇唐市集镇开发项目工程、关山一品、青山桥娄益高速、回龙铺镇金玉工业园、横市半岛国际等项目推进中发生的各类阻工、闹事问题进行集中整治。侦办的“青山桥娄益高速第八标段项目工地寻衅滋事案”刑拘 9 人，行政处罚 2 人，震慑违法犯罪。深入辖区走访有为。始终坚持“三跑”措施，主动服务企业，解决实际问题，检查指导企事业单位、物业小区、重点项目工程 1000 余次，发现、整改隐患 300 余处，及时掌握、妥善调处矛盾纠纷 200 余起。“创建平安校园”工作经验全省推介。

【人口与出入境管理】 2015 年，县局人口与出入境管理大队办理各类户口、出入境证照、身份证、居住证等事项 48.20 万人次，与上年同比上升 11%。改善服务态度、简化办事程序，施行首问负责制、一次性告知制和限时办结制，落实简化省内户口迁移手续、提供居民身份证补领、换领网上办理服务、设立省内居民身份证异地办理服务点、实行出国境证件自助办理服务等便民服务措施。优化窗口服务，推广网上预约，实行“一个窗口”“一站式服务”，赢得群众好评。为年老体弱群众上门办证送证、为急需用证群众开通急事急办服务、高考期间深入学校设置临时服务点、微信平台沟通宣传等先进事迹被媒体报道。政风行风评议工作创历史最好成绩，在全县政法类单位排名第二。

【消防管理】 2015 年，全县消防工作深入打响“清剿火患”战役，检查单位 7422 家次，发现整改火灾隐患、违法行为 1 万余处，火灾发生率与上年同比下降 21.2%。及时稳妥处置“1·3”液化气供应点爆炸、“3·7”海纳新材料公司车间爆炸等事故和“10·11”三江华宇冶金炉料公司厂区地陷救援事件，获得支队党委表彰。旧城区消防站改造顺利完成，宁乡高新区消防站启动建设，新增市政消火栓 200 个，后勤保障服务能力持续提升。全市部队军事队列会操活动中，宁乡消防中队获全市第三。

【基层项目及基础设施建设】 2015年，县局投入200万元购置警用车辆、装备。夏铎铺所、资福所业务用房批准立项，警务通第二期采购落实到位，民警被装实现“按需申领”。不断深化“天网工程”建设应用，第二期建设全市率先验收，第三期建设前期工作推进有序，12个治安电子卡口得到优化，快速布防摄像头试点工作顺利完成。现已建成公共视频监控点位2502个，安装摄像头3190支，利用“天网工程”视频图像破案近700起，查获交通肇事逃逸车辆400余辆，视频信息在破案中的总作用率达到40%以上，在服务群众、维稳处突、治安管理、维护交通秩序等方面发挥了巨大作用。

【信息化建设应用】 2015年，县公安局加强内外部信息归集整合，共归集外部信息640类2450万条，信息采集率、录入率、准确率居全市前列，为基层所队服务实战230余次；逐案审核案件特征信息质量4000余起；通过“DQB”平台预警抓获逃犯18名，其中通过主动研判和二次研判抓获逃犯12名；上报临控对象230名，抓获临控对象32名；开展“DQB”应用培训6期300余人次；统筹建设和规范城区综合警务指挥室6个；整理编辑《宁乡公安情报(专刊)》45期；重要节点时期编辑《日研判》专刊36期，上报重点人员研判报告23篇，上报重大事件情报产品12期，牵头组织开展全局范围内的研判会商32期；整理上报省、市典型推荐材料6篇。县局“DQB”服务实战工作经验多次被省、市推介，被定为全省县级试点单位，荣获“全市公安‘云搜索’应用先进单位”“全市公安机关视频侦查比武先进单位”。

【执法规范化建设】 2015年，县公安局持续深化“司法公正长沙行”活动。稳步推进执法信息化建设，案件全部网上流转、证据全部网上扫描，考评全部网上开展。坚持阳光警务执法与投诉系统日清，及时处置网上执法投诉案事件149起。认真开展立案突出问题和故意伤害类案件办理专项治理和案卷评查活动，清理警情2.26万条、伤害类案件477件，发现整改执法问题630个。积极应对行政复议、行政诉讼，出庭应诉65起，答复行政复议案件11起，复议案件维持率和行政诉讼案件一审判决维持、胜诉率达95%，有效维护公安形象和执法公信力。对发现的执法问题及时印发《执法监督通报》，促进问题整改和整章建制。积极开展执法办案系统法检信息录入工作，对2014年以来至2015年年底移送起诉的案件，法院、检察院文书进行逐案录入文书信息，共录入判决书、起诉书、不起诉决定书、检察意见3500余份 ，为全局办案单位提供方便，将服务基层办案落到实处。严格开展执法过错责任追究，对在省、市执法考评中被评为不合格案件、明显存在执法过错的5名责任民警按规定进行责任追究。

【彭某、袁某涉恶团伙案】 2015年8月7日凌晨，在宁乡县玉潭镇楚沩中路发生一起寻衅滋事案件，作案视频被流传至互联网上，影响极大。案件发生之后，县公安局立即成立专案组侦办此案。经侦查，2015年8月6日晚，黄涛与黄海源、陈兴华、赵彪、胡军、唐瑞清等人在玉潭镇粉堡世家吃饭后去玉潭镇阿米哥KTV唱歌，在KTV内，黄涛与赵彪的朋友潘某发生小纠纷，潘某即叫男朋友杨德华过来解围。杨德华便纠集彭伟平、袁世平、林利国、赖志坤、郑荣、陈虎、唐杰其、蔡楚文、袁宇等人，手持砍刀、管杀等器械赶到粉堡世家，将吃宵夜的黄涛等人围住并发生械斗，黄涛的头部、手部被砍伤，陈兴华的臀部被捅伤。经法医鉴定，黄涛的伤情为轻伤一级，陈兴华为轻微伤。另经县公安局查明，因高利贷和经济纠纷，2015年5月29日及2015年06月19日，犯罪嫌疑人彭伟平先后纠集袁世平、林利国、彭泉能等人分别将受害人喻伟均、姜秋云非法拘禁并致二人轻微伤。2015年6月22日，彭伟平怪被害人何义军在姜秋云被非法拘的事情上多管闲事，便纠集袁世平、林利国、彭泉能等人持管杀对何义军家中电视机、冰箱等财物进行打砸，经物价鉴定，损失达4085元。该案涉案人员共12人，7人经宁乡县人民法院有罪判决，2人依法起诉，2人情节轻微被治安处罚，1人因未满16周岁被教育释放。

【长益、长湘高速公路系列倒卡诈骗案】 2015年7月，县公安局在侦办其他案件时获得重大线索，丁某等人有盗取长沙境内短途高速通行卡倒卖给过境长途货车司机牟利的重大嫌疑。获悉该线索后，县公安局高度重视，立即成立专案组侦办该案。经查，2015年1月至7月，长沙市望城区犯罪嫌疑人丁某、吴某、李某等采用驾车到长沙周边高速公路收费站，从ETC入口处触发收费系统后，在未进入收费站内的情况下，倒车驶入自动发卡入口处拿卡进入高速，与购卡货车司机在高速公路内按电话约定地点进行交易，购卡货车司机从该团伙人员手中拿到长沙境内短途高速公路通行卡后，在就近高速出口下高速的方式诈骗高速公路通行费，每张卡谋取200元~1000元不法利益。该犯罪团伙作案时间长、涉案人员众多、涉案金额巨大。

2015年10月15日，市局就该案指定县公安局管辖。2015年10月30日开始收网，当晚专案组一举抓获丁某、吴某、李某云等三名倒卡团伙成员及12名涉案大货车司机。经连续作战，专案组先后奔赴长沙市内各大物流市场、湘西自治州保靖县、花垣县、怀化市芷江县、张家界市慈利县等地进行抓捕，该案涉案人员73人全部到案，挽回经济损失130余万元。该案已被县公安局依法移送起诉。

【广西巴马籍团伙系列入室盗窃案】 2015年3月25日凌晨，宁乡县夏铎铺镇、金洲镇多个工厂办公室财物被盗，财产损失达数十万元。接到报案后，县公安局对此高度重视，由刑侦大队成立专案组侦办此案，经现场勘验和调取案发地视频，确定这一系列案件为同一盗窃团伙所为，同时发现一辆牌照为粤A19×××的白色别克作案小车，经查询为套牌车。侦查员通过追踪来去路线，结合犯罪嫌疑人作案地点，开展案件串并。在技侦部门的大力支持下，专案组很快锁定两名广西籍犯罪嫌疑人：黄某良（男，22岁）、黄日某（男，29岁）。通过综合运用多种侦查手段发现，两名嫌疑人在广东东莞活动，侦查员立即奔赴广东东莞，进行案件侦查，同时挖掘出另外两名广西籍同伙：黄某（男，24）、黄某前（男，33岁）。侦查员通过深入分析，认为犯罪嫌疑人仍然在湖南、广东两省范围内，于是与两省公安机关开展区域协作，对四名嫌疑人进行布控，架网守候。4月23日，犯罪嫌疑犯黄某良在岳阳汨罗触网，刑侦大队侦查员立即赶赴汨罗，一举将四名犯罪嫌疑人抓获。经审讯，四名犯罪嫌疑人对在宁乡夏铎铺工厂盗窃电脑等财物的犯罪事实供认不讳，现四人已被县公安局依法移送起诉。

（钟文彬）

检　察

县人民检察院

党组书记、检察长
罗　斌
副书记、副检察长
姜灿辉
副检察长　易为志
喻昭强
李　闽
陈卓平
徐　彬
（挂职，12月任）
政工室主任　章　洪（女）
纪检组长　周文武
工会主席　余晓玲（女）
反贪污贿赂局局长
谢旭辉
反渎职侵权局局长
戴文平
检察委员会专职委员
周国华（11月免）
钟晓利（女）

【概况】 2015年，县人民检察院有在职干警93人，中层骨干正职13人，副职14人。内设政工室、办公室、纪检监察室、反贪污贿赂局、反渎职侵权局、侦查监督科、公诉科、监所检察科、民事行政检察科、控告申诉检察科、职务犯罪预防科、案件管理科、司法警察大队等科室。2015年，县检察院忠实履行宪法和法律赋予的职责，各项检察工作取得新的进展。年内先后荣获全国检察宣传先进单位、全市优秀基层检察院等荣誉称号，11项工作机制和先进经验被最高人民检察院、省检察院等上级单位推介，职务犯罪侦查和预防工作连续3年在全市保持先进，反渎工作经验两次面向全国转发，《检察日报》《湖南日报》等国家和省级媒体先后5次宣传报道县检察院服务县域经济的做法，14人次获得市级以上表彰奖励，1名干警荣获“省优秀公诉人”称号。

【积极服务三大建设】 2015年，县检察院制定《关于发挥检察职能服务三大建设的意见》，工作成效被《长沙晚报》专版推介。一是积极服务实力园区建设。坚持“打击、预防、保护、帮助”四位一体司法服务模式，开展优化经济发展环境专项侦查监督活动，维护园区发展秩序。在经开区、高新区派驻检察员提供法律服务；结合园区拆迁领域职务犯罪多发的状况，提出完善公示制度、健全拆迁档案等针对性较强的预防措施；开辟涉企案件绿色通道，坚持优先办理、优先结案，确保在检察环节不贻误企业发展时机。对影响园区企业生产经营的合同诈骗、制假售假等犯罪，批捕10人、起诉15人。二是积极服务新型城镇建设。营造良好的项目建设环境，依法打击阻工闹事、强揽工程、敲诈勒索等影响工程建设的犯罪，共批捕此类犯罪嫌疑人9人、起诉18人。积极化解民企矛盾，结合办案宣传法律政策、解答疑难问题。在政府投资项目招投标过程中，积极发挥“行贿犯罪档案查询”功能，提供查询服务1000余次，对11名有行贿记录的个人录入“黑名单”。三是积极服务美丽乡村建设。在非煤矿山专项整治中，利用行政执法与刑事司法衔接机制，对全县非煤矿山生产经营情况和行政执法机关监管情况进行专项检查，监督相关部门关闭非煤矿山12家。打击破坏环境资源犯罪，共起诉盗伐、滥伐林木等犯罪案件3件5人。深入农村开展法制宣传10场，发放《检察工作指南》5000份；开展精准扶贫，帮扶困难户150户、资助3万余元。

【依法打击刑事犯罪】 2015年，县检察院全年共受理审查逮捕案件752件1022人，其中批准逮捕709人，批捕率提高15%。受理审查起诉案件931件1292人，与上年同比分别上升20%、6%，其中起诉1058人。一是依法打击严重刑事犯罪。深入推进“打黑除恶”专项行动，突出对故意杀人、抢劫等严重危害社会治安犯罪的打击，突出对爆炸、放火等严重危害公共安全犯罪的打击，上述案件构罪批捕率、起诉率、建议判处实刑率均达到100%。二是依法惩治危害民生民利犯罪。依法打击危及群众生命和财产安全的犯罪，开展“盗骗毒”犯罪专项打击行动。批捕多发性侵财犯罪嫌疑人312人、起诉346人；批捕毒品犯罪嫌疑人195人、起诉223人，纠正漏捕3人、纠正漏诉6人，为遏制毒品犯罪蔓延，撰写专题分析报告，供县委政府决策作参考；办理危害食品、药品安全犯罪案件3件13人。三是依法处理轻微刑事犯罪。对犯罪情节轻微依法不需要判处刑罚的，不起诉48人；对10名不需要继续羁押的犯罪嫌疑人变更强制措施；运用刑事和解机制办案19件22人，均做到案结事了；注重未成年人司法保护，主动实施诉前引导、案后帮教、犯罪记录封存，决定附条件不起诉14人、封存犯罪记录75人次、帮教6人重返校园或就业。

【依法查处和预防职务犯罪】 2015年，县检察院全年共立案查办职务犯罪案件28件32人，与上年同比分别上升40%、23%，法院已判决20件25人，全部为有罪判决。一是查办重点领域贪贿犯罪。共立案查办贪污贿赂犯罪21件21人，其中本地案件占70%。打击发生在群众身边、社会反响强烈的腐败犯罪，查办县人社局原副局长李某、县幼儿园原园长钟某等系列行、受贿案，对规范宁乡人才招录秩序起到很好的警示作用；在查办征地拆迁领域系列案时，针对扰乱拆迁秩序、大肆行贿干部谋取不正当利益的突出现象，以行贿罪立案8件8人，多管齐下遏制拆迁领域的腐败发生。在上级检察机关的指挥安排下，查办湖南大学原校长助理何某(正处级)等3人贪贿窝案。二是加强渎职犯罪查办力度。共立案查办渎职犯罪7件11人。深入查办惠民补贴审核环节的渎职犯罪，县人社局王某、县人民医院胡某等3人在医保资金审核结算中玩忽职守，造成国家损失200余万元，王某、胡某2人分别被判处拘役5个月和7个月。参与最高检察院交办的国家财政补贴被骗案，对邵阳市财政、发改等部门5名干部以涉嫌玩忽职守罪立案，挽回经济损失1120万元；参加国务院沪昆高速“7·19”交通事故调查组，县检察院查办的市交警支队民警师某犯玩忽职守罪被判处有期徒刑3年4个月。三是推进职务犯罪预防工作。向县委、县政府呈报《惩治和预防职务犯罪年度报告》，分析职务犯罪的原因、规律、趋势，提出针对性的预防建议，得到县委主要领导的肯定和批示。联合县人大内司委、县城乡规划办共同制定《在城乡规划系统共同开展预防职务犯罪工作的实施意见》。组织县直机关300余名干部，旁听县人社局原副局长李某涉嫌受贿一案的庭审。全年共开展警示教育和预防宣传等15次，16个单位5000余名公职人员受到教育。

【大力开展诉讼监督】 严防冤假错案，努力让人民群众在每一个司法案件中都感受到公平正义。一是加强对刑事诉讼的监督。监督侦查机关立案9件，监督撤案7件，纠正漏捕8人，纠正漏诉14人；对侦查和审判机关发出《纠正违法通知书》30份；对刑事判决提出抗诉5件，其中2件已改判。二是加强对民事行政诉讼的监督。积极开展督促起诉、支持起诉等工作，对41件侵害公共利益及群众合法权益的民事案件，支持受害单位和个人起诉，挽回经济损失近200万元。开展行政执法监督，提出督促履职检察建议5件。三是加强对刑罚执行和监管活动的监督。巩固“减刑、假释、暂予监外执行专项检察活动”成果，向看守所发出纠正违法通知书3份，对全县944名监外罪犯全部进行考察，配合县司法局建立公益劳动基地5个，向县公安局、县司法局发出检察建议20份，以规范社区矫正；审查减刑材料99人次，对12人次减刑不当予以纠正。

【加强检察队伍自身建设】 2015年，县检察院坚持从严治检，努力建设一支政治过硬、业务过硬、作风过硬的检察队伍。一是主动接受人大及社会各界监督。牢固树立监督者更要自觉接受监督的观念，主动向人大常委会报告工作，认真办理人大交办事项和代表、委员的批评意见建议。扎实开展“司法公正长沙行”活动，通过集中走访、邀请视察等方式加强与代表的日常联系。为全县人大代表赠阅《检察日报》，通过手机短信方式定期向代表报告检察工作动态，开展“查办和预防职务犯罪”为主题的“检察开放日”活动，30余名社会各界代表参加。二是稳步推进各项检察改革。其一，重点推进四项改革试点工作。针对拟启动的省以下地方检察院人财物统一管理等四项改革，争取人大、政府以及组织、编办、财政等的支持，完成改革动员、方案草拟、资产清查等工作，对人员配比、岗位职责及具体工作量进行科学测算。其二，积极抓好工作机制改革。推行轻微刑事案件速裁试点，办理案件79件79人，诉讼期限平均缩短15天；开展以审判为中心的诉讼制度改革，定期召开联席会议，联合公安机关制定《刑事案件审查起诉规则》，案件质量明显提高；深化检务公开，全年在互联网公开法律文书、案件信息1307份，建立官方微信、微博、门户网站方便群众联络。三是强化内部监督管理。扎实开展“三严三实”专题教育和规范司法行为专项整治活动，查找梳理自身问题6类11个，制定实施《案件质量管理奖惩方案》，实现办案全程网上流转和监控，确保案件质量。完善科学化管理与考核机制，坚持把纪律和规矩摆在首位，落实党风廉政建设“两个责任”，开展内部督查并通报16次。坚持人才引进和素能培养并举，选调业务骨干6人，选派干警参加中南大学综合素能脱产培训，定期开展“宁检大讲坛”活动。全年受训人数达到130人次，30篇调研论文获市级以上表彰。

（罗善芝　蒋长庚）

法　院

县人民法院

党组书记、院长　张　帅

副书记、副院长　张罗文

纪检组长　胡敬阳

副院长　贺永中

张　示

刘舟舟（女）

工会主席　石克家

政工室主任　谢细珍（女）

执行局局长　胡勇红

审判委员会专职委员

刘佑成

姜夏宁(女,11月免)

【概况】　2015年，宁乡县人民法院设有政工室、纪检监察室、办公室、研究室、刑庭、民一庭、民二庭、审判监督庭、行政庭、执行警务局、非诉执行局、立案庭、审判管理办公室、法警大队21个庭室局，下设金洲、花明楼、双凫铺、流沙河、黄材、灰汤6个人民法庭。有法官及其他工作人员276人，其中政法专项编制干警146人，有院领导11人，中层正职16人，副职32人，其中研究生以上学历30人，本科以上学历125人。

2015年，宁乡县人民法院以“努力让人民群众在每一个司法案件中感受到公平正义”为目标，以“司法公正长沙行”“审判机制改革与司法能力提升”等活动为载体，牢牢把握司法为民、公正司法工作主线，忠实履行宪法和法律赋予的职责，狠抓执法办案第一要务，全年受理各类案件1.41万件，审、执结1.13万件，与上年同比分别上升35%和22%。2015年，宁乡县人民法院收、结案数名列全省法院第四名，法官人均办案数名列全省法院第三名。2015年初被最高人民法院授予“全国优秀法院”荣誉称号，黄材法庭被授予“全国模范职工小家”荣誉称号。

【发挥审判职能】　2015年，宁乡法院积极履行审判执行职责，努力开展审执工作。第一，加强刑事审判，宽严相济惩治犯罪。审结刑事案件759件1104人。依法惩治“两抢一盗”等严重危害社会治安的犯罪，共审结182件263人。依法严惩黄赌毒犯罪，共审结249件348人，对涉毒罪犯一律判处监禁刑，并在国际禁毒日开展集中宣判活动。依法严惩集资诈骗、非法吸收公众存款、传销等涉众型经济犯罪，维护正常经济金融秩序。加大对危害食品安全犯罪的打击力度，共审结3件13人，对涉案罪犯全部判处监禁刑。加大对职务犯罪的惩治力度，共审结20件25人。第二，加强民商事审判，推进社会矛盾化解。共审结民商事案件6571件，其中以调解撤诉方式结案3119件，调解撤诉率达48%。充分发挥民事审判定纷止争、化解矛盾的作用，审结婚姻家庭、损害赔偿、劳动争议等案件3237件。设立未成年人案件综合审判庭，将涉未成年人刑事、民事、行政案件集中审理，共审结案件219件，以调解撤诉方式结案113件，调解撤诉率达52%。在全省首次建立“代理家长”制度。注重发挥商事审判对于规范市场秩序的作用，审结买卖、借款、租赁、建设工程施工等合同纠纷3252件，以判决方式确立行为准则和权利界限,并通过发送司法建议、发布调研报告等方式引导各市场主体良性规范运作。第三,加强行政审判,妥善化解行政争议。严格执行新修改的《中华人民共和国行政诉讼法》,认真落实立案登记制,共审结行政案件218件,与上年同比上升137%。依法协调,妥善化解行政争议,经协调后以撤诉方式结案25件。监督和支持行政机关依法行政,对948件非诉行政案件裁定准予强制执行,准予执行率达96%。通过完善预防和化解行政争议联席会议制度,推动落实行政负责人出庭应诉制度,积极发送司法建议等促进行政机关依法行政。执结非诉行政执行案件902件。第四,加大执行力度,努力破解执行难题。共执结执行案件1883件,结案标的6亿余元。切实维护金融安全,执结涉银信部门案件575件,与上年同比上升75%,结案标的1亿余元。加大涉民生案件的执行和救助力度,共执结301案,救助24人,发放救助金41.6万元。运用网上“点对点”查控机制查询被执行人银行账户4302户、车辆信息4532次,查封车辆20余辆。积极开展“执行百日大会战”专项行动,在电视媒体、商业广场电子屏等曝光失信被执行人4993人次,并在银行、社区、乡镇等发布敦促执行公告1.6万份。该活动于2015年8月启动至年底,被执行人因被曝光姓名限制高消费而主动交纳案款的案件75件,缴纳案款200余万元。集中打击拒不执行判决、裁定行为,司法拘留152人,向公安机关移送4案6人。县法院多措并举狠抓执行工作的经验,被湖南省高级人民法院面向全省法院进行宣传推介。

【服务三大建设战略】 2015年,县法院紧紧围绕县委关于加快“三大建设”的决策部署,出台《关于充分发挥审判职能作用为宁乡县“三大建设”提供有力司法保障的实施意见》《为扶贫济困精准化常态化工作提供司法保障和服务的意见》,为实现全面小康提供坚强有力的司法保障。第一,服务实力园区建设,保障产业升级发展。深入推进“资深法官进园区联企业”活动,向园区企业提供司法咨询4000余次,解决纠纷200余起。金洲法庭作为园区法庭,主动帮助企业查找可能存在的法律问题和法律风险,到楚天科技、三一重工、红宇耐磨等企业开展法律讲座10余次。准确把握司法政策导向,依法促进经济转型升级,妥善处理涉企纠纷2548件,解决争议金额达5.1亿元。审结金融借款合同纠纷773件,民间借贷纠纷1068件,涉案标的金额共计7.3亿元,有效防范区域性金融风险。成功组织神塑科技有限公司等三家公司合并破产重组案第二次债权人会议,为实力园区建设营造优良法治环境。第二,服务新型城镇建设,提供有力司法支持。依法保障项目工程建设,妥善审理项目建设中发生的借贷合同、建设工程施工合同等纠纷1136件,为项目招商引资营造良好的投资环境。依法支持征地拆迁工作,建立健全“裁执分离”机制,合力化解滨江棚改、岳宁大道等项目建设中出现的拆迁、拆违等矛盾纠纷。注重对被拆迁人释法说理,争取和谐拆迁。发布《交通事故损害赔偿案件白皮书》及一批典型警示案例,梳理总结交通安全治理问题并提出建议。第三,服务美丽乡村建设,提升乡村生态文明。加大对生态环境司法保护力度,依法严惩破坏环境资源保护犯罪。妥善化解基层矛盾纠纷,进一步完善人民法庭参与基层社会治理的工作机制,6个法庭全年以调解撤诉方式结案1392件,调解撤诉率达45%,最大限度地将矛盾纠纷化解萌芽状态。加强对弱势群体的司法保护,为困难当事人缓、减、免诉讼费10万余元。积极参与社会综合治理,认真开展大走访活动和精准扶贫工作,与8个乡镇10个村结对共建,结对联系群众357户,人均走访20户,为困难群众捐款6万余元,发放“平安宁乡”宣传册8000余份,巡回开庭720次。

【推进司法体制改革】 2015年,县法院努力推进司法改革。第一,改革立案信访机制。严格落实立案登记制。自5月1日实行立案登记制至年底,新收各类案件6617件,同比上升43%。进一步完善远程立案、简易审判、小额速裁机制,民商事案件简易程序适用率达73%,最大限度方便群众诉讼。深化涉诉信访制度改革,开通与最高人民法院互联互通的远程视频接访系统,实现信访接待本地化,全年共接待来访群众480余人次,化解信访积案6件,促进法治主导型社会治理模式的构建。第二,推进农村法庭主审法官责任制改革试点。在5个农村法庭分别组建以主审法官为核心的办案团队,明确由主审法官全权审理案件、独立签发文书、终身承担责任。将审判责任区分为司法绩效责任与错案责任,明确承担错案责任的程序和实体事项。建立人民法庭法官联席会议制度,淡化行政审批,取消判前汇报研究制度。自改革启动至年底,5个农村法庭收案2114件,结案2016件,平均结案时间43天,比全院少21天,且没有发现一起错案。第三,完善阳光司法机制。依托信息化技术推进审判流程、裁判文书和执行信息公开三大平台建设,共公开生效裁判文书5673份,符合上网规定的文书全部上网公开。开通微信公众号并推送司法信息54条。新建6个数字审判庭,切实推进庭审视频直播,对15个案件的庭审通过网络全程向社会公众直播。

【狠抓法院队伍建设】 2015年,县法院狠抓自身队伍建设。第一,践行主题教育,增强党性修养。认真开展“三严三实”专题教育,组织学习《中国共产党廉洁自律准则》和《中国共产党纪律处分条例》等党纪条规,巩固党的群众路线教育实践活动成果。开展“讲道德、明是非、守纪律”集中教育活动,以党建促审判,县法院机关党委被评为县先进基层党组织。坚持典型引路,集中开展“坚定法治信仰,忠诚司法事业”“向邹碧华同志学习”“向袁建英同志学习”等活动,学典型、见行动,进一步提升队伍素质。第二,狠抓作风建设,坚持廉洁司法。持续推进司法规范化建设,坚持上下班电子刷卡考勤,不定期进行作风纪律巡查及视频抽查,发布作风督查通报46期。开通违纪违法网上举报中心,向8255名当事人随案发放廉政监督反馈卡,就司法作风等情况回访案件当事人504件1278人次。第三,加强业务培训,提升司法能力。组织参加各类培训1948人次,组织优秀庭审、优秀文书、优秀案例评选等业务竞赛15次,引导法官不断提升司法能力。一审上诉案件被发回重审和改判率下降3%,案件质量进一步提升。办案法官人均结案166.6件/年,与上年同比增加30件。民事案件结案200件以上的法官9人,结案最多的达293件;刑事案件结案100件以上的法官4人,结案最多的达144件;执行案件结案100件以上的法官9人,结案最多的达332件。强化院庭长审判职责,推行院庭长带头办案制度,全年院庭长共结案2436件。

【自觉接受社会监督】 第一,主动接受人大及其常委会监督。办结代表建议1件、督办案件25件。邀请代表参与陪审、旁听、视察等活动300人次。第二,依法接受民主监督和诉讼监督。认真听取政协委员意见建议,邀请政协委员评议庭审、监督执行120人次。邀请检察长列席审判委员会3次。第三,广泛接受社会各界监督。进一步拓展人民陪审员参审范围,253名人民陪审员参审案件5440件,普通程序案件陪审率达100%。积极开展法院开放日活动,共有12批次1500余名群众走进法院。 （傅　薇）

司法行政

县司法局

党组书记、局长　喻友明
副书记、副局长　邓永红
副　局　长　张桂华
许利军
钟海军
程再强(9月免)
工　会　主　席
眭　佳(11月免)
党　组　成　员　刘湘兵

【概况】 2015年,宁乡县司法行政工作紧紧围绕全县中心工作,充分发挥法律服务和法律保障的职能作用,为推进“活力宁乡、美丽宁乡、幸福宁乡”建设做出积极贡献,各项工作取得明显成效:连续第十三次荣获“全国人民调解宣传先进单位”称号,夏铎铺司法所被评为“全国先进司法所”,巷子口司法所被评为“省规范化司法所”,喻友明局长被评为“长沙市首届十大法治人物”。

【矛盾纠纷调解和信访问题化解】 2015年,县司法工作共调处各类矛盾纠纷8088件,调解成功7981件,成功率98.7%,其中专业调委会共调处各类矛盾纠纷1603件,如青山桥镇黄某和文某人身伤害赔偿、灰汤镇20多户农户与金太阳现代休闲农庄环境污染、偕乐桥镇刘某驾驶学生接送车造成未成年人周鑫8级伤残的重大交通事故等纠纷的成功调处,使群众的满意度得到很大提高,实现服务零投诉。全年处理由各级领导批示和相关单位移送的重大矛盾纠纷和信访案件近18起,如县看守所在押人员谢某意外死亡事件、青山桥镇喻某信访案、夏铎铺洪某信访案、城郊街道高某信访案等,所做工作都得到当地乡镇、相关单位的充分肯定,以及当事人地认可。

【法制宣传教育】 2015年,宁乡县普治并举、创新普法途径,普法效果十分显著。组建8个小组深入全县29个乡镇100个村(社区)开展“面对面、互动式”普法宣传活动,5万多名群众接受普法教育,省、市、县多家媒体到现场进行采访。落实“谁执法谁普法”制度,建立法律咨询室,指派律师和法律服务工作者到经开区、金洲新区、金玉工业园以及县教育局、县交通局等十四个单位进行坐班接访,为来访群众提供咨询服务。整合资源、联合相关职能部门在“3·15”“5·20”“6·26”“7·28”“12·4”等重要节点开展形式多样的宣传活动,在全县构筑大普法格局。2015年,全县共开展法律咨询活动20堂次,LED视频宣传车法律巡回宣传147次,发放书籍2万余册,宣传资料10万余份,为群众解答涉法问题867个。

【法律服务管理】 2015年,宁乡突出法律服务队伍建设,强化基层法律服务协会作用,案件质量监管实效明显。对法律服务案件进行质量考评和回访,随机抽取71个案件进行质量考评并对委托人进行回访,当事人满意度不断提高。在人员准入和日常监管上坚持从严原则,不断规范宁乡法律服务工作者从业行为,并严厉查处违法、违规行为,使法律服务市场得到进一步的规范。2015年,全县律师和基层法律服务工作者担任政府、企事业单位法律顾问311家,律师和基层法律服务工作者共办理各类诉讼代理案件3400余件,办理非诉法律事务2000余件,解答法律咨询7800人次,及时查处违规行为8件。

【法律援助】 进一步扩大法律知识受援覆盖面,推进法律援助阳光直通服务,做到应援尽援。2015年,共办理法律援助案件696件,完成为民办实事430件,完成年度目标任务的162%,解答法律咨询1880件,为受援人挽回直接经济损失5206万元,为农民工讨薪1390万元。建立健全法律援助工作网络,残联、妇联、人社局、老龄委、看守所、经开区、交警大队等法律援助工作站运转正常有序。建立自上而下、逐级管理的工作运行机制,规定所有案件统一由法律援助中心工作人员审查、指派,实现流程化运作、规范化管理。全年电话录音回访法律援助案件567个,凡是法律援助事项,都做到及时回访、录音存档,当事人对律师、基层法律服务工作者办案满意率100%。

【社区矫正和安置帮教】 2015年,顺利完成全县33个司法所社区矫正电子监管平台数字证书的安装、调试和系统升级工作,在全市第一个建立集中点名教育制度。2015年,全县完成社会评估调查378人次,新增社区矫正人员321人,解矫451人,在册502人。提出检察建议26份,对97名矫正人员进行警告,列入严管,收监5人。新增刑释人员729人,重点帮教对象18名,在册刑释人员3142人,核实率100%。2015年,长沙市社区矫正安全分析现场会在宁乡县召开,长沙县、桑植县、凤凰县、河南省中牟县等兄弟单位到县社区矫正中心考察、学习、交流。7月下旬,长沙市组织召开社区矫正安置帮教经验交流暨业务培训班,宁乡在培训班上作典型经验介绍。

【公证工作】 2015年,宁乡公证工作紧紧围绕政府中心工作,积极为经济社会发展服务,在重点工程建设、国有土地使用权及国有资产出让转让、企业改制、城市改造等事项中,担当重要角色。如:为大河西农产品物流园项目建设、东沩广场园林绿化景观项目工程建设等项目办理拆迁证据保全公证,对金洲新区、白马桥乡政府、大屯营镇政府组织的项目建设拆迁户的安置房抽签活动进行现场监督。2015年,受理并办结各类公证事项1.55万件,完成公证收入280万元。

(熊　凯)

经济综合管理

发展和改革

县发展和改革局
党组书记、局长
蒋鹏海(7月免)
刘寄华(9月任)
副书记、副局长
邓干平
副书记、纪检组长
左志华(9月免)
党组成员、副局长
陈小文　王　凯
李　明　胡　浪
党组成员　匡乐红

资源节约型和环境友好型社会建设综合配套改革领导小组办公室
主　任　邓干平(兼)
副主任　文　强

【**概况**】 2015年,县发展和改革局(以下简称县发改局)有正式干部职工50人。内设办公室、国民经济运行综合科、政府投资管理科、"两型社会"建设科、产业发展科、行政审批服务科、价格管理科、重大项目稽查科和资源环境管理科等9个科室,以及公共资源交易中心、价格监督检查局、能源局和价格认证中心等4个归口管理单位。县发改局紧紧围绕县委、县政府的总体部署,牢固树立新思维,着力引领新常态,主动把握新机遇,奋勇担当新使命,以想为、敢为、勤为、善为的精神,紧扣实力园区、美丽乡村、新型城镇"三大建设"这一中心任务,积极开拓进取,各项工作取得较好成绩,重点工作取得较大突破。

【**重大战略谋划与体制改革**】 2015年,县发改局突出抓好县域发展重大谋划。完成《宁乡县国民经济和社会发展第十三个五年规划纲要》编制,顺利通过县人大审议,为今后五年发展谋划蓝图;编制了建设全国生态文明先行示范区等战略发展方案。全面落实改革任务。成功申报深化县城基础设施建设投融资体制改革试点;全面探索加快市场化改革促进民间投资发展、政府投资项目放开领域等投资体制改革路径;报批出台政府投资项目管理若干规定等重大文件。敏锐把握上级重大政策动态,深入调研县域经济运行关键点、新业态、总趋势,高质量完成每季度经济形势分析,为县委、县政府提供有价值的参考。认真编制国民经济和社会发展年度计划及重大专项计划,坚持半年、年度制定和报告计划执行情况。确保了主要指标平稳增长,发改局承担市对县考核七大项共计20.5分的考核任务,为全面落实考核任务,发改局加强研究指导、密切监测预警、落实分解责任、定期通报情况、加强向上协调,七项指标考核六项第一、一项第二。

【**政府投资管理和重大项目建设**】 2015年,县发改局建立了县"十三五"重大项目库,策划"开放高地、实力园区、新型城镇、美丽乡村、幸福宁乡"五大计划15大工程260个项目,总投资4800多亿元;编制了2016年市重大项目和县本级政府投资项目计划;编制了棚户区改造配套基础设施项目三年行动计划;进一步完善了政府投资管理工程变更、后评价、概算审查、政投办联席会议等实施细则,严把了立项审批关、财政概(预)算审查关、招投标关、工程变更关,共计节约财政资金8亿元;积极组织策划并成功争取2015年保障性住房小区外配套基础设施项目中央资金10536万元,居各区、县(市)之首,远高于全省平均水平。扎实推进重大项目前期统筹,争取轨道交通12号线、湘江新区环线、金唐公路等重大项目纳入省、市及湘江新区"十三五"规划及专项规划,推动论证和报批空军长沙机场军民合用;积极协调南、北横线调规工作;完成岳麓区莲花至花明楼公路、煤双公路、林塘—东湖塘公路等项目报批;格力电器、杉杉新材等重大项目获省市领导高度肯定。项目现场监管力度不断加大,实地踏勘项目150余次,工程随意变更现象得到有效遏制,通报整改项目12个;选取25个重大项目实施中介机构评审,试行重大项目评审机制。

【**产业发展**】 2015年,县发改局直接争取各级预算内资金13.2亿元,向上争资创历史新高。协助杉杉新材、东鑫环保产业振兴和战略性新兴产业项目争取中央资金5737万元,资金额度占全省工业线的1/8,居各区、县(市)之首。全力推动宁乡经开区15亿元二期债券成功获批,国资公司棚改项目收益债、城建投养老专项债已通过省发改委上报国家发改委，积极推进宁乡高新区企业债券前期工作。成功争取县城截污管道工程、滨江棚改、煤炭坝独立工矿区、炭河古城、沩水河流域治理等16个项目获国开行和农发行专项基金5.535亿元。推动重大平台升级。助推金洲新区升级为省级高新技术产业园；成功争取宁乡经开区玉屏山食品产业园、智能家电产业园和金洲新区高校科技成果转化园纳入全省首批17个特色产业园区；争取煤炭坝独立工矿区纳入国家独立工矿区改造搬迁工程范围；积极推荐宁乡经开区申报国家级长江经济带转型升级示范园区，已通过省发改评审上报国家发改委；牵头推进金玉工业集中区成为全省唯一乡镇飞地经济试点园区，全省飞地园区试点建设现场会在宁乡县召开；争取金洲关山成为首批全省15个服务示范集聚区之一。加强企业科技创新。积极推荐邦普申报国家级企业技术中心，推荐松井、百川、流沙河牧业成功认定为省级企业技术中心。

【“两型社会”建设】 2015年，县发改局及时出台或传达“两型”建设规划、计划和标准。组织实施示范单位创建，关山社区成功获评省级“两型”示范基地，老粮仓镇长田村、偕乐桥镇双盆村、大屯营镇石家湾社区等5个村(社区)成功获评省级两型创建单位；全面开展8个类别的市级两型示范创建活动，共计获评市级两型标杆单位1家，市级两型创建示范单位6家。在省两型工委组织召开的全省清洁低碳技术推广工作推进会上，作为全省唯一的区县代表作先进工作经验推介。科学铺排社会事业项目。推动农村初中校舍改造工程、基层医疗卫生服务体系、文化和自然遗产保护设施、社区养老服务等社会事业项目，争取中央、省预算内投资3000万元；争取农村安全饮水工程，水库除险加固工程等水利项目获中央预算内投资4000万元。国家专项建设基金申报工作喜获丰收。成功争取炭河古城国家级遗址公园(二期)项目4800万元，凤凰山国家AAAA景区建设项目1000万元，八家湾水库工程项目3000万元，沩江流域综合治理项目2000万元。

【行政审批服务】 2015年，县发改局紧紧围绕全面提升“县域经济发展贡献率、人民群众满意率”，积极推进行政审批改革，不断提高行政审批效能，做到项目审查“能当即的不当天、能当天的不过夜”。学习借鉴外地先进经验，率先推出“减并代缩”审批提速增效“组合拳”，精简审批环节，合并审批事项，代办审批工作，缩减审批时间，将承诺办结时限缩短至最长5个工作日。全年共计办理各类审批事项713件，固定资产投资项目审批229个，估算投资115亿元。审批窗口获评政务服务中心“红旗窗口”，在“三查三比”项目建设竞赛活动中多次上榜，在省、市发改系统打造了“宁乡发改”品牌。

【能源建设管理】 2015年，县发改局抓好节能减排财政政策综合示范。牵头组织节能减排财政政策综合示范项目申报工作，共申报四大类21个项目，申请奖励资金2.5亿元，年底到位资金9000万元，其中绿色小城镇1200万元，绿色出行1000万元，沩江流域综合治理5800万元、村村亮项目1000万元。积极争取县城截污管道工程(玉煤大道—候旨亭段)等多个项目获中央预算内资金近2000万元，指导新型城镇开发建设投资有限公司宁乡县城截污管道工程成功申报国家第二批专项债券，融资2000万元。做好风力发电等新能源重大项目的推进工作。加快推进三一风电项目和龙田湘电风力发电项目建设，加快推进新能源汽车充电设施和分布式光伏发电项目建设。成功争取国家第二批生态文明先行示范区。举行环保自行车骑行暨2015年节能宣传周活动启动仪式。联合宁乡经开区、宁乡高新区，组织70家企业开展企业能源成本发现与控制培训。

【公共资源交易管理】 2015年，县发改局制订《宁乡县政府投资项目机构库管理办法》《公共资源交易中心评标区管理规定》等文件，遏制围标串标行为，增大中标人不确定性，进一步提高招标投标质量，取消现场报名环节，较好地防止暗箱操作，增加了工作透明度。加大稽查和惩处力度，通过标前检查、标后督查，对“先动后招”、资质挂靠、转包和违法分包等行为进行重点打击。招投标管理取得新突破，立项项目招标率2015年大幅提升，所有启动的政府投资项目，应公开招标的招标率100%，进场率100%。

【价格监督检查】 2015年，县发改局深入开展执法、监管、公共服务等窗口行业和领域收费专项督查，重点督促执法监管部门和公用事业单位开展自查自纠，重点调研16家企业收费情况；大力整顿规范市场秩序，确保节假日和特殊时期市场稳定；加强价格监测预警，累计新建数据直报点22个，增强药品市场、旅游景点价格的监测；积极取得县政协民主评议组、县电视台、今日宁乡支持配合，重点检查人民医院、中医院等医疗机构和九芝堂、益丰大药房等22家大型药店，确保药价放开后的价格平稳；全面推进明码标价，积极落实价格维权；全面推行价格诚信建设，以中介机构、教育、医疗、客运等为重点领域，建立价格诚信档案1200余份，并扩充村卫生室、物业服务公司等档案库共500余份。

【价格管理与价调基金】 2015年，县发改局统一取消收费许可证制度，并停止收费许可证年度审验工作，建立"服务价格收费标准核定表"制度，放开非保障性住房物业服务和住宅小区停车服务收费等，进一步推动市场决定价格、政府重点监管价格行为的管价机制。全面梳理涉企收费项目和优惠政策，公布涉企三项收费清单，减轻企业负担。制定、核定殡葬、供水、天然气、教育、培训、出租车、物业等收费标准，重点解决群众所关心的价格问题。制定《宁乡县县级价格调节基金扶持"菜篮子"项目和资金管理办法》，全面完成价格调节基金征收任务，共计851.08万元，其中县级入库622.92万元。

【价格认证】 2015年，县发改局完成各类价格鉴证、认定、评估共计1100余件，涉及金额2.68亿元。积极协调处理县域内重大突发事件，如湖南海纳新材料有限公司、宁乡县联发商贸有限公司、湖南圆方实业有限公司花明锦园液化气供应站仓库等重大突发火灾案；切实开展沪昆高铁线、长韶娄高速公路、1121工程等中涉损近300户农户房屋、设备的补偿评估，化解企业与群众矛盾，服务重大项目工程建设。开展了道林勇湘矿石粉厂、花莲公路、房产局部分临街门面租金等涉及近500户群众切身利益的评估，切实解决了社会价格矛盾纠纷，维护人民群众的切身利益；积极服务司法、赋税公平，规范国有资产处置。 （贺应龙）

公共资源交易中心

主　任　匡乐红
副主任　戴奔奇

县价格监督检查局

党支部书记　高开程
局　　长　李大志

县能源局

局　　长　朱爱英（女）

人力资源和社会保障

县人力资源和社会保障局

党组书记、局长　蔡立军
副书记、副局长　丁　健
副书记　陈再强
副局长　张四清（11月免）
夏美善
李启智（7月免）
刘魁佚（11月免）
姜安民
孙　树（女）
纪检组长　谭菊初

【概况】 宁乡县人力资源和社会保障局2015年干部职工（含聘任）187人，在职在编干部职工154人，离退休干部54人，男性干部112人，女性干部75人。中层正职20人，中层副职33人。现内设办公室、公务员管理（事业单位人员管理）科、人才开发科、工资福利科、财务科、纪检监察室、社会保障科、信息管理科、信访和大厅管理办公室等9个职能科室，下辖劳动保障监察大队、就业服务中心、城乡居民养老保险中心、城镇职工养老保险中心、城乡居民医疗保险中心、城镇职工医疗保险中心、人才交流服务中心、劳动人事仲裁院、工伤保险中心、失业保险中心、社会保险基金征缴管理中心等11个事业单位（其中7个副科级事业单位）和经开区分局、高新区分局2个园区派出机构。

2015年，县人社局在县委县政府的正确领导下，坚持"民生为本，人才优先"的工作主线，围绕促进就业创业、促进和谐劳动关系构建、保障民生等中心工作，迎难而上，开拓创新，奋发有为，各项工作取得了长足发展。获得了"2015年度党政领导班子绩效考核先进单位""五好领导班子""向上争资先进单位""省市重点民生实事先进单位"等工作荣誉。

【就业服务】 2015年，县人社局举办"逢五"、"逢十"招聘会、专场招聘会、校园招聘会等各类招聘会80余场，为特步鞋业、步步高百货、中财化建、格力空调、洽洽食品、忘不了等县内规模企业召开专场招聘会12场次，组织企业到湘西、安化等地现场招聘5场次，累计为企业招聘员工2万余人。"宁乡好工作网""宁乡人社""宁乡就业"微信公众号等网络新型招聘平台，方便求职者直接与企业对接交流。成立了解决企业用工问题办公室，打造宁乡"不缺工"品牌。2015年，宁乡县城镇新增就业12316人，完成全年目标任务12000人的103%，城镇登记失业率2.96%。失业人员再就业2650人，完成全年目标任务2500人的106%，就业困难对象再就业人数990人，完成全年任务900人的110%，农村劳动力新增转移就业13900人，完成全年目标任务11500人的120.9%。开设焊工、车工、叉车司机、育婴员、家政服务员、缝纫工、制鞋工、食品检验工、餐厅服务员、商品营业员、物流管理员、中药材种植员、收银员、保安员等14个符合县域经济发展且需求量大的工种培训，积极协调省市人社部门做好新工种开发、培训、鉴定资质认定申请工作，做到培训、办证、上岗一条龙服务。2015年，培训各类工种人员8732人，完成全年目标任务7000人的125%。零就业家庭动态清零。全面实施“金桥工程”。计划用三年时间，送培训到企业，送技术给农民，送招聘到乡镇，新培养农村技能人才3万人左右。强化技能培训效益。与安监、质监等部门合作，整合培训资源，实现职业资格证与从业许可证培训“一站式”服务；发挥定点培训机构资源优势，广泛地开展“订单式”培训。

【创业服务】 2015年，县人社局加大创业扶持力度，通过“宁乡就业”微信平台开辟《创业达人秀》、创业之星评选等专题活动，对创业人物进行重点推荐，搭建创业孵化平台，全县新增创业主体7090户，完成全年任务5000户的142%，直接带动22690人就业，完成全年任务7500人的303%。发动符合条件的高校毕业生申请高校毕业生创业扶持项目，全年共有9个大学生创业项目通过初步核定。

【社会保障】 2015年征缴社会保险费27.42亿元，其中城镇职工和机关事业单位社会保险费完成征缴8.7亿元和1.5亿元，城乡居民养老保险、医疗保险征缴及各级财政补贴分别为4.21亿元和5.61亿元。城镇职工五险新增参保人数132130人次，其中养老保险新增21230人，职工医保新增37900人，生育保险新增13500人，失业保险新增13500人，工伤保险新增46000人。城乡居民养老保险实际参保缴费率达到97.1%，城乡居民医疗保险参保人数达到119万，全域人员社会保障基本实现“全覆盖”。2015年，在全县范围内发行社保一卡通，社会保障卡目前有电子凭证、信息记录、自助查询、就医结算、缴费和待遇领取、金融支付6大基本功能，持卡可办理就业登记、失业登记、参保登记、领取各项社会保险定期待遇和一次性待遇等。到2015年年底全县持卡人数达到60余万人。城镇职工基本医保基金支付2.227亿元，其中住院统筹支付1.186亿元，基金平均支付率为74.49%；特殊门诊基金支付1167万元，基金平均支付率为81.15%；大病互助基金支付1065万元；享受特殊疾病待遇人员累计达4400人，职工医保特殊疾病门诊34290人次。城乡居民医保基金住院补助基金支出4.5761亿元，较去年同期增长8.6%；补助20.2万人次，较去年同期增长5.2%；全县平均实际受益率47.6%，其中县内定点医疗机构住院实际受益率56%。全年有1人补助额达到三次补助封顶线18万元，27人补助额达到二次补助封顶线12万元，619人补助额超过6万元。全县门诊统筹基金支出4056万元。工伤保险为470名长期门诊治疗的老工伤人员提供及时的诊治，为43家用人单位3466名员工进行了职业健康检查。失业保险及时为符合条件的企业发放稳岗补贴354万元，惠及53家参保单位，10460名职工；为5328名被征地农民发放生活费等待遇13711万元，确保被征地区域的社会稳定。成立社保基金征缴管理中心和社会保障卡管理服务中心，达到“一个大厅、一张表格、一个公章”完成五险征缴流程。失业金、养老金网上发放，待遇享受人员足不出户即可完成领取手续。被征地农民纳入社会保障体系，达到退休年龄的被征地农民按时如数享受退休待遇。通过与省级社保部门的衔接，被征地农民社会保险费为县财政节省资金4.72亿元，城镇职工为改制企业成功实现挂账5360余万元，减轻了县财政支付压力。代发乡村教师和乡村医生待遇3809人，代发金额441.94万元。切实减轻企业社会保险支付压力，积极推动养老保险缴费过渡试点工作，全年为企业减免预计近2200万元；自2015年3月1日起，失业保险费率由原来规定的3%降至2%；按全省最低费率0.6%标准征缴生育保险。面向新引进工业企业过渡适应期内优先企业全员参加工伤保险；原有企业在五险人数不减，并略有增加的前提下，允许企业全员参加工伤保险。

【人事人才工作】 2015年，县人社局严把人员进出关口。人事招录“逢进必考”，严格招录程序，全程打造“阳光招录”。成功组织教育、卫生系统2批次7场次的公开招聘考试，招聘事业单位专业技术人员618人，完成了全县公务员公开招录，完成县纪委、检察院、法院公开选调工作人员等工作。加强干部培训。2015年共组织各类教育培训20期，培训公职人员5229人次，邀请新加坡国立大学顾清扬教授和湖南商学院陈晓红教授开讲了两期公务员大讲堂。规范档案管理，将分散在全县

112家单位的7151份机关事业单位工人档案进行了全面清查整理，高标准完成入库工作，并建立了档案台账及电子信息查询目录。进一步清理全县在册在编人员档案，切实解决关乎部分职工切身利益的历史遗留问题。人事制度改革纵深推进。做好了县级以下公务员职务职级并行工作的审核工作，全县668名机关干部（公务员和参公管理人员）晋级为副科以上级别。完成全县200余家事业单位的岗位设置方案的核准。优化服务手段。优化宁乡人才网、开通“宁乡人才”微信公众号，与各大人才网、高校网进行链接，向社会广泛深入推广宣传宁乡，“宁乡人社”“宁乡人才”微信公众号加载成绩查询，工资查询，档案提取预约、查询，公务员职务职级考核信息查询等实用功能，极大方便广大干群。2015年，全县引智项目经费87.9万元，并实现了引智资金国字号的突破，争取了两个国家项目资金。长沙天和钻具机械有限公司等5家公司刘雅政等人才共获260万元安家补助。新增湖南东鑫环保新材料博士后工作站，宁乡县博士后工作站达到两家。

【劳动维权】 2015年，成立了由常务副县长任组长、各乡镇与县直相关单位为成员单位的宁乡县农民工工资支付情况专项检查协调指导小组，并形成了人社、规建、公安三个部门集中治欠阶段抽调人员集中办公的制度。常态化走访建筑工地，通过约谈开发商、建筑商、包工头，发放工资支付告知书等手段，将农民工工资支付督查落实到位，2015年为劳动者追回工资5539.88万元，其中农民工工资3869.7万元。已受理各类案件212起，办结212起。以涉嫌拒不支付劳动报酬罪移送公安的案件有16件。促签劳动合同10138份；建设领域农民工工资保障金累计3337.27万元。开展法律宣传和培训活动，到企业宣讲法律知识15次，共处理劳动争议案件765起，到期结案率100%，为劳动者挽回经济损失3000余万元。法律援助工作站全年共计提供法律咨询达千余人次，提供免费法律援助将近两百起。12333人社热线累计接听来电4682个，劳动监察共接待投诉举报5658人次。信访接待室全年办理领导批转信访件216件；办理网络信访件共151件（其中网上市长信箱6件，县长信箱33件，县长热线、市民服务热线“12345”106件，红网《百姓呼声》6件）。完成120家单位日常巡视工作，开展人力资源市场清理整顿、“园区企业走访服务”和“服务企业百日行”“人社有约”“人社进社区”等专项活动，组织企业集中培训、现场调解仲裁，保障企业的合法权益。 （杨进平）

就业服务中心
主　任　　王遏飞

人力资源公共服务中心
主　任　　吴瑞华（女）

城镇职工养保中心
主　任　　喻铁强

城镇职工医保中心
主　任　　向　前（11月免）

城乡居民养保中心
主　任　　陈春梅（女，11月免）

城乡居民医保中心
主　任　　向灿芳

劳动保障监察大队
大队长　　谢宴朋

市场和质量监督管理

县市场和质量监督管理局
党组书记、局长　　姜小鹏（9月任）

原县工商行政管理局
党组书记、局长　　姜小鹏
副书记、副局长　　尹　俐（11月免）
副局长　　彭可忠（11月免）　郑　强　卢　波
纪检组长　　刘　勇

原县质量技术监督局
党组书记、局长　　潘志武（11月免）
副书记、副局长　　洪建良（11月免）
副局长　　魏　忠　罗剑斌
纪检组长　　刘万祥

原县食品药品监督管理局
党组书记、局长　　何赞兵（9月免）
副书记、副局长　　何友良（9月免）
副局长　　邓启洪
纪检组长　　曹金花
副局长　　童羽飞　詹罗辉
工会主席　　周卫华

原县食品安全管理办公室
主　任　　周旭文（9月免）
副主任　　王建新　何章武

【概况】 2015年9月，根据《中共宁乡县委、宁乡县人民政府关于印发<宁乡县人民政府职能转变和机构改革方案的实施意见>

的通知》(宁发〔2015〕15 号)文件规定,将原工商、质监、食药监、食安办(以下简称“三局一办”)整合,并入酒类流通、餐饮消费环节和单位食堂食品安全监管职责,组建县市场和质量监督管理局,加挂县食品药品监督管理局、县食品安全管理委员会办公室两块牌子。机构整合后,“三局一办”班子成员 18 人;干部职工总人数 460 人(不含将划入餐饮食品安全监管人员),其中在岗人员 303 人,离退休人员 157 人;内设 35 个科(室),下属 3 个二级机构,2 个挂靠社团、社会组织(个体劳动者私营企业协会、消费者委员会),17 个派出机构。2015 年,县市场和质量监督管理局获全市工商系统绩效考核先进单位、全县绩效考核先进单位、全县依法行政先进单位、全县社会治安红旗单位等荣誉。

【机构改革】 2014 年 8 月 11 日,省政府办公厅下发《关于调整省级以下工商质监行政管理体制的通知》(湘政办发〔2014〕67 号),工商、质监由省以下垂直管理调整为省、市州、县(市)三级政府分级管理体制。2015 年 6 月 8 日,省委办公厅、省政府办公厅下发《关于调整省级以下工商、质监行政管理体制的意见》(湘办发〔2015〕25 号),进一步明确了工商、质监体制调整的总体要求、基本原则、主要任务、工作步骤和保障措施,出台了机构调整、编制人员划转、干部管理、工资福利待遇、经费保障、资产债务、遗留问题解决的具体政策。根据省市工商、质监管理体制调整文件和会议要求,宁乡县工商、质监分别于 2015 年 8 月 25 日、9 月 15 日由原省管下划至县级管理。9 月 18 日,县委召开政府机构改革动员大会,将原工商、质监、食药监、食安办整合,并入酒类流通、餐饮消费环节和单位食堂食品安全监管职责,组建县市场和质量监督管理局。

【市场和质量监管政务服务】 2015 年,市场和质量监管政务服务持续推进简政放权、放管结合、优化服务,促进市场主体增量提质。一是深化商事改革。围绕行政许可审批,分三个阶段实施“先照后证”“三证合一”“一照一码”改革,简化手续流程,全面提速提效,便捷市场主体办理“身份证”。全年新设商事主体 1.3 万户,较去年 1.1 万户同比增长 18.2%,新增从业人员 2.8 万人,减免企业开办成本费用 4000 万元。加强事中事后监管,主动对接市商改平台,按月收集许可审批数据,以县政府办公室名义下发督查通报 3 期,督促办理后置许可 4200 份。落实经营异常名录管理制度和行政处罚信息公示制度,608 家企业、302 户农民专业合作社、4781 户个体工商户纳入异常名录管理,公示行政处罚信息 529 条。年报公示工作得到省市充分肯定和大力推介。商改工作全市典型发言。二是致力品牌培育。新增 1 件中国驰名商标。“沩山毛尖”通过地理标志产品省级评审。8 家企业获湖南名牌称号。38 件商标获湖南省著名商标。培育 8 件商标申报马德里国际注册。三是助力企业融资。办理企业股权出质登记 76 起,动产抵押登记 71 起,帮助 116 家中小企业抵押融资 32.3 亿元。四是推动企业提质。4 家企业获评省级“守合同、重信用”企业,65 家企业获评市级“守合同、重信用”企业。引导支持 9 家企业参加质量信用等级评定,组织 2 家企业申报湖南省标准化战略项目,楚天科技通过省 AAA 级标准化企业验收。五是深入企业走访。部署“大走访”活动,走访企业 1100 户,收集意见建议 45 条,整改 5 条,向政府和相关部门提出合理建议 21 条,协助企业解决具体问题 56 个。

【市场监管】 2015 年,市场监管方面增强监管执法主业主责意识,坚守食品药品和安全生产底线,切实维护公平诚信的市场秩序。一是食品安全突出严管严打。强化统筹协调、督查考核、宣传造势、治理打击,召开全县食品药品安全大会,层层签订工作责任状,实现了食品药品零事故发生。开展“百日利剑”、节日市场、校园周边、“四查行动”等专项整治。普查食品生产经主体 15000 余户,审核录入主体数据 15000 余户,处置风险隐患问题 2180 个。检验检测食品 18412 批次(完成规定任务的 115%)。全县共查处行政案件 684 起,查封、扣押、处置不合格食品及食品添加剂 5100 余公斤,罚款 351 万元。关停食品经营门店 16 家,取缔小作坊 16 家,对无证无照经营、擅自转移封存设备的豆制品经营业主胡某,治安拘留 10 天。查办刑事案件 7 起,起诉 8 人,刑拘 5 人,追逃 1 人。“陶某销售毒狗案”为新《中华人民共和国食品安全法》颁布后全省第一起食品安全刑事案件。贯彻落实《湖南省食品生产加工小作坊和食品摊贩管理条例》,进一步规范小作坊生产加工和食品经营行为,核发各类许可证 3472 份。高标准完成全县首家豆制品集中规范生产基地(沃尔德)建设,率先顺利通过市级验收。全力做好美博会、沩山法会等 10 次重大活动安全保障,实现零投诉零事故目标。二是药品监管实现“五个更加”。许可审批更加规范。按照“统一流程、归口审批、提升效能”的要求，“药品经营许可证”新发证 11 家，换证 39 家，注销 96 家，GSP 认证 3 家。发布行政许可注销公示公告 10 期，行政许可检查公示 23 期，广泛接受社会监督。日常巡查更加严谨。共检查药店 319 家，医疗机构 839 家，保健食品店 118 家，化妆品店 99 家，医疗器械店 14 家，受理和处理投诉举报 18 起，按时办结回复率达 100%。抽查检验更加有效。抽检药品 61 批次，保健品 33 批次，化妆品 20 批次，完成年度检验计划的 114%。查办案件 265 起，罚没 80 万元。彭丽朗制售“彭天柱老中医独家祛痘秘方”假药案，被列为 2015 年“利剑”行动公安部第二批、省公安厅第一批督办案件。宣传氛围更加浓厚。举行“三品一械”从业人员培训会、安全用药宣传月等系列活动，提升企业的安全责任意识和公众的关注度。风险监测更上台阶。上报药械不良反应 1017 例，较去年同期上升 18%，其中药品不良反应 749 例，医疗器械不良反应 268 例。三是安全生产监管持续发力。突出特种设备监管。对玉潭游乐园等 4 家单位的大型游乐设施进行专项检查，对发现的 13 个问题督促限期整改。组织召开全县涉氨企业约谈会。承办全县特种设备液氨泄漏事故应急救援演练。会同安监、消防、住建和乡镇对涉氨企业开展专项检查，督促整改问题 12 个。牵头组织公安、消防、环保等部门，成功处置新源冻库液氨泄漏重大安全隐患（转移液氨 2 吨）。开展电梯安全监管大会战，协调省特检院在宁乡设立电梯检测站，检查电梯 1029 台，扶梯与自动人行道 85 台，责令整改安全隐患 32 处；督促世纪阳光起用物业维修基金对 13 台电梯进行大修。加强液化气市场监管。联合住建、安监部门开展液化气门店联合检查，取缔违规门店 3 家，收缴螺丝瓶、报废钢瓶 3157 只，检测过期钢瓶 30000 余只。新奥燃气 4 个 100 立方米储罐经省特检院检验合格。加强安全生产综合治理。牵头开展车辆治超源头治理，组织召开全县货运车辆安全生产谈心谈话会。配合安监、交通、环保、国土、旅游等部门对矿山、耐火材料、危险化学品及包装物等开展专项整治，取缔关停高危企业 13 家，立案 26 起，办结 25 起。四是市场秩序稳定向好。加大对无照经营、制假售假、组织传销、商标侵权、虚假广告等违法行为的打击力度，执法办案工作全市排名第一。全年查办广告案件 30 起，商标案件 28 起，无照经营案件 66 起。其中万元以上案件 40 起，5 万元以上案件 5 起，10 万元以上案件 2 起。加大传销打击防控，开展无传销乡镇示范创建活动，获市政府督查通报表扬，连续 6 年被省打传办确定为“基本无传销县”。积极开展诚信示范街道、示范门店创建活动，验收合格示范街道 17 条、示范门店 486 家。

【消费维权】 2015 年，县市场和质量监督管理局开展农村和城乡结合部打击假冒伪劣专项整治、两节、两会市场秩序专项整治等执法行动。抽检建材、婴幼儿用品、电热水器等产（商）品 245 批次，办理产（商）品质量案件 42 起。查办了假冒“迅达”牌燃气灶、假冒“周六福”金银首饰、加工销售“黑心棉”等典型案件。5 月 26 日，代表长沙市全面接受省工商局农村和城乡结合部假冒伪劣商品专项整治工作检查验收，并被省局评为专项整治工作先进单位。严格加油机计量管理，实现全县加油机检定全覆盖。免费对全县 465 台出租车计价器进行检定。配合省计量院进行医疗计量器具和眼镜配制计量器具的检定检验。对县域内强检计量器具实施周期检定 3100 批次。对全县乡镇卫生院的医疗器械进行免费计量检验，免收检验检测费用 40 万元。配强接诉、处诉力量，重要节假日期间安排领导带班值班，基层力量下沉到景区、市场一线值守。认真落实消费者投诉举报受理、分流、处理、督办、回访各项工作制度。全年共受理消费者投诉 424 件、举报 105 件，投诉举报共办结 529 件，为消费者挽回经济损失 196 万元。消费者投诉回访率 100%、满意率 96.2%。以旅游景区、批发市场、大型超市为重点，开展优秀维权站评比活动。以贯彻实施新《中华人民共和国消费者权益保护法》和《中华人民共和国食品安全法》为契机，举行打假维权案件新闻通报会、湘都农业诚信消费体验、“3·15”现场宣传咨询、食品安全宣传周等系列活动。按月编印《市场监管工作动态》，《今日宁乡》按月刊发“市场监管费维权”专版，建立市场监管工作群，推出微信公众号（关注量达 1200 人次，访问量达 20000 余人次）。全年在国家级媒体上稿 3 篇（条），省级媒体上稿 12 篇（条）、市县级媒体 124 篇（条），各级电视报道 82 次。

【基层基础建设】 2015 年，县市场和质量监督管理局开展“基层党建规范化建设年”活动，严格规范管理，提升能力素养，努力打造一支“政治合格、业务过硬、作风优良”的市场监管队伍。规范党建工作。制定党建工作要点，配备专职人员，足额安排党建经费，层层签订目标管理责任书，实行半年督查考核，定期讲评推进，年底绩效考核。开展“西部山区访贫问苦”、对口联点帮扶、创建“政务服务示范窗口”、到伟人故里参观学习等系列活动，增强党员宗旨意识，发挥党员示范引领作用。落实管理制度。完善绩效考核、公务接待、政务公开、机关学习培训和环境卫生管理等系列制度，并狠抓制度的落实兑现。制定干部教育培训计划，开设“科所长”讲堂，全年培训干部职工1400人次。出台《绩效考核评估办法》《重点工作任务分工意见》，实施季度考核讲评，年中跟踪调度，年底奖惩兑现。加大暗访督查力度，回访行政处罚案件当事人150户，2015年以来共印发通报7期，处分处理干部职工12人，纠正违规问题29个。共建美丽乡村。组织党员干部到联点村开展卫生大清扫活动32次，单位和干部职工共计支持现金和捐献物资32.2万元，引导爱心企业家捐款捐资98万余元，结对联系困难家庭232户。

（罗晓林）

审计工作

县审计局

党组书记、局长
洪瑞强（女）

书记、副局长
唐凤才（9月免）

副书记 刘　抒（11月免）

副书记、副局长
邓光辉（11月免）

副局长 叶剑军

副局长、工会主席
彭国良（女，11月免）

纪检组长 周景云

【概况】 2015年，宁乡县审计局（以下简称县审计局）有在职干部职工45人，其中中级及以上专业技术职称人员29人。机关内设办公室、审计一科、审计二科、审计三科、综合法规科、内审指导科，县领导干部任期经济责任审计办公室和县政府投资审计中心挂靠县审计局。2015年，县审计局共完成审计项目39个，其中上级审计机关交办审计项目3个，委托社会中介机构审计项目10个，共查出违规资金6.09亿元，管理不规范资金42.01亿元，移送县纪检监察机关事项4件（共11人），向县纪委通报问题6个，移交税务部门问题1个，向行业主管部门通报问题10个，移交被审单位纪委（纪检组）问题5个，向本级政府报送审计要情8份、各类审计专报8份。此外，县审计局共派出47人次（共计558个工作日）完成县委、政府交办（含协同有关职能部门）工作任务共18项。按国家审计博物馆的相关工作要求，完成谢觉哉（曾任中华苏维埃政府第一届审计委员会主席）宣传纪录片拍摄并被收录；县审计局机关完成数字化审计档案室建设。2015年，县审计局获长沙市审计系统一类单位、县绩效考核一类单位。

【审计质量】 2015年，县审计局将提高审计质量、提升审计效果作为工作重点，审计工作得到了县人大、县政府的高度肯定，县人大对县审计局依法审计开展评议，票决结果满意率为100%；县审计局选送的县住建局陈伟平经济责任审计项目获全市经济责任审计项目讲评一等奖。

【审计移送】 2015年，县委将县审计局列为反腐败协调领导小组成员单位，审计机关根据责任分工，进一步加大了反腐败案件线索挖掘的力度。全年，县审计局向纪检监察机关、行业主管部门及被审计单位纪委（纪检组）移送（通报）问题26个，审计在反腐败工作中的“利剑”作用进一步彰显。

【廉洁从审】 2015年，县审计局为充分发挥党员的模范带头作用，创新党建工作方式，进一步加强廉政建设，年初下发《党建与审计工作同步开展的意见》和《进一步加强廉政建设的意见》，根据两份意见，各派出审计小组都成立了临时党小组，并明确一名廉政监督员。此举构建了三项工作高度融合、互为促进的格局，取得了良好的效果。审计局机关支部被授予“先进基层党组织”称号。2015年上半年，县审计局纪检组组织了廉政回访，满意率为100%，在县政风行风建设半年度测评中，县审计局获得测评代表高度肯定。

【委托审计】 2015年，县审计局通过学习长沙县、浏阳市、望城区的委托社会中介机构审计工作经验，结合宁乡实际，通过公开招标，确定了5家社会中介机构入围。为探索委托社会中介机构实施审计以弥补审计力量不足，和助力建设法治政府、透明政府，按照2015年审计计划，县科协、县能源办等10家单位由社会中介机构实施审计。

【审计中心工作】 2015年，县审计局共派出47人次参与特色农业项目验收、工伤保险审计调查、巷子口南亩田村财务清理、扶贫资金检查、全县征地情况调查、乡镇“四费”检查等18项中心工作，为服务三大建设、促进县域经济社会持续健康发展发挥了积极作用;对整建扶贫联系村、支部结对共建村、群众工作联系村除完成规定动作外，县审计局工作队员还深入联系村积极宣传并参与美丽乡村建设，局机关干部职工与困难家庭进行结对帮扶,6 月 30 日在青山桥上流村组织开展了“心连心”慰问帮扶活动,11 月 13 日在青山桥竹峰村组织开展了“宁乡审计与你一路前行”精准扶贫主题活动,得到人民群众好评。

【审计队伍建设】 2015 年,县审计局将提升干部业务水平作为队伍建设的重点。一是组织全局干部职工每季度进行一次主题学习，一季度组织开展了为期三天的审计项目讲评，每一位审计人员将自己的主审项目用 PPT 的方式进行讲解,接受同事的点评,大家相互学习、取长补短,二季度组织了“让纪律释放沉潜的力量”主题演讲比赛，进一步增强了干部廉洁从审的意识；二是通过省审计厅“送教上门”“审计大讲堂”、知识竞赛考试等方式促进审计理论知识的提高；三是选派干部进行跟班(脱产)学习,选派 2 人赴审计署全程参加国家税务总局、中国海洋石油总公司的审计,选送 1 人参加审计署计算机审计中级班学习，提高审计人员专业水平。

【内部审计】 2015 年,县审计局在宁乡一中举办了为期 3 天的内部审计培训班，全县 412 名内审人员参加培训，本次培训邀请省市内审协会、湖南工程学院的专家以及县审计局长期从事各项审计业务的干部进行授课，通过培训 + 考试的模式，强化内审人员业务水平的提高，夯实内部审计工作基础，本次培训班也成为湖南省近年来规模最大、效果最好的典型，受到了省审计厅内审指导处的高度肯定。（徐　鹏）

县领导干部任期经济责任审计办公室

主　任　邓　红(女,11 月免)

县政府投资审计中心

主　任　庞建新

国土资源

县国土资源局

党组书记、局长

肖庆喜

副书记、副局长

罗亿清

副书记　钟炳权

副局长　龙俊武　邓四红

周伏良　彭宏献

喻　尚

纪检组长

彭德强

【概况】 县国土资源局现有干部职工 347 名,局机关内设办公室、人力资源科、计财科、内审科、用地科、规划耕保和节约集约用地科、土地供应科、地籍和测绘管理科、政策法规科、征地拆迁管理科、地矿科、信访办、监察室、行政审批科 14 个科室。下设国土资源交易中心、测绘院、土地开发公司、执法监察大队、地质矿产站、征地拆迁管理所、土地整理中心、土地储备中心、信息中心、经开区分局、高新区分局 11 个二级单位,并在全县 29 个乡镇(街道)均设立国土资源所。2015 年,被评为“全国国土资源管理系统先进集体”“全国土地利用和管理形势观测分析工作成效突出观测点”“长沙市国土资源局绩效考核一等单位”。

【规划用地】 2015 年,县国土资源局规划中期评估初步成果通过省厅规委会审查。在严格执行湖南省用地指标年度计划的大背景下,积极向上争取计划指标,格力电器、锂电谷、岳宁大道等重大招商引资项目、民生工程用地得到审批,确保了县域经济发展需求。

【征地拆迁】 2015 年,县国土资源局严格实行“三公告一登记”“两级审核”“三榜公示”的阳光征拆。全年实施征地拆迁项目 52 个,拆迁房屋 2095 户,拆迁面积 53 万余平方米，滨江棚户区改造、美丽中国·长沙文化产业示范园(华强项目)、娄益衡高速等项目均在规定的时间内及时腾地,创造了征拆“宁乡速度”。在快速推进征拆工作的同时，切实保障失地农民社保资金，征拆信访案件显著下降，实现了失地农民失地不失利,老有所养,病有所医。省、市就全县征拆工作进行了专题调研,相关经验拟在全省推介。

【资源保护】 2015 年,县国土资源局更加注重土地资源保护。一是加强矿山企业日常管理，严格落实矿山年检,变更登记、矿山环境治理和矿产资源补偿费征缴工作；对全县范围内 11 个矿区 25 家矿山进行了资源、资产整合;开展专项行动对 12 家非煤矿山、16 家违法违规砖厂进行有效整治。二是稳步推进节约集约用地,经开区集中配建基础设施模式、关山村综合整治节约集约用地模式成为全国、全省典型。三是推进高标准农田建设,完成 2014 年启动实施的省、市 3720 公顷土地整治项目和双江口镇五一村市级“先建后补”试点项目,启动了投资 1 亿元的 3360 公顷省、市土地整治项目,通过平整土地,开发耕地,硬化、美化道路、沟渠、河道,有效改善了农业生态条件和生态环境。

【土地市场】 2015年,县国土资源局严格实行净地出让,扎实落实土地交易网上招、拍、挂制度,全年出让用地273.8公顷,价款14.71亿元。采用定向、定量、实质储备相结合的土地储备融资模式,做大做强融资平台。

【地灾防治】 2015年,县国土资源局科学编制地灾防治方案、预案,建立和完善汛期值班、险情巡查、灾情速报、应急处置等方面的工作机制。全年发送预警信息6万余条,发放明白卡7000余份,设立警示牌、防护墙等500余处,临时搬迁避让1300余人次。

【执法监察】 2015年,县国土资源局加大执法督察力度。组建常年执法监察队,实施不间断全面动态巡查,加大对基本农田、三道两旁、规划控制区等重点区域的监管。全年立案查处各类土地、矿产违法案件68宗,办结64宗;组织联合拆违行动70余次,拆除违章建筑15000余平方米。土地卫片执法监督检查顺利通过省级综合验收。开展2013—2014年村民建房、集镇开发和中心村等违法用地的专项清查,下发了《关于进一步规范用地管理的规定(试行)》。逐宗摸底调查全县2004年至2014年出让的1024宗39950亩用地的建设情况,对涉嫌闲置土地进行分类处置。

【基础工作】 2015年,县国土资源局办理土地登记19028宗,其中国有土地单位发证622宗,国有土地个人发证10446宗,集体土地单位发证80宗,集体土地个人发证4863宗,注销登记2493宗,土地查封登记197宗,注销查封业务17宗,抵押登记310宗。启动不动产统一登记的前期各项筹备工作。

【系统建设】 2015年,国土资源系统建设进一步加强。以制度管人,完善对科室、二级单位、国土资源所的考核办法和财务制度管理,以及县对国土资源先进乡镇的考核办法。注重业务培训,开展“土地日”“地球日”“读书日”等活动,举办2期“提素质树形象”系列培训班,提高干部职工依法行政和解决复杂问题的能力和水平。注重廉政教育,落实廉政责任,与各科室、二级单位、乡(镇)国土所签订廉政建设责任书,相关负责人作了公开廉政承诺;全系统开展“三严三实”和“讲道德、明是非、守纪律”专题教育学习活动。优化办事环境,认真落实拆墙透绿增绿工作,沥青硬化机关停车坪,对本系统干部职工车辆实行单双号单双日准停制度,在机关停车位严重不足的情况下腾出10个外来人员专用停车位。简化办事流程,通过开辟绿色通道,发放业务办理一次性告知手册,缩短办结时限等方式,确保各项业务高效快速办结,全年办理各项业务近2万余宗。开展电话回访,全年回访各类服务对象2000余人,通过发现问题,解决问题,不断提升服务质量。倡导健康、有益的生活方式,连续三年举办“清风杯”运动会,激发队伍活力,凝聚队伍战斗力。 (李 晔)

统计工作

县统计局

党组书记、局长 彭海华

副局长 闵爱辉(女) 黎新知 刘志扬

【概况】 2015年,县统计局共有干部职工32人,内设办公室、综合科、法规科、一产业科、二产业科、三产业科6个科室,下设统计普查中心、经济调查队2个二级机构。2015年,县统计局紧扣县委“加快三大建设,实现全面小康”的战略部署,按照“狮子型团队”工作目标和要求,以加快建设服务型统计为抓手,深入开展“三严三实”和“讲道德、明是非、守纪律”主题教育活动,全面履行统计职能,积极推进统计改革,切实加强基层基础,着力强化统计监管,较好地完成了各项工作任务。2015年,统计工作亮点纷呈:加强指标监测,县域经济基本竞争力排名再进11位,成功挺进全国四十强,位居第39位;“十强十快”乡镇、街道评比再创佳绩,沩山、偕乐桥首次挺进全市“十快”;推出“学经验、定标准、抓督查、观摩促、考核评”的“五大举措”。代表长沙出席全省双基工作大会并作典型发言,县级获得全省统计工作规范化建设示范县殊荣;围绕市对县绩效考核和政府工作报告确定目标,加大数据解读力度和分类业务指导,按月度、季度、年度提前做好主要指标预警,确保考核指标在全市的争先进位;积极、主动做好城市文明指数测评和市对县绩效考核民意调查相关工作,多方争取省、市民调中心工作支持,全力确保宁乡县重点领域民调满意度提升;经济普查圆满收官,完成普查课题22个,《普查数据资料》和《普查课题资料》汇编出版,被评为省级先进;全国1%人口抽样调查数据采集圆满结束,并顺利通过国家、省市事后质量抽查,被推荐为省级先进；畜禽监测、粮食抽样调查和城乡一体化住户调查三项工作连续三年获得省级一、二等奖。

【统计基础】 2015 年，县统计局结合“统计数据质量年”活动，推出了“学经验、定标准、抓督查、观摩促、考核评”的“五大举措”。7 月 28 日，宁乡县统计“双基”工作接受了长沙市政府的专项督查，得到了督查组的充分肯定；8 月 27 日，县统计局代表长沙地区在全省召开的统计基层基础工作会议上作经验推介；10 月 29 日，《中国信息报》对宁乡统计基层基础工作发展纪实进行了专题报道。

【统计服务】 2015 年，统计服务工作的重点体现在服务三大建设、服务社会需求和领导决策方面。成立服务三大建设工作领导小组，制订工作方案，深入园区、乡镇进行工作调研，获取第一手资料，撰写工作调研报告，开展统计周末沙龙活动，服务实力园区建设；深入联点村召开座谈会，组织联点村干部赴县内外进行观摩学习，推进联点村美丽乡村建设；积极做好县城行政区划调整的统计数据监测和城乡区划变动划分统计工作，主动做好城市文明指数测评等相关民意调查工作的对接与跟踪监测，服务新型城镇化建设。编印《统计年鉴》、发布《宁乡县国民经济和社会发展统计公报》，提质改版《宁乡经济运行快报》，编印精装版《宁乡县国民经济和社会发展统计资料》，做好经济普查资料开发，为社会需求提供统计信息服务；编印《宁乡统计》《统计专报》，为县委政府决策提供数据支撑；以“统计服务民生”为主题，举办统计开放日，开展统计进学校、进机关、进社区、进园区“四进”活动，较好地发挥了参谋助手作用。

【统计队伍建设】 2015 年，县统计局以思想政治建设、党风廉政建设为重点，全面提高干部队伍素质，全面改进工作作风。开展争做“美丽干部”“美丽党员”的活动，采取定期、不定期以及“走出去、请进来”等多种方式组织统计人员参加各类会议和培训，参训人员达到 700 余人次；输送局内 10 人次参加国家、省、市举办的统计业务及技能培训提升班学习，着力提高统计队伍的专业水平和综合素质。建立财务内审制度；建立统计行风监督员制度，开展政风行风民意测评，满意率达到 100%。深入开展“讲道德、明是非、守纪律”教育活动和“为民务实转作风，忠诚履职树形象”作风建设主题活动，通过“三讲三树”(即讲组织原则、讲个人修养、讲道德规范，树目标意识、树绩效意识、树竞争意识)，努力解决机关党员干部在思想作风、工作作风、生活作风以及学风等方面存在的突出问题，以党风带政风促民风，着力塑造现代服务型统计新形象。

【统计执法】 2015 年，县统计局继续加强统计法律、法规的宣传力度。在统计信息网设立统计法规专栏，利用互联网、短信、年报会议、业务培训、继续教育与从业资格培训会议等方式进行宣传，使《中华人民共和国统计法》和《统计违法违纪行为处分规定》群众知晓率提升；开展“9·20”统计开放日和“12·4”法制宣传活动，通过设置宣传版、散发宣传单、统计漫画手册等方式开展宣传，取得了良好的宣传效果。积极开展统计执法检查和统计违法案件的查处工作。年初制定统计执法大检查工作实施方案，成立以局长为组长，副局长、纪检组长为副组长，法规科等相关科室长为成员的执法检查工作领导小组，根据省市要求，对全县各乡镇街道、企事业单位开展了统计执法检查，以此为契机，进行普法宣传，对拒报、迟报、提供不真实或者不完整统计资料的违法行为，依法严肃查处，全年统计执法检查单位 20 家。

（李熙明）

县统计普查中心
主　任　　刘志红

安全生产监督

县安全生产监督管理局
党组书记、局长
　　邓新华（9 月免）
　　周兵山（9 月任）
党组成员、副局长
　　刘赞清　刘腊明
　　秦泽强　刘志良（兼）
党组成员　盛治国　戴　文

【概况】 2016 年，宁乡县安全生产监督管理局（以下简称县安监局）有工作人员 41 人，其中班子成员 4 人，内设办公室、烟花爆竹安全监管科、非煤矿山安全监管科、危险化学品安全监管科、职业安全健康监管科、法规科、行政审批服务科、安全生产应急救援指挥中心 8 个科室。负责权限范围内非煤矿山(含尾矿库)、危险化学品和烟花爆竹行业安全生产行政许可和安全生产监督管理工作，并对冶金、机械等行业开展安全生产监督管理；负责组织一般生产安全事故调查处理和办理结案工作，参与、协助上级政府或有关部门组织的生产安全事故调查；负责发布安全生产事故调查处理信息，综合管理生产安全事故统计工作。牵头、协调、参与、指导安全生产事故应急救援工作；负责权限范围内用人单位（煤矿除外）作业场所职业卫生的行政许可、监督检查和使用有毒物品作业场所的职业卫生安全许可、建设项目“三同时”监督管理、职业安全(健康)卫生培训、职业病危害项目申报和职业健康监护工作，组织查处职业病危害事故和违法违规行为。设立了事故举报及服务热线电话：0731—88980770。2015年，安全生产工作的经验和亮点，5次由《中国安全生产报》进行宣传报道。

【大力推进安全战略】 2015年，县安监局组织2期安全生产研修班，并邀请省、市领导作了3场专题辅导报告，提醒和协助所有县级领导每季度带队对全县高危行业、重点企业进行安全检查。全力争取安全生产保障资金，根据目标考核结果严格兑现奖惩，提请县财政共发放安全生产奖励资金296.4万元；县政府设立公共安全重大事故隐患治理资金（预算300万元/年），专款用于重大公共安全隐患的治理和村级安全监管员的待遇落实。

【完善监管体系】 2015年，县安监局继续建立健全“党政同责、一岗双责、失职追责”和“三个必须”制度，县安委办单独或会同政府督查室开展暗访督查8次，累计下发督办函74份，督促整改各类安全隐患158个；健全目标管理考核办法；完善安全生产述职制度；推进企业安全生产诚信管理体系建设，严格落实安全生产“黑名单”制度；落实企业风险因素公告制度；全面推进“五级五覆盖、五落实五到位”工作，在全县所有村（社区）设立安监员，对村级安监员进行“三定”，即定员、定责、定待遇，明确村级安监员补贴100元/月。实行“下沉式”工作法，把审批办公地点下移到乡镇，把安全培训课堂下搬到企业，把安全生产会议开到事故乡镇和隐患企业；实施安全生产计分管理办法，通过执法检查，对企业的违法违规行为实行倒扣分制，扣完12分将暂扣企业安全生产许可证，责令停产整顿，2015年全县78家烟花爆竹生产企业被扣分的达37家；扎实推进安全生产行政执法管理系统的应用，并将此项工作列入执法质量考核，有效规范了行政执法行为；积极邀请专家会诊企业，从省级专家库中邀请两名粉尘和危化品行业的专家，对宁乡县粉尘和危化品使用企业逐家进行诊断；标准示范创建卓有成效，目前宁乡县已创建省级示范乡镇6个、市级示范乡镇23个。

【开展安全生产“十大工程”】 2015年，县安监局深入开展安全生产“十大工程”，包括隐患排查治理“三自”系统建设、企业安全生产标准化创建、高危行业企业电子监控监测系统等工程，每个工程均明确了牵头单位、参与单位和时间进度要求，县安委办每月召开一次专题调度会，各项工程目前均按计划稳步推进。至2015年年底，全县烟花爆竹企业的和药、混药工序已全部完成机械化改造；共有938家生产经营单位进行了隐患“三自”系统的自录；累计创建三级以上标准化企业540家，其中二级标准化达标的企业12家；56家生产经营企业的监控画面已与县级监控系统实现对接；所有乡镇安监站积极开展安全标准化建设，已有15家安监站通过市局验收。

【深入推进打非治违】 2015年，按照市安委会的统一部署，县安委办相继组织开展了“春雷”“飓风”“霹雳”“清剿”行动，严厉打击各类非法违法生产经营行为，共组织集中执法行动1447次，出动执法人员10294人次，检查生产经营单位5571家次，排查发现安全隐患6301处，责令停产整顿企业31家，取缔非法生产经营建设单位39家。特别是“清剿”行动，明确各专项组组长由责任单位主要负责人担任，各组至少组织1次以上的联合执法行动。同时，按照一名领导干部和一名联络人负责一个监管对象的打非治违工作，制定包干名册，实行包干“清剿”。

【安全生产宣传教育】 2015年，县安监局在安全生产月期间重点组织了宣传咨询日、领导谈心对话、企业职工安全知识竞赛、全县性应急救援演练、烟花爆竹安全文艺汇演等5大主题活动，取得了良好的效果。日常宣教工作方面，组织高危行业企业从业人员开展各类培训班46期，培训各类人员3521人；按照“千人送训进万企”工作要求，累计组织开展安全培训100多期，近万名企业员工接受教育培训。

（熊胜兰）

城建·环保

城乡规划建设

县城乡规划建设局
党委书记、局长 陈伟平
副书记、副局长 潘立强(9月免)
杨文辉(9月任)
何昊强
纪委书记 孟友良
(县纪委派驻)
副局长 褚宏甫　许东山
工会主席 姜达颗(11月免)
党委委员 罗杰人

【概况】 根据宁发〔2015〕15号文件,2015年9月16日,宁乡县住房和城乡建设局更名为宁乡县城乡规划建设局（以下简称县规建局),由县政府工作部门调整为县政府直属事业单位。2015年,全系统共有干部职工348人（其中局机关129人,离退休51人),下属企事业单位16个,其中事业单位13个。局机关内设办公室、财务计划科、政工人事科、监察审计科、建设工程管理科、行政审批科、公用事业科等7个职能科室。主要负责全县建设工程的勘察、设计、招投标、造价、施工、质量安全、装饰装修、竣工验收的监管等工作。该局以新型城镇建设、建设行业管理、市政公用服务为重点,致力打造“效率规建、安全规建、活力规建、魅力规建”,各项工作进展顺利,成效明显。年内,城建档案馆被省住房建设厅办公室评为“先进集体”,县招投标办被市招投标办评为“先进单位”,县规建局荣获县“绩效考核一等单位”“项目工程服务先进单位”“政务公开先进单位”“宣传思想文化工作先进单位”“文明程度指数测评工作先进单位”“计生工作优秀单位”“省市重点民生实事工作先进单位”“依法行政先进单位”,县城关建规所荣获县级“文明单位”,离退休支部获县级“先进离退休支部”,湖南海通建设有限公司获县级“生产经营领域安全生产先进单位”。

【建筑行业】 2015年,宁乡建筑行业实现平稳发展。一是政策得到落实,建筑产业规模与效益稳步提高。6月12日,县规建局牵头召开《宁乡县加快建设行业发展工作大会》,会议颁发百万奖励建筑企业,激励建筑企业不断做大做强。年内,宁乡有3家企业房屋建筑总承包二级升一级,2家企业市政总承包二级升一级。宁乡建筑施工企业完成建安产值62.5亿元,比2014年增长2%。二是建筑市场监管得到强化。利用《湖南省建筑工程项目监管信息平台》进行信息化管理,在完善备案制度、整顿建筑市场、完善建设程序、遏制源头风险、规范承包、发包市场等方面取得显著效果,特别是施工现场管理得以强化,监理责任落实得以改善。定期进行重复压证清理,促进建筑市场监管的公开、透明和规范。遏制围标、串标、陪标、资质挂靠、业绩弄虚作假等行为,创造良好的招标秩序。全年完成房屋建筑和市政工程招标项目360个,其中施工招标332个,工程监理招标24个,设计招标2个,施工设计总承包招标2个;公开招标项目326个,邀请招标项目34个。工程施工招标总建筑面积142.79万平方米,总造价27.47亿元。行业监管内的工程招标率100%,应公开招标工程的公开招标率100%。与住房保障局、人力资源和社会保障局等部门协同配合,积极做好房地产预警预报工作,前三季度累计办理农民工工资保障金核实存入项目57个,共计存入金额687.3万元;清欠建设项目工程款、农民工工资共计910万元,确保行业总体稳定。三是质安形势持续稳定好转。质量安全抓常抓严抓创新,安全生产未打破指标,未发生一起较大质量责任事故,未发生一起群体性投诉事件。全年累计受监在建工程项目130个,受监建筑面积195.3万平方米,其中市政项目22个,受监工程项目覆盖率为100%,工程质量合格率100%。申报优良工程项目17个,建筑面积63.45万平方米;累计办理竣工验收备案项目159个,建筑面积26.9万平方米。接待和处理工程质量投诉事件30起,处理率100%,满意度100%。四是积极推广建筑节能。制定《宁乡县可再生能源建筑应用发展规划(2012—2017年)》,全面落实新建公共建筑和住宅建筑节能设计审查,大力推广建筑墙材“禁实推新”工作,全县设计阶段民用建筑节能实施率和施工阶段建筑节能强制性标准实施率均为100%,城区新型墙材应用比例达到48%,获批住房建设部“可再生能源建筑应用示范县”。

【市政公用事业管理】 2015年,宁乡市政公用事业管理成效显著。一是城市供水着实体现社会担当。长沙(中国水务)有限公司积极履行企业责任和义务,不断加大投入,坚持建管结合,城市供水设施逐步完善,安全供水得到保障。全年完成供水总量3500万吨,售水总量2760万吨,水质合格率100%,实现优质安全正常供水。二是城镇燃气着力重点治理打击。县规建局根据《中华人民共和国安全生产法》《中华人民共和国城镇燃气管理条例》《湖南省燃气管理条例》等法规,着手重点治理打击燃气违法违规行为,全面规范行业经营秩序,确保人民群众用气安全和社会稳定。组织燃气行业安全专题会议13次;对液化气经营企业、供应网点、加气站场进行安全检查400次,累计检查6家企业、6个充装站、2个加气站和251个经营网点,下发整改通知单46份,下达责令停业通知30份。结合燃气经营许可工作,加大液化气经营网点标准化建设力度,至2015年年底,完成182个标准化网点建设,其中81个经营网点取得燃气经营许可证。三是市政维护着手强化精细管理。市政维护维修步入精细化管理轨道,县城区11处积涝整治在汛期前全部完成;盲道整改效果明显,整改梅花路、楚沩路、人民路等路段盲道不规范点365处,新建盲道620米;日常维修保持常态,投入30万元对23条背街小巷的绿化进行提质改造;日常巡查加大密度,坚持每天上路巡查,及时发现市政设施运行状况,破损部位及时安排相关人员和单位进行维修。四是路灯建设着色城市亮化精美。路灯公司积极创新和优化巡查维护方式,由原来实行三个班组组成巡查小组每周一次巡查改变成由值班班组负责每星期一、星期四两次巡查。及时归总巡查过程中发现的问题,在每天的工作例会上进行维修任务分解落实,简易问题当天解决,疑难问题本周解决。全年共更换各类灯泡2409只,整流器1280只,各类开关578只,更换电源线11.86千米。

【新型城镇化建设】 2015年,宁乡新型城镇化建设发展良好。县规建局作为新型城镇建设的牵头单位之一,积极参与制定宁乡县新型城镇建设实施方案和绩效考核办法,并组织开展对相关县直单位、乡镇、社区(村)进行督查考核;参与筹备“加快新型城镇建设动员大会”“新型城镇建设百日会战”“新型城镇建设工作推进会议”三次大型会议;组织迎接宁乡县人大代表、政协委员视察新型城镇建设工作现场观摩活动以及市委、市政府相关领导视察活动;第三季度评选表彰了通益社区、茆田社区、白马社区、花明社区、大湾岭村等5个优秀社区(村),每个社区(村)获奖2万元;2015年,省、市下达到宁乡的危改指标任务2500户,实际完成2575户,按期、优质、足额完成全年目标任务,农村危改顺利推进。

【政务服务】 2015年,县规建局按照政务中心“三集中三到位”的要求,对所有审批事项进行全面梳理,明确每一审批事项的条件、审批流程、审批时限。通过梳理,归集建设工程报建报监、市政公用管理等行政审批事项。同时将行政审批事项分别以委托书的方式向行政审批服务科授权,为行政审批服务科的正常高效运转奠定坚实基础。彻底解决以前业务虽进窗,但对窗口授权程度不高,两头受理、两头办理,群众两头跑的问题,真正做到“便民、高效、廉洁,规范”,得到相关单位和办事群众的普遍好评和赞誉,树立良好的窗口形象。

(谭　亮)

城乡规划服务

县城乡规划服务办公室

党组书记、主任
姚福平

副书记、副主任
杨伟斌　刘寿华

纪检组长　陈鹏飞（县纪委派驻）

副主任　谢宇波
何　鹏(7月免)
李　淼(女,11月免)

【概况】 根据(宁发〔2015〕15号)文件精神,2015年9月16日,县城乡规划局更名为县城乡规划服务办公室。由县政府工作部门调整为县政府直属事业单位。2015年,宁乡县城乡规划服务办公室(以下简称县规划办)内设办公室、监察室、财务审计科、总工室、规划编制科、城区规划科、村镇规划科、法制科、私房建设规划科等9个科室,下设宁乡县规划监察执法大队和宁乡县规划信息中心。年内,全体干部职工以“树立新标杆、强化履职能力建设”为目标,坚持完善规划编制体系,推进审批制度改革,推行规划政务公开,提升规划服务水平,为促进项目落地,确保经济增长,提升城乡品质作出积极贡献，县规划办在市规划局对区县年度绩效考核中名列第二，新华社网、人民网、中宣网、腾讯网、凤凰网、湖南卫视等媒体纷纷报道县规划办规划编制、批后管理和“三大建设”方面的经验作法，被誉为“树立中部地区规划的新标杆”。

项目帮扶。对口帮扶金玉乡镇工业集中区项目，全面分解工作任务，开辟绿色通道服务重大项目建设，前往各乡镇召开会商会议 18 次，解决问题 80 个。县规划办服务小组组织县国土局及金洲管委会相关领导前往宁乡县金城人防工程有限公司进行上门服务，就土地过户中的问题具体协调，并现场召集华宇房地产评估有限公司负责人对其出具的评估报告进行补充说明、完善。在相关职能部门的支持配合下，原 0.49 公顷土地顺利完成土地过户，另 0.15 公顷土地取得土地使用证。

群众工作。在灰汤花果村和新联村成立群众工作站。积极开展“一推行四公开”活动，坚持每月按时到村开展工作，深入走访和接访居民群众 400 余户，听取意见建议 200 条，解决群众诉求 20 件，化解矛盾建议 25 件。发动党员捐献爱心款 2 万元，投入 12.3 万元为结对共建村编制村庄整治规划。同时积极协助村部向县文体局争取一批文化健身器材，用于村上文化广场建设，丰富群众的文娱生产生活活动。同镇政府队员一起，协调完成村组公路硬化 3 千米，便利群众交通铺路铺石 4 千米，整修灌溉电排一处，冬修水利完成山塘清淤 3 口、山塘护砌 8 口，扶持养殖大户 2 户，规模 5 千羽以上，扶持水稻种植大户 2 户，规模达百亩，引进蔬菜种植基地，规模达三百亩，取得较好经济效益。

政务公开。全方位接受民主监督。广泛接受县人大、县政协以及社会各界对规划工作的监督，主动邀请县政协民主监督员参与全局重大活动，全面接受监督。办好建议提案，全年办理省、市建议提案 14 件，办结率、满意率均为 100%。多渠道扩大政务公开。修订《城乡规划公示暂行规定》，落实政务网更新制度，做好规划公示、公布工作。落实政府信息公开要求，受理申请公开信息 74 件，办结 74 件，正点率 100%，受理“县长信箱”34 件，办结 33 件。精心开展 4 期规划进社区活动，提升规划公开效果。印发《关于加强规划宣传工作的管理规定（试行）》，并通过新闻发布会、在线访谈等宣传形式，提升规划形象。加快规划展示馆建设，成立筹备领导小组，有序推进布展工作。

【规划编制】 2015 年，县规划办坚持科学规划，规划编制水平不断提高。《宁乡县城总体规划(2000–2020)(2015 修改)》获市政府批复，人民网、新华网、腾讯网、凤凰网广泛报道，被湖南卫视《新闻联播》专题报道，在省内外引起广泛热议。在总体规划指导下，完善专项规划编制 15 个，全面启动控规提升，完成控规提升技术方案、城市体块模型和现状调研初步方案。加快村镇规划编制，形成《宁乡县重点建设的小城镇规划建设情况调研报告》，花明楼、青山桥、流沙河等 20 个乡镇和石屋、黄鹤、竹田等 28 个村庄的“美丽乡村”规划亮丽出台。高标准推进滨水区、行政中心板块等重点片区城市设计，精心组织概念性规划，为进一步优化城市色彩、城市轮廓线以及标志性建筑设计提供重要保障。

积极推进沩东新城、十里画廊、香山小镇、道林古镇、炭河里古城、金玉工业园区项目、1121 工程新型联合集镇起步区、灰汤雅居乐、煤炭坝门业园、双凫铺鞋业园、长沙大河西物流中心、大河西污水处理厂等项目建设，加速完成回龙铺、坝塘、双江口等 6 个集镇立面改造项目、全县 51 个村级组织活动场所改扩建、全县教卫公租房等重点项目的建设规划和行政审批。

出色完成全县 15 个小城市、中心镇、特色镇的筛选论证。抓好综合交通、排水防涝、电力等专项规划编制及重大基础设施项目规划审批。有力推进沿江风光带、沩东新城、灰汤雅居乐、乌江新城、凤凰山国家森林公园等重点片区建设。制订二环路、沿江风光带、人民路、楚沩路、宁乡大道等城区道路两厢亮化设计方案，完成 319 国道、白马大道、岳宁大道、一环路、二环南路等地段绿化提质规划设计，稳步推进一环路、宁韶线、创业大道、二环南路等地段编制。完成城市公园建设选址规划，制订城区围墙改造、拆围透绿规划设计方案。市内互联互通、宁乡旧城改造起步区修建性详规等方案完成评审，对县城旧城区停车设施、地下空间、步行和自行车林荫道慢行系统、地下通道等“民生县”工程难题进行重点破解。编制《宁乡县乡村整治规划(2015—2018)》，印发《宁乡农村小康住宅设计方案图集》5000 册，全力推进白马大道提质改造及两厢环境整治规划，喇叭口广场立面改造及环境整治规划，开展历史文化建筑填底调查和有奖征集活动，全面留住乡愁乡韵。

加大重要建筑方案把关力度，上报县政府方案 28 批，有序推进春城万象商业广场、东方红郡等重大城市综合体审批和建设，打造标志性建筑。制定并组织实施县城二环东路立面改造建设工程规划、县行政中心板块夜景亮化工程规划，精心打造城市特色景观，提升城市品位和建设品质。组织建筑外立面色彩回头看，开展色彩整改，编制《宁乡县建筑图集》，汇编44个建筑项目和5个市政项目，提高建筑品质。

【规划审批】 2015年，县规划办继续推行审批改革，规划服务形象明显提升。从2月开始，推进行政制度改革，规划审批时限，全部压缩至2天至3天，比县政务中心规定时限提速1天。行政许可全部实现窗口“即办”。开展乡村规划许可管理制度研究，启动规范乡村建设规划许可证发放工作，规划管理朝着规范化、高效化的方向发展。审批服务更加贴心，编制《审查意见告知书》，推出《建筑类行政审批手册》和《建筑类报建服务手册》，进一步规范内部流程和服务。全年受理报建1546项次，核发选址意见书118份，发放“建设用地规划许可证”117份，用地面积536.24万平方米；“建设工程规划许可证”441份，面积1252.08万平方米，管线长度575.03千米，核发“建设工程规划竣工验收合格证”188份。核发乡村建设规划许可证36份，面积1.16万平方米。私房共核发建设工程规划许可证100本，组织竣工验收120次；受理用地审批单申请90户，出让、转让手续申请20户，回函信访10件。协助拆迁办对白马桥五福广场、宁乡县第二人民医院、八家湾水库、学府路等项目进行上户调查和联合认定，规划修改更加完善。严格执行规划修改有关规定，认真履行控规修改前置审查制度。召开控规修改前置审查会5次，审查议题48个。

【规划监管巡查】 2015年，县规划办继续将监管巡查作为工作重点。一是法治建设常态化。将法治建设提升到前所未有的高度，坚持健全规划委员会日常议事制度，建立项目联审制度，制定《法治建设三年规划》，着力从行政决策、制度建设、行政执法等六个方面实现法治化水平的提升。建立法治建设单独考核制度，明确法治化作为局务会常态化议题。全面加大合法性审查力度，全年完成案卷合法性审查83个，合法性审查制度的落实在全省处于领先水平。开展案卷评查，完成行政执法案例14个并将部分案例编入县法制办《指导案例》和《参考案例》，逐步建立行政执法案例指导制度。全年办理涉诉案件11起，在市、区、县率先执行行政首长出庭应诉，胜诉率和被维持率均达100%。二是批后管理精细化。加大巡查力度，确保批后管理“四个环节”实施到位。推行建设项目批后管理全程照相或录像备查制度，批后管理监督更加有力。全年实施主体封顶检查184次，实施竣工检查285次，现场公示93次，到位率均为100%。创新控违制违手段，全力开发《宁乡县遥感影像规划执法监管信息系统》，探索图斑核查，协助相关部门查处一批未能及时发现、制止的违法建设。实施跨区域联动执法，有力维护城乡规划的严肃性和权威性，配合开展城乡结合部环境综合整治和碧桂园拆违行动，有效制止违章建设，改善城市形象。三是行政处罚规范化。修订《行政处罚程序规定》，制定《关于进一步规范对城管部门查处的违法建（构）筑物出具专业意见的通知》和《对城管部门查处的违法建（构）筑物出具专业意见会签表》，规范行政处罚。开展执法业务培训，通过不同层次的例会制度，确保行政处罚的阳光、透明和公正。

【科学规划管理制度】 2015年，县规划办通过规划手段加强对房地产市场的规范和引导，打造绿色建筑，推进“两型”社会建设。探索建筑高度分区管理，全面执行《长沙市建筑高度规划修改规定》，更加注重生态城市建设以及轨道交通站点周边和县城中心区的打造，着力塑造科学的城市空间结构。专门下发关于开展《宁乡县危险品用地（场所）清查的紧急通知》，在全县城乡全面开展危险品用地（场所）清理专项整治行动。

【规划创新】 2015年，县规划办通过现状调研，创新工作理念。通过工作对比找差距、定目标、明方向，系统学习国内先进城市规划管理经验。完成《宁乡县城乡规划管理提质发展报告》并上报县委、县政府，为提升规划管理水平提供全面、权威的参考，全力当好县委、政府参谋和助手。通过课题研究夯实理论基础。完成《宁乡县城乡规划实施2014年度报告》和《宁乡县交通状况2014年度报告》，系统分析规划实施情况和存在的问题。完成《宁乡县历史街区周边建设控制地段建筑布局研究》《宁乡县历史街区民居生态化保护策略研究》以及《宁乡县建筑高度分区研究》三项课题，为规划工作提供先进的规划理念支撑。加强“三大建设”专题研究，深入33个乡镇调研，召开大屯营、花明楼、双凫铺等片区发展战略研讨会，完成《宁乡县东南板块发展策略研究》。

完善信息平台，挖掘数据资源。编制信息化建设计划（2015—

2018)，全面推进规划信息一体化建设，建立全县城乡统筹规划资料共享库查询系统。开发运行“一站式规划管理服务平台”BS版，增加台账、项目信息盒、信息资源目录等模块10个，加快信息资源整合，完成规划办文、办卷、办会、办题及相关数据梳理和整合，建立起完善的信息目录、项目台账并完成相关资料入库和关联。开展文书和案卷档案电子化工作，实现公文办理无纸化。加快推进移动“一站式规划管理服务平台”和网络报建系统建设。运用仿真手段，辅助规划决策。加大城市三维仿真辅助决策平台提质更新力度，仿真手段广泛应用于方案评审、户外广告、视线分析、容积率调整、城市色彩分析、建筑限高调整等各项工作，有效辅助规划决策与审批。

（袁　轩）

城市管理

县城市管理和行政执法局

党委书记、局长
丁新军

副书记、副局长
杨文辉(9月免)

副局长　曾尚明(11月免)
肖村安(兼)
程再文
张建良(9月免)
宋建国(7月解聘)

纪委书记　廖华中

【概况】 2015年，宁乡县城市管理和行政执法局（以下简称县城管局)系统共有干部职工225人，其中：正式职工101人(机关23人，执法大队67人，渣土办11人)，借入43人，合同制78人，就业岗位援助3人。局机关内设办公室、政工人事科、财务科、法规科、城镇管理指导科、督察室(监察室)、控拆办、广告管理办公室、城市管理监督指挥中心、渣土办、交通设施中队、特勤中队等12个职能科室；下设县市容环境卫生管理局、县园林管理局等。年内，县城管局围绕“加快三大建设，实现全面小康”战略部署，以“城市管理工作全面提升年” 为工作主题，创新工作思路，完善工作机制，夯实工作基础，改进工作作风，城管系统的各项工作取得突破性进展，圆满完成各项工作任务。先后获得省“一级档案室”，县“狮子型团队”“五好领导班子”“绩效考核先进单位”“依法行政先进单位”“美丽乡村建设先进单位”“提案办理工作先进单位”等十多项荣誉，环卫局在全县政风行风测评工作中名列第一，园林局创建省级园林县城顺利通过实地考察。

【突出控建拆违】 2015年，为全面贯彻落实市委书记易炼红“以钉钉子的精神狠抓落实，确保大规模拆违行动取得决定性胜利”的指示精神，县城管局积极推动建立县领导联社区、“零违建”报告、市民有奖举报等工作机制，打造“片区推动、路段整治、提质改造、消除隐患、项目推进、集中优势兵力打歼灭战”六大工作模式，实现拆违控违工作从严控新增违建向拆除历史违建转变；从服务项目向全面拆违转变；从整体拆违向社区(小区)拆违转变。全面打响全县拆违控违攻坚战。全县全年共拆违55.8万平方米，其中县城规划区拆违4489户，面积41.7万平方米。拆违面积分别是2013年的4倍和2014年的3.3倍，创历年新高。特别是对宁乡大道两厢绿化提质改造、历经铺喇叭口综合整治、通益社区片区拆违、南苑棚户区项目拆违、富贵世家、碧桂园(山湖城、山水桃园)高档住宅小区的拆违，推进有力、平稳有序，没有引发一起信访问题和负面舆情，有力维护宁乡城市规划区内的建设秩序，遏制违法建筑的蔓延，保证项目工程的顺利推进，维护法律尊严和社会公平正义。

【整治户外广告】 2015年，针对宁乡私设滥设，严重影响城市形象和存在安全隐患的广告管理现象，县城管局牵头组织属地乡镇、园区、城投和国资公司等载体单位以及规划、工商、消防、安监、电力、公路、交通、规建等部门一起，拆除城区153处经营性大型户外广告、503处楼盘自设广告、912处垃圾桶广告、2679处灯杆广告。拆除和改造不符合设置规范的各类灯箱、门店招牌1.5万处。对紫金广场、宁乡大道、319国道、喇叭口、白马大道进行立面改造和门店招牌统一制作，完成城区9条主次干道229块道路路名指示牌的制作安装。县城空间秩序和街道整体形象得到根本改变。成立县广告管理办公室，并跟规划服务办一起联合编制《宁乡县户外广告、门店招牌设置专项规划》，为下一步巩固整治成果，推进户外广告、门店招牌的规范有序管理奠定良好基础，县城户外广告管理秩序规范有序、明显改观。

【最严城市管理】 2015年，针对县城早餐夜市占道经营，流动摊贩随意摆放，门店街面卫生脏乱的现象，县城管局从市场服务中心、环卫、园林和局机关抽调50人成立联合执法队跟各属地分局一起联动，开展史上最严城管执法，特别突出早、晚和节假日这一乱象严重的时间节点,错时执法,效果非常明显。一是突出整治经营秩序。2015年年底,早、夜市摊位基本入店经营,流动摊贩明显减少,门店环境明显好转。共计发放《关于加强城市市容和环境卫生整治的通告》3万份。教育纠违店外经营、流动摊贩行为1832起;取缔占道经营的早夜市摊点120处;办理案件200起;取缔流动摊贩占道经营、二手车占道经营、店外修车、废品回收店店外经营行为等。二是突出整治城区静态交通秩序。针对县城区停车难,市民随意停车,严重影响市民出行和城市形象的现象,县城管局和交警大队进行充分调研,并听取市民的意见,在一环路(人人乐至人民医院)沿线的人行道增设隔离桩413个;协调城建投、国资公司等相关单位,在南门桥、玉潭公园等12处设置社会停车场,规范车辆停放秩序。其中在喇叭口建成全新的、全通透式的停车场,实现县内渣土车、环卫车及社会车辆集中停放、维修、维护、清洗。加大人流密集地段压盲道停车行为的管理力度,共纠违乱停乱放车辆2400多台次。三是突出整治扬尘污染。组织开展全县渣土运输特许经营权拍卖工作,建立项目工地日常申报制度,规范城区渣土运输时间及线路,强制修建工地出口洗车设施,确保净车出场,强化源头治理,加强消纳场地的管理,严防私倾乱倒。共纠违和处置乱倾倒渣土、生活垃圾的违法行为60起,整治有污染现象的施工工地20处,清理无主渣土和乱堆放的建筑垃圾1600立方米,冲洗路段面积4万平方米,办理案件125起。对城区小区装修垃圾运输无序现象进行集中整治,走访近百家小区物业管理,下发《关于规范小区装潢垃圾运输管理的通知》200张,在沩水大桥设立建筑垃圾临时消纳场;成立一家专业的装潢垃圾清运公司——长沙鸿运环卫服务有限公司,运输小区装修垃圾。四是突出整治集镇环境秩序。不定期组织580人次,协助灰汤、花明楼、黄材、流沙河、夏铎铺、坝塘等乡镇进行综合整治和拆违行动。指导巷子口镇、朱良桥乡成功创建"长沙市集镇管理示范乡镇",指导玉潭街道通益社区创建"长沙市示范社区"和"宁乡县八好社区"。

【城市净化绿化】 2015年,县城管局进一步加大净化绿化力度。清扫保洁精细化。县环卫局在主次街道全面推行"水洗路面、机械清扫、洒水降尘"三位一体保洁模式,持续开展逢十全民大清整活动,投入1200万元完善环卫基础设施建设,新增公厕9座、垃圾站22座、垃圾转运站2座,新购置3000个果皮桶。城区环境卫生有了质的变化。

园林管养常态化。以省级园林县城创建为契机,县园林局实施拆墙透绿增绿行动,大力推进冬季造绿复绿工作,51个绿化项目按预定计划完成任务,城区新增绿地60公顷,共享绿地9万平方米,新栽植大树2万株;对所有绿地进行除草除杂、修剪补植、病虫防治、抗旱防冻等工作,及时修复损毁园林设施,查处各类毁绿、占绿案件16起,保持良好的绿化景观效果;对玉潭公园、沿江风光带非法经营摊点、娱乐项目及周边环境进行综合整治,积极开展便民志愿服务活动,展现宁乡窗口形象。

【市场管理】 2015年,市场服务中心严格县城区市场内环境卫生整治,加大环卫保洁力度,加大环卫基础设施投入,严格市场经营秩序整治,全年市场内办理店外经营等违规案件60起,经营秩序明显改观,店外经营、流动摊贩、乱搭乱建、车辆违规停放等得到有效遏制;严格玉潭商业步行街商业展示活动审批,有选择性的引入大型活动,提升步行街人气;加大资源整合力度,提高场地利用率,2月,完成杉木桥农贸市场二楼改造工程,并与原业主签订返租协议,使这块荒置十年的经营场地重新得到有效利用。

【凝聚大城管合力】 2015年,县城管委员会办公室充分发挥统筹作用,在拆违控违和户外广告整治中协调解决问题170起;牵头联合公安、城管、交警、工商等部门开展外地车辆流动经营、废品回收店店外经营等联合执法行动57次,全面整治城市管理乱象;交办任务6480起,规定期限内已完成6197起,完成率为99.20%。全力推进"门前三包"(环境卫生、容貌秩序、绿化管理)工作,以社区为单位,召开门店业主大会20次,将"门前三包"工作向全城主次干道铺开。成立百姓城管协会,打造百姓城管微信公众平台,广泛发动市民群众支持参与城市管理,营造"人民城市人民管,个个都是城管员"的共建共管氛围。

【"狮子型团队"】 2015年,县城管局以"城市管理是最大的民生"为原则,在全局上下深入开展"学习乐东经验""讲道德、守纪律、明是非"集中教育活动,局领导班子成员带头示范,深入一线,不断提高科学管理能力和决策水平。全局上下充分发扬实干、苦干、巧干的精神,各项工作做到政令畅通、令行禁止,让纪律在推进工作中释放出沉潜的力量。大力营造规范有序、风清气正、同心同德的发展氛围。全年共审理行政处罚一般程序案件1033件，办理行政许可案件239个，未出现一例错案。受理各类信访投诉600次，办理人大代表建议、政协委员提案17件，办结率、满意率100%。全年无一起纪委曝光的重大违法违纪案例和群众投诉干部查证属实的案例。在高效务实的工作推进中，一支有激情、有定力、有办法、有格调的“狮子型团队”打造成形。

（朱颖珍）

县市容环境卫生管理局

党委书记、局　长　肖村安

县园林管理局

党支部书记　姚建武

局　　长　程再文（9月免）

郑泽良（9月任）

爱国卫生

县爱国卫生运动委员会办公室

主　任　杨向东

副主任　张胜全　肖村安（兼）

【概况】　宁乡县爱国卫生运动委员会办公室（以下简称县爱卫办）是宁乡县行使行政职能的全额拨款事业单位（参照公务员管理），主要负责全县卫生创建、全域环境卫生整治、农村改厕、病媒生物防制、健康教育等工作。2015年，县爱卫办有在岗在编工作人员6人，内设综合科。全县爱卫工作以改善城乡环境面貌，提高人民健康水平为目标，创新举措，真抓实干，取得较好成绩。

【卫生创建】　2015年，宁乡县卫生创建工作采用乡镇、单位、村（社区）自主申报，县爱卫办指导等方式推进。全年成功创建省级卫生乡镇2个：沩山乡、灰汤镇；省级卫生村4个：沩山乡沩水村、坝塘镇乐安村、东湖塘镇西冲山村、黄材镇崔坪村；省级文明卫生单位1个：青山桥镇人民政府机关；市级卫生村5个：道林镇华鑫市村、大屯营镇石家湾社区、回龙铺镇沩河村、巷子口镇黄鹤村、沩山乡同庆村；市级卫生社区1个：白马桥乡正农社区；市级文明卫生单位3个：枫木桥乡中心小学、青山桥镇林业站、龙田镇九年义务制学校。通过卫生创建，全县爱卫工作水平得到进一步提升。

【环境卫生整治】　2015年，宁乡县大力开展全域环境卫生整治工作，全面提升城乡环境卫生面貌。资福、青山桥、回龙铺、坝塘、夏铎铺、双江口等乡镇进行大规模的集镇改造活动，集镇面貌焕然一新。对宁灰线、宁沩线、宁花线三条旅游线路开展综合整治，着力将旅游公路沿线打造成生态美观、干净整洁的环境示范线。特别是宁沩线通过对沿线公路进行黑化、绿化、美化，沿线卫生、秩序得到明显好转。集中开展环境卫生公共服务示范点建设工作，全县铺排100个示范点建设，坝塘、资福等乡镇整镇推进；集中开展美丽乡村示范点建设，巷子口镇黄鹤村、老粮镇仓楚江村、横市镇金棋村、黄材镇松华村、夏铎铺镇龙凤山村、道林镇华鑫市村等89个美丽乡村示范片区基本成型。在长沙市城乡环境卫生整洁行动年终评比中，宁乡县荣获全市一类区县（市）。在市对县整洁行动年终督查中，老粮仓、东湖塘等2个乡镇被评为长沙市城乡环境卫生整洁行动“十佳乡镇”；沩山乡、金洲镇被评为长沙市城乡环境卫生整洁行动2013年—2015年度“优秀乡镇”；双凫铺镇余新村、横市镇金棋村等2个村被评为长沙市城乡环境卫生整洁行动“十佳村”。在年中督查中，老粮仓、朱良桥、枫木桥、喻家坳、双凫铺、回龙铺等6个乡镇被评为长沙市城乡环境卫生整洁行动“优胜乡镇”；沩山乡沩水村、老粮仓镇楚江村、朱良桥乡槎梓桥村、坝塘镇乐安村、花明楼镇双树村、青山桥镇友园村、双江口镇檀树湾村等7个村被评为长沙市城乡环境卫生整洁行动“优胜村”。

【农村改厕】　2015年，宁乡县农村改厕工作继续坚持“民办公助，多方筹资，因地制宜，形式多样”的改厕方针，在全县31个项目村组织实施农村改厕，全年超额完成改厕任务2526座。改厕施工过程中，县爱卫办实行统一技术图纸、统一现浇方式、统一钢制模具、统一施工队伍、统一验收标准的“五统一”和“专业队伍施工”模式，有效保障改厕工程的质量和数量，顺利通过省、市农村改厕考核验收工作。3月，在全市爱卫会全体成员（扩大）会议中，宁乡县作题为《改好小厕所服务大民生》的经验报告，农村改厕“宁乡模式”得到进一步推广。

【病媒生物防制与健康教育】　2015年，宁乡县人民政府办公室下发《宁乡县2015年统一灭鼠实施方案》的通知，县爱卫办坚持预防为主、标本兼治、专群结合的原则，通过政府采购、公开招标，聘请专业公司，在城区、乡镇全面开展除“四害”工作，“四害”密度得到有效控制，全年未发生不良影响事例或责任事故。同时，县爱卫办充分利用爱卫月、世界卫生日、世界无烟日等时机，采用展板宣传、广场宣传、活动宣传等形式，广泛开展健康卫生宣传教育以及“无烟单位”“无烟家庭”创建活动,有效促进全民文明卫生意识的提高和健康行为的形成。偕乐桥镇中心卫生院成功通过长沙市爱卫办“无烟单位”的审核验收,周赛等8个家庭荣获长沙市“无烟家庭”荣誉。（冯国强）

项目工程建设

县项目工程建设办公室

主　任　　黄立志
副主任　　卢志平　吴建龙
　　　　　孙刚强
党组成员　张　华

【概况】 宁乡县项目工程建设办公室(以下简称县项目办)是由县人民政府授权，主管全县项目工程建设的全额拨款事业单位,核定编制14名（2015年新增1名)。2015年,县项目办内设办公室、项目管理科、项目服务科、项目督导科等4个科室；有在编干部13名,无退休、停薪留职人员。县项目办以服务三大建设为抓手,牢牢扭住项目建设“牛鼻子”,全力推进两轮“项目建设百日大会战”,创新工作机制,落实各项举措，实现一大批项目开工、提速、竣工,有力推动县域经济稳步快速发展。全县共有投资1000万元以上项目733个，其中新开工312个、前期准备151个、续建270个,完成投入662亿元,为县域经济加速发展提供强力保障和强劲支撑。

【项目推动】 2015年,在项目建设的各个环节和领域，县项目办积极有效发挥分析、促进、联络、督导、协调作用,为县主要领导提供全面精准的数据分析，为载体单位提供优质协调服务，履行各项强化和保障措施：一是统筹调度掌实情,坚持“半月督查、月度综合、半年考核、年度考评”原则,坚持项目建设百日大会战“一周一汇总、一周一汇报”制度,强化项目建设督查、指导,全年累计开展系统性项目调研10次,暗访督查40次,全面掌握全县项目建设实施动态。按月统计各类数据,为县主要领导决策提供参考。积极对接省、市对项目工程建设检查考核相关工作，缜密部署市对县项目观摩活动,确保省、市对县项目工程建设检查考核的顺利进行。二是主动帮扶解难题,深入开展项目联点帮扶活动,56个县派工作组深入项目一线，一对一对接，帮扶破解难题，共帮扶项目1726天次，其中37个领导工作组帮扶服务1275天次,19个县直部门工作组帮扶服务451天次,累计解决难题112个,其中用地22个、审批24个、拆迁20个、资金3个、供水供气5个及其他1个,有力推动百大项目推进。三是严格督导抓落实,坚持“三类调度”,强力破解难题,组织召开“项目开放服务日”、限时办结调度会14次，参与县领导现场办公会、调度会、协调会、交办会89次,搜集整理制约项目重点难点问题178个,协调解决70个,有力促进幸福里小区、利和综合体等重大项目建设。四是整合资源聚合力,充分发挥综合统筹职能,与各职能部门积极沟通、合作、协调,统筹整理,分类交办任务,县发改局积极向上争资，县国土局规范和加速用地手续办理，县政务中心积极提升“一站式”服务水平，县征地办全力推进拆迁扫尾工作，县公安局积极维护项目施工建设环境等。五是严格考核定奖惩,始终坚持以项目看能力、以项目论英雄的工作导向，加大对项目建设的奖励和惩罚力度，通过奖惩机制来推动和保障项目建设的执行力度，全年开展评比活动4次，评选出项目建设推进先进单位16个,先进个人21人,有力推动全县项目建设。

【机制创新】 2015年,为加快项目推进，促进宁乡项目工程又好又快发展，县项目办千方百计创新思路,争创特色,树立品牌。一是重点项目限时办结制度。根据宁办〔2015〕4号文件要求,对112个百大项目从“完成土地报批、前期审批、征地拆迁、启动建设、竣工投产”等5个节点,明确责任单位,进行限时交办。并在年终对百大项目从前期工作、工程建设、保障措施等三个方面进行综合考评。全年共完成限时办结节点157个。二是百日大会战活动。以非常之决心,建非常之功。充分把握项目工程建设规律，抓住适合项目工程建设大干快上的黄金时间，连续发起两轮项目建设百日大会战,实现项目建设大跨越。6月24日—10月11日,10月12日—2016年元月,连续两轮高强度项目会战，推进重大项目469个，实现项目开工110个，竣工60个,完成投入380亿元。三是重大项目观摩。11月4日,精心组织实施县重点项目观摩活动，全体县领导、经开区党政正副职、高新区党政正职、其他副县职以上领导干部、乡镇(街道)党政正职、县直部门单位党政正职、部分垂直单位主要负责人等240人实地观摩长沙大河西农产品物流中心、格力电器宁乡综合生产基地、联塑建材、未来方舟城市综合体等36个重大建设项目。12月18日宁乡县高标准迎接全市项目观摩队伍的检阅，项目建设成果深受各级好评,位居全市第二名,市委书记盛赞“宁乡的爆发性将不可估量”。四是全面扩大宣传。主动对接省、市媒体,积极开辟县域专栏，努力营造全县上下齐抓共管推动项目建设氛围。湖南卫视《湖南日报》专题报道湖南粮食集团宁乡产业园、美丽中国·长沙文化产业园、炭河古城等重点项目集中开工仪式;11 月 23 日、25 日,《湖南日报》头版报道宁乡项目建设百日大会战先进工作经验,在全省引起广泛影响;5 月上旬,《长沙晚报》《区县传真》专题报道宁乡县经开区、金玉飞地园区项目建设情况;宁乡电视台《今日宁乡》报专栏报道全县项目建设情况,全年累计报道 200 次。

【百大项目帮扶】 2015 年,县委、县政府安排 37 名县级领导和 19 名县直部门领导组成县派工作组，筛选 112 个重点项目开展帮扶服务活动，各工作组负责对接项目业主,破解发展难题,推动项目建设。对纳入联点帮扶重点项目设置土地报批、前期审批、征地拆迁、启动建设、竣工投产节点任务,明确责任主体,进行限时办结。每月月中进行工作提示,月末对办结情况进行督查，制定调度会方案,每月定期组织职能部门、载体单位及相关责任单位对未按时办结事项、未按时办结原因召开调度会，逐一明确未按时办结原因、责任单位、计划办结时间。年末，对百大建设项目从前期工作(土地报批、前期审批、征地拆迁)、工程建设(启动建设、竣工投产)、保障措施(水电气供应、施工安全、民工工资)等三个方面进行综合考评。根据纳入联点帮扶重点项目得分情况,综合排名,分别评出先进项目,予以表彰奖励,并与“五好领导班子”和“绩效考核先进单位”直接挂钩,奖优罚劣。

【百日大会战】 2015 年 6 月 24 日至 10 月 11 日,10 月 12 日至 2016 年元月,连续掀起两轮项目建设百日大会战，奋力推进重点项目 469 个,实现项目快速开工、提速推进、加速竣工,累计完成投入 380 亿元。11 月 23 日、25 日《湖南日报》头条专版大篇幅报道宁乡项目建设百日大会战盛况，项目建设百日大会战锤炼作风，炼出一个个“狮子型”团队和干部，项目建设百日大会战强势推进经济发展，保持县域经济高速稳定增长。

【重点建设项目观摩】 2015 年 11 月 4 日,县项目办通过单位申报、现场核实、多次踏勘、精心安排,配合县委、县政府组织全体县领导,县直部门一把手,乡镇党委书记、乡镇长对全县 9 个项目载体单位、36 个重大项目进行现场观摩。12 月 18 日配合县委办全程组织全市重大项目观摩，宁乡纳入观摩点重大项目为“一园一中心”、未来方舟创业创新示范基地、联塑建材综合生产基地等。宁乡县高标准迎接全市项目观摩队伍的检阅，项目建设成果深受各级好评,评分位居全市第二名,市委书记盛赞“宁乡的爆发性将不可估量”。

（王伦飞）

重点工程

县重点工程建设办公室

党组书记、主任 喻强辉

副书记、副主任 严万军

副主任 潘兆丰 杨正军 喻征兵 童铁军

党组成员 崔献礼(11 月免)

【概况】 宁乡县重点工程建设办公室(以下简称县重点办)成立于 1996 年 12 月，属县人民政府参照公务员管理事业单位，主要负责宁乡境内国家、省、市级重点工程建设的组织、管理、协调和服务工作。2015 年,县重点办共有在编人员 25 名，机关内设办公室、征地拆迁科、项目协调服务科 3 个科室。年内,县重点办承载和服务的主要重点工程项目是长韶娄高速宁乡段、益娄高速宁乡段、石长铁路复线宁乡段、酒泉—湖南 80 万伏电力线路工程宁乡段。该四大项目宁乡段总投资 91 亿元，2015 年县下达的目标任务是 13.5 亿元，全年完成项目资金投入 30.23 亿元，占年度任务的 224%,圆满超额完成年度目标任务。其中,长韶娄高速公路项目于 2014 年末全线通车,2015 年县重点办主要是协调处理该项目宁乡段的相关遗留问题，通过逐项处理落实到位，长韶娄高速公路项目宁乡段的所有遗留问题均已全部处理到位。为了把重点工程项目建设工作抓紧抓实，县重点办充分利用自身协调服务项目的优势，并与全县三大建设服务工作有机结合,开创项目建设新举措,从而使一年内的项目建设工作呈现出“两个强化”“四大创新”的新亮点。年末,县重点办先后荣获县“经济管理部门二等奖”“五好领导班子”“向上争资先进单位”“项目工程服务先进单位”“部门单位综治工作红旗单位”“信访工作先进单位”“优化经济发展环境模范单位(经济管理类)”“宣传思想文化工作先进单位”。

两个强化:一是强化责任。县重点办党政一把手切实负起责任,做到“四个亲自”(亲自安排部署，亲自调查研究，亲自检查督办，亲自解决问题)“三个靠前”(运筹谋划靠前，指挥调度靠前，督办检查靠前)。所有重点工程项目专责领导具体抓，切实做到具体加强指导、具体督促落实，不等、不靠、不拖、不推，迅速协调各方开展工作，确保人员到位、工作到位。此外，各项目工作专组在工作布局上进一步加强沟通，协调配合，相互交流项目建设信息，形成有机整体，最大限度按照时间节点确保项目建设进度。二是强化目标。2015年集中攻坚四大项目（即石长铁路复线、长韶娄高速、益娄高速、酒湖电力)的建设速度、安全施工、经济指标等要素。

四大创新：一是抓好项目调度，致力帮扶服务。实行重点工程项目服务全程跟踪，联系领导带队深入项目一线，及时掌握项目动态，主动指导、协调、解决项目建设过程中的焦点难点问题。2015年，县重点办组织协调处理项目建设中的各类大小问题500个，做到了项目推进速度快、问题解决快、建设环境好、业主评价好。二是创新管理机制，提升服务水平。制定科学的目标任务体系，实施严格的管理流程，进行严格的考核奖罚，促进各重点工程项目建设有序推进。全力抓好安全生产工作，将安全关口前移，努力做到从思想上高度重视、制度上严格要求、检查落实上认真细致，把安全生产工作抓细抓实抓好。三是主动靠前服务，保障要素供给。2015年年初，县重点办在益娄高速项目征地拆迁工作中，坚持“以人为本，依法依规办事”的原则，严格执行征拆政策，积极做好该项目征地拆迁、补偿安置、矛盾化解等工作，40天时间便完成该项目410户房屋的征拆协议签订和腾地，创造宁乡征拆工作的新速度。同时，围绕重点工程建设实际，科学合理确定取土场、便道、预制场、搅拌站等附属用地的位置、面积，全力做好益娄高速宁乡段等项目建设临时用地征用工作。此外，还组织开展廉洁文化进重点工程项目活动，有效促进各重点工程项目的精细化管理。四是坚持“两手抓”，营造良好环境。一方面积极协调各重点工程所在地的乡镇和相关职能部门，认真做好项目施工周边环境的综合治理工作，并对扰乱和破坏重点工程建设的不法行为，及时依法查处。另一方面积极主动深入村组解决群众的实际困难和问题，如协调做好长韶娄高速公路建设的遗留问题处理工作等，使矛盾和问题得到及时有效解决。

【益娄高速宁乡段】 2015年，益娄高速公路宁乡段项目主要是进行控制性工程和部分路基建设。益娄高速公路是“3+5”城市群综合交通规划的重要组成部分，该公路实际是益衡（益阳至衡阳)高速中的一个部分，也是湖南省重要的纵向区域经济干线，修建娄底至衡阳(归阳)公路，目的在于带动湘中地区的发展。益娄衡高速起于娄底长冲，止于祁东归阳，在衡阳境内分别有洪市、库宗桥、檀山咀、岐山、祁东、楠木桥、七晚塘七个互通。长沙境内经宁乡六个乡镇37千米，设三个互通，项目估算总投资119.59亿元，采用政府投资、收费还贷模式建设。该项目宁乡段总投资27亿元，经喻家坳、横市、黄材、老粮仓、流沙河、青山桥6个乡镇，37千米，征地246.67公顷，双向四车道，设横市、唐市、心田三个下地互通。2015年初正式启动征地拆迁工作，40天时间便完成该项目410户房屋的征拆协议签订和腾地。2015年，该项目全面启动建设。

【石长铁路复线宁乡段】 2015年，石长铁路复线宁乡段项目主要是进行铺轨、附属设施建设以及运行调试，确保顺利通车。石门至长沙铁路增建第二线工程，简称石长铁路复线，北起焦(作)柳(州)线上的石门县北站，横跨澧、沅、资、湘四水，连接常德、益阳和长沙三市，南接(北)京广(州)线上的捞刀河站和霞凝站，全长266.72千米，其中石门至益阳段与洛湛通道兼容。该项目宁乡段新建铁路23千米，经金洲、双江口、城郊、菁华铺等4个乡镇，红线内征地50.4公顷，拆迁90栋。计划工期为42个月。使用红线外土地30公顷，拆红线外房屋36栋1.2万平方米。该项目于2015年12月4日顺利通车。

【酒泉—湖南80万伏电力线路工程宁乡段】 酒泉—湖南80万伏电力线路工程途经甘肃、陕西、重庆、湖北、湖南5省(市)，新建酒泉、湘潭2座换流站，换流容量1600万千瓦，线路全长2383千米，工程投资262亿元，于2015年5月获得国家发改委核准，计划于2017年建成投运。该项目于2015年6月5日在湘潭举行开工仪式。该项目宁乡段共计34千米，经喻家坳、双凫铺、枫木桥、灰汤等乡镇，建塔65基，总投资15亿元。2015年完成项目总投入10亿元，65个塔基基础工程全部完工，完成第一批共计79栋房屋的拆迁任务，实现征地2.27公顷。

（李宏伟)

征地拆迁

县人民政府征地办公室

主　任　刘旺球

副 主 任 罗亿新 贺佳芝
党组成员 陶择富

【概况】 宁乡县人民政府征地办公室(以下简称县征地办)成立于2009年3月,属全额拨款事业单位,核定编制10名。2015年,县征地办有在编干部职工18名,内设办公室、征拆科、社保科、法规科和财务科等5个科室,负责县内征地补偿工作的实施、组织、协调、监督和管理;组织编制征地补偿安置工作年度计划,拟定征地方案;审批征地补偿安置方案,经县人民政府批准后发布征地公告;负责被征地农民选择货币补贴安置的对象参加社保认定、审核工作,配合有关部门做好被征地农民就业培训和社会保障工作;协调处理征地补偿安置争议,妥善处理遗留问题和上访信访工作,保障群众的合法权益,维护社会稳定;负责征地拆迁安置有关资料的收集、整理和归档工作;法律、法规、规章规定的其他相关工作。

【党风党建】 2015年,县征地办加强党的建设,促进干部作风的提升,推动征地办各项工作的发展。一是注重党性学习教育。组织党员学习是县征地办的常态化动作,能促进党员干部强党性、增本领。全年认真组织学习县委书记谭小平"讲道德、明是非、守纪律"的电视讲话,积极讨论谭小平的讲话精神;同时聘请县委党校副校长陈小冬、县纪委副书记张毅讲课,从根本上解决党员干部理论素养薄弱和理论知识缺乏的问题,使"凝聚共识抓党建"成为单位干部职工的共识和自觉行动。二是开展"三大"主题活动。结合县委"三大建设",县征地办办开展"大走访、大服务、大推进"三大主题活动。通过大走访,倾听民意;通过大服务,满意群众;通过大推进,助推发展。6月,发放《致全县各界人士的公开信》和《征地拆迁问卷调查表》1000份。每个干部深入群众进行走访,通过发放调查表、召开座谈会等方式,征集征拆工作意见和失地农民社保工作意见,切实保障群众权益,提高办事效率,服务好全县征拆项目,推进项目征拆速度,促使项目快速落地。三是落实党风廉政建设。首先强化班子,定期研究、布置、检查纪检监察工作。其次,认真贯彻落实党风廉政建设和反腐败工作责任制。将责任分解,落实到人,班子成员对分管范围内的党风廉政建设负责,管人管事管自己,履行一岗双责,坚决维护党风廉政建设责任制的严肃性。

【阳光征拆】 2015年,县征地办针对原来征拆程序不规范、政策不透明等情况,全面实施"阳光征拆"。一是理顺体制机制。统一平台。明确宁乡县人民政府为全县征地拆迁安置工作的唯一责任主体,宁乡县国土资源局为补偿政策的实施主体,由征拆管理所统一实施,县征地办作为协调单位统一进行调度。统一标准。严格按照统一的标准执行补偿。2015年6月,宁乡经开区、宁乡高新区所有项目的征拆全部纳入县征地办统一管理,真正全面实现全县征拆补偿一把尺子量到底、一个政策管到底。统一流程。明确规定,每一个项目的征拆,必须严格走完从受理到估算,再到风险评估,以及方案制定、入户调查、三榜公示等10个流程操作。二是强化操作公开。政策透明。今日宁乡、宁乡电视台开设政策直通专栏,相关载体通过村村通、宣传横幅或发放手册等多种形式,把宣传工作贯穿征拆和安置工作的全过程,确保每一条政策都为群众知晓,也使得我们每一项工作的推进,既被群众监督,也易被群众接受。信息公开。严格实施"三榜公示"制度,坚持将拆迁人口、拆迁面积、安置人口、补偿安置资金等数据和信息集中公示,防止暗箱操作,也防止老实人和弱势群体的利益受到损害。补偿阳光。对于拆迁面积的认定,由县征地办、国土、城管、规划、乡镇和当地社区进行联合认定;特殊的个案,必须由拆迁领导小组召开联席会议进行集体研究。补偿的金额,一律由国土局征拆管理所直接拨付到专人账户,任何单位和个人不得挪用、截留,保障被征地群众的权利。通过一年多的努力,宁乡县"阳光征拆"全面实施。2015年,涉及征拆项目90个,共征用土地1170.6公顷,拆迁居民2778户,拆迁总面积61.92平方米,补偿金额22.23亿元,动迁人口1.07万人,县征地办发布征地公告121个。

【民生社保】 2015年,县征地办失地农民社保工作取得较快进展。县委书记谭小平组织召开书记办公会,县长周辉、常务副县长刘亮组织召开政府常务会专题研究失地农民社保工作,对社保工作进行认真研究和重点部署,针对各载体单位欠缴的社保金,明确追缴任务,加大追缴力度。政府督查室组织三次专项督查,县纪委监察局对欠缴社保金的各载体单位主要领导进行了约谈。全县全年累计收缴社保金14.07亿元,按照全年确定的入保5000人的目标任务,已审批5165人,超额完成政府工作报告明确的任务,确保失地农民社保工作稳步推进,确保人民群众利益不受损害,确保社会大局稳定。

【服务发展】 2015年,县征地办的主要工作职责不仅仅是监管规范征拆,更重要的是要推进项目,确保县域经济高速发展,县征地办在推进项目方面有如下措施:一是建立项目联系制度。项目分轻重缓急,分别明确工作人员进行联系,支持项目拆迁;二是对重大项目全过程进行调度;三是对难点项目全力进行攻坚;四是成立综合治理小组,随时应对征拆过程中的“钉子户”“碉堡户”。在县征地办协调下,格力、益娄衡高速、滨江棚户区改造、越秀、玉潭公园、1121工程、爱琴湾、华强项目、杉杉新材、灰汤润龙温泉、金玉集中区龙江路、喇叭口停车场等重大项目得到强力推进并取得了满意的效果。

【创优争先】 2015年,长沙市委、市政府把重大项目的征拆工作提到非常重要的位置,考核由0.3分提高到10分。为了圆满完成长沙市委市政府交办的任务,也为了更好地服务“三大建设”,根据县委、县政府主管领导指示,县征地办对照市对县绩效考核细则,逐一进行分解,按月明确到具体项目,倒排出完成时间,形成底数清楚、任务具体、统筹强力的调度机制。为了确保责任上肩,实施领导联点制度,通过一系列的督查、约谈,各项目载体主要负责人扛实肩上责任、落实工作任务,充分发挥组织领导和示范带头作用,真正形成“一级做给一级看、一级带着一级干”的良好氛围。在强化调度的过程中,县委、县政府主要领导深入一线、率先垂范,给予各个项目极大的关注和支持。县委书记谭小平主持调研项目问题10余次,深入华强、学府路、五福广场等项目现场指导工作;县长周辉组织研究征拆工作10余次,亲自参加益娄高速、1121工程、滨江棚户区改造、玉潭公园等项目拆迁调度;县委副书记邓杰平、常务副县长刘亮、副县长龚畅等领导多次参加征拆动员会议,深入一线督导,解决具体问题。各级领导的高度重视,亲身参与,传递压力,激发动力,形成“头雁效应”,保证六个走在前列项目和省市县重点项目征拆的快速推进。在2015年长沙市绩效考核中宁乡县征地拆迁办获全市第一。

（罗　青）

住房保障

县住房保障局

党委副书记、局长　陈杰文

书　　记　易胜礼(9月免)

副 书 记　唐　军

派驻纪检组长　颜　剑

副 局 长　刘　华　严和平　彭海波

工会主席　黄志恒(11月免)

【概况】 2015年,县住房保障局(以下简称县住保局)机关内设6个科室,13个二级机构;共有干部职工441人,其中在职359人,离退休82人;局领导班子成员7人,中层骨干70人;具备大专以上学历238人,本科以上学历71人;有工民建、房地产评估、经纪、经济师、档案管理等各类专业技术人员122人,其中高级职称6人。该局行使县人民政府授权的工作机构职能,负责全县房产市场领域的行政管理和住房保障工作。2015年,县住保局上下精诚团结、脚踏实地、奋发有为,取得骄人业绩,宁乡县白蚁防治所荣获全国总工会“2015年度模范职工小家”称号;房屋产权管理服务中心获“2015年度省级房地产测绘先进单位”,宁乡县房地产业协会被省房协评为“2015年度《湖南房地产》优秀通联站”,房地产开发经营公司获“2015年度湖南省守合同重信用单位”;物业管理服务中心获“2015年度长沙地区物业维修资金管理先进单位”;县房产局先后获得县“五好领导班子”“红旗窗口”“党风廉政建设先进单位”“宣传思想文化先进单位”“项目工程服务先进单位”“向上争资先进单位”“美丽乡村建设先进单位”“全面小康工作先进单位”“综治工作先进单位”“老干部工作先进单位”“重点项目工程建设奖励三等奖”“人口和计划生育工作优秀单位”“安全生产工作合格单位”等荣誉。

【房产市场】 2015年,全县房产市场秩序规范、市场监管平稳有力。通过落实“四个一”和县九条,实施“新春购房、红五月团购、金秋团购和喜迎2016年元旦置业购房”优惠政策,举办宜居节会,刚需住房和改善置业得到有效释放。全年新建商品房投入41.08亿元、完成建设122.22万平方米,新建商品房销售1.02万套、118.94万平方米,销售金额50.42亿元,比2014年分别增长17.74%、14.34%、1.43%,增幅居六区三县首位、外向度达21.4%,创历年新高;全年二手房累计成交2174套、49.93万平方米9.5亿元,比2014年分别增长70.91%、99.47%、85.6%;2015年房地产税收入库7.34亿元,比2014年下降72.94%,其中一体化税6.09亿元,财政契税1.08亿元,企业所得税1767万元,占县级财政可用财力的25%。中山利和、宇业、未来方舟等强力启动，长沙卫生职业技术学院、瀚德学校等落户沩东新城，“住宅、养老、教育、工业、旅游、休闲”并举的复合型住房体系格局初步形成，不仅为县域发展稳增长提供强力支撑，更为产业调结构、转方式增添强大后劲。

【住房保障】 2015 年，宁乡安居保障卓有成效。省评估核查组充分肯定长沙市保障性安居工程“项目扎实、思路创新，工作争先创优，亮点突出”时，特别强调“宁乡勇挑了重担，创造了模式”。一是任务落实全省领先。率先在省内启动乡村教师、医生公租房建设，建成体量、开工面积全部超额完成；和谐家园一批 847 户廉租房源成功交付；租赁补贴发放户数达千户。二是棚改工作全新突破。为城建投争取国家开发银行融资 13 亿元、国资公司发行棚改债券 15 亿元、白马桥五福广场争取商业银行城发资金贷款 2 亿元，成功搭建融资平台，圆满完成县委、县政府交给的重任。三是向上争资再创新高。全年到位 2.9 亿元，完成目标任务的 144%，畅通资金渠道，缓解地方财政压力，稳固“住房保障全省领先”地位。

【房政服务】 2015 年，宁乡房政服务创新突破。坚持“热情接待、严格程序、规范管理”“一站式”服务便捷实惠百姓。定权发证依法依规。实行“一窗受理、内部运行、限时办结、一窗领证”的服务模式，完善流程，简化程序；房产测绘再获全省先进。白蚁防治全国领先。持续抢占农村业务新阵地，建成省内首家县级检测实验室，防治效果、灭治水平不断提升。平安物业创建见效。持续开展“180（要帮您）活动，住宅小区物管专项整治行动攻坚突破；维修资金监管不断强化，使用渠道不断畅通，年内归集金额达 1.1 亿元（累计 5.9 亿元）。征收工作阳光公正。坚持“一把尺子量到底”，滨江棚改实现 3 天签约 100%，创造和谐征收加速度。资产管理全面加强。完成局属国有资产清查、盘点，强化直管公房、保障性住房小区和自管资产的承租、维护和管理，确保保值增值。档案管理不断规范。强化省特级档案室基础建设，服务利用规范提升。

【房产队伍建设】 2015 年，县房产局不断加强队伍建设。一是抓好队伍建设，营造创业的良好氛围。坚持优选严管，继续推行和完善差异化考核，建立能上能下的用人机制，打造德才兼备的干部队伍；深入推行“三集中三到位”和模拟审批，探索实践房产政务服务新办法、新举措；全局加大学习培训力度，组织参加省市业务培训和县委组织部培训学习 22 期(次)230 人次，鼓励干部职工自学，全局各单位和科室自行组织学习 30 次，参加人员 1000 人次；加大对房协、物协的业务指导，形成协会抱团作战、彰显担当的良好风气；以更加完善的工作落实的机制来激发和调动各个层面干事创业的积极性；积极开展工、青、妇和老干、关协、离退休支部活动，组织开展凝聚人心的活动，增强干部职工凝聚力、驾驭力和战斗力。二是抓好作风建设，打造洁净的房产队伍。牢固树立狠抓作风建设的决心、恒心，坚决贯彻落实“八项规定”执行不变通、不松动；全面加强党的纪律建设，严格执行党的政治纪律、组织纪律、工作纪律、财经纪律和生活纪律等各项纪律，克服组织涣散、纪律松弛现象；继续抓领导干部带头，抓突出问题的解决，抓长效机制建设，强化日常督查考核，利剑高悬、重拳处理。三是抓好勤政廉政，强化工作的落实机制。严格落实党风廉政建设责任制，落实“一岗双责”，完善惩治和预防腐败体系，严肃查处各类违纪违法案件。加大对征收拆迁、商品房预售监管、物业维修资金监管、住房置业和融资担保、资产经营以及保障房建设、分配与管理等重点部位和关键环节的监管力度；加强直管公房、保障性住房小区和自管资产的承租、维护和管理，确保国有资产保值和增值；及时向上级报送各类信息，高质量完成工作总结和调研报告，按时办结信访交办件及舆情回复，确保政令畅通。强化执法监察、效能监察、廉政监察，加强审计监督，深化“四风”问题整治。不断巩固提升“三严三实”（严以修身、严以用权、严以律己，谋事要实、创业要实、做人要实）专题教育成果，广泛深入持久开展“讲道德、明是非、守纪律”集中教育活动，推动党风、政风、行风持续好转，树立为民、务实、清廉的房产队伍形象。

（陈洪波）

住房公积金管理

长沙住房公积金管理中心宁乡县管理部

党支部书记、主任 谭　浩

副主任 谭建明

【概况】 2015 年，长沙住房公积金管理中心宁乡县管理部（以下简称管理部）有在编人员 6 人、临聘人员 4 人。管理部在市中心授权下，负责宁乡县行政区域内住房公积金的归集和使用计划；记载职工住房公积金的缴存、提取、贷款等情况，按有关规定和审批权限审核住房公积金的提取和转移；负责住房公积金的催建和催缴；办理住房公积金的对账和查询，提供住房公积金政策咨询。年内，管理部认真贯彻落实党的十八大和十八届三中、四中、五中全会精神，积极践行“六个走在前列”，深入开展市中心“四个争创一流”（在加快归集扩面中争创一流，在发挥住房保障作用中争创一流，在资金风险防控中争创一流，在提高服务品质中争创一流）活动，宁乡住房公积金事业持续健康发展。截至2015年12月31日，全县新增归集金额3.54亿元，归集余额10.87亿元；全县新增开户单位39个，新增缴存职工4561人，累计缴存职工5.33万人。全县新增提取1.89亿元，提取住房公积金3.20万人次。共发放896户职工购建房贷款2.27亿元。2015年向县政府提供廉租住房建设资金3000万元。

【公积金资金管理】 2015年，管理部通过推进财务制度改革、加强内部稽核审计、主动接受外部监管等强有力的工作措施，构筑立体防控体系，确保资金安全运行。一是主动接受社会监督。对管理部业务办理流程、服务标准、办理时限、服务承诺等进行全面公示。同时，在服务大厅显著位置设立专栏，公开公积金政策和相关规定、服务热线、监督专线等信息，主动接受社会监督。二是切实加强内部管理。实行严格的内控机制和稽核机制，实施贷款全过程风险把关，对开发楼盘加强调查，对担保公司、受托银行加强管理考核，规范职工个人住房贷款审批，实行“三级审批制”，细化审批责任，依法依规发放贷款，个贷逾期率为0。严格执行“零余额账户”管理、“资金集中支付”相关规定，变资金分散管理为市中心集中管理，有效防范资金风险。

【公积金政策宣传】 2015年，管理部坚持把住房公积金政策宣传贯穿管理工作始终，通过搭建宣传平台、创新宣传方式、突出宣传重点等措施，大力提升住房公积金政策知晓率、入户率。一是搭建宣传平台，通过网络媒体、电子显示屏、横幅、宣传板报等载体，依托住房公积金制度改革关键时期和公积金新政实施契机，开展住房公积金政策宣传，深化思想认识。及时更新公积金缴存、提取及贷款宣传册，制作宣传海报，在《今日宁乡》报纸封面做公积金政策宣传。二是创新宣传方式，建立住房公积金专管员QQ群，近500名规模企业专管员列入其中，加入县财政集中支付局、支付单位QQ群，及时为缴存人答疑解惑，同时在宁乡县人民政府公众信息网定期更新住房公积金有关政策和通知，确保信息公开及时、到位。三是突出宣传重点，组织专题宣传，联合县住房保障局、县机关事务局及楼盘开展宁乡县“红五月”团购专题宣传；在宁乡县第五届宜居文化节房产交易展示会设置公积金政策咨询台，让缴存人更好地享受到住房公积金政策优惠。

【公积金综合服务】 2015年，管理部不断完善服务体系，在深化服务理念、规范服务行为、完善服务制度、提升服务品质、拓展服务渠道上狠下功夫，提升服务的人性化、智能化水平。一是规范窗口服务。大力推行“综合柜员制”，受托银行、担保公司在各业务窗口全面进窗驻点，实现住房公积金业务办理“一窗式受理，一站式办结，一条龙服务”。二是提升服务品质，规范办事窗口服务管理，规范窗口工作人员岗位职责、服务形象、服务行为、服务语言、服务措施等，建立行政审批项目流程清单，严格落实服务承诺、首问责任、一次性告知、限时办结等制度。三是拓展服务渠道，启动“互联网+公积金”战略，配合市中心开展新一代住房公积金管理信息系统建设工作，通过年审工作，进一步完善职工基础信息资料，为综合服务平台推广应用打下基础。

【公积金队伍建设】 2015年，管理部以“三严三实”（严以修身、严以用权、严以律己、谋事要实、创业要实、做人要实）专题教育活动为抓手，不断加强和改进工作作风，提升公积金队伍整体素质，树立基层公积金队伍良好形象。一是深入开展“三严三实”专题教育活动，抓好队伍建设和党风廉政责任建设，不断强化基层党组织建设，充分发挥工、青、妇群团组织的作用，增进基层公积金队伍的凝聚力和向心力，树立健康向上、斗志昂扬的基层公积金队伍形象。二是抓好管理部文化建设，以“道德讲堂”、志愿服务活动、雷锋式服务明星评比为主题，增进管理部的文化内聚力。以健康向上文体活动为载体，组织素质拓展、业务技能比拼、球类竞技、工间操等活动，增进管理部干部职工团队协作能力。三是进一步巩固省级模范职工小家创建成果，深入学习市中心成功创建全省文明单位的经验，树立典型，深化文明创建意识。四是抓好综合治理工作。开展平安单位创建活动，全年未发生责任事故或较大影响事件，保持和谐稳定的工作局面。

（邹 璐）

城市建设投资开发

县城市建设投资集团有限公司

董　事　长	贺立权
副董事长、总经理	杨瑞祥
监　事　长	高波良
副　总　经　理	周兵才
	陶　泉
	谢继韩
	吴麒麟
工　会　主　席	姜婕华
党　组　成　员	胡携春

【概况】 宁乡县城市建设投资集团有限公司(以下简称城投集团)成立于2000年8月,2013年6月组建集团公司,公司注册资金2亿元,截至2015年12月公司总资产达192亿元。2015年,公司内设办公室、总工室、投融资管理部、招商经营部、工程技术一部、工程技术二部、社会事务部、资产资源管理部、财务部、人力资源与绩效管理部、监察审计部、城管办、安全保卫部等九部三室,下辖(控股)开元公司、同兴公司、万佛灵山公司、新煤城公司四家子公司,在职员工179人,退休员工2人,初步发展成为以基础设施建设为主,融政府垄断性资源经营、房地产开发、旅游开发等于一体的大型国有复合型独资公司。2015年,城投集团全年收入4.86亿元,应收账款比2014年减少7432万元,上缴各类税收7779万元。归集大额经营性国有资产28亿元,公司资产结构更优,资产总量更大。外出招商6次,包装发布3个项目,出让土地4.2公顷,成功引入湖南省建工集团启动市民之家PPP项目建设,为宁乡首家正式实施的PPP项目;同兴公司龙桥御园项目实现销售收入5000万元,宁乡首家社会停车场——喇叭口停车场12月投入运营;开元公司实现城市资源运营收入440万元;万佛灵山门票收入350万元,被国家旅游局评为“门票价格信得过单位”,顺利通过AAAA级景区复核验收,成功举办景区观音圣像开光法会。

【城投项目建设】 2015年,城投集团主攻项目,推动城市上档升级。围绕项目建设积极开展工作,实现重点建设项目“完工一批、在建一批、开工一批和前期工作突破一批、储备一批”的良性循环。全年实现社会固定资产投入60亿元,完成项目建设产值37亿元,铺排政府投资项目27个,成功提质改造县城南城门白马大道,东城门喇叭口,基本建成玉潭公园、市民公园,提质增量新城片区花明路、春城路等5条道路,栽种大树2900棵,造绿53.33公顷,优化城市形象和人居环境;滨江棚改通过国家开发银行专项棚改资金,改善滨江片区居民人居环境,打造东进桥头堡;白马大道提质改造拓宽出城道路;学府路连通新城片区与东城片区,蓝城文化城路网、白马配套路网相互串联;黄泥岭后山地生态修复打造城市新景观,沩山肖家安置区、民兵渠改造、农村文化养老中心解决群众关注难题,产生良好的社会效益;市民之家、喇叭口停车场等项目接受市、县现场观摩,获得一致好评。

【城投融资】 2015年,城投集团融资破冰,增加城市发展后劲,全年获银行审批贷款资金79.5亿元,比2014年增长198.75%,到位贷款资金54亿元,比2014年增长189.8%,到位资金量是前三年之和。与17家银信部门建立合作关系,联系银信部门学习交流活动100次,关系更密切,审批额度更大,发放速度更快,中长期贷款比例达到100%,融资综合利率7.28%,社会融资余额减少13%;成功发行13亿元城投企业债券,利率6.7%,实现企业债券发行零的突破,也是同期发行利率最低的一个项目,2015年12月24日国家发改委受理城投集团11亿元养老产业债券发行申请。

【阳光拆迁】 2015年,城投集团实行阳光拆迁,全面推行征拆新政,维护群众切身利益,提高资金使用效率,确保有序征拆、高效征拆、和谐征拆。创新工作模式,与征地办、城管局等部门单位组建联合工作组开展拆迁工作,形成强大合力,征地拆迁工作按“三榜公示、统一标准、集中签约、阳光操作”的模式运作。全年共计投入资金12.4亿元,征地136.93公顷,超计划90.27公顷,拆迁1235户,超计划94户,拆迁成功率达97%。成功启动1949年至2015年宁乡最大的拆迁项目——滨江棚改项目,征地19.8公顷,拆迁841户。滨江棚改一期5天签订征地协议19.83公顷,协议拆迁205户,刷新宁乡征拆速度。处理10项历史遗留问题,维护良好征拆环境,确保城投集团各类工程的顺利推进。

【城投队伍建设】 2015年,城投集团全面加强队伍建设,出台12项各类制度,适时精简人员职权,积极推动公司体制机制改革,成立城投管委会。注重发挥基层党组织的战斗堡垒作用,坚持周六党建集中学习实践日,积极开展“共产党员示范岗”“一名党员一面旗”等评选活动,树立典型,作出表率。加强干部职工管理考核,注重学习培训和内提外引,完善临聘人员薪酬、绩效、晋升机制，公开考试招聘8名专业技术人员，提升队伍综合素质。组织开展“道德讲堂”“学雷锋志愿者服务”“讲文明、树新风”“三严三实”教育活动，开展“城乡共建、结对帮扶”等主题活动，对接龙田镇隔山冲村，累计助建、捐款捐物200万元。全年对外宣传报道110次，《三亮三创三结合》等党建工作经验在《湖南日报》等省级媒体推广。2015年，城投集团先后获得全国“模范职工之家”；县“绩效考核一类单位”“五好领导班子”“狮子型团队”“项目工程建设突出贡献单位”“招商引资先进单位”“综治工作先进单位”“党风廉政建设先进单位”“宣传思想文化工作先进单位”“文明程度指数测评工作先进单位”“安全生产工作合格单位”“人口和计划生育工作良好单位”等荣誉，黄祖沩立面改造、宁乡义乌小商品城荣获宁乡县“重点项目工程二等奖”，白马大道提质改造、喇叭口停车场荣获宁乡县“重点项目工程三等奖”。

（刘宏科）

环境保护

县环境保护局

党组书记、局长

李联明（9月免）

江海斌（9月任）

纪检组长 周汉文（11月免）

副 局 长 黄红耀（11月免）

喻毅章

任永霞（女）

张 杰

陈絮飞（女）

工会主席 洪志军

【概况】 2015年，宁乡县环境保护局（以下简称县环保局）全体班子成员团结一致，一心一意谋求环保事业又快又好发展，较好履行工作职责，环境质量明显提升。县城区全年空气质量优良率97%，首要污染物PM10年平均浓度为55微克/立方米，较2014年同期下降21.4%，主要河流监测断面、出境断面及饮用水源水质达标率100%，工作成效得到上级部门充分肯定。在年初全省环境保护大会上，宁乡被评为“全省先进单位”，取得全市环境保护工作目标考核第二名。

【机制建设】 2015年初，宁乡成立由县长任主任的县生态环境保护委员会，县委、县政府出台《关于进一步加强生态环境保护的意见》，明确乡镇园区的环境保护主体责任和部门单位监管责任；联防联控，公安驻环保联络工作室正式挂牌，建立强有力的环保司法联动机制。依法对16名环境违法当事人实施行政拘留。实施网格化监管，制定《宁乡县环境保护计划执法及网格化监管方案》，初步形成实施县、乡、村和特殊网格四级管理；强化乡镇环保站管理，轮训环保专干3期，基层环保履职能力得到加强。

【环保宣传教育】 2015年，县委中心学习组开展新环保法集中授课1期，召集企业业主学习10次，组织乡镇环保专干分批培训8期，在中小学开展环保公开课15堂，会同人大环境与资源保护委员会，组织开展沩水源头踏勘5次，协同宁乡电视台，定期播放《环保在行动》专题节目45期，在国家、省级主流媒体宣传报道46次。注重氛围营造，在长益高速沿线等醒目处设立环保公益广告2块。县委、县政府高度重视环保工作，在年初县环境保护委员会第一次联席会议上，对全县26件涉水整治任务进行集中交办，政府常务会专题研究全县域农村环境综合整治工作，推动宁乡生态环境保护工作的落实。

【环保监管执法】 2015年，县环保局从群众最关心的问题着手，以环境保护大排查为主线，以行业整治为重点，按照“整治一批、处罚一批、关闭一批”要求，加强环境执法监管。严把项目审批关，否决“两高一资”（高耗能、高污染和资源性）建设项目28个。开展环境保护大检查行动741次，出动执法人员5689人次，排查企业951家，下达监管文书304份，淘汰关闭小纸厂3家、水泥立窑生产线11条，关闭红砖厂19家，停产整治矽砂、精灰等资源型行业企业72家，取缔小洗涤、搅拌场等违法项目5个，立案处罚65家，有效遏制环境违法行为的发生。强化监管监测，完成县城区大气自动监测系统体质改造，对城区PM2.5、PM10、臭氧、氮氧化物、二氧化硫、一氧化碳等6项指标进行实时监控。推进在线监控建设，督促21家重点涉水企业新上在线监管监测设施，实施阳光排污。

【应急管理】 2015年，县环保局强化应急标准化管理，环境应急能力稳步提升，全年环境安全事件和舆论媒体事件零发生。应急演练常态化。宁乡经济技术开发区妙盛工业小区承办全市突发环境事件应急演练，稳妥处置海纳“3·7”火灾次生环境事件。组织全县17家危险废物产生单位开展应急培训5次，严格执行“十项制度”“三项要求”，定期检查环境污染应急预案，督促购买环境责任险。

【污染减排】 2015年,县环保局组织相关单位和项目载体企业召开治理项目工作会,37项重点减排治理项目全面落实。其中,黄材库区、双凫铺金河水库重金属整治项目竣工。重点企业南方水泥、天宁热电和县城污水处理厂,均做到达标排放,无超标超总量排污现象。截至2015年年底,全县化学需氧量、氨氮、二氧化硫、氮氧化物排放量分别累计削减1140吨、23吨、945吨、190吨,超额完成主要污染物减排任务

【农村环保】 2015年,县环保局优化审批服务,及时审批建设项目210个,107个百大项目环评审批率100%。新建乡镇污水处理厂4家,已建20家乡镇污水处理厂实现第三方委托运营。全县域农村环境综合整治"以奖代补"资金项目完成政府采购招投标,实现整治项目化,年底进入整体实施阶段;全面推进生态文明创建,坝塘、青山桥、白马桥和东湖塘等4个乡镇通过国家级生态乡镇命名,全县国家级生态乡镇累计13个。

【新型城镇建设】 2015年,宁乡开展大气污染防治"百日攻坚"活动,环保、城管、工商、质监、公安部门联合行动,清洁改造中心城区医院、学校、宾馆、企业的燃煤锅炉86台,燃煤锅炉的拆除工作得到广大市民群众的热烈拥护和赞誉。

【党风廉政建设】 2015年,县环保局积极创新,落实党风廉政"两个主体"责任。局党组例会研究党建、纪检监察工作28次,开展书记讲党课活动4期,落实谈心谈话和公务回访机制,全年上门回访70家企业,座谈回访40家企业,电话回访100家企业,全年廉政案件做到零发生,优化经济发展环境,赢得企业的好评。

(周铁军)

农村经济

农　业

县农业局

党委书记、局长
肖年富(9月免)
姚鹤舜(9月任)
副书记、副局长
梁朝晖(11月免)
陈新德(9月任)
副书记、纪委书记
黄建龙
副局长　唐文强　余良培
黄小明(11月免)
罗德辉(11月任)
工会主席　何文姣(女)
总农艺师　陈德新(11月免)

原县农村工作领导小组办公室

党组书记、主任
姚鹤舜(9月免)
副书记、副主任
陈新德(9月免)
副主任　肖正良(9月免)
蔡石姣(兼)
刘利文(9月免)
黎金华　罗顺民
党组成员　马子文

原县农村经济经营管理局

党组书记、局长
周兵山(9月免)
副局长　张国强(11月免)
成江林(11月免)
谭正文
纪检组长　邓建良(11月免)

【概况】 2015年,县农业局系统共有干部职工664人，其中在职467人,退休197人,有专业技术人员170人，其中高级48人,中级57人,初级65人。下设县农业技术推广中心(正科级)、农广校(副科级)、沙河市场管理处(副科级)、县扶贫办、县农业执法大队(种子管理站)、县农产品质量安全检测中心、县种子技术推广服务站、原种场、农业服务公司、种子公司等10个事业单位。年内，农业局深入贯彻县委、县政府关于"加快推进三大建设 早日实现全面小康"的规划部署,积极抢抓中央、省、市各级高度重视农业农村工作的大好机遇，紧紧围绕发展现代农业主线,狠抓粮食生产、精准扶贫和美丽乡村建设，全面推进"三农"工作。宁乡粮食产量居全省第一，再获全省粮食生产先进县荣誉称号。宁乡粮食生产工作蝉联全国先进。县农业局荣获全省"农业政府网站工作先进单位",县"五好领导班子""宁乡县党政领导班子绩效考核先进单位""岗位目标考核先进单位""政协提案办理先进单位""委派民主监督员工作优秀单位"等荣誉。

【农业机构改革】 根据（宁发〔2015〕15号）文件精神,2015年9月16日将县农村工作领导小组办公室的职能、县农业局的职能、县农村经济经营管理局的职能整合,重新组建县农业局,为县政府工作部门，挂县委农村工作办公室牌子。将县畜牧兽医水产局的行政职能适时划入县农业局。不再保留县农村工作领导小组办公室、原县农业局、县农村经济经营管理局。将原县农业局所属的事业单位、县农村工作领导小组办公室所属的县扶贫开发办公室调整为县农业局所属。

【扶贫开发】 2015年,宁乡县共有建档立卡贫困户2.41万户5.73万人，省定贫困村32个,脱贫9843人。建档立卡贫困户中危房户3671户，完成危房改造1600户。开展"一进二访",市县领导下村入户结对帮扶重点贫困户184名。2015年市、县各级帮扶到乡镇、村资金3672万元。联点驻村单位帮助贫困村完成村级公路、水利建设、产业发展、技能培训等各类投入1600万元,开展农民专业技术培训2万人次,实现贫困户人口转移就业5000人次，发展农业产业化基地32个,实施基础设施和村级公共服务设施项目50个。实施"雨露计划",扶持贫困学生141人。开展"扶贫助学"，投入资金20.25万元,帮助贫困学生107人。开展易地扶贫搬迁,启动"千手"大屋安置区建设。

【农业培训】 2015年,县农业局重视农业培训工作。全年培训市级领军人才3批次65人,培训县级领军人才185人次，培训农业龙头企业经营管理人才22人次,培训农村专业合作组带头人68人次，培育农村科技致富带头人150人次，培训返乡农民工或回乡大学生创业人才25人次,培训农村生产服务技能型人才56人次,开展农村实用人才培训等,年培训227期次，培训1.07万人次。为全县现代农业人才储备提供支持。培育新型职业农民1050人,其中生产经营型550人(含现代青年农场主70人)、专业技能型及社会服务型500人。全年开展农业职能技能培训及专项技术培训1万人次。

【宁乡美丽经济博览会】 2015年10月31日至11月3日,宁乡美丽经济博览会在长沙红星国际会展中心进行，此次博览会由宁乡县县委、县政府主办,与2015(首届)湖南中韩经贸文化活动周全面融合,首次以33个乡镇为单位参展，总展览面积约1.1万平方米,设立1个宁乡综合馆、3个园区馆、33个乡镇馆和华强企业馆,紧扣“美丽经济、花开宁乡”主题，一馆一特布局和丰富精彩的特色内容,全面展现美丽乡村、美丽乡品、美丽乡贤、美丽乡韵和美丽产业，成功打造一个展示宁乡“三大建设”和特色县域经济成果的窗口,对外宣传推介、交流合作的平台。博览会累计组织参展企业210家，平均每个场馆展示土特产达5种以上，产品突破500种。策划包装36个项目,推介宁乡县域旅游全景，重点发布炭河古城、香山小镇、道林古镇等10个重大优质投资项目，成功签约重大项目18个,签约总金额高达105亿元。

【美丽乡村建设】 2015年,宁乡县以“三大建设”为引领,全面掀起美丽乡村建设热潮。陆续出台《宁乡县美丽乡村建设三年行动计划》《宁乡县美丽乡村建设实施方案》《宁乡县2015年美丽乡村建设绩效考核细则》等系列实施意见、具体实施方案,建立完善美丽乡村建设工作推进机制。部署实施全域环境整治行动，由点到线到面、由表及里,为创新农村环境治理模式进行有益探索。共硬化村组公路1146.7千米、黑化192.75千米、亮化1730千米,拆除垃圾池1.11万个。县域内煤矿全部关闭,小瓦窑、小砖窑专项整治有序推进，黄材水库、“一江一线”退养工作推进有力,挖山洗砂治理持续加压，农村生态环境底线不断稳固。“三年造绿”行动任务超额完成,新增植树200万株、新增绿化面积360公顷、提质绿化县乡公路1000千米。农民主体作用充分发挥，全县群众义务投工投劳50.6万人次,捐资集资过8000万元,带动社会投资4759.6万元。全域景区初具雏形,炭河古城、道林古镇、香山小镇、煤炭坝工业遗址启动建设，灰汤、花明楼、沩山、关山等景区建设与国家级品牌创建同步推进。夏铎铺镇天马新村示范片获省委书记联点。全县初步建成示范点89个,美化庭院1.7万户。“鹊山模式”“湘都模式”加快完善,现代休闲农业等美丽经济蓬勃发展，独具宁乡特色的文化旅游品牌加速凝聚成势。

【农村土地承包经营权确权颁证】 宁乡县作为全省农村土地确权颁证工作第一批48个整体推进县之一,从2015年8月开始在全县28个乡镇(街道)全面铺开此项工作（玉潭街道办事处因无水田除外)，涉及确权面积8.04万公顷,确权农户39万户。至2015年年底，农村土地承包经营权确权登记颁证各乡镇(街道)已完成入户调查摸底阶段工作。宁乡县被评为长沙市确权颁证工作先进单位。

【新型农业经营主体建设】 2015年年底，宁乡县农民合作社发展到2201家，比2014年增加431家，家庭农场发展到510家,比2014年增加124家。其中国家级农民合作社8家，省级为民办实事合作社12家。大龙养猪、龙湖养鸭、腾达食用菌等合作社的产品相继进入麦德龙，产品品质得到认可,价格得到大幅提高,产品市场前景十分广阔。推荐科鸿蔬菜、腾飞中药材等3家合作社成功申报省示范合作社。根据《湖南省培育扶持1万户家庭农场实施方案》(湘农联〔2014〕25号和湘农联〔2015〕206号文件精神),由乡镇统计申报种植双季水稻百亩以上的农户信息，全县有224户种粮大户获得省级家庭农场补助。

【农民负担监管】 2015年,根据省减负办“关于上下联动深化损害涉农利益行为整改工作”整体部署，县减负办在全县范围内开展纠正损害涉农利益行为整改工作。整治工作涉及29个乡镇和22个县直涉农部门，从会议部署、方案制定、自查自纠、督促检查、整改治理、整章建制等环节循序渐进、环环相扣地打造涉农监管长效机制。根据(湘办发〔2009〕65号和宁纠办发〔2013〕4号)文件要求，做好全县年内惠农资金备案工作、建立项目资料档案,对资金使用情况进行跟踪问效和监督。县农业局联合财政局审批、验收村级公益事业一事一议项目174个,审批筹资802.59万元,下拨财政奖补资金2200万元,支持村级道路建设79.94千米，水渠建设55.43千米，山塘清淤扩容建设175.17万立方米。

【农业执法与农产品质量安全】 2015年,县农业局共出动执法人员550

人次,出动执法车辆180车次,检查经营门店635家次;发放《农资识别卡》等资料2万份;备案种子151批次、农药产品186批次;抽样送检农资产品116批次;查出不合格样8个,不合格产品14855千克;涉案货值11万元。立案查处案件27起;暂未发现侵权产品;对7起经营假劣农资案件在宁乡农业信息网进行公示。县农业局农产品进行农残速测5239批次,合格率100%;全年未发生农产品质量安全事故。全县各乡镇、31家蔬菜生产基地配置农残速测仪;卫红米业、金太阳、湘都蔬菜等单位的38个产品获绿色食品认证。

【粮食生产保障与服务】 2015年,全县粮食播种面积13.28万公顷,比2014年增加386.67公顷,总产为88.76万吨,比2014年增加3.18万吨。其中,早稻播种面积5.74万公顷,比2014年增加386.67公顷;中稻(一季稻)播种面积1746.67公顷,比2014年减少273.33公顷;晚稻播种面积6.28万公顷,比2014年增加506.67公顷。早稻单产420公斤,比2014年增加9公斤;中稻单产549公斤,比2014年增加1公斤;晚稻单产480公斤,比2014年增加21公斤。全县旱粮作物面积1.08万公顷。其中,玉米6393.33公顷,比2014年减少206.67公顷,亩产438公斤,比2014年增加22公斤;总产4.2万吨,比2014年增加800公斤。一是优质稻生产。宁乡优质稻面积稳定在9.87万公顷以上,其中高档优质稻面积稳定在2.83万公顷以上。与湖南卫红米业有限公司合作开发高档优质稻基地,基地主要分布在回龙铺、双江口、朱良桥、沙田、东湖塘、花明楼、资福等乡镇,种植面积1万公顷。二是水稻高产创建。重点在双江口推进水稻高产创建整建制示范镇建设,在回龙铺、花明楼、朱良桥等乡镇打造5个万亩示范片,其他乡镇分别打造1个千亩示范片,示范面积达1.33万公顷。通过推广优良品种,集中育秧、合理密植、测土配方施肥、专业化病虫害防治等关键技术的实施,在明确分工、加大政策投入、制定优惠措施、实施奖惩机制的组织保障下,高产创建活动成效喜人。双江口镇高产创建整建制乡镇和5个万亩高产创建示范片早稻平均亩产509.8公斤,早稻最高亩平均产量516.4公斤,示范带动千亩高产创建示范片20个。三是实施超级杂交稻“百千万”高产攻关示范工程。宁乡是全国仅有的三个万亩示范片基地县之一。根据10月9日专家组验收结果,宁乡万亩片平均亩产866.98公斤,超出预期目标66.98公斤。四是重金属污染耕地修复治理。宁乡县在煤炭坝、回龙铺等乡镇开展耕地重金属污染VIP及VIP+n修复治理技术试点,每个村示范点一百亩;在全县13个乡镇64个行政村同步推广撒施生石灰、增施有机肥、喷施叶面阻控剂、种植绿肥、深耕改土和优化水分管理等6项技术。2015年年底,采集土样739个,稻谷样2879个,水样844个,完成生石灰施用面积5784.4公顷,喷施叶面阻控剂9285.27公顷,增施有机肥2716.67公顷,并落实深耕改土和优化水分管理技术,作物替代区连片种植玉米20公顷。通过项目的落实,能有效地降低耕地土壤重金属活性,遴选镉低积累农作物品种,确保达标生产区稻米镉含量不超标、管控专产区稻米镉含量显著降低,替代种植区治理效果明显,实现污染耕地的达标生产和安全利用。五是农业生产全程社会化服务试点。开展农业生产全程社会化服务试点项目,全县参与试点的项目主体258家,服务面积3940公顷,服务农户1.6万户。有双江口、回龙铺、花明楼等25个乡镇126个村参与试点。主要从粮食生产的农资供应、农技推广、机械化作业、专业化防治、田间管理、仓储加工环节进行补助与扶持。建立农业生产服务准入制、审查备案制、持证上岗制;统一制定操作规程、技术规范、质量标准,统一规范服务公约、服务合同格式,统一制作服务台账、验收清单、结算清单和补贴发放清单,制定项目管理制度、资金管理制度、绩效考评制度。通过全程社会化服务的实施,加快农业新机械的推广,解决大户晾晒烘干的难题,农民每亩节约成本150元,同时也推进水稻规模种植,有效调动农民种粮积极性。六是水稻集中育秧。全县有26个乡镇参与集中育秧,完成早稻集中育秧面积1.68万公顷,发展育秧主体902个,其中专业化育秧主体483个,专业化育秧面积6720公顷,占早稻集中育秧总面积的40.1%,为早稻丰收奠定良好基础。七是病虫害专业化统防统治。推进水稻病虫专业化统防统治与绿色防控融合项目,在各大粮食生产示范基地全面推广绿色防控综合技术,融合项目落实面积2666.67公顷。发展病虫害专业化防治组织18家,比2014年增加4家,病虫害专业化防治面积3333.33公顷。八是测土配方施肥技术。组织发动100名专家、200名基层农技人员采取面对面方式进村入户开展测土配方施肥技术指导,施肥技术指导入户率30%,免费为29万农户提供测土配方施肥指导服务。完成粮食作物测土配方施肥面积 9.68 万公顷，完成 500 个土壤检测，安排田间试验 10 个，测土配方施肥覆盖 422 个行政村，其中推广配方肥 2.95 万吨（实物量），配方肥推广面积 8 万公顷，测土配方施肥技术推广面积达 100%，亩平均节约成本增效 30 元。

【经作产业发展】 2015 年，宁乡经济作物产业发展良好。茶叶、蔬菜、水果、中药材、优质稻、生猪六大产业以“公司 + 基地 + 农户”的生产经营形式得到发展，形成百里百万亩优质稻走廊、沩山万亩富硒生态茶叶园、宁韶公路绿色蔬菜走廊、朱良桥赤龙岛湖泊水果庄园、巷子口万亩高山水果种植园、青山桥万亩中药材产业园为重点的特色基地建设稳步推进，规模发展优势明显。全县蔬菜种植 4 万公顷，新扩 256 公顷。中药材种植面积突破 2533.33 公顷。春茶生产加工 2068 吨，茶叶生产总值 1.13 亿元。

【农产品加工业与休闲农业】 2015 年年底，全县农产品加工企业 1345 家，其中，规模企业 96 家，产值 190 亿元，营业收入 177 亿元，实现利润 17 亿元。现有农业产业化龙头企业 101 家，其中，国家级龙头企业 2 家，省级龙头企业 10 家，市级龙头企业 89 家；有上市公司 1 家；有国家级五星农庄 1 家，国家级四星农庄 1 家，省级五星农庄 1 家，省级四星农庄 4 家，省级三星农庄 3 家。拥有中国驰名商标 19 件，湖南省著名商标 26 件。休闲农业企业有 295 家，接待游客达 400 万人次，营业收入达 5 亿元。

（易星星）

县农业技术推广中心

主　任　肖年富（9 月免）
　罗德辉（11 月任）

副主任　肖　军（11 月免）
　喻永芳（11 月免）

沙河市场管理处

经　理　唐文强

农业广播电视学校

【概况】 2015 年，湖南省农业广播电视学校宁乡分校（以下简称县农广校）有教职工 7 人，聘用兼职教师 25 人，是农业局直属全额拨款事业单位。主要负责全县农民教育培训，农业职业技能鉴定和新型职业农民认定管理等工作。2015 年，宁乡农广校进一步加大农民教育培训力度，创新农民培训工作方法。开展以新型职业农民培育为主，实用技术培训等多种培训为辅的农民教育培训。

全年累计开设各类培训班 120 余期，累计培训农民达 11000 多人，圆满完成各项工作任务，县农广校被省、市农广校评为“2015 年教育培训先进单位”。

【新型职业农民培育】 新型职业农民培育是宁乡农民教育培训的重点发展方向，也是农广校的工作重心。具有高标准、高起点、高层次的特点。2015 年，县农广校承担 400 名新型职业农民的培育任务，开设养鸡、养猪、绿化苗木种植、茶叶种植和农村电商 5 个专业，组织学员赴常德临澧、益阳赫山、浏阳柏加等地参观考察。采取分段式、重实训、参与式培训模式，实行全过程培养。

【农业实用技术培训】 2015 年，根据各乡镇产业实际，全年分别在回龙铺、喻家坳、花明楼、东湖塘、双凫铺、黄材、沩山等乡镇举办农业实用技术培训班 45 期，培训农民 3500 人。把技术送到农民家门口，学员能学以致用，即学即用，有效提升宁乡农业生产技术生产水平。

【农业职业技能鉴定】 2015 年，县农广校开展花卉园艺工，水稻植保员职业技能鉴定，集中培训后，共有 130 名农民获农业职业技能鉴定证书，通过率 100%。

【示范村示范基地项目培训】 2015 年，按照省、市示范村和示范基地建设的部署要求，县农广校在流沙河码联村，金圆水稻种植专业合作社，湘茗茶业发展有限公司，田原牧歌农场，凤凰山水稻种植专业合作社举办水稻种植、茶叶种植、休闲农业培训班 10 期，培训农民 1000 人，有效促进基地发展，提升专业生产水平。

（丁　强）

湖南省农业广播电视学校
宁乡分校校长　余良培

烟叶生产

县烟叶生产指导管理办公室

党组书记、主任
　黄建海（9 月免）
　肖年富（9 月任）

副书记、副主任
　陶兴武

副主任　龙宇开　何建武

党组成员　洪国华

【概况】 宁乡县烟叶生产指导管理办公室（以下简称县烟办）是宁乡县政府直属参照公务员管理单位，是政府管理全县烟叶生产的职能部门。主要负责落实上级烟草部门下达宁乡县的烟叶种植计划;组织、管理和指导全县烟叶生产;协调好烟农、企业、政府三者之间的利益;监督烟基工程建设。2015年,县烟办有在职干部职工16人,其中党员14人,专业技术人员2人。内设人秘科、生产科、财务科3个科室。年内,宁乡县人民政府获"湖南省现代烟草农业建设优秀单位",县烟办获"烟叶生产质量管理先进单位",喻家坳乡金醇烟叶合作社获"省优秀烟农专业合作社"。

烟叶规模基本稳定。在烟草行业"控规模、守红线"的政策背景下,全县全年种植烟叶3667公顷,较2014年减少2440公顷,其中烤烟3000公顷,晒烟667公顷。收购烟叶640.5万公斤,比2014年减少244万公斤,其中烤烟487万公斤,晒烟153.5万公斤。实现烟叶总产值1.73亿元,烟农总收入1.94亿元,烟叶税收3800万元。

烟叶品质有效提升。烟叶捆内纯度达到90%,青烟、杂烟含量大幅减少。国家烟草局工商交接等级合格率全省第一,湖南烟叶质量感官评价宁乡上部叶综合得分名列全省第二,烤烟、晒烟亩平均效益分别比2014年增加200元、1500元。7月份,长沙市烟草局组织6家工业企业领导和专家到宁乡烟区观摩,烟叶质量获得多方好评,浙江中烟明确表态将在2016年增加25万千克调拨计划。

烟叶收购任务圆满完成。2015年烟叶收购任务艰巨,站点由14个减为7个,收购时间由90天缩短为56天,单线收购量由2014年的4100千克增加到2015年的6150公斤,日均线收购量较往年增加1500千克。在全县推行烤烟站外专业化分级,在烟草站和乡镇推行精准预约方式,严格推行"阳光收购",有效提高收购公平公正性和烟农满意度。

烟叶合作社建设成效显著。2015年7月,全国烟农专业合作社评定现场会在宁乡县召开。金醇烟叶专业合作社被中国烟草总公司评为"烟农专业合作社行业示范社",被省两烟领导小组评为"2015年度湖南省烟农专业合作社优秀示范社"。2015年5月,国家烟草局副局长杨培森视察金醇合作社建设,杨培森认为宁乡县金醇合作社体现了"生产资料集体所有、专业化生产水平较高、多种经营取得实质性突破、有一个好的带头人、市场化运作造血功能强"等特点,成功经验值得总结和推广。

【烟基工程】 2015年,宁乡烟基工程(跨年度2014年10月至2015年10月)进展顺利。铁冲水库提质扩容项目顺利竣工,总投资1.26亿元,其中烟草援建资金9360万元,每年可向下游乡镇提供优质水550万立方米,受惠农民5.1万户。2014年基本烟田土地整理项目顺利竣工,累计投入1753万元,整理烟田355.5公顷;2015年基本烟田土地整理项目顺利推进,预计投入3000万元,整理烟田600公顷。沙田烟草站项目总投入1300万元,已竣工投入使用,对推动西部乡镇晒烟发展起到重要作用。

【党建工作】 2015年,县烟办按照"党要管党,从严治党"的要求,结合自身工作特点,深入推进党建工作,为全县烟叶产业发展提供有力的思想和组织保证。县烟办党支部被县委授予"先进基层党组织"。加强组织领导,深化党建责任。明确党建责任分工,由党组书记负责党建全面工作。党组织结对共建联系喻家坳乡涌泉山村,成立共建领导机构和工作小组,以美丽乡村建设总揽全局,以培育产业为支撑,以支部共建为保障,积极推进结对共建活动。指导支村两委制定三年村级发展规划,带好村干部和党员组长两支队伍,开好党员春训、民主评议和七一表彰两个大会。开展产业扶持,指导烟农种植46.67公顷烟叶,赠送烟农移栽母肥4万元,提高烟农效益。整修龙大山塘和保民山塘,投入资金20万元。为村级主干道争取20盏路灯。认真开展党员"心连心"结对认亲、精准扶贫活动,慰问帮扶困难党员和群众28人、精准扶贫贫困户15户,发放慰问金1.72万元,为贫困户制定脱贫计划。指导美丽乡村和美丽屋场建设,支持建设资金12万元。全体党员坚持深入基层服务烟农、服务产业,每月下乡不少于15天,人数不少于80人次,烟叶产业呈现规模基本稳定、管理更加精益、基础更加夯实的良好发展态势。

【政投和固投工作】 2015年,县烟办为项目建设投入8000万元,政府投资项目投入3000万元,固定投资项目投入1.4亿元。通过积极争取烟草投资项目,主动对接服务项目,2015年争取烟草项目总投资1亿元,完成项目建设投入1.06亿元,完成政府投资项目投入3000万元,完成固定投资项目投入1.4亿元。

【计生工作】 2015年,县烟办计生工作不断夯实基础,提升服务水平,圆满完成全年计生工作各项任务。一是全办无违反计划生育行为,及时发放独生子女费,为单位干部职工购买计划生育家庭保险和妇女特殊疾病保险。二是扎实开展计生联村工作。2015年，县烟办联系喻家坳乡涌泉山村计生工作，为确保山村计生工作顺利，县烟办先后4次到村协助开展计生工作，拨付计生经费2万元。该村全年各项计生指标达标，代表喻家坳乡接受县对乡考核，联点工作取得实效。

【杨培森视察宁乡烟草工作】 2015年5月14日，国家烟草专卖局副局长杨培森率中国烟叶总公司副总经理刘建利，湖南省烟草专卖局(公司)局长(总经理)樊剑峰、副总经理李民灯一行，在省、市、县相关部门负责人的陪同下，到宁乡县喻家坳乡三民—玉山现代烟草农业核心示范区视察，详细了解金醇烟叶专业合作社及其烟叶工场的运行和示范区基础设施建设及烤烟质量、烤烟收购等情况，视察示范区烟叶长势情况，现场咨询烟蚜茧蜂防治蚜虫技术推广应用与示范项目的效果情况。随后视察烟叶工场综合利用情况、专业化分级场地、烟区气象服务站和喻家坳烟草站。杨培森一行对金醇烟叶专业合作社的成功经验给予高度评价，对宁乡县现代烟草农业工作所取得的成绩给予充分肯定希望宁乡烟草工作继续走在全国前列。

【袁建尧调研宁乡烟草工作】 2015年11月5日，省政府党组成员、省长助理袁建尧率省政府办公厅和省、市烟草部门领导到宁乡县调研烟草工作。县委书记谭小平，县委副书记、县长周辉和副县长刘俊武及相关部门负责人陪同视察。先后视察横市镇铁冲水库和喻家坳乡金醇烟叶专业合作社，并详细听取县烟草工作相关情况汇报。一是强化合同管理，严守总量红线。坚持把严控总量摆在烟叶收购工作的首要位置，严格按合同、按计划、约时定点组织收购，收购量在计划范围内。二是着力优化收购流程，提升收购效率。通过优化站点设置、积极推行收购现场“9S”管理，收购现场整洁有序，收购人员规范高效，截至10月31日，全县顺利完成烟叶收购任务，烤烟收购时间57天，在省烟草局规定时间内圆满完成收购任务，较去年减少32天，效率大幅提升。三是加强过程管控，提高等级质量。严格执行《湖南省烟叶等级质量管理规定实施细则》要求，加强关键环节的管控，实行分站核算并与绩效考核挂钩；收购全部使用正式职工定级，县公司收购质量巡检组每周一督查，每周一通报，确保全县收购眼光平衡。省烟草局烟叶收购检查等级合格率为81.6%，省烟草局工商交接检查合格率70.22%，烟叶收购质量和成包纯度都有明显提高。烤烟收购均价27.34元/公斤，较2014年均价上涨4.99%。户均纯收入在2万元以上的烟农占58.8%。烤烟、晒烟产烟5000公斤的乡镇分别实现税收分成(包括村级部分)135万元、176万元左右；烟叶产业为烟农增收、政府增税做出积极贡献，产业形象进一步提升。袁建尧对宁乡烟草工作予以高度评价，并要求宁乡烟叶产业继续保持稳定、健康发展。

（喻　雯）

养　殖　业

县畜牧兽医水产局

党委书记、局长
杨正文(9月免)
邓新华(9月任)

副书记、副局长
谢合光
李芒华(11月免)

副 局 长 周建华(11月免)
岳　伟
王　娟(女)

纪委书记 何　平

工会主席 何炳霞(11月免)

党委委员 钟正元

【概况】 2015年，宁乡县畜牧兽医水产局内设办公室、畜牧科、科教与法规科、兽医医政科、人力资源科、财务科、统计监测科、质量安全科8个科室，下设县动物卫生监督所（县兽药饲料监察所）、县动物疫病预防控制中心、县渔政监督管理站、县水产工作站、县水产技术服务中心（渔业公司）、县鱼苗鱼种繁殖场、县鱼类良种场、县牧工商公司、县种鸡场、县蛋鸡场、县种猪场、县畜牧兽医技术服务中心、县畜牧水产技术推广站、县畜禽水产品质量检测中心14个下属单位。主要负责全县地方畜禽种资源保护和合理开发利用；全县渔业行政执法监督；制定全县动物防疫计划，指导开展动物免疫接种，动物产品检疫；全县兽药、饲料的生产和经营的监督执法和管理等工作。全局系统有干部职工351人（包括3名乡镇借调人员），其中，在职人员88人（包括3名乡镇借调人员），离退休人员110人。

县畜牧兽医水产局遵循“控量、减排、提质、提效”八字方针，有力推进宁乡养殖业转型升级，全县养殖业呈现出健康平稳发展的良好态势。宁乡县获得“全省养殖业工作目标管理先进县”，县畜牧局获得“全市重大动物疫病防控绩效考核优胜单位”，县“五好领导班子”“食品安全工作先进单位”“关心下一代工作先进集体”

"综治工作先进单位""党风廉政建设先进单位"等荣誉。

全县全年出栏生猪222.5万头,家禽3909.2万羽,水产品产量3.1万吨。有年出栏肉猪500头以上的规模养猪场601个,年出栏肉牛100头以上的规模养牛场35个,年出栏肉羊200头以上的规模养羊场63个,水产养殖水面面积50亩以上的大户320户。

【花猪品牌打造】 2015年,县畜牧兽医水产局致力于花猪品牌打造。一是开展"宁乡花猪2015年品牌推广季活动"。与天娱、"91·8"交通频道合作,先后在《天天向上》《经视直播大事件》《经视播报》《越策越开心》等栏目进行宣传,其中,直播大事件《勇者决战宁乡花猪王》节目,由于收视爆棚,原本90分钟的节目延长至150分钟,为经视台节目历年收视率之冠,统计收看人数达到2亿人;《湖南日报》头版以《宁乡花猪 香飘万里》为题,对产业发展进行专题报道,品牌影响力与日俱增。二是启动产业基础研究。11月1日,在《宁乡美丽乡村经济博览会》上,县委副书记、县长周辉与湖南农业大学校长符少辉签订《宁乡花猪基础研究》合作协议,项目总投资500万元,开展六大课题研究,为产业发展提供强有力的科技保障。三是夯实产业基础。产业创新发展三年计划的制订,激光灼刻防伪技术的开发应用,原生态绿色养殖技术的推广,宁乡花猪官方网站及微信平台的搭建,宁乡花猪种质资源中心的建设,品牌宣传片及宣传画册,均为产业快速跨越发展奠定了坚实基础。在品牌效应的带动下,花猪产业呈现出众星拱月、产销两旺的局面,全年出栏原生态宁乡花猪10.8万头,产值6.48亿元。

【动物防疫和检疫】 2015年,县畜牧兽医水产局加大对动物防疫体系基础建设方面的投入力度,提高疫情预警能力,全县没有发生区域性重大动物疫情。一是免疫密度全面达标。春秋两季强制免疫病种免疫密度均达100%。上半年代表长沙市迎省检,免疫抗体检测合格率居全省第一。二是重大疫情科学防控。成功防控突发的羊布病及疑似禽流感疫情,及时对易感动物进行抽样检测,共计抽样5000份,先后捕杀山羊900只,家禽3000羽,有效控制疫病的扩散与传播。三是检疫执法出典型。共查处违犯动物防疫法律法规的案件25起,涉及金额100万元,成功办理湖南省首例"妨害动植物检疫罪"案,喻家坳乡李某因买卖一批未经检验的种用山羊而引发重大动物疫情,被判处有期徒刑六个月,并处罚金5000元。四是开展人员培训。组织举办2期采样技术培训班、1期官方兽医培训班、分乡组织开展养殖和疫病防控培训班,养殖技术和防疫水平得到较大提高。五是无害化处理体系启动建设。初步与浙江美欣达、大河西农产品物流园等企业商谈合作意向,预计2016年将正式启动项目建设。同时,县畜牧兽医水产局积极引导企业进行投入,成功建立无害化处理点9个。

【质量安全监管】 2015年,县畜牧兽医水产局积极开展畜禽水产品质量安全监管工作,全县没有发生重大畜禽水产品质量安全事件。一是开展"瘦肉精""兽药残留"专项整治。抽查监测样品6200份,瘦肉精监测结果均呈阴性,兽药残留监测合格率100%,成功处置大河西物流园肉牛瘦肉精事件,有效保障产品安全。在市对县绩效考核综合考评中排名第一。二是积极开展病死动物专项整治。下发《关于加强病死动物及其产品专项整治行动的通知》,发放《致广大养殖户的公开信》5万份,组织人员对沿河丢弃死亡动物打捞并无害处理动物产品2.5吨。

【标准化建设】 2015年,县畜牧兽医水产局积极开展标准化创建和粪污治理工作。一是规模比例逐步提升。新创建国家级示范场1个、省级示范场2个、市级示范场7个、县级示范场22个。二是粪污治理全省典型。成功总结一套生态循环综合利用的粪污处理模式,处理效果得到业务部门的充分认可,9月23日,在全省召开的清洁低碳技术推广工作推进会上,县长刘亮作为低碳技术推广示范县的唯一代表作典型发言,重点介绍宁乡的生态养殖及生态治水取得的成绩。11月18日,全市粪污治理经验交流会在宁乡召开,市农委重点推介宁乡粪污治理经验,并在全市进行推广。三是加速综合治理。年内完成10.3万平方米栏舍的粪污治理工作,养殖环境大幅提升。

【渔业保护】 2015年,县畜牧兽医水产局采取多种措施加强渔业资源保护。一是加大宣传力度。全年在县电视台、《今日宁乡》等媒体做多期禁止非法捕捞的专题报导,发放张贴《保护渔业资源的通告》5000份,租用渔船在沩江等主要河段进行重点宣传。二是开展专项整治。查处电力捕鱼案10起,收缴电鱼船11条,电鱼工具80多件,行政处罚18人,移送公安机关行政拘留1人,狠刹电捕歪风。三是开展人工放流。在沩江河上游人工增殖放流 80 万尾，此活动得到省、市业务主管部门和广大群众的一致好评。四是全面禁止投肥养鱼。配合相关部门对全县所有水库及骨干山塘全面退出投肥养鱼，全县水质及水产品品质大幅提升。

【美丽乡村建设】 2015 年，县畜牧兽医水产局深入推进美丽乡村建设。一是全面推进养殖退出工作。下发《黄材水库集雨区内退出养殖的通告》，督促相关乡镇对集雨区内 92 户养殖场进行强制关停转产。二是培育一批美丽产业。重点发展宁乡花猪、名贵鱼养殖、休闲渔业、林下养殖、养蜂、稻田养鸭等一系列生态环保、效益良好的产业，在提升环境品质的同时，增加养殖效益。三是推进联点村结对共建工作。协助东湖塘联点的 5 个村创新性开展美丽村庄创建工作，利用县畜牧兽医水产局业务优势，积极发展特色养殖，开展多轮养殖培训班，成功创建示范村 1 个，美丽屋场 1 个。

（张　旭）

宁乡县动物卫生监督所
所　长　　肖　觉（女）

宁乡县动物疫病预防控制中心
主　任　　张英杰

县牧工商公司
经　理　　王斌强

林　业

县林业局
党委书记、局长
贺建勋
副书记、副局长
蒋益明（女，9 月免）
副书记、纪委书记
喻曼利（女）
副局长　　李曙光
郑泽良（9 月免）
张建良（9 月任）
易建芳（9 月任）
贺随超　李文斌
刘志成
工会主席　　张嫦娥（女，11 月免）

【概况】 2015 年，宁乡县林业局系统共有干部职工 134 人，其中在职 71 人（局机关 33 人、局属二级单位 38 人），离退休员 63 人。有高、中级职称专业技术人员 23 人。局机关内设办公室、计财科、政工科、造林绿化科、森保科、行政审批服务科（资源林政科）、山林权属管理办公室等 7 个科室，下辖森林公安局、金洲湖湿地公园管理处、林业技术推广中心、龙田竹木检查站等 4 个二级机构。年内，宁乡林业工作全面贯彻市县林业工作会议精神，以创建全国绿化模范县和生态示范县为目标，以美丽乡村建设“5111”工程和“三个一”大竞赛活动为抓手，紧紧围绕服务“三大建设”这一主题，统筹城乡绿化建设，推进生态文明进程，强力推进“一二三四五六七”工程，抢占景观林业制高点，培育富民林业增长极，大力实施机制护林、全民护林、科技护林，全力打造“绿色宁乡”“美丽宁乡”“生态宁乡”，现代林业建设初见成效。年末，县林业局荣获市“林业工作绩效考核先进单位”，县“党政领导班子绩效考核先进单位”“美丽乡村建设先进单位”“提案办理工作先进单位”等荣誉。

全县全年完成营造林 9200 公顷，林业总产值达到 48 亿元；森林覆盖率达到 48.76%，比 2014 年增长 0.03%；森林蓄积量达到 514 万立方米，比 2014 年增长 4.14%；林地保有面积 13.07 万公顷，保有率 100%；森林火灾受害率控制在 1%以内；林业有害生物无公害防治率为 95%；湿地保护率 76%；全年争取上级林业项目资金 6500 万元，实际到位资金 5000 万元，完成本级财政投入 5000 万元，发放惠农补贴资金 2000 万元，撬动民间投入 5 亿元，有力确保林业发展需要。

【造林绿化】 2015 年，宁乡以“5111 工程”和“三个一大竞赛”活动为抓手，荒山荒地造林、全民义务植树、绿色通道建设、秀美村庄建设、水系绿化建设全面开花。全年共计植树 417 万株，共完成营造林任务 9200 公顷；完成绿色通道建设 500 千米；义务植树 240 万株，义务植树人数 84 万人次；完成中幼林抚育 3066.67 公顷，封山育林 2800 公顷。全县 47 个村庄（社区）5000 户农家庭院参加县级绿色创建，创建市级绿色集镇 2 个，市级绿色村庄（社区）6 个，市级绿色庭院 800 户，创建省级秀美村庄 1 个。顺利完成宁乡大道和金洲大道门户绿化工程、宁韶公路、宁沩公路、炭河里一期、沩江河道河岸绿化、夏铎铺镇企石港河道绿化等七大市县绿化项目；高效启动岳宁大道、香山景区、炭河里古城、道林古镇、花明景区、宁黄公路、高新区欧洲路与金洲路等七大绿化项目；圆满完成局“美丽机关”立体绿化建设。

【森林资源管护】 2015 年，全县森林资源管护力度继续加强，绿色保障体系日益完善。一是森林防火成效突出。2015 年全年重大火警为零，过火面积创历史新低，实现无重大森林火灾、无人员伤亡事故的“双无”工作目标。二是防火队伍建设独树一帜。在全省创造性地建立由278名公益林护林员组成的专业护林队，经严格培训考核后上岗，统一发放固定工资，半年一次考核，不定期进行巡查，充分调动护林员积极性，实现公益林管护面积到位率100%；组织森林消防队员统一进行为期一周的演练和培训，大大加速护林防火队伍正规化建设；三是护林防火设备升级换代。购置“无人机”进行护林和侦破；借鉴郴州、贵阳经验人手配备一台可定位核查的“外勤助手”手机用于加强护林员管理，已通过其定位考核辞退更换护林员2名，加快防火管理现代化进程；四是湿地保护工作重大突破。金洲湖湿地公园历经六年建设，2015年顺利通过国家级验收。金洲湖国家湿地公园管理处正式挂牌成立；公园基础设施建设全面完成，软硬件建设齐头并进，精美网站开通上线，多媒体宣教中心、金洲湖一号巡视船等现代化设施一应俱全；实施“湿地保护与恢复”建设；进行公园定期巡护与维护；抓好公园招商引资及提质发展工作；五是生物防治工作创新尝试。招标引进省“兴林有害生物防治公司”进行有害生物外业调查，开启“林业有害生物”普查聘请社会组织实施的先河，为林业有害生物的社会化服务进行创新尝试。全年县、局各级共筹措资金600万元用于有害生物防治相关工作；全县林业有害生物无公害防治率95%；种苗产地检疫率100%；各项工作均达到省市要求，松材线虫病防控效果全省突出。六是野生动植物保护管理有序开展。开展保护野生动物宣传、野生动物放生、候鸟保护监测、野生植物人工培植调查，开展古树名木保护和普查。

【民生林业】 2015年，林业经济蓬勃发展，林农收入持续增长。一是涉林产业发展势头继续扩大。全县林下经济产值超过1亿元，油茶、花卉苗木、中药、楠竹等产业的规模和效益不断提升。二是林下经济发展实力不断增强。“仁华实业”基地被顺利评为省级林下经济示范基地，“颜泉养鸡”“木旺林木”“青山绿水”被评为市级林下经济扶持项目实施单位。三是林产加工发展总量持续增加。全县林产工业产值达到19亿元，木材经营加工单位发展到215家。伟特家私、民湾、林盛、华南源等林产工业成为行业龙头企业，其中伟特家私正在筹备借壳在A股上市。四是森林旅游开发力度明显加大。香山旅游景区纳入宁乡旅游开发重点，青洋湖国有林场即将被省林业厅打造成休闲旅游公园，计划投资48亿元进行开发，开发利用形势喜人。

【林业服务】 2015年，林业管理与服务同步增强，管理更严格，服务更优化。一是林政管理能力不断增强。加强林业审批优质服务。严格遵循依法便民原则，优化审批流程，实现网上申报；提供主动服务，推行延时办理；争取领导重视，强化审批监管。主动服务征占用林地项目，为项目单位出谋划策。积极对接各园区及乡镇，深入项目现场，认真勘验、核查，全程代办花明楼镇幸福家园项目和金玉工业园近期规划项目在内的长期征占用林地审批80宗，涉及林地面积159.51公顷；加强林木采伐限额管理。严格控制森林资源消耗，全年商品林主伐蓄积仅5372立方米。全面加强林地保护审批执法，严格征占林地限额制度。进一步规范征占用林地的申报和审批，全年共审核办理征占用林地项目83个；进一步强化依法治林，坚守林地和生态红线，全年共计办理非法占用林地的案件21宗；加强生态公益林管理，严格制定森林管护措施。管护队伍更加正规化；“公益林一张图数据库”全面建成；对公益林流转的自查自评效果良好；生态补偿资金及时准确到户。二是林权服务职能不断强化。产业服务喜获进展。全年流转林地137.5公顷，成功办理林权抵押贷款1亿元，开创一条林业融资新途径，极大推动林业产业规模化经营；基本服务有序开展。全年共发放林权证344本，切实做好林权登记服务；全年参与或指导涉林纠纷调处17起，积极开展纠纷调处服务。

【林技推广及科研】 2015年，宁乡立足创新求发展，林技支撑水平不断提升。一是林技推广全新突破。《珍贵树种香榧造林及保育技术》成果历时6年顺利通过省级评审，顺利纳入科研成果库；县林业局全年共计进行科技入户80次，举办科技培训班2次，培训林农1000人次。全面运用测土配方信息系统成果指导造林和树种推广、培育、施肥。二是有效保证种苗供应。该局全年为全县项目造林提供优质苗木170万株，共计为各单位提供植树用苗200万株；保证三年造绿、义务植树等造绿任务用苗；引进楠木、红锥、榉树、青冈栎、杉木等优良品种，大大丰富宁乡苗木品类；建设东湖塘蓝莓示范基地和花卉培育示范基地，建设占地百亩的乡土珍稀树种培育示范基地；加强对苗木大户的两证换发工作，规范苗木生产经营。三是全面加强林业调查。高质量进行金洲湿地等四项调查监测，高标准建设好营造林工程等七项数据库，进行100项林业技术鉴定。

（蒋生强　刘　平）

县森林公安局

政　委　刘伟文
局　长　秦岳坤
副局长　罗劲虹
喻湘斌
曾海龙（兼，8月免）

金洲湖湿地公园管理处

主　任　郑泽良（兼，9月免）
张建良（9月任）
副主任　代会平
周建平（女）

水　务

县水务局

党委书记、局　长
吴利民
副书记、副局长
刘新良（9月免）
杨正清（11月免）
副书记　邹正良（11月免）
纪委书记　容胜强
副局长　朱拥政　王智勇
刘建兵（9月任）
工会主席　邓志宏（11月免）

【概况】　2015年，宁乡县水务系统共有干部职工842人，其中在职630人（局机关64人、局属二级单位566人），离退休人员213人。局机关内设办公室、防汛抗旱指挥部办公室（内设水建办）、财务科、政工人事科（内设计生办）、水务法规科、规划计划科、监察审计科、水务建设科、水务管理科、质量安全监督管理科、中心办公室等11个科室。下设田坪水库管理所、洞庭水库管理所、韶山灌区花明楼管理所、水土保持预防监督局、水利建设投资开发有限公司、河道堤防管理站、机电排灌堤垸城市防洪管理站、城乡供水总站、水利水电建设总公司、水利水电勘察设计院、沩溪水电站、滩山铺电站、防汛抗旱服务中心等13家二级机构。

2015年，县水务局以贯彻落实中央、省、市水利建设文件精神为契机，抢抓各级加大水利建设投入的黄金机遇，高起点、高标准、前瞻性地谋划大中型水闸除险加固、农村河道综合治理、田间水利工程建设、铁冲水库扩容升型等一批重大项目。全年实现招商引资到位资金2.3亿元，分别是54座小型水库除险加固4148.8万元，安全饮水3847.67万元，四小水利建设工程2813万元，中小河流治理262万元，防汛抗旱1036万元，铁冲水库扩容增蓄1869.34万元，小农水重点县项目2335万元，农村小水电增效扩容45万元，灌区徐建配套200万元，大型病险水闸除险加固4252万元，水资源费446万元，水土保持200万元，水管站能力建设368万元，小农水专项补助资金521万元，现代农业水利建设小农水资金510万元，水利工程维修养护经费146.19万元。2015年，县水务局荣获县"绩效考核一类单位""五好领导班子""向上争资先进单位""项目工程建设先进单位""综合治理先进单位""党风廉政和纪检监察工作先进单位""宣传思想文化工作先进单位""依法行政工作考核先进单位""先进离退休人员党支部""人口和计划生育工作良好单位"等多项荣誉。

【水利建设】　2015年，县水务局不断加强水利建设。全年完成水利建设投入8亿元，其中中央投资1.49亿元、省级投资2205.65万元、市级投资6741.5万元，烟草专项资金1869.34万元，县级财政投入6500万元，银行融资2.8亿元，群众及社会各界投入1.97亿元，较2014年相比增加30%。

重点水利工程建设全面完成。珍洲水闸除险加固工程投资6790万元，左汊闸工程于8月完工，右汊闸工程于10月开工建设。投资1.13亿元完成2014年到2015年度实施54座重点小二型病险水库除险加固，6月全部完工。2014年农村饮水安全工程建设项目总投资7052.8万元，7月完工。农村饮水安全工程建设项目（第一批）总投资3490万元，10月完工，共解决7万人饮水不安全问题。2014年小农水重点县项目总投资2586.28万元，2015年6月完工。铁冲水库工程于2013年11月开工建设，2015年6月完成主体工程建设，2015年11月工程完工。八家湾水库工程总投资3.4亿元，工程于9月开工建设，年末完成临时工程建设。此外，还完成炭河里橡胶坝工程、炭河里河道治理工程、青山桥水闸工程建设。

【防灾减灾工作】　2015年5月6日，宁乡出现三次强降雨天气，县水务局科学调度，主动拦蓄暴雨洪水，增加水库山塘蓄水，为抗旱提供保障。汛期通过预警信息平台发布预警信息11万条；3轮暴雨袭击，共计转移危房户群众3000人；对发现山体滑坡、地面塌陷、泥石流等地质灾害区域，设置警示牌、拉好警戒线。为提高全县防汛预警能力，确保万无一失，县防汛指挥部投资建设电子防汛系统，在汛期发挥重要作用。

【水生态治理】 2015年,县水务局对非法采砂行为继续进行重拳打击,水务执法大队全年共出动水政执法人员500人次,全年巡查监管104次,有效遏制非法采砂的死灰复燃。在河道采砂方面,重拳打击侵占水域、违法采砂等行为,运用宣传、巡查、行政处罚和行政强制等多种执法手段,制止水事违法行为20起,组织大的专项执法行动8次,打击取缔非法采砂砂场4个,立案处理34起,下达法律文书200份,扣留非法采砂设备挖机2台,收缴罚款20万元,对水事违法案件进行有力打击。在非法挖山采矿方面,查处挖山洗砂违法案件14起,取缔非法洗砂场3处,立案查处采石场一处,依法扣押实施违法行为的机械设备挖机、装载机6台次,巡查中另计制止处理各类小型洗砂、挖砂违法行为21起、非法挖山卖土行为27起,及时做出相应的处理,使宁乡西部挖山洗砂行为得到有效遏制。切实加强水源地保护,对水质较差的水库进行不定期巡查,关闭黄材水库上游集雨区200平方千米范围内规模养殖猪场,水库退出投肥养殖成果得到进一步巩固。

【水务队伍建设】 2015年8月,宁乡县水务局党委精心选送27名工作人员到湖南省水利水电职业技术学院开展为期2个半月的业务学习培训,进一步发展和培养一批水利技术中坚力量,有效地顺应和服务于水利事业的发展。按照县委的安排部署,认真组织召开"三严三实"专题学习研讨会,局党委书记给全局干部职工上了一堂题为《以"三严三实"为准则,做基层好党员、好干部》的主题党课。组织开展多种形式的党员教育活动,通过召开党员冬春训、在职党员进社区活动、党支部结对共建活动、聘请专家现场授课、看爱国电影等活动,多方发力,进一步提高干部职工责任意识及质量意识,增强党员党性意识。 (罗 芳)

县防汛抗旱指挥部办公室

主　任　喻起宏

县水土保持预防监督局

局　　长　周光明(11月免)

党支部书记　周湘赣

韶山灌区宁乡县花明楼管理所

所　长　黄学良

田坪水库管理所

所　长　谢建新

洞庭水库管理所

所　长　唐喜华

黄材水库灌区管理

长沙市黄材水库灌区管理局

党委书记、副局长

饶世坤(11月免)

袁德强(11月任)

副书记、局　长

廖金鹏

副 书 记　黄泽平(9月免)

副 局 长　戴雪良　姜念东

易福乔

苏建波(11月免)

孙建强(11月任)

纪委书记　罗文斌

【概况】 长沙市黄材水库灌区管理局为副县级事业单位,主要负责黄材水库的检查、观测和养护;组织黄材水库的防汛抢险和抗旱;负责统一调度灌区内的用水,努力确保灌区内农业灌溉、工矿企业和居民生活用水的供水;组织灌区内干渠的维修、养护、管理和巡查处险工作。2015年,全局系统总人数637人,其中在职干部职工422人,离退休139人,遗属伤残人员76人;局机关内设办公室、工程科、财务科、人事科、纪检监察室、计生办、工会7个科室,下设大坝管理所、横双灌区管理所、煤炭坝灌区管理所、沙河灌区管理所、水利经济中心、水政执法大队(水资源管理科)、电站7个二级法人单位。

长沙市黄材水库灌区管理局全年共筹集资金370万元,对灌区范围内3个管理所、23个管理站危旧房进行改造;总投资1000万元进行农业水价综合改革,7月接受国家发改委、水利部验收,综合评价得分91分,为全省最高,改革成功经验全国推广。

【防汛抗旱】 2015年,长沙市黄材水库灌区管理局加强用水管理,充分利用汛期降雨,将灌区范围内山塘水库全部灌满,确保防汛抗旱工作的顺利实施。2015年,宁乡汛期降雨较往年同期偏少10%,同时由于煤炭坝煤矿关闭引发当地"水荒",长沙市黄材水库灌区管理局领导高度重视,通过黄材水库主干渠向当地居民紧急供水4个月。黄材水库恢复灌溉面积266.67公顷,确保尾灌区特别是益阳赫山区的灌溉,益阳电视台进行专题报道,《益阳日报》头版头条以《无私相助送甘霖,一渠连通两地情——煤衡干渠结束16年干旱史》为题进行宣传。

【水资源保护】 2015年,长沙市黄材水库灌区管理局继续坚持水资源保护,完成水库周边规模养猪场退出。投资300万元,建立水质监测站,每天两次对水库水质进行抽样检测，并通过局域网和全市相关业务单位专网适时掌握黄材水库水质情况。编制《黄材水库水质安全达标建设方案》，争取实施了总投资550万元的省长一号工程——双龙潭石煤矿遗留矿渣污染治理项目，消除了一重大安全隐患。

【溢洪道除险加固工程项目启动】 溢洪道属黄材水库枢纽工程，位于黄材水库副坝左岸的狮牛冲，1965年建成，1987年、2002年进行两次除险加固。2013年，出现右边墩闸墩向内倾斜、闸墩出现多处竖向裂缝、泄槽底板破损等问题。2014年完成安全鉴定，做好项目前期准备工作。2015年10月12日，溢洪道除险加固工程项目正式开工，项目总投资1900万元。

【产业发展】 2015年，按照县委、县政府农业产业化"黄材鱼、土花猪、灰汤鸭"的发展思路，发展有机鱼产业，取得初步成效：委托湖南商学院县域经济战略与规划研究中心编制《黄材水库生态有机鱼产业发展规划》；与150个养殖户、公司联合组建黄材渔业养殖加工合作社；设立黄材生态有机鱼直销店；合作经营生态有机鱼馆（美食体验馆），加强建设生态有机鱼电商经营配送体系；争取县人民政府支持，在黄材水库启动增殖放流活动中，长沙市黄材水库灌区管理局自筹资金30万元，投放鱼苗3万千克。

【渠道常年维修养护经费列入市财政预算】 黄材灌区为全国大型灌区，灌区工程点多线长面广，为确保灌区工程安全，2015年市人民政府首次将灌区渠道常年维修养护经费列入市财政预算，每年解决渠道常年维修养护资金100万元。 （姜磊人）

农业机械管理

县农业机械管理局

党委书记、局　长
戴合清（9月免）
周旭文（9月任）

副书记、副局长
文建华（9月免）

副　　局　　长
张建良　　李祖武
袁庆阳
张　胜（9月任）
黄志恒（9月任）

工　会　主　席
龙汉兵（11月免）

【概况】 2015年，宁乡县农业机械管理局（以下简称县农机局）内设办公室、政工科、管理科、科教科、财务科5个科室；下设农机安全监理站、农机化学校、农机研究所、农机化服务中心4个下属单位。共有干部职工134人，其中在岗47人，下岗84人，离退休36人。担负着全县农业机械化发展规划制定、实施，农机监督管理，农机安全监理，农机技术推广，农机驾驶人员培训等重要职能。

宁乡县是全国著名的农机大县，农机化发展水平一直处于全省前列。至2015年年底，全县农机总动力170万千瓦，有各种农业机械23万台（套），其中大型农业机械2万台套，大中型旋耕机3869台，盘式拖拉机8600台，联合收割机3540台，插秧机430台，走在全省前列。

【新机具新技术推广】 2015年，县农机局大力推广农业机械化新机具、新技术。通过鼓励扶持、项目带动、技术培训等措施，全县全年推广高速插秧机30台，机插秧面积4000公顷。截至2015年年底，全县拥有各型插秧机430台套，其中高速插秧机82台，机插秧面积呈逐年增加趋势，机插秧推广的成效十分明显。此外，通过系列措施，全县已有烘干机70台套。

【农机合作社建设】 2015年，县农机局注重农机合作社建设。农机合作社建设是解决规模种植、转变粮食生产方式、发展现代农业的有效途径。新增农机合作社62家，至2015年年末，全县共有118家农机合作社，辐射带动农户1500户，服务农户达到6000户。2015年入选省"千社工程"的农机合作社有15家，走在全省前列。

【农机购置补贴】 2015年，宁乡农机购置补贴惠及民生。全县受理大型机具和插秧机补贴申请2200台，补贴2121台套，补贴金额2900万元；农机局从规范运行机制、科学设置补贴程序入手，创造性实行补贴申报、补贴办理、补贴监管、上牌上户"一条龙"服务的补贴模式，补贴工作由"乱"变成"治"，彻底改变宁乡形象；没有一例因农机补贴的群众投诉案例。省减负办、省财政厅、省农业厅、省农机局、省纠风办、市农机局、市财政局、市审计局等多次到宁乡进行督查，未发现任何问题。

【农机技术培训和农机安全监管】 2015年，宁乡农机技术培训和农机安全监管两项工作齐头并进、取得重大进展。全年共培训各类农机驾驶员、新型农民1400名，为农机安全生产提供人员和技术保障，为全县农机化快速发展提供有力的智力支撑。通过加强检验、上牌上户、专项整治、安全宣传、落实责任等措施，农机安全生产平稳运行，全年上牌上户拖拉机、收割机804台，年检拖拉机4216台，全县未出现一例重特大农机事故，确保农机安全

【农机产业发展】 2015年，宁乡县农机工业和销售业走在全省前列，具有较大影响力。一是湘中南农机大市场。湘中南农机机电大市场建设是长沙市十大重点农业项目之一，也是宁乡唯一的农机专业市场。2013年至2015年投资5亿元，2015年年末第一期工程处于入驻、搬迁阶段，第二期工程进入竣工收尾阶段，第三期正在大规模建设阶段。二是农机工业。宁乡县现有农机生产企业10家，年产值3亿元。主要产品有盘式拖拉机、小型耕整机、履带式旋耕机、移动组合加工机等产品。2015年全县有9家农机生产企业的19种产品评选进入《湖南省农机购置补贴目录》。三是农机销售。宁乡县有农机销售企业32家，年销售额达3.58亿元。其中，规模较大、销售业绩较好、服务较完善、已经成为购机补贴定点经销商的企业达到10家。

（潘伟兵）

能源服务

县能源服务局

局　长　蔡石姣

副局长　刘瑞山(11月免)

周学清(女)

【概况】 2015年，县能源服务局有在岗干部职工15人，内设办公室、人事财务科、新能源和可再生能源科，能源管理科和法规科等6个科室，下设县能源技术服务中心（自收自支)。年内，宁乡能源管理工作和能源产业亮点纷呈，获“湖南省农村能源建设先进单位”。

【能源机构改革】 根据（宁发〔2015〕15号）文件精神，2015年9月16日县能源局更名为县能源服务局，为县发展和改革局所属正科级单位。将县农村能源办公室的职能、县能源管理办公室的职能划入县能源服务局。不再保留县农村能源办公室、县能源管理办公室。将原县农村能源办公室所属的县能源技术服务中心调整为县发展和改革局所属。

【节能减排成效明显】 2015年，县能源服务局提前超额完成市对县2014年度节能目标考核任务（跨年度)，8月市考核组进行实地考核。2015年宁乡县单位GDP能耗下降为13%左右，下降比例远超市下达的2%的指标值。年初，分解细化落实目标任务，并纳入县绩效考核。完成“十三五”能源发展规划，联系并指导相关部门编制“十三五”能源行业发展规划。积极组织用能企业参加长沙市节能示范单位创建活动，成功推荐东方时装有限公司获得2014年度“长沙市节能示范单位”。

增加节能投入，加强节能管理，进一步加大节能工作力度。全年全县在节能减排方面的投入达2400万元，其中节能专项资金投入200万元；节能技术研发投入240万元；争取的国家、省、市财政节能补助、奖励资金投入达到2000万元。在组织能源项目申报方面，重点抓好中央预算内资金项目、市节能专项资金项目、省市农村能源及农村生态建设专项资金项目的争取；为谷力新能源、湖南优卓牧业、大龙畜牧、沙龙畜牧等企业争取中央项目资金711万元：共组织申报2016年度长沙市节能专项资金项目30个；省级农村能源资金项目5个，市级生态农业项目7个。在节能管理方面，不断完善固定资产投资项目节能评估与审查工作体系。全年节能备案项目80个；能评项目12个。同时不断推进各领域节能，可再生能源建筑应用国家级示范县稳步推进。配合美丽乡村建设，在全县打造8个公共机构节能示范点，公共机构人均电耗、水耗、油耗比2014年分别下降436%、3.51%和17%。

【能源结构不断优化】 2015年，县能源服务局通过能源消耗总量控制，加快新能源和可再生能源发展，持续推动能源结构优化，能源消费品种逐步向清洁能源靠近，原煤消费比重逐步降低。与此同时，新能源和可再生能源得到快速发展。

清洁能源入户稳步推进。全年共新建户用沼气306口，长沙鸣远农业开发公司和宁乡富民养殖有限公司等2处大型沼气工程建设实现竣工投产；通过策划实施宁乡县“村村亮、路路亮”LED太阳能路灯示范工程，引导市场化推广太阳能热水器（太阳能光伏路灯)1791台(盏)，省柴节煤炉灶569台：精心打造双凫铺镇余新村、喻家坳乡神武村、花明楼镇大夫堂村等8处精品能源示范片。清洁能源入户工程建设获得省、市能源主管部门的充分肯定，县能源服务局被评为省市农村能源建设先进单位。

新能源利用成效明显。积极推进风电资源开发，三一花明楼观音阁风电项目即将并网发电；龙田风电项目取得省局批复；金盆山、东湖塘项目开展前期工作，谷力新能源一期2500千瓦机组建成发电。协助做好青山桥20兆

瓦和双凫铺100兆瓦分布式光伏发电项目建设以及湖南二木新能源汽车有限公司新能源汽车充电设施建设工作。

【服务体系再获佳评】 2015年，宁乡生态能源网络化服务体系建设获高度评价。生态能源网络化服务作为为民办实事工作任务，列入长沙市对宁乡县绩效考核，下达建设任务12处、居全市之首，10月提前完成建设任务。12处网点覆盖全县9个重点乡镇1.37万户沼气农户，是在原有网点基础上的优化组合和提升，实现技术、人力、装备等资源的有效整合。全年各网点共入户开展维修、回访服务9084人次。10月30日，长沙市农委、市统计局、市实事办联合组织对宁乡县进行验收考核，给予高度评价，认为宁乡的生态能源网络化服务体系建设无论是硬件建设、服务质量，还是管理水平，都走在全市前列。

中央预算内投资农村沼气项目如数落实。2014年度项目200口沼气池，3处服务网点建设任务圆满完成，补助资金全部下拨到位，共计完成投资139.5万元；长沙鸣远农业开发公司和宁乡富民养殖有限公司等2处池容800立方米大型沼气工程建设实现主体竣工；大龙畜牧、优卓牧业、钰龙养殖等3处2015年度大型项目完成设计评审。

“千池回访复查”活动成效明显。“千池回访复查”活动是2014年“大培训大回访”活动的深入与继续，也是解决服务群众“最后一千米”的重要举措，旨在送沼气技术进村入户、现场培训、安全宣传和检查、沼气池故障诊断排除等。活动从2月开始至11月底结束，分日常回访和集中回访服务，共组织30名沼气技术骨干，集中选择部分沼气池进行一次回头看。一些老、旧、病池通过换件维修保养等措施，恢复了利用；一些符合报废条件的老池进行了安全处理。活动同时，通过免费发放安全知识挂图和实用技术资料、画册等开展现场培训，进一步增强沼气用户沼气综合利用和日常安全管理的知识。整个活动，县乡两级共派出参与人员60人，入户2056户，开展维修、回访服务3480人次，排除沼气故障487个，指导农户换料354户，发放安全须知及宣传图册2000份。与此同时，结合回访复查现场培训农户1072人次，举办太阳能安装技术、网络服务等技能培训班3期，培训技术员120人次。

【美丽能源服务万家】 2015年，县能源服务局自觉投身和服务美丽乡村建设。作为美丽乡村建设成员单位，结合自身职能职责，制订实施方案，在全县美丽乡村建设方面争取和投入项目资金达3500万元，重点支持生态能源典型示范小区建设，沼气池、太阳能等清洁能源入户推广。结合美丽乡村建设，开展精品能源典型示范，重点建设双凫铺镇余新村、喻家坳乡神武村、花明楼镇大夫堂村3处精品示范片，成功创建了流沙河镇苏家亭村等5个市级农村生态建设示范小区。全县5000盏太阳能路灯点亮城乡集镇，1.98万个户用沼气池为2万家农户提供清洁卫生的“天然气”，以“三一风电”为代表的风电企业在宁乡取得迅猛发展，新建一道亮丽的风景线。

（杨春辉　刘小红）

气　象

县气象局

党组书记、局长

黄正才

纪检组长、副局长

崔剑峰

副　　局　　长

张果军（10月免）

陈向晖（10月任）

【概况】 2015年，宁乡县气象局共有干部职工28人，其中在职职工21人，离退休7人。内设科室2个，为综合管理办公室和防灾减灾科；直属业务单位4个，为气象台、气象服务中心、防雷中心、人工影响天气中心。年内，干部职工深入学习贯彻党的十八大和十八届四中、五中全会精神，以拓展公共气象服务为引领，以改革创新、提质增效为主线，大力提升气象服务能力和保障水平，先后荣获市“气象部门综合目标管理优秀单位”，县“党政领导班子绩效考核先进单位”等荣誉称号。

【气候综述】 2015年，宁乡县年平均气温18.0℃，较历年平均偏高0.9℃，除7月、8月、11月偏低外，其余月份均偏高，年极端最高气温36.9℃，出现在6月27日，年极端最低气温–0.5℃，出现在1月29日。1月平均气温8.1℃，为建站以来第二高值年。年降水量1458.6毫米，较历年同期偏多7.9毫米，除1月、3月、4月、7月、8月、10月偏少外，其余月份均偏多，特别是6月，降水量为308.8毫米，为建站以来第五高值年。年降水日数168天，较历年同期偏多12天。年日照时数1408.3小时，较历年同期偏少274.2小时。特别是11月日照时数48.2小时，为建站以来第二低值年，11月中旬日照时数0.0小时，为建站以来第一低值年。

综观全年：气温正常偏高，降

水正常略偏多,日照偏少,未出现明显干旱。气候对农作物生长利大于弊,年景正常偏好。4月中下旬温、光、水条件对早稻的生长发育和返青、分蘖较有利。5月气温略偏高,降水偏多,日照略偏少,气象条件能满足早稻生长需求,基本有利于早稻的低位分蘖和幼穗分化。6月下旬,降水、日照充足,双季早稻进入乳熟期。7月中下旬,双季早稻处于成熟收获阶段,大部分时段为晴好天气,对早稻收割晾晒有利。

【汛期气象服务】 2015年,宁乡县汛期降水前多后少,5月、6月、9月偏多,其他月份偏少。对于2015年汛期气候趋势,县气象局预测汛期降雨前多后少,与实况符合较好。宁乡汛期经历5轮全县性的大到暴雨以上强降水过程,包括4月8日、6月8日、6月21日全县暴雨,局部大暴雨;6月14日和18日全县大到暴雨。对于这几次过程,县气象局均提前准确预报,并及时发布预警,汛期累计发布各类气象服务短信及预警信息200期180万人次,制作《汛期气象服务》(11期)等专题服务材料,全县未出现因气象灾害造成人员伤亡事故和重大经济损失。

【农业气象服务】 2015年,县气象局坚持需求导向,主动适应优化农业结构、推进农业可持续发展的新要求,以保障粮食安全和增加农民收入为重点,以气象为农服务提质增效为目标,创新体制机制,促进气象为农服务融入式发展,深化气象为农服务"两个体系"建设,促进气象为农服务转型升级。一是创新服务机制,加强与农业生产社会化服务组织和机构的合作,开辟农业信息网农业气象服务专栏,组织关键农事期联合会商,促进合作交流机制多样化;二是加强面对新型农业经营主体的"直通式"气象服务,明确服务对象,规范服务流程,细化服务方案,完善传播渠道等措施,加强对种养大户、农民专业合作社、蔬菜基地、涉农企业等重要农业经营主体的"直通式"服务;三是丰富气象为农服务产品,提升气象为农服务效益,针对春耕春播、夏收夏种、秋收秋种等关键农时和烟叶育苗、移栽、防虫治病、烟叶采烤等关键农事期以及转折性、灾害性天气,制作发布《春耕春播气象服务专报》《夏收夏种气象服务专题》《秋收秋种气象服务专题》《烟叶气象》《农用天气预报》《农业气象灾害预警专题》等气象为农服务产品,气象为农服务效益显著提升。

(刘亚华　肖　湘)

工　业

经济和信息化

县经济和信息化局
党组书记、局　长
　　刘建斌(9月免)
　　陈永胜(9月任)
副书记、副局长
　　谭放平(9月免)
副书记、纪委书记
　　谢晓玲(女,11月免)
副 局 长　李小明(11月免)
　　赵光辉　刘文军
　　肖　敏　戴克难
工会主席　陈湘楹

【概况】 根据宁发〔2015〕15号文件精神,2015年9月26日,县工业和信息化局更名为县经济和信息化局,内设局办公室、经济运行科、产业发展科、改制维稳办、电力与信息化科、行政审批科、组织人事科、财务科等8个科室,下设宁乡县工业发展投资有限公司1个直属二级机构。2015年,县经信局荣获市“加速推进新型工业化工作优秀单位”;县绩效考核“一类单位”“加快实力园区建设先进单位”“宣传思想文化工作先进单位”等荣誉。全县全年完成规模工业总产值2015亿元,比2014年增长15.1%;完成规模工业增加值491亿元,比2014年增长15%,占全长沙市比重的19%;新增规模工业企业56家。规模工业总产值位居全省县级第二、规模工业增加值增速位居全市四县区第一,工业经济对县域GDP增长的贡献率为72.7%。规模工业企业实缴税金11.95亿元,比2014年下降20.4%。

【实力园区建设】 2015年5月12日,县委召开十一届六次全体(扩大)会议,明确提出“加快三大建设,实现全面小康”的总要求,并把实力园区建设放在首位。6月30日,全县召开加快实力园区建设动员大会,动员全县上下按照县委十一届六次全体(扩大)会议关于加快实力园区建设总体部署,大力实施园区提档升级计划,全面提升园区的科学规划水平、主导产业层次、载体多元功能和创新驱动能力,努力将园区打造成现代产业聚集区、“两型社会”示范区和产城融合样板区。县委、县政府起草发布《关于加快实力园区建设　促进宁乡工业转型创新发展的实施意见(试行)》(宁发〔2015〕10号)和《关于支持工业企业发展的十条政策措施》(宁政发〔2015〕33号)两个政策文件,将工业发展基金增加到1亿元,明确27条措施支持实力园区建设;在工业企业引进、建设、用工、入规、技改、申高、上市、融资、促销等十个方面,给予工业企业大力度支持。

【实力园区发展】 2015年,国家级宁乡经济技术开发区完成规模工业产值870亿元,财政收入11.9亿元,食品加工、智能家电成为全省重点扶持的12个特色产业之一;全省首个“海智”计划工作基地成功落户;新增规模工业企业13家。省级宁乡高新技术产业园区完成规模工业产值426亿元,财政收入8亿元;获批国家新型工业化产业示范基地,成为省、市新材料产业的主要载体平台;“135”工程创新创业园、“一园一中心”和中国金洲锂电谷高速推进;新增规模工业企业15家。两大主体园区产值占园区总产值的55.7%。金玉工业集中区启动建设工业项目30个,竣工投产5个,全省“飞地经济”试点现场会在宁乡召开。煤炭坝门业园累计引进门业及配套企业80家,竣工投产16家。夏铎铺机械工业园累计落户投产规模企业75家,完成规模工业产值200亿元。双凫铺鞋业园、大成桥工业园、老粮仓珠宝园坚持错位发展、特色立园,均实现高速增长。

【企业帮扶】 2015年,县经信局开展两批先进装备补贴集中兑现工作,支持72家(次)企业共184台套装备获得补贴2122万元,撬动企业装备升级投入3亿元。成立华南理工大学科技成果转化服务中心,开展2场科技成果对接推介会,实现技术对接23项。组织高新企业、技改企业向上申报相关项目,累计争取专项补贴1.03亿元。组织宁锻机械等9家企业通过清洁生产审核。淘汰水泥落后产能8.8万吨,关闭机立窑生产线1条。

【WIFI平台建设】 2015年,县经信局制定全县WIFI平台建设实施方案,积极组织电信、移动、联通三家运营商启动建设。全县

WIFI 平台共建设 102 个分布点，预算 194.3 万元 / 年，主要分布在政府、大型商场、景区、医院、汽车站、公园广场等公共场所。

【改制维稳】 2015 年，县经信局完成水泥二厂首批 302 名职工的身份置换工作；将系统 1200 名老工伤人员纳入工伤保险统筹；归缴原散热器厂职工的失业保险，化解该厂人员集中上访事件。全年克服系统社情复杂、综治环境特殊、上访现象严重、突发情况频发等客观困难，完成各项维稳任务。（许 岗）

电力工业

国网湖南省电力公司宁乡县供电分公司

党委书记 杜 宏
总 经 理 谭 震（10 月免）
杨旭辉（10 月任）
营销副总经理
罗 宁
生产副总经理
冷 志
纪委书记 蔡 荣
工会主席 周建斌

【概况】 国网宁乡县供电公司是湖南省电力公司下属的县级供电企业。2015 年，公司内设三部一中心以及两个业务机构：综合管理部、发展建设部、乡镇供电所管理部、电力调度控制分中心，以及运维检修部、客户服务中心。公司下辖 1 个集体企业，10 个农村供电所，共有主业职工 179 人，集体职工 38 人，农电职工 753 人，承担着宁乡县区域面积 29 个乡镇以及益阳安化县 2 个乡镇共 50 万电力客户的供用电管理任务。

截至 2015 年年底，宁乡电网共拥有 35 千伏及以上变电站 31 座，其中 220 千伏变电站 4 座，主变 6 台、容量 900 兆伏安，110 千伏变电站 13 座，主变 23 台、容量 835.5 兆伏安，35 千伏变电站 14 座，主变 25 台、容量 182.3 兆伏安。35 千伏 ~ 110 千伏架空输电线路 45 条，总长 630.98 千米；10 千伏公用配电主干线路 218 条，总长 4118 千米。全年累计供电量 21.56 亿千瓦时，累计售电量 19.62 亿千瓦时。

2015 年，国网宁乡县供电公司秉承“你用电 我用心”的服务理念，落实科学发展观，用改革的精神抓建设，用创新的成果求发展，持续强化规范化管理，取得较好的经济效益和社会效益，为地方经济的发展做出积极的贡献。获得国网湖南省电力公司安全生产先进单位。

【电力基本建设】 2015 年，宁乡供电公司完成 110 千伏茆田变电站投运及配套出线、35 千伏青山桥和朱良桥变电站的扩建工程，解决局部地区供电容量不足的问题；启动 110 千伏宁乡变电站、35 千伏沩山变电站改扩建，110 千伏全民变电站新建工作，项目投运后将极大缓解城区和高新区供电的压力。完成低电压改造项目 3 个批次，新增布点 113 个台区，改造配电台区 20 个，新建改造高压线路 60.81 千米，新建改造低压线路 205.69 千米。项目立项审批后，公司领导亲自带领设计人员，到各村组进行现场查勘。对设计方案和改造方案进行多次讨论和修改，确保设备选型、变压器布点等，能最大程度的解决问题。工程施工过程中，公司领导、责任部室人员多次到现场督导，确保施工的安全、质量和工期。完成 24 个台区关口总表安装和 3500 客户的账务处理。完成低压集中抄表改造 3.9 万户。

【电力安全管理】 2015 年，宁乡县供电公司把安全管理放在首位，加强安全生产，保障人民群众可靠用电。首先是确保安全生产。始终坚持“安全第一”，以杜绝人身和电网大面积停电事故为首要任务，严抓严管，全面提升安全管理水平。其次提升供电质量。深化安全生产精益管理，完善以“五类制度”为核心的电网安全管理体制，及时消除安全隐患，确保电压合格率、供电可靠率等指标持续进步。为提高广大农村的安全用电意识，公司通过发放安全用电宣传画、悬挂横幅、出动宣传车、张贴标语、推广“掌上电力”APP 等形式开展大范围农村安全用电宣传。

【电力优质服务】 2015 年，宁乡县供电公司大力提升优质服务，确保客户满意政府放心，认真落实“三个十条”，督促落实好“优质服务十大举措”，主动提升服务能力、规范服务行为、践行服务承诺。一是履行社会责任，服务经济发展。共收到人大代表建议 2 份、政协委员提案 1 份。公司专门成立以公司主要负责人为组长的领导小组，制定《国网宁乡县供电公司 2015 年人大建议和政协提案办理工作方案》，并多次组织召开答复工作专题会议，听取各部门建议和提案各阶段的办理过程，公司邀请人大代表、政协委员参加 2015 年度人大代表、政协委员建议提案见面答复会，针对收到的建议、提案逐一进行解决落实。严格落实县政协民主监督第一组问卷调查办理工作。公司收到县政协民主监督第一组问卷调查中关于电费电价、供电服务等方面的问题，立即动员部署，制定走访活动方案，组织运维检修部、客户服务中心、发展建设部、乡镇供电所调研走访，将问题归纳总结，最终分为电费电价、预存电费、停电信息、供电质量、用电安全、抢修服务、低电压等方面进行答复。积极办理12345市民热线、信访、督查工作，2015年共收到“12345”市民热线工单15件，信访局信访来访件7件，全部按时进行答复。配合督查室完成政协民主监督、行风测评、优化经济、三大建设等督查工作。二是推进社会服务创新，提供便捷便民服务。为尽可能的方便广大居民客户需求，公司在社会服务创新上不断谋求新的突破，创建并不断完善供电服务网，通过网站、“长沙供电”微信公众号快速发布停电信息、安全用电知识等电力信息。在电费缴纳方面，推行非现金缴费，通过银行代扣、自助终端、掌上电力APP缴费等方式，极大方便企业和居民，实现手机支付购电、查询停电公告等功能。强化配网抢修“五个一”，故障抢修满意率100%，故障到达现场及时率100%。完成对煤炭坝地区的供用电接管，完成沙子坡社区、楠竹村1581户计费表的统一搭火，实现正常计量收费，组织对接管的坝能公司6035户进行台区归属清理，确保接管区域的供用电安全和供用电设施的运行、维护和管理。为丰富“互联网+”供电服务和非现金缴费工作，低压用户共推行电费代扣业务24.51万户。

（郭　浩）

园区经济

国家级宁乡经济技术开发区建设

宁乡经济技术开发区管理委员会

工委书记	黎春秋(3月免)
	谭小平(3月任)
工委副书记、管委会主任	
	戴中亚
工委副书记	黄　瑶(7月任)
工委委员、管委会副主任	
	陈海波(5月免)
	张君来
工委委员、纪工委书记	
	刘　辉
工委委员、总工会主席	
	王子进
工委委员	喻锦东　袁　钊
调 研 员	刘剑良
副调研员	詹大贵　李　坚
	赵光辉

【概况】 宁乡经济技术开发区(地理标识为蓝月谷),2010年经国务院批准成为国家级经济技术开发区。规划面积60平方千米,建成区面积25平方千米,托管宁乡国家农业科技园。党工委、管委会是经中央编委批准的省委、省政府副厅级派出机构,由省委、省政府委托长沙市委、市政府管理。截至2015年年底,开发区共引进企业400家,拥有规模企业260家、高新技术企业70家,基本形成以食品饮料、先进装备制造、新材料为主导,以妇孕婴童、保健品化妆品为特色,以现代商贸服务业为补充的"321"产业体系。2015年,开发区完成规模以上工业总产值870亿元,比2014年增长12.5%;规模以上工业增加值220亿元,比2014年增长14.5%;完成固定资产投资179亿元,比2014年增长20%;实现财政总收入20亿元,比2014年增长19%。

【开发区招商引资】 2015年,宁乡经济技术开发区招商引资取得新业绩。精心组织"2015蓝月谷之夏食品饮料产业活动季"等系列主题活动,全年合同引资300亿元,到位资金100亿元,引进产业项目32个,其中投资50亿元以上项目2个、30亿元至50亿元项目1个。中国建筑、香港宇培物流2个世界500强企业与湘粮、湘酒、湘茶、湘盐等省内龙头企业联袂落户园区。

【开发区项目建设】 2015年,宁乡经济技术开发区项目建设创造新速度。开展两轮项目建设"百日大会战",康师傅方便面、湖南粮食集团宁乡产业园等45个项目开工建设,加加食品科技工业园、小洋人乳业等35个项目竣工投产。园区年度新引进项目开工率、投资到位率和项目竣工率均排名全市国家级园区前列。

【平台搭建】 2015年,宁乡经济技术开发区重视平台搭建,突出"平台提升年"主题。与安徽省滁州经开区、甘肃省甘南藏族自治州、云南省云龙县等建立战略合作联盟,携手香港大嘉集团筹建具有国际影响的中马国际清真食品工业园,着力进军清真产业蓝海,全方位填补中部乃至全国清真产品的生产、认证、市场的空白。成功获批国家农业科技园区;成立总工会。

【特色产业全面发力】 2015年,宁乡经济技术开发区注重产业差异发展,竞争优势蔚然成型。食品饮料产业坚守安全食品理念,成功举办两届中国(宁乡)安全食品产业论坛,汇集华润饮料、康师傅、洽洽食品、小洋人乳业等国际国内40家知名食品企业,成为湖南省唯一食品加工特色园;先进装备制造着力智能家电、智能制造,格力电器、海信电器等家电龙头落户园区,获批湖南省家电特色产业园,并成功创建国家再制造示范基地;新材料主攻绿色建材,中国建筑、中国建材、联塑建材和湖南中财化学建材有限公司等行业龙头抱团发展,着力创建国家绿色建材示范基地;妇孕婴童产业全新起航,康程护理、爽洁卫生用品等项目紧盯市场蓝海,发展势头强劲,成功创建湖南省孕婴童产业示范园区,"321"现代产业体系逐步清晰。加加食品获批国家两化融合管理体系贯标试点企业;楚天科技、飞翼股份院士工作站被认定为园区首批湖南省院士专家工作站;松井新材、百川合金技术中心获批省级企业技术中心;搏浪沙、拜特生物等14件商标获批湖南省著名商标。

【科技创新】 2015年,宁乡经济技术开发区科技创新迸发新活力。新增高新技术企业24家(含

2家国家火炬计划高新技术企业)、新增国家技术创新示范企业1家、新增院士工作站2家、国家级工程实验室1家、省级企业技术中心6家、省级工程技术研究中心3家、市级企业技术中心7家、市级工程技术研究中心4家、市级技术创新示范企业8家,新增授权专利1955件。

【对外开放】 2015年,宁乡经济技术开发区围绕主导产业发力开放型经济,通过创新平台、挖掘内潜、升级服务等措施,弥补发展短板、推动全方位对外开放,取得了较好成绩。全年完成到位境外资金13940万美元、省外境内到位资金17亿元、市外境内到位资金28亿元;完成对外贸易进出口额7270万美元,其中加工贸易进出口额560万美元;完成企业境外投资中方合同额1996万美元,完成对外承包工程和劳务合作营业额350万美元,超额完成市下达各项指标任务,并获评全省商务经济工作先进单位。

【要素保障】 2015年,宁乡经济技术开发区要素保障实现新发力。成功发行8亿元中期票据和15亿元二期企业债券,到位融资42亿元;办理企业权证80.67公顷,帮助园区企业融资6.8亿元;土地供应保持稳定,全年征地173.33公顷、腾地200公顷、拆违3.2万平方米,国土征拆工作在市级绩效单项考核中排名第一;批回土地102公顷,保障康师傅饮品等重点项目用地需求;重奖企业领军人员,专项奖励企业引进高级人才,有效解决格力电器等重大项目用工难问题;开通园区循环公交,园区绿化、亮化、社区文体设施等社会公益配套全面推进。

【民生导向】 2015年,宁乡经济技术开发区注重民生导向,商居环境全面改善。建成主次干道18条23.5千米,蓝月谷西路成功通车,打通连接益阳的快速通道;建成宁乡北220千伏变电站,建成蒸汽管网20千米、燃气管道30千米;元宝山公园、三联实验小学等民心工程按期竣工,蓝月谷小学、北大附小、蓝月谷工人文化宫、蓝月谷综合医院等加快建设;未来方舟创新创业基地、玉屏山国际产业城等一期顺利建成;假日摩洛哥、裕源国际山庄、蓝色港湾等一批品质楼盘和旺宁新村、怡宁新村、江南小区等安置保障房交付使用;深化"平安园区"建设,园区社会管理综合治理工作被评为市级"红旗等次园区";扎实推进文明创建工作,成功获批省内工业园区首家"湖南省文明标兵单位"。以"生态、健康、和谐"为核心的"蓝月谷"品牌渐入人心。蓝月谷图书馆获批全国职工书屋。开展"技能蓝月谷"技工节,携手湖南商学院建立园区教育培训中心,实施职工素质建设工程,组织"实力园区建设企业家周末沙龙"活动2次。

【蓝月谷十件大事】 2015年,蓝月谷十件大事:成功获批"湖南省家电特色产业园""湖南省食品加工特色产业园""湖南省孕婴童产业示范园区"。6月至9月,成功举办"2015蓝月谷之夏"食品饮料产业活动季,35个项目成功签约,合同引资达150亿元。携手滁州经开区组建全国首个跨区域国家级园区食品饮料产业联盟,并与甘肃甘南藏族自治州、云南云龙县建立区域合作。8月18日,区总工会正式成立;9月29日,蓝月谷图书馆获批"全国职工书屋"。10月18日,农科园片区总投资58.6亿元的四大项目集中启动建设,其中湖南粮食集团宁乡产业园项目将建成中部一流、省内最大的粮油精深产业示范基地。8月17日,未来方舟创新创业基地获批全省"互联网+"商贸流通创新创业综合体;10月19日,中部第一个食品饮料集成公共服务平台——玉屏山国际产业城正式投入运营。11月18日,8亿元中期票据成功发行;12月30日,15亿元二期企业债券成功获批。12月,楚天科技、飞翼股份两家院士工作站获批2015年湖南省院士专家工作站。12月29日,宁乡农科园成功获批国家农业科技园区。2015年,园区实现税收收入12.4亿元,财政总收入突破20亿元。 (刘 赛)

办公室(党群工作局)主任(局长) 曾阳明
纪检监察室主任 朱见明
社会事业局局长 彭欣荣
财政局局长 谭启良
招商合作局局长 高旻玲(女)
规划建设管理局局长 李金光
经济发展局(知识产权局)局长 鲁劲松
财政局常务副局长 陶 鉴
规划建设管理局常务副局长 严柏军
社会事业局常务副局长 蒋志刚
招商合作局常务副局长 尹 翔

宁乡高新技术产业园区建设

宁乡高新技术产业园区管理委员会
工委书记 刘永红
管委会主任 郑 旗

副书记、纪工委书记
欧立新
副主任 曾　辉
苏继桃(9月任)
刘　颖
田奇晖
(女,9月免)

【概述】 宁乡高新技术产业园区位于长沙市宁乡县，东距长沙市政府25千米，规划面积65平方千米,宁乡高新区党工委、管委会是市委、市政府的派出机构,委托县委、县人民政府管理,是湘江新区内发展高新技术产业的重要组团。

2015年,该区完成工业总产值685亿元，比2014年增长22.3%,规模工业增加值158.6亿元,比2014年增长18.6%,固定资产投资153.9亿元,比2014年增长39.3%,高新技术产值466.8亿元，比2014年增长33.7%,财政收入18亿元，比2014年增长20%，成功获批国家新型工业化产业示范基地(电池材料)、宁乡高新技术产业园区。

截至2015年年底,该区建成规模工业企业154家，拥有上市企业10家,高新技术企业52家,企业自建或同高校合作共建研发中心43家,其中国家级工业设计中心1家、国家级企业技术中心2家、省级研发机构20家,拥有院士工作站3家、博士后科研工作站3家，本科以上学历人数5978人，占就业总人口的26.43%。该区形成了以新能源新材料、先进装备制造为主,光电信息、现代服务业为辅的产业结构,新材料、先进装备制造两大产业纳入长沙市《工业园区转型提质发展三年行动计划》,新材料产业纳入《长沙市新材料产业发展三年(2015—2018年)行动计划》。

【机构改革】 2015年5月26日，湖南省人民政府批复同意在金洲新区工业集中区的基础上，设立宁乡高新技术产业园区（湘政函〔2015〕79号),2015年12月31日，湖南省机构编制委员会批复同意将中共金洲新区工业集中区工作委员会、金洲新区工业集中区工作管理委员会更名为中共宁乡高新技术产业园区工作委员会、宁乡高新技术产业园区管理委员会（湘编办复字〔2015〕67号)。

【产业园招商引资】 2015年,该区外出招商110批次，新引进项目32个,合同引资总额146.1亿元，实际到位外资9630万美元。其中新引进投资额50亿元的湖南省大学科技产业园,投资10亿元的邦普循环科技公司盟创投资碳酸锂项目、投资15亿元的长高新能源汽车充电桩及配电项目、投资15亿元的中物泰沃3D打印喷焊智能机器人、投资10亿元的安达化工等项目4个，引进5000万元—5亿元的项目27个。

【财政融资】 2015年,该区完成财政收入18亿元，比2014年增长20%,其中完成工商税收10.18亿元,比2014年增长14.38%。该区与中国工商银行、中国建设银行、中国农业银行、中国交通银行、中国银行以及湖南省信托有限责任公司、长沙银行、华融湘江银行等8家金融机构达成合作,光大银行、宁乡农商银行、中信银行等12家银行建立合作,中国农业发展银行和长沙银行对该区授信10亿元，全年实现融资51.68亿元,实际到位资金34.24亿元,融资成本严格控制在8%以内,每年节约财务成本8000万元。其中农发行15亿元18年期贷款,为该区融资规模最大、贷款期限最长、融资成本最低、抵押物最少、审批时间最短的贷款项目。

【产业园项目建设】 2015年,该区调度项目110个，其中产业项目80个,政府投资项目30个,实现新开工30个、新竣工项目27个,新投产项目10个。全年审批土地132.07公顷,完成土地挂牌出让97.87公顷，行政划拨用地15.4公顷，完成征拆面积67.47公顷,拆迁房屋254栋。该区与社会资本合作，成功包装策划实施3个PPP项目，分别是与赛恩斯环保科技股份有限公司合作投资1.1亿元建设的宁乡东城区污水处理厂项目，与长沙兴旺集团合作投资50亿元建设的湖南省大学科技产业园，与中钢设备有限公司、中铁九局集团有限公司、中民(深圳)金融投资管理有限公司合作投资10亿元建设的长沙2049南片区路网项目,湖南省大学科技产业园和宁乡东城区污水处理厂项目被评定为湖南省第二批PPP示范项目。

【产业发展】 2015年,该区重点打造湖南省大学科技产业园和湖南省高等院校知识产权运营服务中心、中国金洲锂电谷、“长沙2049”三大创新发展平台。新材料产业形成有色金属资源—锂电池材料—锂电池电芯制造与组装—锂电池应用—锂电池回收—回收材料再利用”的绿色循环产业链,新材料产业产值占比达到总产值40%。瑞捷机械成功实现新三板挂牌上市，华力通线缆、裕盛厨具、中好科技等3家完成高新技术企业认定，星城石墨、东鑫环保、天和钻具成功创建市级企业技术中心,全年新增16家规模以上企业，全年申请有效发明专利112件，出台《关于支持湖南省大学科技产业园和湖南省高等院校知识产权运营服务中心创新发展的若干意见》。

【企业科技创新获国家和省级奖励】 2015年，该区长沙微纳坤宸新材料有限公司范景莲教授团队的“高性能钨基复合材料及其应用”项目荣获国家技术发明二等奖，该技术针对国内深度加工钨材制品严重短缺等问题，提出“纳米原位复合”设计思想，发明超细/纳米钨基复合粉末及细晶钨基复合材料、高纯超粗W粉和“微米—纳米”复合大尺寸钨材制备技术和大制品均匀受热旋转烧结炉装备，研制出系列新型高性能钨基复合材料和超大规格大尺寸钨材。为新能源大尺寸蓝宝石单晶炉制造提供高性能热场系统，使用寿命提高50%，实现国内首创。湖南赛诺生物科技有限责任公司王维教授团队的“异种移植生物安全关键技术及示范”获湖南省技术发明一等奖。该项目自主培育国际上第一个异种胰岛移植用供体猪实验动物品系“赛诺1号”，自主设计并构建符合WHO标准的DPF供体猪培育成套硬件系统、培育工艺及异种移植DPF级医用供体猪种群，这是国际仅有的两家之一，建立国际领先水平的异种胰岛移植临床诊疗生物安全保障和异种移植不良事件检测技术体系。

【获批省级高新区】 2015年5月26日，湖南省人民政府批复同意在金洲新区工业集中区的基础上，设立宁乡高新技术产业园区（湘政函〔2015〕79号），2015年12月31日，湖南省机构编制委员会批复同意将中共金洲新区工业集中区工作委员会、金洲新区工业集中区工作管理委员会更名为中共宁乡高新技术产业园区工作委员会、宁乡高新技术产业园区管理委员会（湘编办复字〔2015〕67号）。

【获批国家级品牌】 2015年2月26日，工信和信息化部授予宁乡高新技术产业园区（文件原名湖南金洲新区）国家新型工业化电池材料产业示范基地（工信部规〔2015〕62号）。

【获批湖南省大学科技产业园、湖南省高等院校知识产权运营服务中心】 2015年6月4日，湖南省知识产权局批复，同意宁乡高新技术产业园区建设湖南省高等院校知识产权运营服务中心（湘知复〔2015〕2号），要求该中心定位于高端现代服务业，充分利用高等院校、科研院所的创新资源和创新成果，提供知识产权评估、咨询、培训、交易、质押、投融资和维权保护等服务。6月18日，湖南省科学技术厅、湖南省教育厅批复，同意宁乡高新技术产业园区设立湖南省大学科技产业园（湘科字〔2015〕100号），要求以长株潭国家自主创新示范区和湘江新区建设为契机，充分发挥湖南省高校科研资源和科技人才优势，创新机制体制，探索“一园多校”的大学科技园发展模式。

【举办特色活动】 2015年6月26日，宁乡高新技术产业园区举办湖南省大学科技产业园和湖南省高等院校知识产权运营服务中心揭牌仪式，全省高校、科研院所230位主要负责人参加活动，10个项目现场签约。11月13日，由2015中国（长沙）科技成果转化交易会组委会举办，宁乡高新技术产业园区管理委员会、长沙市科学技术协会、中国仪表功能材料学会储能与动力电池专业委员会承办，举行2015中国（长沙）科技成果转化交易会新能源新材料产业对接会暨院士专家宁乡行专场，国家863电动汽车动力电池检测中心王子东主任等3位专家发表锂电产业专题讲座，该区3家公司发布技术需求，3家公司发布融资需求，7个项目现场签约，下午，宁乡高新技术产业园区举行锂电高峰论坛，中南大学院士刘业翔发表“现代车用动力电池的研发动向”主题讲座。11月27日，湖南省人民政府在该区举办“全省普通高校‘转型发展、内涵发展、特色发展’会议暨湖南省大学科技产业园建设推进现场会”，湖南省人民政府副省长李友志主持会议，省政府办公厅、省编办、省发改委、省教育厅、省科技厅、省经信委、省财政厅、省商务厅、省人力资源社会保障厅、省国土资源厅、省住房城乡建设厅、省地税局、省国税局、省政府金融办、省知识产权局、团省委、省创新院等单位的40位领导和长株潭本科高校、其他本科高校和部分高职学校247位主要负责人参加会议，现场签约8个项目，下午，宁乡高新技术产业园区对外发布《关于支持湖南省大学科技产业园和湖南省高等院校知识产权运营服务中心创新发展的若干意见》。（陈　江）

交通·邮政·电信

交通运输

县交通运输局

党委书记、局长

文　斌

副书记、副局长

龚正山(9月免)

唐国平(11月免)

纪委书记　张慧明(县纪委派驻)

副 局 长　刘毅之　胡思佳　谭强凯　殷文肆

【概况】 2015年,宁乡县交通运输局局机关及下属事业单位共有干部职工421人,其中局机关54人,运政管理系统169人,公路管理系统37人,路政管理系统57人,质量监督系统16人,公共客运系统21人,交通建设开发公司8人,交通建设投资公司28人,公汽公司31人。年内,县交通运输局积极担当发展主力、建设先锋,全力推进项目建设,强力监管运输市场,着力创新管理机制,为实力园区、新型城镇、美丽乡村建设提供坚强的交通保障。先后荣获县"绩效考核一类单位""五好领导班子""党风廉政建设先进单位""项目工程建设先进单位""优化经济发展环境模范单位""安全生产先进单位""政务公开工作先进单位""综治维稳信访工作先进单位""文明程度指数测评工作先进单位""省市重点民生实事工作先进单位"等多项荣誉。

宁乡县域境内洛湛铁路、石长铁路、长张高速、长湘高速、长韶娄高速穿越而过,G319、南北横线(在建)横贯东西,G240(原S208)、G234(原S209)连通南北,S327(宁横线)、S218(宁灰线)、S331等6条已建省道贯穿县境,金洲大道、岳宁大道(在建)直通省会长沙市,构成宁乡四通八达的交通网络。截至2015年年底,全县拥有各级公路4271.71千米,其中国道172.18千米,省道300.47千米,县道640.04千米,乡道385.98千米,村道2773.04千米(计划内)。

【交通项目建设】 2015年,县交通运输局以项目建设为主要载体,全力服务县域经济和社会发展。按照"东西互联,南北互通,构建现代立体大交通"的要求,科学制定"十三五"交通运输规划和西部交通解决方案。启动宁乡大道北延线和龙江大道金玉段建设,相继完成流大公路、道林古镇路网、炭河古城路网、玉菁公路连接线、沩江堤景观路、灰汤乌江大桥等项目前期手续,全年共规划实施项目8个,投入资金6.47亿元,项目建设总量和资金投入均为近年之最。顺利完成黄胜线扫尾工作,对流沙巷公路进行交竣工验收,对金朱、玉煤公路进行交工验收,全年共组织工程结算和内审88批次,结付工程款1.8亿元,核减金额913.2万元。新建改造农村公路300千米,改建加固危桥25座,在全省率先完成农村公路安保工程,累计达到1253千米;对全县农村公路质量进行全面检测,检测项目200个,里程243.7千米,日常养护公路里程3816千米,农村公路路况水平和路容路貌逐步提升。

以争资融资为主要抓手,着力破解交通发展瓶颈。争取"十三五"干线公路指标计划14条,总里程448千米,为全市总量的45%;争取战备公路指标计划4条,总里程88千米。在全省县级层面第一个推出交通PPP项目融资建设计划,将未来5年至10年宁乡需要建设的国、省干线公路和园区、市政道路采取"总打包、总建设、总融资"和"项目公司负责建设、政府逐年回购、财政延期支付"的方式进行招商,项目总规模达到103.94亿元,涵盖12条国省干线和13条园区、市政道路,涉及多家建设载体单位,金额之大、时限之长、子项目和载体单位之多,为宁乡政府投资项目之最。积极协调南北横线在宁乡区域内的建设,方便宁乡交通布局和群众出行,争取项目在宁乡投入建设资金40亿元,2015年年底已在宁乡率先启动建设。归集改制用地34.2公顷作为融资用地,争取国家开发银行授信贷款13.8亿元,2015年已到位2亿元。稳步推进10亿元交通债券发行工作,解决交通项目建设和交通运营资金短缺的问题。全年,交通融资合计达到100亿元,创历史新高,为宁乡"十三五"交通项目建设提供充实的资金保障。

【运输市场监管】 2015年,县交通运输局强化对客运、货运、驾培、维修、物流、站场等行业的监管，举办客货运从业人员资格培训班11期，培训从业人员2200人次。开通长沙武广高铁站至关山、沩山旅游专线，全年新增游客10万人次。开展“七个一律”治超，共检测车辆5万台次，查扣超限运输车辆449台，卸载货物5425吨，超限率控制在1%以下，“一超四究”治理模式在全省推介。开展“四化”执法，成立执法监管中心和处罚中心，配齐执法装备，对执法行为实行实时监控，累计上路执法8000人次，查扣非法营运车辆537台次，取缔非法营运黑公司1家，交通执法实现“零投诉，零事故”，连续三年名列全省前茅。开展“四整治一打击”，全面规范行业秩序，着力改善人民群众出行环境，全县非法营运、违规营运等现象得到有效遏制。实行案卷评查，全面破除以罚代管思维禁锢，取消罚款任务，下达案件数，案件实行卷卷签字、卷卷评查、卷卷过关、月月评比，县运管所荣获全国交通行政执法评议优秀单位。开展“三评合一”考评，创新客运车辆评价机制，通过考评结果合理分配客运市场份额，激励运输企业和从业人员规范运营。开展“三转四联五服务”活动，推动交管站发挥“小交通局”作用，做到工作前移，服务下移，实现工程技术、项目计划、质量监管、运输服务“四下乡”。推行“一岗双责联车制，文明劝导月月行”活动，干部点对点联系公交、的士，班子成员带队每月开展文明劝导活动，强化交通文明创建。

【公共交通服务】 2015年，县交通运输局深入推进城乡公交一体化，开通企湖、宁黄线公交；加速整合城际公交，对长宁线进行公交化改造；开通园区公交，实行园内循环、两地接驳、无缝对接、服务园区；推行新能源公交和电动公交，新上9路、10路17台清洁环保型公交、99路8台纯电动公交；加大公交基础设施建设，建设公交首末站（汽车北站），完善城市公交充电桩、农村客运招呼站30余处；坚持公车公营改革，整线收回1路线承包经营权，对1路、17路公交实行公车公营；切实提升公交通达率，优化调整1路、4路等10条公交线路，城区公交通达率提升至91%；稳步推进电召平台运营，日呼入电话保持2000个，全年共发送车辆13万班次，发送旅客40万人次，与2014年相比分别增长35%和38%。投入120万元用于城市公交考核，通过“以奖促管”，公交投诉直线下降，服务质量、文明形象明显提升，全年公交车安全行驶980万千米、运送乘客1900万人次，连续98个月保持零伤亡纪录。将驾驶员考核纳入企业服务质量信誉考核机制，进一步规范从业人员经营行为，理顺公交车、出租车承包体系和运价体系，确保行业稳定。

【党建工作】 2015年，县交通运输局突出交通运输部门工作实践特色，开展“三严三实”和“讲道德、明是非、守纪律”教育活动，实行“一月一督查、一季一评比”流动红旗评比，确保干部优秀、工作优质，在全县政风行风千人测评中排名第二。严格落实党风廉政建设主体责任，开展廉政文化进班子、进科室、进岗位、进家庭“四进”活动，创建全县廉政文化进机关示范点。建立健全廉政防范和权力运行制度体系，权力清单、责任清单、简政放权、商事登记受到市、县人民政府通报表彰。力推交通尚学之风，不断提升党员干部队伍素质，全年共集中组织6期培训，培训人员达2000人次。弘扬交通主旋律，传递交通正能量，在各级媒体刊发稿件150篇，宣传工作在全国交通系统获得推介。切实响应群众呼声，全年共办理市县人大、政协提案90件，办理数目为全县第一，做到答复、见面、满意率100%。扎实推进“精准扶贫”工作，局机关干部职工和局属二级单位、各交管站联户联点，共为沩山乡同庆、双龙潭等村解决公路建设资金20万元，慰问困难群众10万元。狠抓综治安全，依法加强安全生产监管，切实抓好重要时期维稳工作，计划生育常抓不懈，工会工作得到加强，共青团、妇女、老干、关协、爱卫等其他各项工作都取得新的进步，系统大局安全和谐稳定。

（青百宇）

县路政执法局

支部书记　刘毅之（兼）
局　　长　胡思佳（兼）
副书记　钟红舞（7月免）
副局长　周小妮　朱志为

县交通运输管理所

总支书记　刘海燕
所　　长　周　勇

县公路管理站

支部书记　陶湘军
站　　长　邹海洋

县公共客运管理局

支部书记　张　鹏
局　　长　戴石坚

县交通建设质量监督站

支部书记　吴　娟
站　　长　刘建明

公路管理

县公路管理局

党委书记、局长 喻　晓
副书记、副局长 余振斌
副　局　长 肖立红（11月免）
孙建国
黄友良
唐　华
邹庆林
纪委书记、工会主席 黄蓉辉(女)

【概况】 2015年,宁乡县公路管理局担负着宁乡县境内1条国道、4条省道及14条重要县道和金洲大道的建设、养护、管理工作,管养里程502.29千米,管养桥梁117座。全系统共有干部职工505人,其中在职职工288人,退休职工217人。养护里程、职工人数均居湖南省公路系统前列。全局机构设置为机关、公路养护服务中心、公路路政执法大队(养鱼塘超限检测站)三大块。局机关内设办公室、工务计划科、财务科、人力资源科、路政管理科、审计科、纪检监察室等7个科室。养护服务中心下设2个集“道路养护、应急保障、便民服务”三位一体的区域中心养护站,同时配套11个管养站,全面构筑和完善三级养护服务网络。超限治理工作作为2015年工作重点,创新路政执法方式,路政巡查、路政治超、路政监督三方面工作相得益彰。县治超办常设养鱼塘超限检测站。

【公路工程建设】 2015年,全体公路人紧绷迎检之弦,坚持高标准严要求,发扬“白加黑”“五加二”敬业精神,克服高温酷暑,放弃节假日,全力投入项目建设中,全年共计黑化公路110.35千米,至年底县公路局管辖线路黑化率52%。完成沩山乡村级千米1.1千米、省道208线东湖塘集镇改造2千米、省道208线大修2千米、省道209线宁乡至横市段公路20.8千米、县道211线横市至黄材段公路15千米、夏高线(香山路)11.7千米、益阳至宁乡横市公路13千米、煤炭坝至双凫铺公路20千米、岳麓区莲花至宁乡花明楼公路17.4千米、县道092线大修0.7千米,共计103.7千米,启动并完成省道311线湘乡坳至青山桥公路11.3千米、省道206线4.5千米、县道104线4千米建设。同时完工县道101线灰汤中桥加宽工程、县道088线和省道208线安保工程,启动省道206线安保建设。创造两个史无前例:一是争取项目建设17个,里程达180千米,共计总投资5.24亿元,争取省、市资金2.4亿元;二是创造100天完成100千米提质改造建设奇迹。为加速完成建设任务,县公路局在项目建设中大胆运用新技术、新材料、新设备、新工艺,最大限度地实现“四节一环保”(节能、节地、节水、节材和环境保护),在一定程度上节约建设资金。运用的新技术包括县道211横黄线路面改造中采用的抗裂贴技术、香山路建设中采用的加筋网技术,尤其是煤双公路提质改造中采用的路面冷再生技术,大大降低成本,节约原材料,减少环境污染,得到省、市的高度评价,并在全市公路系统推广。

【公路养护管理】 2015年,是交通运输部对全国干线公路养护与管理大检查之年,县公路局受检的国道319、省道206、省道208、省道209、省道311五条线路全部顺利通过。在规范检查中,国道319线安保工程、省道327线地质灾害防治工程取得优异成绩。全年高质量高标准完成各养护线路路面断角、坑洞坑槽修补,共计使用沥青冷拌料40吨,热沥青600吨;水泥路面换板1.45万平方米,处理断角600平方米;沥青路面挖补1.72万平方米;处理桥头跳车、沥青砂调补2600平方米;完成路面清灌缝200千米;解决排水和灌溉安装涵洞20处,边涵200米;行道树刷白、修枝、治虫害200千米;抢修水毁、山体滑坡、塌方5000立方米;安保设施、桥栏刷漆1.8万平方米;反坡清挖8000平方米;水沟清挖、清理400千米;国道319线两侧边坡、水沟石砌9000米,修补水沟1000米;确保路面平整、行车顺适。新建涵洞14道178米,水沟新开205米、疏通85千米、加高处理6000米;完成国道319、县道092三处大涵洞清淤,6月份对国道319线夏铎铺镇路段投入100万元实施水沟护砌工程,确保公路排水通畅;加强绿化护理,修剪公路树木花草83千米、清除路肩杂草185千米,对省道209线流沙河镇境内投入10万元补植行道树,确保公路生态养护;开展安全隐患大排查、大整治活动24次。新增和修复钢护栏1910米;整改不规范钢护栏18.6千米、钢护栏立柱5226根、道口桩275根、警示桩105根;新增道口桩366根;新增标示标牌290块;新增广角镜11块;新增爆闪灯19盏;新增和修复减速带12处24组、斑马线7处;新增和修复隔离墩、防撞墙26处;清理被风吹倒或枯死的行道树59棵;检查生产经营建设单位12家,消除安全隐患30处。完善应急预案,储备防滑麻袋2000只、工业盐50吨。

【公路路政管理】 2015年,县公路局严格管理重执法,促使路域环境更优良。超限治理实行四班三运转工作制及流动检测，路政处罚实行查处分离，严格执行处罚标准，行政执法无投诉，无媒体曝光现象。积极主动配合各乡镇，会同城管、国土等职能部门对管养公路的乱搭、乱建、乱堆、乱摆现象进行集中整治，拆除违章建筑和棚屋共800处，清除乱堆现象170处，清除乱摆摊位120处，拆除违章广告414块、清除管辖线路横幅525条，牛皮癣广告700处。走访大型厂矿、企业达50家，上门宣传、服务达120户，悬挂宣传横幅80条，发放各种宣传手册300份，制作宣传标牌50块，利用公路指路牌背面悬挂宣传版面220块；加大巡查力度，强化日常管理保障公路安全畅通，维护公路和公路设施完好，下达《责令违法行为通知书》200份，拆除非标377块，清洁涂刷污染公路设施140处。加强超限运输专项治理，“一超四究”宁乡模式获全省推广。加大治超工作的宣传力度；坚持逢车必检，逢超必卸，逢超必罚的原则；实施“一超四究”，超限超载车辆查处后，追究非法改拼装车辆企业的责任；追究超限超载货运源头企业（货场）和收货方的责任；追究超限超载车辆运输企业（公司）的责任；追究超限超载车辆驾驶员的责任，实行扣分处理。2015年，县公路局共计出动执法人员8238人次，检测车辆1.61万台次，实施行政处罚459台次，卸载货物8879.07吨，拆解非法改装加装“马槽”车辆75台次，处罚金额154.55万元，做到查处率100%，结案率100%，执法程序合法到位，12月15日全省第三次货运车辆超限超载率调查，宁乡货运车辆超限率调查数值为0%。货运车辆超限超载引起的交通事故明显减少，公路路况明显变好，道路运输市场环境不断优化，科技化治超水平长足发展，治超工作取得初步成效。

【党风廉政建设】 2015年，县公路局深入开展清正廉洁、严格自律的反腐倡廉活动，学习《守纪律、讲规矩》读本，收看《作风建设永远在路上》专题片，召开“中秋、国庆两节作风建设大会”，形成全局上下风清气正的良好氛围。落实局务公开制度，把党委重大决策、人事任免、重大项目建设、重大资金安排、“三公”经费及事关民生问题的决策等情况及时公开，规范权力运行。开展党纪条规教育和“让纪律释放沉潜的力量”演讲比赛，组织学习县委书记谭小平关于“讲道德、明是非、守纪律”的电视讲话，切实让纪律融入到日常工作学习中。各党支部委员进行改选，规范支部阵地建设；制定2015年党员春训、党员党性定期分析评议和严肃处置不合格党员工作的实施办法，与花明楼等三个村支部开展结对帮扶活动，为确保公路工作的顺利推进提供思想保障。2015年获得省“十佳治超站”“十佳养护站”“省十佳公路局长”等荣誉。

（肖　琼）

汽车客运

湖南龙骧交通发展集团有限责任公司宁乡分公司

党总支书记、总经理

喻小石

副书记、副总经理、工会主席

徐桂林

副总经理

张志军　　成志兵

周俊波

【概况】 2015年，湖南龙骧交通发展集团有限责任公司宁乡分公司（以下简称宁乡分公司）共有员工411人，离退休人员315人。宁乡分公司下设3个县级车站、8个乡镇客运站、5个运输单位（原29车队退出宁乡县校车运输市场）、修理厂、广告公司、旅游交通咨询集散中心等基层单位，以及湖南新康运输有限公司、湖南龙成公共客运有限责任公司两个股份合作公司。经营范围涉及公路客运、客运站场、城市公共客运、出租车服务、旅游客运，兼营汽车修理、旅游服务、广告发布、公营超市、保险代理等多种业务项目；分公司拥有各类营运车辆550台，其中营运客车351台（建制车和参运车），城市出租车158台，公交车41台，截至2015年年底，已开通营运线路129条，其中省际班线11条，市际班线38条，县际班线34条，县内班线46条，运输网络遍布湖南省各地、州、市，以及广东、江西、湖北、江苏等9个省、直辖市；司属白马桥汽车站、东城汽车站、租赁的豪德汽车站3个县级车站日发班次769次，平均日发送旅客约1.3万人次，共接纳各种营运客车450台。2015年，宁乡分公司在集团公司和行业主管部门的大力支持下，稳步推进站场、运输主业的发展，创新客运合作模式，加强安全宣传、监管力度，努力拓展三产业空间，提升客运服务质量，取得一定的成绩。宁乡分公司被评为“市级文明单位”，并顺利通过方圆标志认证集团的质量、职业健康双体系外审，司属车站荣获2015年湖南省道路客运“二级甲等站”。

【双体系建设】 2015年，宁乡分公司质量、职业健康安全管理体系运行在遵循集团公司《管理手册》《程序文件》的总体要求的前提下，对公司管理文件和制度进行不断改进和完善，进一步加强监督考核机制，对员工实行指纹考勤制度，质量监督科坚持每月定期或不定期地对各单位、部门的劳动纪律、着装、日常工作开展等情况进行检查和考核评分，对不合格项进行跟踪整改，同时将检查结果在OA办公平台公示通报。同时对特殊过程和特殊事件进行专项督查和通报，形成制度与管理干部考评、部门绩效考核直接挂钩，对宁乡分公司在集团公司96228客户平台中出现的顾客投诉认真处理，并采取相应的纠正和预防措施，有效提升服务质量。

【运输生产】 2015年，宁乡分公司在保班保线的前提下，稳步推进公交化改进，同时开创预约租车模式，拓展出租车市场。获得黄材—老粮仓5台农村班线新增许科和105路（宁乡—泉塘）3台、107路(宁乡—早禾)4台车辆公交车新增许可，另外118路(宁乡—黄材)24台班线车辆公交化改造手续也已获批准。按照行业部门的要求，宁乡分公司年初与成也公司正式合作，所有长宁线公营车辆30台划至龙成公司统一运营，营业收入在票价下调近20%的基础上实现营业额增长，此次合作致力于打造全省第一条县级管理的公交专线。湖南新康运输公司作为宁乡第一家实行预约租车的运输公司，成立时宁乡分公司占股10%，经多次与宁乡县交通局沟通协调，将股份增至38%，成为最大股东后又联合成也、新里程公司对新康运输公司进行收购、重组，现宁乡分公司占股51%，宁乡分公司在宁乡县电召预约租车行业的主导地位得到稳固。

【站场管理方面】 2015年，宁乡分公司利用站场功能，延伸车站服务，提升顾客满意度。在白马桥汽车站、东城汽车站设立专门的公交车通道，引入公交车辆进站待班发车，对车辆及旅客进行安全检查，有效地推进公交化改造，规范客运市场。同时宁乡分公司通过多次与宁乡县交通局和宁乡经济技术开发区沟通协调，由湖南龙骧交通发展集团有限责任公司投资1.5亿元，征地4公顷，建设宁乡蓝月谷汽车站。6月12日，湖南龙骧交通发展集团有限责任公司副总经理罗建文带领代表龙骧集团与宁乡县交通局正式签订宁乡蓝月谷汽车站（宁乡北站)项目建设经营协议书，此项目协议书的签订，极大满足金洲西线接通后宁乡城区客流、物流的需要。

【多元化发展】 2015年，宁乡分公司旅游集散中心加大宣传力度，利用政府对旅游强县的各项宣传活动为平台，融合龙骧特色旅游项目，打造龙骧旅游品牌，多次圆满完成政府组织的宣传宁乡旅游强县的地接工作。龙骧国际旅行社宁乡分社与龙骧国际旅行社的大型旅行活动项目同步对接，满足顾客旅行需求，并根据实际情况，开通宁乡至柏乐园旅游专线车，逐步奠定龙骧旅游业发展的基础。同时宁乡分公司开拓思路，充分利用公司员工及承包人、参运车主私家车较多、关系网大等资源，设立大地保险公司、平安保险公司协管保险所，制定实施细则，挖掘新的增长点，推动多元发展。

【安全管理】 2015年，宁乡分公司积极推进企业“五落实五到位”安全生产责任制，建立健全安全生产“党政同责、一岗双责、齐抓共管”责任体系，坚持安全生产工作“关口前移、重心下移”的原则，强化红线意思和底线思维，强化企业安全生产主体责任的落实。一是切实抓好重点时期的安全工作，发现隐患及时整改，确保重点时期的运输安全。二是切实加强GPS及视频动态24小时监控动态管理，严格执行长途客车凌晨2点至5点停车休息制度，全公司营运车辆在线率达95%。三是落实爱车例保和车辆二级维护制度，强化维护保养，确保车辆技术状况良好，安全六小件齐全有效。四是切实加强安全生产监督检查，健全各类应急预案，积极开展各类安全培训，坚持安全教育、演练、警示常态化，有效降低事故发生频率，遏制重、特大事故的发生。2015年宁乡分公司行车安全各项指数均控制在指标范围内，站场、综治、消防、劳动用工、房屋、食品安全事故均为零。

【党群建设和文明创建】 2015年，按照集团公司“三严三实”专题教育活动要求，宁乡分公司在全公司范围内开展“三严三实”专题教育活动，请集团公司领导授专题党课，班子成员围绕“严以修身，加强党性修养，坚定理想信念，把牢思想和行动的“总开关”开展集中学习研讨，把“三严三实”落到实处，切实转变工作作风。为积极营造关爱员工的企业氛围，宁乡分公司进一步完善特困员工和困难党员档案，并登门拜访、送达关爱，对获得“三好学生”荣誉称号的职工子弟进行表彰和奖励；另外在每位员工生日时发放购物卡200元和生日蛋糕，并在员工生日当天送达家中。同时经集团公司董事会扩大会议研究决定，并经第二届员工代表大会第三次主席团成员会议一致表决通过，决定从7月起为企业员工加薪，额度达到人均500元，有效提高员工幸福满意度，激发广大员工爱岗敬业、乐于奉献的工作热情。宁乡分公司通过宁乡县文明创建活动，在全公司范围内广泛开展群众性文明创建活动，使全体员工思想道德素质和文明程度进一步提升。同时按照县委、县政府“三大建设”(实力园区建设、新型城镇建设、美丽乡村建设)的要求，宁乡分公司积极配合，拆除东城汽车站广告位483平方米、白马桥汽车站广告位472平方米、老汽车站广告位2170平方米，各项工作都得到县委、县政府、县文明办的高度肯定和表扬，使宁乡分公司在文明创建中形象和知名度得到进一步提升。 (伍友谊)

邮 政

中国邮政集团公司湖南省宁乡县分公司

党委书记、总经理 何可文

副总经理、工会主席 张 丽(女)

副总经理 方 向(12月免)
李峰彪(12月任)

【概况】 根据《中国邮政集团公司关于实施法人体制调整有关事项的通知》和湖南省邮政公司《关于开展子改分工作有关事项的通知》精神，2015年5月1日，宁乡县邮政局正式更名为“中国邮政集团公司湖南省宁乡县分公司”(以下简称宁乡县邮政分公司)。2015年，宁乡县邮政分公司共有职工454人，其中在职职工319人，占职工总数的70.26%，离退休(含退养)职工135人，占职工总数的29.74%。公司办公机构设置一室两部，即综合办公室、市场经营部、网运安保部。市场经营部下设两个中心，即代理金融中心、邮务类中心，包括储汇专业、代理保险专业、函件专业、分销专业、通信代理专业、集邮专业、报刊发行专业以及快递包裹中心。宁乡县邮政分公司共有邮政营业网点36个，邮路10条(2014年为5条环形邮路，每天至网点一个频次；2015年改为往返邮路，每天至网点两个频次)，邮路总长度达到880千米，邮政生产用汽车17台，新增33台环保电动三轮车用于投递。投递段道94条，其中农村段道69条，城市段道25条，投递线路总长3659千米，农村3180千米，城区779千米，服务范围覆盖全县各个街道和村落。2015年，宁乡县邮政分公司全年收入完成6023.54万元，比2014年增长19.35%。

【推进金融业务转型发展】 2015年，宁乡县邮政分公司在推进客户转型、服务转型的同时，结合自身优势，正确处理发展储蓄和保险、理财、基金等中间业务的关系，加快拓展邮政金融业务功能，丰富产品体系。2015年邮储余额年净增4.26亿元，增幅17.93%，理财年销售9631万元；保险销售5831万元；全年金融总资产5.81亿元。同时拆迁款揽收项目取得较好成绩。夏铎铺支行揽收华强工业园拆迁项目3463万元；大屯营支行揽收飞机场拆迁项目2100万元；金牛支行揽收棚户区拆迁款2000万元；花明楼支行揽收旅游区拆迁款1600万元；其他支行揽收拆迁款1500万元；全年揽收拆迁款资金累计达1.06亿元。

【实施快递包裹业务改革】 2015年，宁乡县邮政分公司在省、市公司“一体两翼”(“一体两翼”战略是由中国邮政集团公司李国华总经理在2015年全国邮政工作会议上提出。“一体”就是要以邮政窗口资源为基础，以市场需求为导向，积极打造适应现代电子商务发展模式的线上线下为一体的综合便民服务平台。“两翼”就是金融翼和寄递翼。金融翼是指以银行服务为基础，包括保险、证券、投行、资产管理等在内的综合性金融产品及服务；寄递翼是指中国邮政所经营的各类寄递业务，要以电子商务寄递发展为契机，重新确立邮政在寄递市场的主导者地位。)经营发展战略引导下，利用普遍服务、投递无死角等优势条件，在9月—11月期间揽投国内小包4.62万件，特别在“双十一”当天揽投1.17万件，占当月揽投总量的62%。同时宁乡县分公司举全网之力，优化网运建设，提升邮件处理效率，着力打造省内邮件互寄“次日递”品牌，实现省内互寄邮件当日收寄、次日投递的目标。

【电子商务进农村】 2015年，宁乡县人民政府申报全国“电商进农村”示范县，宁乡县邮政分公司积极配合县人民政府策划“电商进农村”方案。充分发挥自身优势，在已有村级服务站的基础上，叠加“邮掌柜”系统和代收代投业务。同时邀请县人民政府主管“电商进农村”项目的副县长刘俊武、主管邮政的副县长冯智君，以及市、县商务局领导实地考察邮政综合服务站，各级领导对邮政综合服务站的建设和业务开展情况给予充分肯定，且将“电商进农村”方案交由宁乡县邮政分公司主导实施。

【加强精细化管理】 2015年,宁乡县邮政分公司严格控制成本支出,财务管理以规范、细化、约束、严格为原则,着力压缩各项可变成本费用和管理费用,严格控制通信费、差旅费、办公费、会议费、业务招待费的支出;推行用户欠费负责制,保证业务发展奖金的足额及时发放。安全生产管理认真贯彻“安全第一、预防为主”的方针,落实安全生产责任制,完善防范设施,健全规章制度;加强网点安全检查力度,通过不定期检查来规范网点安全生产,强化从业人员安全生产意识。深化改革,对全公司岗位、人员进行调整,实施邮政台席外包工作,顺利减员充实到一线,有效地发挥人力资源的潜能;做到不断规范用工管理,优化人员结构;分配制度本着向一线倾斜政策,充分调动基层人员工作积极性和创造性。工会工作始终坚持职代会制度,努力引导职工转变观念;积极推进劳动竞赛;元旦、春节期间送温暖活动,走访、慰问、看望离退休职工、劳模、先进、军属等100人次;对住院职工、职工家庭困难,身体多病人员上门慰问50人次。

(蒋迎寅)

电 信

中国电信股份有限公司宁乡分公司

党委书记、总经理

沈　郁(7月免)

杨　颖(7月任)

副总经理　刘志华(10月免)

【概况】 2015年,中国电信股份有限公司宁乡分公司(以下简称宁乡电信)下设综合部、销售服务部、网络部等3部。全年全公司坚定天翼4G、光网宽带两大核心支柱的打造不动摇,不断创新体制机制,以差异化策略为指引,精心组织开展网络、渠道、服务、应用等大会战,聚集划小承包与机制创新、网络互联网化转型、客户经营、精确管理和风险管控等重点工作不动摇,坚忍不拔、攻坚克难,企业开始步入稳健、良性发展轨道。

【电信市场经营】 2015年,宁乡电信以实现“收入规模快速扩张,企业价值逐步改善,市场份额逐步上升”为目标,聚焦公众、政企、农村等目标市场,主要经营移动、宽带、ITV、座机、流量等业务,重点拓展ICT和IDC等行业应用。一是聚焦重点,推进“两大追赶计划”,渠道“抓网点建设、促集约支撑”。为全面提升渠道覆盖能力,扩大销售半径,同时提升社会渠道销量和实现网点有效保有,公司组织渠道建设追赶计划大会战和销售能力提升竞赛。新建门店25家,其中:专营店20家,核心商圈专营店5家。光网“抓端口建设、促小区营销”。为推进全县有线接入网光网改造进程,承接市公司“光网追赶计划”,公司从2014年4月开始合作招商启动建设,农村集镇FTTH建设取得一定成绩。2015年,通过申报项目争取省公司投资以及全力招商引进社会投资等多种融资渠道,共计筹集建设资金2400万元(8万端口×300元/端口),共计合作运营光网村122个,合作共建项目86个,新增光网端口5.1万个,新增光网宽带1.1万户,4月18日,宁乡县城城区关闭AD端口,在四县中率先实现全城光网,成为第一个无条件光网受理的县城。预计2016年上半年,全县行政村100%实现光网,实现农村居民享受三网融合的业务,推动“互联网+”在农村区域的发展。二是聚集发展,提升经营能力。通过打造灵活、安全开放的网络并提供定制化业务,为“互联网+”产业提供网络基础保障,聚合行业应用,充分体现“互联网+企业运营”的应用实践。通过外勤助手等行业应用,与林业局成功洽谈合作,为林业局的日常工作带来便利,可以通过定位,保证外出工作人员人身安全。与公安局保持良好合作关系,成功续签警务通,将警务E通成功换新机,为公安局全力维持好宁乡县社会秩序稳定奠定通讯基础。2015年,公司被省公司授予“2015年度湖南电信战略单元”称号。

【电信管理机制】 2015年,宁乡电信持续深化人力资源改革步伐,不断加大人力资源机制创新力度,完成人力资源综合转型和架构优化调整,为企业跨越发展提供良好环境。一是统一价值观,坚持业绩导向,坚持德才兼备、业绩优秀的用人机制,实行绩效沟通制度化、内部辅导常态化,加大对员工绩效目标设定、沟通反馈以及绩效改进方面的指导与督促。二是落实责任体系,推进划小承包责任制。结合人力资源综合转型,持续推进划小承包改革,全年共完成4个地域性营业部、17个农村支局、4个政企类营业部、4个渠道部的划小承包工作。三是优化中层管理人员选拔任用和退出机制,坚持基层导向和业绩导向,打破干部终身制观念,合理引导干部退出合理配置人力资源,实行基层岗位资格证制度,作为跨岗位层级晋升、选拔后备人才的必备条件。四是为员工职业规划引导,开辟员工晋升通道,从派遣员工中招聘合同制员工,充分调动员工的积极性和创造性,确保提升企业核心竞争力。

【电信网络建设】 2015年，宁乡电信高度重视网络建设工作。全年完成189个站点摸底、查勘，实际下单施工149个站点，开通145个，剩下金州、夏铎铺、大屯营、横市等4个支局因阻工未开通。4G信号已覆盖县城主城区、经济技术开发区、高新技术产业园区96%的区域，全县29个乡镇集镇本部全部覆盖4G信号。配合宁乡县人民政府的重点项目工程，完成宁乡白马大道线路、金玉工业园污水工地、宁乡大道北延线、夏铎铺集镇提质改造、宁韶公路拓宽改造、紫金广场人行天桥建设、菁华铺西城商贸城项目工程工地、金洲大道主辅道出口改造、沩江大道建设、岳宁公路线路迁改、夏铎铺华强产业园项目工地、宁乡县站前路提质改造、道林镇道仙公路拓宽改造等项目的电信线路迁改任务，总投入达1100万元，同时配合城建管理部门及时处理各项临时迁改30处。为积极响应宁乡县委、县政府号召，推进无线WIFI的建设，完成沩山、青阳湖景区无线WIFI的建设，保障沩山开光法会大型活动无线通信需求（最高在线用户2700户）；同时灰汤、关山、回龙山、凤凰山景区建设接近尾声，待设备安装即可开通，其余乡镇科局单位的无线WIFI建设也在有条不紊地进行，2016年将全面建设开通。

【电信网络维护】 2015年，宁乡电信依旧对网络维护工作不放松。一是夯实网络能力，以支撑发展、集约维护、提质增效、开放合作等“四个关键”，以持续推进网络安全、两个精品网、两个精品窗口、精确管理“1221”工程为抓手，加快推进运维体系的集约化运营。二是加强装维队伍建设和装维工具仪表配置，提升装维手段，提高宽带装维服务能力。对农村48小时修障及时率、城区24小时修障及时率严格按天考核，对每一张工单全过程管控、督促，并根据工单处理过程中出现的情况及时协调相关部门处理，保证工单处理不出现死角。三是严格兑现指标考核。装维人员的工作业绩严格与薪酬挂钩，各类投诉考核严格兑现，促使装维人员更加积极主动处理各类业务，促进装维水平的大幅提升。四是随着FTTH和ITV等新技术新业务的应用推广，针对FTTH和ITV装维服务，组织专门培训，通过培训，维护人员测评通过率和实践动手能力，得到明显提升。

（刘　艳）

移动通信

中国移动通信集团湖南有限公司长沙市宁乡县分公司

总 经 理　王雄辉

副总经理　符俊安　程　军　喻彩斌

【概况】 中国移动通信集团湖南有限公司长沙市宁乡县分公司（以下简称宁乡移动）是中国移动在宁乡的县级分支机构。2015年，宁乡移动内设综合部、市场部、网络部及政企客户中心四个部门，共有在职员工180人。公司以“诚信经营、满意服务”为宗旨，积极投身地方经济建设，全面推进4G网络覆盖及光宽带建设，努力发展通信业务，不断提升服务水平，推动宁乡通信事业快速、健康和可持续发展。

【移动市场经营】 2015年，宁乡移动公司上下齐心合力，把握4G发展机遇，加快移动互联网转型，实现市场经营能力的显著提升。净增通信客户市场份额比2014年增长10%；全年运营收入比2014年增长7%；宽带业务发展稳定，全年净增客户6000户；全年上缴利税总计1800万元；渠道队伍能力建设不断强化，有效专营4G渠道规模达到350家。

【移动4G网络及宽带建设】 2015年，宁乡移动大力开展4G网络建设，投入资金10亿元，实现城区和农村的4G网络基本覆盖及城区、集镇、主要交通干道、景点、工业园的连续覆盖。同时有效完善装维渠道管理，优胜劣汰装维SA，全面引入宽带自建，渠道能力进一步提升。积极响应政府要求，加快宽带降费提速速度，全县宽带接入由4兆全面提升至100兆。宽带资费由680元/年降低至300元/年，降价幅度达45%。全年投入运营宽带端口1.6万个，基本实现所有小区光纤分箱到户。认真贯彻落实县政府“信息惠农·宽带乡村”会议精神，加快农村地区光纤入户工作，完成所有行政村光纤全覆盖，重要集镇宽带覆盖到位，有效推进农村通讯及信息化进步。

【移动客户服务】 2015年，宁乡移动通过全渠道严格落实新入网实名制登记制度，规范垃圾短信治理，全年受理垃圾短信举报60笔，较2014年同期下降70%；监控平台拦截垃圾短信号码800个，较2014年同期下降75%；短信停机电话回访客户1100户，前台受理垃圾短信开机700户，有效净化客户消费环境。同时通过“话费误差，双倍返还”等服务承诺，确保客户问题及时有效的解决，避免客户重复投诉。客户投诉问题解决率100%，投诉客户满意率达到95%。

【移动信息化应用】 2015年，宁乡移动通过社会天网、无线宁乡、智能教育等行业信息化项目的实施应用，为宁乡人民提供广覆盖、多层次、差异化、高品质的信息应用服务。社会天网完成11家银行及其子网点建设；无线宁乡项目基本完成一期县政府23家直管单位的无线覆盖；智能教育方面全县已有373家学校教育系统正式通入使用。

【移动企业文化建设】 2015年，宁乡移动做好员工管理，公平公正选拔人才，顺利转聘73人；狠抓整风肃纪，进一步强化队伍建设，全年有效整改突出四风问题20条；廉洁自律教育开展到位，廉政责任约谈11人次；创建工作再创新高，成功创建“省级文明单位”，公司玉潭营业部被评为长沙市“青年文明号”。各类文明宣传到位，道德讲堂，志愿者服务常态化开展。积极支持宁乡县三大建设，做好杆线迁移和线路改造优化工作。同时积极开展义务献血、植树造林、礼遇抗战老英雄及爱心助学等公益活动，着力打造勇于担当的企业公民形象。

（罗惠方）

联通通信

中国联合网络通信有限公司宁乡县分公司

总经理 李平维(10月免)
汤周宁(10月任)

【概况】 中国联合网络通信有限公司宁乡县分公司（以下简称宁乡联通）是中国联通在宁乡县的县级分支机构，负责经营在宁乡县域行政区域内的基础电信业务即2G、3G、4G业务、固定电话业务、互联网宽带业务、国际国内长途、IP业务、数据通信业务和增值电信业务。2015年，宁乡联通共有在职员工150余人。

年内，宁乡联通以4G业务为突破口，强化4G用户有效率，全体员工团结一致，奋力拼搏，实现移网累计完成收入7800万元，移网用户15万户；固网累计完成收入1408万元，互联网用户达1.6万户；上缴地方税收350万元。

【联通网络建设】 2015年，宁乡联通新建3G基站60个，全县3G基站达到600个，实现100%行政村的3G网络覆盖。新建4G网络基站50个，实现全县所有乡镇、重要集镇、人口相对集中行政村的4G网络覆盖。在光纤网络建设方面，全年投资5000万元，实现联通光纤网络对行政村100%的覆盖，为“数字宁乡”“智慧宁乡”“幸福宁乡”的建设提供更为优质的通信网络服务打下坚实的基础。

【联通服务】 2015年，宁乡联通始终秉承服务质量是业务发展的根本。以“客户为先、服务保障”为主导思想，重点从全程服务监管、创新客户体验两个方面发力，搭建“即时承诺、服务倒逼”大服务机制，提升客户感知；在全渠道开展服务质量“四个一”专项提升工作，即解决一个服务短板、确定一项检查重点、开展一次对标检查、推广一项服务举措；深化“VIP微服务”运营管理，通过互联网传播提升服务体验和渗透率。为“幸福宁乡”建设提供最优质的信息化应用服务，积极参与集镇、乡村杆线改造，助力宁乡美丽乡村建设，按县政府要求，对煤炭坝、金洲、菁华铺、大成桥、双江口进行改造，改造进度位居三家运营商之首。2015年，宁乡联通落实各项资金、公益性费用3万元；新增营业网点40家，安置就业人数150人，客户满意度持续提升。

【综合管理】 2015年，宁乡联通以“二次创业，大众创新”的文化建设为引领，围绕“创建用户和员工更满意的卓越企业、提升员工满意度和幸福感”双重目标，推出一系列活动，“推四措、增四力”：建阵地，让党员活动有“家”，增强组织影响力；抓管理，让党员表现有“为”，增强组织执行力；促活动，让党员生活有“味”，增强组织新活力；重帮扶，让党员感觉有“爱”，增强组织的凝聚力；“爱WO家、提三感”：模范立家，提升员工的归属感；维权护家，提升员工的安全感；和谐乐家，提升员工的幸福感；“强五心、促满意”：优化流程，让内部沟通更省心；主动服务，让员工感知更顺心；改善伙食，让大家吃得更放心；文明引导，让企业处处有觉心；美化环境，让员工工作更舒心。宁乡联通充分发挥工会职能，全年共计开展各类慰问85次；组建羽毛球、沃跑、健身、篮球俱乐部，在丰富员工业余生活的同时，也增进团队凝聚力，使员工幸福感也持续提升。

（刘碧涛）

贸　易

商务工作

县商务局
党委书记、局长
熊正明(9 月免)
田奇晖(女,9 月任)
副书记、副局长
胡新和(9 月免)
曾卉敏(女,9 月任)
副 局 长、纪委书记
孙健强(11 月免)
副　　局　　长
彭志煌
陈敏芳(女)
李贺钊(9 月任)
郭郁姿(女,9 月任)
工 会 主 席
曾　艳(女,11 月免)
党 委 委 员 徐建军

原县招商合作局
党组书记、局长
陈永胜
副局长 曾卉敏(女)
李贺钊 郭郁姿(女)

【概况】 2015 年,县商务局共有在职人员 60 人,内设办公室(机关财务)、组织人事科、市场体系建设科(电子商务科)、市场运行与消费促进科、外经外贸外资科、招商项目服务科、信息和政策研究科、行政审批服务科、督查科、纪检监察室等 10 个科室。全县全年完成社会消费品零售总额 235 亿元,比 2014 年增长 15.5%;实现外贸进出口 4 亿美元,比 2014 年增长 4.2%;新引进产业项目 182 个;合同利用县域外资金 393.1 亿元,完成年目标任务的 103.5%;到位县域外资金 243.6 亿元,完成年目标任务的 101.5%;市考核(剔除国家级经济技术开发区)市外境内资金 74.5 亿元,到位外资 1.39 亿美元。各项考核指标位列四县(区、市)前列,圆满完成上级下达的工作任务。

精准招商、多措并举,力促实力园区建设。新引进的 182 个产业项目中,投资规模在亿元以上的有 60 个,10 亿元以上的有 10 个。宁乡经济技术开发区(以下简称"经开区")玉屏山国际产业城、宁乡高新技术产业园区(以下简称"高新区")大学科技产业园一期建成投产,园区配套和接纳能力逐步提升。"2015 年春节回乡探亲知名企业家恳谈会",打响新春招商引资第一战。上半年"招商引资百日竞赛活动",全县共包装策划 120 个优质招商项目,编制《2015 年重大投资项目册》,活动期间共引进产业项目 97 个,合同引资 219.4 亿元,占全年任务的 57.73%。

精准帮促、繁荣商贸,拉动新型城镇建设。以大玉潭核心商贸功能区为主,以商业步行街为中心打造一个商务集中区。以沩东新城为核心,打造一个中央商务区,提升县域商业集聚程度和总体层次。推进乡镇集贸市场建设,坝塘农贸市场全部竣工,南田坪农贸市场完成主体工程,年底竣工。在全市率先完成肉菜流通追溯体系建设,14 个节点和县级指挥监控中心追溯数据顺利传输市局,获湖南经视《经视观察》专题推介。组织汽车贸易协会分别于 4 月、8 月、11 月成功举办第五、六、七届国际名车展,销售车辆 1800 台,实现销售额 2.5 亿元。新增办理备案登记企业 23 家,新增 8 家外贸企业实现破零,6 家外贸企业实现业绩倍增,进出口量过 100 万美元的企业增加到 16 家,占全县进出口企业的 42%,进出口主体不断壮大。

精准发力、创新业态,推进美丽乡村建设。借美丽经济博览会之机,成功举办美丽经济产业推介会,包装策划 40 个项目,签约项目 18 个,合同引资 105 亿元,为宁乡一、三产业招商写下浓墨重彩的一笔。2015 年,宁乡以全省第一的成绩成为全国电子商务进农村示范县,中央专项资金到位 1850 万元。阿里巴巴、农村淘宝、深圳淘阿淘等积极入驻宁乡农村,与农村经营网点、物流企业融合,开展以移动终端为主的电子商务服务。未来方舟项目被省商务厅授予湖南省"互联网 + 商贸流通创新创业综合体"。金道云商、吉可菲拉获省商务厅重点支持项目,易呼百应获市现代服务点项目支持并在湘股标准板成功挂牌,湘茗茶叶农产品电商平台获长沙市现代服务业储备项目。劳务输出国由阿尔及利亚等非洲国家拓展到迪拜、乌干达、新加坡、日本、澳大利亚等国家,2015 年,全县输出劳务人员 1300 人,实现劳务合作营业额 4300 万美元。

【商务机构改革】 根据(宁发〔2015〕15 号)文件精神,2015 年

9月16日将商务局技术性、服务性职能与县招商合作局职能整合,重新组建县商务局。不再保留原县商务局、原县招商合作局。原县商务局、原县招商合作局所属的事业单位调整为县商务局所属。

【湖南首届"互联网+"智慧商业高峰会举办】 2015年6月6日,湖南首届"互联网+"智慧商业高峰会在宁乡召开。此次高峰会由县委、县政府主办,县商务局、蓝城文化旅游实业(湖南)有限公司承办,省电子商务协会、县电子商务协会协办。20位互联网行业领军人物,以及城市管理、商业地产、农业、旅游文化等领域的专家参加本次盛会。省商务厅副厅长周船,副市长何寄华,县委副书记、县长周辉,县人大常委会主任贺应辉,副县长刘俊武出席开幕式。随着"互联网+"热潮的迅猛来袭,传统企业如何通过与互联网的结合,从而提升企业本身的竞争能力成为高峰会热议的主要议题。本次峰会特邀浙江省商务研究院副院长林士俊、阿里巴巴城市生活事业部高级经理元强、太极禅电商联合创始人钟涛、西湖论电创始人及杭州敢先网络科技有限公司董事长莫伟权四位嘉宾,从时代城市商业转型、农业电商、商业地产及禅商等多个领域探讨互联网对其产业的冲击与影响,针对传统产业代表关注的"互联网+"与传统产业结合的发展趋势、实现路径等问题做出相应的解答。会上,浙江省商务研究院副院长林士俊与国内著名品牌企业、电商知名专家还就"互联网+"时代,地产企业怎样创新以及"互联网+"地产如何实现线上、线下共赢等问题开展高峰跨界对话。

【参加2015中国(长沙)国际食品展】 9月14日,为期4天的2015中国(长沙)国际食品展在长沙红星国际会展中心圆满落幕,宁乡湘都、加加、康师傅等40家食品企业在展会上大放异彩,现场销售额达100万元,签约意向合同1000万元。

此次展会吸引国内外的450家食品企业参展,约6000名专业、高质量的买家参与。宁乡作为首批湖南省特色县域经济重点县,精心打造两个别具风格的展区,彰显"美丽经济、花开宁乡"的品牌魅力。一区是以"舌尖上的宁乡"为主题的主展区。结合湘都大自然农庄展现田园风格,突出宁乡食品产业绿色、生态、安全的理念,全方位展现出宁乡食品产业发展的综合实力;二区是宁乡企业集中展示区,共有39家品牌企业参展,包括食品产业龙头企业加加、康师傅、盼盼;宁乡花猪特色食品沃尔德、乐福来、港越;创新食品电商企业切糕王子、梦享时代等。展品品类多达20种,涵盖肉制品、调味品、粮油、茶叶和休闲食品等。通过展会期间的多场专业采购洽谈会,宁乡共洽谈意向客商过百家,签约意向合同金额1000万元,现场销售额达100万元。千壶客与福建建阳朱子家酒业、永州蓝山、广东东莞3个经销商签订订单;农家流香与长沙、湘潭、怀化等湖南地区经销商签订4个订单。加加、天锦、梦享时代、港越和惠元等企业的产品在展会上大受欢迎,深得消费者的青睐。此外,宁乡经开区在"2015湖南省食品产业产销合作专场对接会"和"第二届中国长沙国际食品展产业高峰论坛"上作特色食品产业园的推介,吸引台湾两岸情经贸交流协会、台湾晖大集团和供应商联盟、澳门国际绿色环保产业联盟、鹿儿岛市日本中国友好协会等境外客商的高度关注。

【2015年美丽经济产业推介会举行】 10月31日至11月3日,"2015(首届)湖南中韩经贸文化活动周"在长沙红星国际会展中心举办。11月1日,"2015宁乡美丽经济产业推介会"成功举行,韩国居昌郡郡守张敏哲,省商务厅副厅长罗双锋,宁乡经济技术开发区党工委书记、县委书记谭小平,市商务局副局长彭可佳等领导出席推介活动。推介会重点发布宁乡炭河古城项目、香山小镇项目、道林古镇项目等10个重大优质投资项目,同时发布韩国居昌郡石佛项目和居昌温泉开发项目。推介会上,宁乡花猪基础研究、温德姆集团豪生温泉度假酒店、阿里巴巴电商产业园等18个重大项目成功签约落户宁乡,总投资规模达105亿元,韩国CJ集团与流沙河牧业集团签订1.5亿元的购销订单,宁乡经济技术开发区与韩国居昌郡升降机产业园签订电梯产业园合作协议,宁乡县与居昌郡签订县郡友好协议。张敏哲对宁乡美丽乡村经济博览会大加赞赏,并对与宁乡的合作表示良好展望。罗双锋充分肯定宁乡经济社会的发展变化,对宁乡未来发展寄予厚望。

【招商引资活动】 2015年,县商务局组织开展"招商引资百日竞赛"活动,活动期间各载体单位共包装策划110个招商项目,活动期间共新引进产业项目97个,合同引资219.39亿元。美丽中国?文化产业示范园、中国建筑集团湖南建筑科技产业园、大学科技产业园、晶弘冰箱、宇培物流、泰国两合发食品、优氏乳业等一大批成长性好、投资规模大、预计经济贡献度高的重大战略项目相继签约。

围绕产业招商共举办专题招商活动20多场，其中“宁乡县2015年春节回乡探亲知名企业家恳谈会”“千亿‘锂’想，共赢未来”“中国金洲锂电谷投资说明会”“宁乡经开区(格力电器)家电产业链招商推介会”等活动精彩纷呈

【驻点招商】 2015年，驻外招商小分队奔赴深圳、广州、东莞、晋江、宁波等地，共捕捉到证通电子、昼田汽车、泰奇科技、美的集团、显创光电、威特利电源、朗迪集团、天润物流等重点投资信息40条，邀请客商到宁乡考察30批次，成功签约证通电子光伏支架项目1个，晟宇材料包装、新艺钢化玻璃、高级水产饲料三个项目签约，永城创鑫科技、陶瓷膜等项目在年内签约。

（姜 元）

供销合作

县供销合作社联合社

党委书记、主任
杨皎锋(9月免)
王 坚(9月任)

副 主 任
陶春雷 夏宏春
鲁建河 唐文兵
唐也平(11月免)

党委委员 李志坚

【概况】 2015年，县供销合作社联合社(以下简称县供销社)机关有在职干部职工21人，机关内设办公室、合作发展科、综治维稳科、政工科、财计科、新网办6个职能科室。

2015年，县供销社以“三大建设，全面奔小康”为工作主线，突出“维护系统稳定、推进新网工程、服务专业合作组织、强化企业管理”四大工作重点，以“改造自我，服务农民”为工作核心，圆满完成全年各项工作任务，获得“全市供销系统综合业绩考核特等奖”，由供销社领办、引办的唐辣椒种植专业合作社被评为“省供销总社示范社”。

【服务农业生产】 2015年，县供销社全力服务农业生产。农资公司全年组织供应碳胺1.1万吨，磷肥5000吨，尿素4500吨，钾肥1200吨，各种复合肥6280吨，各种农药100吨，实现销售5500万元；多方筹措资金，组织调运优质化肥入库，搞好大化肥的淡季储备，完成储备任务3500万元，圆满完成企业年初制定的各项工作指标任务。3月，县供销社积极开展农资打假专项整治活动，对全系统7个农资配送站和182个经销网点进行认真检查，抽样系统内所经营的品种12个，合格率100%。确保农民买到放心肥、放心药，没有出现不良影响事例。

【城乡商品流通】 2015年，宁乡农资供应网络进一步完善。充分发挥408家村级农资综合服务站农资冬储和供应主渠道作用，在农资供应旺季，及时保质足量供应，平抑市场价格，确保农耕需求。再生资源回收体系建设取得良好成效。按照城乡统筹环境同治要求，开展12次环境卫生整治行动，进一步规范再生资源网点的店面形象。在双凫铺、大成桥等乡镇新建再生资源网点2家，为美丽乡村建设起到推动作用。“宁乡供销商城”电商平台稳步推进。县供销社在已建立“宁乡供销商城”网络平台的基础上，按照“绿色、富农、创新、共赢”理念，开通网络信息渠道，发布产品供应信息，实现采购和发布信息一步到位。组织沩山茶叶、金洲茶叶、炎羽茶叶、俏农女五谷杂粮、湘一灰汤鸭、千壶客酒系列、唐辣子等7家企业50个产品正式上线免费经营。

【恢复重建基层社】 2015年，全县凡是为农服务的企业，只要承认供销社章程，承担相应义务并自愿提出申请，供销社都可以吸纳进来，并为其提供指导和服务。供销社在全县17个乡镇组织以农资、日用品、农民合作社及农副产品加工龙头企业为平台，建成惠农综合服务社42家，以联合方式恢复基层社17家，整个服务网点全部签订合作申请，承认供销合作社章程，统一悬挂“中国供销合作社”标示。另外，积极领办农民专业合作社，新增农民专业合作社4家，全县供销系统直营、加盟连锁配送店、专业合作社达785家，供销系统龙头企业发展至5家。

【发展现代农业】 2015年，县供销社创新服务方式和手段，与宁乡县百顺商贸有限公司合作成立百顺农业发展有限公司，以服务合作制形式广泛吸纳农村散耕农户入股、集中采购农业生产所需的农业生产资料和收购农副产品。采取保息分红的方式服务农民，既可降低农业生产成本，又可保障农民用肥用药安全。

【美丽乡村建设】 2015年，县供销社围绕服务“三大建设”，助推美丽乡村建设，先后组织村民到望城区乔口镇大垅围村观摩，组织县社机关党员干部到江河村参

加义务劳动，给江河村党员、干部、组长挂牌亮身份以及在江河村开展“整洁之家”和“洁美之家”创建等一系列活动，其中，“参观活动”“义务劳动”“整洁之家”“洁美之家”创建活动受到宁乡电视台的跟踪报道。全年，在双凫铺镇12个村(社区)开展的美丽乡村建设评比活动中，江河村多次获得第一名、第二名的好成绩，江河村狮子组示范点还被定为双凫铺镇8月份的美丽乡村建设示范点。

【精准扶贫】 2015年，县供销社每个干部的手中都有一本扶贫手册。里面详细的记录每位贫困户的详细信息，包括姓名、住址、家庭人口，致贫原因，还详细记录扶贫次数，解决问题的情况。每个贫困户的手中有一张联系卡。这张联系卡上有干部的联系电话、家庭住址，更方便群众联系。每个人制定详细的帮扶计划。上门对帮扶对象的情况进一步了解，听取他们的诉求，与其商量帮扶对策，制定“一对一”的帮扶计划。送去慰问金。全年每户送去慰问金600元，共计慰问金1.7万元。

（荣　娜）

粮　食　业

县粮食局

党委书记、局长

李联明(9月免)

戴合清(9月任)

副书记、副局长

朱跃辉(9月免)

纪委书记、副局长

文　炬

副 局 长　付朝阳(7月免)

王迎开(11月免)

何建文(11月免)

朱红斌(11月任)

工会主席　谢　繁(11月免)

【概况】 2015年，宁乡县粮食局有在职干部职工35人，机关内设党政党建办、办公室、产业发展科、监督检查科、统计调控科、财务科、审计科、政工人事科、群工综治科、安全生产科、纪检监察室等11个科室。

全县全年粮食行业收购28.6万吨。加工大米20.8万吨，面条1万吨，饲料28.2万吨，其他粮油产品8.6万吨，销售总额32.5亿元，实现利税1.6亿元。获全国产粮大县奖励6789万元，其中：超级产粮大县奖励1356万元，保护农民利益，巩固宁乡产粮大县地位不动摇。县粮食局精准扶贫，全年慰问费支出达12万元；局机关党支部荣获县“先进机关部门党组织”。

【推进三大建设】 2015年，县粮食局认真贯彻落实县委工作要求，推进“三大建设”。一是助力美丽乡村建设，帮助楚江村重建村支两委，清理财务账目，组织机关党员参加环境卫生整治，制作宣传壁画100平方米，筹资40万元硬化组级公路4.2千米，亮化1.5千米，义务造林1万株，种花7万株，完成40口山塘清污，新建乡村足球场，皂角塘升级为小二型水库，解决46.67公顷水田灌溉问题，为村部项目争取6万元。二是精心打造粮食公园，对机关进行亮化美化；参与城市管理，搞好环境卫生，开展文明创建，推进新型城镇建设。三是推进湖粮集团宁乡食品产业园项目建设。

【履行粮政职能】 2015年，县粮食局紧扣“抓收购、保供给、稳粮价”的总要求，履行粮政职能，保障国家粮食安全。一是狠抓粮食收购，加快“危仓老库”建设，全年共新建仓容10万吨，维修仓库仓容4.7万吨，实行局领导班子带科室联系库点制度和预约收购办法，做好投诉处置工作，保护粮农利益，切实解决农民“卖粮难”。二是加强监督检查，组织开展两节两会期间食安整治行动、粮食库存检查，完成对全县61家持有“粮食收购许可证”企业的收购资格条件核查，新增2本许可证。三是强化食品安全，开展粮食科技活动周和食品安全宣传周宣传活动，共发放宣传资料4000份，制作展版6块，接待咨询500人次。四是开展专项调查，进行2015年度全国仓储设施专项调查工作和2014年度社会粮食、油脂供需平衡调查工作、农户储粮专项调查工作。五是积极推介企业，12月25日，湖南粮油名优特新产品展示展销推介会在广州开幕，宁乡参展企业卫红和花明两米业龙头携20多个粮食品种参加会展，与广东客户签约4万吨，签约金额达1亿元。

【加快项目建设】 2015年，县粮食局积极引导行业发展，推进项目建设。一是推进“危仓老库”建设，枫木桥粮食储备库项目6月完工，接受国家危仓老库专项资金检查组的核查验收，得到检查组的高度好评，项目总投资365万元。二是推进炭基复合肥项目建设，谷力新能源项目累计完成投资4780万元，一期2.5兆瓦稻壳气化发电工程9月已完工，实现并网发电，炭基复合肥试点试验田面积为32.42公顷，土壤营养及重金属含量检验结果效果显著，土壤镉含量平均下降50%左右，纳入到省水稻重金属污染治理推广产品试验。谷力新能源有限公司晋升为市级龙头企业。三是推进湖粮集团宁乡食品产业园项目建设，项目规划用地 33.33 公顷，规划总建筑面积约 38 万平方米，总投资 30 亿元。以速冻食品、高端杂粮面条、新型米粉、功能性休闲食品加工为主，项目于 10 月 18 日正式开工。四是推进卫红“粮食银行”经营体系建设，截至 2015 年年底，入行农户和合作组织约 5000 户，涉及县内外 34 个乡镇 133 个行政村，覆盖面积 6666.67 公顷，并成立粮食学校，为农民提供技术支持。省委改革办 2015 第 37 期《办“粮食银行”，助农企双赢》简报在全省进行推介。五是积极争取项目资金 4300 万元，其中炭基复合肥项目 100 万元、千亿产业资金 200 万元、以奖代补专项资金 30 万元、湖粮集团 15 个粮点维修改造资金 1100 万元、信息化工程建设 600 万元、科学储藏设备设施资金 1000 万元、“四专一封闭”专项资金 700 万元、毛家咀粮点“危仓老库”建设资金（国家发改委）640 万元。六是推进粮食公园建设，公园以完善城市功能、提升城市品位、优化人居环境为宗旨，用地面积 7742 平方米，项目总投资 98 万元，设施齐全，景观精致。

（徐湘红）

粮食储备

中央储备粮宁乡直属库

党委书记　　　许　飞

副 主 任　　　陈　强

【概况】 中央储备粮宁乡直属库（以下简称宁乡直属库）是一家以中央储备粮收储管理为主，兼营大米加工销售和铁路物流的综合性粮食购销企业，占地面积 39.67 公顷，仓容 35.2 万吨。2015 年宁乡直属库内设综合人事科、财务科、轮换购销科、监管科、仓储保管科等 5 个职能科室，下辖望城分库和盛湘分库两家粮食仓储库点，在册干部职工 188 人。拥有铁路专用线 1475 米及配套的货物发送和接卸设备实施，年车皮取发能力 5000 个，货运量 30 万吨；拥有万家春和盛湘两个米业生产基地，年大米生产能力 18 万吨。宁乡直属库荣获“全国模范职工之家”“湖南省文明标兵单位”“湖南省园林式单位”等荣誉。

作为维护国家粮食安全，服务宏观调控的主力军，直属库领导班子主动适应“新常态”，全力推进“管理优先、内涵发展、两线运行、分类指导”的发展模式，继续坚持“从严治企、突出主业、强化基础、转型升级”的总要求，紧紧围绕“调结构、去库存、降风险、稳收入”，着力推进全面预算管理和统分结合的轮换运营模式，切实搞好“三项制度”改革，推动管理、发展上台阶。

【政策性粮食收购】 2015 年，为落实国家最低价粮食收购政策，解决属地农民卖粮难的问题，保护农民种粮积极性，促进属地粮食产业化发展，直属库严格按照有关政策，及早做好销售腾仓和宣传发动，根据产粮情况选点布局，方便农民送粮。收购过程中，严格按照质量标准定级定价，运用政策性粮食收购“一卡通”系统结算付款，杜绝白条，维护农民利益。全年共计收购最低价粮食 14.5 万吨，有效发挥收购主力军和市场调控者的作用，为国家分忧，为农民解难。

【储备粮油管理】 2015 年，宁乡直属库认真贯彻中国储备粮管理总公司、中储粮湖南分公司精神，通过做实粮油质量数量、做实仓储基础设施、做实仓储管理标准化、做实科技储粮项目、做实包仓制等“五个做实”，确保中央事权粮油账实相符率达到 100%，中央储备粮油质量达标率 100%，政策性粮油宜存率达到 100%。2015 年仓库建设和维修改造投资 4000 万元，新建仓容 3.4 万吨，库区仓储基础设施大为改善，科技储粮项目全面推开，基本实现智能化储粮，确保库存粮食低温、绿色、安全。

【财务管理】 2015 年，宁乡直属库按照全面预算管理要求，结合实际做好年度全面预算的编制工作，并将预算管理渗透到各业务环节，预算指标分解下达到各科室（部门）、分库，签订预算管理目标责任书，粮库预算管理工作逐步走向科学化和规范化。同时，通过清理银行账户、实行资金日预算管理、全面推广网银支付、加强“银企直联”，实现账户在线，随时监管。强化资金集中管控，确保资金管理更加高效安全。

【万家春米业】 2015 年，宁乡直属库所属的湖南万家春米业有限公司按照以库带厂、以销定产的工作思路，紧紧围绕轮换搞加工，寻找市场拓客户，全年累计加工原粮 2.16 万吨，生产大米 1.35 万吨，销售大米 1.37 万吨。

【粮食储备党群工作】 2015 年，宁乡储备库认真做好党群工作。一是搞好群众路线教育实践活动“回头看”，确保活动效果。将 2014 年群众路线教育实践活动中排查出来的问题再一次“回头看”，建立整改台账，明确整改时间和措施，确保限时整改到位。二是按照中储粮湖南分公司和长沙市直工委的要求，扎实开展“三严三实”教育实践活动。组织党员骨干认真学习党中央有关精神，学习中储粮总公司、分公司领导重要讲话，结合四风、四害整治，抓好四查，五做实，切实开展严以用权和严以律己专题学习，并提交学习心得体会。同时广泛征求党员干部的意见和建议，开好民主生活会，有效解决作风不实、纪律不严、担当不够等突出问题。三是认真抓好党组织建设工作。直属库党委结合粮库实际，采取党委书记上党课、党员干部学《准则》，结合当前正反两个方面的典型事例，开展反腐倡廉教育，弘扬正能量，充分发挥党员的模范带头作用。四是认真抓好队伍建设。通过对中央储备粮总公司董事长赵双连、总经理吕军重要讲话和中央储备粮核心理念的学习，结合当前的形势和粮库实际，加强政策理论和专业知识学习，提高队伍素质。五是完成了职代会的换届选举工作。（黄　健）

烟草专卖

县烟草专卖局(分公司)

局长(经理)、党组书记　陈道颖

纪检组长　包宗旺

副局长　傅俊军

副经理　谢　静(女)

　　　　张宁波(女)

【概况】 2015年，宁乡县烟草专卖局(分公司)内设专卖管理监督股、市场服务分部、烟叶生产经营分部、办公室、综合室、监察室、财务室、基建办、安保室和内部管理监督办等10个部门科室，下辖大屯营、横市、喻家坳、流沙河、资福等5个烟草站，共有员工140人，其中硕士研究生34人，中共党员67人。县烟草专卖局(分公司)认真学习贯彻党的十八届三中、四中及五中全会精神，全面落实“稳定规模、优化结构、提高质量、增加效益”和“五稳五进”的工作思路及举措，深入开展“三严三实”学习教育，创造性地推动工作，较好地完成全年工作任务，实现税收3.02亿元，烟叶生产税3000万元。荣获全市“系统目标考核第一名”，全县“垂直管理类年度绩效考核第一名”“千人政风行风评议第四名”“党政领导班子先进单位”。

【烟叶生产】 2015年，宁乡烟叶产业稳中向好。收购烤烟487万千克，晒烟153.5万千克。首倡“烟站课堂”计划，全年累计为2.2万人次烟农授课268节，通过扎实透彻地为烟农“讲形势、讲政策、讲管理、讲技术”，培训效果、烟叶质量均大幅提升。全面实施站外专业化分级，分级纯度90%，积极探索“采编烤分”一体化，烤后黄烟率90%，烟叶内在品质历年最好，收购进度历年最快，省烟草局烟叶收购等级合格率81.6%，省烟草局、国家烟草局工商交接检查合格率均位列全省第一，成功举办工业企业现场观摩会。持续推进现代烟草农业建设，全国烟叶专业合作社行业示范社评定会在宁乡召开，金醇合作社高分通过评定，并形成以金醇为蓝本的合作社考核标准。全面完成烟田整理、烟水路配套设施等烟基项目建设，铁冲水库扩建工程全面竣工，湖南省烟科所成功落户喻家坳乡。2015年宁乡烟叶既稳住规模，又巩固市场，获评省政府“现代烟草农业建设优秀单位”“省优秀示范社”等五个奖项。

【卷烟营销】 2015年，宁乡卷烟市场改革深入推进。稳步推进提税顺价与市场化取向改革工作，一个月内将5540份告知书、新价格标签全部配送到位。创新方法培育品牌，以“一街一品”为依托，精心打造18条品牌展示街，形成重点品牌全覆盖的品牌培育网络。以品牌卖点手册为起点，挖掘“遮阳神器”“答疑解惑屏保”“H5品牌掌中宝”等小、实、活、新的品牌培育手段。延伸内涵提服务，精选“金叶贷记卡”，全年共办理120户，授信额度达1000万元。进一步优化客户培训课程，共授课30场3000人，覆盖面达90%。夯实基础强终端，做精普通终端，为150家客户安装灯箱片，开辟品牌陈列专区。全年投入286万元，新建设现代零售终端262家，全县零售客户实现利润1.5亿元，客户满意度92%，名列全市第一。

【专卖管理】 2015年，宁乡“两烟”市场全面净化。依法行政许可，两次全面摸底排查，依法注销802户、责令停业整顿264户，新办证608户，做到既保持适度竞争，又方便群众购买。高压整治市场秩序，无死角监控布防重点地段，杜绝烟叶非法流通，全年共计查处各类违法案件318起，查获违规卷烟617万支，案值214.9万元。破获“11·25”制假国标网络案，抓捕涉案人员3人，涉案金额110万元。

【企业管理】 2015年，精益管理成效显著。严格预算管理和采购管理，全年三项费用比2014年下降13.3%。认真落实“应招尽招、真招实招”，全市系统整顿规范工作现场会在宁乡召开，全年共实施各类采购项目46个，其中公开招标项目金额占比98.42%，比2014年提高5.25%。沙田烟草站竣工并投入使用。积极推进计划”,获得“法治长烟建设”征文比赛一等奖,获得“金点子”评选金奖 1 个、银奖 5 个,QC 课题获省烟草局二等奖,获得专利 5 项。深入开展“三严三实”专题教育,落实党风廉政“两个责任”,助力“美丽乡村”建设,积极开展“一进二访”、结对帮扶等活动,传播宁烟“好声音”。实现全年内部管理零差错、安全生产零事故、劳动用工零纠纷、信访维稳零上访、舆情监控零炒作。 （周珊珊）

石　油　业

中国石化销售有限公司
湖南长沙宁乡石油分公司
总经理 　　　　　张志刚
党支部书记、副总经理
　　　　　　　　　叶建军

【**概况**】 2015 年,中国石化销售有限公司湖南长沙宁乡石油分公司（以下简称宁乡石油分公司）,有正式职工 77 人,其中内退 8 人,退休 29 人,在岗 40 人,聘用劳务工 263 人。在营站 39 座,全年销售油品 14 万吨,其中零售销售 12.8 万吨,直销批发 1.2 万吨,较好完成上级公司下达的年度目标任务,与 2014 年同期相比持平,其中:零售量增加 1.2 万吨,直销批发减少 1.2 万吨,实现非油完成营业额 1453 万元,完成目标任务的 91.4%,完成毛利额 168 万元,完成目标任务的 66.6%。IC 卡销售,全年新发主卡 8956 张,充值 3.93 万笔,充值额 1.29 亿元,全年日沉淀 1940 万元,任务 1930 万元,完成目标任务的 100.5%,比 2014 年增加 5%,环比增加 4%。确保全年无安全事故,各项管理工作迈上新台阶。

【**石油营销**】 2015 年,宁乡石油公司以“多卖一吨油”活动为契机,层层传递扩销增量压力,制定“一站一策”具体方案和增量目标,充分发挥加油站一线员工积极性、主动性、创造性。让每座站、每位员工都参与进来,使扩销增量工作真正在加油站做实,确保完成年度零售量目标。加大零售和直销批发市场的开发,努力完成市公司下达的零售直销批发任务。结合站级营销活动,加大周边用油大户推广力度。为提高单站销量,加油站组织召开站务会,发动员工留住老顾客的同时,发展新客户,介绍中石化的品牌形象,宣讲油品质量。对加油站周边的工地、企业进行走访,建立用户档案,用油数量做到心中有数。掌握顾客的用品动态,或采取送油上门等措施,力所能及解决一些实际困难。

大力开展非油各项促销活动,“易捷快乐行、名品进万家”销售竞赛活动,五一、端午节促销活动,开展夏季水饮料销售竞赛活动,开展第二季“共创蓝天,从绿色出行开始”促销活动,浓厚活动氛围,张贴海报在醒目位置,让顾客进站就能看到中石化的营销产品,提升顾客的购买欲望,8 月在宁乡经济技术开发区机关开展“越充越值”为活动主题,制定详细的营销活动方案,以达到大力开发新客户,锁定优质客户,扩大持卡客户群,引导推广加油卡网厅业务,有效促进加油卡网厅业务量的增加。

【**石油安全监管**】 2015 年,宁乡石油分公司根据县安监局和省、市公司百日整治的文件精神,认真开展百日整治活动,以百日整治活动为契机,做好加油站的基础管理工作,全面贯彻落实公司的各项规章制度及工作要求,并且以标杆站为龙头,要求标杆站做出榜样实现以点带面带领后进的加油站完成整治任务;以四个小片区互相交叉检查的形式发现问题,并对自己的小片区负责,分层落实整治责任,对加油站存在的问题进行分类;以蹲点的形式重点的解决老大难的问题,明确整改目标。复印《中国石化销售有限公司 2015 版规范化管理考评细则》分发到每一个加油站,并组织加油站管理人员学习《中国石化加油站管理规范》《中国石化加油站现场管理禁令》《职工违规违纪处罚条例》《加油站定置化管理标准》,要求学习完以后各自在各自的加油站再组织员工学习,对照条例找差距,想办法。积极完成基础工作百日整治活动对员工的要求和任务。对基础工作和规范管理落后的加油站进行重点督察,以结对子的方式“一帮一、一扶一”进行帮扶。着力提升加油站的整体形象。定期和不定期地对加油机进行检测,使加油机误差按照国家标准,不使顾客利益受到损失,减少顾客投诉事件的发生。维护中石化形象作为工作的宗旨,真正杜绝各种各样违纪违法行为。按照省、市公司对加油站的各项操作规程,为确保加油站的现场管理安全,对进站加油站打手机、不熄火、用塑料桶等加油的顾客,进行安全劝导,维护加油的现场秩序安全,杜绝各项安全事故的安全。 （胡俊华）

盐　业

湖南盐业股份有限公司宁乡县分公司
湖南省轻工盐业集团有限公司宁乡支公司
宁乡县盐务管理局

总经理、局长

黄红武(7月免)

谭　军(7月任)

党支部书记、副局长

周慧忠(女)

副总经理、副局长

毛继湘

【概况】 湖南盐业股份有限公司宁乡县分公司、湖南省轻工盐业集团有限公司宁乡支公司、宁乡县盐务管理局（以下称宁乡县盐务管理局）等多块牌子系同一套管理机构，同一班工作人员。是产、供、销、人、财、物归口股份(集团)统一管理的单位,实行"预算"收支两条线"的管理制度。主要负责宁乡县130多万人口的食用盐和各类盐供应，以及辖区内盐业行政管理、食盐专营和盐政执法等工作。2015年,宁乡分公司内设经理室、综合办公室、运销股、盐政股、市场营销中心等5个部门,有在岗职工16人,内退6人,离退休16人,其中在职中共党员10人。全年调进各类盐3.55万吨，销售各类盐3.24万吨,其中销售小包盐5479吨,实现利润1046万元,税收280万元。

【转型规划】 2015年,是宁乡县盐务管理局转型规划之年。一是组织开展如何应对盐业体制改革的大讨论，制定出公司转型期发展战略,并大力组织宣传贯彻。年初组织全体干部职工参与大讨论,集中广大员工的智慧和力量,探索湖南盐业转型之路。在民主酝酿、充分探讨的基础上,制定出台宁乡分公司应对盐业体制改革、企业转型的湖南盐业转型期发展战略。并组织员工进行学习宣传贯彻。通过这场大讨论,公司进一步明确自身的优劣势，增强危机感,思想进一步解放和活跃,极大地提高广大员工参与改革的热情和全员营销的积极性。二是以网点建设为重点转型探索。全县共有网点560个，对网点进行筛选和整合，划片包干、责任到人,实行片区经理责任制。根据优化线路合理配送的原则，公司将全县各乡镇划分为玉潭、双江口、道林、双凫铺、灰汤、黄材、流沙河7个片区。围绕"三项基础"工作以线路为主进行网点建设和维护，夯实基础工作。全年签订经营销售合同71份（其中A类客户12份,B类客户30份,C类客户29份),签订终端客户盐品陈列合同101份(其中A类客户68份,B类客户31份,C类客户2份)。三是建立、实施两化融合管理体系。进一步落实两化融合工作的主体责任,加速信息化工作流程进度,规范公司管理标准化，建立完善的岗位闭合式工作制，实施和持续改进两化融合管理体系。

【增收节支】 2015年,宁乡县盐务管理局根据实际情况增收节支,减轻公司财政负担。一是充分发挥自身配送车的作用，负责承担公司30%的配送运载量，同时还兼顾小部分的购盐运输业务，大大降低配送、运输成本,节约配送费及购进运输费25万元。二是为解决运输车辆、装卸人员用工问题，与长沙市开福区佳豪货运配载服务部签订《货物运输装卸合同》,将装卸费进行外包,装卸价格相比2014年有所下降,减少装卸费15万元。同时,规避劳务用工风险。三是严格控制差旅费、会议费等可控费用,比2014年减少15万元。

【食盐营销】 2015年,宁乡食盐营销工作有序进行。一是落实计划,加强监管。根据年初上级公司下达的销售指标,制定相应措施,合理安排各类盐品的购进计划，策划和制定流沙河、道林两大经营部的市场营销方案及考核考评内容，并在9月根据销售指标完成情况，重新制定和修订销售方案,及时调整市场结构。二是创新和探索各盐品的宣传销售方式，努力提高销售量。领导班子及时调整分工,责任包片。加强网点建设，签订销售合同和终端客户盐品陈列合同，根据不同类别客户给予不同额度的销售奖励和一定金额的陈列费用。加大盐产品宣传力度。在宁乡县汽车老站中心地段进行规格为20米×10米的雪天海藻碘盐户外广告；在宁乡101线路进行车身广告(2台车)；做1000个广告宣传座位套分两次按6个月时间分别投放到101、黄材、流沙河、沩山、三仙坳等5条线路;开展读报有奖活动，从4月起在《今日宁乡》头版连续刊登10期盐产品系列报纸广告以及"5·15"整版专题报道,读者收集11份盐产品宣传报纸,在规定时间兑奖36名幸运读者,奖品为价值125元的320克海藻碘盐一件；在宁乡县城中心地段各大超市与工商"12315"合作,利用其在消费者心中绝对的诚信和费用低价优势,进行雪天海藻碘盐、贡晶盐等多品种盐的广告发布;在各大超市、零售商店、经营网点发放彩色挂图、宣传单、宣传册,现场宣讲食用营养盐的益处。要求片区责任人对各经营网点全面了解消费群体，收集和总结各个品种的消费信息，以此掌握市场动态,调整营销策略。坚持盐政稽查带盐下乡,边检查,边促销,边宣传。三是加大小包食盐品种结构调整力度。根据市公司优化销售结构的具体工作要求，结合宁乡县食盐市场实际情况，公司制定并实施小包食盐品种结构调整工作，总的销售方针为县际边界和离县城偏远山村食盐市场适当放销400克绿色精制小包盐。其余县城大型商业超市、综合门店全部上市各种新品盐，以320克海藻碘盐为主，400克绿盐和各种新品盐为补充，满足不同层次消费群体的消费要求。另外，公司遵守划区供应原则，落实好pos机收款制度，杜绝流程和操作上的漏洞，对部分区域及内部边界地区加大稽查力度，严控超标准返点让利倾销，从严监管边界市场。四是做好七大片区销售目标跟踪、考核和网点维护工作。为加强对各片区的管理，了解市场动态。每季度末，领导班子成员分别带队，组织考核小组，检查和考核七大片区的经营网点与公司签订的销售合同和陈列合同的具体工作落实情况，规范和促进网点建设工作的开展。

【仓储管理】 2015年，宁乡县盐务管理局严格仓储管理制度，确保盐品供应和安全。一是宁乡分公司仓储严把质量关，对购入的每一批盐品进行严格检测，保证盐品没有受任何有害有毒物品的污染。二是为确保盐品供应，公司年初与各经营网点签订销售合同，建立销售台账，保证各类盐品供应。三是在盐品出入库过程中严格按照制度执行，分类存放，堆砌整齐，库区时刻保持干净整洁，保证食盐安全。

【盐政管理】 2015年，宁乡县盐务管理局不断加强盐政管理工作。一是开展专项整治行动，全力保障市场稳定。年初成立专项整治领导小组，制定切实可行的工作方案，有针对性地开展专项检查工作。10月，与食品安全委员会联合执法对全县食盐市场开展拉网式大检查。检查用盐单位、学校食堂、各大商业超市、集贸市场等。规范市场，促进了销售。二是强化盐政管理，以安全有序为重点。坚持依法行政，突出工作重点，严格履行法定监管职责，逐项落实三查、三勤，即查票据、查库存、查盐品；勤走动、勤观察、勤调查。从严从细，不留死角，常抓不懈，确保稽查工作不走过场。保持对各类盐违法行为的高压打击态势，规范食盐市场流通秩序；为应对盐业体制改革，深入开展盐政管理基础建设工作，有力维护盐业市场稳定有序，食盐安全得到充分保障。三是以宣传为导向，增强消费者食用加碘盐的意识。利用“3·15”国际消费者权益日和“5·15”防治碘缺乏病宣传日展开两次规模较大、影响较深的宣传活动。并在6月参加“尚德守法全面提升食品安全法治水平”宁乡县2015年食品安全宣传周活动启动仪式。活动中，宁乡县盐务局设立真假食盐咨询台，并邀请现场群众上台进行“大家来找茬”盐品辨别有奖问答，辨别后，由宁乡县盐务局专业工作人员当场进行真假食盐辨别解释。这次活动，激发和释放全社会参与食品安全治理的正能量，形成尚德守法新风尚，实现多元共治，全面提升食品安全保障水平。另外，10月宁乡县盐务局配合开展长沙盐务管理局与三湘华声分公司联合举办的“科学用盐进社区”活动，此次活动向消费者进行新品盐展示以及新品盐的功能、特性等方面的详细介绍；活动期间设立咨询台、售货台，面向消费者现场咨询解答，现场销售新品盐。通过这些活动，有重点、亮点的进行科学健康用盐等方面的宣传，把盐业法规、科学用盐、识别真假盐的方法等多种解说宣传与群众分享，有效增强群众的自我保护意识与盐业法制意识，提高群众购买加碘食盐的自觉性。四是依法行政。加强食盐市场管理工作，不断提高市场管理人员的营销业务素质和市场维护水平，按照上级公司安排和宁乡公司的实际需要，定期安排盐政执法人员进行业务知识培训。培训内容主要涉及盐业依法行政程序及要件，卷宗办理；涉盐案件查办及移送；市场维护工作实践及“三项基础工作”检查要求等。为使盐政工作条理清晰、公开透明，宁乡县盐务管理局重新制定盐政文案管理办法，并组织人员去市局进行专项学习，使盐政工作做到有文件、有部署、有记录、有通报。

（周慧忠）

旅游业

旅游工作

县旅游局

党组书记	何雨春(9月免)
	朱跃辉(9月任)
局　　长	张超明
副 局 长	欧朝波
	谷超俊(女)
	周向波

【概况】 2015年,宁乡县旅游局在编干部职工12人,设办公室、行业管理科、规划产业科和市场营销科。旅游局下设旅游质监所,在编干部职工3人。全年,旅游工作服务“三大建设”战略,打造四大名胜,做优发展环境,旅游产业发展提速,综合服务工作提效。全年全县接待游客1600万人次,旅游收入200亿元,同比分别增长13%和34%。

【景区景点开发建设】 2015年宁乡旅游工作一是灰汤成功创建国家级旅游度假区。经过三年不懈努力,灰汤度假区内紫龙湖、龙熙温泉、东鹜山景区、金太阳等产品项目投入市场;雅居乐、乌江大道、风情街、购物街等项目加速建设;度假区内旅游培训工作有序开展,管理提质,10月,灰汤旅游度假区创建工作得到国家旅游局认可,审核获得通过,全县旅游获得又一块重量级国字号品牌。二是花明楼加速创建国家风景名胜区。落实长沙市委、长沙市政府各项工作安排,创建工作已向国家住建部相关负责人作汇报,长沙市委、长沙市政府已明确规划编制工作由长沙市规划局具体负责,花明楼政府建立名胜区内环境卫生综合治理工作机制,县旅游局组织举办3期名胜区内企业服务质量提升培训班。三是香山景区全面启动创建国家AAAA景区。按市政工作要求,创建工作向省局相关领导作汇报,按县领导要求,整合凤凰山、“美丽中国”等项目成香山景区,按先评AAA、后评AAAA的程序要求进行申报,规划建设游客中心,房车露营基地、印象麓山农业观光项目全面启动,按长沙市政府要求,力争2017年底完成创建。

【旅游宣传促销】 2015年宁乡旅游工作一是实施旅游营销策划方案。成功策划实施“老宁”事件营销,在《朝鲜日报》投放宁乡旅游专版,抛出“宁乡PK张家界”话题,343家媒体跟进炒作,全国新闻网络阅读量近2500万人次,电视、报纸关注人数近百万,随之而来的“五一”小长假,各大景区游客数量增长52%。成功策划实施“2.5天小短假”新闻炒作,各大主流媒体竞相报道,宁乡旅游宣传攻势前所未有。二是筹备举办节会营销活动。成功举办“美丽经济博览会”宁乡旅游宣传活动、益阳旅游推介会、5月19日中国旅游日文明旅游宣传、沩山漂流节等主题节会活动;沩山禅文化节暨大佛开光仪式成功举办,50家旅行社参与踩线活动。三是加速推进旅游基础宣传。完成长张高速天桥广告改版;长张、长娄高速立柱广告建设选址初步确定;旅游微电影《法海前传》已经拍摄;微信平台粉丝关注度增长20倍;长沙市区公交车平台宣传合同签订,景区广告按季度轮换宣传。

【旅游市场管理】 2015年宁乡旅游工作一是旅游安全监管收到实效。指导5家旅游企业创建安全生产标准化;组织相关部门加强旅游行业联合执法,加大旅游市场整治力度;落实5家高危旅游企业责任保险;督促8家A级景区完善最大承载量的审批与公示的法定职责。二是旅游人才队伍建设工作有序推进。组织全县旅游管理人员及导游员(讲解员)培训班,300多人参加学习培训;组织漂流企业员工进行安全知识专题培训,100多人参加学习培训;县内部分旅游企业与职业中专建立旅游人才战略合作关系(定向委培班、实习基地、教师资源交流、企业人才储备库)。三是有效激发旅游企业工作活力。引导鼓励扶持旅行社发展宁乡地接旅游业务;组织旅行社会员周边踩线,寻求新产品新商机;组织酒店会员现场观摩学习长沙高星级酒店经营管理。四是优化旅游市场环境。受理处理旅游投诉,提高游客满意度,投诉处理率100%,满意率95%以上;联合省市旅游质监督所加强监管,打击黑社、黑导、黑车、黑网站;拓展宁乡旅游集散中心公共服务功能,开通旅游咨询热线,加大旅游信息宣传力度;逐步提升长沙至灰汤、沩山旅游专线运营品质。

【灰汤金太阳温泉度假村被评为四星级旅游饭店】 2015 年 2 月 5 日，宁乡灰汤金太阳温泉度假村正式被评为国家四星级旅游饭店。宁乡灰汤金太阳温泉度假村是金太阳现代休闲农庄二期项目工程的重点，投资 1 亿元，由宾馆主楼、国际会议中心、湘味美食楼组成。建成后的四星温泉度假村与五星生态农庄完美结合。

【召开向霞光韩国登报事件新闻发布会】 2015 年 4 月 20 日上午，在湖南宾馆召开新闻发布会，回应向霞光韩国《朝鲜日报》登报宣传宁乡旅游事件，表彰向霞光，并发布宁乡旅游优惠政策服务广大游客。

【启动第五个中国旅游日宣传活动】 2015 年 5 月 19 日，是第五个中国旅游日，“宁乡玩水去”欢乐季暨文明旅游宣传启动仪式在宁乡县人人乐广场举办。全县旅游景区(点)、旅行社、酒店设立展台，向市民和游客宣传推广旅游产品、旅游线路，发放文明旅游倡议书、旅游安全手册 4000 多份。

【举办宁乡漂流文化节】 2015年 7 月 18 日，2015 宁乡漂流节暨夏季旅游景区活动推介会在湖南首家 AAA 漂流景区——沩山天紫漂流举行，活动由开漂启动仪式、夏季旅游活动推介、旅行社踩线、游客体验活动等几大部分组成。在推介会结束后，数百家庭参与家庭滑溜溜大作战和家庭漂流速降大赛，在这里体验亲子漂流。宁乡漂流文化节的举办，塑造宁乡旅游品牌，提高宁乡漂流知名度。

【宁乡拍摄首部旅游微电影《法海前传》】 2015 年 7 月，宁乡县旅游局特约《大话宁乡》剧组，拍摄沩山密印禅宗文化微电影《法海前传》。微电影《法海前传》由宁乡县旅游局出品，长沙贤同文化传播有限公司“大话宁乡”剧组拍摄制作，彭玲执导，沈建龙、曾为知制片。电影主要讲述佛教禅师“法海” 和尚年少时期代替病危的太子在湖南潭州(现宁乡县)密印寺出家的故事。这部微电影融思想性、艺术性为一体，扩大“湖南密印寺”和“关山古镇”的影响力和知晓度，为宁乡旅游增添新靓点。

【宁乡灰汤温泉旅游度假区入选首批国家级旅游度假区】 2015 年 10 月 9 日国家旅游局在北京召开新闻发布会，国家旅游局规划财务司司长彭德成宣布吉林省长白山旅游度假区等 17 家度假区创建为首批国家级旅游度假区。其中，宁乡灰汤温泉旅游度假区入选。宁乡灰汤创建国家级旅游度假区是促进和引领宁乡旅游行业由观光型向休闲度假型转变的一项重要工作，对全县旅游产品体系的建设和完善具有重要意义，对全县旅游业长期发展有深远的影响。宁乡县力争将灰汤温泉旅游度假区打造成湖南省旅游休闲度假产业的新名片，使之成为湖南旅游行业金字招牌。

【海外华侨宁乡灰汤上演公益跑】 2015 年 10 月 16 日，为了庆祝长沙 HASH10 周年，HASH 在宁乡灰汤华天城举行欢迎跑活动，来自国内外近 500 名 HASH 运动的爱好者参加，是灰汤成功入选国家级旅游度假区后举办的首个大型公益跑活动。除常规的休闲运动开跑，活动现场更是上演 “坐冰”进行时，在大好阳光中更添凉爽。长沙电视台、凤凰网、腾讯网等媒体重点报道。

【韩国友人考察宁乡旅游】 2015 年 11 月 1 日，举办宁乡美丽乡村经济博览会，宁乡县旅游局邀请韩国 koreactm 文化观光营销公司、Planet-G 培训机构一行考察宁乡旅游。客人们在花明楼刘少奇故里、灰汤温泉旅游度假区、沩山密印景区驻足停留，赞扬宁乡旅游资源丰富，特色明显。

【举办宁乡旅游推介会】 2015 年 12 月 18 日在宁乡广圣花园酒店召开宁乡旅游推介会，来自长沙的旅行社协会会长以及部分旅行社代表参加。这次旅游推介会是宁乡与长沙市旅行社协会加强交流合作，实现互利共赢的重要活动。活动的举办得到市旅行社协会的鼎力支持，得到宁乡县政府、管理部门和旅游单位的高度关注，宁乡县政府副县长陈德奇参加此次推介会。

【腾讯“三微”名人宁乡行】 2015 年 12 月 27 日至 29 日，由湖南省旅游局指导，宁乡县旅游局和腾讯网、腾讯·大湘网联合发起的腾讯“三微”名人行之“五养之乡 神奇宁乡”活动举办。北京大学文化资源研究中心主任张颐武、中国演出行业协会常务理事张念越、环球旅行家神威、著名作家王翎芳等 8 位知名大 V 全程参与，一起参观游览宁乡灰汤温泉国家级度假区、沩山国家级风景名胜区、关山古镇等景区，微信、微博、微视三大腾讯产品实时传播，全方位多角度同步展示旅途。使用无人机航拍，为这次活动增添新亮点。腾讯“三微”名人宁乡行活动的开展进一步提高宁乡旅游的知名度和美誉度，助推宁乡旅游的快速发展。

（喻 波 李 霞）

刘少奇故里管理局

刘少奇故里管理局
(刘少奇同志纪念馆)

党组书记	文　方
副书记、局长、馆长	罗　雄
副局长、副馆长	易锦君
	黄　可
	胡伟平
	彭明建

【概况】 2015年,刘少奇故里管理局以“弘扬中华文化,宣传少奇思想,促进旅游繁荣,服务社会发展”为工作方针,以“服务创全优、文明当标兵、研究结硕果、行业争一流”为奋斗目标,以开展“三严三实”专题教育为前进动力,加强刘少奇文物保护利用,深入进行刘少奇思想生平研究,各项工作取得优异的成绩。

【开展“三严三实”专题教育】 从2015年3月开始,刘少奇故里管理局根据市委统一部署,组织班子成员、正县级干部开展“三严三实”专题教育,组织班子成员进行专题学习讨论、听取群众意见和建议、召开专题民主生活会、开展批评与自我批评、及时整改工作中存在的问题,取得实质性效果,促进纪念馆事业持续发展。党员领导干部在“三严三实”专题教育中,宗旨意识增强,组织生活规范,工作作风改进,工作效率提高,关系群众切身利益的热点、难点、重点问题得到有效破解,一时难以解决的问题得到职工的理解,事关改革发展的决策得到职工的支持。在完成“三严三实”专题教育规定动作的同时,自选动作特色鲜明,做好服务全市“三严三实”专题教育,全年共接待市直各单位到馆参观学习90批次1.2万余人,免费讲党课35场,参加听课的党员干部6000余人。

【开展“三送六进”活动】 2015年,刘少奇故里管理局在做好阵地宣传教育的同时,积极主动走出景区,将文艺演出、流动展览、移动党课送到学校、军营、工厂、农村、机关、社区,把“三送六进”活动送到基层,把党和政府的文化惠民政策送到老百姓的心坎上。先后到渑池刘少奇旧居、确山竹沟革命纪念馆、广州农讲所、江苏省东海县人民政府、中国人民银行湖南省分行、中共长沙市委党校、宁乡县经开区、杨林敬老院等地开展“三送六进”活动,深受群众欢迎。

【主办“红色旅游参观有礼”文化惠民活动】 2015年2月19日(农历大年初一),刘少奇同志纪念馆与长沙大红陶瓷发展有限公司在刘少奇铜像广场联合举办“中国红、中国心、中国梦——红色旅游参观有礼”文化旅游惠民活动。“中国红”陶瓷发明人、长沙大红陶瓷发展有限公司董事长兼总经理、长沙市政协委员尹彦征带领公司全体员工在春节前加班加点赶制出一批“中国红”纪念品,给大年初一最早来馆参观的游客赠送117枚“中国红”镀金镶钻刘少奇主席陶瓷纪念像章,寓意一代伟人刘少奇诞辰117周年,还向幸运游客赠送了10件镀金镶钻刘少奇瓷盘像,让游客开门见喜。

【开展清明主题教育】 2015年4月3日,刘少奇故里管理局与中共宁乡县委联合在刘少奇铜像广场举行“缅怀革命先烈　弘扬抗战精神”主题清明公祭活动,刘少奇亲属代表,宁乡县委、县人大、县政府、县政协班子成员,县直单位、乡镇党政一把手,驻宁乡部队官兵代表,花明楼镇机关干部,长沙大红陶瓷发展有限公司员工及游客3000余人参加。

【主办“刘少奇与抗日战争”专题展览】 为纪念中国人民抗日战争暨世界反法西斯战争胜利70周年,深切缅怀刘少奇在抗日战争中的卓越贡献,由全国刘少奇思想生平研究会、中共长沙市委宣传部主办,中共宁乡县委、刘少奇同志纪念馆承办的以“铭记历史、缅怀先烈、珍爱和平、开创未来”为主题的“刘少奇与抗日战争”展览开展仪式于2015年5月18日“国际博物馆日”举行。仪式由长沙市委常委、宣传部部长张湘涛主持,中共中央文献研究室副主任、中国中共文献研究会副会长、全国刘少奇思想生平研究会会长张宏志,中共湖南省委宣传部副部长宋智富,刘少奇俄籍长孙阿廖沙等出席。

【举行接受文物资料和文化艺术品捐赠仪式】 2015年11月24日,刘少奇同志纪念馆举行“接受文物资料和文化艺术品捐赠”仪式,共收藏文物资料和大型文化艺术品精品50余件。七十年前在俄罗斯伊万诺夫国际儿童院学习的革命元勋后代刘爱琴、任远芳、刘煜奋、李多力等13位老同志以及刘少奇俄籍长孙阿廖沙,中共湖南省委宣传部副部长孔和平,省文化厅副巡视员、省文物局副局长何强,市委常委、宣传部长张湘涛,中央文献研究室第二编研部副主任、全国刘少奇思想生平研究会副会长王玉强,中共宁乡县委书记谭小平出席。

【举行“追寻刘少奇抗战足迹”采

访报道活动】 2015年，为纪念抗战胜利70周年,在长沙市委宣传部支持下，刘少奇故里管理局邀请长沙新闻频道、《长沙晚报》、星辰在线和凤凰卫视记者，参加“追寻刘少奇抗战足迹”采访报道活动，先后到达4个省7个市县的刘少奇纪念地,行程6000多千米，采访重要历史见证人27人。人民网、搜狐网、凤凰网、新华网、红网等连续报道，长沙新闻频道连续播放“刘少奇长孙阿廖沙重走爷爷抗战路”9集专题片。

【《刘少奇密切中俄关系回顾暨魅力花明楼摄影展览》在俄罗斯开展】 2015年8月5日,《刘少奇密切中俄关系回顾暨魅力花明楼摄影展览》开展仪式在俄罗斯国立东方艺术博物馆举行,共展出刘少奇主席风采照片50幅,刘少奇出访俄罗斯相关图片、报道、图书等资料80多件，展示刘少奇为密切中俄关系做出的巨大贡献;展出刘少奇同志纪念馆馆长罗雄拍摄的138幅刘少奇故里风光与人文摄影作品,向世界展示刘少奇故里风采。这是刘少奇同志纪念馆首次举办的具有一定规模的出国展览,也是俄罗斯民众首次近距离地了解刘少奇同志和刘少奇故里,更是长沙市文博单位走出国门、走向世界的有益尝试。俄罗斯联邦国会参议员奥克萨娜和中国驻俄罗斯大使李辉、文化参赞张中华、刘少奇同志亲属刘丽达等嘉宾出席。刘少奇同志纪念馆还与乌里扬诺夫斯克州列宁纪念馆签订合作协议,开拓学术研究、陈列展览、国际交流合作新领域。

（办公室）

国网湖南省电力公司管理培训中心

党委书记　谢学渊
主　　任　宋毅敏
副 主 任　张世勇
　　　　　　丁介群

【概况】 2015年,国网湖南省电力公司管理培训中心在职职工94人,招聘员工275人,退休职工49人。占地面积20公顷,主体建筑群5万多平方米。学员宿舍330间,600个床位;拥有12个大中小培训教室,2个餐厅,可容纳600学员同时就餐；体育中心占地3万多平方米，拥有室内游泳馆,室内标准网球(羽毛球)场、篮(排)球场等。

【三个建设全面加强】 2015年,国网湖南省电力公司管理培训中心坚持以上率下，从严从实开展“三严三实”专题教育活动,组织专题党课,学习研讨,归纳整理意见24条,立行立改,确保活动实效。制定落实党风廉政建设责任清单,管控和惩防体系完善。学习贯彻《党章》《准则》和《条例》,建成廉政警示教育基地。工会组织“我是内训师”专题系列讲座、健步走、气排球联赛、最美声音等活动,丰富职工业余文化生活。团委组织青年创新课题成果发布,引导青年成长成才。党支部标准化建设和服务型党组织建设稳步推进,两个支部分获公司“十佳电网先锋党支部”“先进基层党组织”称号。

【管理培训开局良好】 2015年,国网湖南省电力公司管理培训中心全年举办各类培训61期,累计培训2734人次,培训1.96万人?天。培训学员对班主任工作和培训服务的满意率均达100%。组建完成由公司系统优秀专家、各级党校、知名高校、专业公司为一体的雄厚师资队伍。运用课堂讲授、互动研讨、行动学习、情景模拟、实地感受等多种培训方式，让学员耳目一新。结合实际,开发职场礼仪、健康养生、心理关爱、高端阅读分享等特色课程。培训效果得到学员、公司相关部门与领导的高度认可。后勤保障部门推行“感动”服务、个性化服务,赢得学员频频点赞。培训评价满意度10个维度指标中有5个指标得分100%。

【健康管理稳步推进】 2015年,国网湖南省电力公司管理培训中心建立健康管理平台，理顺主管部门、支撑机构、实施机构与基层单位之间的关系。对公司系统33家二级单位就职工健康管理工作进行走访调研。落实公司年度职工健康体检实施方案,全年有2.9万名职工参加体检，参检率达98.2%,建档率100%。建立职工健康管理信息平台，年内共拨打健康回访电话4351次、发送温馨提示短信1.87万条。利用“健康之家”网站平台，发布养生知识772篇,网站浏览近3万人次,组织专家举办讲座93次186个课时，发放各类健康宣教资料3.1万余份。积极开拓职工就医便利通道，与长沙市区7家三甲医院加强联系，为公司系统员工468人次在长沙就医提供便利。

【企业管理水平持续提高】 2015年，国网湖南省电力公司管理培训中心组织开展通用制度宣贯，法治意识明显增强。组织开展“一专多能”员工系列培训,清理压减聘用人员52人,节约人力资源成本。开展会计基础创优工作,财务基础管理明显加强。科学组织施工,完成了2号、3号、4号学员楼等系列大修改造工程，完成雅源书屋建设，改善培训服务条件。启动餐饮成本效能监察项目，着力开发自助餐食材搭配，在控制成本的同时，保证出品质量，赢得学员的普遍认可。狠抓安全隐患排查整改，安全生产局面保持稳定。加大重大设备巡检运维力度，确保大型设备可靠稳定运行。开展集体企业经营诊断分析，规范经营行为，防范经营风险。抓好民主管理纲要规范化试点工作，健全院务公开、职代会等民主管理机制，保障员工参与民主管理权利，构建和谐劳动关系。开展创星工作室创建活动，激发员工的创新潜能和创造活力。加强新闻宣传，挖掘典型事例，推广先进经验。坚持党建带团建，开展青春建功活动。关心员工、退休人员生活，在依法合规的前提下，切实维护好员工权益，稳定退休人员待遇，帮助退休老人解决实际困难。落实维稳工作责任制，杜绝不稳定事件，促进企业和谐。

（朱平华　张叶军）

沩山风景名胜区开发管理委员会

宁乡沩山风景名胜区开发管理委员会

党组书记	黎庆华（11月免）
	饶世坤（11月任）
主　任	蒋改平（9月任）
副主任	喻立新
	刘　洪（9月任）
	巩德亮（7月免）
纪检组长	杨瑞兰（11月免）
	胡铁文（11月任）
党组成员	黄　奎

【概况】 2015年，宁乡沩山风景名胜区开发管理委员会（以下简称县沩管会）有干部职工20人，主任1名，党组书记1名，副主任2名，纪检组长1名，党组成员1名，内设机构副科职领导6名。内设6个部室：办公室、财务部、经济发展部、资源环境部、规划建设部、综合执法部。全年，县沩管会坚持“科学规划、统一管理、严格保护、永续利用”的16字方针，高标准规划、高质量实施、高速度推进，在谋求转型发展的过程中实现发展合力、业务管理、生态文明、惠民力度、服务大局、工作业绩的“六个提升”，成功跻身全国和省级先进行列。年接待游客50多万人次，旅游综合收入2.2亿元，同比增长23%和26%；《沩山风景名胜区总体规划》通过省人民政府批准，呈报国务院审批；《沩山风景名胜区保护管理条例》列入市人大2016年立法计划，《条例》草案初步完成；县沩管会被评为“省级行业管理先进单位”，密印寺景区获得首批“全国旅游价格信得过景区”称号。

【发展合力提升】 2015年，县沩管会深入景区内各乡镇、村组、部门企业调研、服务，把政风行风建设、机关效能建设、党风廉政建设和“三严三实”“讲道德，明是非，守纪律”集中教育活动有机结合，同业务工作同部署、同考核，广泛凝聚推动景区发展的强大合力。

【业务管理提升】 2015年，县沩管会坚持服务先行的原则。预约服务、优先服务、上门服务、跟踪服务、联点服务，主动高效地为景区企业、项目和群众排忧解难，办好大量事项。在年度管理考核中，创下居全省20多个国家级风景名胜区前列的佳绩，被评为评为2015年全省风景名胜区保护管理工作和行业管理工作先进单位。

【生态文明提升】 2015年，县沩管会成功组建全省第一支风景名胜区森林消防大队——沩山风景名胜区森林消防大队，举行两次模拟演练。将景区护林员队伍增至83人，探索运用GPS定位管理系统管理护林员。印发县人民政府林区禁火令4.61万份，张贴宣传标语2000多条，会议宣讲20余场次，实地查看建房选址、发布建房意见共计1513户，立案查处未批先建违法案件30起，景区居民的资源保护意识不断加强，风景区范围内全年未发生森林火灾。

【惠民力度提升】 2015年，县沩管会针对景区村民建房的热点问题，在明确建控范围、退还风格保证金、优化办事程序、简化危改手续的基础上，“申报不出村、手续半日成、监管贯始终、补贴过银行”。景区内有268户村民进行危房改造，选址手续办理率100%。推进三处村民集居点建设，受益群众80多户。取消风格保证金收取制度，将原先收取的70多万元全部退还。把林木补贴标准由1600元/户提高至2000元/户，共发放60多万元。

【服务大局提升】 2015年，县沩管会服务实力园区建设，促成三家工业企业落户金玉工业集中区。服务新型城镇建设，用心为炭河里国家遗址公园、炭河古城、青羊湖生态示范园、九折仑户外航空运动基地等项目提供相应服务，为项目建设高效推进创造有利条件。就黄沩公路沿线房屋改造工作的开展，提出原已统一风格的房屋不参与改造的建议，节约不少建设资金。服务美丽乡村建设，结合生态文明景区建设，开展美丽景点、美丽单位创建活动。

在联点村栗山村，安排专门工作队员负责相关工作，组织村组干部村民代表60多人到外地观摩学习，支持5万元资金推进示范点建设。

【工作业绩提升】 2015年,县沩管会配合办好沩山观音圣象开光手续报批，做好开光法会系列活动的现场布置调度、功德主接待、森林防火等工作,准备相关物资,完成县委、县政府所安排的任务,被评为活动先进单位。成功举办黄茶文化节、沩山漂流文化节等节会活动，推动景区旅游产业发展,扩大景区的知名度与美誉度。完成黄材山歌、沩山擂茶的调研、资料收集等工作，并成功申报市级非物质文化遗产。沩山风景名胜区保护设施建设项目通过省市审批，顺利进入国家住建委项目范围。在黄材镇烟溪村开展精准扶贫工作,投入资金近10万元启动两处基础设施建设，走访慰问困难户20多户,获当地干部群众一致认可。

【省级生态文明风景名胜区试点工作通过验收】 2015年12月8日，省住建厅总工程师易继红一行对沩山风景名胜区生态文明风景区创建工作进行检查验收,并给予高度肯定，认为沩山风景名胜区生态文明创建工作成效明显，达到省级生态文明风景名胜区的创建标准。

【举办沩山文化论坛暨密印寺千手千眼观音圣像开光法会】 2015年12月19日,农历十一月初九,沩山文化论坛暨密印寺千手千眼观音圣像开光法会在沩山密印寺隆重举行。中国佛教协会副会长、湖南省佛教协会会长、闽南佛学院院长圣辉大和尚应邀出席并主法。湖南省人大常委会副主任刘莲玉、湖南省政协副主席葛洪元、中国佛教文化研究所副所长张琪、湖南省政协民族和宗教委员会主任李壮丽、湖南省委统战部副部长龙建湘、湖南省民宗委副主任邓文华、中共益阳市委副书记黎石秋、湘潭市政协主席王慧芳、中共长沙市委常委常务副市长陈泽珲、中共长沙市委常委市委统战部部长文树勋、宁乡经开区党工委书记宁乡县委书记谭小平等省市县领导及来自海峡两岸及香港、澳门地区的诸山长老、大德法师、护法善信、社会各界人士数千人参加本次盛典。现场和谐喜悦,殊胜庄严,海众云集,盛况空前。

【《沩山风景名胜区保护管理条例》列入市人大立法计划】 2015年,县沩管会将《沩山风景名胜区保护条例》立法工作作为年度大事、要事来抓，召开专题班子会议,研究部署相关工作,明确具体负责领导和责任部室，开展立法相关工作,《沩山风景名胜区保护管理条例》立法工作被列入市人大2016年立法计划。

【《沩山风景名胜区总体规划》呈报国务院审批】 《沩山风景名胜区总体规划》2014年经国务院、建设部和其他相关部委审核提出部分修改意见,2015年县沩管会组织进行基础资料调查，实地踏勘，根据资源分布情况和发展需要,重新划分资源保护层级,适当调整功能布局，使景区规划更趋合理。《沩山风景名胜区总体规划》已再次呈报国务院审批,可望2016年上半年获批复。

【全省第一支风景名胜区森林消防大队成立】 2015年2月4日沩山风景名胜区消防大队成立大会在沩山湘茗大酒店举行。为保护风景区森林资源，建设生态文明，全面提高森林火灾扑救综合能力，根据国家森林防火指挥部《关于进一步加强森林消防队伍建设的意见》(国森防〔2013〕4号),沩管会成功组建全省第一支40人的风景名胜区森林消防大队,森林消防大队设大队长1名、副大队长4名。大队下设四个中队,每个中队设中队长1名、副中队长1名、队员8名。

（樊霞林）

凤凰山国家森林公园

湖南宁乡凤凰山国家森林公园管理处

党组书记	胡以红
副书记、主任	姜启辉
副主任	文　昊(9月免)
	张亚光　艾志军

【概况】 2015年,凤凰山国家森林公园编制25人，在编在岗12人,内设办公室、资源管理科、招商科、财务科、开发建设科共5个科室。全年,凤凰山国家森林公园开展党建和党风廉政工作，执行中央“八项规定”。重点搞好景区基础设施配套,保护资源。全面完成安全生产、综合治理、信访稳定、计划生育等中心工作任务,并与辖区各村、园区各企业签订好责任状,公园平安稳定发展。配合县政府重大招商项目华强集体选址工作,做好市林业局、市长现场办公会服务等相关工作。

【景区资源保护】 2015年,凤凰山管理处致力于将凤凰山国家森林公园打造成资源节约环境友好型的两型公园，重点工作就是做好资源保护。加强宣传力度,提高防患意识，建设美丽公园。2015年共发放森林防火、病虫害防治等相关资料2000份,出动宣传车辆100余台次，在主要进山路口设置100余块固定警示标语,组织干部职工结合大走访活动,深入居民家庭宣讲100余次，让辖区居民详细了解和支持森林公园工作。管理处添置一批塑料垃圾桶，景区100多户居民每家发放一个，同时聘请专人对景区垃圾日清日扫，定期清运居民生活垃圾,确保景区干净整洁。成立防火队伍,杜绝森林火灾。管理处争资50余万元进行消防工程建设和设备添置，新修隔离带10千米，宣传防火墙15块,添置手抬式消防泵等设备400余件。和辖区各村签订防火责任制,7个村组都组建一支不少于20人的防火应急小分队，管理处也组建一个8人的专业防火应急指导小组,定期派人组织和指导防火演练。严格建房审批,狠抓拆违控违。组织专人对核心景区1100余户村民自2009年后新建房子彻底摸底,掌握违建乱搭情况，联系金洲城管分局先后6次打击违建乱搭行为。组织专项行动，加强源头保护。责令宁乡县舒瀚休闲山庄有限公司、青少年素质拓展基地停工并接受调查，对毁坏林地尽快进行植被恢复；禁止香山冲水库投肥养鱼和网箱养鱼，禁止外来人员钓鱼，保证水库水质保持一类饮用水标准。对道路及景区公共视野范围内的广告牌、路牌进行清除,坚决制止乱搭乱建行为。切实保护好其他资源。年初从金剑保安公司专门聘请安保人员，每日分为早中晚3班10次不定期进行巡查,及时对景区交通、乱停乱放进行有效疏导，确保景区交通无障碍。安排专人定期对园区范围内各农家乐卫生状况,经营情况进行检查，确保游客饮食安全和透明消费。

【景区项目建设】 2015年,凤凰山国家森林公园加快景区基础设施建设。完成陶家湾5.6千米水泥路面硬化，投入资金600万元新建嵇茄山、一线天、棋盘石三条游步道;完成景区古树路建设;投入300万元基本完成环湖绿化工程。管理处先后引进4个符合公园总规的项目，基本解决景区游客的吃住行。一是龙凤峡漂流。该项目投入4000多万元,2015年接待游客5万余人。二是青少年素质训练拓展基地。该项目投入3000余万元对原宁乡十二中校址进行重新布置和装修，新建禁毒、国防、人防等6个展览馆,交通安全演示区、军事训练场等7个训练场馆；香山冲校区已建成野炊场、拓展训练场和农业体验区的土鸡养殖基地、真人CS野战场、射箭场等项目,以教育学生实践为主，成为宁乡县初中高中学生的军事培训中心,2015年接待上万名学生参加培训教育。三是龙凤国际露营基地。该项目预计投资1亿元，已投入3000多万元,游船码头、湖边休闲木屋区已竣工。湖畔木屋营地项目新建木屋别墅、休闲木屋、度假木屋等5个木屋,于2015年3月8日正式营业。四是印象麓山生态农业项目。该项目选址龙凤山村，租地66.67公顷，进行有机蔬菜种植，年产值在3000万元以上。

【大走访活动】 2015年1月21日至6月30日组织管理处所有干部职员工开展“听民声、解民忧、促平安”大走访活动,要求普遍走访群众,带着感情,带着责任与群众进行沟通交流，收集社情民意，力求解决一批群众亟待解决的实际困难。收集意见,经大力整改,效果明显,群众满意度大幅提升。（办公室）

炭河里遗址管理处

主　任　　王碧泉(9月免)
　　　　　文　昊(9月任)
副主任　　熊　胜　卢跃文

【概况】 炭河里遗址位于黄材镇栗山村,是全国为数不多、南方极为罕见、湖南唯一的西周遗址。1963年初发现,1976年进行试发掘,为西周时期遗址,现保存面积2.3万平方米,是湘江流域一处重要的西周遗址，它的发现填补了湖南西周史文化缺失，对湖南地方史、南方青铜文明和早期国家社会形成等问题的研究具有非常重要的意义,形成并确立了“炭河里文化”,成就了“中国南方青铜文化中心”美誉。遗址从发现,到发掘,再到保护、发展历时50多年,大致分为三个阶段。考古研究阶段(1963—2009年)。1963年初发现推测为商周遗址,1976年试发掘确认为西周遗址,2001年开始进行主动性考古发掘，先后跻身全国十大考古发现和重点文物保护单位。筹备运作阶段(2009—2012年)。2009年启动第一批国家考古遗址公园申报,2010年成立保护建设筹备领导小组,2011年遗址保护总体规划颁布实施，2012年启动第二批国家考古遗址公园申报。启动建设阶段(2012年至今)。2012年项目奠基并启动博物馆工程,2013年成立炭河里遗址管理处,跻身《大遗址保护“十二五”专项规划》,《炭河里遗址保护条例》顺利颁布,《炭河里国家考古遗址公园》成功立项。炭河里国家考古遗址公园，规划总面积1.3平方千米，概算投资9

亿元,计划分两期实施,一期工程投入4.45亿元,计划于2016年基本完成;二期工程投入4.55亿元,计划于2017年完成。

2013年1月,成立宁乡炭河里遗址管理处,为全额拨款事业单位,主要职能职责是贯彻落实国家文物保护法律法规和方针政策,加强文物保护政策法规宣传,提高社会文物保护意识;负责炭河里文化遗存的巡察守护与监督管理,编制、修订炭河里遗址保护总体规划和专项保护方案并组织实施;制定考古发掘工作计划并组织实施,挖掘、整理、宣传炭河里文化;负责《炭河里国家考古遗址公园》的规划建设、运营管理和文化旅游产业开发。2015年,炭河里遗址管理处共有干部职工9名,下设办公室、规建科、招商科、财务科、文保科5个科室。

【遗址保护】 2013年至2015年,炭河里遗址保护总体规划、国家考古遗址公园规划均获国家文物局审批,公园一期景观方案和本体保护展示方案进行了深度优化,博物馆主体及前后广场等标志性工程和黄材河治理、黄材河水坝、渠道改移等水系整治工程,以及主园路、景观桥等园路工程已经完成。其中:2015年主要完成博物馆主体及配套等文物保护展示场馆工程施工,基本完成陈列布展、本体保护展示、文物出土点保护展示等保护方案。同时引进专业化、规范化的物业公司,实行24小时巡查守护。

【陈远平调研炭河里保护与利用工作】 2015年11月10日,省文化厅党组成员、省文物局局长陈远平以及省文物局主要负责同志、长沙市文物局局长调研炭河里遗址保护与利用工作并召开炭河里遗址保护与利用工作汇报会。

【开展炭河里采风暨作品创作活动】 2015年8月,为深入挖掘炭河里文化内涵,展示国宝故里炭河里的厚重历史底蕴,炭河里遗址管理处联合宁乡县作家协会开展"走进炭河古城"采风暨作品创作系列活动,收集50余篇作品。

【开展"穿越千年的美丽"青年作家采风活动】 2015年7月12日,炭河里遗址管理处特邀县文联、《今日宁乡》开展了"穿越千年的美丽——青年作家炭河里采风"活动,省作协副主席姜贻斌、《长沙晚报》彭海英,常德市作家刘金国、宁乡作协杨罗先、罗建宇、李乔生等青年作家参加活动,创作成果收入《记录印象中的炭河里》创新课题成果。

【开展"方国秘境·天下大'铜'"中学生社会实践活动】 2015年10月25日,炭河里遗址管理处联合周南中学、湖南省博物馆开展了"方国秘境·天下大'铜'"中学生社会实践活动。 (办公室)

财政·税务

财　政

县财政局

党组书记、局长　谭启良

副书记、副局长　陈正容

纪检组长(县纪委派驻)　何　欣

副 局 长　何永胜
宋赤球
彭志强
邓雪辉(女)
熊海军
邓湘益

工会主席　陈拥军

党组成员　江志华(11月免)

【概况】 2015年,宁乡县完成财政总收入60.16亿元,同比增长8.0%,财政总收入占地区生产总值的比重为6.0%。收入级次情况为:完成公共财政预算收入40.74亿元,同比增长15.37%;完成上划增值税、消费税10.55亿元,同比下降4.02%;完成上划营业税、资源税、城镇土地使用税2.54亿元,同比增长15.37%;完成上划所得税6.33亿元,同比下降11.78%,其中,上划企业所得税4.53亿元,同比下降11.36%,上划个人所得税1.80亿元,同比下降12.83%。征管部门情况为:国税局完成17.05亿元,同比下降10.43%;地税局完成27.58亿元,同比增长4.91%;财政局完成15.54亿元,同比增长49.94%。支出情况:完成公共财政预算支出78.15亿元,同比增长18.7%。其中:一般公共服务支出9.37亿元,为调整预算的120.59%;国防支出779万元,为调整预算的123.65%;公共安全支出3.33亿元,为调整预算的117.32%;教育支出14.42亿元,为调整预算的125.49%;科学技术支出9733万元,为调整预算的147.99%;文化体育与传媒支出1.23亿元,为调整预算的119.33%;社会保障和就业支出8.64亿元,为调整预算的102.10%;医疗卫生与计划生育支出8.62亿元,为调整预算的119.03%;节能环保支出1.51亿元,为调整预算的107.9%;城乡社区事务支出5.41亿元,为调整预算的74.28%;农林水支出10.92亿元,为调整预算的117.1%;交通运输支出2.35亿元,为调整预算的146.64%;资源勘探信息等支出4.17亿元,为调整预算的99.3%;商业服务业等支出8740万元,为调整预算的143.51%;金融支出2175万元,为调整预算的625%;国土海洋气象等支出1.03亿元,为调整预算的81.55%;住房保障支出4.43亿元,为调整预算的114.4%;粮油物资储备支出2728万元,为调整预算的267.98%;其他支出28万元,为调整预算的0.47%;债务付息支出3156万元,为调整预算的45.94%。平衡情况:全县完成公共财政预算收入40.74亿元,加上上级补助收入35.79亿元,地方政府债券转贷收入15.75亿元,2014年结余(含结转)6.41亿元,调入资金2.74亿元,收入合计为101.43亿元。公共财政预算支出78.15亿元,加上上解支出1.46亿元,债券还本支出15亿元,安排预算稳定调节基金2500万元,调出资金5068万元,支出合计为95.36亿元,年末滚存结余资金6.07亿元。

【财源培植】 2015年,宁乡县落实“营改增”、小微企业税费优惠政策,减轻企业负担。充分调研论证,积极申报城镇土地使用税扩面提标政策,扩大税收基数。发挥特色县域经济建设政策、资金引导作用,支持农副产品加工业发展。兑现企业先进装备购置补贴2000多万元,引导企业装备升级投入超2亿元,加快企业转型步伐。

【收入征管】 2015年,宁乡县开展税源普查,对全县处于生产经营状态的各类经营性组织(企业、个体工商户,项目工程等)进行普查登记,挖掘税收存量。发挥收入组织牵头单位作用,推出综合评估、委托代征、联点帮促、预警稽查、专项清理、欠税清缴、密集调度、从严考核等举措,税源基础扩大,征管力度加强,纳税氛围浓厚,实现依法征收、应收尽收。

【支出保障】 2015年,宁乡县盘活存量、全力清欠、向上争取,缓解收支矛盾,确保民生、运转等支出需求。一方面,兜底民生,落实教育、医卫、社保、“三农”等民生政策,确保县级配套资金到位,重点解决群众反映最强烈、最普遍的民生问题，如安排资金2200万元，解决困难企业下岗职工医保问题；充分发挥"一卡通"的最大效应，全年发放各类资金5.42亿元，为全省最多。另一方面，保障运转。新增支出近1亿元，落实行政事业单位人员工资调整政策和非城区义务教育教师乡镇工作补贴；村级组织运转保障经费村均达到16万元/年，村干部误工补助标准逐步提高。

【财政管理】 2015年，宁乡县一是着力制度建设，巩固基础，先后出台强化财政财务纪律、绩效评价结果运用及会议费、差旅费、培训费管理办法等一系列制度，强化约束，严控成本，全年"三公经费"同比下降5%，实现三年三连降。二是着力重点领域，强化督查，全面清理撤销、整合财政资金专户，确保资金运行安全；开展涉农资金专项检查，查出8项问题，切实整改；全面清核国有资产，实现动态化、信息化管理。三是着力关键环节，防控风险，开展合并部门和乡镇的财务监管和指导，提前防控财政资金风险和国有资产流失。四是着力简化程序，提高效能，优化财评和采购程序，单个项目预算评审用时缩至3个工作日，精简自行询价采购项目监审流程。

【财政改革】 2015年，宁乡县实行全口径预算，设立预算稳定调节基金，细化预决算公开，实行"零基"预算综合改革。创新乡镇债务化解奖补机制，五年奖励5000万元，支持乡镇化债。全面实施乡镇国库集中收付改革，撤销乡镇政府性公司和临时指挥部账户56个，实现资金全程监管，程序不断优化。引入中介机构参与预算绩效评价和工程造价咨询，提高工作效率，结果公正客观。 （办公室）

县国有资产管理局
局　长　熊海军（兼）

县非税收入管理局
局　长　陈映霞（女）

县乡镇财政管理局
局　长　赵文波

县国库集中支付局
局　长　卢秀英（女）

县收费管理中心
主　任　廖光明（11月免）

县农业综合开发办公室
主　任　周向前（11月免）

县政府采购监督管理办公室
主　任　江志华（11月免）

县财政预决算（投资）评审中心
主　任　张启文

国家税务

县国家税务局
党组书记、局长
张宇新
副书记、副局长
彭向荣
副局长　姜　楠　曹卫平
陈红辉
伏拓元（5月免）
纪检组长　李正强（5月免）
曾向明（5月任）

【概况】 2015年，宁乡县国家税务局有干部职工246人，其中在职干部169人、提前离岗2人、离退休75人。局机关设有人事教育科、征收管理科、政策法规科、收入核算科、税源管理一科、税源管理二科、税源管理三科、办公室、监察室、稽查局、纳税服务科、信息中心、机关党委办公室、机关工会委员会等14个科室。辖玉潭、花明楼、横市、煤炭坝、偕乐桥5个税务分局。全年，县国家税务局以"为国聚财，为民收税"为使命，团结一心，攻坚克难，大力组织收入，推进依法治税，优化纳税服务，强化队伍建设，各项工作稳步前进，在宁乡县2015年度政风行风千人测评大会上，位列全县垂直管理类单位中第一名。

【国税收入】 2015年，宁乡县国家税务局通过夯实基础管理、开展专项整治和税收结算等措施，组织收入17.1亿元。

【国税依法治税】 2015年，宁乡县国家税务局落实各项税收政策，落实支持高新技术、小微企业等优惠政策，落实研发费用加计扣除、固定资产加速折旧等普惠制税收政策；做好"营改增"各项配套工作、农产品增值税进项核定扣除试点工作、成品油消费税调整、电池和涂料征收消费税等工作。落实全国税务机关出口退（免）税管理规范，推行出口退税企业分类管理，规范出口退税函调管理，提升出口退税管理水平。强化税收风险防范意识，规范税务稽查等执法行为。完善《税务谈话室使用管理办法》《税收执法记录仪使用管理办法》等制度，规范税收约谈行为和入户执法行为。针对虚开虚抵、骗取退税等薄弱环节，对有关行业开展执法稽查，实现"检查一个行业，规范一个行业"。

【国税税收征管】 2015年，宁乡县国家税务局在全县范围内开展税源普查。全面推行增值税发票系统升级版，深化税源管理户籍制度，推行征管资料电子档案管理，强化监控职责。创新个体税收征管模式，将宁乡县商业步行街打造成民主评税、“阳光征管”示范街，逐步将成功经验推广至各乡镇、街道，全面铺开个体税收“阳光征管”；联合全县29个乡镇，全面启动个体税收委托代征工作；宣传和推动普通发票邮政代开业务，多项并举，加强对个体税收、零散税收的征管力度。加强税源监控和风险管理。在税源管理及相关科室设置数据监控分析识别岗，制定《宁乡县国家税务局税源监控岗责体系》。全年共应对风险评估和核查2111户次，入库税款922万元，调减亏损5198万元，有效堵塞征管漏洞。

【国税纳税服务】 2015年，宁乡县国家税务局作为全省15个纳税服务标杆单位之一，全面梳理办税流程，完善首问责任制、导税制、同城通办、一窗通办、网上办税等服务举措，工作经验在省、市局纳税服务标杆单位经验推介会上作典型推介。落实省局集中规范音视频监控要求，建立监控状况、窗口评价、执法情况反馈等综合服务评价体系。落实简政放权。行政审批实施“一窗受理、限时办结、规范流程、透明公开”，健全工作衔接制度，加强后续管理。统一规范表证单书格式，扩大免填单业务面，向无纸化办税推进。发展纳税服务“互联网+”。继续推广纳税服务在线平台，实现税收宣传、查询、办税一体化。组建优惠政策、“营改增”等方面的税收咨询小组，利用QQ群、手机信息平台等进行个性化宣传辅导和需求推送。免费举办“纳税人学校”，全年共计为4225人次提供各类涉税业务培训，促进税收宣传、咨询服务、纳税辅导的良性互动。开展纳税信用等级评定，与商业银行合作，运用评价结果开展“税融贷”业务。2015年促成7笔共计1100多万元的贷款业务，帮助小微企业解决资金周转难的问题。

【国税队伍建设】 2015年，宁乡县国家税务局以省市局“业务大比武”、劳动竞赛等活动为契机，开展系统的教育培训，提高队伍业务水平，新增2人获得会计从业资格证。注重信息调研工作，发挥宣传引导的良好作用。工会、团委发挥作用，丰富干部文化生活。组织老干部开展钓鱼、棋类、球类比赛和健康年检等活动，全年走访慰问离退休老干部30余人次，关心老干部健康与生活，得到全市国税工作会议的表扬。慰问结对困难群众，帮助山区留守儿童，发挥国税正能量；组织篮球队、气排球队定期训练，营造健康新风尚。参加宁乡县第二届气排球邀请赛获得第三名。成立宁乡国税辩论队，获全市国税系统“税收·法治”税收主题辩论赛冠军。加强廉政教育学习，“一把手”上党课述廉洁，狠抓作风建设，每月定期开展工作纪律检查，并将情况通报全局。 (办公室)

地方税务

县地方税务局

党组书记、局长

黄京沙(女，5月免)

李宇奇(5月任)

副局长 杨万玄

刘志强(5月免)

王斌辉(5月免)

王　群(5月任)

严　明(5月任)

副局长、纪检组长

葛　韧(5月免)

刘以人(5月任)

工会主席

刘以人(5月免)

刘志强(5月任)

【概况】 2015年，宁乡县地方税务局(以下简称县地税局)有干部职工189人，其中离退休40人，在职干部职工149人。在职干部职工平均年龄40岁，本科以上学历110人，大专学历29人。下设7个科室，5个税务分局，1个办税服务中心，1个稽查局和1个信息中心。负责全县4街道5乡20镇和两个经济园区范围内6326户单位纳税人，1.29万户个体纳税人的地方税收征管工作。全年，县地税局以“带好队、收好税、服好务”为工作主线，稳步扩大税收收入规模，增强依法治税能力，提升纳税服务水平，队伍建设卓有成效。一分局成功获评“全国模范职工小家”，李宇奇被评为2015年优秀公务员，刘胜红被评为全市地税系统优秀分局长，赵远洋被评为全省优秀税收管理员，县地税局被市局评为“2015年度绩效考评优秀单位”“党风廉政建设先进单位”，被县委、县政府评为“反腐倡廉先进单位”，在全县政风行风千人测评中获得垂管单位第二名的佳绩，在全市地税系统2015年纳税服务指数测评中排名第一，征管质效考核名列全市第一。

【地税收入】 2015年宁乡地税共计组织各项税费金收入27.55亿元，圆满完成各项任务。一是专项清理有突破。制定17项专项整治方案，逐项明确负责局领导及责任单位。全年清理小额贷款公司223户，入库税款2000多万元；政府性开发公司14户，入库税款3亿元；欠税收缴189户，入库税款3.7亿元；10月单月代开建安发票1.03万份，入库建安税收1.7亿元。促成县政府下发《关于进一步做好行政事业单位个人所得税代扣代缴工作的通知》，全年清理行政事业单位231户，清理面100%，入库税款3130万元。二是税务稽查有实效。全年对54户纳税人开展税务稽查，探索股东分红、债权人利息所得、股权转让所得等高收入者的个人所得税的约谈式、调研式、自查式稽查方法，全年促使高收入者自查申报入库个人所得税515.11万元。全年查处大案要案（200万元以上）9起，共入库税款2.55亿元。三是综合治税有新招。严格执行股权变更“先税后变”机制，2015年入库股权转让税收3877万元，同比增长1153万元，增长42.33%。依托综合治税平台全年共计查补入库税款4300多万元。严格做好国税、邮政窗口开票委托代征工作，全年入库代征税款758万元。力推“三证合一”工作，全年共办理三证合一业务649笔。对全县税源进行全面摸底调查，共采集登记3.53万户纳税人的涉税信息。四是挖掘潜力有办法。落实土地使用税调级扩面政策，补缴土地使用税4500万元。加强土地增值税管理，建立汇报交流制度，全年入库土地增值税2.7亿元，其中房地产企业预征2.1亿元，17户企业清算补缴1099万元。加强企业所得税管理，全年入库企业所得税2.18亿元，同比增长5412万元，增长32.89%。对600户企业的所得税征收方式进行鉴定，房地产企业全部查账征收，本地建安企业按8%的应税所得率核定征收，全年附征建安行业企业所得税1.19亿元，占入库企业所得税总额的54.53%。

【依法治税】 2015年宁乡地税工作向征管质量要收入，向税收政策要税源，规范征管，防控风险，稳步推进依法治税进程。一是夯实征管基础。对560户单位纳税人建立“一户式”档案，对个体工商户实行“分类”管理。加强欠税管理，出台《宁乡县地方税务局欠税管理办法》《宁乡县地方税务局欠税管理考核办法》，上报市局欠税28户次，金额6450万元，通过县局网站公告欠税177户次，金额620万元。扎实做好征管质量评比工作，坚持“以查促改”，2015年县地税局名列全市征管工作考核第一。加强费金征管，税政科定期与县工会、县残联、县人社局等交流，摸清费源底子，按月单独对费金进行绩效考核，确保费金均衡入库，全年共入库各项费金1.04亿元。二是创新征管方式。创新纳税评估方式，实行“评估员＋管理员”的分组模式，“固定户＋自选户”的选户机制，“广度＋深度”的评估要求，全年共评估纳税人287户，入库税款4700万元。新建商品房契税、印花税自缴系统上线，通过该系统全年网签数据6199条，征收契税8033万元、印花税23万元。推行个体及零散税收委托代征，组织开展外籍个人所得税调查，建立外籍个人管理台账，6名外籍个人共缴纳个人所得税26.4万元。三是成功上线“金三”。作为省市局双轨运行试点单位，县地税局树立“试出成效、试出经验”的目标，抓住时间节点，严格实行局领导分片包干负责制，后勤科室按联点分局对口支援，健全征管科业务指导、信息中心技术支撑、办公室后勤保障三位一体的保障体系。启动工作事项一日一推、工作进度一日一报、工作任务一日一结的“三个一”模式。按照“当日事当日毕”原则开展数据清理，清理各类异常数据12.57万条。强化流程验证和数据补录，对664个可延性用例和166个业务流程进行验证测试。较好地完成数据补录工作，补录“其他应缴税费（欠税）”等各类信息近万条，确保系统如期平稳上线。在省局双轨运行第一阶段通报中，县地税局业务量位居全省第一，并于10月1日顺利打印出金三系统全省第一张税务登记证。

【地税队伍建设】 2015年县地税局秉持“严是爱，宽是害”的理念，狠抓干部队伍管理。一是绩效管理“精细化”。结合岗位责任制考核办法，制定绩效管理考核细则，切实让各项考核指标“接地气”。共修改指标159项，删除重复指标20项，新增3项，各科室间调整9项，确保指标不重复、不遗漏。把绩效考评指标作为指导全年工作开展的“指挥棒”，配套制定分层次的考核奖励挂钩办法，按季考核，奖惩兑现，有效促进各项任务完成。二是教育培训“实效化”。选送干部参加湖大信息化培训班、扬州税务稽查高级研修班、金三系统操作培训班等各类培训。组织县局软件工程师团队授课，举办一期office办公软件操作培训班，切实提高计算机操作水平。三是教育手段“多样化”。开展“一调两转”和“三严三实”主题教育活动，组织“好家风好家训好家庭”评选及故事征集活动，尹国强家庭被县文明办评为“孝老爱亲最美家庭”。组织青年干部为虎山特殊学校捐款2000元，为学生购买价值8000余元的生活用品。发起“情系农家书屋、关爱留守儿童”图书捐赠活动，为留守儿童捐赠图书400多册。四是干部交流“常态化”。年内出台《县局干部交流轮岗暂行办法》，上半年对30名普通干部进行岗位轮换，轮岗面31.2%，下半年又配合征管范围变化对人员进行调整，一般干部轮换面45.3%，中层干部轮换面54.3%。优化中层干部配置，选拔1名中层正职，4名中层副职。五是文明创建“品牌化”。参与市局“一局一品”地税文化建设工作，提炼出“宁心聚力，乐税有为”的宁乡地税核心价值观。推荐分局长参与“优秀分局长评选”，积极倡导开展争先创优活动。六是廉政建设常态化。组织干部前往长沙市监狱接受警示教育，组织观看《人生不能重来》廉政教育警示片。利用“三严三实”党课、依法行政专题讲座等课堂，提升队伍党性修养，有效防控执法风险。组织召开纳税人代表座谈会、优化经济环境监督员座谈会，设立意见箱，通过门户网站公开投诉建议电话，广泛发动群众提意见。深入开展走访活动，县局领导、各单位负责人深入400户纳税单位、35个园区乡镇部门听意见。实行局长周值班制度，由县局副局长带领督查组深入单位开展督查，全年共进行专项督查和不定期抽查31次，下发督查通报19期，通报批评28人次，扣发奖金1.2万元。严格执行礼品礼金登记退还制度，全局主动上交礼品礼金7人次，金额1.5万元，个人当场退还礼品礼金42人次。

【征纳关系稳固和谐】 2015年县地税局从提升品牌意识，强化服务理念方面入手，提升纳税服务满意度和纳税人遵从度，县局在全市地税系统纳税服务指数测评中排名第一。一是统一纳税服务规范。通过网站、税企QQ群、发放宣传资料等渠道，向纳税人宣传《全国税务机关纳税服务规范》。出台《办税业务一次性告知手册》，简化办税流程。更新纳税服务规范活页，通过自学和集中学习确保每位办税人员全面掌握各项业务。制订《纳税服务工作考核办法》，将每一项工作进行量化并纳入绩效考核。二是创新纳税服务举措。完善预约服务、提醒服务、免填单等便民服务措施。大力推广网上办税，编印《新开业纳税人办税提醒手册》。力推微信服务号上线，为纳税人提供办税便民服务。坚持局领导、分局(科室)长值班制，在办税服务厅增设三个咨询服务窗口，金三上线期间，制定工作预案，及时增设专家导税队伍。切实办好纳税人学堂，全年共举办13期、培训近3000人次。三是落实税收优惠政策。规范减免税审批和备案流程，实行“窗口受理、后台流转、集中办理、窗口出件”，全年受理减免税纳税人1073户，减免地方各税共计3562万元。设立“小微企业政策咨询服务岗”，共有3050户纳税人享受小微企业税收优惠政策，减免额580万元。做好税收退库工作，全年审核并办理退税463户，开具税收收入退还书592份，退税1.19亿元。四是加强诚信地税建设。开展纳税信用等级评定，多渠道宣传相关政策，与国税联合评定2014年度A级纳税人15户，同步开展征管数据清理，清查漏征漏管户63户。对不同等级纳税人实施分类管理，主动向社会公告A级纳税人名单，对A级纳税人普通发票按需领用，提供绿色通道，安排专门人员帮助办理涉税事项，连续3年被评为A级纳税人的上诚信纳税红榜。

（办公室）

金融·保险·证券

县金融证券工作办公室

县金融证券工作办公室
主　任　　郑小华
副主任　　邹建新
　　　　　冯　杰

【概况】 2015年,宁乡县金融证券工作办公室协调全县金融机构优化结构增信贷、拓宽渠道促融资、创新方法抓服务、整顿市场防风险,全县金融业呈现信贷投放平稳增长、金融市场不断完善、金融效益显著提升的态势。

【存贷规模逆势上扬】 至2015年12月底,全县银行机构各项存款余额503.4亿元,年净增104.4亿元,同比增长39.2%。各银行争取信贷规模,扩大信贷投放,净增贷款创历史新高,贷款余额379.7亿元,年净增109.02亿元,同比增长22.1%,超越湘潭、娄底、益阳等7个地级市,存贷比高达92.9%。

【金融效益持续好转】 2015年,宁乡县金融业发展促进财税收入增长,银行机构实现利润9亿多元,全县金融业增加值高达10亿元,全县金融机构上缴税收3.28亿元,占全县财政总收入的5.5%,金融业已经成为宁乡县重要的纳税主体,对县税收贡献度日益提高;不良贷款率降至1.14%,同比下降0.18个百分点,贷款质量提升。

【融资成本持续下降】 2015年,宁乡县在全年109亿元的信贷资金中,贷款成本在6%以下的有59.5亿元,占比54.6%;贷款成本在6%至8.4%的有28.9亿元,占比26.5%,融资成本进一步降低,这一方面是中央降息措施带来的实际效果,另一方面更体现出各银行落实2015年信贷考核和政策方面取得实效。

【资本市场建设卓有成效】 2015年,宁乡县出台企业上市奖励扶持政策,将股改上市奖励标准提高到80万元,激发企业股改上市积极性。全年全县新增"新三板"挂牌企业3家,区域性股交所挂牌企业5家,拟股改上市后备企业27家;松井和族兴两家企业积极申报创业板。全年全县直接融资40.52亿元,其中城建投13亿元城投债、经开区8亿元中期票据、上市企业再融资14.69亿、"新三板"企业融资1.33亿元、其他股权融资3.5亿元。

【金融改革创新大胆有为】 2015年,宁乡县支持平台建设,创新设立基金,促进金融服务实体经济和基础设施建设;出台《宁乡县中小微企业转贷引导基金管理办法(试行)》,解决中小微企业续贷难、过桥贵问题;设立县级城市发展基金,基金规模20亿,投放6.95亿,采用明股实债方式,有效解决平台抵押物不足问题;设立招商产业基金,为新引进招商引资企业项目提供无抵押、低成本资金支持,首笔800万元贷款通过农商银行发放,同时撬动信贷投放3500万元。

【金融环境持续优化】 2015年,宁乡县开展信用村镇创建,县级信用乡镇达18个,县级信用村(社区)222个,夯实金融生态基础;开展多种形式的宣传教育,群众风险防范意识逐步提高;清理123家投资公司,整顿虚假广告、超范围经营等行为,金融市场秩序有效改善。

（陈春美）

中国人民银行宁乡支行

党组书记、行长　　郑　义
副行长　　周平武
纪检组长　　杨新兵

【概况】 2015年,中国人民银行宁乡支行(以下简称人行宁乡支行)贯彻稳健的货币政策,维护辖区金融稳定,提升金融服务水平,强化内部管理和系统自身建设,为地方经济平稳增长作出重要贡献,得到多方肯定与高度评价。支行按照稳中求进的信贷总方针,以"抓落实、促发展、推创新、重调研"为工作重点,引导信贷资金投放,服务重点产业县建设。至2015年12月末,全县各项存款余额为503.42亿元,较年初增加104.36亿元,增幅26.15%;全县各项贷款余额为462.50亿元,较年初增加163.21亿元,增幅54.53%;辖内银行实现账面利润8.91亿元,同比略有下降,降幅9.63%。银行类金融机构的不良贷款率为1.07%，较年初下降了0.11个百分点。

【履行基层央行职责】 2015年，人行宁乡支行以“工作实、作风正、职责清、情况明、数字准”的行风行训为基础，切实履行基层央行职责，在工作上力求“高效率、无差错、有提高”，收获多项荣誉。一是被宁乡县政府评为“2014年宁乡县绩效考核先进单位”“2014年宁乡县金融工作先进单位”，并且在推进农村金融服务活动中得到县领导的批示表扬，人行宁乡支行在促进县域经济金融发展方面获得宁乡县政府的高度肯定。二是被总行评为“2015年标杆‘职工之家’”，人行宁乡支行在干部队伍建设及干部职工工作生活环境方面的表现得到总行的肯定。三是人行宁乡支行助推现代农业发展的经验被《金融时报》2015年1月13日刊发全国推广。

【落实稳健货币政策】 2015年，人行宁乡支行促进信贷增长，支持新型城镇和实力园区建设。发挥窗口指导作用，提高货币政策效力。共召开4次金融机构负责人联席会，学习贯彻中央和国务院经济工作会议精神，总结全县金融运行中存在的问题与不足，严格落实总行货币政策，对各金融机构信贷投放进行窗口指导，要求把信贷资金更多投向实体经济、“三农”和中小微企业。严格金融机构监测，健全长效监管机制。对辖内金融机构贷款规模和信贷投放节奏实施有效监测。落实宁乡农商银行、村镇银行两家地方法人金融机构的信贷投放余额监测日报制度，督促其完善法人治理结构，加强内部管理，增强可持续发展能力。创新农村金融产品，支持美丽乡村建设。各涉农金融机构结合自身业务发展状况和宁乡新型农业组织和农村经济发展的实际，重点落实农村金融产品创新，包括“农村房屋抵押贷款”“家庭农场贷款”“林权抵押贷款”等多个创新贷款品种。创新涉农贷款余额38.95亿元、累计投放贷款金额125.43亿元，受益涉农企业300多家、受益农户23.16万户，支持农村现代经济模式的跨越发展。引导信贷重心向支农支小倾斜。支持县政府申报农民住房财产权抵押贷款全国试点县，深化集体土地上房屋抵押贷款改革，促进新农村建设向纵深发展。初步试行重点贷款企业名单制度，在宁乡农商行、村镇银行两家地方法人金融机构推行重点贷款企业名单制度，报送信贷支持重点企业名单。运用支农再贷款强化金融支农的要素保障。向宁乡农商行与村镇银行累计投放支农再贷款1.3亿元。并在县财政出资3000万元设立风险补偿基金对农副产品加工企业贷款进行风险补偿的情况下，定向开展农副产品加工企业金融信贷服务，满足信贷政策支持再贷款“1+N”的要求。至11月末，涉农贷款与小微企业贷款额累计304.56亿元，占2015年各项贷款余额的69.68%。

【维护辖区金融稳定】 2015年，人行宁乡支行加强金融风险监测，排除系统金融风险。与县金融证券办加强工作协调，合作填报2015年《湖南省金融生态评估指标体系》报表。按季度完成对辖内地方法人金融机构的风险监测分析和金融生态监测数据统计，及时上报监测信息。清理整顿民间投融资公司。开展为期4个月的宣传教育，发放700多份宣传资料，警示群众“参加非法集资，法律不保护，政府不买单”。清理整顿123家投融资中介机构，注销15家，停业整顿25家，吊销执照1家。对存在违法行为的6家重点投资公司进行立案侦查，打击取缔。推进金融生态建设，营造良好信用氛围。推进金融安全区建设。按照省级金融安全区的目标和要求，继续做好省级金融生态环境示范县的巩固和提高工作。培养全社会的诚信意识，巩固金融创安成果，确保创建“信用乡镇”“信用村（社区）”活动取得实效。加强征信业务管理。加强征信用户管理，确保信用报告查询合规，做到不错不乱，保障征信业务质量。开展征信宣传，提高社会信用意识。组织开展“加强征信宣传教育，提升国民信用水平”的专题宣传和“6·14”信用记录关爱日等宣传教育活动。落实存款保险政策，提供金融稳定保障。成立存款保险制度组织实施工作领导小组，做好宣传引导工作，建立应急预案，妥善应对各类突发事件，确保制度平稳推出。辖内两家法人存款类金融机构按要求办理投保手续，报送相关文字材料和数据资料，存款保险制度在辖内平稳有序落实。完成存款准备金平均法考核工作任务。组织宁乡农商行和村镇银行两个地方法人机构学习贯彻文件精神，做好业务指导，组织完成15天的过渡期报表试报工作，未发生任何差错。

【推进金融消保工作】 2015年，人行宁乡支行加强金融消费权益保护检查力度。组织对辖内两家银行开展“个人金融信息保护专项检查”，根据检查的实际情况提出整改意见。拓宽金融消费权益保护宣传渠道。通过走访各金融机构、开展金融联席会议、平面媒体宣传及深入社区乡镇宣传金融消费权益保护知识等多平台、多渠道的宣传方式，开展“3·15”期间和9月金融知识宣传月活动，提升金融工作者及群众的金融消费权益保护意识。提升服务质量，改善窗口形象。上线运行国库集中支付无纸化系统，系统操作升级，服务效率提高。上线运行反洗钱监管信息系统，实现反洗钱监管信息电子化。优化升级ACS系统，实现法人考核差别化。上线运行会计报表信息系统，实现报表信息T+1实时共享。推进代理业务发展。加强对财政国库集中支付代理银行的管理，加强对非税收入业务代收管理。协同财政部门强力推进33家乡镇支付制度改革，撤销所有实体资金账户，支出实施集中支付，收入直缴财政收入专户，深化集中支付制度改革。加强财政专户管理。对辖内银行机构进行财政账户的专项检查，了解、掌握财政账户开设和使用情况，针对问题和不足提出整改要求和改进建议。加强支付结算管理，提高支付清算质量。规范账户管理。共办理账户开立、变更、撤销等许可5320户，账户管理规范。加强辖区支付结算监督和指导，组织支付结算工作的执法检查，针对账户管理和收单业务方面存在的问题和不足提出了整改意见，及时规范业务行为。推进农村支付环境建设，辖内农行、长沙银行、沪农商村镇银行全面推进惠农支农网点布点工作，增加2家农村网点和3家社区银行。助农惠农服务网点已实现全县乡、镇、村全覆盖。上门督查督办，推进个人存量账户核实工作。全辖银行机构对应纳入核实范围的86.5万户已全部进行核实，有效推进存款实名制的落实，维护存款人合法权益。开展金融统计分析，提供经济决策参考。编制存贷款数据报表并进行分析。按月编制存贷款数据报表，编写金融数据统计分析专项材料，关注信贷投放“三农”、中小企业、房地产、政府融资平台公司等重点热点问题。加强金融运行情况监测分析，撰写材料质量逐月提高，报送县委县政府领导，为上级行和县委县政府提供决策参考。开展调研工作。完成各银行担保贷款发放情况调查、支持美丽乡村建设措施计划、地方政府融资情况调查、“十三五”规划调研等调查统计工作。以调研材料为内容的选题《县域中小企业信用担保机构与银行协作相关问题研究》获得长沙三等奖，也得到县委县政府高度肯定。严格反洗钱监管措施，夯实反洗钱工作基础。引入反洗钱信息系统。年初上线运行“反洗钱风险监管综合信息”系统，建立健全全辖区反洗钱监管机构信息数据库，提高辖区内金融机构反洗钱风险评估的科学性。推行以“风险为本”的监管理念，加强反洗钱宣传和培训。组织全辖金融机构反洗钱培训和以警惕洗钱陷阱为主题的宣传活动，并组织全辖反洗钱业务人员进行远程视频培训，夯实反洗钱工作基础。推进发行库规范管理，确保货币流通秩序。加强发行库规范化管理，确保库房、库款绝对安全。以“基础工作质量建设年”为契机，以落实制度为重点，以无责任事故和案件为目标，严格执行发行库管理基本制度，未发生发行基金差错和账务差错。加强对发行库检查监督。实时监督一线情况，防范细节疏忽、习惯性操作与违规操作。做好旺季货币投放，确保现金合理供应。加强现金投放回笼预测，科学调拨发行基金。加大小面额原封新券投放力度，流通中小面额券整洁度明显提高。（办公室）

中国工商银行股份有限公司宁乡支行

行　长　　周志新

副行长　　陈新俐　周德强

　　　　　　张石良

纪检委员兼工会主席

　　　　　　周继红

【概况】 2015年，中国工商银行股份有限公司宁乡支行（以下简称工行宁乡支行）辖属机构有：综合办公室、公司业务部、个人金融业务部、小企业金融服务中心、个人贷款中心等5个内设机构和营业室、水晶城支行、城西支行、玉潭支行、金玉支行等5个营业网点。至2015年年末，各项存款余额22.7亿元，净增2.61亿元。各项贷款余额33亿元，净增5.22亿元。全年缴纳税款3200万元，其中缴纳营业税及附加1130万元，缴纳企业所得税2070万元。

【工行综合业务】 2015年，工行宁乡支行发放贷款12.85亿元，净增5.3亿元。其中发放中小微型企业贷款0.54亿元，发放公司贷款4.6亿元，发放个人贷款8.3亿元。2015年年末，全年实现汽车消费分期付款和其他消费分期付款余额6515万元。一是发掘新的信贷业务市场领域。支行行长、分管副行长及公司部门三级联动，积极主动加强与县经济技术开发区、金州新区等单位的联系互动，找准信贷投放切入点，金洲新城公司的金林路、美洲路基础建设项目，发放中长期项目贷款1.9亿元，实现县域基础设施建设项目贷款的有效投放。针对不断降温的房地产市场，在政策钳制、信贷规模极度紧张的情形下，工行宁乡支行选择优质项目和客户给予信贷支持，新增宇业集团的东方红郡一期、海博公司的星河绿洲二期两个项目，海博公司发放房地产开发贷款1.23亿元。对香港宇业集团进行贷款投放，已为该公司授信2.5亿元，已发放贷款1亿元，是全年全省工行系统唯一一家获批准入的房地产开发企业。个贷部门积极主动营销纯按揭项目，发放个人住房按揭贷款8.3亿元；个人贷款余额23.5亿，2015年度新增按揭楼盘5个，其中宇业集团、碧桂园三水桃园等大型楼盘的加入，个贷业务成为工作亮点。个人贷款余额及发放额在全省工行系统名列第一，县域市场占比第一。二是瞄准周边乡镇园区拓展小微企业信贷业务。小企业中心除积极参加县委县政府相关部门组织的银、企、政对接活动，适时主动组织银企对接活动十余次，为企业融资提供优质服务。县经开区，金洲新区、煤炭坝镇政府、门业工业园、夏托铺机械工业园、灰汤管委会、花明楼镇等，都对工行宁乡支行积极参与银企对接活动、为企业融资服务给予高度评价。特别是与煤炭坝政府的融资对接，区别于其他银行地单独召开银企座谈会，与参会企业产生共鸣，2015年营销客户8户，发放小企业贷款1.82亿元，储备意向客户2户，意向贷款1000万元以上。三是实施优化网点布局三大战略。工行宁乡支行争取上级行的支持，不断加大资金和科技投入，在网点建设上实行装修改造原有网点、大力兴建自助银行、率先推出自助银亭等三大战略。对业务繁忙、客户排队较多的城西支行、水晶城支行进行服务设施提质扩面改造，新建女人星自助银行。工行宁乡支行已拥有人工网点5个，自助银行(5+6)个，自助银亭3个，这些网点共有ATM柜员机33台，绝大部分是存取款一体机。特别是自助银亭以其投产快捷、功能齐全、简洁美观成为全县自助银行的亮点。为更好地服务宁乡县现代农业、现代旅游业等一些重点项目，工行宁乡支行在大成桥湘都生态农业园、香山冲舒翰休闲山庄新建2家离行式自助银行。网点服务客户的区域辐射到周边乡镇。四是改进提升大堂服务。对城内城西、玉潭等网点进行高低柜业务分离改造，把非现金业务从防弹玻璃隔离的现金区迁出到营业大堂，与客户进行面对面的业务处理，减少客户的排队等候，提高人性化服务水平，提高整体服务效率。五是内控工作取得突破性进展。坚持内控案防工作“一把手”负责制，把完成业务指标放在重要位置，把内控案防放在突出位置。通过积极开展主题教育，着重抓好管理人员、客户经理、柜员队伍建设，强化业务操作风险控制，强化员工内控意识提升，将各类违章违纪的现象制止在萌芽状态，全年无一差错事故及案件发生，业务发展依法合规安全运行。

【工作亮点】 2015年，工行宁乡支行针对不断降温的房地产市场，在政策钳制、信贷规模极度紧张的情形下，对香港宇业集团进行贷款投放，它是一家以房地产开发为主导，金融、创投、建材、物业等多业并存、跨区域发展的上市公司，1992年开始进入内地发展，境内有控股参股企业30余家，总注册资本30多亿元，具有国家一级开发资质。该公司是宁乡沩东新城公司招商引资的重点企业，是开发宁乡东大门的主力企业，计划总控制土地133.33公顷，已获批30.67公顷。工行宁乡支行主动上门，与沩东新城公司和该公司的负责人进行广泛的、频繁的接触，把该公司的银行业务拿到2工行宁乡支行，积极向上级行汇报，争取营业部、省分行的特别支持，已为该公司授信2.5亿元，已发放贷款1亿元，是全年全省工行系统唯一一家获批准入的房地产开发企业。工行宁乡支行抓住有利契机，创新营销模式，在全行开展POS机专项营销竞赛活动，组成“部室 + 网点”5个营销小分队，分赴5个专业市场片区营销。成功营销POS机530家商户，创下POS机专项营销的新纪录。个贷部门积极主动营销纯按揭项目，发放个人住房按揭贷款8.3亿元；个人贷款余额23.5亿元，2015年度新增按揭楼盘5个，其中宇业集团、碧桂园三水桃园等大型楼盘的加入，个贷业务成为我行工作亮点。个人贷款余额及发放额在全省工行系统名列第一，个贷中间业务在营业部排名靠前。 （办公室）

中国农业银行股份有限公司宁乡支行

党委书记、行　长
黄志光(9月免)
周卫东(10月任)

副行长
周卫东(10月免)
杨　勇
周　晓
唐小杰(8月辞职)
熊　滔(10月任)
郑　强(10月任)

【概况】 2015年，中国农业银行股份有限公司宁乡支行（以下简称农行宁乡支行)内设5个部室：综合管理部、风险管理部、运营财会部、公司业务部、个人金融部，下辖16个营业网点，5个离行式自助银行。年末在职员工228人。年末各项存款67.29亿元，比年初净增5.14亿元,其中储蓄存款51.47亿元，比年初净增3.96亿元,对公存款15.82亿元,比年初净增1.19亿元，贷款余额122.4亿元,比年初净增80.43亿元。存贷总规模、储蓄存款、代理保险、利润总额、不良贷款控,居全省农行前列，纳税额位居全县50强。全年无刑事治安经济案件，无重大事故,全支行平安。

【业务发展快速推进】 2015年,农行宁乡支行个人金融业务快速发展。储蓄存款业务成为全省品牌,个人贷款保持较高增长速度,电子银行业务、个人理财业务快速发展。对公业务创新发展。对公存款平衡增长，对公贷款大幅度增长,较年初净增80.43亿元,自3月份开办票据贴现新业务,年内累计出票220亿元，为全省农行唯一办理该项业务的一级支行，实体贷款在新常态下保持平稳增长。

【创新服务县域经济】 2015年,农行宁乡支行坚持服务县域经济发展、服务“三农”作为发展战略,以向客户提供优质服务为宗旨,提供多样性产品，推行服务多元化,提升金融服务水平。调整贷款投向,提供多样性的融资服务,为城投集团、流沙河城镇建设、园区企业发放贷款4.7亿元；小微企业贷款发展到34户;发放个人按揭、生产经营、消费贷款5.1亿元;拓展“三农”业务,开展社保一卡通、民生代理、惠农通惠农业务,其中发行社保一卡通27万张。

【渠道建设有效增强】 2015年,农行宁乡支行优化大堂服务,开发和配备超级柜台50台,点均超过3台,电子银行业务大幅增长,渠道交易量提升5.2个百分点，新增9台自助设备，惠农服务点业务量大幅增长，覆盖面100%,现代服务手段提升，降低柜员工作压力，顾客排队长的现象得到改观。

【农行队伍建设】 2015年,农行宁乡支行开展“三严三实”教育活动,合规文化教育,组织高频次专业技术培训，继续开展青年员工“每周一训”，对中年员工开展续航力培训，提升员工思想业务素质。重视人文关怀,各网点全部进行升级改造，工作生活条件得到改观。

【完善考核机制】 2015年,农行宁乡支行强力推行综合绩效考核,季度劳动竞赛,把绩效考核作为考核员工的主要方式，制定统一考核模板,定期绩效沟通,按季考核,基本做到按业绩论英雄,加强团队营销意识，激发员工工作积极性。 （办公室）

中国建设银行股份有限公司宁乡支行

行　长　万郑伟
副行长　曾永强
　　　　　戴湘华
　　　　　文彦龙

【概况】 2015年,中国建设银行股份有限公司宁乡支行（以下简称建行宁乡支行)规范、稳健和创新经营，围绕业务发展，团结一心,奋力拼搏,取得较好的成绩。至2015年12月31日,建行宁乡支行在职员工49人,下设3个网点。一般性存款余额24.23亿元,比年初增长1.78亿元。其中公司类存款10.67亿元，比年初增长833万元,个人储蓄存款13.80亿元,比年初增长1.69亿元。全支行各项信贷余额30.75亿元,比年初增长4.95亿元,其中公司类贷款14.16亿元，比年初增长3.22亿元,个人贷款16.59亿元,比年初增长1.73亿元,不良贷款839万元，贷款不良率为0.27%。实现中间业务收入1892万元,利润1.01亿元,人均创利约207万元,全年安全营运无事故。

【建行负债业务】 2015年,建行宁乡支行面对经济下行局面,全力营销项目夯实公司业务基础,个人负债业务稳步发展。一是做好个人客户维护,挖掘潜力客户。支行多次召开专题会议，积极开展旺季营销活动，通过重点走访VIP和潜力客户，与客户建立良好的感情联络。以网点经理、个人客户经理、个人业务顾问、大堂经理关键性岗位为牵头人实行分级管理,盯紧客户,抓牢客户,确保存量客户不流失。两节期间各网点增设窗口,延长服务时间,保证客户需求。二是拓展新客户,确保存款源头。营销新开户,注重个人存款的发展,实现常态增长。前台加大客户信息维护工作的力度,及时申办理财卡,留住客户。三是加强公私联动,拓展代发业务。利用公私联动，拓展代发客户和优质信用卡客户，为客户制定个性化公私综合服务方案，公私业务相互渗透加强。公司存款先抑后扬,通过项目营销,对接县内园区企业，在项目带动下，高峰时达12.14亿元。

【建行信贷业务】 2015年,建行宁乡支行积极向上级行争取规模,信贷余额比年初增长4.95亿元,存贷比128%。超额完成政府下达的投放任务。一是与政府对接，由省行领导出面与宁乡经开区、宁乡县政府签订100亿元战略合作协议，以此为契机，申报一批融资业务、发放一批园区项目贷款。投放宁乡经开区7400万元政府一类债理财业务，格湘家电产业园2.2亿元，六和通食品0.6亿元，万鑫精工0.1亿元，锦峰钢结构总授信达1亿元，投放0.72亿元。投放江城大河西农产品市场1.55亿元、金色夏威夷房地产开发贷款0.2亿元。二是中小企业业务稳步发展。2015年年末支行中小企业贷款客户25户，信贷余额2.63亿元，其中信用贷14户，余额2220万元。发挥支行小微企业信用类品种优势，与宁乡县国地税两局签订税易贷合作协议，先期对宁乡较具特色的豪德市场商会、汽车商会展开营销，获得一大批优质企业名单，得到企业和同行的认可。三是加大个人贷款投放力度，个贷业务稳步发展。以住房按揭贷款为依托，营销优质楼盘，营销二手房交易贷款，全年新发个人贷款3亿余元。加强对个贷业务的贷后催收管理，基本实现新发个人贷款零不良。

【建行内控管理】 2015年，建行宁乡支行按规定召开案防例会、网点晨会，利用周会和晨会学习相关制度、文件，及时传达风险提示、省行舆情监测、监察提示、业务风险提示等，采取自学、参加讲座、视频培训等，学习业务规章制度和内控案防制度，引导员工深入思考，总结反思各自在日常工作中是否存在违规行为，树立员工的规范操作理念和风险防范意识。对公客户经理连续参加上级行组织的3期以上信贷培训，反响良好。《合规建行，人人践行》倡议书张贴在宣传栏、员工食堂等醒目位置。开展第三方代销产品销售的排查、新放贷款回头看、非法集资风险专项排查、员工股市风险投资情况摸底排查、兼职情况调查以及员工常规排查等，强化员工的合规意识，促进各项业务的发展。

【建行优质服务】 2015年，建行宁乡支行继续推动民主评议行风和全国文明县城创建工作。响应政府号召，自觉接受市民、行风监管员的行风评议。树立“以客户为中心”的服务理念，强调用心服务，突出柜面和大堂，并着力引导客户使用网点智慧自助机，增强客户电子产品的体验。一是严格网点环境管理、服务规范、服务标准和服务设施摆放的规范性、统一性，规范业务标准服务用语、服务流程和产品销售行为。二是通过专题培训、座谈讨论、集中学习、不定期业务操作测试和员工自学等多种形式的培训，提高员工的综合素质和岗位执行力，开展标准规范培训，做到人人过关。三是通过现场服务质量检查、神秘人检查和调看录像等多种方式，促进网点服务质量和服务水平的提升。四是继续加大电子银行的推广力度，加强对网上银行、手机银行、电话银行和短信转账等电子产品的宣传推广，通过科技手段分流柜面客户。在全县各乡镇设立助农取款点50多个，延伸服务半径，拓宽涉农服务，满足农村客户的服务需求。五是参加全县社保卡的发放。进单位、园区、小区和乡镇，全年免费为客户办理社保卡2.55万张，让群众切实感受建行细致用心的服务。

【建行团队建设】 2015年，建行宁乡支行以改进工作作风、加强廉政建设为切入点，突出“实干兴行”理念。一是抓好班子建设。按照政治素质好、经营业绩好、作风形象好、团结协作好的“四好”班子标准，致力打造坚强领导集体，班子成员身先士卒，吃苦在前，全支行形成积极工作，勇于奉献的良好行风。二是抓好党员队伍建设，发挥基层党组织作用，开展党的“三严三实”教育，推行党员示范岗制度，发挥基层党组织在推动业务发展、服务群众、凝聚人心、促进和谐等方面的积极作用。三是抓好员工队伍建设，加强员工业务培训和职业道德教育，提高员工队伍业务素质，提高员工爱岗敬业意识，提高全支行整体服务水平，依靠过硬的业务素质及优质高效的服务留住客户、拓展市场，打造建行良好服务品牌。四是抓好党风廉政建设，按照上级行党委的统一要求，签订党风廉政建设责任制量化管理责任书，落实责任。聚焦“四风”问题，转作风，扬正气，增强党员干部党性修养、理想信念、宗旨意识，加强党风廉政建设。40多年全支行无一案件。五是关心关爱员工，共建和谐团队。薪酬分配向一线员工倾斜，发放网点岗位补贴。统筹资源稳步推进员工食堂改造、建好“职工之家”，开展形式多样的活动，促进员工身心健康。

（办公室）

中国农业发展银行宁乡县支行

副行长(主持工作) 姜 彪

【概况】 2015年，中国农业发展银行宁乡县支行（以下简称农发行宁乡县支行）原行长朱健强任职到5月底，因工作需要调省分行营业部机关任职。省分行营业部党委决定宁乡县支行由副行长姜彪主持工作。支行内设机构为办公室、客户业务部、财务会计部。年末在册正式员工17人、聘用员工4人。全年,开创了“三增一保”(各项存款余额、各项贷款、利息收回率等均实现增长,连续保持无不良贷款)新局面,完成全年各项工作任务。

【业务发展情况】 至2015年12月末,农发行宁乡县支行各项存款余额4.05亿元,各项贷款余额18.13亿元(其中:政策指令性贷款9.18亿元、政策指导性贷款7.02亿元、商业性贷款3000万元、挂账类贷款1.63亿元)。全年实现中间业务收入33万元,实现账面利润1642万元。

【支持粮食收储】 2015年农发行宁乡县支行落实国家托市粮收购政策,提前调研、掌握粮食收购情况,做到“钱等粮”,坚决不向农户打白条。全年,支行及时给中央储备粮宁乡直属库发放国家临储粮油贷款392万元,发放中央储备玉米贷款994万元,发放粮食最低收购价贷款2.97亿元。其中:最低收购价早籼稻贷款2.19亿元,最低收购价中晚籼稻贷款7800万元。

【支持城镇基础设施建设】 2015年农发行宁乡县支行发放非经营性水利建设中长期贷款8000万元,支持宁乡县八家湾水库综合治理工程项目建设;金洲新区东南片区两区同建项目通过省行审批,贷款15亿元。宁乡县沩水流域(宁乡段)综合治理工程(一期)建设项目,涉及贷款35亿元。营销农业发展基金项目6个,纳入国家发改委支持清单6个,支持金额1.44亿元,已发放0.9亿元。申报2个项目支持金额0.34亿元。

【化解重大贷款风险】 2015年农发行宁乡县支行化解湖南亮之星米业有限公司5980万元贷款的潜在风险,确保贷款本息的收回,得到上级行的肯定与表扬。

【学习教育】 2015年农发行宁乡县支行在“三严三实”“依法从严治行”等活动上下功夫。支行党支部落实上级党委要求,组织专题党课和民主生活会,开展专题教育活动,引导全支行干部职工提高认识,查找自身存在的不足,限期整改,营造风清气正的良好氛围。 (办公室)

中国银行股份有限公司宁乡县支行

行　长　董宇辉
副行长　叶　子
　　　　武次冰
　　　　姚志伟(挂职)

【概况】 2015年,中国银行股份有限公司宁乡县支行(以下简称中行宁乡县支行)有71名员工,下设综合管理部、公司金融部和个人金融部,在宁乡城区设有4家经营性网点(含营业部),有离行式自助银行和自助设备共6处,形成覆盖宁乡县城区主要区域,对接和辐射国家级宁乡经济技术开发区和金洲新区的布局。2015年中行宁乡县支行推行“强基础,促转型,增质效,防风险,重培训,优服务”的工作方针,年末中行宁乡县支行人民币各项存款余额28.61亿元(不含表外理财),较年初增长6.1亿元,完成全年计划的113.17%。其中,人民币公司存款余额15.36亿元,较年初增长3.8亿元,人民币储蓄存款余额13.15亿元,较年初增长2.21亿元。人民币各项贷款余额28.69亿元,较年初增长8.28亿元,完成全年计划的94.95%。其中,人民币公司贷款、票据贴现余额分别较年初增长2.57亿元、2.69亿元,计划完成率分别为49.3%,538.82%;个人贷款余额较年初增长3.2亿元,计划完成率168.41%,排名全省第二。实现业务净收入1.28亿元,计划完成率93.36%,同比增长2664万元,增幅26.25%。其中,净利息收入1.04亿元,计划完成率100.36%,中间业务收入2445万元,计划完成率72.05%,同比增幅均排名全省第一。实现拨备前利润8974万元,计划完成率93.43%;实现税后净利润5964万元,计划完成率104.77%,同比增幅均排名全省第一。在2015年的绩效考核中,中行宁乡县支行排名全省第二。

【负债业务】 2015年,中行宁乡县支行一是紧盯行政事业单位,由“一把手”牵头负责对接县政府、县财政局、县交通局、县城建投等行政事业单位,争揽财政存款和项目资金。二是紧盯存量客户,根据客户潜力,分层级上下联动营销,加强过程管理,力求落实到位。三是紧盯源头资金,在储蓄存款方面,确定“抓大不放小”的营销方针,在加强基础营销的同时,主动出击,大力营销源头资金。2015年一季度,实现新增存款8亿元的目标,各项存款余额首次突破30亿元,新增存款四大行占比67%,在全县所有金融机构存款新增额仅次于县农商银行。半年度,在同业排名中继续保持领先,各项存款新增在四大行中排名第一,在全县金融机构中排名第二,新增存款四大行占比48.98%,余额市场份额新增为2.55%,是四大行中唯一保持市场份额正增长的金融机构。

【资产业务】 2015年,中行宁乡县支行一是把握政策导向。在风险管控瓶颈压力下,紧跟国家战略实施步伐,以政府PPP、园区大型企业的项目贷款为授信业务的突破口,力促资产业务的健康发展。2015年,中行宁乡县支行成功投放湖南省内第一笔PPP项目—东城污水处理厂5000万元,并给支行带来塞恩斯环保2000万元贷款、城镇化项目4亿元贷款以及总投资10亿元的新污水处理厂的业务合作机会,与县交通局、中建五局30亿元PPP项目顺利签约。二是调整资产结构。公司业务方面,以票据业务为主要增长点。为加快业务发展,增加收入来源,支行及时调整思路,大力争揽票据业务,做大资金池,带动资产业务和收入的增长;个人贷款方面,强力营销中高端楼盘按揭客户和优质个投客户,通过开门红竞赛等各项激励方案强力推动个贷投放。

【风险管理】 2015年,中行宁乡县支行一是管好信用风险,全力化解不良。严控准入门槛。面对风险高发的经济环境,支行深入了解客户的实际需求,加强贷前调查,严防虚假融资、恶意违约的风险事件。加强贷后管理。严格按照授信业务贷后管理的相关规定,逐户落实,及时发现客户潜在风险,并进行有效化解。二是管好操作风险,培育合规文化。开展主题教育活动,提升合规意识,培育合规文化。组织中层干部及党员专题学习党内纪律处分条例及廉洁自律八项规定,组织学习参与民间融资认定标准及10个典型案例,组织员工开展各项业务规章制度的学习及业务知识竞赛、合规去哪儿、寻找合规代言人等活动,提升内控合规意识,控制操作风险。三是管好声誉风险,维护品牌形象。加强舆情监测、突发事件的应急处理和产品代销管理,加强员工职业道德教育,全年无风险事件发生。

【中行队伍建设】 2015年,中行宁乡县支行在经济下行和风险管控问题突出的压力下,紧扣"担当社会责任、做最好的银行"战略目标,对管理工作提出新的要求。一是召开职工代表大会,征集职工意见和建议,按照归属条线,限时督办,认真落实。二是继续加强部门工作作风管理。在全辖网点范围内进行机关人员工作作风的民主测评,了解机关员工工作情况,促进员工自我改进,增强执行力,提高工作效率。三是通过开展座谈会、户外活动等方式了解员工心理,营造良好的氛围,促进内部交流。支行党支部抓党建,推进队伍的思想建设、组织建设、作风建设,提高党员干部整体素质。

(办公室)

长沙银行宁乡支行

行　长　黄　彦(12月任)
　　　　谭　晨(2月任,8月免)
副行长　孙彬彬(12月免)

【概况】 2015年,长沙银行股份有限公司宁乡支行(以下简称长沙银行宁乡支行)以"创新发展"为主题,贯彻"以创新驱动转型,以创新驱动发展"的工作思路,在业务发展、网点建设、内部管理等方面都取得可喜的成绩,风险内控完善,管理水平提升,业务发展再创新高,全面完了各项工作目标和任务。长沙银行宁乡支行在职员工68人,下设3个网点——宁乡支行、宁乡金洲科技支行、玉潭支行,3家社区支行,5家自助银行,3个上门服务点。年末各项存款余额41.53亿元,其中个人储蓄存款9.07亿元,公司类存款32.56亿元。各项贷款余额45.29亿元,其中公司类贷款41.79亿元,零售类贷款3.5亿元,实现营业利润近1.2亿元。连续十年被宁乡县人民政府评为金融工作先进单位,被总行授予"先进支行"荣誉称号。

【服务地方贡献突出】 2015年,长沙银行宁乡支行贯彻"创新发展年"的工作主题,加快发展,推动各项业务逆势上扬,在支持宁乡建设、信贷投放方面,取得不错成绩。一是服务地方政务。年末支行表内外授信总额为45.29亿元,其中政务授信业务合计为35.82亿元,占整个信贷规模的79.1%。主要投向为宁乡县廉租房项目建设、园区基础设施建设、水利设施建设等。全年新增发放政务类贷款23.82亿元,其中包括城市发展基金6.95亿元、失地农民社保补缴资金信用贷款5.97亿元,超额完成县政府及县金融证券办的考核指标,支持宁乡基础设施和民生项目的建设,加快城镇化进程。二是支持中小企业。年末中小微企业贷款余额为5.97亿元,占表内贷款(含贴现)的18.35%,远超县域银行同业。仅2015年,就新增中小微企业贷款约1.2亿元。通过向中小企业推广风险补偿基金、融易通卡、长湘汇等特色产品,与宁乡县各大支柱产业实现全面深度对接。逐步与县经开区、县金洲新区、县金玉工业园和县域各大市场、商圈形成合作共赢关系。三是保障民本民生。有计划、有目标、分阶段推出"油多多、米多多""奔跑吧大奖""亲爱的,带上我"等一系列存款惠民活动，让储户享受到快乐和实惠。在社保方面，长沙银行宁乡支行从2005年开始独家代理宁乡县医疗保险银行卡的发行工作，共计发放约10万张医保卡并做好配套服务。2015年更是挑起重担，发放社保卡约10万张。配合宁乡县医保、社保民生工作，为居民提供贴心、周到的服务。

【网点转型加速发展】 2015年，长沙银行宁乡支行紧跟总行“三年翻一番，十年过万亿，领跑中西部，挺进十二强”的战略目标，积极部署，上下联动，通过网点转型实现加速发展。一是成功打造五星标杆网点。聘请专业机构讲师引进柜面服务和客户经理服务标准化流程，对员工进行服务礼仪和语言的强化培训，配合后续监督考核工作，提升对外形象和服务质量。2015年年底，打造出一家五星级标杆网点和一家四星级网点。开展“中层干部大堂服务体验调研”活动，组织中层干部每月在各网点值大堂经理一天，增进与客户的沟通交流，深入对一线服务工作的了解体会，解决服务中存在的突出问题和困难，客户服务体验获得较大提升。二是重点提升业务水平。延续上年的“业务大提升”活动，每周进行技能练兵和理论测试，提高一线员工的专业知识、技能水平、业务速度。三是优化网点布局，大力建设社区支行。坚持服务政务、服务市民和服务中小的核心理念，开展社区支行、自助银行的建设。2015年新建盛翠豪庭自助银行，第二家社区支行——花明楼社区支行，在网点分布上方便居民，打造贴心安全的“家门口的银行”。

【严控风控夯实基础】 2015年，长沙银行宁乡支行加强内部管理，在业务发展的基础上，严格控制风险，提高资产质量，夯实发展基础。一是规范信贷管理工作。制定信贷管理一系列制度，实时督促客户经理合规进行贷前调研、资料审核、完善封包、贷后管理等系列工作，并按时检查。严格贷款流程，将贷款资料的完整性、规范性，贷款办理的时效性、合规性纳入考核。二是创新风险管理手段。建立风险贷款名单制，创新非现场监管手段，开展担保公司担保授信业务、银票业务等专项风险排查，加强业务连续性管理，配合完成自助银行和收单业务连续性演练。三是加大不良贷款的预防、处置和清收力度。以“控新压旧”为中心，通过上下联动、一户一策，实行不良贷款清收责任机制、对口联系机制、动态名单制管理和诫勉谈话机制。

【安全保卫可圈可点】 2015年，长沙银行宁乡支行一是规范安保基础管理。设保卫专干一名，专门负责安保工作，规范各类台账的建立并及时登记。组织员工进行防抢、消防实地演练并定期学习相关文件，让每位员工认识风险，了解风险，自觉防范风险，全年实现安全无事故。在县公安局进行的金融机构年度安全评估检查中，长沙银行宁乡支行安保工作位居全县前列，受到各级领导的肯定。二是落实问责制度。严格按照相关部门要求，年初组织员工签订安全生产责任状、消防安全责任书，提高员工安全防范意识，定期对员工进行风险警示教育。三是检查督导到位。全面更换消防器材，进行消防、防暴演习，每季定期开展重要岗位及重点要害人员行为排查，每月进行谈心谈话活动，有效排除内控案防安全隐患。

（办公室）

湖南宁乡农村商业银行股份有限公司

党委书记、董事长	卢国军
副书记、行长	彭　滨
纪委书记、监事长	欧志坚
副行长	李泽义
副行长、工会主席	黄灵芝

【概况】 2015年，湖南宁乡农村商业银行股份有限公司（以下简称宁乡农商银行）围绕省市联社年初各项目标任务和打造“明星银行”的企业愿景，坚持业务提质与提速并举，改革与经营转型齐驱，取得较好的成绩。年末各项存款余额175.09亿元，较年初净增28.51亿元，增幅19.45%，各项贷款余额116.65亿元，贷款净增17.90亿元，增幅17.72%，年税收贡献1.4亿元。

【着力营销对接，服务县域经济】 2015年，宁乡农商银行一是掌握县域金融需求，拓展小微企业客户。紧跟县委、县政府步伐，对接全县“百日大战”340个重点项目，深入两区5园服务中小微企业，组织知识产权质押贷款、农副产品加工业风险补偿基金贷款、新材料新能源等5次专项信贷业务营销对接会，营业部、金洲科技支行专业对接两大开发区，农产品专业支行、煤炭坝支行专业对接辖内主题园区企业，业务部门明确专人联点营销。全年小微企业贷款余额为51.41亿元，较年初净增10.24亿元，增幅24.87%。二是坚持“支农支小”，稳步扩大“三农”信贷。拓展农村新型经济体，重点扶持家庭农场、农业龙头企业和农民合作社、种养大户发展，促进农业基地、农业园区、农产品批发市场发展。全年发放涉农贷款138.75亿元,农业贷款余额115.42亿元,较年初增加16.55亿元,增幅16.73%。三是顺应需求,推进产品持续创新。针对客户群体的特点和需求,推出知识产权质押贷、商标权质押贷、股权质押贷等动产融资类信贷产品,并引入县招商基金,推出招商基金质押担保贷,有效利用客户无形资产解决企业抵押物不足的问题。该行还推出房屋装修、车库和商铺置业贷、公务员消费贷款等,满足居民消费贷款需求。

【着力转型突破,激发经营活力】 2015年,宁乡农商银行一是推动特色专营。按照营销管理专业化、支行办贷专业化、营销团队专业化推动特色专营,将城郊支行转型为农产品加工专业支行,金洲支行转型为金洲科技支行,得到省市县政府高度肯定。二是高效运营资本。2015年,在货币市场收益率大幅下行的形势下,该行资金营运仍然保持较高收益。全年通过运用资金杠杆日均融入资金约10.6亿元,净创利约3270万元,较2014年增加2300万元,增幅159%。债券业务累计交易量2515亿元,居全省农村信用社第一位。在湖南农信系统首家申请发行二级资本债券。三是成为利率机制基础成员。通过市场利率定价自律机制的评选,该行正式取得利率定价机制基础成员资格,成为全省农信系统取得其资格的两家银行之一。2015年,该行在银行间市场发行首期同业存单,发行量2亿元,成为湖南农信首家在银行间市场发行同业存单的机构。

【着力市场需求,推进服务创新】 2015年,宁乡农商银行一是大力拓展"代收、代付、代理"业务。与县社保局和镇村加强合作,上村驻点发放社保IC卡,开拓和巩固基础客户,实现发卡、业务营销、评级评议与函证催收的有机结合。该行共发行社保IC卡31万多张,发卡率近80%,在全县所有发卡行中遥遥领先。二是大力推进便民金融服务点开设。2015年,该行便民金融服务点突破100个,为全县绝大部分村组居民提供方便快捷的金融服务,巩固和扩大基础客户,增强市场竞争力。三是探索城区离行式自助银行集中清机加钞管理。出台离行式集中管理办法,在城区离行式机具上成功实现集中加钞管理,提高离行式机具的运行效率。

【着力防案控案,实现平安运行】 2015年,宁乡农商银行一是注重案防意识的养成,推动培训教育工作。通过考试、案防培训、举办知识抢答赛等活动推进风险合规文化建设,让防案控案意识深入人心。二是严格稽核检查,堵塞风险漏洞。开展常规稽核,找出普遍性的问题,进行分析归类,严格整改措施,做到违章必纠,确保规章制度的严肃性。加强专项稽核,重点突出贷款管理、不良贷款责任认定及追究等方面进行专项检查,消除案件隐患。三是提高安全防范水平,确保一方平安。加大安防投入,加大对头寸交接、自助银行假钞、安全值班等重点时段的安全检查,确保全年平安。组织全行性的安全消防知识培训,进行消防演练,提高全员的消防安全意识;改进物防、技防设施,扩充监控中心机房点对点呼叫,24小时值班守护。2015年该行实现安全无事故、零发案。

【着力社会责任,提升企业形象】 2015年,宁乡农商银行一是提升服务质量,塑造服务品牌。组织优质文明服务培训,深化优质文明服务考评,提升服务水平,通过现场检查、视频监控检查及聘请专业机构对营业网点采用暗访的方式,定期或不定期对全行网点进行检查,并及时通报检查情况。二是增强集体凝聚力和向心力。发挥工会、团委等组织的桥梁与纽带作用,举办演讲、歌舞、登山、乒乓球、羽毛球等文体活动,组织召开全体退休员工会议和健康检查,对困难职工家庭进行走访慰问。承办和组队参加省联社2015年"福祥·宁乡杯"男子篮球赛并夺得道德风尚奖,这是县级法人行社首次独立承办省级赛事。三是主动承担社会责任。与宁乡关工委联合开展关爱失亲少儿公益活动,持续捐资扶助98名少年儿童读书;捐资100多万元在流沙河、煤炭坝、金洲、大成桥等乡镇建设村民广场,支持美丽乡村建设;发动全行员工为困难家庭、患病儿童捐资;定期组织员工献血;定期走访慰问五保老人;定点联系沩山乡沩源村开展精准扶贫;开展各级文明单位创建工作,营业部被评为国家级巾帼文明岗,社会形象全面提升。

(办公室)

中国人民财产保险股份有限公司宁乡支公司

经　理　刘　芳(女)
副经理　陈志刚

【概况】 2015年中国人民财产保险股份有限公司宁乡支公司(下称人保财险宁乡支公司)着眼提高服务地方经济社会发展的能力,在资源配置、风险识别、理赔管控上做努力,践行"以客户为中心"的大服务理念,全面对标市场、做优车险、做强商业非车险、做好政策支持型业务、做实渠道，强化销售过程管理，确保公司销售能力、盈利能力不断提升，为打造宁乡人保服务升级版努力。至11月，实现保费收入6668万元，同比增长12.43%，完成上级公司下达计划的83.35%；综合成本率为88.63%。其中赔付率为57.17%，费用率为31.46%。全年实现报表利润701元。公司全年赔款支出3563万元。

【推进车险业务发展】 2015年，人保财险宁乡支公司以"跑赢市场"为总要求，1月至10月公司车险完成实收保费4848万元，同比增长7.8%，完成年度计划的75.3%，赔付率53.02%，费用率30.73%，综合成本率83.74%，完成承保利润730万元。其中家庭自用车实收保费3245万元，同比增长30.37%，非营业用车实收保费402万元，同比减少6.4%，营业用车实收保费892万元，同比减少24.31%，特种车实收保费141万元，同比减少23.22%。限制高风险车辆承保，成功将高风险的营业车辆及特种车承保比重降低，自用车占比由上年的55%提高到67%，盈利能力得到明显提高。主要措施：一是细化续保工作，缩小任务差距，1月至10月公司续保率64.07%，同比增长3.98%，但仍低于市公司平均水平，离72%的年计划还有7.93个百分点的差距。虽制订相应的续保率考核办法，但收效甚微，没有起到应有的作用。通过放开到期前7天的续保业务，交由分散性专营团队集中呼出，每周晨会上抽查各业务员的脱保业务，营销管理系统的使用对续保率有一定的帮助，为保证业务真实的体现在各业务员系统内，公司每天把营销管理系统的使用情况进行通报，督促业务员每天使用，对前期任务执行率不高的业务员专门召开培训会议，组织学习，公司每个业务员熟练掌握系统使用方法，坚持不懈，续保率有一定提升。二是团车业务收效明显，公司1月至9月累计上报团车项目20个，新增保费242万元，重点攻克三大校车公司业务，县域校车基本投保，新增车险保费近60万元，通过校车带动客运公司业务，成功签下嘉年华和辉祥公司客运车业务，力争百分之百承保，成也客运和公汽公司初步达成意向，货运公司方面成功与长沙同旺汽车销售公司签订协议，新增货运新车保费近百万元。三是车商业务获得增长，车商业务是公司发展的基石，宁乡车商市场大小保险公司共14家，渠道业务与人保财险宁乡支公司竞争大的主要为平安，太平洋，中华联合，大地，华安公司。宁乡4S店共8家，大小二级卖场共38家。车商业务占比第一位平安，第二位人保财保。整个市场普遍新车费用较高，平均达到20个点以上，而且宁乡修理厂多4S店少。对车商业务进行全面整合，剔除一些业务发展潜力小、效益差的修理厂，如爱车一族等，重点发展大车商、4S店，集中公司送修资源，全力支持合作好的车商，彻底改变送修不到位，各车商对人保财险宁乡支公司送修不满意的局面。通过市公司一店一策的政策，开展对全县车商的扫店行动，新增合作车商十余家，1月至10月新车业务1117万元，同比增长40%，车商业务发展进入良性循环轨道。四是工作落到实处，由经理室带头，每人联系单位，收集单位员工车辆信息，达到"散单团做"的目的，人保财险宁乡支公司与7家省管单位和22家市管单位成功签订合作协议，收集信息4582条，完成保费收入384.9万元，但离市公司下达的任务还有较大差距。

【加快商业非车险业务发展】 2015年，人保财险宁乡支公司非车险任务1054万元，其中财货险330万元，责意险724万元。至12月10日，合计完成916.67万元，完成年计划的86.97%。其中，财货险完成193.45万元，仅完成年计划58.62%，责意险完成723.22万元，完成年计划99.89%。主要措施：一是抓好续保，确保业务不流失。按照《长沙市分公司商业非车险续保管理办法》，把续保工作涉及的每一个关键节点落实到位，建立完善续保业务责任制，提前一月督促业务员联系客户续保，并收集续保意向，对没有把握的续保业务，收回公司实行开放式竞争，梳理已脱保业务，再次与客户沟通，分析脱保原因，争取二次营销，对制约续保达成的各种因素保持高度警觉，强化上下联动，有效消除不利因素确保续保率的提升。二是紧抓银行渠道业务发展。一周三蹲点，每个银行每周不少于三次的蹲点和拜访，与银行各层级人员保持良好的沟通合作关系，积极维护，努力拓增业务。三是加强重点险种及项目的推进。校园系列保险，保持与县教育局的友好合作关系，细心维护，校园系列保险共收取保费246万元，其中校责险保费收入148.92万元，学意险保费收入96.87万元。食责险。与职能部门进行业务对接，通过县教育局统保全县学校食堂的食品安全责任险，收取保费15.6万元；通过与县质量技术监督局对接，取得该局食安科的配合和支持，承保22家食品生产企业食责险业务，收取保费8.6

万元。承运人责任险。与各校车公司和客运车队保持合作关系,统保全县的校车承运人责任险,共收取保费95.02万,业务发展态势较好。安责险。与县安监站保持沟通合作,及时跟进赔案的处理,确保报建项目承保全覆盖,共收取份额内的占比保费170.9万元。治安家财险。与县综治办和各乡镇对接,由于未能取得政府有力的考核政策支持,虽付出了较多的精力,但收效甚微,全县33个乡镇仅17家开展业务,共收取保费23.12万元。黄金珠宝财产险。与县黄金珠宝商会保持沟通,协助业务的拓展,共签单68笔,收取保费30.35万元,为了抢占市场业务份额,尽快实现预期的业务规模,与商会共同策划新的实施方案,安排专人赴黄金批发中心配合商会拓展业务。手机意外险及其他小险种。将任务分解到团队和个人,建立严格的考核机制,周周例会进行业务宣导和业绩追踪,提前完成手机意外险的销售任务。四是提升队伍能力,创新营销意识。成立非车险团队。实行手把手"授人以渔"的方式培养非车险专业人才,加强业务培训和技能锻炼,帮助员工脱离依赖思想,培养独立开拓的能力。组织各种非车险业务知识和专业技能培训,引导各个团队优化团队业务,针对自身业务属性,挖掘非车险保险潜力,全员非车险销售意识提升,公司大部分员工充分利用车险联合销售及手机意外险销售平台开拓非车险业务,并涌现出一批善于挖掘非车险资源的人员,为公司非车险业务发展储备力量。

【强化"三农"保险服务体系建设】 2015年,人保财险宁乡支公司积极稳地开展政策性保险业务,一是营销政府,争取农险规模。政府出台一系列的强农惠农政策,对农业保险的投入越来越大,人保财险宁乡支公司争取险种承办,促使县政府将公益林和茶树保险业务交给人保财险宁乡支公司承办,保费收入425万元,较上年同期增长60%。二是加强"三农"保险服务体系建设。1月至11月,宁乡共建5个营销服务部。至12月10日,宁乡"三农"实现保费收入1533万元。在上年的基础上增长56%。主要措施是:搞好建设,使"三农"营销服务部团队氛围浓郁并持续向好,"三农" 营销服务部有意识地建立自己的团队管理制度,如煤炭坝营销服务部建立团队人员考核激励制度,流沙河营销服务部建立各团队成员内部管理制度,严格考勤、考核、单证和电脑管理等,搞好职场建设,打造干净、整洁和文化氛围浓厚的职场。按照上级公司要求,每个营销服务部建立8本两档,职场环境和柜面人员的服务都严格按照5S管理标准,营销服务部经常开展活动,相互交流,取长补短,营造良好的团队氛围。做好市场分析和保源调查,抢占市场先机。营销服务部分析市场,摸清保源,掌握区域市场的保源状况和发展潜力,对调查情况进行整理分析,确定下一步的营销方案。至12月,4个营销服务部共收集保户信息8.9万余条,对于收集上来的信息,花明楼营销服务部和煤炭坝营销服务部通过内勤进行电话呼出,让部分信息转化为产能。文化引领,增强忠诚度和向心力。"三农" 营销服务部每月集中进行二次培训,学习产品、公司政策、销售技能,通过交流使每个员工认可品牌和服务。宣导公文化和服务理念,使每个员工和客户对"中国人民保险"和"PICC"耳熟能详,使"中国人民保险"品牌根植三湘大地老百姓心中。

【强化服务能力建设】 2015年,人保财险宁乡支公司对标需求优服务,一是推进客户服务标准化建设。要求柜面人员学习标准化服务手册,配合上级公司组织的"服务标准化竞赛",不定期开展考核与检查。二是推行差异化服务建设。推动VIP客户服务落到实处,推进客户俱乐部项目,丰富"人保之友"俱乐部活动,提升品牌效应,整合增值服务资源,增强优质客户黏性。向客户推荐添加"湖南人保财险客户优服务"微信公众号平台,满足客户需求。

【推进人才队伍建设】 2015年,人保财险宁乡支公司定期召开班子成员会议,分清责任,将工作落实到人,提升职业经理人的责任担当意识和专业素养。按照上级公司要求培养一名组训人员,提高队伍的活力。组织青年员工活动,让公司员工设定自己的职业生涯规划。强化培训,每周至少一训,召集全体员工学知识,长技能。 (办公室)

中国人寿保险股份有限公司宁乡支公司

党总支书记、经理

肖　凌(女)

副经理、工会主席

罗　强

周　锋

【概况】 2015年,中国人寿保险股份有限公司宁乡支公司(以下简称中国人寿宁乡支公司)设经理室、综合管理部、个险销售部、银行保险部、团体业务部、客户服务部6个部室,下设个险收展部

1个、城区营销服务部1个、农村营销服务部13个。全公司共有人员1070人，其中机关人员53人(签订劳动合同员工34人、退休9人、劳务派遣人员10人)，个人代理人977人、银行保险部理财经理20人、客户经理13人，团体业务部客户经理7人。全年，各线业务发展良好，共完成总保费2.45亿元。其中寿险新单保费8904.22万元，短险保费1590.24万元，期交4931.83万元；风控管理良好。总保费市场份额继续领跑宁乡寿险市场。业务结构更加合理，经济效益稳步提高，是全省30强支公司之一。

【个险、团险、银保业务】 2015年宁乡个险专业化支公司取得较好业绩。新单期交3944.93万元，同比增长80.62%。其中三年期交1770.02万元，十年期交1522.56万元。全年营销增员1070人，三晋率保持在60%以上。对标平安，宁乡业务、人力指标绝对占优。2015年宁乡团险渠道保费收入1403.88万元，同比增长19.34%，其中：小额保险保费收入132.17万元，同比增长195.48%；信贷保险保费收入47.86万元，同比增长48.14%；员工福利计划保费收入104.4万元，同比增长39.17%；计生系列保险保费收入195.83万元，同比增长13.52%；学生保险保费收入867.04万元，同比增长5.28%。短险简单赔付率33.27%。荣获省公司2015年度“计生保险百万县”“小额保险百万县”荣誉称号。2015年银保达成新单保费3084.79万元，达成任务总目标的58.49%；达成期交保费451.99万元，达成任务总目标的56.5%，其中10年期目标110万元，达成38.32万元，达成率为34.84%。在人力方面也取得一定成绩，客户经理年度目标为30人，2015年达成架构人力30人，达成率为100%；理财规划师年度目标为40人，其中2015年新增46人，达成架构人力57人，达成率为142.5%；较好地完成上级公司下达的任务指标。

【客户服务、综合业务】 2015年，中国人寿宁乡支公司客服部共扫描纸质投保单、电子投保单1.63万件，短险新单录入800余件；处理保全件3.5万件，处理理赔案件7000笔，共计赔付金额1100万元，拒付和协商案件100多件，共计金额拒付和协减金额200多万元。全年完成系统内回访2.86万件，新单初审回访7000件，保全委托回访5000件，完成CC系统新单回访6480件，失效回访1544件，即将永久失效回访342件，成功追加新电话2000余件。V8系统和SLBPS系统收费1.5万笔，共收费金额1800余万元；年金及万能系统共付费15笔，付费金额为65万元；养老发放2万多笔，共发放金额600万元。综合部各司其职，分工不分家，有序开展各项工作，圆满完成公司下达的各项任务。

【健全管控机制】 2015年，中国人寿宁乡支公司业务部门每周例会必谈序时进度和下周工作目标，通过数据分析找差距，对照差距寻求解决问题的办法和途径。管理部门把优质服务和合规经营摆在重中之重，上级公司对口部门每月都对相关业务考核指标、反洗钱、销售督察、内控制度执行等情况进行打分，将管理的软指标进行细化和量化，提高工作质量和工作效率。通过“三严三实”“廉洁自律”“树立正确的世界观、人生观、价值观”等专题学习，全员的思想观念从关心绩效工资的多少，转变为“多问自己到底为公司创造了多少绩效”，企业文化如同一个强大的磁场，激励每位员工自省和主动工作。结合上级公司推行的“员工两个规范”、月度考核、工作日志填写和指纹考勤等制度，中国人寿宁乡支公司进行全员培训，并将执行情况纳入月度绩效考核。每月由主管经理对本部门员工工作进行点评和计分，及时发现并解决一些问题，防范经营风险。并将内控工作纳入全体员工本职工作考核，凡是在支公司抽查和上级公司检查发现缺陷的当事人都与月绩效挂钩，促进全员增强责任心和执行力，使制度落到实处。国寿“E学系统”上线后，组织全体员工积极参与，全部按时完成“人身保险基础知识”(下)在线学习。全年全员共参加上级公司“内控合规”“诚信我为先”“保险法律法规”“反洗钱”“岗位专业技能”等考试。

【参与当地工作】 2015年，中国人寿宁乡支公司参加县委、县政府召开的会议和举办的各项活动，参加县人大、县政协换届选举工作。危房援建工作、“四比四抓”争先锋，“政风行风”评议、水利局河道维护工程，普法考试、消费者协会等工作，完成各项任务。

（罗　斌）

方正证券股份有限公司宁乡营业部

总经理　　李　武

【概况】 2015年，方正证券宁乡营业部内设营销部、交易部、客户服务部、合规管理部等部门，有员工27人。全年营业部全体员工统一思想、扎实工作，积极提高服务水平,努力开拓经营,促进了营业部各项工作的完成。

一、业务经营增强,创新业务开展有条不紊。在证券行业创新发展的大背景下，公司倡导卓越领先的金融服务理念，整合各业务板块打造全方位、多层次的综合金融服务体系，并积极探索综合经营的发展模式。2015年,方正证券宁乡营业部根据发展金融创新业务的经营方针，推进保证金理财业务、融资融券业务、投资顾问业务、期货中间介绍业务等创新业务,既盘活存量客户,又吸引一批新客户。参与宁乡经济建设，与宁乡本地各银行单位建立合作关系，为证券客户创造良好的通道环境。

二、重视内控合规管理。经公司统一审核批准，营业部按要求设立合规管理岗位，合规管理岗位人员不负责与合规管理职责相冲突业务，合规管理岗位人员履行岗位职责，营业部给予合规专员履职的独立性，确保合规专员能够享有充分履行职责所必要的知情权和调查权，及时提出制止和处理意见并督促整改，定时组织员工进行合规管理培训，合规专员及时将有关的文件、资料存档备查，对履行职责的情况作出记录。2015年进行两次营业部内部控制自查工作。

三、持续开展投资者教育,增强投资者风险意识。宁乡营业部根据中国证监会和公司总部的具体要求，开展投资者风险教育工作。营业部成立风险教育领导小组,加强员工和客户培训,一方面使员工深刻了解投资者教育工作的必要性和紧迫性，使各部门加强联系和配合,互通有无,在各自的岗位上力争将投资者风险教育工作具体落实。另一方面在客户中开展投资者教育宣传工作。在营业部的公告栏制作“投资者教育园地”,在大厅显要位置张贴颜色醒目的风险提示标语，宣传栏张贴有关投资者风险警示的投资知识。客户来办理业务时,工作人员认真审核客户资料，保证投资者资料真实、准确和完整,详细解释《风险警示书》,并且做好客户风险能力测评工作，按照不同客户的特点和投资需求，给客户讲解和宣传证券市场基础知识,讲解开户和交易流程、证券投资常识与风险控制，加深与客户的了解和沟通，得到客户及上级部门的认可。

四、营业部严格按反洗钱有关的法律法规及公司制定的相关制度要求，依法合规开展反洗钱工作。结合公司指引及实际情况，制定、修改《客户身份识别操作细则》《客户身份资料及交易记录保存管理办法》《反洗钱可疑交易处理与报告流程》《反洗钱报告、报备材料的报送流程》《反洗钱客户风险等级划分处理与报告流程》《反洗钱工作资料保存和信息保密制度》。反洗钱内控制度和流程涵盖客户身份识别、客户身份资料和交易记录保存、大额和可疑交易的识别分析和上报工作、洗钱案件线索报告、客户风险等级划分、协查与保密、宣传培训等内容。遵守上述各项内控制度和流程，在反洗钱的各项具体工作中均执行到位，加强员工反洗钱履职行为的管理，并严格依法合规开展反洗钱工作。参与反洗钱知识宣传，在人民银行宁乡县支行的指导下，于2015年参与两次大型的反洗钱活动，在营业部现场及所在小区中开展反洗钱宣传，让市民对反洗钱有了一定认识。

五、完善各项规章制度,做好安全保卫工作。宁乡营业部根据公司下发的《关于加强安全保卫工作的指导意见的通知》,制定《方正证券宁乡营业部突发事件应急预案》等,使突发案件工作处置规范化、制度化。根据消防安全防卫工作的需要,建立《宁乡沿河北路营业部安全保卫档案》，逐步完善《断电清场制度》《消防安全管理制度》《用火用电管理制度》《员工消防教育培训制度》《消防设施器材维护保养制度》等一系列制度，全年无各种案件发生，安全保卫工作中的安防、消防、保卫、人防等一切正常。

（办公室）

科技·教育

科技管理

县科学技术局
党组书记、局长 戴金波(9月免)
刘建斌(9月任)
副 局 长 欧跃武
孙春华(11月免)
唐凤华(11月免)
何姝仪(11月任)
纪检组长 邹慧明
党组成员 桂建科

【概况】 2015年,宁乡科技工作在县委、县政府的"创新驱动"战略引导下,把创新作为转变发展方式、提升产业层次的重要手段,完善创新体系建设,推进传统产业改造升级和高新技术产业发展,全县科技创新取得显著成果。年内,共争取国家、省、市各级科技项目167项,其中国家科技支撑计划2个、省重点研发计划2个、省培育发展战略性新兴产业专项引导资金项目申报2个、市重大专项5个、县域经济发展技术创新引导专项申报项目4个。按照《宁乡县人民政府办公室关于明确2014年有关工作考核奖励项目的通知》,发放科技奖励金额158万元。县域经济发展技术创新引导专项项目申报2个。围绕"4·26"世界知识产权日,开展2015年宁乡县知识产权宣传周活动,组织企业进行知识产权培训。组织召开银企对接会,促成戴丝光电等5家实现知识产权(专利)质押贷款3030万元。举办参加长沙市第三届中小学知识产权教学竞赛选拔赛和承办长沙市第三届中学组知识产权教学竞赛,宣传普及知识产权知识,提高学生的自主创新意识和知识产权意识。宁乡县被评为2015年湖南省知识产权工作先进县,专利工作连续三年被评为省知识产权工作先进县。

【科技发展环境】 2015年,宁乡县科技创新取得显著成果。一是突出政策引导,制定《宁乡县科技计划项目管理办法》,规范本级计划项目,对县内主导产业、主要企业有计划有步骤地扶持引导;出台《宁乡县知识产权质押贷款管理办法》,支持知识产权成果产业化,拓宽科技型、品牌型中小企业融资渠道,规范宁乡知识产权质押贷款业务,保障知识产权质押当事人合法权益;修改并完善《宁乡县科学技术奖励办法》,奖励和扶持的力度增强。二是全力向上争资,累计到位资金5000多万元(2014年共4000万元)。三是强化科技宣传。全县共培养30名基层科技信息员,创建5家市级科技信息服务站,专家队伍人数达50人以上,组织举办了20期网上讲座,发送信息1万多条,结合科交会、科技活动周、科技助农直通车、科技特派员等活动,开展送科技进社区、进企业、进学校、进农户等社会服务活动,在全县营造科技创新的良好氛围。活动期间,共发放科普宣传资料1.2万余份,赠送科技、专利书刊5500册,宣传农业技术、知识产权保护、申报专利等科技知识,在社会上引起强烈反响。

【科技自主创新平台建设】 2015年,宁乡县经开区创业服务中心正式被认定为湖南省科技企业孵化器;金洲新区成功申报宁乡高新区;一园一中心正式运营;获省级工程技术中心1项,市级工程技术中心1项。湖南省大学科技产业园和湖南省高等院校知识产权运营服务中心正式揭牌,经开区农业科技园申报国家级园区正式启动。至2015年年底全县已有国家级工业设计中心1家、省级工程技术中心7家、省级工业设计中心1家、市级工程技术中心17家,博士后科研工作站2家、院士工作站4家、国家企业孵化器1个,省级企业孵化器1个。

【科技计划与成果工作】 2015年,宁乡县共有国家级工业设计中心1家、省级工程技术中心7家、省级工业设计中心1家、市级工程技术中心15家;全年获得省级科技进步奖1项、市级科技进步奖8项、市科技创新创业领军人才奖1个。

【高新技术企业】 2015年,全县新认定(引进)高新技术企业21家,全年实现高新技术产业产值1194.27亿元,实现增加值288.05亿元,高新技术产业增加值占地区生产总值比重28.7%(2014年为23.6%)。引导装备升级与评审工作。协同县财政、经信一起,做好企业引进先进装备验收、专家评审。共有28家企业的52台套装备拟定为宁乡县2015年第一批先进装备补贴项目。加强银企对接,拓宽融资平台。征集技术需求11项、融资需求3项、人才需求3项,落实签约项目8个,拟签约金额23.2亿元。全年共为企业争取项目资金近5000万元。

【科技特派员工作】 2015年,县科技局完善科技特派员制度,新增市级科技特派员1名,科技特派员数量达19人。深入全县13个乡镇开展科技普及、科技服务工作,科技特派员们用自己的专业知识、技术成果为全县"两型"社会建设添砖加瓦,发挥优势。下村进合作社开展驻点服务,包括实用技术指导、举办专题培训班、新品种新技术引进、病虫害防治等,帮助农民和合作社提高科技种植、养殖技术,在科技特派员的精心指导下,农民的致富本领不断增强,科技特派员为全县第一产业的发展作出很大贡献。

【科技活动周】 2015年,科技活动周期间举办宁乡县科技活动周启动式暨科技下乡活动,4月15日至5月24日,全县各部门、各乡镇机关干部、科技人员深入乡村、企业、学校及街道、社区开展各种科技宣传活动,提高科普宣传工作的质量和水平。全县所有工业企业、部分中小学校参加知识产权培训。4月15日至4月30日开展宁乡县创新发明标兵评选。4月30日举办全县高新技术企业认定培训工作会议,5月22日举办2015年宁乡县中小企业银企对接会。共悬挂"创新驱动发展　科技引领未来""加强自主创新,建设创新型宁乡""加强防灾减灾,建设美好家园"等横幅标语20多条,发放防灾减灾、农业养殖技术、果蔬种植等相关资料共1万多份;在宁乡电视台、《今日宁乡》、县公众信息网和宁乡科技网站等媒体中,报道活动的相关新闻,对帮助人民群众增强科学意识、弘扬科学精神、传播科学知识、运用科技成果、构建和谐宁乡产生积极的推动作用。

【知识产权工作】 2015年全县专利申请1380件,同比增长20.95%,其中发明专利申请371件,同比增长20.06%;全县专利授权955件,同比增长10.02%,其中发明专利授权146件,同比增长71.76%。湖南省倍康卫生用品有限公司和湖南三星机床有限公司被列为2015年长沙市企业知识产权管理规范化试点企业。宁乡县专利大户楚天科技股份有限公司董事长兼总裁唐岳凭借公司自主研发申请近2000项专利并使其产业化,成为宁乡县进入湖南省创新创业巡回报告团的唯一成员。通过知识产权战略推进工程、企业培训和专利技术产业化、重点发明专利维持、试点示范学校建设争取省市知识产权专项资金132.5万元。协助县政府出台《关于2014年科学技术奖励获奖项目评定结果的通报》,奖励2014年度知识产权项目109.1万元。表彰奖励20名工人创新发明之星。贯彻实施《国家知识产权战略纲要》和《湖南省专利条例》,利用国家、省、市各级科技投入政策,支持、引导全县开展科技创新,对全县中小微企业、专利项目承担企业、高新技术企业及县域内的相关企业开展企业自主知识产权状况摸底调查,上门服务企业150家。宁乡县知识产权局与专利代理机构签订战略合作协议,并引进深圳市兴科达知识产权代理有限公司长沙分公司、长沙智德知识产权代理有限公司和长沙市标致专利代理律师事务所在宁乡县设立办事处。全年开展专利行政执法检查5次,查处侵权假冒和标识不规范专利案件43件,超额完成省市交办的任务。

【科技统计工作】 2015年,县科技局组织举办宁乡县高新技术企业统计培训会议。县经信局、县统计局、县经开区、县高新区和玉潭、夏铎铺、白马桥三乡镇的分管领导和统计员,宁乡县高新技术企业和准备申报高新技术企业的统计负责人共200余人参加培训。就如何做好新形势下高新技术统计工作,如何进行高新技术产业增加值统计和R&D经费统计进行业务指导,并就规模以上工业企业科技年报、企业创新情况年报、高新技术产业季报等相关问题进行业务培训,提高科技相关统计工作效率和准确性。

(办公室)

科技普及

县科学技术协会

主　　席　胡日新
党组书记、副主席
　　李　杰(9月免)
党组书记　胡利元(9月任)
副 主 席　杨桂香(女,11月免)
　　张丽群(女,11月免)
　　邓志强

【概况】 宁乡县科协成立于1956年,2015年全县有33个乡镇科协,15个学会协会(研究会)。全年,县科协立足本职,服务中心,创新发展,圆满和超额完成各项工作任务。

【科普示范村(社区)项目建设】

2015年，宁乡县科协实施“党建带科普”的方针，由县委组织部、县委宣传部、县财政局、县科协4家单位联合在全县开展科普示范村（社区）项目建设。在各乡镇申报推荐的38个单位中，通过实地考察、综合评审等程序，召开项目建设经验交流会命名表彰20个村（社区），发放奖扶资金40万元，推动全县技术普及和全民素质提高。

【青少年科技创新县长奖评选】 2015年，宁乡县科协严格程序，精心组织，联合县教育局、县科技局、县财政局、团县委等单位，面向全县各中小学学校评选10个青少年科技创新项目，在宁乡双江口中学召开全县第三届青少年科技创新县长奖总结表彰大会，发放奖励资金10万元，产生良好社会影响。

【实施“科普惠农兴村计划”】 2015年是宁乡实施科普惠农兴村计划的第6年，宁乡县科协联合县财政局，坚持标准，在各乡镇申报推荐的27个对象中，评选先进农村科普示范基地4个，先进农村专业技术协会4个，先进农村科普带头人8名，发放奖扶资金20万元。科普惠农项目以点带面，培育农民，致富农户。

【农副产品电商示范项目建设】 2015年，宁乡县实施“互联网+科普”行动，在全县开展十佳农副产品电商示范点评选，命名表彰9家农副产品电商，发放奖励资金9万元，为优化农副产品流通模式发挥一定的作用。

【成功创建2016—2020年度湖南省科普示范县】 2015年，宁乡县积极开展2016至2020年度第一批省级科普示范县创建申报，经审核，已被省科协认定，7月29日，省科协副主席彭华松一行到宁乡县检查调研，给予充分肯定，成功创成2016至2020年度省级科普示范县。

【开展科普宣教活动】 2015年9月，宁乡县科协邀请全国政协文史和学习委副主任卞晋平到宁乡举办“加强协商民主，推进三大建设”的第二届“楚沩发展大讲堂”报告会。面向全县开展送科技下乡、科普进社区活动，先后邀请相关专家学者，在沩山和老粮仓中小学、宁乡县第十三高级中学、玉潭实验小学和煤炭坝镇、大成桥镇等地，举办科技辅导员专题讲座2次，科普讲座52次，培训1.18万人次。开展科普大篷车进校园活动3次。在县文体中心、金海实验小学和花明楼、玉潭、夏铎铺、白马桥、巷子口等乡镇开展科技模型比赛、科普展板宣传、社区消防知识演练等科普活动26场次。

【项目建设与双百服务】 2015年，县政协副主席、县科协主席胡日新带领工作队员深入百大建设项目（中谷科技、欧凯门业）和百家优强企业（卫红米业、龙凤机械）开展帮扶工作28天次，帮助解决融资、项目争取、土地等具体问题3个。向上争取科普项目。推荐宁乡县新建苗木经纪人协会、宁乡县巷子口绿色水果科普示范基地、农副产品电商示范推广、名胜山苗木种植科普示范基地等4个项目，成功被批准为省市科协和中国科协2015年基层科普行动计划实施项目，年内到位项目资金63万元。

【党组织结对共建及群众工作】 2015年，宁乡县科协联系回龙铺镇塅家桥村精准扶贫工作，机关支部书记带队，组织3名干部，每月下村1次以上，指导参与回龙铺镇塅家桥村美丽乡村建设，支持村级专项资金3万元。通过宣传发动，建设农民科普文化广场，做好一组的示范片工作，村民小组掀起美丽屋场、美丽庭院建设的热潮。开展党组织结对共建及群众工作。组织回龙铺镇塅家桥村村干部赴坝塘镇乐安村、偕乐桥镇竹田村学习乡村环境整治，动员群众硬化公路近3千米，指导做好村部建设、科普示范村创建，走访慰问困难群众，村级整体工作明显提升。

【服务园区助推发展】 2015年，宁乡县科协服务园区企业，邀请省市科协领导到县经开区和县高新区考察指导，搭建院士专家工作站。长沙赛恩斯环保科技有限公司和湖南谷力新能源股份有限公司2家企业被批准为第三批市院士专家工作站建站单位。楚天科技、飞翼股份2家企业被批准为省院士专家工作站。9月，协助市科协在县高新区开展“2015年中国（长沙金洲）锂电谷院士专家行”系列活动。加强协调，争取重视支持，县经开区被批准为首个“湖南省省级海智计划工作基地”，为县域经济发展打造高端人才“洼地”。借势发力，12月会同县高新区承办2015年中国科协会员日（湖南）主场活动。中国科协代表、省科协领导和部门主要负责人、省科协代表、部分省政协科协界委员、部分中国青年科协奖和湖南省青年科协奖获得者、部分全国优秀科技工作者和省级学会、高校科协、园区（企业）科协代表近70人出席。宣传推介县园区经济发展和科技科普事业成果。 （办公室）

教　育

县教育局

党委书记、局长　黎爱莲(9月免)
戴晓成(9月任)

副局长、副书记　樊　扬

纪检组长　符灿阳(县纪委派驻)

副局长　万志强(9月免)
文玉华　伍学军
喻汉科　曾曙光

工会主席　刘国强

党委委员　陈有余

县人民政府教育督导室

主　任　彭惠才

副主任　何日阳(11月免)
李命均　周汉学

【概况】 2015年,宁乡县有各级各类学校581所,在校学生18.98万人,在职在岗教师1.12万人。其中,学前教育机构253所,在园幼儿3.94万人,专职幼师1598人,保育员536人;中、小学校309所,特殊教育学校1所,共有学生11.44万人,在编教师6781人;高中12所,共有学生2.99万人,在编教师1789人;职业学校6所,在校学生6129人,在岗教师职工477人。2015年,宁乡教育工作坚持顶层设计、高位均衡的改革和发展思路,学前教育提速发展,义务教育内涵发展,高中教育优质发展,职业教育提质发展,民办教育协调发展,社区教育蓬勃发展,宁乡教育工作呈现高效、持续、健康的发展态势。宁乡县被评为全国德育科研工作先进实验区,宁乡县教育局荣获2015年国家义务教育质量监测优秀组织单位奖、长沙市教育局"六个走在前列"大竞赛暨绩效考核优秀奖、宁乡县年度绩效考核一等奖,被评为省教育阳光服务优秀单位,教育局领导班子被宁乡县委评为"五好班子"等荣誉。

【国民教育体系】 2015年,宁乡县学前教育,学前一年入学率100%,三年毛入学率90.4%,实行"以奖代补"的方式,推动公办幼儿园建设,全年改、扩、新建公办幼儿园20所,保证每个乡镇至少有1所以上公办幼儿园,11月,宁乡县幼儿园"对口支援工作"经验在长沙市学前教育工作大会上被作典型推介。义务教育,初中入学率为99%,小学入学率为100%,巩固率为100%;坚持立德树人,全面推进素质教育,举行第二届"楚沩德育论坛",科学部署"讲道德,明是非,守纪律"集中教育,双凫铺中心小学获全国"文明礼仪"德育漫画赛和"优秀组织学校奖",夏铎铺镇中心小学少先队作品获国家二等奖;深入推进高效课堂建设,组建课改联合体200个,成立20个名师工作室。2015年宁乡县被选为教育部基础教育质量监测样本县;2015年中考总分平均分为663.79分,较2014年提高5.32分,全科合格率为92.6%,总分优秀率为65.02%,初二地生两科平均分为157.57分,较2014年提高6.44分,两科全科合格率为82.1%,较2014年提高6个多百分点,两科全科优秀率为49.9%,较2014年提高8个多百分点。高中教育,按照特色发展思路,宁乡县高中教育基本形成"一校一特"的良好局面。宁乡一中的田径、宁乡四中的柔道、宁乡十三中的科技创新、宁乡十中的定向越野、宁乡六中的文史、宁乡实验中学的剪纸、玉潭中学的摔跤都是特色品牌;2015年高考全县二本上线共计3487人,上线率44.49%,一本上线共计1082人,上线率13.8%,北大、清华、香港中文大学上线4人,全县专科上线率理科达99.46%,文科达98.65%,均创宁乡教育历史新高。职业教育,2015年,宁乡县职业中专通过"国家中等职业教育改革发展示范校"评估验收,成为省市首批国家中职改革发展示范校,以职教中心为大本营,联合金洲新区、经开区内企业与宁乡职业中专组成"宁乡金?经"校企合作联盟,深入推进校企合作办学;致力于打通从中职到高职的衔接通道,宁乡县规划用地1万亩,建设香山教育城,计划引进10所以上高等职业教育学校。民办教育,宁乡有各级各类民办学校(机构)213所,其中职业教育学校3所,基础教育学校8所,培训学校45所,幼儿园157所,民办学校在校学生(幼儿)3.56万人,专任教师1735人;金海中学的高效课堂和闪光教育、金海小学的书法特色、玉潭中学的"三雅"文化、金砺小学的英语特色、百灵鸟小学的品牌德育、云山小学的国学教育、碧桂园学校的出国留学培训,都从不同侧面擦亮宁乡民办教育的招牌;金海中学承办全国民办中小学高效课堂现场观摩研讨会。社区教育,宁乡有社区学校33所,学员1.8万人;回龙铺镇被评为2015年全国社区教育示范乡镇,菁华铺、喻家坳、流沙河社区学校被评为市示范性社区学校,沩山社区学校评为市优秀社区学习中心,玉潭街道学庵社区学校、历经铺街道金南社区学校、灰汤镇汤泉社区学校、白马桥街道正农社区学校创建市级示范性社区学校,灰汤汤泉社区学校《温泉旅游文化课程》被列入湖南省社区教育特色课程开发项目。

【教育治理体系】 2015年，宁乡县教育改革，全面落实教学常规，抓实抓好教育教学工作；全面推进义务教育阶段素质测评，强化特色学校评价，成功组织全国义务教育质量监测，受到国家督学的高度评价，学生在各级各类竞赛中，近4000人次获得国家、省、市奖励；强化考试导向，创新交互监考模式，实行网上评卷，启动全县小学学业水平调研测评；深入推动职业教育改革，宁乡职业中专学校成功创建为国家中等职业教育改革发展示范学校；全面创新特殊教育，虎山特殊教育学校建立在校学习和送教上门教学体系，送教上门电视专题片获得长沙市一等奖。依法治教，结合整治查处“四风”问题，规范教育收费行为；计财科和后勤办出台学校食堂、商店管理办法，严格公示制度，推行标准食谱，成立膳食委员会，组织师生同餐和满意度调查，全面提高后勤服务质量；组建教育行政执法大队，对涉嫌非法办学的无证机构下发整改通知，取缔6所无证幼儿园；宁乡依法治教工作经验在长沙市被推介，坚持诚信考试，创高考省无差错考试县。安全工作，2015年未发生涉校重大安全事故，推进“互联网+教育”战略，建成宁乡县校园安全监管指挥中心，县域“校园安全隐患排查管理系统”被立项为“湖南省教育信息化专项试点项目”，在全省推广使用；宁乡六中等7所学校被评为省、市安全文明校园，城北中学评为全国禁毒教育示范学校。财务管理，制定下发《宁乡县2015年经费支出管理规定》，组织系统内财务人员专题培训；全年筹措各类教育经费14.47亿元，争取市级以上资金3.4亿元；对全系统固定资产进行全面清理，实现条码化管理；完成审计项目20个，审计总金额5.3亿元，清理固定资产5000万元，督促落实审计整改意见29条；《2015年度财务收支审计项目》被评为湖南省、长沙市内部审计质量一等奖。阳光服务，构建县、乡、村三级阳光服务网络，实现阳光服务全覆盖，县教育局阳光服务经验在湖南省被推广。县教育工会组织教师全员体检、春爱妇女、夏搭鹊桥、金秋助学、冬送温暖、师德演讲、文娱体育竞赛等活动，提高教师幸福指数；教育基金会全面开展“爱烛行动”“圆梦助学”行动；开展精准扶贫，集体筹资160多万元，用于改善扶贫村办学条件，捐资10余万元对口扶助枫木桥杏村。

【优质教育资源】 2015年，宁乡县办学条件改善，完成改造42所薄弱学校、创建30所合格学校、建设20所公办幼儿园、建设1543套教师公租房等在内的六大类157个学校建设项目；县教育局荣获省、市为民办实事工作先进单位、项目建设工作先进单位荣誉称号，并申报“2015年度重大项目奖励”；在长沙市农村区县中率先建成覆盖全县所有学校的教育城域网，装备移动多媒体、固定班班通、多点触控一体机1506套，新装学生机房295间，净增计算机1.1万台，建设网络学习平台、资源共享平台、教学视频应用云平台等5大资源应用平台。队伍素质提升，招聘新教师438名，选送115名应届初、高中毕业生参加农村中小学教师公费定向培养；实施教师5年360学分制培训计划，组织教师参加国、省、市、县培训7353人次；新组建10个名师工作室；重视国培项目，成功申报首批中小学教师培训国培项目县，国培远程教育工作获全省先进；成立师德师风建设办公室，铺开师德师风巡讲；谢洛克、夏福良、刘小平等老师分别被评为长沙市教育系统“道德模范”“湖南最可爱的乡村教师”“长沙市党和人民满意教师”；代表宁乡接受长沙市党风廉政建设考核获好评。开放办学水平提高，采用委托管理的形式办学，高标准建成宁乡一中白马桥中学；引进长沙卫职院落户香山教育城；宁乡职业中专推进校企合作办学，创新冠名办班、订单教育、顶岗实习等校企合作“八大平台”，完善“学校+园区”的办学思路。

【李微微调研宁乡阅读教育】 2015年4月2日，湖南省委常委、省统战部部长李微微、“阅读·梦飞翔”文化关怀慈善基金会主席梁伟明，考察宁乡县阅读教育情况和省级“同心项目”阅读·梦飞翔文化关怀项目建设情况。县经开区工委书记、县委书记黎春秋介绍宁乡县阅读教育发展的情况。宁乡县以“阅读·梦飞翔”为契机，引进香港先进的阅读教育理念，培养孩子们的学习兴趣和创新能力，推动宁乡阅读教育的发展，促进全社会形成良好的学习氛围。

【湖南省基础教育质量监测中心调研宁乡义务教育质量监测工作】 2015年5月25日，湖南省基础教育质量监测中心主任黄威龙、长沙市教育局副局长邓芸、长沙市人民政府教育督导室主任党朝荣调研宁乡县迎接教育部义务教育质量监测工作的准备情况。义务教育质量监测是国家任务，更是国家意志，宁乡被选定为国家基础教育质量监测样本县，对于宁乡教育既是一项挑战，更是一个契机，全县统一认识，高度重视,认真组织,用行动再一次证明宁乡无愧于教育强县的称号。

【教师“国培计划”项目县落户宁乡】 2015年6月3日,湖南省首批“国培计划”项目县评审结果出炉,宁乡县榜上有名,获批“国培计划”项目县资格,成为长沙市首批唯一评审通过的单位。此次项目评审全省共有100多个单位申报。经县市区申报、市州初审推荐、省教育厅组织专家评审,通过网络评审、现场集中评审和答辩评审等程序,最后评定宁乡县等27个县市区为湖南省首批“国培计划”项目县。宁乡县教师进修学校承担的“国培计划”在7月份开展培训工作。

【王柯敏调研宁乡教育工作】 2015年11月3日,省教育厅党组书记、厅长、省委教育工委书记王柯敏,省教育厅党组成员、工委委员、副厅长邹文辉一行,到宁乡县实地调研湖南省教育考试院命题中心、香山大学城、湖南省大学科技产业园等项目。王柯敏表示对于省教育考试院命题中心项目的建设,省委省政府高度重视,明确要求加快项目建设,他要求省教育厅及宁乡县通力协助、尽早理顺完成好项目建设前期相关工作,确保国家高考考试招生工作的顺利进行。随后王柯敏、邹文辉一行还到香山大学城选址以及湖南省大学科技产业园实地调研,并在县行政中心召开了座谈会。

【启动第四届“廉政文化月”活动】 2015年11月11日下午,宁乡县教育系统党风廉政建设推进会暨第四届“廉政文化月”活动启动仪式在县教育局举行。符灿阳宣读廉政文化月活动方案,安排部署行风建设工作和后段纪检工作。经县教育局党委决定,11月举办教育系统第四届“廉政文化月”活动,以“让廉洁成为一种生活方式”为主题,分崇廉尚洁的价值取向、廉洁从政(教)的工作操守、健康节俭的生活方式三个篇章,组织开展画廉展廉、讲廉唱廉、学廉考廉、三风建设评议、特色单位推介、廉政谈话和廉洁承诺、师生同餐光盘行动、绿色出行活动、规范公务接待、廉政主题篮球友谊赛十项活动。

【阅读教育再获佳绩】 2015年11月19日,2015年湖南省“阅读·梦飞翔”文化关怀慈善基金?阅读教育文化建设经验交流暨表彰大会在益阳市南县人民会堂举行。在这次会议上,宁乡被评为“整体表现优秀县区”;菁华铺中心学校、大屯营中心学校、城郊中心学校被评为阅读教育优秀中心校;白马桥滨江小学等6所学校被评为优秀阅读教育学校;菁华铺中心小学被评为进步学校;菁华铺中心学校邓胜良等三人被评为阅读教育优秀中心学校领导;城郊中心小学易红辉等8名校长被评为阅读教育优秀校长;城郊中心小学卢驿等8名老师被评为阅读教育优秀老师。

【宁乡“薄改”经验获肯定】 2015年12月4日,湖南教育电视台《今日视点》栏目以“教师‘下乡’促均衡”为题,专题报道宁乡推进师资均衡发展的经验。电视专题片《宁乡薄改之路》,得到湖南省教育厅高度肯定,推荐到教育部展播。12月18日,改造薄弱学校经验介绍文章《公平之光——宁乡县推进义务教育均衡发展纪实》在《湖南日报》被深度报道。

【回龙铺镇被评为2015年全国社区教育示范乡镇】 2015年在教育部职成司指导下,受中国成人教育协会委托,社区教育专业委员会开展2015年社区教育示范街道(乡镇)申报与评审工作。经专家评审,共评出255个社区教育示范街道(乡镇),宁乡回龙铺镇社区学校成功入选(湖南省仅评选9个街道、乡镇)。

(办公室)

县职业中专学校

县职业中专学校

党委书记	易　勇
校　　长	贺建辉
常务副校长	沈　平(9月免)
党委副书记	赵　欣

【概况】 县职业中专学校占地215亩,建筑面积约8万平方米,主体建筑17栋,总投资2.1亿元。实训建筑总面积105万平方米,实训设备总值2652万元。拥有校内实训基地2个,实验实训室44个,在三一重工(宁乡)、中联重科、兰天集团、楚天科技等15家企业建立顶岗实习基地。新增汽车喷涂、酒店前厅实训室。在籍学生3931人,教师职工234人。开设机械加工技术、汽车制造与检修、电子电器应用与维修、会计、计算机应用、焊接技术、旅游服务与酒店管理、电子商务等专业。2015年,学校通过国家三部委验收,正式成为全国第二批、长沙地区第二所国家中职改革发展示范学校。学校研究制定《办学章程》《学校“十三五”发展规划》《中高级职称量化评价指标》。全年获得湖南省职业院校技能竞赛二等奖(中职信息技术专业类)、2015年湖南省职业院校技能竞赛二等奖(中职加工制造专业类)、长沙市第七届大中专学生自主创业项

目设计竞赛优秀组织奖、长沙市第七届大中专学生自主创业项目设计竞赛三等奖、宁乡县第三届学生技能大赛优秀组织奖、宁乡县2014—2015学年高中高考质量优胜奖、2015年度长沙市中等职业学校学生文学知识竞赛中团体二等奖等荣誉。2015年,学校工作亮点突出：一是通过国家三部委验收，正式成为国家中职改革发展示范学校。二是各项科研课题成效突出。三是对口升学、专业技能比赛、教学技能比赛均有新的突破。四是办学影响不断扩大。吸引广西桂平等职教考察团来校交流。推进中高职衔接项目。省、市、县新闻媒体81次宣传推介学校动态和办学成果。学校参选《湖南日报》主办的“魅力校园”评选。经验材料《构建“一三五八”模式,促进“政校园企”深度融合》在市职业教育工作会议中被推介。

【教学工作】 2015年,县职业中专学校加强教学情况督查、课堂评价和教学事故通报。继续组织师徒结对活动，共推出骨干示范课18堂、青年教师汇报课35堂、新教师汇报课17堂，开展赛课21堂、说课比赛18堂。以赛促练,重视学生基本功训练。教研组开展有针对性的学生竞赛。在学生技能竞赛中,1个项目参加国赛；省赛二等奖2个，三等奖1个;市赛一等奖10个,二等奖28个,三等奖32个,酒店服务和英语专业获市团体一等奖，会计和计算机应用专业获市团体二等奖；县第三届学生技能竞赛县一等奖52个,获团体一等奖;市现场网页制作竞赛一等奖2个,三等奖1个；科技创新市一等奖1个,二等奖2个,县一等奖2个。2015年178人参加对口高考,二本上线59人,上线率和录取率均创历史新高。349班谢碧林为商贸专业对口升学状元。在征文、廉政漫画、演讲等各类比赛中,均获得较好成绩。

【科研工作】 2015年,县职业中专学校加强教师队伍思想道德、专业素养、教研教改能力培养。有针对性地开展学习，组织征文比赛。校本培训、教师沙龙逐步常态化。邀请县师德讲师团,德育专家涂俊礼、唐添翼,微课(慕课)培训专家等来校讲座。组织66名教师参加县第一、二期高中教师信息技术应用能力提升工程培训、全县信息技术观摩课活动，全年组织教师参加省、市以上各级各类培训和学习182人次。教学线和学生线均开展“师徒结对”活动,新教师业务能力快速提高。开展骨干教师示范课、新教师汇报课、推门听课、共读一本书等活动。召开2013年度立项的两个省级课题的中期推进会;召开《农村中职开设乡村旅游专业的探索研究》《联手小微企业对中职学生进行创业教育的实践研究》两个课题的前期认证会;《农村中职学校培养乡村旅游人才的探索与实践》被立项为省职成教科研规划重要课题。饭店服务与乡村旅游专业群被立项为市职业院校示范性特色专业群。全校有23位老师的论文获省、市一等奖;有10人次在各级刊物发表文章；成立技能大师工作室。

【管理工作】 2015年县职业中专学校抓好班子队伍建设。根据工作需要改革人事制度，创新用人办法,调整人事选聘,健全行政班子；加强党风廉政建设，开展“三严三实”专题教育实践,重视党员教师的党课学习、交流研讨和谈心谈话，邀请党校副校长朱锡宁到校讲座；对行政班子开展廉洁自律风险防控座谈并签订责任状;研究制定《学校“十三五”发展规划》和《办学章程》,修订《中高级职称评定方案》《课时工资计算方案》《部室经费改革方案》,加快依规依法办学治校的进程。领导班子坚持一线任教和行政值周,深入一线听课、评课,对卫生区域实行分层分片包干责任制，营造良好的校园环境；带头落实行政联班,各分管工作成效突出。发挥校纪委、教代会作用,坚持集体决策,民主监督。实行校务公开和阳光教育服务，规范校长信箱管理,加强行政督办和行风建设,全未出现教职工违纪违规现象。部室逐步形成管理特色。机械部重视专业教师培训，促进青年教师成长；强化教研教改和实训管理,统一实习实训指导书5册,出版专业教材4本。以专业为桥梁,加强校企、校际对接交流。以专业教师牵头组建4个工作室（站),推进中高职衔接，为专业建设共争资45万元。汽修部加强制度建设和常规管理，学部活动紧扣专业发展,注重学生养成教育。老师袁媛获得全国汽修专业说课二等奖。汽修专业接受省“十二五”中职特色专业验收获好评，并成功被立项为市职业院校现代学徒制试点专业。商贸部加强“三十秒整理”精细化管理和教研教改,罗玄、肖纯、范洁3位老师获国家级教学比赛一等奖，旅游酒店专业课题研究成绩突出，技能竞赛两专业获市团体一、二等奖。电信部通过“夺红旗 争先进集体”评比增强班级凝聚力和竞争力；通过教育教学“传、帮、带”缩短新教师成长期;重视技能培训,阶段实训项目有序开展;网页制作、学生专业技能、信息奥赛等市级以上竞赛成绩突出。财务后勤管理严格规范,做到开源节流。争取省级资金596万元,市级资金108万元,按时发放教职工基本工资、绩效工资、各项补助,为教师职工专心搞好本职工作提供物质保障,保证学校经费的正常运转。由教代会和工会小组成员参与财务审计,规范各科室收费行为。后勤管理责任落实到位,为教育教学提供优质服务。学生宿舍新安装空调设备、热水系统,食堂开水供应充足。总务科采购程序规范,建好校产台账,配齐消防器材,维修维护及时到位。后勤中心食堂、商店严格控制进货渠道,保证货物优质低价。做好招生、人事、宣传、接待、档案工作。提高招生门槛,秋季高一招生1449人;办公室能如质如量完成上级交办的人事工作,在校内宣传方面,调动各科部室宣传的主动性;挖掘学校科部室工作亮点,加强对师生典型和毕业生典型的采写宣传力度;与85级、92级7个班的258名毕业生建立联系,重点推介毕业生典型52名,邀请优秀校友回校举办创业报告分享会。阳光教育服务点成员分工合作,未出现越级上访和集体上访现象。全年共接待上级领导、兄弟学校70多批次。外出学习档案管理经验,完成2014年学校纸质档案和电子档案归档。推进工会和督查工作,加强民主监督管理。工会组织举行球类竞赛、跳绳比赛、合唱舞蹈、趣味运动会等文体娱乐活动,丰富教师职工业余生活。倡议全校教师为重病教师爱心捐款近9万元;重视对离退休教师的慰问,为教师购买大病互助医疗保险;加强对教师办公室、教师职工宿舍卫生评比;组织教师职工体检,慰问特困教师;组织青年教师相亲活动,关心新教师生活学习,提高教师幸福指数。学校督查室在人手紧张的情况下,创新工作方法,调整督查重点,加强对行管系列的专项督查,加强对各科部室过程管理和考核,对班子副职进行第三方考核评价。德育管理成效明显。开展班主任师徒结对活动,推出18节主题班会示范课;组织到十中和高新技术工程学校学习班级管理经验,通过“请进来,走出去”的方式加强班主任队伍建设;德育序列化活动、第二届女生节系列活动、校园文化艺术节系列活动的开展,“云云访谈”专栏的开设,均产生良好的育人效果;成立“巧艺工作室”,帮助贫困学生校园创业助学,学生社团发展到10多个;组织第25届青年党校培训,发展赖薇等三名学生成为预备党员;学生围墙边购物、外出上网、校园内使用手机等问题的整顿成效明显;安全教育常抓不懈,德育研究和心理咨询工作常态化。拓宽校企合作平台。组织校园大型人才招聘会,80余家企业参加招聘。新增冠名班级7个,毕业生就业率为100%,本地就业率96.37%,对口就业率86.35%,企业对毕业生满意率达95%以上,加强对顶岗实习生的管理与教育,实习稳定率达72%。向浏阳、醴陵陶瓷等兄弟学校学习交流就业工作经验。开展“百名职教人服务企业”的活动,深入160家园区企业进行调研。学校申报成为市职业技能培训定点机构、县农业局新型职业农民培育基地、县商务局农村电子商务培训基地,全年共完成各级各类培训6030人,培训总收入约225万元。完成技能鉴定1169人,合格率96.58%。体育馆和住宿部得到合理利用。

(谢道远　周　海)

宁乡一中

党委书记、副校长　蔡桂莹
副书记、校长　欧阳才
副校长　刘科中
　　喻海伦(9月免)
　　刘建群　彭建伦
工会主席　廖和键(9月免)
团委书记　侯志宏
保卫科科长　卢　炜

【概况】 2015年,宁乡县第一高级中学(以下简称宁乡一中)有84个教学班,5300多名学生,378名教师职工。全年,宁乡一中以立德树人为根本,牢记“办人民满意的教育”的使命,围绕“三相领先、国内一流、国际知名”的办学目标,突出重点,强化举措,狠抓落实,不断开拓进取,各项工作圆满完成。

【党建工作】 2015年宁乡一中严格按照程序开展“三严三实”专题教育,高质量完成各项工作。组织全体党员参观县“三大建设”成果及赴韶山进行政治考察学习;以支部为单位进行党员党性定期分析评议,评议结果全部合格,涌现出刘刚等20人为代表的优秀共产党员;举行宁乡一中庆祝建党94周年活动,对先进基层党组织、优秀党务工作者、优秀共产党员予以表彰。严格落实“三会一课”制度,组织召开5次支部书记会议,先后三次组织全校党员学习4堂党课。坚持群众路线,加强家校联系,组织党员教师职工和班主任共计202人对600余名“三困生”进行大家访活动。在师德师风建设方面,严格执行教育部“六条禁令”,全校范围内组织学习。完善阳光服务站建设,共接受县内外10多批次学习交流，工作经验被作为全市典型推介。落实行政值日制度，在不定期全校性大规模督查中，没有发现一例迟到、早退、缺岗、不备课上课以及其他违反作风建设规定的情况。

【高考新篇】 2015年，宁乡一中高考，一本上线701人，上线率首次达到85%；二本以上上线1270人；600分以上人数118人；各项指标均位居长、望、浏、宁4区市县一中及周边县市同类学校首位。

【德育教育】 2015年宁乡一中落实和强化法制安全教育、养成教育、女生工作、心理健康教育，确保学校良好校园秩序，确保新校搬迁后从未发生过重大安全责任事故的佳绩，通过县文明办、县消防大队、省厅平安校园建设检查验收。打造好文化育人的平台。《养成教育读本》《阳光女孩》等德育校本教材，《击流》《德馨园》《女生园地》等校园刊物，湘都杯英语口语大赛、艺术节、学生社团活动、主题教育活动等校园文化活动，赢得师生和家长的一致赞誉，营造健康文明、格调高雅的校园文化氛围。学校团委被授予“长沙市雷锋服务”基地称号。拍摄的视频在长沙市的“我为核心价值观代言”视频征集活动中入选长沙市优秀行列。承担的课题获得团县委创新课题特等奖。校团委获得县“共青团工作考核一等奖”。

【艺体风流】 宁乡一中在2015年世界中学生田径锦标赛中，627班学生范迪生荣获世界冠军，657班黎汝获110米栏世界亚军，625班秦梦获400米世界季军。参加2015年全国中学生田径锦标赛，夺得5金1银4铜。参加湖南省中学生田径运动会、湖南省青少年田径锦标赛、湖南省传统校田径运动会、湖南省青少年举重赛，共夺得两个团体总分第一名，一个团体总分第二名，一个团体总分第三名，夺得个人金牌29块，银牌13块，铜牌17块。参加长沙市中学生田径运动会，夺得团体总分第一名，获得9金6银5铜。参加长沙市三独比赛，获6个一等奖，8个二等奖，14个三等奖。

【特色建设】 2015年，宁乡一中学校德育经验被《中国教育报》以《德育为先，师德为首，在这里闪耀光芒》为题专题推介。德育在思想引领、队伍优化、过程管理、人本关怀、协同教育、德育科研、艺体教育、校园文化建设等8方面取得突出成绩，形成育心为上、人本关怀、预防为主、全程优化、严抓常规、突出主题、科研提质的德育特色。宁乡一中作为湖南省示范家长学校、长沙市女生教育示范学校、长沙市心理健康教育优秀学校、长沙市雷锋号单位受到上级领导的充分肯定，在省督导评估中宁乡一中德育系列被评为优秀。

【教学科研】 2015年宁乡一中组织教育部“一师一优课、一课一名师”网上晒课活动。学校教师全员参与，60堂课被评选为县级优课，20堂课被评为市级优课，11堂课被评为省级优课，陈天文、唐新阳、刘妮子3堂课被评为部级优课。校长欧阳才主持的省重点资助课题《普高学生社会责任感教育研究》深入开展，有5篇论文在核心期刊上发表，两篇在省级杂志刊发；有37篇德育论文获得省奖，陶灿莹的《家长巧教育，孩子上网不上瘾》、罗银的《家庭如何开展社会责任教育》两堂德育课被评为省、县一等奖。组织数学教师参加湖南省解题竞赛获团体一等奖，邓晨亮获省一等奖。黎国之选送作品参加第114届巴黎国际发明展览会获铜奖。在五市十校教学交流及教学比武中肖艳湘获一等奖，刘菊兰获二等奖。在2015年数学、物理、化学、生物奥赛中，共有34人获国家二等奖，11人获国家三等奖，71人获省一等奖，学校获奥林匹克竞赛优秀组织奖。在第30届全国青少年科技创新大赛中，学生彭佳梦、刘鎏，获全国三等奖。在第十五届“明天小小科学”奖励活动中，学生王睿智获全国三等奖。

【校园文化】 2015年，宁乡一中校园文化建设融道德文化、科学文化、活动文化、制度文化、环境文化、精神文化于一体，发挥文化育人功能，成绩突出，魅力四射。落实美丽校园建设，围绕“诚信勤朴、文明进取、责任担当”，在校园精神文化、制度文化两方面着力，努力构建与时俱进、彰显一中特色的校园文化体系，力求文化育人。充分利用学校宣传栏、教室环境布置、黑板报、校园广播、学生社团各种方式宣传学校文化，高水平高质量办好《击流》《德馨园》《女生园地》等校园刊物，打造好文化育人的平台。成功举办宁乡一中艺术节、湘都杯英语口语大赛，赢得师生和家长的一致赞誉；组织开展丰富多彩的学生社团活动，营造健康文明、格调高雅的校园文化氛围。组织班级、寝室文化建设，学生科和年级进行评比，营造浓厚的学习氛围、积极上进的德育氛围，校园文化体现出新、实、活的特点。

【奖教助学】 2015年，宁乡一中全年学校基金会募集资金160余万元，奖励和资助师生100余万元。开展形式多样的工会活动，开展困难教师帮扶工作，进行精准扶贫。

【安保后勤】 2015年，宁乡一中筹款近200万元购置电子白板192套，对全校所有教室更换现代化的教学电子白板。学校公租房项目工程建设在国家审计署专项督查中被高度赞誉，县领导多次评价为“手续最全、程序最规范、建设速度最快”的公租房建设项目，被赞誉为“绿色工程”。学校食堂全年共接收省市县10多次检查，均被给予高度评价。全年饭菜供应正点、准时，未出现一例食品安全及机械设备安全事故，有力保障学校教育教学工作的顺利进行。在9月下旬的秋季食品安全卫生工作专项检查中综合评分全县第一并被拟向省市主管部门现场推介。（办公室）

宁乡四中

县第四高级中学
党委书记 黎卫华
校　　长 刘建军

【概况】 2015年，宁乡四中有教师职工199人，在校学生3100多名。全年学校坚持以办好人民满意教育为目标，团结和动员全校师生员工，创造较好的办学业绩，获得“湖南省生态文明示范学校”“长沙市教育系统党员干部培训示范实践基地”“全县高中教育教学质量优胜奖”“全县教育系统绩效考核第一名”等荣誉。

【推进思想治校】 2015年，学校注重创新办学理念，发挥思想引领作用，推进思想治校。一是创新办学理念。以建设“学生喜欢、教师幸福、社会满意的理想学校”为目标，凝聚正能量，发扬好作风，调动全校师生员工智慧和力量，让每个师生做最好的自己，努力把学校建设成为师生幸福成长的精神家园。学校思想氛围浓厚，教师敬业乐业，学生乐学上进。二是加强文化建设。优化环境布置，新增“思源石”景观及文化标牌20多处。拓展文化活动，坚持开展教室寝室文化设计比赛。创新宣传方式，巩固和强化宣传阵地，形成健康、高雅、文明、向上的文化氛围。三是改善办学条件。投入500余万元，完成田径场、篮球场塑胶改造及校内道路提质工程建设；投入30余万元，完成教室电化教学设备改造。加强校园环境的管理和维护，开展生态文明教育。学校办学条件和校园环境提质。

【坚持德育为首】 2015年，学校以“德育为首，育人为本，安全第一”为理念，加强和改进德育工作，巩固常规管理，丰富序列活动，深化德育研究，提高德育实效。一是健全机制，抓实常规。进一步健全班级量化评价机制，坚持以班级综合评比为抓手，以养成教育和培养学生行为习惯为重点，全面加强常规管理。发挥学生能动性，推进学生自主管理，促进学生自我完善、自主发展、自我提高。二是丰富载体，深化活动。强化主题教育，以重大事件和重要节日为契机，开展学雷锋、爱心工程、法治教育、成人仪式、纪念抗战70周年等系列主题教育。完善序列体系，以序列教育为平台，开展主题班会和班团活动。加强女生工作，以女生教育为抓手，开展女生辅导及相关知识教育。突出心理教育，开发心理校本教材，开设心理健康讲座，开展心理教育活动。三是注重研究，提升品质。推进德育课题研究，国家级德育子课题《农村高中养成教育资源开发的研究》于年末顺利结题并取得良好效果。学校获得全国和谐德育年会“2015年度优秀实验学校”称号，10位教师获“优秀实验教师”称号，40多篇教师论文获得奖励。四是强化安全，确保稳定。坚持安全第一，加强安全工作，落实安全责任，完善安全措施，建立健全安全工作责任制，定期开展安全隐患排查，全年未发生安全责任事故，学校保持平安稳定。

【加强队伍建设】 2015年，学校强化领导班子建设，发挥班子成员示范带动作用。建立学习反思机制，定期召开行政议事会、务虚反思会，民主商议、相互交流、共同提高。落实督查联系机制，班子成员联班督查，主动深入一线，提高履职能力。加强党风廉政建设，切实履行主体责任，班子成员严于律己，勤政廉政，合作共事，形成良好风气。重视教师队伍培养，提高教师专业水平。有20多篇教师论文发表在省级以上刊物；有6位教师在教育部“一师一优课”活动中获得市级以上优秀课，其中部级优秀1人次；有200多篇教师业务论文获得市级以上奖励；有30多位教师获得包括“宁乡县党和人民满意好教师”等县级以上荣誉称号。

【提高教育质量】 2015年，学校坚持以教育教学工作为主业，深化素质教育，加强教学研究，促进特色发展，规范过程管理，以过程的高质量赢得教育的高质量。2015年高考一二批本科上线489人，其中一本上线128人。学考一次性合格率继续稳定在高水平，达到99%以上。一是全面落实教学常规。强化教学管理,确保规范严谨、精细到位的常规工作。建立学校督查机制,完善行政联班、月检、抽查、互查等教学常规督查机制。突出抓好课堂管理，健全巡课、赛课、听课制度,让每个教师保持对课堂的敬畏，让每个教师把每节课上成最好的课，提高课堂质量。加强年级组坐班管理,随时掌握工作动态,确保规范严谨、扎实有效的教学过程。推进备课组集体备课,鼓励相互研究学习,合作交流,形成良好的工作氛围。二是积极开展教育研究。健全教研评价、管理制度，推进以教研组、备课组为阵地的教研体系建设。注重以课题建设带动科研发展，顺利完成省级通用技术子课题《基于视频的高效分组教学模式构建》的结题工作并取得良好效益,课题成果获市一等奖。加强学科建设和课程研究，每年推出《靳水教苑》和高考反思总结,优化研讨氛围。三是深入推进素质教育。继续推进课程改革,转变教与学的方式，提高学生参与学习的主动性和积极性；开展综合实践、社会调查、科技创新等活动；开展阳光体育运动，加强学生体质锻炼，提高身心素质。学校在2015年全县中小学生运动会上获团体总分第二名。开展社团系列活动，组织学生成立文学社等10个学生社团或兴趣协会,促进个性发展。推进特色项目建设,柔道特色进一步彰显,在2015年7月的全国中学生柔道锦标赛上，学校获得3金2银4铜，男子团体总分名列第二。科技创新教育取得优异成绩，工作经验在全省会议上进行典型推介。

（办公室）

文 化

文化体育

县文化体育广播电视局

党委书记、局长 贺太泉(9月免)
喻国军(9月任)

副书记、副局长 肖小年(9月免)

纪检组长 李 平(11月免)

副局长 谭光荣
赵胜强
杨瑞兰(11月任)
吴 婧

党委委员 陈放军

工会主席 王泰鸿(11月免)

【概况】 2015年,宁乡县文化体育广播电视局设6个科室:办公室、文化科、体育科、广电科、产业科、市场科。下辖8个二级事业单位:文化市场综合执法局(正科级单位,13人)、文物管理局(副科级单位,12人)、图书馆、文化馆、演出管理站、电影公司、剧院、文体中心管理处,其中,剧院为差额拨款单位,电影公司为自收自支单位,其余均为全额拨款单位。局系统干部职工215人,其中,机关25人。主要承担文体阵地建设、文体活动组织、文化遗产保护、文化产业发展和文化市场管理等工作职能。2015年,县文化体育广播电视局以"加快三大建设,实现全面小康"为指针,以建设文化强县为目标,创新思路,紧谋发展,做好各项工作。

【推进公共文化体育服务体系建设】 2015年,县文化体育广播电视局推进公共文化服务体系建设标准化、均等化建设,一是加强阵地建设。新建和提质乡镇综合文化站6个,新建示范性村(社区)文化活动室10个,新建乡镇户外全民健身中心20个,提质提效农家书屋100个,获批市级固定电影放映点9个。为各乡镇配备全民健身设施70套,配备广场舞器材180套。广播村村响工程全面完成,验收顺利通过。二是开展文体活动。组织开展春节、"欢乐潇湘 幸福宁乡"、周末我登台群众文艺展演、读书活动送基层、马路赛、中立篮球对抗赛、七人制足球赛、全县男子篮球赛等文体活动20多场,完成送戏下乡40场次,完成公益电影放映4626场。文体中心免费或低收费对外开放。通过政府购买服务游泳馆对中小学生实施免费开放。县文化馆通过"国家一级馆"评估定级。开展市民讲坛、花鼓戏、合唱培训等活动20场次。县图书馆添置自助办证机、图书借阅机和读报机等设备,图书流动服务200场。"两馆一中心"免费开放共接待人数74万人(文体中心40万人,图书馆14万人,文化馆20万人)。三是健全队伍网络。登记注册的文艺团队有38支,体育协会有17支。举办农家书屋管理员、社会体育指导员学习培训和"送文艺下乡"志愿服务活动共20场次,提升公共文体服务能力。宁乡县创建"省级现代公共文化服务体系示范区"成功申报。

【传承传统文化】 2015年,县文化体育广播电视局坚持文化资源的保护、发展与利用并重。一是加强文物保护。新公布一批县级文物保护单位。做好文物安全工作,实现文物安全年目标。国保项目强力推进,何叔衡故居、谢觉哉故居消防方案和何叔衡故居安防方案获国家文物局批复。张南轩墓考古调查勘探已经完成,正在编制保护规划。柘湘公路纪念塔、状元易祓墓、宁乡抗日塔等省市县保项目修缮工程竣工。罗家冲遗址被评为"湖南省十年重要考古发现"。《拓片宁乡》专著出版。开展文化遗产日系列宣传活动,文化遗产知名度和影响力扩大。二是"三个中心"特色凸显。举办全县花鼓戏唱腔大赛和花鼓戏专场演出。申报4个省级非遗项目,全县共有1个省级、8个市级、22个县级非遗名录。获批6个市级非遗项目传承人。启动县级非遗项目传承人评选工作。开展"送艺术辅导进校园""非物质文化遗产进校园"等活动。创作文艺精品剧目18个,其中,美术作品《中国梦·民俗情》获得2015年"欢乐潇湘"市一等奖、省三等奖,小品《乡长同学》获得2015年市廉政文艺会演金奖,"周末我登台"获得湖南艺术节项目类"三湘群星奖"。

【发展文体产业】 2015年,县文化体育广播电视局通过争取国家重视与支持,炭河里系列规划和方案全部获批,博物馆主体及外墙装饰竣工,进行炭河古城深化设计和博物馆陈列布展艺术设计。蓝城宁乡文化城一期工程1#栋封顶并启动销售。影剧院完成整栋大楼的项目设置。游泳馆项目规划待建。文体中心投入600万元完成场馆功能，做好场馆免费开放和低收费开放，开展系列文体活动。有体彩销售点50个，体彩销量为3500万元。推动互联网上网服务行业转型升级，开展5家网吧转型升级试点工作。协助县委、县政府及相关单位推进美丽中国·长沙文化产业示范园（华强项目）、香山景区、道林古镇等文化平台建设，取得阶段性成效。

【文化市场稳定有序】 2015年，县文化体育广播电视局一是严格行政审批。坚持依法行政，严格审批程序，简化审批手续，以“乐东经验”为借鉴，实现行政审批再提速，市场法规科共接受咨询件450起并予以及时答复，受理办结325件，转报服务110项，行政审批民意调查满意率为100%，局窗口荣登“三查三比”服务项目英雄榜。组织开展市场法规培训和“阳光消费日”活动，经营户经营意识明显增强。二是加强执法监管。大力推行文明执法、严格执法、阳光执法，以文明创建、安全生产、城市管理贯穿市场监管工作的始终，网吧整治、娱乐市场整治、扫黄打非等工作有序推进，有效净化文化市场环境。执法局被评为“长沙市扫黄打非先进集体”和“湖南省扫黄打非办案有功集体”。县文化体育广播电视局获得“第三届阳光娱乐节突出贡献奖”。

【党建工作】 2015年，县文化体育广播电视局一是加强内部管理。完善日常工作管理制度、班子成员联点制度、党务公开制度和督查制度等工作规范，坚持制度管人管事，规范行为。二是党建活动深入开展。局党委围绕结对共建、软弱涣散基层组织建设和精准扶贫工作，指导局机关、文物局、执法局、图书馆党支部实施系列结对帮扶活动。特别是局机关支部在偕乐桥镇水南村组织的“金秋助学，让爱随行”公益活动，仅三天时间共筹集爱心资金4.7万多元，对15户家庭、21名同学开展帮扶活动，社会反响很好。在系统内部开展法制讲座、在职党员进社区、党员冬春训等活动，发挥工青妇作用，开展系列活动，浓厚工作氛围。三是党风廉政建设深入推进。局党委落实党风廉政建设党委主体责任和纪委监督责任。深化党风廉政教育，组织系列学习贯彻活动，开展预防腐败交心谈话。严格控制“三公”经费。做好信访接待和县长信箱处理，群众基本都满意。坚持民主决策，杜绝一言堂。健全对二级单位的内部审计制度，对电影公司和剧院进行内部审计，查清底子，化解矛盾，落实整改。指导各乡镇实施“乡镇（公社）电影老放映员困难补助发放”工作。

【中心工作】 2015年，县文化体育广播电视局推进安全生产、文明创建、综治维稳、计划生育、美丽经济博览会等工作。进行安全生产交心谈话，完善安全生产各项制度和责任落实，实施老楼危楼整治。开展人大常委会集中评议，县人大代表对县文化体育广播电视局的满意率为100%。“十三五”规划编制完成。《宁乡历史文化丛书》着手编辑。县人大县政协建议提案办理工作全面完成，见面率、满意率均达到100%。

（办公室）

图书发行

湖南省新华书店有限责任公司宁乡县分公司

书记、经理　郑劲松

副 经 理　黄艳红

杨长海

彭正洪

【概况】 2015年，湖南省(以下简称新华书店宁乡分公司) 有正式在册在岗员工47人。下设经理室、综合管理部、财务管理部、图书音像业务部、教材教辅业务部。设图书销售门市部9个：玉潭镇设有中心门市部，营业面积700平方米，经营图书、音像制品、文化用品3万余种；在宁乡一中、四中、九中、十中、十一中校园内各设一个校园书店，经营图书、报纸、杂志3000种至6000余种；在黄材镇、双凫铺镇、流沙河镇各设一个集镇门市部，经营品种4000余种。全年，新华书店宁乡分公司按照省市公司产业发展大会精神，把握市场新常态，掌控主营业务，提高经济增长质量，提升管理科学化水平，推动产业稳定发展。全年，完成销售收入1.1亿元，同比增长4.8%，但环比增速下滑明显，凸显主要经济指标增长后劲不足。

【教材发行工作】 教材发行工作是新华书店宁乡分公司工作的核心，是国有图书发行的主渠道。2015年，为了保证教材发行工作有序推进，新华书店宁乡分公司严格业务流程，商品的报订、收发、运送、退货等环节严格把关，确保数据准确无误，分发配送及时到位，顺利完成课前到书、人手一册的工作目标，保证全县春秋两季开学工作的顺利进行，得到教育主管部门的充分肯定。

【教辅读物发行工作】 教辅读物发行是新华书店宁乡分公司又一项重点业务。2015年全面实现市场化发行,给公司带来巨大压力。一是学生、家长自愿征订的品种和数量不确定,给商品的预先报订带来风险,也在一定程度上延长发行时间,造成工作被动;另一方面,某些发行渠道采取高折扣、高回扣等不正当营销手段,也为该公司正版优质教辅资料的发行造成一定困难。为此,新华书店宁乡分公司领导班子成员亲临销售一线,带领6个发行小组深入全县城乡学校,与学生、家长开展面对面征订工作,提高教辅征订率。强化送书到校服务质量,满足学校、师生和家长的需要。通过努力,教材教辅销售6200万元,外交官同比略有下降。

【一般图书发行工作】 2015年,新华书店宁乡分公司一般图书销售4323万元,同比增长10%,继续保持稳定增长。门店零售保持稳定增长势头。一是年初公司制定绩效薪酬向门店等一线员工倾斜的策略,尝试图书业务部员工月绩效与中心门店当月销售挂钩的计奖模式。通过严密测算,反复修改完善,制定科学的考核办法,每月考核兑现,有效提高部门工作效率,提升工作热情。尤其是中心门店,从员工、柜组长到领班、店长,工作积极性显著提高,人人关注销售动态,服务意识和服务水平提升明显。另外,对中心门市柜组进行合理调整,做到各区域分类清晰,方便读者选购,增加读者阅读区,提升门店的品位。二是适时开展营销活动。全年共举办元旦、春节、三八妇女节、世界读书日及六一儿童节、国庆节等假日营销活动,还有“工具书进校园”“书香长沙、爱心阅读”“你读书我买单”等活动,特别是“工具书进校园”活动,通过组织开学报到进校摆摊、发宣传单、挂横幅、广告牌等多种形式的宣传,在全县高中铺开,取得较好成效。全年全部门店实现销售1200万元,继续保持强劲增长势头。馆配业务大幅下滑。2015年,公司虽多方努力,寻求县内外市场需求信息,积极参与招标采购,但全年仅取得衡阳和江西赣州两高校图书馆供书合同共147万元,全年销售额与上年同期相比下降6成。馆配业务的大幅下降,是造成销售不达目标任务的主要原因之一。大中专教材销售小幅增长。全年大中专教材实现销售818.3万元,实现持续增长。最重要的是11月与衡阳某高校续签了2016年至2017年教材供应合同,合同金额达1600万元,为该项业务发展奠定坚实基础。

【文化用品销售工作】 2015年,新华书店宁乡分公司文化用品业务实现销售收入677.8万元,同比下降近2成。主营产品过于单一且市场需求下降、新产品市场推广进展不快效果不达预期,是导致整体销售下滑的主因。

【内控管理工作】 2015年,新华书店宁乡分公司全面强化规章制度执行力度,内部控制管理愈加精细严格,管理水平进一步提升。一是严格控制费用支出,全年会议费、业务招待费和汽车费用等可控费用分别同比下降13.84%、17.54%和26.44%,超额完成年初公司制定的目标任务。二是提高财务的预算、核算和分析水平,凸显财务在公司经营管理中的指导和监督功能,主动参与经营决策,变事后监督为事前、事中控制,为公司的经营管理出谋划策。三是是全力抓好应收账款清收工作,全年货款回笼率98.87%,保证公司资金安全,防范金融风险。四是综合管理工作面面俱到,日常行政、综治工作更加精细,后勤保障更加及时、有力。

【公司党组织建设和队伍建设工作】 2015年,新华书店宁乡分公司一是开展“三严三实”专题教育活动。按照省市公司统一部署,公司自7月始开展“三严三实”专题学习活动。12月,按照省市公司关于开好“三严三实”民主生活会文件要求,征求对公司党支部和领导班子成员在践行“三严三实”方面存在的问题和不足的意见或建议。共收到意见或建议18条,对班子成员个人意见38条。之后,在市公司党委的指导下,召开“三严三实”专题民主生活会,班子成员之间通过开展批评和自我批评,深挖问题、认清差距,统一思想、提高认识,明确目标、找准方向,增强党性,收到相互教育、相互警醒的效果,达到在更高层次统一思想、增进团结的目的,并积极落实整改。二是完成部分班子成员新老交替,并重新分工。三是加大对青年员工的培养教育,为企业的发展培养优秀的人才。公司对近年入职的青年员工,不但注重业务素质、专业知识水平的提升,而且注重价值观、为人处世等方方面面的引导,全年共开展培训学习、户外拓展、竞技比赛等活动8次,提升青年员工队伍整体素质,企业发展后劲增强。 （彭正洪）

广播电视

县广播电视台

党委书记、台长

文灿明（9月免）

易光辉(9月任)

副书记、副台长

刘洪涛

副　台　长

刘志勇　杨建明

夏雷辉(11月免)

杨平辉（女）

副台长、纪委书记

黎正文

【概况】 2015年，宁乡县广播电视台内设办公室、人力资源科、财务后勤科、总编室、事业技术科、安全保卫科等6个科室，下辖宁乡县电视台、宁乡县人民广播电台、望北峰广播电视转播台、宁乡县电视节目传输中心4个二级单位和长沙宁视界传媒有限公司。全台共有干部职工353人，其中在职员工301人，退休人员52人。全年，宁乡县广播电视台提高宣传水平，加速网络覆盖，加快产业发展，加强队伍建设，传媒事业产业取得新的发展，各项工作指标在全省县级传媒行业中位于前列。全台实现经济收入7220万元，获得“湖南省电视新闻专题一等奖”、宁乡县“五好领导班子”“综治维稳良好单位”“党风廉政建设工作优秀单位”“政务公开先进单位”“宣传思想文化先进单位”“人口计生合格单位”等荣誉称号。

【广播电视宣传提质增效】 2015年，县广播电视台以“凝聚宁乡精神，讲好宁乡故事”为宗旨，不断提升媒体舆论引导水平。宁乡综合频道全面改版包装，多档自办栏目微调改版。《宁乡新闻》栏目先后策划“加快三大建设 实现全面小康”“抗日胜利70周年”“讲道德明是非守纪律”等专栏，持续推进“边界行”“项目工程百日大会战”“寻找宁乡老师傅”等系列报道，聚焦民本民生，紧跟发展脉搏；《关注》栏目策划推出的《整治户外广告，扮靓美丽城市》《周末沙龙助力美丽乡村建设》等报道积极引导宁乡新常态发展思路；《热线在行动》栏目《迟迟未办理的房产证》《扰民噪音何时休》等报道监督和引导解决群众反映的难点、热点问题；《头都大了》栏目不断创新儿童节目形式，开办三年历久弥新；《沩宁风流》栏目讲述百姓追梦故事，弘扬社会正能量；新栏目《美味宁乡》积极探索本土美食文化，清新风格受到好评；联办栏目《第二调解室》从百姓生活出发开展法制宣传，观众反响较好。2015年《宁乡新闻》共播出稿件3924条，新闻专题栏目播出104期，社教专题栏目播出156期，节目A、B稿比例在25%以上，23篇新闻报道被省级电视台播发。作品共获评8项省、市新闻奖和广播电视奖，其中专题节目《“飞地模式”助力工业新腾飞》获评湖南新闻奖一等奖，《宁乡新闻》被评为湖南省广播电视播音主持作品二等奖。宁乡人民广播电台设立“优悦945”频道，使用新频率94.5兆赫播出，开办17档栏目，并通过“蜻蜓.FM”网站实现在线收听，为广播电视同步发展奠定坚实基础。

【网络覆盖传输顺利推进】 2015年，县广播电视台推进全县广播电视公共服务体系建设。一方面加快推进广播电视“户户通”工程和城乡有线电视通达工程建设，启动全县“电视光纤入户”工程和望北峰台数字无线电视覆盖工程，整改验收广播“村村响”工程，提升广播电视覆盖传输质量，安全优质转播上级节目3.5万小时、自办节目1.46万小时。另一方面全方位提升网络管理和服务，推进网内发展，推动数字电视和宽带业务营销。全年新增电视客户1.81万户，新增互联网客户2150户，在12个乡镇相继开通宽带业务，网络建设全年实现创收5500万元。圆满完成广播电视“户户通”工程建设任务1.6万户，395个村的广播“村村响”系统运转正常，广播管理机制完善。长沙市村村响工程建设工作会议在县广播电视台召开，宁乡农村广播工作经验得到主管部门的高度肯定和全面推广，并代表长沙市圆满通过省级实事工程的验收。

【新媒体平台发展成效初显】 2015年，按照中央关于推动传统媒体和新兴媒体融合发展的要求，县广播电视台探索广播电视资源与外部资源的整合利用，推进新媒体建设，策划并运营“宁视界”手机APP、微信公众号和网站3个新媒体项目，构造以视频节目为特色，以新闻资讯为龙头，以生活服务(包括电子政务、电子商务、网络社交、娱乐应用等功能)为着力点的新媒体传播服务平台。2015年，“宁视界”三个新媒体项目成功上线，并获得多项运营资质，是湖南省内第一家证照齐全的县级广电新媒体。7月，宁乡广播电视新媒体发展经验在湖南省传统媒体与新媒体融合发展经验交流会上被作典型推广。至2015年年底，“宁视界”新媒体平台拥有手机APP注册用户8100多户、微信公众号用户8万多户。

【媒体产业经营稳中求进】 2015年，县广播电视台依托良好的传播载体，采取比较灵活的营销策略，逐步改革现有经营方式。一是大力拓展广告经营。在电视广告市场低迷的情况下，台属电视频道全面停播药品广告，打造绿色频道。面对巨大的业务缺口，将广告经营重点转向商业、教育、房产等广告市场，寻求新的增长点。二是策划举办各类电视活动。持续举办“欢乐社区行”活动，举办“你太有才了”电视才艺大赛，吸引1000余人报名，先后举行15场比赛。承办县内各类大型活动，如“狮子型”团队和干部颁奖典礼、社会贤达表彰活动等，媒体影响力得到有效提升。在经济环境疲软、广告市场全面下滑的情况下，全年实现广告收入1720万元，创收水平仍居省内同级台前列。

【自身建设迈上新的台阶】 2015年，县广播电视台加强领导班子建设和人才队伍建设，加强党的组织建设和党风廉政建设，严格各项管理制度，狠抓作风建设，强化精神文明建设，促进工、青、妇、老干、关协等群团组织同步发展，打造团结高效的广电团队，推动广播电视事业发展。一方面深化广播电视体制机制改革，提升管理水平。强化干部职工岗位业务培训，组织开展“狮子型团队和干部职工”评选表彰活动，开展“讲道德、明是非、守纪律”集中教育活动，打造优秀的广电团队，确保广播电视系统稳定、安全、有序运转。另一方面加强群众工作，提升服务水平。组织党员干部深入开展在职党员进社区、基层党组织结对共建和精准扶贫工作。全台163名党员完成社区报到工作，积极开展志愿服务活动；向双福社区、新香社区、高田寺村、双青村和老粮仓镇老粮村支持建设和慰问经费22.5万元，向当地留守儿童捐赠价值1万元的图书画册，党员个人捐助6400多元，派驻2名工作人员驻村帮扶，推动当地发展；与巷子口镇扶峰村对口开展精准扶贫工作，拨付扶贫资金10万元，组织21名领导干部进行访贫济困，捐赠帮扶资金近1万元，并提供致富和就业援助，受到群众充分肯定。广播电视节目制播中心搬迁建设工作取得突破性进展，即将全面建设，为改善广播电视服务环境打下良好的基础。 （唐慧芳）

《今日宁乡》信息中心

《今日宁乡》信息中心

主　任　李锡泉

副主任　戴爽飞（11月免）

　　　　　袁　文

【概况】 2015年，《今日宁乡》信息中心坚持正确的舆论导向，宣传党的路线、方针、政策和县委、县政府的指示精神，展示宁乡经济发展、社会进步的形势和成绩，为宁乡县“加快三大建设，实现全面小康”提供良好的舆论环境。信息中心内设总编室、采访部、特刊部、办公室、广告中心、网络部、宁乡文明网7个部室。《今日宁乡》印刷发行量2.3万份，免费赠阅范围覆盖全县各党政机关、部门单位、乡镇村组、厂矿企业和县城门店。拥有《今日宁乡》数字报、《宁乡网》、手机宁乡网、《宁乡手机报》、宁乡网微信、宁乡网微博等新媒体，形成立体多元的新闻宣传新格局。

【队伍战斗力增强】 2015年，《今日宁乡》信息中心加强内部管理，完善制度建设，努力提高干部职工的思想道德素质，加强以遵守新闻纪律，杜绝有偿新闻等为主要内容的职业道德教育，做到“政治强、业务精、纪律严、作风正”。办好第四届宁乡汽车博览会、“创园杯”摄影大赛、“美丽宁乡幸福家”大型征文、《今日宁乡》创刊2000期等活动，获得经济效益和社会效益双丰收。全年出版报纸256期，编发各类文章8000多篇，近1000万字。

【报纸吸引力增强】 2015年，《今日宁乡》信息中心一是抓好上年度县域发展总结和新年“开门红”报道。年初开设《点赞宁乡?回眸2014》栏目，以“六个走在前列的宁乡答卷”为主题，对宁乡县上年度挺进全国百强县第50强的好经验作全面总结推介。在新年新思路宣传鼓劲方面，在宁乡县“两会”期间，作专题报道。为做好全县党政负责干部大会精神的宣传落实，开辟“引领新常态，奋勇走前列”栏目，营造全县上下争先恐后谋发展的良好氛围。二是集中精力抓好三大建设的宣传报道。县委全会召开以后，《今日宁乡》头版刊发3000字的深度报道，并分整体报告、实力园区、新型城镇、美丽乡村4个部分进行报告解读。针对三大建设的推进，分别开设“加快实力园区建设，做强经济增长极”“加快新型城镇建设，打造活力魅力城镇”“加快美丽乡村建设，实现城乡品质倍升”三个栏目。三是在全县中心工作中突出评论的引导作用。连续刊发《立足新常态，谋求新跨越》《三大建设是宁乡全面小康的基石》《加速壮大实力园区》等5篇评论。《沩江时评》还推出两个专版，刊发一批“三大建设大家谈”评论稿件，《学习与思考》刊发10多篇三大建设方面的思考理论性文章。在“移风易俗树新风，美丽乡村再提升”主题沙龙活动中，推出《移风易俗正当时》等系列评论。在三严三实专题教育活动、项目建设、项目工程、环境治理等活动中，都配发评论或短评。四是成功改版并推出第2000期特刊。面对新的发展形势，5月27日，《今日宁乡》进行第6次改版，定位为“主流媒体，强势新闻”，由之前的每天4个版改为周三、周四、周五出版8版。增加《今日视点》《特别报道》和《天下·聚焦》分量，增加或做强《汽车》《健康》《房产》《教育》4大周刊。新增每周一期《信息港》和《资讯》版面，增强服务性，更加贴近读者。为纪念第2000期报纸出版，策划推出“感恩有你，一路同行”特刊，共编辑12个版面，分为“足迹”“影响”“追梦”三个篇章，获得读者好评。五是服务发展、关注民生。在推进项目工程建设方面，先后开辟《聚焦重大项目工程》《服务百大项目，助力三大建设》等栏目，刊发40多篇文章，对格力、沩东新城、大河西物流中心等重大项目进行经常性或深度报道。围绕宁乡县评选狮子型干部和团队，推出《巡访狮子型干部》栏目，对一批典型作深度报道。宣传报道文明县城创建、安全生产、兴工强县、兴农富民等各项工作。针对黄鹤村通过建设扶贫取得的成绩，推出《山乡巨变》长篇通讯，针对花明楼村支书杨文广英雄救人事迹推出长篇通讯《我没有上来，你们就别下来》，并被红网、《长沙晚报》等媒体转载。六是《沩水视窗》打造品牌。《沩水视窗》特刊是《今日宁乡》的一部分，每周星期天推出一期。策划、组织“走读沩江”“宁乡名人故里行”“寻找抗日老兵”“寻找老师傅”“楚沩文化名人”“舌尖上的宁乡”等大型系列采访活动，对提升报纸可读性和影响力起着重要作用。七是强化措施，提高员工素质和采写水平。严格执行《岗位目标考核办法》，严格编前会制度和稿件编审工作。实行新闻每月评优，调动记者编辑写优稿、编优稿的积极性；强化责任编辑责任，要求无差错版面达95%以上，大错、重错课以重罚。出台多项政策措施鼓励采编人员多出精品力作，在全体采编人员中开展创优评选活动。总编室在每个版面安排专人负责校对，全年《今日宁乡》第一版未出现过差错，新闻标题制作、版面式样都跃上一个台阶。每周四晚上召开学习例会，总结上周工作，部署下周工作，由领导班子、部主任并邀请社会上的专家讲课。通过培训，新闻记者快速反应能力、新闻敏感性和采写时效性提高。

【办好新媒体】 2015年，《今日宁乡》信息中心一是创新打造独树一帜的县级全媒体业态。宁乡网的新闻板块、数字报、论坛关注度直线上升。特别是论坛，电脑版和手机版同时在线运行，注册网友超过2.9万人，比2014年增长7.4%，日均发帖（包括点击、发帖、回复）超过500人次，最高的一个帖子日均点击率超过1万人次，成为宁乡网民必然关注平台，更是宁乡党政机关、县直部门和社会团体、商家必然关注的媒体，是外界了解宁乡的重要平台和窗口。宁乡网积极配合红网，抓好宁乡手机报的发行和采编工作，率先在省内开辟文化类副刊及名人名言和廉言警句栏目，增强手机报的文化底蕴。手机报成为宁乡党政机关和部门必然关注的新媒体。手机报因其及时性和影响力，受到县委主要领导和县委宣传部领导的高度肯定。建设视频新闻，完成视频新闻的采购工作，视频新闻于2016年元旦上线。有宁乡视窗、宁乡发现、直播宁乡、热点访谈等8个栏目。二是围绕中心，当好党和政府喉舌，服务社会民生。在服务政府中心工作方面，网站建立一支超过百人的通讯员队伍。在网站首页设置“乡镇传真”和“部门动态”栏目，既激发通讯员的积极性，又为部门和乡镇宣传造势。除本地新闻外，网站近200个子栏目每天及时进行更新，篇数在600篇左右，数十万字。三是新组建的宁乡文明网成绩显著。为创建全国文明城市，弘扬社会主义核心价值观，推动宁乡精神文明建设，5月下旬，宁乡县委宣传部和县文明办联合《今日宁乡》成立宁乡文明网。至11月底，中国文明网采用宁乡文明网推稿80多篇，其中头条要闻1篇，由文明网记者原创的稿件60多篇，湖南省文明网共采用90多篇，提升宁乡文明网的影响力。依托《今日宁乡》和“宁乡网”精干的采编力量、共享新闻资源。

（办公室）

卫　生

卫生计生

县卫生和计划生育局
党委书记、局长
刘晴明(9月任)
副书记、副局长
刘亮平(9月任)

原县卫生局
党委书记、局长
喻国军(9月免)
副书记、副局长
曾继平(9月免)
姜　萍(女)
纪检组长　彭立平(县纪委派驻)
副局长　徐红斌　万　胜
工会主席　张旭文
党委委员　李晓美(11月免)

原县人口和计划生育局
党组书记、局长
胡定平(9月免)
副书记、副局长
刘亮平(9月免)
副局长　肖海燕　马志强
袁新华
纪检组长　廖长青
工会主席　杨建群(女,11月免)
党组成员　李　建

【概况】　按照宁乡县委、县政府统一部署,2015年9月22日,宁乡县卫生局和宁乡县计划生育局正式整合,组建宁乡县卫生和计划生育局,刘晴明任局长、党组书记,刘亮平任副局长、副书记。2015年,宁乡县共有医疗卫生机构935家,其中县直医疗卫生单位7家(县级公立医院4家)、民营医院12家、驻宁医疗机构3家、卫生院33家、村卫生室412家、社区卫生服务所(站)11家、门诊部7家、个体诊所83家、医务室8家、县计生服务站1家、乡镇计生服务所33家、医疗点325家。全系统干部职工6327人,其中在编在岗3827人、临聘1080人、离退休1420人。全县医疗机构门诊188.9万人次、住院20.1万人次,病床5600张,县域内就诊率87.5%。全年,计生统计年度全县共出生1.86万人,人口自然增长率6.12‰,符合政策生育率85%,出生人口性别比106.1。查处"两非"典型案件3起,落实节育手术7183例,完成免费孕前优生健康检查9838对,落实计生奖励扶助政策3.19万人,发放奖励扶助资金2490万元。全县卫生计生工作围绕加快"三大建设",实现全面小康工作目标发力,立足机构改革、推进融合发展、深化医药卫生体制改革、强化计生服务管理,提升服务能力,完成目标任务。

【卫生计生融合工作】　2015年,宁乡县卫生和计划生育工作从抓思想统一上着手,新领导班子组建后迅速召开全系统大会,把全体干部职工思想统一到县委、县政府的重大决策部署上来。围绕目标任务,一手抓工作推进,一手抓行业作风建设,按照要求整合人、财、物管理,在生育政策调整、机构体制改革、工作方式转型、社会舆论混淆的特殊时期,保持定力、保持力度、工作不断档,全面完成省市下达的目标任务。从抓工作融合上创新,率先在全省推进公共卫生计生服务融合,选定夏铎铺镇试点,建立"分级管理、购买服务、横向到边、纵向到底"的联动机制。国家卫计委副主任崔丽,国家发改委社会发展司副司长刘宇南,省卫计委书记詹鸣、主任张健,市卫计委主任周敏等国家、省、市领导先后到宁乡调研,对宁乡县卫计工作给予高度肯定。从抓作风建设上促变,落实党风廉政建设责任制,实行班子成员和中层骨干联点责任制,班子成员责任上肩,履行"一岗双责"职责。开展廉政风险防控,规范权力运行,严格把好选人用人关,健全反对"四风"的长效机制,以零容忍态度惩治腐败,办理责任落实不力案件9起,追究2个二级单位和5名班子成员责任。在全系统开展学习"乐东经验"和"讲道德、明是非、守纪律"主题教育活动,组织领导干部前往长沙监狱接受廉政警示教育,积极营造干事创业、风清气正的良好氛围。

【计划生育工作】　2015年,宁乡县计划生育工作实施"单独二孩"和"全面二孩"政策。做到宣传、服务、执行三到位,共发放"单独两孩"再生育证2655本。在宁乡电视台、《今日宁乡》以及县政府公众信息网开辟国策专栏,宣传计生政策。利用《宁乡手机报》、手机短信、县政府大厅电子屏、出租车电子屏、"村村响"广播等平台,多方位、多角度、多人群宣传"单独二孩"生育政策,提高政策知晓率。10月29日,中共十八届五中全会公报提出“全面实施一对夫妇可生育两个孩子”政策。《人口与计划生育法》修改后明确从2016年1月1日起全面实施二孩生育政策。宁乡县依法依规，做好生育政策调整的前期工作。做好计生技术服务。推进免费孕前优生健康检查项目，为参检夫妇提供免费接送、免费就餐等“保姆式”服务，提高目标人群覆盖率。完成孕前优生健康检查1.04万对，目标人群覆盖率96.5%，出生缺陷出生率由2007年的8‰下降至2015年的3.6‰，提高出生人口素质。创新避孕药具发放的新模式，在道林、夏铎铺等10个乡镇试点推广新型优质节育环（VCU环）；在全县乡镇政务大厅、大型企业和超市广场安装避孕药具自助发放机100台，提高药具发放覆盖面。杜绝违法生育。整治生育秩序，保持打击“两非”高压态势，2015年查处“两非”典型案件3例。开展精准生育关怀，启动计划生育创业发展项目71个，项目资金投入109万元。构建起生育关怀联动机制，县、乡财政出资为部分独生子女家庭赠送意外伤害保险125.6万元，受惠家庭3万多户。开展生育关怀系列慰问活动，对全县435户“失独”家庭每户发放1000元慰问金。宁乡县作为全省8个创建计生基层群众自治示范县之一，县人民政府将计生基层群众自治工作纳入绩效工作考核，制订工作方案，明确工作职责，加强督查指导，稳步推进创建活动。县计生领导小组对全县66个示范创建申报点进行检查考核，创建达标率100%。11月30日，湖南省计划生育协会确定宁乡县为首批计划生育基层群众自治省级示范县。

【卫生工作】 2015年，宁乡县卫生工作深化医疗卫生体制改革。巩固提升基层医改，完善“政府统筹、一院一策、节余提奖、亏欠不发”的基层医改模式，建立常用药、低价药议价购销机制，解决常用药品“购买难”的问题。全年为群众减免药品费用5100万元，“药占比”降至31.2%。乡镇卫生院自筹、县财政1∶1配套，2015年偿还债务1250万元。推进公立医院改革，宁乡县作为国家第二批公立医院改革试点县，县人民医院、县中医医院取消药品加成，实行药品“零差率”销售，合理调整医疗服务价格，全年为群众减轻药品费用负担4500万元。2015年县级公立医院门诊104.9万人次，同比增长4.4%；住院10.9万人次，同比增长5.4%；次均住院费用5272.7元，同比下降1.5%；“药占比”35.8%，同比下降6.7%。县财政专项补助资金1000万元。5月21日，全国政协常委、省政协副主席、民盟湖南省委主委杨维刚到宁乡专题调研公立医院改革工作，给予宁乡高度肯定。隆回县、新宁县等地先后到宁乡考察县级公立医院改革工作。基层医疗卫生机构标准化建设，完善设施建设，2015年完成朱良桥、夏铎铺、城郊、坝塘、龙田卫生院和青山桥心田分院、横市铁冲分院建设，完成资福、沩山、坝塘、回龙铺卫生院的污水、垃圾处理项目，推进127家村卫生室和783套医生公租房建设。卫生院自筹并争取上级资金支持，配齐一般诊疗设备和急救设备，乡镇卫生院诊疗能力提高。激活人才队伍，实施人才工程，2015年引进专业技术人员171名，培训卫生技术人员3168人次，到上级医院进修240人，培训中医药适宜技术690人次，培养全科医生20名。返聘离退休中高级职称人员23人。县级公立医院下派临床骨干20名。选拔10名应届高中毕业生到长沙职业学校培训3年，毕业后回本地村卫生室工作。打造特色专科，10家乡镇卫生院创建特色专科，双凫铺中心卫生院康复科、儿科、心血管科，黄材中心卫生院骨科、儿科，流沙河中心卫生院肛肠科，花明楼中心卫生院泌尿外科，偕乐桥中心卫生院骨伤科，双江口中心卫生院康复科，灰汤卫生院皮肤科的特色专科效应开始显现。推进规范化管理，开展“群众满意的乡镇卫生院”创建活动，黄材、双凫铺、玉潭、朱良桥4家卫生院通过省市评审。规范乡镇卫生院对村卫生室的“五统一”（行政、绩效考核、人员、业务、药品）管理，大成桥玉新村、流沙河苏家亭村等成为群众满意的村卫生室。为1313名老年乡村医生发放补助金172万元。卫生服务能力建设，县级医院建设提质。县人民医院五号住院大楼投入使用，总床位1500张，11月2日，湖南省卫生计生委同意宁乡县人民医院设置为三级综合医院。公共卫生服务中心完成主楼建设，县人民医院流沙河分院完成前期征拆工作。科教兴医成果显著，县人民医院的心血管内科、普外科、妇产科、感染科、骨科、护理科被省卫计委确定为县级医院重点学科，泌尿外科、心血管内科被评为市级医学重点专科。巩固医疗质量，开展抗菌药物临床应用专项整治，规范抗菌药物使用。开展三基培训和操作考核，组织医生定期考核和执业培训。妥善处理矛盾纠纷，全年医疗纠纷29起，同比下降10.3%，未发生重大医闹事件。提升中医药服务能力，县中医医院完成中医治疗区建设，中医医院针灸推拿科被评为国家农村中医特色专科，中医眼科、中医中风专科、中医骨伤科被评为省级中医重点专科。33家卫生院中医药服务能力提升工程全部完成。乡镇卫生院、村卫生室分别能开展适宜技术10种和4种以上,实现基层中医药服务全覆盖。宁乡县成功创建全国基层中医药工作先进单位,10月8日,国家中医药管理局授牌宁乡县“全国基层中医药工作先进单位”。公共卫生服务创新卫计服务机制,狠抓十二项免费公共卫生服务项目的数量、质量和群众满意度。完善公卫经费核算办法,按照“政府购买服务”“做多少事给多少钱”的原则下拨经费,调动人员积极性。推进疾病预防控制。开展健康教育促进行动,在县电视台、《今日宁乡》开设“健康宁乡行”栏目,开通“健康宁乡行”微信公众号,编印下发《健康宁乡》40万册,指导群众提高自我健康保健水平。落实35岁以上人群首诊测血压、测血糖制度,管控慢性疾病。全年报告法定传染病7089例,同比下降35.1%,未发生重大传染病疫情。加强卫生应急演练,处置突发公共卫生事件3起。完成精神病医院改扩建项目,新增病床80张。为精神病人免费送医送药1.4万人次,重症精神病患者规范管理率92%。救治重性精神疾病患者120人,实现住院“零自费”,圆满完成省市为民办实事任务。血吸虫病防治达国家传播阻断标准,地方病防治通过省市考核评估。抓实妇幼健康服务。推进免费孕前优生健康检查项目,参检率88.3%。加强出生缺陷干预,免费叶酸服用率97.7%,神经管缺陷发生率下降至29/10万。为孕产妇提供全程跟踪管理服务,规范母婴疾病传播阻断工作,孕妇产前筛查率96%,健康管理率99.6%,孕产妇死亡率为17.3/10万。农村孕产妇住院分娩补助1.5万元/人次,补助率98.4%。免费为5万名妇女开展“两癌”筛查,发现癌前病变和“两癌”患者172人。开展儿童保健工作,适龄儿童建卡建证率100%,一类疫苗接种率95%,儿童系统管理率92.1%,5岁以下儿童死亡率为4.8‰。强化卫生监督执法。加强公共场所、生活饮用水、学校卫生监督执法,立案查处各类卫生违法行为74起。加强食品安全监管,100人以上农村集体聚餐备案1.6万例,对30起500人以上的农村集体聚餐进行上门督导,全年无群体性食物中毒事件发生。提升卫生行政审批效能,即时办结医师、护士执业注册许可,医疗机构设置许可办结时限由30个工作日压缩至15个工作日。宁乡县卫计局政务服务窗口被评为全县红旗窗口。

(办公室)

县人民医院

党委书记 文大志
副书记、院长 刘俊东

【概况】 2015年,宁乡县人民医院在岗干部职工1761人,离退休329人,其中高级、中级技术职称人员576人,博士3人、研究生106人。医院坚持公立医院办院方向,按照战略发展规划,全面提升综合服务能力;加强医院内部运营管理,严格控制医疗费用增长;强化行业医德医风建设,打造优秀医疗人才队伍;推进县级公立医院医改,改善群众看病就医感受。在病人负担逐步减轻的前提下,保障医疗安全和服务质量,实现社会效益和经济效益的稳步提升。全年完成门诊和急诊68万人次,出院6.8万人次,手术1.5万台次,体检1.5万人次,病床使用率102.4%,出院者平均住院日7.3日。业务收入较上年增长12.3%。

【百强县医院排名挺进五十强】 2015年中国县级医院竞争力排行榜发布,县人民医院连续5年蝉联中国最具竞争力县级医院100强,成功挺进中国最具竞争力县级医院50强,名列全国排名第42位,中国中部排名第3位,湖南省排名第1位。

【创建三级综合医院正式起航】 2015年10月,县人民医院申报创建三级医院的申请报告得到省卫计委的批复,标志着医院已取得迈入三级综合医院的入场券。

【持续推进公立医院改革工作】 2015年,县人民医院作为湖南省第二批县级医院改革试点医院,全面启动公立医院综合改革,通过医疗收费价格调整弥补药品差价收入78.9%,政府补偿药品差价10%,医院通过加强管理自行消化11.1%,顺利实现“取消以药养医,改善补偿机制”的医改目标。全年为群众降低药品费用3580万元,零利润让利17.58%。通过临床路径管理、降低药品耗材占比、次均费用指标控制等各项措施,确保病人的医疗费用有效降低,门诊收费人均259.89元,其中人均药品费下降10%。

【开展重点专科创建工作】 2015年,县人民医院加大重点学科扶持力度,继泌尿外科成为市重点学科后,心血管内科、神经外科顺利通过评审,入围市级重点专科建设项目。12月,心血管内科、妇产科、感染科、神经内科、骨科、普外科、护理科7个专科成为湖南省县级医院重点专科建设项目。

全年开展医疗新技术61项，申报国家、省、市科研课题近20项，在全国、全省优秀医疗刊物发表科研论文105篇。

【加强协作指导与对外交流】 2015年县人民医院成功举办长沙医学会重症医学专业委员会学术活动、全省县级医院管理专业委员会第二届学术大会、长沙市中西医结合学会神经外科专业委员会第二届学术会议暨出血性脑血管病研讨班等省级、县级年会及学术讲座。泌尿外科医师吴学良赴美进行为期一年的进修访问，泌尿外科张瑞明作为访问学者赴新加坡交流学习，医师袁高明、博士刘亮赴俄罗斯进行中医学术交流和康复诊疗指导，赵竞飞、杨春华赴台湾进行护理管理培训。

【主动体现公立医院公益性】 2015年县人民医院对特殊病人免挂号费直接进入绿色通道抢救，接待简易门诊7.1万人次，免挂号费6.29万人次，仅挂号费一项就减免近50万元。关爱弱势群众，为肾透析患者减免费用260余万元。成功抢救多例食物中毒、重大交通事故等公共突发事件的病员。医院指导、参与县内其他医院危重疑难病人的抢救，抢救三无病人30多次，起到宁乡县医疗指导中心的作用。抢救危重症高危孕产妇10余次，参与各类大型会议、大型活动的医疗保健10次。开展“宁医人心系美丽乡村建设，送医送药送健康”系列下乡义诊活动4次，组织专家到院外会诊10余次，为千余名基层百姓送去健康，受到当地政府及百姓的好评。

【完善医院基础设施建设】 县人民医院5号住院大楼2015年4月投入使用，医院一体化数字手术室建设完成，消毒供应中心实施全面集中供应。医院投入近500万元，完成锅炉改气工程。新建血液透析中心，新增血透机12台。医院住院部一楼小型超市、职工食堂、营养食堂装修开业，给住院病人带来方便。建设地下停车场、提质扩容急诊科等提升医院服务能力的8大项目。在管理、门诊、住院、影像、检验信息化管理基础上，与杭州卓健公司签订移动互联网医院掌上支付医疗服务平台项目的合作协议并实施，为医院规范化管理、建设数字化医院打下基础。

【人民医院党风廉政建设和政风行风工作】 2015年，县人民医院制定《2015年党风廉政建设和政风行风工作方案》，设定临床、医技、职能等科室考核指标，每月对临床、医技及职能科室按考核标准进行督导检查和测评打分。开展“廉政文化进医院”等系列主题活动，进行县“廉政文化进医院”活动示范点申报创建，进行医药购销领域专项整治，规范招标采购行为，拓宽举报投诉和社会监督渠道，加大社会监督力度，认真对待和查处投诉举报事件，件件有落实，事事有回音。2015年全院发放患者问卷调查7734余份，通过调查统计，其中门诊急诊患者满意度96.08%，病房患者满意度96.62%。

【人民医院文明创建和党建群团工作】 2015年县人民医院成功创建“湖南省文明单位”，开展“美丽乡村”基层党组织对口帮扶活动，帮扶横市镇望北峰村党支部。组织重温入党誓词、红色路线特色主题教育、党委书记讲党课、党建廉政知识抢答赛、演讲比赛、菁华铺乡青少年宫共建、上门为老红军送医送药等活动。县人民医院离退休支部成为宁乡县“五好”离退休干部党支部。组织召开县人民医院第十一届第三次职代会，开展登山比赛、篮球赛、乒乓球赛等多项文体活动。县人民医院团委组织青年文明号申报，2015年4月，医院成功申报产科为县级青年文明号，新生儿科为市级青年文明号。

（龚含军　张建中　潘湘华　黄莉）

县中医医院

党委书记　　黄建强
院　　长　　杨曙光

【概况】 2015年，宁乡县中医医院共有在职干部职工756人，其中高级职称人员60人，中级职称人员194人，研究生65人。设有办公室、医务科、护理部、人事科、质控科、财务科、审计科、项目办、医保科、预防保健科、科教科、纪检监察室、设备科、总务科、动管科、保卫科、工会办、女工办、中医药学会办公室、客户服务中心等职能科室；有内一科、中风科、内三科、内四科、外一科、外二科、骨伤一科、骨伤二科、骨伤三科、妇产科、眼科、耳鼻咽喉科、儿科、针灸科、急诊科、急救站、门诊部、手术室麻醉科、健康管理科19个临床科室；有功能科、检验科、放射科3个医技科室；有药剂科、制剂科，设司法鉴定所1个。2015年年门急诊20万人次，住院2.6万人次；总收入2.04亿元。医院编制病床800张，实际开放550张。

【公立医院改革】 2015年，县中医医院按照公立医院改革有关文件规定及承诺，加强制度建设和督查力度,完善人力、财务、物资、设备、后勤等综合管理,开源节流、增收节支,以开展规范药品、医疗器械、医用耗材等专项治理为抓手,整顿医疗市场购销秩序,做到合理用药、合理检查、合理收费。加强临床路径管理的应用、电子病历的实施,规范一批常见病、多发病的诊疗流程。推进"优质护理服务先进科室"及优质护理示范病房"每月一星"评比活动,开展"学礼仪、用礼仪"护理礼仪培训等系列优质护理服务活动。落实无假日医院行动,促进信息化建设项目建设,开展义务咨询、义务导医、志愿者服务等便民惠民措施。各项效益实现不同程度的增长,其中药品零利润销售6801万元,增长8%,让利675万元。

【医疗护理质量与安全】 2015年,县中医医院一是强化核心制度落实。以创建"全国三级甲等中医医院"为契机,在全院开展学习和落实医疗核心制度,通过开展全员培训和考试,每周三由业务院长及相关职能科室负责人组织医疗查房,每周至少两次内、外科系统主任医师查房、会诊,每周一次护士长夜查房,成立伤口护理小组、压疮防治会诊小组、危重病人抢救会诊小组,落实处方点评、病历点评,严格医务人员资格准入制度,落实医患沟通制度,加强环节质量控制。二是实行全程监督管理,确保医疗质量。加强医师、技师、药剂、护理人员"三基"考核,对考核结果及时公布,起到较好的警示作用,医务科、护理部、质控科等部门定期下发《通讯》,将制度的落实情况、质量控制情况等检查信息及时公示。三是加强传染病、院内感染的管理。医院坚持对重点科室、重点环节、重点区域实施主动和强制监测相结合,坚持对第三方供应的无菌物品灭菌效果、使用中的消毒液进行生物、化学监测,对物表、工作人员手带菌情况进行监测,全年无菌物品合格率100%。医院被市疾控中心授予"消毒工作先进单位"荣誉,杨宇华获市疾控"消毒工作先进个人"荣誉。四是营造良好氛围,促进业务技能提升。中医养生功八段锦、护理礼仪系列展示以及来自医、技、财务等部门的员工共同编排"洗手舞"等活动,举办首届"医院感染控制活动周"活动、医务人员"三基知识"考试及技能大比武、抢答赛活动。

【中医人才培养】 2015年,县中医医院一是人员队伍素质得到整体提升。新晋副高7人、中级22人、初级17人。根据医院学科建设需要和科室工作需要,有计划地选派业务骨干赴三甲医院进修学习共119人次,医务人员在国家、省级刊物上发表论文47篇,3篇获得长沙市科技一、二等奖,3人获市科协和市人社局"自然科学优秀学术成果奖"。聘请上级医院、医学院教授到院讲座20多人次,造口护理、PICC置管护理、康复护理等技术在全院各专科推广使用。二是师承工作稳步推进,省中医药管理局县级中医临床技术传承骨干培训项目和第二批基层老中医药专家学术经验继承项目分别落户医院,黄建强、陈泽文分别作为中医内科、中医骨伤科主任医师共带教学生3人。三是临床教学水平明显提升。继续承担长沙医学院本科班76名学生的教学任务,接受各高等医学院校实习生165人,圆满完成教学工作任务,2015年医院被评定为长沙医学院"优秀临床教学基地",胡丹瑛等6名老师获"优秀教师"荣誉。

【学科建设】 2015年,县中医医院针灸科获得省级科研课题1个,该科《四海之腧取穴法结合常规康复治疗中风恢复期临床疗效观察》临床研究获得湖南省中医药管理局2015年度湖南省中医药科研计划项目立项,获经费资助2万元,王应军主持"四海之腧取穴法治疗中风恢复期技术"作为新技术在全省针灸学会长沙市分会年会上推广。眼科争取到"光明·关爱"视力救助项目,并对全县20多个乡镇"278例白内障、212例胬肉"实施免费手术和对75例低弱视力进行免费治疗。骨伤一科新开展混合型全髋置换、微创手术内固定、微创髋关节置换、髓芯减压治疗早期股骨头坏死,术后效果好。骨伤二科重点加强对老年骨折病人的手术风险评估,规范围术期处理,降低手术风险,保证医疗安全,开展多例人工膝关节置换、人工髋关节翻修术,其中一例外院转入髋关节术后感染患者行一期旷置、二期翻修是该院首例。骨伤三科开展手足外伤治疗、椎管内置管配合晚期癌痛的三阶梯治疗以及治疗胸腰椎粉碎性骨折、骨质疏松导致的胸腰椎压缩性骨折、脊柱蜕变导致的颈肩腰腿病痛、骨性关节炎、软组织疼痛以及一些非痛性疾病如眩晕、耳鸣、面瘫等的治疗,均取得满意效果;在手足外伤,手足肿瘤,手足畸形处理中取得突破,开展像手足外伤的肌腱神经血管损伤的修复,复杂的手足部骨折,断指(趾)再植,手足部缺损皮瓣修复,手足部肿瘤切除及手足部畸形矫正等手术600余例。内一科注重个人专业的培养,在科有特色的基础上做到人有专长,科室每月进行业务学习2至3次,并按照最新指南规范慢性心衰、冠心病、高血压等疾病的治疗。内二科加强急救培训与演练，全年收治急危重病人100人，成立糖尿病病病友俱乐部，为树立专科品牌打下较好的基础。内三科规范消化、呼吸道疾病的诊疗,同步开展胃肠镜检查取得初步效果。内四科开展部分癌症的化学治疗及靶向药物治疗、恶性胸腹水中心静脉导管植入术及灌注治疗;中医外治法治疗肿瘤相关性胸腹水、疼痛、便秘、恶心呕吐、不完全性肠梗阻、肢体肿胀、浅表肿块、溃疡,结束肿瘤疼痛治疗的“杜冷丁”时代。妇产科全面开展腹腔镜下不孕症、卵巢肿瘤剥除术、子宫肌瘤剥除术、宫外孕等术式,阴式子宫切除术及各类阴道手术等新技术成熟开展。外一科全年收治各种疑难、危急重病多例,肛肠科开展痔疮PPH、RPH术、复杂性肛周脓肿,术后效果好。外二科开展前列腺电切、钬激光治疗膀胱结石及输尿管结石，在常规治疗的基础上，探索更利于病人接受的美观手术,得到病人好评。耳鼻咽喉科通过规范检查和治疗,全年发现5例鼻咽癌患者，使病人得到及早治疗。麻醉科配合骨伤科分别完成一例102岁和一例105岁高龄的髋关节手术，如此高年龄患者行手术治疗全省不多见。药剂科定期参与医院查房等工作,从药品采购、验收、仓储、养护各项工作环节做起，严格按照医院药品管理要求操作，定期做好药品盘点和药品近效期清理工作,发现问题及时处理,做到全年无假劣药品事故发生，使药品质量从源头方面得到保证。检验科加强与临床的联系，重点推介微生物的快培、鉴定及药敏分析方法，开展降钙素原、同型半胱氨酸、胱抑素C、尿总蛋白、尿微量白蛋白、血清铁、转铁蛋白等新项目。口腔科推广牙周、残根残冠保留、正畸治疗。放射科加强大型仪器设备的有效利用率，成熟开展“CT导引下行脑溢血穿刺抽吸术和椎间盘突出症定位治疗术”“椎动脉的MRI成像”“新旧骨折的鉴别”“胃肠道造影”等特检项目和全身各部位的三维成像检查和全身各系统的增强检查,“主动脉的CTA检查”，均为临床开辟新的辅助检查诊疗项目，对促进临床一线科室起到明显推动作用。急救站、急诊科等部门加强急诊急救水平的提升,强化服务意识,充分尊重病人，服务质量得到提升。健康管理科推出适合不同人群的体检套餐，还推出体检报告网上查询功能,加强短信平台、健康回访和就医绿色通道服务等。

【中医药特色】 2015年,县中医医院一是立足中医药特色，在全院开展中医中药治疗,10多个临床科室均设立中医治疗室，中药超声雾化、耳穴压豆、艾灸、中药熏蒸、拔罐、推拿、穴位注射等中医药传统技术项目开展有声有色。全院推广实施消渴等33个中医护理方案，并对实施效果定期进行评价，各科室均有3个专科优势病种的中医护理常规与中医健康宣教处方、4项以上中医护理技术操作推广。妇产科、外一科等科室将常用方剂整理成章,方便医生使用；儿科等科室开展冬病夏治、冬病冬治等中医药特色诊疗项目,效果明显。二是400多种中药饮片、20多种制剂产品以及阿胶固元膏、清肺膏等14种经典膏方得到广泛应用，全年实现收入1143万元,增长8%。三是以县中医医院为龙头,乡镇卫生院、村卫生室为网底的中医药立体多元化服务体系完整建立,除针灸、火罐、刮痧等基本技术外,穴位埋线、石氏醒脑开窍针法、阴络理论针刺法等特色项目也逐步发展起来。四是各科室中医特色凸显。耳鼻咽喉科从脾胃病理论出发辩证治疗小儿鼻窦炎和穴位注射治疗神经性耳鸣耳聋的治疗。眼科等科室注重在中医特色上下功夫，开展“耳穴压豆、放血疗法、穴位注射、中药雾化、中药离子导入、中药敷贴”等中医特色疗法治疗眼外及眼底疾病。针灸科全面开展针灸、小针刀、推拿、偏瘫肢体综合训练、关节松动训练、吞咽言语治疗、小儿推拿、三伏贴等重点项目。制定腰椎间盘突出症、项痹病、面瘫、中风后遗症恢复期中医诊疗方案,临床有效率98.6%。儿科开展中药雾化治疗肺炎、中药保留灌肠治疗腹泻、中药洗浴治疗新生儿黄疸、鼻腔冲洗等中医特色治疗颇具影响。皮肤科开展中药熏蒸治疗湿疹、荨麻疹、皮肤瘙痒症、冻疮、风湿痹痛和改善睡眠、手脚冰凉等方面效果非常好。开展中医药文化宣教活动,与宁乡电视台、《今日宁乡》等新闻媒体合办“中医与健康”栏目,全年专题新闻报道50多次。

【党风廉政和行业作风建设】 2015年，县中医医院开展廉政文化进医院、建立医德医风电子档案、演讲比赛、提醒谈话、反腐倡廉宣传教育、警示教育、邀请供应商进行廉洁约谈等活动。组织开展自查自纠,全院52个科室和700多名干部职工分别向医院出具书面查处发生在群众身边的“四风”和腐败问题专项监督检查承诺书,通过自查，向县纪委廉政账户交款3万余元。对损害医院和患者利益的行为重拳出击,露头就打,全年查办案件9起,处理投诉8件,处理违纪人员19人次。全年共计退红包30人次，合计金额1.52万元；共收到感谢信和锦旗32次，涉及表扬和感谢的医务人员达350人次。加强对上下班纪律、胸牌佩戴等情况的督查，及时通报、查办，奖惩兑现。督促权利清单制度、党务公开、院务公开制度的落实；加强对卫生材料、后勤物资采购、医疗设备采购、项目工程等重点环节的监管，对全院数百种设备耗材名称、规格、价格等进行全方位的整理，在确保质量的基础上，对照鑫卫网压低进货价的基础上，再进行压价，将多余的水分充分挤干，全部耗材在原议价基础上再降价15%以上。抽调优秀代表参加全县“让纪律释放沉潜的力量”演讲比赛4次，参加卫生系统“党纪条规”知识抢答赛均取得很好的成绩。

【其他工作】 2015年，县中医医院继续实行对口帮扶乡镇卫生院工作，常年与数家敬老院保持密切联系。加强与老粮仓、菁华铺、道林、历经铺、回龙铺、青山桥等医院的对口帮扶工作，免费接受被援乡镇卫生院进修医师护士共计9人。全年开展各种义诊活动47次，发放宣传资料5000余份，发放特色专科及部分技术骨干简介1000余册。医保、人事等职能部门以及综治安全、普法、信访、计生、档案、设备、总务、司法鉴定等工作规范进行。出院病案归档率100%。争取项目支持，全年争取到见习、稳岗补贴项目等600多万元。实现医院民主管理和监督，改选职工代表。确保干部职工待遇提升，按政策对所有员工进行暂定月增资300元的调薪。全年生日慰问732人次，发放慰问金14.64万元；申请医疗互助险报销105人次，院内再次报销278人次，报销金额14.6万元；组织干部职工全员健康体检，购买年医疗互助保险、女职工特殊疾病保险。组织干部职工拔河比赛、春游活动、春季马路赛、篮球赛。书记黄建强、王晓霞家庭获得县级“五好文明家庭”称号。熊盼盼入选2015美丽护士大赛并获“出色表现奖”。眼科王芬的医学论文获中华中医药学会科学技术一等奖，岳志平的论文获市科技年会论文三等奖，何杰、杨轶、肖灿辉等的学术成果获长沙市自然科学优秀学术成果二、三等奖。

（喻先群）

县疾病预防控制中心

党总支书记、副主任 李雄伟
主　任 胡雪良
副主任 夏文斌
彭智勇
彭军辉(11免)
工会主席 曾　孜

【概况】 2015年，宁乡县疾病预防控制中心在职干部职工143人，其中高级职称13人(正高1人)，中级职称31人，初级职称70人。全年，县疾控中心落实“预防为主”的工作方针，以“创甲”为核心和抓手，完善疾病预防控制体系，认真履行防病工作职能，落实重大疾病防控措施，切实加强队伍建设，各项业务工作再创新高。中心先后荣获湖南省“十二五”重点传染病监测先进单位，县卫计系统绩效考核先进单位，优化经济发展环境先进单位，安全生产先进单位等荣誉，领导班子被评为县卫计系统优秀领导班子，工会被评为县卫计系统先进基层工会组织。实验室参加国家认监委、国家疾控机构环境与健康相关产品安全所、国家及省疾控中心、省技术监督局的19个能力验证项目，均为优秀或满意。档案室成功创建“省一级”档案室。全年医疗安全、社会治安、综合治理、计划生育均取得好成绩。

【省级甲等疾病预防控制中心创建工作】 2015年，县疾控中心把创建全省县级甲等疾病预防控制中心列为首要任务，以创建工作推动中心能力建设全面提升。通过财政拨款、自筹资金等方式，先后购置美国产PM10可吸入颗粒分析仪、进口气相色谱仪、PCR仪、全自动细菌鉴定仪、气质联用仪、吹扫捕集装置等实验检测仪器200余台(件)，整体检验检测能力大大提高。中心拓展检验项目51项，检验项目达199项，检验检测能力在全省名列前茅。中心接受省等级达标专家组的全方位评审，最终以高分通过专家组验收。专家们对宁乡县在疾控能力建设上取得的成效印象深刻，并在省预防医学年会上高度赞扬并大力推荐。

【作风建设和党风廉政建设】 2015年，县疾控中心完善公务接待、公车管理等相关管理制度。加大督查通报、考核奖惩力度，对干部职工的上下班情况、工作纪律、服务形象和服务质量经常督查和通报。中心坚持把落实党风廉政建设主体责任和纪检监督责任作为加强党风廉政建设的重点，形成党总支统一领导、党政齐抓共管的工作机制，全体干部职工均签订党风廉政建设责任书，建立党风廉政建设责任制台账，把每项任务细化分解到分管领导、各科室、具体责任人，以制度确保党风廉政建设常态化。

【全员绩效考核】 2015年，县疾控中心以“细化量化”为切入点，针对各个岗位要求和特点，制定科学、详尽的全员绩效考核方案，重点考核工作实绩、服务水平，并向关键岗位、业务骨干及成绩突出的人员倾斜，采取百分制量化考核方式覆盖中心全体科室的所有人员，严格奖罚兑现，极大地激发和调动干部职工工作积极性与创造性，充分发挥指挥棒的作用。

【项目建设】 宁乡县公共卫生服务大楼主体工程于2014年8月8日正式动工建设。2015年完成主体建设并进入装饰装修、设备安装阶段。公共卫生服务大楼建成后，将大大提升宁乡县公共卫生服务和卫生应急能力，改善宁乡县疾控中心社会形象，能够更好地发挥疾病预防控制职能部门的作用，更好地服务于社会、服务于人民。

【“省一级”档案室创建工作】 2015年县疾控中心按照市、县档案局的要求，结合中心工作实际，把档案管理工作列入2015年工作目标计划。为使中心档案工作迅速步入规范化管理轨道，县疾控中心下发关于调整档案工作管理机构的相关文件，成立档案鉴定小组，配备专职档案员，建立档案网络机构，健全和完善档案工作制度，对各门类档案实行集中管理，成功创建“省一级”标准档案室。

【重点传染病防控】 2015年县疾控中心加强对全县各医疗单位的传染病督查和培训，传染病疫情100%实现网络直报。经中国疾病预防控制信息管理系统报告统计，全年住址在宁乡县的法定传染病7089例，其中：甲类0种0例，乙类17种3382例，死亡6例，分别为狂犬病3例、艾滋病2例、肺结核1例，丙类6种3707例，无死亡病例。甲乙类传染病发病率、死亡率、病死率分别为245.60/10万、0.44/10万、0.18%；丙类传染病发病率为269.20/10万。与2014年度同期(10929例)相比，发病数减少3840例，总发病率下降35.14%；甲乙类传染病发病数增加82例，总发病率上升2.48%。结核病、狂犬病、肝炎、手足口病、布病等重点传染病防控措施得力，发病率继续得到有效控制，无大型暴发与流行钩体病、流行性出血热，作为国家级重点监测县，发病率控制在5.83/10万的低水平。结核病防控工作以项目为依托，以乡镇为单位DOTS覆盖率继续保持在100%。全年共发现活动性肺结核975例，其中新发涂阳327例，新发涂阳患者的治愈率为87.6%。耐多药对象筛查173例。艾滋病防治工作继续认真落实国家“四免一关怀”政策。艾滋病随访管理和防治服务创新模式，10月28日召开全县乡镇卫生院艾滋病防治协商会议，建立以县疾病预防控制机构为主导，定点治疗医院为支撑，乡镇卫生院为平台的基层艾滋病防治服务新体系，正式将病例随访工作按照属地管理的原则由县级统一管理转变为乡镇分级管理。这一政策的落实发挥基层乡镇卫生院的先锋作用，保证信息收集及时准确，提高艾滋病随访管理工作的精准度，为降低艾滋病新发感染率和死亡率奠定良好基础。此项工作的开展得到长沙市疾控中心的高度肯定并予以推广。

【突发公共卫生事件处置】 2015年县疾控中心健全完善突发公共卫生事件处理机动队制度，中心领导班子集体全年全天候实行24小时值班制。提升中心机动队应急处理能力建设，制定突发公共卫生事件培训及演练工作计划，并于2015年9月29日在金海中学举行宁乡县学校食品安全事故处置应急演练，取得较好的示范效果。针对宁乡县近年来部分学校发生因自备井水污染导致的菌痢疫情，中心抓住自备井水进行重点防控，并与县教育局合作，于春秋两季组织对全县各中小学校进行防病工作督查，针对防病组织管理、防病制度的建立及实施、食品、饮用水、环境等方面进行详细的检查，并对学校集中供水进行三次抽检及消毒技术指导。2014年至2015连续2年未发生学校饮用水污染导致的突发事件。全县连续3年无重大疫情及重大公共卫生突发事件发生。

【儿童免疫规划工作】 2015年，宁乡县常住儿童及流动儿童一类疫苗接种率均达到95%以上，并实现全县37家预防接种单位儿童预防接种信息系统全覆盖。加强流动儿童的管理，对外县户口儿童实施与本地儿童同等对待的模式，实施流动儿童转卡、转证制度，流动儿童的一类疫苗接种与本地儿童享受同等免费待遇。全县33个乡镇均在统一规定的时间内开展新生入学、入托查验预防接种证工作，托幼机构及学校查验率100%。

【省级慢病示范县创建工作】 2015年，县疾控中心为巩固省级慢性病综合防控示范县的成果，加强对乡镇基本公共卫生服务项目工作的督查指导，提升基本公共卫生服务项目工作质量，高血压，糖尿病规范管理率得到明显提高。加强慢性病高危人群筛查，35岁以上人群首诊测血压率达到95%

以上。规范慢病患者自我管理小组活动，提高慢性病患者自我管理意识。围绕“世界肿瘤日”“全民健康生活方式日”“全国高血压日”“世界卒中日”“联合国糖尿病日”等慢性病宣传日的主题，开展系列宣传活动，提高群众对肿瘤、高血压、脑卒中、糖尿病等慢性病的初步认识，对慢性病综合防控起了积极作用。

【健康教育与促进】 2015年，县疾控中心根据省市县的工作要求，加强健康支持性环境的建设和健康生活方式指导员的招募与培训，指导成功创建省级全民健康支持性环境健康社区3个、健康餐厅2家，在结对共建村(横市镇泉柳村)建成全县第一条“美丽乡村”健康步道。全年利用重点疾病和重点卫生宣传日共组织进行宣传咨询16次，咨询人数3500多人，讲座14次，受众1000多人，共指导全县各乡镇开展科普讲座430场(次)，各类宣传咨询活动场470（次)，咨询人次数8万多人次。累计发放宣传资料共92.18万份(册)。

【职业卫生监测】 2015年，县疾控中心顺利通过职业卫生技术服务机构丙级资质续展、职业健康体检资质续展。配合县安监局、县工伤保险中心等部门，对食品、机械、烟花鞭炮、煤炭等120余家厂矿企业进行职业危害因素现场检测与评价；对1.5万余名厂矿企业职工进行岗前、岗中、岗后职业健康监护，保护劳动者的身体健康。全县全年未发生一起职业中毒事件。

【公共场所监测】 2015年，县疾控中心公共场所卫生监测能力取得重大突破，获得县域内首家室内空气检测和集中式中央空调监测资质，对县人民医院新建住院大楼进行室内空气检测并出具检测报告；为凝香大酒店、京都海鲜城以及恒温游泳馆等10余家公共场所开展集中式中央空调监测并首次出具检测报告；完成26家农村集中式供水点和40家分散式供水农户的国家农村生活饮用水水质卫生监测；完成480所中小学校、托幼机构的水质检测、餐饮具消毒监测；完成宁乡县大米中砷、镉污染调查等项目工作。2015年，中心顺利通过预防性体检资质复评审，全年食品等从业人员健康体检累计3万余人次。农村从业人员体检推行新模式，首次在33个乡镇设立体检点，为5000余名农村从业人员提供上门体检，服务对象体检依从性和满意度均得到大幅提高。

（办公室）

县精神病医院

支部书记 喻德明
院　　长 文红军

【概况】 长沙市宁乡县精神病医院是一所集医疗、科研、教学、康复于一体的二级甲等专科医院，承担全县及邻县周边部分群众的精神卫生医疗、预防、康复及政府其他指令性任务。2015年医院干部职工圆满完成全年各项工作任务，受到群众及第三方评议机构的充分肯定。年门诊2.75万人次，新入院病人1268人次；出院病人1222人次，日均住院903.01人，病床使用率98.7%，业务收入4902万元。2015年县精神病医院被评为全县卫计系统绩效考核先进单位、优秀领导班子单位、优秀经济发展环境工作先进单位、增收节支先进单位、安全生产先进单位、计划生育先进单位、先进基层工会组织，被县委评为先进基层党组织。

【“三严三实”专题教育及“三好一满意”活动】 2015年，县精神病医院以正行风转作风、构筑和谐医患关系为主题，院务公开为抓手，坚持依法行医、依法管院。落实美丽乡村结对共建和“心连心”工作，院领导班子多次深入结对共建的横市镇利民村，对特殊家庭实行一对一帮扶，共送慰问金及物资4万余元，对该村考上一、二本的大学生发放奖学金，对家庭特别困难的给予特殊助学。全年医院干部职工退病人红包43次，金额1.48万元，收锦旗6面。对县域内社会精神病人每两个月下乡义诊，并发放基本治疗用药。全年救助对象1.43万人次，共免费发放药物237万元，既解决部分特困病人的治疗药物，又降低精神病人的复发率，减少精神病人肇事肇祸事件。完成为民办实事重性精神病患者住院救助工作任务，对特困重性精神病人住院期间的个人自付部分，按文件要求依程序进行住院救助，共救助3860人次，救助金额849万元，重点救助救治重性精神病人120人，救助金额60万元。

【医疗质量管理】 2015年，县精神病医院狠抓医疗质量管理，修改完善各项医疗管理制度，灌输法治意识，强化安全意识，门诊病历书写率100%；门诊处方合格率98%；住院病例合格率98.5%；入出院诊断符合率99.75%；传染病漏报率为零；严重事故率为零；急救药品齐全完好率100%，全年无重大纠纷事故发生。

【项目工程】 2015年，县精神病医院为全面落实《2015年重点民生实事项目实施意见》(湘办发〔2015〕6号)及《2015年重点民生实事考核指标报送要求和验收标准》(湘绩办〔2015〕2号)文件精神,立项住院楼改扩建项目工程,修缮总面积3500平方米,项目总投资450万元。资金来源为省级财政资金290万元,县级财政配套110万元,其余自筹。工程于2015年11月底竣工,并通过相关部门及省实事办现场检查验收。

【其他重点工作】 2015年,县精神病医院征地拆迁工作按程序运行。根据长宁精医字〔2015〕9号《关于银行贷款筹措征地拆迁资金的请示》,副县长钟利仁、县卫计局签字同意,向银行借贷2000万元征收医院周边用地16.39亩,征收房屋面积5145平方米,征地补偿安置费1823.86万元。征地拆迁工作基本完成,支付征收款,扫尾工作有序推进。配合县审计局完成对县精神病医院的经济运行审计。县审计局对县精神病医院2013年至2014年经济运行情况进行全面审计,并出具相关审计报告。宁审报〔2015〕22号文件评价为:近年来,医院坚持以病人为中心,以"三好一满意"为标准,不断推进医院改革和医院建设,努力提高医院服务能力,实现了社会效益与经济效益的双丰收。 (办公室)

县妇幼保健院

党总支书记 陈雪莲(女)
党总支副书记、院长 陆国斌

【概况】 2015年,宁乡县妇幼保健院共有干部职工270人,其中正式职工218人,临聘人员52人,有研究生学历5人,副高职称24人,中级职称79人。医院总资产6766万元,总收入7751.7万元,同比增长11.39%,全年门诊13.2万人次,同比增长5.6%,住院1.03万人次,分娩4279人,病床使用率112.31%。医院坚持妇幼卫生工作方针,履行公共卫生职能,突出妇幼保健特色,提高医疗质量,确保医疗安全,妇幼保健服务能力得到提升,业务收入快速增长,专科建设特色彰显,人才队伍优化,医院形象提升,各项工作持续、稳定、快速发展,被县卫计局评为"医疗质量管理先进单位""综合治理先进单位""计划生育工作先进单位"等。

【妇幼保健工作】 2015年,县妇幼保健院以落实重大妇幼公共卫生项目,促进妇幼基本公共卫生服务均等化,控制孕产妇死亡率和五岁以下儿童死亡率为重点,孕产妇死亡率17.34/10万,五岁以下儿童死亡率4.8‰,孕产妇系统管理率96.83%,儿童系统管理率91.14%,妇幼保健各项指标圆满完成。"儿保门诊规范化建设合格县"成功创建,"产科建设合格县"和"爱婴医院"创建成果得到巩固,全县妇幼人群健康保障水平提升。一是保健队伍素质提高。乡镇妇幼保健人员153人,县妇幼保健院群体保健外线人员21人。通过邀请省、市、县专家定期举办培训班、下乡督导和现场培训,基层妇幼人员业务素质和工作质量提高。二是孕产妇及儿童系统管理逐步规范。按照《国家基本公共卫生服务规范》(2011年版),2015年,全县孕产妇管理保健覆盖率98.95%,早孕建册率97.80%,产前筛查率96.94%,产后访视率98.42%,孕产妇住院分娩率100%;7岁以下儿童建档率99.92%,保健覆盖率90.94%,新生儿访视率99.26%,疾病筛查率95.96%,新生儿听力筛查率96.9%。2015年宁乡县公共卫生服务项目代表长沙市接受省级抽检,获得省市好评。三是妇女儿童安全有效保障。严格履行首诊负责制和转诊制度,畅通急救绿色通道,做好高危孕产妇的常规筛查、登记、报告、管理和追访工作,特别是重点高危的个案管理,注重孕产妇死亡和新生儿死亡评审,加强新生儿窒息复苏培训,强化孕产妇急救网络和县人民医院、县妇幼保健院两个孕产妇急救中心建设,孕产妇抢救成功率99.8%,有力保障母婴安全。四是健康教育工作普及。利用"世界艾滋病日""世界母乳喂养宣传周"等重大节日,开展宣教活动,2015年开展大型健教活动24次,通过制作主题宣传板、黑板报、宣传单,播放电视专题节目,举办新婚学校、孕妇学校、家长学校、青春期保健课堂、高危孕妇班及公益项目大课堂等,在全县范围内广泛宣传妇幼卫生健康知识,全年各项健教指标顺利完成,群众保健知识知晓率90%。五是信息管理工作及时准确。每季度召开妇幼卫生信息报表专题会议,对医疗保健机构开展母婴信息监测抽查,健全三级信息网络,规范妇幼卫生管理信息系统,保证上报数据的及时性、完整性和准确性。六是托幼机构管理规范到位。依据《托儿所幼儿园卫生保健工作规范》的要求,与县公安、县教育局组成专家组对全县218家托幼机构进行卫生保健综合督导,对不合格的托幼机构要求限期整改,保证幼儿的安全,促进集体儿童卫生保健工作的提高。

【落实国家重大妇幼公共卫生项

目】 2015年，县妇幼保健院一是落实农村妇女“两癌”及妇女病普查普治工作。在全县开展县乡结合两癌筛查宁乡模式，共计宫颈癌检查初筛4.54万人，完成率113.5%，有4548人进行阴道镜检查，完成率100.1%，病检1398人，完成率为69.9%，查出妇科疾病1.26万人，患病率27.79%，发现癌前病变及宫颈癌157人，其中癌前病变142人，包括CINⅠ级43人，CINⅡ级48人，CINⅢ级37人，确诊宫颈癌14人，子宫内膜癌1人。乳腺癌项目检查3485人，完成率174.25%，其中乳腺彩超3485人，钼靶40人，确诊乳腺癌15人，所有癌症确诊者均在医生指导下到省市各级医院进行规范治疗。二是落实其他公共卫生妇幼项目。2015年宁乡县被定为“预防艾梅乙母婴传播”省级项目县，孕产妇孕期享受一次全免费艾梅乙项目检测。项目由专人负责管理、随访和登记，加大宣传力度、开展培训。全年孕产妇艾滋病、梅毒、乙肝孕期筛查率均为97.7%，所有感染人员均接受规范的预防和治疗，并领取相关补助。对叶酸发放情况实行定期督导、定期培训，不断规范领用流程，拓宽发放渠道，将叶酸增补情况进行电子化管理，努力提高叶酸增补率和依从率，2015年宁乡县叶酸知晓率和服用率均为97.72%，依存率为90.27%，神经管缺陷发生率仅为0.03%。婚前医学检查率88.24%，共检查出疾病491人，其中指定传染病182人，严重遗传病5人，生殖系统疾病299人，不宜生育5人，所有的婚检对象均获得不同程度的婚前指导和咨询。

【残疾儿童抢救性康复项目】 县妇幼保健院从2009年开始承担中残联和省市为民办实事“0至6岁轻、中度肢体和智力障碍贫困儿童抢救性康复项目”，儿保科按照项目要求认真实施，不断改进，至2015年，共收治214名残疾儿童、康复49人，好转164人，总有效率95.50%，获得省市残联等部门和残疾儿童家长的好评。

【医疗业务管理工作】 2015年，县妇幼保健院一是质量体系健全。院领导坚持联科制度，不定期下科室检查指导工作，了解情况，排忧解难，及时督促整改发现的问题。医务科每周进行业务大查房，组织临床科室定期召开医疗安全分析会议，推进临床路径管理。护理部严把环节质控，坚持执行一日五查和护士长夜查房制度，促进护理质量改进，每季度召开护理质量与安全分析会，下发《护理质控通讯》，完善护理管理体系。质控科健全医疗质量控制管理组织体系，加强环节质控，规范病历书写，全年完成病历质控6000余份，每月编印《医院质控通讯》。药械科严格执行网上药品及医用耗材集中采购制度，规范特殊药品的管理，开展抗菌药物临床应用专项整治活动，严把药品、医疗卫生材料采购质量关，网上药品采购率100%。手术麻醉科落实各项核心制度，实行术前访视，加强围术期的质量管理，2015年完成各类手术3528例，无一例麻醉意外和并发症发生；影像科完善各项标准化操作规程，提高诊断准确率，诊断胎儿畸形147例、子宫内膜癌2例、乳腺癌13例，诊断符合率90%以上，积极开展新项目，NT筛查共发现畸形16例，为提高优生优育提供诊断依据；检验科规范流程，提高检验质量，所有检验项目均通过省临床检验中心和省疾控中心的室间质量评价，为临床诊断和治疗提供保障。二是队伍素质不断提高。选送10多名医护骨干到北京安贞医院、北医大三院、省肿瘤医院、省市妇幼保健院、省儿童医院等医院进修，派出各类短期学习培训班23次，培训人员60多人次。医务科和护理部强化“三基”培训考核，对新引进人员进行系统的岗前培训，举办院内业务培训和讲座，开展技能竞赛，医护人员理论水平、操作水平提升。三是服务质量提高。克服医院基础设施条件相对较差的困难，坚持“以病人为中心”的服务理念，充分利用医院有限的空间，改善功能布局，优化就诊流程，创新服务模式。开展临床路径管理、推行优质护理服务，新开展盆底康复治疗，搬迁改造优化检验科窗口、产科门诊、儿科诊室，设置专职导诊护士，为患者指引线路、拿取化验结果、协助候诊秩序，夏季酷暑时节门诊提前半小时上班，减少病人就诊等候时间。落实出院病人回访制度，每月召开患者及家属座谈会，加强与患者的沟通，多渠道倾听患者意见，及时受理并妥善处理患者的投诉。产科、新生儿科成功创建“青年文明号”，2015年，医院收到锦旗60面，表扬信40封，医疗服务综合满意度98%以上。

【妇幼保健学科建设】 2015年，县妇幼保健院注重发展与妇幼保健紧密相关的临床、医技等专业，为广大妇幼患者提供全面、系统、安全、有效、价廉、温馨的基本医疗服务，同时，重视学科建设，不断提升妇女儿童急危重症救治水平，开展特需医疗服务。外妇科推行微创理念，成功开展腹腔镜下输卵管切除术、附件切除术、子宫肌瘤剜出术、子宫次全切除术、腹腔镜辅助阴式子宫全切等术式，注重术前与病人沟通，为病人提供术后康复指导，2015 年完成腹腔镜手术 340 余例，宫腔镜电切 100 余例，宫腔镜检查 1400 余例，特色日益彰显；产科充分发挥龙头科室的作用，围绕标准化建设要求，完善各项规章制度及急危重症的抢救流程，成立科室质量管理小组，加强应急能力培训，成功救治产后大出血、妊高征、妊娠合并心脏病等病例，有效降低孕产妇及新生儿死亡，保障医疗安全；儿科进一步优化服务环境，加强医护管理，开展 PCT、CRP 定量、痰培养等新的诊疗项目；新生儿科继续加强对呼吸系统疾病的管理，开展无创 CPAP 应用，加强对早产儿、低出生体重儿的救治，成功救治危重患儿 308 例，抢救成功率 100%。

【医保农合】 2015 年，县妇幼保健院一是健全医保制度，规范医保管理。与相关科室签订医保管理工作责任状，规范职工医保操作流程，严格医保自费项目签字同意书、自费药品签字同意书等医保文书签字和审批工作，确保医保基金安全。制定并下发《城乡居民医保转账支付工作实施方案》及《医疗服务项目维护工作的通知》，着重加大对医疗收费项目的清查，规范项目维护工作流程。二是完善 HIS 系统，规避审核扣款。在办理市医保病人出区前完善出院诊断，严格控制跨阶梯用药、重复用药，并将这项内容纳入了医保文书质控工作中。每月的医保数据经智能审核系统审核完成后，针对存在的问题及时予以申诉，有效规避审核扣款。三是优化医保服务，促进业务增长。即时办理结算，参保住院对象人手一份“医保报销须知”，为参保人员提供优质、便捷的医疗服务环境。2015 年，市、县职工医保结算 457 人次，医保费用总额 93 万元，较上年同期增长 4%。全年市县城职医保无拒付缓付金额，无违规处罚金额。新农合补偿 5928 人次，费用总额 1701.42 万元，可报比率 94.21%，次均费用 2870.15 元，日均费用 551.73 元。四是坚持医保查房，提高文书质量。结合新城乡居民审核系统内医疗服务项目和药品目录，查找并公布各科室常用自费药品供科室备查。每周二例行医保查房，针对发现的问题，及时予以解决，在确保医疗安全有效的基础上，提高医疗费用可报比例。对医保住院人员实行医、护和医保三审核制度，杜绝冒名顶替住院和挂床住院等违反医保政策的现象。2015 年，长沙市生育保险中心、县职工医保中心对县妇幼保健院医保工作业务督导时，给予充分肯定。

【妇幼保健院党建群团工作】 2015 年县妇幼保健院党总支坚持党要管党的原则，做好党组织建设工作，发挥党组织的战斗堡垒作用和共产党员的先锋模范作用。加强政治学习、落实中央“八项规定”、省委“九条规定”。医院领导班子和全体党员理想信念增强，党性意识增强。“四风”问题得到有效遏制。院领导带领全院干部职工庄严宣誓承诺：加强个人职业修养，恪守医学道德。刻苦钻研，精益求精。提高专业技术水平。尊重患者，热爱工作，全心全意为人民服务，坚决拒绝患者及家属馈赠的红包、礼物和宴请。拒绝医疗设备、医疗器械、一次性药材、药品、试剂等生产、销售企业或代理销售人员以各种名义、形式给予的回扣、提成和其他不正当利益。规范用药、合理检查，切实维护患者合法权益。党总支还组织全体党员与横市镇铁冲对实施结村共建帮扶活动。以党建带动工会、团支部、女工委员会的建设工作，充分发挥群团组织作用，利用“三八”“五一”“五四”“七一”等节日开展体育竞赛，扶贫献爱心，义务献血等活动，参加县卫计局组织的廉政篮球赛，党务知识抢答赛，宁乡县第 25 届春季马路赛。通过一系列工作，增强党组织的凝聚力、向心力、营造一个团结奋进、努力拼搏、积极向上、创新发展的战斗团队，调动全院干部职工的积极性，激发正能量。

【妇幼保健院基础项目建设】 2015 年，县妇幼保健院在宁乡县二环路与安康西路交界处征购20 亩土地作为中央投资项目——保健楼建设用地，新建医院将按照“政府主办，非营利性质和中心化标准”进行建设。

（办公室）

社会生活

民政工作

县民政局
党委书记、局长
陶文良
副书记、副局长
谭淑君(9月免)
唐维均(11月免)
副书记 胡 英(11月免)
纪检组长(县纪委派驻)
姜 伟(9月免)
副局长 黄海泉 刘甲初
工会主席 姜得意

【概况】 2015年,宁乡县民政局立足做好"基本民生",保障"底线民生",关注"热点民生",深化改革,推动社会和谐发展的民生建设目标,全面推进民政工作。荣获全省福利彩票发行工作先进单位、全市民政工作目标考核先进单位、全县"四好领导班子""绩效考核先进单位"称号。宁乡县慈善会被评为全省慈善工作先进单位。

【民生保障水平实现新提升】 2015年,全县累计保障城乡低保户和五保户35.5万户次55.4万人次,发放保障金1.14亿元。开展低保户、五保户、特困户医疗救助,资助五保和低保对象参加合作医疗,实施集中供养五保对象门诊救助,全年累计支出医疗救助资金1987万元。开展敬老院示范单位创建活动,龙田镇、横市镇、青山桥镇敬老院荣获全市农村示范敬老院荣誉称号。出台《宁乡县重性精神病人医疗救助"一站式"结算实施细则》,简化精神病人医疗救助程序。全年开展6次精神病人药物救助,累计救助2.8万人次,发放救助药物价值235.5万元。对2277名可能危害社会公共安全的重症精神病人实行免费住院,支出专项资金460万元。依法办理住房保障收入认定证明469份,为住房保障政策的落实提供准确依据。加强基层平台建设,全县各乡镇建立社会救助工作站,明确专职工作人员,落实工作经费,救助能力进一步提升。完成东湖塘、煤炭坝、巷子口3个乡镇敬老院的改扩建。深入开展救灾救济工作。为1780户困难户发放冬春救助资金445万元。紧急转移安置1850人次,27户全倒户纳入全县危房改造,累计救助70万元。为247户因灾重损的低保户、五保户救助房屋修缮费247万元。全年救济困难群众2245人次,发放救助金354万元。成功创建省综合减灾示范社区4个,指导18家爱心超市运转,组织救助物资90万元。开发老区扶贫项目8个,争取革命老区转移支付资金1309万元。加强与公益慈善类社会组织的联系和互动,慈善资源和志愿服务有效整合。开展慈善助学、助孤和助医等12个救助项目,高等教育助学提标扩面,救助比例提高23%。出台扶贫济困精准化、常态化救助活动文件,全年共发放救助资金1344万元,惠及群众1.03万人。全力推进千手爱心平台建设,开发千手爱心网站、建立微信公众号、开通爱心热线,建立爱心驿站总站及各乡镇分站,成立千手爱心基金,募资2589万元。全年共募集慈善资金3544万元。救助管理工作规范,开展街头送温暖行动,对受助人员实施"关爱型救助,人性化管理",维护城市生活无着的流浪、乞讨人员的合法权益,完善受助人员指纹和照片采集程序,推出宁乡县救助管理站微信公众服务平台,救助管理更加规范,全年累计救助各类受助人员2534人次。

【基层政权和社区建设不断规范】 2015年,宁乡县灰汤镇汤泉社区、白马桥街道白马社区、回龙铺镇天鹅村、历经铺乡大湾岭村等4个农村社区建设示范村(社区)和大屯营镇靳兴村、老粮仓镇长田村等20个农村社区建设试点村(社区),做到布局合理、组织健全、功能完善、管理民主。玉潭街道香山社区"舞动风采"艺术团和楚沩社区"圆心驿站"成功创建市级社区服务品牌,香山社区和楚沩社区成功创建市级精品社区。出台《宁乡县社区惠民项目资金使用管理办法》,落实23个城区社区的惠民项目资金115万元。代表长沙市迎接湖南省城乡居民依法自治率达标交叉核查,城乡居民依法自治达标率持续保持100%,坝塘镇被评为湖南省村务公开和民主管理示范乡镇。县城9条主干道路名牌更新到位。按时完成与岳麓区的行政区域界线联合检查任务。完成枫木桥乡、偕乐桥镇和灰汤镇成建制合并设立灰汤镇;坝塘镇和南田坪乡成建制合并设立坝塘镇；双江口镇和朱良桥乡成建制合并设立双江口镇。全县减少乡镇数4个，全县乡镇（街道）29个。启动全国第二次地名普查和合并村工作。

【双拥优抚逐步夯实】 2015年，宁乡县落实抚恤优待工作，发放各类优抚经费7600万元。实现重点优抚对象医疗补助和医疗保险100%全覆盖，全年为5000名重点优抚对象发放门诊医疗和参合补助130万元；实行“一站式”医疗补助，为各类重点优抚对象补助医疗费用120万元。完善优抚对象信息化管理。引进身份信息采集与认证系统，对1.6万名优抚对象的身份信息进行采集与认证，实现优抚对象信息化管理。安置86名退役士兵。完成抗战胜利70周年纪念章与抗战人员一次性生活补助金的发放工作。

【老龄工作扎实有效】 2015年，宁乡县落实老年优待政策，办理老年证1.21万本，发放高龄老人生活补助金额502万元。完成13家养老服务示范点建设。开展重阳大戏台和金秋惠老活动，全年参加百岁老人祝寿活动21场，为全县1.98万名60周岁及以上低保家庭老人和五保对象购买意外伤害保险。完成第四次全国老年人生活状况抽样调查工作。

【社会福利服务事业取得新进步】 2015年，宁乡县依法办理收养登记30例，解除收养登记2例。为全县227名孤儿发放孤儿基本生活费155万元。完成回龙铺日间照料中心项目建设和48所农村幸福院和13个城乡养老服务示范点的建设任务；指导完成民办养老机构吉安养老服务中心建设。年度新增养老床位893张，确定基本养老服务补贴对象2068名，全年下发补贴资金232万元，养老服务补贴覆盖率79%。为全县60家老投注站进行标准化建设，全面提升福彩事业发展前沿阵地的形象。开展12场次宣传营销培训。全年累计销售各类彩票1.23亿元，宁乡县被评为全省福利彩票发行工作先进县。

【社会管理服务不断提升】 2015年，宁乡县殡葬改革强力推进，从2015年12月22日零时起，全县全区域死亡对象实行强制火化。投资800余万元完成殡仪馆火化车间建设，新建设1500平方米火化车间一栋，电力扩容800千瓦，添置火化机及尾气处理设备8台。直接给付基本殡葬服务费政府补助660万元。建成回龙铺、南田坪、夏铎铺、灰汤、大屯营、坝塘、菁华铺7个农村公益性墓地建设。民间组织管理规范。全年新登记社会团体21家，民办非企业单位39家，办理变更登记手续的社会组织共38家，办理注销手续的社会组织3家。全县共有社会组织493家。对416家社会组织进行年检，拟撤销登记社会组织10家，撤销登记26家。加强对社会组织的党群建设情况的督查，取消社团筹备审批阶段，直接登记社会组织10家。指导社会组织孵化基地完善孵化流程，开展福彩公益金支持社会组织参与社会服务项目活动。启动公益慈善类社会组织评估工作，成功创建AAAA级社会组织1家，AAA级社会组织5家。婚姻登记突出“高效婚登、便民婚登、健康婚登”主题，规范服务流程，开展“雷锋式”服务窗口评比活动，开设丰富多样的便民利民措施，积极应对婚姻登记高峰，全年办理结婚9752对，离婚登记2755对，补发婚姻登记证1858对。出具婚姻状况证明3500份。与司法、妇联等部门联合成立婚姻家庭调解委员会，调解328对、调和106对夫妻。整理乡镇档案4000盒，录入婚姻登记信息10万条，婚姻登记档案管理工作进规范。

【自身建设取得新实效】 2015年，宁乡县民政局全面加强机关干部职工作风建设，落实考勤制度，开展“抓四风、促作风”，开门纳谏等活动，及时查摆问题、收集问题、整改落实，党员领导干部工作效率和服务水平明显提高。开展“讲道德、明是非、守纪律”集中教育讨论活动，2015年县民政局党委被县委评为“四好领导班子”。

（王力支　戴　兵）

县老龄工作委员会办公室

副主任　王力支

县双拥工作领导小组办公室

主　任　李元生

县救助管理站

党支部书记　曾志军

站　长　肖　华

县军队离退休干部休养所

党总支书记、所长

刘　洪（9月免）

县社会救助局

党支部书记　成立新

局　长　李新华

移民开发

县移民开发管理局

局　长　何宇雄（9月免）

熊正明（9月任）

副局长　姜跃兵　喻湘波

【概况】 2015年,宁乡县移民开发管理局 (以下简称县移民局)共有干部职工9名,内设办公室、后期扶持科两个科室。全年,县移民局在移民管理、移民产业发展、库区基础设施建设和加强作风建设等方面做了大量工作,库区和移民安置区面貌明显改观,移民群众收入稳步提高,有力推进全县库区和移民安置区新农村建设进程,圆满完成全年工作目标任务。

【移民后期扶持基础工作】 2015年,县移民局通过平时抽查、定期督查、年度检查等方式,全年核减移民人口81人,确保移民政策的严肃性。编制上报2014年移民后扶年度计划和2015年第一、二批大中型水库库区和移民安置区规划项目计划。共上报600元以内项目25个,资金1081.8万元,其中直补879.8万元,项目扶持202万元,年度计划经省移民局批复,年内全部竣工验收。

【确保移民资金专款专用】 2015年,县移民局完善移民资金项目管理制度,加强和改进项目前期工作和实施管理,强化资金管理,积极推进资金项目公开。所有移民项目在宁乡县"阳光三农网"和"宁乡县人民政府公众信息网"上进行公示,接受社会监督,打造阳光政务。1月份省市移民局对宁乡县2014年移民资金使用管理进行内部审计,4月份接受全省涉农资金专项检查,移民资金使用管理基本做到规范、安全。

【移民收入稳步增长】 2015年,县移民局认真落实《移民产业发展规划》,对库区移民产业发展作出系统部署,重点扶持沩山茶叶、油茶、小水果、中药材、"宁乡猪"等五大特色移民产业。确保到县资金中确定20%以上用于发展主导产业和特色产业,有效提高移民投身发展的积极性。一是建立以黄材库区沩山茶叶为特色的茶叶种植基地,新建示范基地1个,新建茶园600亩;二是以黄材库区和洞庭库区为主,重点开发巷子口镇和枫木桥乡小水果基地,新建小水果基地3处,面积40公顷;三是重点建设洞庭库区枫木桥乡油茶林基地,完成新增油茶林33.33公顷;四是扶持田坪库区土花猪基地2个,打造田坪库区青山桥镇移民中药材基地,新建玉竹基地40公顷。

【加大项目建设投入】 2015年,县移民局结合库区移民实际,制定《2015年大中型水库智力移民培训方案》,全年集中举办实用技术培训3期536人、就业技能1期58人,共培训移民594人,就业率达到90%以上,超额完成省、市下达的目标任务。在群众搞好路基、交通、扶贫等部门进行公路硬化的基础上对库区公路20千米硬化每千米配套补助8万元。向上争取项目资金100万元,建设黄材库区7个村的安全饮水工程,改善移民生活条件;完善库区1所中小学学校配套设施建设,促进库区学校教学条件改善。安排资金10.6万元,开展慰问活动。深入库区和移民安置区走贫访困,排忧解难,慰问特困移民203户。

【自身建设不断加强】 2015年,县移民局贯彻中央、省、市、县各级作风建设规定,开展"三严三实"教育活动,加强党风廉政建设和干部作风建设,建立健全各项规章制度,规范干部服务行为,提升机关文明形象,形成以制度管人促事的良好局面。完成县委、县政府中心工作。"三城同创"、群众工作、安全生产、社会管理综合治理、文明创建,公职人员管理、社会保障、爱卫计生等各项工作有序推进,党报党刊征订、机构编制、建议提案办理等工作落实到位。 (文 克)

民族宗教

县民族宗教事务局

党组书记 陈甘泉

局　　长 胡　宇

副 局 长 李赛超

【概况】 宁乡县是全省宗教工作重点县。2015年,全县有县佛教协会、县基督教三自爱国运动委员会和宁乡宗教文化交流会三个宗教团体和一个民间信仰管理办公室。佛教寺院25个,其中密印寺和白云寺分别为省、市重点宗教场所;基督教堂福音堂1个,聚会点24处;民间信仰庙宇100多处,已登记的场所14处,备案登记的场所16处。全县认定备案宗教教职人员24人,其中佛教22人,基督教2人;皈依佛教居士700多人,信仰群众14万人,受洗基督徒3000多人,分布在全县29个乡镇(街道)。宁乡县是少数民族散居县,少数民族人口以外地婚嫁到宁乡为主,外来务工少数民族流动人员逐步增加。全县共有苗族、土家族、侗族、壮族、白族、回族、瑶族、哈萨克族、维吾尔族、藏族、黎族、傣族、水族、哈尼族、畲族、朝鲜族、拉祜族、仡佬族、仫佬族、怒族、赫哲族、傈僳族、毛南族、锡伯族、京族等32个少数民族居民4000多人,占全县总人口的0.15%。宁乡县民族宗教事务局 (以下简称县民宗局)有干部职工5人,县民族联谊会共有常务理事18人,理事35人。宁乡环球职业中专作为国务院扶贫办“雨露计划·腾飞工程”的承办单位，是“民族工作进学校”重点单位。

【宗教事务管理】 2015年，一是高标准办好千手千眼观音圣像开光法会活动。多次赴中央、省、市协调千手观音解禁事宜，1月份争取国家宗教事务局局长王作安实地考察宁乡，上半年先后3次组织迎接省联合组、中国佛教协会、国家宗教事务局的实地严格验收。7月份，国家宗教事务局正式下发千手观音造像《准予行政许可决定书》（国宗许〔2015〕3号）。后又与教内人士、有关部门多次艰难协调，取得支持，争取到在年内举办开光法会活动。方案数易其稿，历经三月集中筹备，12月19日，“沩山文化论坛暨千手千眼观音圣像开光法会”庄严举行，来自海峡两岸及香港、澳门地区的1000余高僧大德云集沩山，活动组织有力，反响良好，是国内佛教界的一大盛事，影响深远。二是加强宗教活动场所管理。加强教职人员备案管理，对全县合法宗教活动场所、正式教职人员在《今日宁乡》试行公示，请群众监督，实现教职人员的动态管理。按照《宗教活动场所财务监督管理办法》要求，加强宗教活动场所财务监督管理，全县80%以上宗教场所开设对公账户，有效解决场所公款私存带来的隐患。对全县登记和备案的民间信仰活动登记场所划等定级、动态管理，实现巩固先进，推动一般，整顿后进，民间信仰活动管理规范有序的目标。三是做强宗教界公益慈善文章。借助观音圣像开光法会契机，指导宗教界积极支持“千手爱心基金”，在开光法会的影响和拉动下，“千手爱心基金”首期募集两千多万元。组织县佛教协会，密印寺、白云寺等重点宗教活动场所对敬老院、周边乡镇贫困村民和学生进行慰问，发放慰问金及物资20多万元。组织基督教会开展“沩江环保世纪行”公益活动，倡导绿色环保理念。四是打造宗教文化建设品牌。发挥宁乡宗教文化交流会的平台作用，组织开展宗教文化研讨交流活动，发挥优秀宗教文化在构建和谐社会中的作用。高质量编印二期会刊《清心》。开展“挖掘优秀宗教文化、助推宁乡三大建设”理论课题研究，组织佛教界、道教界、基督教人士分别撰写三个课题文章，并编印成册。编辑出版《密印禅寺》一书，组织翻印《大沩山古密印寺志》和《沩山警策文》两本书。

【民族服务管理】 2015年，宁乡县民族服务管理一是发挥民族联谊会的桥梁和纽带作用，组织民族界代表人士参加“长沙市孝道文化演讲比赛”和首届“岳麓山登山比赛”，妥善处理环球职业中专学校与少数民族人士之间的债务纠纷，妥善处置三起新疆籍流动摊贩违规摆摊设点纠纷问题，维护民族领域和谐稳定。和市民联会一起，与新疆等少数民族主要流出地对接，建立流入地与流出地的联动机制。二是加强民族工作试点。加强对县民族工作进学校试点单位“长沙环球职业中专学校”工作指导，配合做好民族知识教育培训、少数民族活动室的布置，为少数民族学生学习生活提供良好环境。帮扶民族企业（新疆青年阿迪力·买买提吐热创办的湖南梦想起航电子商务有限公司）解决具体困难问题，在政策上优惠，在发展上助力，在资金上解困。三是维护少数民族合法权益。全年办理民族族别变更手续42起，做好25名少数民族考生的资格审查工作。做好少数民族干部的发掘推荐，选送二名少数民族干部参加长沙市少数民族干部进修班学习。联合县统战部下发《关于开展禁止针对部分地区少数民族群众歧视性做法检查督查的通知》，查处歧视少数民族的行为。

【服务宁乡建设】 2015年，一是宁乡美丽宗教场所建设取得成果。6月份，安排部署全县宗教活动（含民间信仰）场所“美丽宗教场所建设”工作，下发《宁乡县美丽宗教场所建设工作方案》。美丽宗教场所建设活动以考核评比为手段，以宗教活动场所规范化管理为抓手，开展宗教活动场所净化、序化、绿化行动，发挥宗教界在服务美丽乡村建设中的独特优势。9月，完成对全县宗教活动场所（含民间信仰）的考核评比，全县30%以上场所达到美丽宗教场所建设标准。二是宗教领域保持和谐稳定。对全县公共场所非法设立宗教活动场所和非法举办宗教活动的情况进行拉网式摸底排查，东湖塘镇一未批先建民间信仰活动场所被依法拆除。化解白云寺、彭法显神殿等宗教和民间信仰活动场所信访问题，协调处理基督教莲花山聚会点与周边鞭炮厂爆炸遗留问题。根据宗教因素突发事件应急预案，多方协调，形成合力，成功处置白云寺僧人释果田意外死亡事件。按照《宁乡县宗教（含民间信仰）活动场所管理考核办法（试行）》文件，完成对全县宗教（含民间信仰）活动场所的考核工作。三是做好基督教领域反邪防渗。组织干部深入基层一线，多渠道摸查，了解情况。按照“疏堵结合、区别对待、分类处理、纳入管理”的要求，采取“登记一批、合并一批、过渡一批、取缔一批”的措施,联合国保大队、派出所和所属镇村对全县存在的11个私设聚会点进行有效治理:取缔5个,过渡3个,合并2个,自行中止1个。四是宗教重点项目建设有序推进。按照县委、县政府的要求,主动服务项目建设,指导完成密印寺万佛殿、警策殿、藏经殿、祖堂、选佛堂、五观堂和山门的维护和修缮,为观音圣像开光法会做好硬件准备。指导和支持芙蓉山清庵祖师殿、玉潭公园玉龙寺等重点宗教场所的规划建设,确保项目依法顺利推进。五是政策法规宣传深入有力。开展民族宗教政策法规宣传月学习活动:聘请中国人民大学温金玉教授在县委中心组(扩大)学习会上作《如何面对公共领域的宗教问题》的精彩专题讲授,对全体县领导和乡镇、县直单位主要负责人作了一次集中的宗教政策法规培训;在《今日宁乡》作10期民族宗教政策法规问答;通过《清心》等刊物平台,不定期作政策宣讲;深入教堂、寺院作专题政策辅导。

(办公室)

乡　镇

大屯营镇

党委书记　陈志武
副书记、镇长　喻林义(女,11月免)
曹一航(11月任)
副书记、人大主席
何卫斌
政协工作联络处主任
袁　琳
副书记　唐超群
党委委员、纪委书记
廖曙光
党委委员、副镇长
李湘辉
党委委员　彭　敏
副镇长　傅大成
符仲蛟(7月免)
人大副主席　熊坤朋

【概况】 大屯营镇位于宁乡县东南部,距离县城45千米,东邻湘潭,西接韶山,总面积106.47平方千米,其中水田3008.3公顷,辖1个社区,12个行政村,总人口4.4万人。

2015年,在县委、县政府和镇党委的正确领导下,在镇人大、政协的监督支持下,大屯营镇坚定不移地推进新型城镇和美丽乡村建设,狠抓"1121"工程,经济和社会各项事业水平得到明显提升。

经济发展实现稳中求进。主要经济指标平稳向好。2015年,实现镇域生产总值21亿元,增长10.6%;实现财政收入1044万元,其中地税629万元,国税355万元;实现规模工业总产值20亿元,增长13%;固定资产投资、社会消费品零售总额均超额完成目标任务。各主要经济指标呈现总量扩展、规模扩大、效益提升的良好发展态势。新型工业发展初具雏形。宁诚科技2栋标准厂房封顶,将成为格力集团500亿电气制造产业链的重要一环,强强双狮建材竣工投产,将成为大屯营镇税源新增长极。全镇规模企业将达17家,涵盖食品、家具、建材、烟花等多种行业。现代农业特色彰显。靳鑫农业、天井茶叶、湘桂食品引进战略投资,更新设备,实现了技术升级,华南源、仙茶美持续加大投入力度,扩大基地规模,实力进一步提升,飞华农业、安卓农业、靳河农业依托本土资源优势,发展特色经济,打造"公司+农户+基地"经营模式。全年引进农业项目5个,合同投资超2亿元,实际到位9500万元,大屯营镇集生态、观光、休闲、富农于一体的现代都市农业体系加快形成。传统农业增质增效。种植烟叶576.13公顷,送售2.3万担,金额突破3000万元,烟叶产量质量、收购进度秩序均居全县前列,实现了连片开发、片区示范、规模种植。早晚稻种植6000公顷,以种粮、农机合作社为龙头,实现全程机械服务,加快推广集中育秧、统防统治,粮食生产水平进一步提高。

城乡面貌明显焕然一新。全面取缔镇域内16处"赶集"点,恢复了道路交通畅通和洁净,开展拆违控违整治,对"三路""两集镇"沿线违章建筑、广告实施拆除和清理,拆除违法违规晴雨棚、棚屋、废弃烤房360多处,广告240余处,通过整治逐步使集镇和主要公路沿线整齐有序。

社会大局和谐平安稳定。紧紧围绕"保增长、保民生、保稳定"要求,坚持问题导向、底线思维,全力推动"平安大屯营"建设。深入基层一线、田间地头倾听群众诉求,接待群众诉求1800人次,受理各类纠纷785件,调解成功率达99%,各种矛盾纠纷得到及时化解,全年无重大刑事案件发生,无群体性事件,无民转刑事件,实现了集体上访、越级上访、进京非访案件的"三个零发生"。推动落实安全生产责任制,有序逐步整顿关停烟花爆竹、煤矿和非煤矿山,确保了全年未发生较大以上安全事故。

民生福祉持续有效增进。坚持共享发展理念,真心诚意为群众办实事、解难题、谋福祉。社会保障水平不断提高,以"建设阳光民政"为工作主线,积极推行农村合作医疗和农村养老保险,全镇参合率达90%。落实精准扶贫政策,贯彻贫困户干部帮扶、危房改造和助贫助学等举措,加快困难群众脱贫步伐。社会事业全面发展,新建镇中心幼儿园、九中公租房、梅湖、新民教师周转房,改善了办学条件。配合上级监管部门,加大对食品、药品领域的监督,保障群众健康安全。人口和计生工作走上规范化管理轨道,注重依法行政,强化优质服务,全镇人口出生政策符合率达86.5%。民生工程扎实推进,以村组为主体,群众筹资筹劳，共黑化公路3千米，硬化公路7千米，护砌山塘25口，清淤硬化渠道15千米。集镇立面、路面改造工程前期规划批审程序完成，即将正式启动。污水处理厂、污水管网、自来水管网工程、垃圾分类回收站投入使用，农村人居环境进一步改善。

基层党建迸发活力。坚持以党建工作统筹全局工作，以“三严三实”专题教育为契机，狠抓党员干部作风建设，层层落实“两个责任”，扎实开展党员队伍秋冬季集中教育整治行动，深入推进基层党组织标准化建设，全面实现村级活动场所、镇“五小”设施和便民服务中心、软弱涣散党组织整顿、基层党建信访问题“四个清零”，全镇党员干部作风进一步好转，同心协力谋发展、抓落实的动力不断增强。

【美丽乡村全县示范】 落实县委政府关于全域景区化的战略部署，加快推进新型城镇、美丽乡村建设，促推美丽乡村与美丽经济相伴而生，一批批美丽村庄、屋场、庭院、公路加快创建，保持了村点出彩、沿线美丽、面上洁净的良好环境，起到了以点带线带面的示范效应。高标准建设13个村级示范点，喻家坪、江湾和崔家湾等美丽村庄示范点独具特色、魅力彰显，多次迎接市、县领导现场观摩；石家湾、靳兴、梅湖实现整村推进，石家湾社区被评为省两型社会示范点、市环境卫生示范村；双大、九韶等三条美丽公路展现新姿，镇机关、九中等美丽单位创建方兴未艾。

【重大战略项目有序推进】 以最优服务、最高效率、最务实作风，加快“1121”工程建设。征拆工作实现了“两天征地203.33公顷、三天签订征拆协议247户、五天内拆迁房屋全部倒地”，有力保障了战略项目快速建设。征地拆迁的“大屯营速度”送到了省委书记徐守盛的案头，也得到了县委、县政府的高度赞扬。　（党政办）

道林镇

党委书记　潘志国
副书记、镇长　陈　浩
副书记、人大主席
童佩祥（9月免）
张新华（9月任）
政协工作联络处主任
宋光玉
副书记　周　勇　彭海波
党委委员、纪委书记
谢勇军
党委委员、副镇长
袁胜泉
党委委员　陶　浊
副 镇 长　贺　虎　陈　樱（女）
人大副主席　张文宏

【概况】 道林镇位于宁乡县东南部，毗邻长沙市岳麓区和湘潭市雨湖区，湘江一级支流靳江贯穿全境，镇域面积135平方千米，辖8个村，1个社区，人口5.8万人。2015年，镇党委、政府团结带领全镇干部群众，凝心聚力，真抓实干，较好地完成各项目标任务，全年实现镇域生产总值22亿元，比上年增长9%；完成入库国地两税1610万元，完成目标任务的107%；规模工业产值8.9亿元，为年度任务的104.5%；社会消费品零售总额4.6亿元，为年度任务的103.4%；年度工作绩效考核排名位列全县第七名，跻身一类乡镇。

【道林古镇建设强势铺开】 2015年，道林镇坚持把古镇建设作为全镇的头等大事来抓，抽调精干力量成立道林古镇建设指挥部，强力推进前期规划、项目征拆、融资招商、景区建设等各项工作。围绕“乡愁、古韵、穿越、风情”的主体规划理念，古镇建设一期项目的立项、可研、环评、用地审批、工程招标等前期工作紧密推进。组建道林古镇影视城开发有限公司，并升级为县级公司平台；全方位展开与上级部门、银行机构的融资对接，首批3600万元资金成功争取到位；集中力量突破征拆工作，南东、道善公路征地拆迁、“乡土中国片区”景区土地流转和道林老街门面租赁等工作高效推进，为古镇建设快速启动创造条件。克服资金、天气等不利因素影响，景区各大项目如期铺开，乡土中国片区渔人居7栋建筑主体竣工，已进入内部装修和外围景观建设阶段，城墙、牌坊、古道等景观初具雏形，靳江河水景工程完成水岸线以下护砌；潇湘故事片区明清、民国风格段立面改造全面启动，其中明清段首批70空改造基本完工；南东公路完成路基精加工，道善公路路基建设抓紧推进。景区招商来势喜人，与长沙远大住工集团成功签约，规划建设远大靳江稻香度假庄园；与深圳大观泛海公司展开多轮对接，景区深度合作进入实质性阶段。

【美丽乡村建设扎实推进】 按照县委政府“干干净净、整整齐齐、漂漂亮亮”的要求，出台奖补政策，广泛发动群众，由点到线及面推进美丽乡村建设，取得良好成效。筹资600多万元完成集镇2.8千米道路黑化，高标准打造了宗师庙和道林大道入口两个绿化广场，投入近200万元完成南东公路和尚桥至宗师庙段、道大公路港口桥至社区段绿化提质，集镇及主要节点景观形象得到改善。公路两厢整治取得实效，在抓好日常保洁的同时，全面取缔非法赶集行为，规范店外占道经营，拆除违章棚架、户外广告等1500多处，整治废旧房屋、废弃烤烟房18处1600平方米。美丽屋场建设火热推进，各村、社区结合自身实际，积极筹资投劳，创造性地开展工作，华鑫市村获评县级美丽村庄，鑫星村升家坪屋场、靳水村新屋屋场获评县级美丽屋场，全镇28个各具特色的美丽屋场接受镇里验收。

【非煤矿山整治克难突破】 2015年，道林镇按照县委、政府的统一部署，非煤矿山的整治工作围绕“分矿包干、因矿定策，整体联动、稳控大局”的工作方针，集中时间精力，顶住巨大压力，配合县联合工作组做好后勤保障、安全稳定和群众工作，全镇12家矽砂、采石矿全面断电停产整顿，洞采矿实施密闭，取得非煤矿山整治的阶段性胜利，确保道林社会大局的和谐稳定，迈出转型发展的坚实步伐。

【特色优势产业加快发展】 2015年，道林镇围绕农业增效、农民增收，着力巩固传统农业，全力培育新兴产业。认真落实县委、政府严控耕地抛荒和“双改单”的工作要求，全年完成双季稻种植431.13公顷。烟叶产业良性发展，7个种烟村落实烟叶种植15.53公顷，送售烟叶近40万千克，送售金额1000万元，亩均效益居全县第三，烟叶生产质量管理荣获全县先进称号。大力推动乡村旅游、生态农业发展，精心组织参与宁乡美丽经济博览会，以酸枣糕、富硒米、谷酒等为代表的道林特色农产品备受瞩目，七彩花谷生态旅游项目作为美博会全县十大重点项目之一重磅推出，垅枫村名贵兰花种植基地初具雏形，个性化农业加快发展。

【民生事业投入持续加大】 2015年，道林镇持续加大学校建设投入，建成道林中小、道林中学教师公租房配套设施，新建大界幼儿园，完成龙塘、汤家塘等2所薄弱学校改造。镇敬老院成为省级三星级敬老院。华鑫市、善山岭、清石、鑫星等4个村级党建文化综合服务中心主体竣工。改造农村危房85户。养老保险工作成为全市试点镇，社保一卡通发放在全县率先启动。殡葬改革平稳推进，火化率达100%。全面加强五项安全工作，全年实现安全生产事故“零发生”，市级标准化安监站成功创建，市级安全生产乡镇通过复查。人口计生工作荣获全县先进。动物防疫工作扎实有效。森林管护水平不断提升。开展“金盾”“打击盗骗赌”等严打整治行动，全年共立刑事案件20起，治安案件60余起，有力维护社会安定和谐。认真做好信访工作，成立矛盾调处中心，全年接待群众来访120余批次，处理上级交办信访件23件。

【政府行政效能不断提升】 2015年，道林镇主动适应国库集中支付方式，财政资金管理更加规范。突出预算编制、合同签订、设计变更、结算验收等关键环节把控，政府投资项目管理不断优化。抓实农村公共资源交易中心建设，全年交易项目37个，交易金额1234万元，比上年增加20个项目，增加交易金505万元。稳步推进合并村工作，全镇15个村（社区）合并为9个。政务公开、依法行政工作荣获县级先进，统计工作跻身市级一类方阵。

【县委常委专题办公会研究道林古镇开发】 2015年8月12日，宁乡经开区党工委书记、县委书记谭小平在行政中心十六楼县委常委会议室召开道林古镇建设办公会。会议听取道林古镇规划设计和道林镇的工作汇报，就道林古镇建设相关工作进行认真研究。会议认为，道林古镇开发有基础，道林集镇格局非常好，保存完整，有古韵、有格局，人文底蕴深厚，便于开发；道林古镇开发有区位优势，道林古镇开发有共识，道林集镇保护很好，开发前景得到各方认同，特别是规划设计方案成熟，一旦付诸实施将产生重大影响。会议要求，全县各级各部门要统一对道林古镇开发的认识，把道林古镇项目作为牵引花明楼、道林、大屯营东南三镇整体综合旅游的龙头项目加快推进。

【古镇影视城开发公司 古镇开发建设指挥部揭牌成立】 9月30日11时，长沙市道林古镇影视城开发有限公司、道林古镇开发建设指挥部在道林镇国土所正式揭牌成立。道林镇党委书记潘志国、镇长陈浩出席仪式并为其揭牌，道林古镇开发建设指挥部工作人员等参加此次揭牌仪式。该公司的成立，标志着道林古镇建设工作全面推进，道林镇进入崭新的发展阶段。道林古镇建设用地200公顷，集中打造乡土中国、潇湘故事、时尚风情、道林人家、田园牧歌五大板块。

（党政办）

花明楼镇

党委书记

肖玉华（7月免）

张立金(7 月任)

副书记、镇长

颜志强(7 月免)

叶刚毅(7 月任)

副书记、人大主席

吴　彪(9 月免)

杨望伟(9 月任)

政协工作联络处主任

喻尽忠(9 月免)

谭子成(11 月任)

副书记 谭燎华

党委委员、副镇长

贺实余

党委委员彭春明

副镇长 刘伟强　刘朝晖

人大副主席

陈伟军

镇长助理

荆红叶

【概况】 花明楼镇下辖 17 个行政村和 1 个社区，共 5.12 万人。镇域总面积 112.4 平方千米，耕地面积 41.51 平方千米，水田面积 36.29 平方千米。2015 年，镇党委认真贯彻党的十八大和十八届三中、四中、五中全会精神，紧扣发展第一要务，奋力推进"三大建设"，实现经济社会各项事业协调发展。荣获第二批"全国宜居小镇""全国文明村镇"、第三批"全国特色景观旅游名镇"等多项国家、省、市荣誉。

【综合实力有新提升】 2015 年，花明楼镇全年共完成国、地两税 2150 万元，实现规模工业总产值 33 亿元，固定资产投资 20.77 亿元，社会消费品零售总额 4.4 亿元，招商合同资金 59.45 亿元，实际到位资金 3.2 亿元，农民人均纯收入 2.1 万元。

【项目建设有新突破】 2015 年，花明楼镇强力启动花明国际幸福城项目，完成一期、二期 20.93 公顷用地和 64 栋民房的征拆工作。12 月 16 日举行花明国际幸福城开工仪式，拉开花明楼项目建设的序幕。经省委书记徐守盛批示，湖南省教育考试命题与制卷基地建设重获批准，落户花明楼。名人酒店主体已竣工，内外装修，配套设施正在进行中。三一风电和"1121"工程按进度要求如期推进。安置小区启动土方建设。花明路南延伸线竣工通车。东烧线公路完成提质改造。

【镇村面貌变化显著】 2015 年，花明楼镇集镇彩化提质改造基本完成。与玉潭清洁环卫公司合作，将镇区环卫服务外包，对镇区进行高标准常态化保洁。开展拆违控违专项行动，清理户外广告，拆除违章棚屋，整治乱停乱靠、马路市场、超限超载等乱象。建成毛塘、邓家巷子、刘家湾、樟树塘等八大美丽屋场示范片区。美丽乡村建设在全县两次观摩活动中居前三名，专家组暗访综合评价排名第一。

【民本民生有新改善】 2015 年，花明楼镇加快教育强镇步伐，建设朱石桥中心小学公租房 20 套、花明楼中心小学公租房 40 套及花明楼中学公租房 20 套，对靳江小学进行薄弱学校提质改造，完成朱石桥中学排污工程建设。改善医疗基础条件，建设卫生院公租房 96 套，完成 4 个村级卫生室达标工作。美丽乡村建设如火如荼，共投入 1200 多万元用于美丽乡村、农村道路等基础设施。探索农村土地集中流转、集中经营新模式，在金元村开展城乡共建社区试点，成立金元现代农业公司等 59 家经济合作组织，依托金元村金盆云雾茶叶基地和四海油茶林基地，整村流转土地 133.33 公顷，建设万亩生态农庄，打造杨林片区现代农业示范基地。投资 670 万元建设靳源、戚佳山、杨林、金元、芙蓉寨五个村小农水项目。加大农民科技培训，在杨林村建立水稻新品种、新技术引进试验示范基地，镇农技站被评为首批"全国五星级乡镇农技推广机构"。镇区工业企业加快退出，依法关闭 3 家污染严重、产能落后企业，关停太平煤矿三江村矿区，拆除镇区恒晟耐火材料有限公司和花明楼耐火材料厂 2 个烟囱，全面推动全镇耐火材料企业实行技术改造。

【社会事业有新进步】 2015 年，花明楼镇统计工作全面完成各项经济指标，高标准、高质量完成 1% 人口抽样调查工作，镇统计站荣获长沙市统计局关于 2015 年乡镇街道统计站目标管理综合考核一等奖。改建 66 户危房户。发放低保金、优抚金、高龄补助、救济救助款、慰问款等共计 532 万余元，发放粮食直补、农资综合补贴、良种补贴等涉农补贴 1845.61 万元，一事一议奖补 72 万元。医疗保险参保率达 96%，养老保险参保率达 93.09%。全年完成免费孕前优生健康检查 317 对，征收社会抚养费 156.9 万元，移交法院案件 34 件，免费赠送家庭意外伤害保险 9.18 万元，贫困计生家庭慰问金 6 万元，成功创建了杨林、常青两个村民自治示范村。花明楼镇、石立村、靳源村、朱石村、金元村、社区分别荣获"长沙市无邪教创建达标单位"，治安保险工作名列全县第一，全年无民转刑案件，无群体性事件，无重特大事故。干群积极参与环境卫生集中整治、义务植树志愿者行动、"温暖微行动·彩虹行"捐资助学、"情

系伟人故里 爱心孝行联谊”等文明创建活动,积极开展“十佳社会贤达”“好家风、好家训”“狮子型干部”等文明典范评选活动。

【党风政风有新改观】 2015年,花明楼镇党委针对上年班子建设和党员干部队伍管理存在的问题,加强党风廉政建设,突出“用制度管人,凭责任做事”理念,整章建制,制定完善《关于镇村干部落实主体责任和党建职责的层级管理办法(草案)》《镇、村、部门单位作风建设十项规定》《花明楼镇农村党员积分定等管理办法》《花明楼镇农村党员行为规范“双十条”》《关于建设服务型党小组的实施方案》等,进行定期督查、不定期抽查、及时通报、及时整改惩处,全年共出台制度12项,发出《督查通报》8期,处理党员干部20人,整改到位8例,镇村上下气象一新,积极向上。学习乐东经验,开展“党建+”行动,工作效果明显。三江村党支部书记杨文广同志奋不顾身进入地质沉陷井中救人,被评为“狮子型”干部,他的见义勇为先进事迹被《长沙晚报》等多家媒体报道。

(钟文华)

东湖塘镇

党委书记	胡君安
镇　长	左立平
人大主席	彭海龙
政联处主任	肖福仓
党委副书记	杨伟军
纪委书记	刘永宏
党委委员 副镇长	黄颖娟
党委委员	陈　康
副镇长	邹文平
	易爱媛
人大副主席	戴碧江

【概况】 2015年,东湖塘镇深入贯彻党的十八届四中、五中全会精神和县委十一届六次全体(扩大)会议精神,以加快全面建成小康社会为总揽、以改革创新为主题、以加快建设“四个东湖”为发展定向,以“三大建设”为主线,全镇上下,科学规划,合理分解全年各项工作目标任务,积极动员和组织全镇干群振奋精神、转变作风,各项工作齐头并进,成效显著,成功创建国家级生态乡镇和长沙市环境卫生十佳乡镇,年终获全县绩效考核综合排名第十三名,获“县五好班子”称号。

2015年,全镇完成县域生产总值10.12亿元,为全年任务的100%;固定资产投入完成7.2亿元,为全年任务的118%,其中工业固定资产投入完成3.523亿元,为全年任务的100%;规模工业总产值完成12.498亿元,为全年任务的100%,工业税收完成125万元,为全年任务的100%;社会消费品零售完成3.68亿元,为全年任务的100%;完成财政税收600万元,为全年任务的120%。

【三大建设大推进】 坚持以三大建设为主线,深入贯彻县委十一届六次全体(扩大)会议精神,强力推进现代农业建设、宜居集镇建设和美丽乡村建设,实现了“四个东湖”发展的提速提效提质。

大力推进现代农业建设。坚持现代农业主攻方向,全面推进农业转型升级、提质增效。一是抓土地流转。深入探索农村土地集中流转、集中经营新模式,全年流转土地566.67公顷。二是抓农业招商。坚持把项目引进作为农田提质增效的核心动力,成功引进东湖农业开发有限公司、向明生态农庄、湖南家伟农业综合开发有限公司、天成农业开发有限公司等10余家规模农业企业,超额完成全县农业招商任务。三是抓龙头企业。重点加强对发展潜力大、带动能力强的骨干企业的扶持,着力推进农业产业化经营,初步形成了“卫红米”“温氏鸡”“嘉禾猪”“大雁鹅”“东湖菜”等种养品牌,彰显了龙头企业的带动效应。如卫红米业“粮食银行”经营模式,接受全省加快转变农业发展方式现场会的观摩。四是抓新型农民培育。以湖南农广校卫红米业分校和东湖农业开发有限公司为平台,大力推进新型职业农民培训,全年共培训500人次,建成家庭农场9家,共发展种粮大户171户,专业合作社80余家。

强力推进宜居集镇建设。坚持以整治促管理,以投入提品质,以长效抓规范,集镇形象、品位得到前所未有的改观,集镇宜居度、美誉度得到前所未有的提升。实现了“三个进一步”,即集镇管理进一步规范。抽调机关干部对东湖塘集镇、泉湾集镇、手板塘集镇、西冲山集镇、太平桥一门市、泉山二门市、原职业中专周边等7个集镇或集居点进行了集中整治,全镇累计出动各类车辆设备131台/次,共清除牛皮癣5200多条,清理墙体广告310幅,拆除杆柱广告220块,拆除违建违搭319空,规范了集镇管理秩序,提升了集镇文明化程度。集镇品质进一步提升。投资720余万元的东湖塘集镇2千米路面黑化工程已竣工通车,进行集镇人行道、下水道、绿化、亮化、立面改造、弱电入地等6大建设,年底可以竣工投入使用。基础设施进一步完善。2015年新建占地500平方米篮球场及健身场地已投入使用;新建镇中心幼儿园已全面竣工;在集镇及红色旅游线路增设垃圾桶

500个，集镇的综合配套建设逐步完善。

着力推进美丽乡村建设。2015年东湖塘镇以美丽乡村建设为目标，以综合整治管理为载体,以群众素养提升为重点,着力“三镇”(创建市级卫生“十佳”乡镇、市级文明乡镇、国家级生态乡镇）同创，乡村环境卫生整体提高,镇村面貌明显改善,形成了群建群享共创美好生活的新格局。一是凝聚齐抓共管的合力。成立以党委书记任组长的美丽乡村建设领导小组,制订了实施方案、考核办法、建设标准,将美丽乡村建设与部门单位、村(社区)评先评优，与线办干部、村干部奖罚挂钩。分设7个工作小组,将集镇、公路等建设任务分别由一名党政领导牵头负责。建立镇村组三级联动模式，划分责任网格71个，每个网格均配备镇村干部和保洁员,落实责任到人。二是调动群享群建的主力。加强群众科普。发放《环境卫生整治致农户的公开信》《保护碧水蓝天、共建美丽宁乡》等宣传资料10000余册；全镇427个村民小组全部召开户主会，全镇16000多户全部上户宣传;组织党员、干部、户主外出参观学习100余次;编撰《东湖塘宣传画册》,通过鲜活的事例、先进典型教育群众;2015年对2014年评选出来的15名爱卫明星组长、80户优美庭院进行了表彰奖励宣传;通过民情走访、美丽乡村建设、周末沙龙等形式,调动群众参与环境卫生整洁行动，群众筹资筹劳500多万元参与整治建设。如牛山村万花塘组群众共筹资31万元、筹劳4085个进行美丽屋场建设；东湖社区双峰组通过宣传走访座谈，共发动群众筹集资金28万余元,群众积极性空前高涨，高标准启动了绿化、亮化、硬化工程建设。三是彰显督查落实的定力。按照一月一考核、一季一讲评、半年一集中整治的要求开展环境卫生督查整治。2015年对宁韶线、东花线、袁沅线、南凫线4条线路进行清整，清除沿线垃圾池81个,增设分类回收垃圾桶200个。针对群众反映的31个环境卫生问题,全部进行整改。针对投肥养殖问题进行专项整治,10座小一、小二型水库和镇域内骨干山塘全部退出投肥养殖。四是强化基础建设的张力。全年投入资金500万元对东花公路、宁韶公路东湖塘段、南凫公路、袁沅公路、麻阳公路、岳在公路等主干道路全部进行了亮化。打造南凫公路绿色通道，投入200万元全线栽种紫薇、红叶石楠等绿化苗木12千米。黑化组级道路7千米，新装村组路灯310盏。推进农村垃圾分类减量。利用卫红米业基地、省植物园花卉基地等发展现代农业、休闲农业,为乡村环境建设增添亮丽风景。

【民生事业大投入】 水利建设走在全县前列。针对东湖塘镇水利设施老化、历史欠账多的实际,镇党委创新开展“领导带干部、干部带党员、党员带群众、协力修水利”活动,充分发挥党员干部在民生事业中的示范带头作用。全镇全年共清淤山塘191口，疏浚渠道8.2千米,新建6座小型河坝,新建3处小型机埠。

学校建设如火如荼推进。党委政府高度重视教育事业，近几年来东湖塘镇教育质量综合排名一直位列全县前茅。尤其是2015年，党委、政府多方筹措资金1200万元,启动了东湖塘中心完全小学教师公租房建设、西冲山中学综合楼建设和陶家湾小学整体搬迁。

社会事业千方百计保障。投入900多万元，原址高规格重建敬老院，可容纳五保老人200多人,年底即可入住。发放差额低保180万元，发放优抚资金198万元，大病救助170人，救助金额31万元,特困群体临时性救助48万元，投入148万元进行危房改造44户。深入开展百名干部“听民声、解民忧、促平安”大走访活动,共走访13797户,收集各类问题92个，走访过程解决处理88个，成功化解县交办的信访积案2个。强化社会治安防控体系,建立健全矛盾纠纷调处中心、维稳中心、群防群治网络,落实责任机制；巩固镇村防护网络，与各村(居)委会和镇内企业、部门单位签订了目标管理责任书，形成稳定工作齐抓共管的良好局面。加强对不稳定因素的排查力度。对辖区内不稳定因素，特别是重点信访人员严格落实“五包一”责任机制,特别是在特护期间,通过座谈走访、上门谈心等方式,掌握他们的思想动态，帮助他们解决一些实际困难。计生工作进一步加强，高标准开展计划生育服务育龄群众“百日行”活动,并创新组织开展了为时4个月的计划生育“四提升”活动,全年共征收社会抚养费170余万元，完成优生健康检查360对，完成四项手术112例，计生基层基础工作进一步夯实。加强消防安全，矿山安全,道路交通安全、食品安全、校车安全的整治，全镇没有发生一例因食品安全中毒事件、校车安全责任事件。2015年全镇民调工作排名全县第四,群众的满意度、幸福指数全面提升。

扶贫济困工作稳步推进。结合镇村实际,东湖塘镇从镇机关、站所、支村两委选派167名党员干部,按照“654321”工作要求,与

375 户贫困户 855 人结对帮扶，确保了贫困人员全覆盖。同时，严格帮扶工作制度，每个帮扶责任人每月到村到户两次以上，掌握贫困户的基本情况，找准帮扶办法，制定帮扶计划。产业扶贫大力推进，针对缺产业、技术、资金致贫的贫困人口，依托现有的产业基础，大力发展特色农业产业，通过产业发展带动贫困人口脱贫致富。如在凤村无花果基地，2015 年侧重聘用贫困对象 30 余名，人均发放工资 1.5 万余元；湘鹏大雁鹅养殖基地在全村选了 30 户贫困户，每户免费发鹅苗 8 只，由基地负责技术指导并保证回收。

【作风建设新常态】 始终忠实履行从严治党的政治责任，以作风建设永远在路上的高度自觉，强力推进党员干部队伍管理，保障东湖塘经济社会发展的全新跨越。一是着眼形势需要，建立健全制度。镇党委专门成立作风效能督查室和群众工作部办公室，重拳整治“走读干部”现象和规范上班行为，实行最严格的上下班签到、签退和住勤督查制度，督查结果实行一周一通报，一月一汇总，并将计划生育“百日行”和“四提升”工作、基层党建工作、美丽乡村建设工作等制定详细的考核细则与干部福利、年终考核直接挂钩。二是领导干部带头，坚持以上率下。明确要求党政班子成员把贯彻落实中央、省市县作风建设规定和加强自身作风建设作为义不容辞的责任，坚持以身作则，以上率下，从我做起，向我看齐，在各项工作中班子成员必须一线指挥，既当指挥员，又当战斗员；严格执行财经纪律，工作用餐全部在食堂，厉行节约。三是加大查处力度，严肃责任追究。重点检查全镇各级各部门党员干部工作作风是否扎实，值班制度、考勤制度、请销假制度等是否落实到位，是否在上班时间干与工作无关的事。对违反工作纪律的行为，发现一起，查处一起，通报一起。全年对 10 名党员进行了纪律处理，其中由于违反计划生育政策开除党籍 1 人，由于赌博、无证驾驶等给予严重警告处分 2 人；由于违反党的作风纪律，诫勉谈话 7 人，其中通报批评 4 人。通过动真碰硬的措施，全镇党员干部作风明显好转，一些困扰东湖塘若干年的难点问题，2015 年得到了有效、顺利、彻底解决。

（党政办）

夏铎铺镇

党委书记 孙春华
副书记、镇长 邓作平
副书记、人大主席
李建坤（9 月免）
周泽文（9 月任）
政协工作联络处主任
孙尚文（9 月免）
郝德芳（11 月任）
副书记 龚学军 杨靓雯
副书记、龙凤山村第一书记
喻文辉（挂职）
党委委员、纪委书记
陈红兵（女）
党委委员、副镇长
李加强
党委委员 刘金文
副镇长 李拥华（女）
贺朝前
人大副主席 丁旭文
镇长助理 张 俊

【概况】 夏铎铺镇辖 10 个村民委员会，3 个居民委员会，270 个村民小组。全镇总面积 103.25 平方千米，其中耕地面积 2700 公顷，总人口 40897 人。

2015 年，夏铎铺镇紧紧围绕县委、政府推进三大建设和打造香山景区的决策部署，主动担当，开拓创新，团结带领全镇干群以更加饱满的热情、更加扎实的作风，全力推动社会各项事业取得积极进展，镇域经济转型取得良好局面。全镇完成镇域生产总值 47.65 亿元，增长 14.8%；56 家规模工业企业完成规模工业总产值 186 亿元，增长 29%；新增规模工业企业 4 家，新增高新技术企业 4 家，完成高新技术产值 46.8 亿元，增长 51.7%；实现财政税收 1.02 亿元。成功跻身全县一类乡镇阵营，镇党政领导班子荣获县“五好领导班子”称号。全年工作主要表现在四个方面。

一、致力于“三产”融合发展，经济基础更加厚实。一是实力园区建设稳步向好。大力实施“特色立园、二次创业”工程，盘活土地资源，帮助企业采取租赁、合作等方式，合同引进润通环保等优质工业项目 10 个，合同引资 6.3 亿元，在招商引资百日竞赛中位居全县前列，荣获县“招商引资先进单位”称号；项目建设推进顺利，新建项目 18 个，续建项目 20 个，金吉智能、远飞电器等 13 个项目竣工投产，在县项目建设百日会战中，入选县项目建设观摩点，荣获县“项目工程建设先进单位”称号；强化项目（企业）帮扶，组织举办“实力园区·夏铎铺企业家周末沙龙”活动，推行项目（企业）特派员制度，协助企业融资近 5000 万元，有效破解企业发展难题；加强园区环保监管，督促企业设备升级，不断激发企业减排内生动力。在实力园区建设中，荣获县“加快实力园区建设先进单位”称号，南方水泥、忘不了服饰获评县“工业发展十强企业”，洋华机电获工业企业品牌建设奖，青山印务、远飞电器、鼎日成金属、维创环保荣获县“新增规模工业企业奖”。二是农业产业效应日益彰显。发展种粮大户55户，实现水稻流转面积392.11公顷，解决抛荒田和一季稻水田233.33公顷，完成重金属污染耕地修复642.13公顷，兴旺村粮调点工作连续三年进入全县一类；新发展农业专业合作社17家，实现林地、水田、山塘土地流转面积750.87公顷；积极服务印象麓山、天凤农业项目发展，双双进入市重大农业扶持项目笼子；精心制作十大农业项目招商手册，美博会期间成功引进香柚园建设项目，合同引资3600万元，引进颐和寿康项目，合同引资3亿元；完成9.5千米河道疏通、4座水闸建设和25.2千米公路建设，农业基础设施进一步完善。三是旅游发展文章全面破题。完成香山景区建设整体规划编制工作，完成一期建设，启动二期建设，打造了宁乡门、香山故事广场、老粮库等景观节点，作为景区核心项目——美丽中国·文化产业园已高效完成征拆工作，建设场面如火如荼。

二、致力于城乡面貌改观，镇域形象更加精美。新型城镇雏形初具。围绕香山景区建设要求，高标准打造香山小镇、天马小镇，完成了766空门面的欧式风情立面改造、市政配套设施建设和绿化、亮化，实现宁乡县乡镇首例万伏高压入地，龙凤山村自主投入完成袁家湾集镇门店招牌统一工作；开展拆违“雷霆行动”，拆除违章建筑、棚架等近5万平方米，取缔店外经营65处，整治违规占地经营项目28处，工作做法及成效在全县得到宣传推介，县委谭小平书记签字阅示表示高度肯定；成立城管分局，组建“百姓城管”队伍，设置红绿灯，实行车辆禁停措施，规范车辆停放，城镇管理取得新成效。荣获县“美丽集镇”荣誉称号。乡村环境更加美丽。成功举办“美丽乡村风光好，幸福夏铎党旗红”首届群众文化艺术节；积极参加县美博会，打造的夏铎铺展馆赢得最高评价；组织拍摄美丽乡村建设宣传片并在全县得到推介；开展多形式的美丽乡村志愿活动82次，开展“夜晚沙龙”活动59场；积极打造美丽乡村示范点，龙凤山村官塘坳、天马新村石仑关均入选全县美丽乡村观摩点；在全镇评选257户美丽庭院，并结合美丽公路要求完成319线美丽庭院打造；大力开展植树造绿活动，栽种花卉苗木25000余株；积极服务载体单位项目建设，香山路提质改造、慢行系统、G319线房屋立面改造顺利完工，岳宁大道建设、官桥河提质改造进行，金岳路、金香路、历泉路的征拆工作加速推进。在全县美丽乡村建设专家考评中，排名全县第七，香山冲村被授牌“湖南省美丽乡村建设示范村”。

三、致力于民生持续改善，人民生活更加幸福。做好各类民政资金发放工作，发放低保资金130余万元、五保资金150余万元、各类救助资金70余万元、各类抚恤金150余万元；易址新建卫生院和5个村级卫生室，启动三桥学校建设，完成高坪学校维修和教师公租房建设；危房改造80户、修缮98户，打造石仑关危房改造整体推进省级示范点，全省危房改造推进会在夏铎铺镇召开；制定社会救助“一门受理”方案并启动平台建设工作；成功组织全镇无偿献血工作，超额完成县下达任务数的231%；重视解决失地农民社保问题，新增参保509人；提质改造文化站和凤凰社区图书室，镇图书室被评为市示范性农家书屋；新建三桥村、福安村、龙凤山村、高新社区4个群众文化广场；敬老院成功创建省“三星”级示范敬老院，福安村创建市一站式服务试点村，夏铎铺社区、高新社区创建省城乡养老服务示范点，福安村、三桥村和夏铎铺社区创建市农村居家养老服务试点村；残疾人工作连续四年获评“长沙市明星乡镇”，荣获县“为民办实事工作先进单位”。镇反邪教警示教育室成功打造省级反邪教警示教育室，并代表宁乡接受了中央、省、市防范办的检查指导；加强司法调解和社区矫正工作，化解各类矛盾纠纷194起，重大疑难复杂案件11起，全年无民转刑案件，司法所通过了全国模范化司法所验收；实行领导干部开门轮流坐班接访制度，共接待信访群众300余人次，收集信访问题160件，答复137件；严控“黄赌毒”，净化辖区风气，破获刑事案件86起，查处行政案件101起，刑事拘留33人，治安拘留56人，逮捕直诉47人，强制戒毒9人，全县2015年禁毒工作推进会在夏铎铺镇召开，兴旺村荣获县综治工作“红旗村”，六度庵村荣获县综治工作“先进村”。服务育龄群众百日行活动排名全县第二，率先在全县开展了“美丽乡村健康行”基本公共卫生计生服务项目试点工作，全县2015年计生工作大会在夏铎铺镇召开，新一家村成功创建市级计生基层群众自治示范村，龙凤山村、天马新村、香山冲村成功创建县级计生基层群众自治示范村，夏铎铺社区获评县“人口和计生工作红旗村”，镇人口计生工作排名全县第一，获评县“优秀单位”和县“计划生育基础群众自治示范乡镇”。强化安全生产监管，开展各类安全检查集中行动百余次，实现安全生产零责任事故、零死亡目标，荣获县“食品安全工作先进单位”称号，安监站获评“安全生产打非治违先进单位”。政务公开、宣传教育、统战、防汛、森林防火、普法、大走访活动等工作顺利开展，荣获县“政务公开先进单位”称号、县“宣传思想文化工作先进单位”称号和县“统战工作先进单位”称号，龙凤山村获评“县级文明村”；共青团、妇联、工会、老干、关协等群团组织工作创造了新的业绩，兴旺村离退休人员党支部获评县“先进离退休人员党支部”。

四、致力于强化队伍建设，发展合力更加凝聚。行政村优化合并工作顺利完成，全镇行政村由13个减少到9个；实行“网格化党建”，组建网格支部41个，抓实党员教育，加强党员管理，细化群众工作；举办夏铎大讲堂3期、党建工作骨干培训班1期，召开村（社区）党总支书记公开述职大会；继续压缩机关四费支出，较上年下降30%；出台《夏铎铺镇村（社区）干部日常管理制度》《夏铎铺镇村（社区）“零接待”制度》，进一步强化村干部工作纪律和财务监管；在全镇上下开展“赛狮”活动，评选表彰了2个狮子型团队和11名狮子型干部；在全县“赛狮”活动中，荣获“狮子型团队提名奖”，夏铎铺社区荣获“宁乡县十佳基层党组织”“长沙市党员干部示范培训实践基地”称号；严格依法行政，加快法治政府建设，荣获县“依法行政先进单位”称号。切实加强基层党风廉政建设工作，严格执纪问责，对11名党员给予党纪处分；强化监督检查，对畜牧站和六度庵村进行专项监督，完成四个站所的财务审计工作；长沙市查处群众身边的“四风”和腐败问题暨专项整治工作推进会在夏铎铺镇召开；长沙电视台廉政长沙栏目来夏铎铺镇拍摄专题节目，并将其作为2016年第一期节目播出，夏铎铺社区创建全县基层党风廉政建设示范点，党风廉政建设工作排名全县第一。

【范小新来龙凤山村召开建设扶贫工作现场办公会】 5月13日，市政协主席范小新来到龙凤山村召开建设扶贫工作现场办公会，市政协副主席刘明理、市政协秘书长彭志一、县委书记谭小平、县政协主席喻亚军等参加现场办公。当日，范小新一行还实地察看了位于龙凤山村的湖南印象麓山现代农业产业园、泥潭桥危桥改造、企石港河道、观塘坳村庄建设示范片、村幼儿园等地。范小新指出，对农村的建设扶贫工作，既要“输血”，更要帮助其提高自身“造血”功能；既要授之以鱼，更要授之以渔。谭小平表示，龙凤山村生态资源丰富，现代农业发展较好，交通区位优势明显，具备打造全市甚至全省新农村样板的条件，县委、县政府将协助驻村工作组抓好龙凤山村建设扶贫工作，做到用好扶贫资金、抓好现代农业、建好民生项目，让扶贫成果惠及广大群众。

【夏铎铺镇举行首届群众文化艺术节】 5月26日—27日，夏铎铺镇首届群众文化艺术节暨庆祝中国计生协会成立35周年、第25次“全国助残日”活动在夏铎铺社区群众文艺舞台顺利举行，县领导刘永红、王湘云、孔秋生，老领导陈梓仁，以及县计生、残联、文广新局等相关负责人参加开幕式。此次文化艺术节以“美丽乡村风光好、幸福夏铎党旗红”为主题，活动内容包括为《我身边的优秀共产党员》征文获奖者颁奖，对获评镇“优秀计生协会会员”“计生模范家庭”进行奖励，现场为残疾人代表赠送轮椅等环节，以及包括民乐、歌舞、花鼓戏等精彩的文艺节目汇演。整个活动内容紧紧围绕“以文化助党建，以党建促发展”的思路，以文艺的形式全面展示夏铎铺镇传统文化特色、美丽乡村建设成就和全体党员干部群众团结奋斗、积极向上的精神风貌。参演的10多个文艺节目均由各村、社区和部门自编自演自导，均为身边人身边事的艺术再现，其贴近性和感染力获得了数千观众的热烈掌声。

【香山景区现场办公会在夏铎铺镇召开】 6月3日，县委书记谭小平率县住建、国土、水务等18家部门单位负责人来到夏铎铺镇就香山景区建设管理工作召开办公会，原则上通过了香山风情小镇建设规划设计。县委副书记、县长周辉，县委副书记邓杰平，县人大常委会主任贺应辉，县领导刘永红、龚畅、刘俊武、李纯参加调研。办公会上，香山风情小镇规划设计方案获得通过。谭小平指出，香山景区的建设要坚持整体策划，统筹协调，一次规划，分步实施的原则，要分年度推进，不能一蹴而就，但要一次规划好；香山景区建设可以分三步实施，在国庆之前完成第一期，第二步要完善基础设施及相关配套设施，第三步核心景区要引进有实力、有影响的企业进行商业开发。要多渠道筹措建设资金，建立高效的组织协调机构，各部门要各司其职，共同建设香山景区。

【美丽中国·文化产业示范园项目开工仪式在夏铎铺镇举行】 11月10日，美丽中国·文化产业示范园在夏铎铺镇新一家村正式开工。湖南省委常委、长沙市委书记易炼红出席开工仪式。项目总用地面积200公顷，总投资90亿元，拟分三期建设，每期用地66.67公顷，计划在五年内全部建成。项目首期总投资28亿元，于2015年11月动工建设，在2017年6月建成开园。项目三期全部建成后，每年可吸引游客500万—800万人次。该项目是华强文化科技集团结合其在主题园区建设与运营方面的成功经验和模式，打造的一个新型文化科技主题园区，美丽中国系列主题文化产业园的创意设计得到了中宣部的大力支持，是近年来湖南省投资规模最大的文化产业项目。

（党政办）

金洲镇

党委书记

白　晓(11月免)

王　辉(11月任)

副书记、镇长

王　辉(11月免)

童志国(11月任)

副书记、人大主席

罗尚平(9月免)

童佩祥(9月任)

政联处主任

张赞辉(9月免)

孙尚文(9月任)

党委副书记

周杰文

党委委员、纪委书记

谭　果

党委委员 副镇长

段尚明(11月免)

任　晖(11月任)

党委委员

贺粤湘(11月免)

贺湘锋(11月任)

副镇长　肖兵华　段志斌

人大副主席　贺爱中

【概况】　金洲镇总面积62.1平方千米，辖2个社区、9个行政村，人口32021人，属湘江新区核心区域，是长沙市城乡一体化试点区域和宁乡县东进融城的前沿地带。

2015年，金洲镇严格按照县委、县政府的总体部署，紧紧围绕“呼应好长沙、服务好园区，大力发展关山特色旅游，致力打造三湘最美乡镇”这一发展思路，以三大建设为抓手，攻坚克难，负重奋进，全镇经济社会发展取得了长足进步。全年实现财政税收3600万元，完成任务的69%，规模工业总产值10.07亿元，完成任务的101%；招商引资到位资金11.8亿元；项目工程投入8.15亿元，完成任务的204%。荣获省现代服务业示范集聚区、省两型示范单位、湖南省2015年“平安农机”示范乡镇、市新型城镇化建设先进管理单位等称号。

【同步推进三大建设】　新型城镇化建设稳步推进。一是招商引资项目推进取得新成效。为更好地呼应长沙“一体两翼”的建设格局，对接湘江新区产业发展规划，金洲镇不断加大招商力度，以项目不断充实新型城镇建设的内涵。招商引资取得了新成果。“湖南省服务业示范集聚区”的成功创建，既为今后的发展赢得政策与资金的扶持，也为招商引资增添了新动力。2015年新签约项目3个：投资6亿元的隆平高科物流中心及稻文化产业园、投资3.8亿元的白沙庄园项目和投资1.8亿元的湖南三国文化主题馆项目；隆平高科会展中心、华夏集团泥爸爸主题乐园等4个优质项目正在洽谈。项目建设取得了新突破。新启动项目9个：白沙庄园、隆平高科科研中心、九溪小镇、关山文化会展中心、关山AAAA景区综合配套、关山加油站、尚益园蔬菜基地(二期)、学校和卫生院公租房、公益性墓地。竣工项目7个：尚益园蔬菜基地一期、金洲商贸城二期、创意工厂、碧桂园、上海智顿项目、关山AAAA景区综合配套、学校和卫生院公租房。在全县百大项目建设中，金洲镇三个项目按时推进，圆满完成了第一轮“百日大会战”的任务，第二轮会战中安排的项目已启动建设，切实营造了“热、实、快”的项目建设氛围。

二是拆违整治赢得新面貌。拆违务实高效。将“两区、两镇、两路”作为拆违工作重点，采取“思想工作开路、党员干部带头，城管助拆开道、社会贤达辅助”的工作方法，拆违工作成效突出。2015年以来，全镇共发放致群众公开信4200多份，拆除乱搭乱建154处，拆除面积4900多平方米，清理违规广告牌371块，重点整治区域违章建筑全部清零。特别是在关山景区的集中拆违行动中，全体机关干部职工集中一天时间拆除违法建筑12处，违建面积1000平方米，极大改善了景区管理秩序，提升了景区形象。整治呈现新貌。在集中拆违后，大力开展集镇整治，规范设置停车位110个，统一了120户门店招牌风格，配置垃圾桶60多个，集镇交通秩序和卫生状况得到了明显改善，投入30万元进行亮化、绿化，集镇面貌焕然一新。

美丽乡村建设创新推进。金洲镇把美丽乡村建设作为全年重中之重的工作来推进，在建设中坚持以党组织建设为抓手，以“大关山”为核心，紧密结合产业发展、农民增收和民生改善。经过5个月的建设，金洲镇美丽乡村建设已初具成效，整体环境大幅提升，示范点特色突出，美丽经济效应逐步形成。在全县的两次观摩会上得到了高度认可，《光明日报》《湖南日报》、湖南卫视、《长沙晚报》等主流媒体均进行了宣传报道。

一是抓发动，形成建设合力。镇里建立班子成员联村，干部联组联户的工作机制。各村组织党员组长义务劳动、对党员家庭进行挂牌公示、党员包户、引导社会贤达参与等多种形式，层层发动，相互动员，充分调动群众投身美丽乡村建设的积极性。2015年以来，全镇党员干部义务投劳达4000个以上，群众投劳1.5万个以上，捐资集资近120万元。

二是抓特色，发挥示范效应。金洲镇充分发挥各村的自主性和创造性，涌现出了一批好的典型。如南洲村拆除垃圾池，建立垃圾分拣中心和环保焚烧炉，可每年节约垃圾拖运费80000多元；双金村发动群众筹劳捐资捐物，打造田园牧歌农民休闲广场，获得了群众一致好评；坪石、颜塘等村结合实际，开展各具特色的建设。在各示范点的带领下，激发了各村比学赶超、不甘人后的建设热情，全镇共打造美丽屋场22个、美丽庭院110个。

三是抓治理，深化环境保护。针对砖厂环境污染重，严重影响了金洲镇产业发展和群众生产生活的现状，砖厂整顿治理已势在必行，但由于历史和经营关系复杂，工作难度较大，长期以来一直没有启动整治工作。在县委、政府的高度重视和各部门的全力配合下，金洲镇于8月底打响了整顿砖厂的攻坚战。到9月10日，全镇16家砖厂已经全部顺利熄火停产，两家砖厂申请转型。

四是抓产业，强化经济支撑。2015年金洲镇主要围绕现代观光农业和旅游等两大产业来做强、做实美丽经济。一方面进一步提升关山景区品牌度。通过引进三国文化体验馆、关山禅寺、九溪书院等项目来丰富文化内涵；通过邀请“汉语桥”“爱上幼儿园”等知名栏目拍摄来提升知名度；通过开展“关山春游季”“醉美关山葡萄采摘节”等活动提升人气。2015年共计接待游客24万人次，旅游直接收入超过2900万元。另一方面进一步推进现代农业发展。葡萄、茶叶等产业的品牌度和经济效益显著提高。2015年，关山村葡萄首次进驻麦德龙，两个月完成近千亩葡萄销售，并且均价每千克保持在32元以上，农民实现每亩4万元左右的收入，金洲茶叶2015年创汇600多万美元，尚益园、优享两个蔬菜基地的果蔬均已上市销售。

服务园区建设高效推进。积极做好高新区服务工作，全力为园区建设提供优质环境。在2015年的九龙仓项目建设中，金洲镇仅用7天的时间，完成征拆房屋55栋，征地16.67公顷；在杉杉新材二期项目中，仅用6天的时间，完成征拆房屋40多栋，征地13.33公顷，保障了两个项目顺利落地。在做好征拆工作的同时，金洲镇积极为园区做好配套服务工作，在9月份拆除安置过渡棚60多栋，成功安置了300多户拆迁户，全年为园区项目建设调解纠纷50多起，保障园区项目顺利推进。金洲南线、欧洲南线的20多栋房屋征拆工作已基本完成。

【全力保障三大建设】 着力“一进二访”，社会大局平稳向好。一是全面传达会议精神。在县委主要领导谭小平书记、邓杰平副书记分别就金洲镇工作作出相关指示后，金洲镇迅速组织召开了镇村干部大会，并将会议精神传达到了每个村（居）民小组，进一步统一思想，提振士气，营造攻坚克难、众志成城的工作氛围。

二是务实推进问题解决。严格对照任务要求，全力支持县委工作组，全面对接责任单位，积极围绕信访维稳、民生问题、景区管理提质、基层组织建设四个方面开展工作。失地农民社保、自来水管网建设、控规区的建房办证问题、金朱公路铁路涵洞改造、历泉公路修整、景区环境卫生及经营秩序集中整治等工作已取得明显成效，砖厂整顿后续工作、李家岭集镇棚改、景区绿化提质、村级组织建设等工作按照既定时间节点有序推进。

着力集中教育，干群素养更加提升。金洲镇党委政府积极响应县委开展以“讲道德、明是非、守纪律”为主题的集中教育活动的号召，由下而上讨论，制订活动方案，由上而下部署，推进活动实施，在全镇掀起了学习活动的热潮。

一是迅速落实工作部署。在收看县委书记谭小平主题为“讲道德、明是非、守纪律”的电视讲话后，迅速组织人员，成立以党委书记王辉任组长的“讲道德、明是非、守纪律”集中教育活动领导小组，制定了《金洲镇“讲道德、明是非、守纪律”集中教育活动实施方案》，明确开展以“办三堂（举办道德课堂、开办道德讲堂、开设道德厅堂）、明三非（明大是大非系列活动、明小是小非系列活动以及明谁是谁非专题活动）、守三规（学条规、明行规、践规约）”为主要内容的17项活动，同时召开镇村干部、党员组长会议层层动员，营造了全民知晓、全民参与的浓厚氛围。

二是扎实推进活动开展。全

面启动道德讲堂活动，由班子成员、支部书记到所联村讲一堂课，并邀请优秀老党员为村民讲课，目前已举办道德讲堂12堂，活动覆盖面和影响力大大提高。出台17项子活动方案，各项活动明确到人，责任压实到肩，并要求各村(社区)、各部门严格按照活动方案推进，镇集中教育活动领导小组将对活动开展情况进行全面评估和督查，及时发现、解决问题，及时树立、推介典型，倒逼活动深入开展，确保达到“浓氛围、严尺度、谨行为、淳民风”的效果。

着力民生保障，发展基石更加牢固。一是大力推进民生工程。农业基础有效夯实，快速推进高标准农田建设，新修和清淤山塘79口，除险加固小(二)型水库5座，组织义务植树6.67公顷；扎实开展社会事务，累计发放城乡低保、大病救助、优待抚恤、高龄老人生活补助等共计260余万元，城乡居民养老保险参保率达98%；民生项目有序推进，教师周转房等校园基础设施项目有序推进，泉塘中学和卫生院公租房已建设完成，正在建设配套设施，关山社区被评为“湖南省两型示范单位”。

二是扎实开展社会事业。环境卫生再上新台阶，在三季度环境卫生检查中获市县领导好评，市级的年终检查名列全市第6；圆满完成计生“百日行”任务，计生率为91%，征收社会抚养费90万元，完成了全年任务的110%；加大安全生产管理力度，开展了安全生产知识培训、主要领导与企业负责人谈心谈话等活动，全年无一例安全生产事故发生；大力宣传教育，6月份组织党员群众代表、学生代表等200多人参观了禁毒反邪教警示教育基地，大大增强了群众的禁毒反邪防范意识；深入开展走访慰问，走访8448户，入户率近100%，收集涉及民本民生、项目建设等群众切身利益问题258个，慰问群众190户，发放慰问金11.22万元。

着力基层党建，队伍作用日益彰显。一是强化领导，党建责任全面上肩。夯实基层基础。组织了4次党建工作业务培训，启动了双金、泉塘、沩桥三个村级活动场所建设工作，在年前实现全部“清零”，制定好年度党建工作计划，认真做好“1+5”党建信息管理平台的管理维护工作，抓好各级党员服务中心的提质升级。严格队伍管理。组织开展了党员春训、党员党性定期分析评议和严肃处置不合格党员工作，对测评分值排名靠后的党员报经党委甄别后，实行末位组织处置，对2007年8月3日以后违反计生政策及近三年内被公安机关处理的党员进行全面摸底调查，并给予纪律处分，淳化了党员队伍建设。打造“狮子型”队伍。围绕三大建设主题，开展了“党员示范岗”评比活动，鼓励干部立足岗位，攀高比强，开展了“重要工作、重大项目赛狮活动”，注重培养一批有激情、有定力、有办法、有格调的“狮子型”团队和“狮子型干部”。

二是引领示范，全面推动经济发展。助推美丽乡村建设。对支持工作的党员普挂“共产党员之家”，共评选62人，真正形成“镇村主导、群众主体、干部服务、社会参与”的工作保障体系，促进美丽乡村建设有序推进。落实结对共建。以“五共五促”为主要内容，针对失地农民保险、安置区不稳定因素为重点，开展了大走访活动，规范一般党员干部包户的联系服务群众制度，重点联系一到两户困难户、产业户，实现党员干部联系群众“无缝链接”全覆盖。注重示范效应。重点打造以同兴、颜塘为代表的村级组织典型，以南洲为代表的老干关协典型，以银河集团为代表的“两新”组织典型，以关山为代表的群团组织典型，使党建工作在典型示范的带动下不断创新、整体推进。

【产业发展来势喜人】 关山景区全年共计接待游客24万人次，旅游产业直接收入超过2900万元，关山景区品牌度不断提升；关山葡萄首次进驻麦德龙，两个月完成近千亩葡萄销售，农民实现每亩4万元左右的收入，金洲茶叶2015年创汇600多万美元，尚益园、优享两个蔬菜基地的果蔬均已上市销售。

【美丽乡村建设彰显特色】 在美丽乡村建设中，坚持以党组织建设为抓手，通过党员组长义务劳动、党员家庭、社会贤达带头示范等形式，充分发动群众参与，至12月，全镇党员干部义务投劳达2000个以上，群众投劳1万个以上，捐资集资近100万元。全镇共打造美丽屋场22个、美丽庭院110个，环境卫生在市级的年终检查名列全市第6，在全县的两次观摩会上得到了高度认可，《光明日报》《湖南日报》、湖南卫视、《长沙晚报》等主流媒体均进行了宣传报道。关山获得了全省两型社会建设示范区的荣誉。

（党政办）

双江口镇

党委书记 谭正林
副书记、镇长 何　冰(女)
副书记、人大主席
吴胜其(11月免)
刘鹏程(11月任)
政协工作联络处主任

张建良(11月免)
王新良(11月任)
党委副书记　刘　宇
党委委员、纪委书记
熊建兵
喻仕清
(原朱良桥乡)
党委委员、副镇长
周清洋　李　华
党委委员　袁　义　姜　顺
副镇长　王　林(女)
潘　杰
李　薇(女,11月任)
李友明(女)
人大副主席　钟朝辉　曾亮明

【概况】 2015年11月，原双江口镇与朱良桥乡成建制合并,设立新双江口镇，合并后镇域总面积155.04平方千米，辖13个村、4个社区,总人口8.45万人。镇域内有7个集镇。

2015年,双江口镇以“重振百年小上海,建设美丽新双江”为总揽，实施现代农业强镇和商贸物流兴镇战略思路,紧盯目标,砥砺奋进,实现“十二五”的胜利收官。在全县乡镇绩效考核中排名第9位，比2014年前进2名,继续稳居全县发展第一方阵，连续两年获评一类乡镇、县五好领导班子。

一、目标任务超额完成,综合实力大幅提升。实现镇域生产总值23.41亿元(含朱良桥乡10.02亿元)，稻谷播种面积1.05万公顷(含朱良桥乡4116公顷),稻谷产量7.08万吨(含朱良桥乡2.78万吨)，固定资产投资达16亿元(含朱良桥乡7.9亿元),完成国、地税收2718万元（含朱良桥乡914万元)，获评县财源建设奖；完成规模工业总产值23.63亿元(含朱良桥乡12.81亿元)，新引进县域外项目6个，合同引资7.06亿元，到位资金4.08亿元，完成招商引资项目包装7个;项目工程投资5.1亿元，是目标任务的2.83倍;新开工项目17个，超额目标任务55%;竣工项目10个,超额目标任务数43%,获评县项目工程建设先进单位；社会消费品零售总额6.91亿元(含朱良桥乡2.69亿元)，农民人均可支配收入17500元，获评县全面小康工作快进奖。

二、狠抓重大项目建设,发展后劲显著增强。重大项目大河西农产品物流中心2015年完成投入1.5亿元,已建成17万平方米主体工程，完成项目一期招商,B区、C区签约306户共395空门面。8月10日牛市火爆开市。至年末，项目一期全面营业准备工作已就绪。该项目成为市、县重大项目推进会观摩的现场项目之一，获评县重点项目工程建设一等奖。国家农发办、科技部,省、市、县各级领导多次亲临项目现场调研指导。河西农产品的耀世起航,势必点燃双江口发展引擎,大力提升双江口镇农业产业发展水平。

三、力推农业现代化,特色产业蓬勃发展。继续稳定双季稻生产,积极探索农业增产增效、服务农业农民新模式,双江口镇“田保姆”服务模式得到《中国农业报》的深度推介。以“先建后补、以补促建”模式完成五一村整村国土治理，获得省相关部门的高度肯定。迎接国家统计局粮食生产调查宁乡试点调研工作，被评为一等乡镇等级。培育壮大特色农业产业，精心打造美丽经济示范项目“稻花香里”农耕乐趣园。该项目集农耕展示、农耕文化、农耕竞技、休闲娱乐于一体,于2015年8月启动建设，经过百日奋战完成一期建设任务。同时,赤龙岛湖泊水果庄园、优卓牧业奶牛养殖示范基地，农产品深加工基地沃尔德生态工业园等优质农业项目建设落地生根，特色农业产业发展势头强劲。

四、干群共建美丽乡村,镇村面貌焕发新姿。开展8次联合执法取缔非法采砂场，关停1家非法塑料颗粒生产作坊；金朱、宁朱、沩水、小河等干道、河流沿线共播种花籽350千克、植树7.95万余株、绿化美化面积5.58万平方米；精心打造新香村宇家老屋、长兴村鸳鸯组、朱良桥村姚湾、槎梓桥村杜家桥等美丽屋场。投入3000多万元对双江口镇老集镇、朱良桥老集镇等六个集镇及金朱公路沿线进行提质改造,通过立面改造、植树造绿、道路黑化亮化,百年老镇焕然一新。集镇拆违整治实现“户主自拆、镇村助拆”目标,群众自拆率达98%，获得省市高度肯定,县委督查室与县美丽乡村微信平台分别作专题推介。罗巷集镇成功创建长沙市集镇管理示范集镇，檀树湾村成为市级环境卫生示范村,槎梓桥村获评长沙市城乡环境卫生优胜村。

五、大力保障改善民生,民生福祉持续增进。双江口镇始终把增强民生福祉作为发展的出发点与落脚点,有序开展精准扶贫,全面落实惠民政策，大力提升公共设施、改善办学条件,不断增强双江口人的获得感。投入1200万元,易址新建朱良桥卫生院;投入650万元完成罗巷小学、朱良桥中学的配套设施以及卫生院50套公租房建设；投入300余万元完成敬老院改扩建；投入150万元新建罗巷中心幼儿园；多方筹资80余万元建成群众文化广场。完成罗巷集镇污水处理厂生产用房、综合用房主体污水处理池、沩政聚居点11个商铺门面、罗巷集镇至康华龙段人行道、排水、绿化项目建设，完善村民活动中心设施和卫生室标准化建设。农商银行朱良桥支行、宁化加油站等相继新建并投入使用。积极服务育龄群众，全镇符合政策生育率86.23%；创建县级乡镇示范药具展示室。2015年，双江口镇获评省市重点民生实事工作先进单位、县教育工作优秀单位。

六、倾情服务“园区建设”，高效高质完成征拆。双江口镇与国家级宁乡经济技术开发区毗邻、是总体控制性详细规划乡镇，双江口镇积极主动服务宁乡经济技术开发区，助力“实力园区”建设，尽心尽力优化宁乡经济技术开发区发展环境，派驻专门工作人员全力协助园区各项目建设，高效完成格力电器再制造基地项目20.6公顷征地工作，拆迁房屋42栋，地面附着物清理完成95%；全面完成中国建筑檀金路项目双江口镇范围内17.33公顷征地工作，拆迁房屋16栋，并抓紧进行地面附着物的清理。全面完成宁乡大道北延线项目双江口范围内8.15公顷的征地工作，苗木移植和清表工作已接近扫尾，同时按要求完成长兴混凝土搅拌场的整体搬迁工作。日常加强对涉及宁乡经济技术开发区控违范围内的违章建筑巡查执法，违法违章建筑得到有效遏制。2015年，双江口镇获评服务园区建设先进单位。

七、以党风政风带民风，社会大局和谐稳定。紧抓基层党建牛鼻子，全面加强党风廉政建设，大力提升政府效能，深入开展“三严三实”“讲道德、明是非、守纪律”专题教育活动，营造干事创业、风清气正良好氛围，带动社风民风淳化。2015年，双江口镇获评党风廉政建设先进单位、依法行政先进单位。双江口镇基层党组织代表宁乡顺利通过省对市州委书记抓基层党建工作检查验收，并迎接中组部党建工作调研，得到上级高度肯定。同时，双江口镇将稳控社会大局作为一切工作的基础，积极稳妥推进并镇合村工作，广泛深入开展平安创建活动，做到矛盾纠纷排查日常化、特护期包案包户严密化、项目征地拆迁阳光化、打击违法犯罪严厉化，做到特殊时期平稳过渡，大发展大建设中零群体性事件，无进京到省上访事件，安全生产、食品安全零事故、零伤亡。创建新香社区、双江口社区两个县级居民自治示范社区。

【张来武参观长沙大河西农产品物流中心项目】 2015年9月15日，科技部副部长张来武一行莅临双江口镇长兴新区，视察在建项目长沙大河西农产品物流中心。湖南省科技厅副厅长罗亚军，宁乡经济技术开发区党工委书记、宁乡县委书记谭小平，宁乡经济技术开发区党工委副书记、管委会主任戴中亚等领导陪同视察。视察中，江城公司董事长叶烽对该项目的规划、建设情况进行详细汇报，张来武副部长对该项目的规模、定位及当前进度表示高度肯定，同时表达对该创新项目的支持及对此种创业精神的赞扬。当了解到长沙大河西农产品物流中心项目即将引进国内首家果蔬拍卖系统之后，张来武副部长表示会继续关注，并表示：“用业绩说话，我还会再来。”

【举办首届闹秋节——“最强农斗士”国际稻田争霸赛】 2015年11月7日，宁乡首届闹秋节——“最强农斗士”国际稻田争霸赛在双江口镇稻花香里农趣园激烈开战，来自俄罗斯、南非、巴基斯坦、中国各种肤色的20名农斗士在稻花香里农趣园聚首，进行收割、打谷、挑担、劈柴、搬粮袋农耕五项农技比拼，为“最强农斗士”称号一决胜负。闹秋节在百人大型原生态农耕生态表演秀中拉开帷幕，稻花香里农趣园的稻田里，百位农夫随铿锵有力的擂鼓声起舞，手拿簸箕、木质的箩筐、独特的犁耙、捕鱼网等原生态器具，展示千年传承的农耕传统，庆祝一年的丰收。随后，四国农斗士激烈角逐“最强农斗士”，最终中国队夺得“最强农斗士”桂冠。当天，作为双江口镇稻花香里农耕乐趣园的标志——“双江斗笠塔”正式揭幕。“双江斗笠塔”顶高30米、直径13米，在世人面前正式亮相。该活动获国内外81家媒体持续两周的报道，如湖南卫视、湖南经视、《中国日报海外版》《湖南日报》四大门户网和香港卫视网等，得到社会的强烈反响，引起各级领导重点关注，稻花香里成为双江口镇的一张全新名片。

【六大集镇实施提质改造】 2015年，双江口镇对双江口老集镇、罗巷集镇、朱良桥老集镇、毛家咀集镇、长兴新集镇、五一集镇、檀树湾集镇六个集镇进行全面提质改造；全面拆除违法违规的乱搭乱建，全部拆除清理凌乱破旧广告牌，对街道门店进行整体装饰装修，统一制作门店招牌；对街道路面进行提质改造，铺设改性沥青路面，划出交通标线；铺设给排水管，疏通下水管网；修建人行道；完成各种管线下地铺设；街道整体实现绿化亮化。完成整治改造后的集镇，街巷干净整洁，门店风格统一，令人耳目一新。集镇提质改造不仅改变镇里的环境和面貌，而且大大提升居民的生活品质，更是让“百年小上海”繁华穿越时空，再一次呈现在这片热土之上。

【长兴村被联合国授予节能建筑示范村】 2015年，双江口镇长兴村实施联合国节能砖与农村节能建筑市场转化项目，被联合国授予节能建筑示范村。

节能砖与农村节能建筑市场转化项目是由全球环境基金(GEF)资助，联合国开发计划署实施，中国农业部具体执行，全国符合该项目申报要求的共计10个，湖南省占2个，其中之一是宁乡县双江口镇长兴村村民集中安置区项目。根据省、市墙改办的相关要求与宁乡双江口镇长兴村试点的实际建房现状，拟选定本安置区C8、C15栋作为新材料推广试点建筑。项目建成后，安置区20%的建筑物节能将达到50%，且因项目毗邻国家级经济技术开发区，且受到大河西农产品物流中心直接带动可覆盖10万人(双江口镇5万人，城郊5万人)，影响人数30万人以上。

【中组部到双江口镇调研基层党建工作】 2015年9月16日，中央组织部到双江口镇调研基层党建工作。调研组深入县级整顿软弱涣散基层党组织双东村党支部，并进行座谈，听取镇村两级负责同志对加强农村基层党组织的意见、建议，高度肯定双江口镇在网格化管理党员队伍方面的经验、做法。双江口镇基层党组织代表宁乡顺利通过省对市州委书记抓基层党建工作检查验收。

【朱良桥区划调整】 2015年，朱良桥乡共10个行政村，总面积82.75平方千米，总人口3.5万。当年11月，按照省、市关于乡镇区划调整的相关文件精神，县决定将朱良桥乡与双江口镇进行合并，设立新双江口镇。

2015年，朱良桥乡全面贯彻落实党的十八大和十八届三中、四中全会精神，顺应发展新常态，坚持稳中求进总基调，突出“农业富乡、城镇兴乡、旅游活乡、幸福朱良”四大战略，以“农业转型、城乡统筹、民生优先、从严治党”为工作重点，凝心聚力，攻坚克难，全乡干群同心协力，努力建设幸福生态新朱良。年内实现地区生产总值10.02亿元，稻谷播种面积4116公顷，稻谷产量2.78万吨，固定资产投资7.9亿元，完成国、地税收914万元；完成规模工业总产值12.81亿元，社会消费品零售总额2.69亿元。

(陈小琼)

菁华铺乡

党委书记	石启明
副书记、乡长	黄志刚
副书记、人大主席	黄云辉
政协工作联络处主任	谢意鹏
党委副书记	钟云华
	马海潮
党委委员、纪委书记	胡闻天
党委委员、副乡长	王义飞
党委委员	李　智
副乡长	杨大林
	王献忠
人大副主席	张仕明

【概况】 2015年，菁华铺乡辖10个行政村，乡域面积65.76平方千米，总人口3.38万人。

菁华铺乡党委、政府紧扣县委、县政府目标要求，坚决贯彻落实“加快三大建设，实现全面小康”这一战略部署，坚持以“转型创新”为主题，以“两个唯一”为动力，实施“全面融城”战略，突出“三抓三促三保”，聚力攻坚，真抓实干，乘势奋进，全乡经济社会呈现良好的发展态势。

一、经济稳步增长。完成县域生产总值13.2亿元；稻谷播种面积3239公顷，稻谷产量2.22万吨；完成农业总产值4.68亿元，工业总产值20.35亿元，其中规模以上工业产值15.09亿元；固定资产投资总额10.31亿元。农民人平纯收19936元，比2014年增长12%；社会消费品零售总额2.65亿元，增长19%。完成财政税收1572万元。经济发展呈现投入稳步增长、收入稳步增加、运行质效逐步提高的特点。

二、招商引资和项目工程全面发力。全年共捕捉招商信息30余条，接待客商40余批次50余人次，合同引资13亿元。全年共启动项目21个(工业项目11个，农业项目2个、基础设施项目2个、第三产业项目6个)，实现投资1.47亿元。立成机械、桑铼特机械已竣工投产，完成傅家塘村级服务中心项目，公益墓地一期项目建设竣工，污水处理厂、集镇改造、利东农业等项目做前期准备工作。众多项目的落户、建设为乡域经济的发展注入持续动力。同时，积极服务经济技术开发区、金玉工业集中区等“实力园区”项目建设，采取有力措施保证征地、拆迁、腾地顺利进行。

三、农业工作进一步加强。一是传统农业继续深入。全年落实粮食播种面积3775.53公顷，水稻种植面积3239公顷，重点对319国道和省道206两旁“双改单”现象进行专项整治和督查，有效遏制耕地“双改单”现象，落实秋冬农业油菜种植面积666.67公顷，实现“零抛荒”目标。农民居民安全饮水合格率达到95%。二是农村基础设施不断夯实。乡村共投入水利建设资金400多万元,投工2万多个,已完成74口山塘的扩容提质工程(其中新建15口),共清淤整治各类大小渠道120.6千米、河道17.1千米,改造河坝8座,一批淤塞废弃的塘、坝重新得以开挖启用,共有1000多公顷农田解决用水之忧。三是现代农业更加壮大。全乡的产业已由粗放型工业和传统农业逐步向现代都市生态休闲农业等特色产业发展,无公害农产品、绿色食品和有机食品等美丽产业已逐步成为支撑菁华铺乡创新转型发展的美丽经济。陈家桥村133.33公顷中药材基地已成功培育;八家湾村、嶂山村、泗海村蔬菜基地逐步壮大,已成为宁乡县城最大的有机蔬菜供应地;七家冲农庄、红泥巴农庄等30多家生态农庄各具特色,"吃农家菜、钓山塘鱼、做有氧运动、玩乡土游戏、摘有机果蔬"吸引大批县内外客人,品牌渐响;龙源湖蔬菜基地建设项目已启动;投资规模9亿元、建设规模666.67公顷。

三、城镇建设加速推进。大力开展集镇整治,拆除菁华铺集镇、关庙祠两个集镇的棚屋、棚架等违法违章建筑371处,实现全线拆违"零强拆""零补助"。省道206两侧已平整、植绿。全乡23个砂场已无偿清退。两集镇立面和基础设施改造提质设计已完成,并进行可研、立项。

四、美丽乡村建设成效明显。积极开展美丽乡村建设。2015年,陈家桥村成功创建为湖南省秀美村庄(全县唯一)、长沙市绿色村庄、长沙市"两型"示范村。

五、社会保障应保尽保。全乡养老保险、医疗保险参保率均达97%,失地农民共有7个组纳入社保范围,已有5个组332人审核通过,其他按程序进行。全年发放农村低保、五保691户1132人,累计发放262万元,发放城镇低保29人累计9.5万元,为282名重度残疾人落实生活补助,发放补助37.2万元。城乡居民医疗保险全年共住院4053人,报销住院补助1088万元。特殊门诊162人,补助金额26.1万元。为252人大病患者申请大病救助,共计发放50.5万元,向上争取救灾救助资金5.5万元。危房改建23户,41万元,并全部验收合格。为敬老院安装热水器等生活设施,完善阅读室、活动室等活动场所,配备象棋、彩电等娱乐设备和各种报纸杂志,丰富老人文化娱乐生活。

六、社会环境和谐稳定。全年实现"六个不发生"(不发生赴省进京非正常上访;不发生大规模群体性事件;不发生群死群伤恶性事故;不发生重大刑事案件和恶性的治安问题;不发生暴力恐怖事件;不发生敌对分子和"法轮功"等邪教组织滋事破坏)和"两个确保"(确保全乡社会稳定和人民群众幸福指数提升)工作。积极调处矛盾纠纷45起,调解成功100%。确保"两会"及重要节点全乡的平安稳定。调处企业矛盾纠纷26起,净化企业周边环境。治超整治注重巡视、排查、打击,效果明显,获得各级肯定。民调工作开展"转变作风走基层,倾听民声解难题"大走访活动,总计走访9500余户,发放问卷1万份,帮助群众解决实际问题80余件。社会公众满意度测评在2014年排名全市第88名、全县第15名;2015年上半年排名全市第32名、全县第4名,年度排名全市第3名,全县第1名。

七、生产经营力保安全。开展安全生产送课入企业活动,组织"安全生产、食品安全宣传月"等活动,开展各类安全生产专项检查、部门联合执法十多次,排除安全隐患327处,停产整顿砖厂3家,取缔非法油漆生产场所1家、家具厂2家、液化器充装点5处、烟花鞭炮零售点8个,立案3起,治安拘留1人。查处校车超载行为6起,无护导跟车5起。食品安全实现"零食品中毒事件"的工作目标,为全县树立了典型。

【打造美丽公路】 2015年,菁华铺乡拆除菁华铺集镇、关庙祠两个集镇的棚屋、棚架等违法违章建筑371处和23个砂场,实现全线拆违"零强拆""零补助"。国道319路面已"黑化"、亮化,沿线15户有碍形象的破旧房屋已拆除到位,两侧7.2千米全部清理平整,植绿1.2万平方米,打造一个从国道319进入菁华铺乡的"美丽菁华"门户景观。

【服务"实力园区"建设】 2015年,菁华铺乡竭尽全力服务好宁乡经济技术开发区、金玉工业集中区等实力园区和城市建设投资有限公司建设,甘当配角,当好配角,采取强有力的措施做好征地拆迁、控建拆违、社会治理、环境维护等工作,确保征拆腾地不误期,环境维护不添乱,违法建筑不增长,民生服务不出错,真正为重点项目建设保驾护航。共计征地69.91公顷,拆除房屋26栋5017.98平方米,其中省中粮集团项目涉及菁华铺乡用地18.35公顷,18户棚屋、2672.68平方米,全部按要求腾地;傅家塘安置区征地4.51公顷,治超站项目征地4公顷,八家湾水景公园大坝建设用地41.28公顷征地到位,并妥善解决石长铁路复线遗留问题5大类32个。

【美丽乡村建设】 2015年，菁华铺乡建设美丽屋场24处，美丽庭院218处，打造菁华铺村、万龙村、陈家桥村3个高标准农民文化广场。特别是陈家桥村的美丽乡村建设，共硬化了5.7千米村级主干道，并进行全线绿化、美化和亮化；群众自筹260多万元硬化15千米组级公路；原有村道两边已平整、种花、植绿；修建一个高标准农民文化广场和楠竹、木公塘、鸟窝山、莫家湾4个高标准示范点。2015年陈家桥村成功创建为湖南省秀美村庄（全县唯一）、长沙市绿色村庄、长沙市"两型"示范村。

（吕长生）

回龙铺镇

党委书记　李　磊

党委副书记、镇长

罗　健

党委副书记、人大主席

蒋建国

政协工作联络处主任

谢治平（9月免）

程再强（9月任）

党委副书记　李　纯　戴永星

党委委员、纪委书记

王赛楠（女）

党委委员、副镇长

刘志江

党委委员　杨志国

副镇长　邹建伟　刘永强

人大副主席　贺胜军

镇长助理　叶　超

【概况】 回龙铺镇位于沩江中游北岸，扼宁乡县城西大门。现辖6个行政村和1个社区，镇域面积71.82平方千米，人口4万人。交通区位优势明显，东傍长石铁路、长常高速公路和319国道，西临洛湛铁路；境内宁横公路（S209）、老宁横公路（X091），玉煤公路横贯东西，新竹公路和宁灰公路贯穿南北。回龙铺镇是湖南省有名的优质稻、优质鸡、优质猪"三优之乡"。"湖南第一、全国一流"的回龙铺镇现代粮食产业示范区辐射带动周边35万亩绿色优质稻生产；是湖南省最大的商品肉鸡生产基地；年出栏瘦肉型优质猪14万头。

2015年坚持镇域发展"北工南农、东进融城"主战略，围绕县域发展三大建设主基调，全镇上下攻坚克难，真抓实干，各项事业方兴未艾，实现了"十二五"圆满收官。2015年完成国地两税2595万元，镇域生产总值18.85亿元，增长21%；工业总产值21.3亿元。先后荣获首届赛狮活动"狮子型"团队、县"五好领导班子"等荣誉称号。绩效考核工作居全县第二，镇域知名度、美誉度和影响力显著增强。

借力发力，造就实力园区建设质效双丰收。金玉工业集中区飞地发展模式被评为全省新型工业化十大亮点之一，列为湖南"飞地经济"试点。2015年来，回龙铺镇以园区建设积攒实力、招商引资汇聚活力、项目建设挖掘潜力为重心，借力发力，成功打造"金玉良园"，凝心聚力，造就实力园区建设质效双丰收。全力做好金玉园区征地拆迁和环境维护工作。实施依法拆迁、阳光拆迁，2015年累计完成征地任务263.33公顷，拆迁房屋175栋，全力以赴保障项目顺利落地。近两年来，金玉园区签约企业73家，30多家启动建设，5家竣工投产，宁乡乡镇工业主战场在回龙铺镇全面拉开。招商引资活力彰显，2015年赴全国各地进行对口招商10余次，与广州商会、东莞商会保持紧密对接。引进天鹅湖国际生态养老公寓、顺意建材、晟宇包装等5家规模企业，引进合同金额12亿元。同时，全力推进项目建设。全年完成项目投资5.76亿元，新建项目7个。鼎盛钢结构效益明显并启动二期建设；宁华管桩建成投产；港越投资3万平方米厂房即将建成；林盛科技流转土地200公顷进展顺利；湘粮集团项目即将竣工投产。

以点带面，助推新型城镇建设建管大提升。2015年，回龙铺镇扮靓"面子"、做实"里子"，大力度抓实新型城镇建设，从"建管并重"成功向"建从于管"转变，极力满足集镇规模拓展和品质提升的需要，为宁乡县城展示良好窗口形象。集镇面貌不断更新。2015年完成候旨亭集镇、宁横、宁灰沿线提质改造，道路实现全面黑化、亮化、绿化。509户1116空房屋统一立面、统一招牌，建筑风格大气简约。白马大道完成拓宽改造绿化工程，四车道变成六车道；龙江大道（金玉段）进展顺利。集镇管理不断加强。开展宁灰、宁横公路沿线道路整治，拆除广告2567处，拆除面积5957.3平方米，在全县率先实现清零；全年拆除违规建筑97处，拆除面积13840平方米，整治成效突显。集镇功能不断完善。湘中南农机机电大市场一期、二期工程（9.6万平方米）主体大楼完成建设，第一批入驻的90户农机商户运行良好，全省农机博览会紧凑筹备。对城镇基础设施建设和房地产市场的投入明显加大，集镇商贸服务业大步发展。

由浅入深，实现美丽家园美丽田园景区化。回龙铺镇立足现代农业示范区，深入推进"美化家园·点亮回龙"活动，致力打造全域旅游目的地。丰收湾景点人气大升，村村户户干净整洁，各个角落清新怡人;民生实事落到实处、镇村文化不断繁荣、社会大局和谐稳定，美丽幸福回龙的图景已向世人展开。2015年重点打造了沩河村六组、东车村三组2个精品屋场。建设了一条20千米示范村道,在主要公路、村路沿线上栽培香樟树、桂花树5万余棵,栽植女贞、垂槐、红叶石楠等花灌木及绿篱等各种景观树8万余株,初步形成道路河道乔木林、房前屋后果木林、公园绿地休憩林、村庄周围护村林的绿化格局。沿回龙铺集镇宁横公路、宁灰公路、村庄主干道双向布置太阳能路灯1200盏。全镇评选示范点31个、美丽庭院101户、美丽屋场15个。大力培育家庭农场、专业大户、合作社等新型农业经营主体。全年流转耕地1333.33公顷。完成全程社会化服务800公顷试点工作。农业提效取得突破,初步形成了反季节蔬菜、规模肉鸡养殖、无公害生猪生产三大产业。机插面积达到400公顷，粮食生产总面积稳定在2200公顷。蔬菜总铺地面积达200公顷以上，禽舍总建筑面积达100万平方米，年出笼肉鸡2500万只,总产值4亿多元。生猪养殖一路攀升,形成了以青龙生态养殖场、宁回养殖猪场等为产业主力军的生猪产业链,年出栏生猪达到14万头。参展宁乡县首届美丽乡村经济博览会,美誉度和影响力空前提升。

【省市书法名家送春联】 2月5日，新春佳节来临之际，回龙铺镇党委、政府联合县政协文教卫体委员会、县书法家协会等单位,邀请十余名省市书法名家为群众义务写春联，送去节日的祝福和新春的温暖。活动当天,天气晴朗,暖意融融。书法家们现场握笔凝神,挥毫泼墨,“万象更新迎盛世,五羊献瑞到门庭”“美酒千杯辞旧岁,梅花万树迎新春”等一幅幅精彩的书法作品，一句句吉祥如意的祝福，为新春佳节增添了浓浓的喜庆氛围。

【荣获全国社区教育示范乡镇】 回龙铺镇社区学校，把办学育人与服务老年人养老、学前儿童托管有机结合，把社区教育实验学校办成一所育人、用人、服务人具有造血功能的实体学校。承担长沙市社区教育课题“精品道德教育特色课程——劝世贤言”的创建工作,并取得明显成效,是全市推行的道德教育特色课程，并成功申报湖南省社区教育优质课程资源。

【荣获长沙市“经济社会发展十快乡镇街道”称号】 2015年,回龙铺镇坚持镇域发展“北工南农、东进融城”主战略，围绕县域发展“三大建设”主基调,紧盯“提速发展、奋力赶超、同步小康”总目标,攻坚克难,真抓实干,全镇各项事业竞相迸发。全年完成国地两税2595万元，为年度任务的201.95%,实现逆势攀升。实现镇域生产总值18.85亿元，增长21%;工业总产值21.3亿元,规模工业总产值17.7亿元，增长13%；固定资产投资8.7亿元,社会消费品零售总额4.35亿元,开创了镇域经济增速与质量双高、规模与效益共增的新局面，荣获长沙市“经济社会发展十快乡镇街道”称号,是宁乡唯一获得此荣誉的乡镇街道。

【创建教育强镇】 镇党委、政府为加快“教育强镇”建设步伐,推进教育强镇建设,克服财政压力,2015年投入1000多万元全面完成全镇10所学校提质改造,中考升学率继续领跑全县农村中学,顺利通过县政府教育强镇的督导评估。

【借力美博会 天鹅湖引来10亿元投资】 以宁乡县举办美丽乡村经济博览会为契机，回龙铺镇“金色回龙”展馆在长沙红星国际会展中心惊艳亮相。在展出期间,借助于各种媒体的广泛宣传,尽显回龙铺的产业之美、山水之美、人文之美，成功打响了回龙铺镇特色米汤品牌，并与吉林商会签订天鹅湖国际生态养老公寓项目的投资意向,合同金额10亿元。

（曾　添）

煤炭坝镇

党委书记　王春林
副书记、镇长　苏继桃(9月免)
　贺　伟(11月任)
副书记、人大主席
　廖光辉(9月免)
　李　庆(女,9月任)
政协工作联络处主任
　许剑祥(9月免)
　黄　剑(9月任)
副书记　何姝仪(女,11月免)
　黄　果(11月任)
党委委员、纪委书记
　贺向阳(9月免)
党委委员、副镇长
　吴东跃
党委委员　高令香(女)
副镇长　罗炳慈(11月免)
　袁国命
人大副主席　黄　果(11月免)

【概况】 煤炭坝镇位于宁乡县中北部,与益阳市赫山、桃江两区、县接壤，总面积72.6平方千米，辖12个行政村、1个社区、137个村民小组,1.69万户,人口5.06万人，其中农业人口3.42万人,耕地面积1823公顷。镇域内储煤面积达20.7平方千米，素有“湘中煤都”之美称。煤炭坝镇综合工业园被重新定位为门业园，镇党委、政府着力打造“湘中门都”。

在县委、县政府的正确领导下，煤炭坝镇党委、政府坚定“五年翻两番，再造新煤城”的总体工作目标，按照“打造一城一园、加速提质转型”的发展思路，围绕实力园区建设、新型集镇建设、美丽乡村建设，抓项目促投入、抓产业促发展、抓民生促和谐、抓服务促效能，突出发展门业产业，致力于打造“湘中门都”，经济和社会事业呈现出持续强劲发展的良好态势，全面完成各项工作指标和任务。2015年共完成工业总产值78.5亿元，规模工业总产值47.5亿元，工业利润5.6亿元，完成财政税收4250万元，完成工业固定投资34.2亿元，实现招商到位资金16.06亿元，实现农民人均纯收入22486元。

一、夯实基础，做大门业，重振实力煤城。煤炭坝镇以煤城大道为主轴，规划4平方千米建设门业园区，园区已实现81家门业企业落户，其中24家投产，在建37家，新签约20家，还有20多家正在联系洽谈当中，实现园区招工3200多人。2015年煤炭坝镇引进项目32个，引进合同资金14.76亿元，其中工业项目30个，农业项目2个，亿元项目4个。启动新建续建项目39个，其中新开工项目22个，续建项目17个，项目工程2015年计划总投入15.87亿元，实际完成投入12.4亿元，投产竣工项目17个。煤炭坝已成为湖南门业集中区和最大的门业生产基地，多年来实施的“地下向地面”产业转移战略取得成功。

二、精心策划，建管并重，打造创意煤城。一是科学规划，功能分区。按照“一城一园”发展思路，突出煤炭坝镇的工业遗存文化特色，工贸、边贸特色，对中心镇、门业园区、矿山地质公园建设进行科学、合理高规划设计，已制定煤炭坝镇经济社会发展“十三五”规划，因地制宜积极加快建设一个总面积10平方千米，总人口10万的文化旅游名镇、商贸物流重镇。二是建设矿山地质公园。充分利用煤炭坝镇的工业遗存特色，将原有矿山退出后遗留下来的设备设施、建筑、地质地貌等变“废”为“宝”，因地制宜、科学合理规划利用，打造成全省最具特色的矿山地质公园，完成勘探、标识、设计等工作，着手对竹山塘、五亩冲、西峰仑、跃进等矿区景点进行大范围、大力度、大手笔的规划建设。三是积极推进城镇基础项目建设。结合美丽乡村建设，同步抓好集镇和园区绿化亮化工程，通过在主公路两厢环境整治、植树、种草、安装节能路灯等方式，实现新煤城广场、白石寺广场、煤城大道、玉煤大道、煤城支线、环园路、振兴路等净化、绿化、亮化、美化，同时对月牙湖主题公园进行绿化升级；迅速推进金域商贸城建设，加快500套以上公租房建设竣工，积极准备200套安居工程二期项目开盘；推进集镇和矿区供水设施改造工程完工，不断完善集镇和矿区管网升级及周边村组自来水管网建设，新建自来水管网40千米，并实现与中国水务市场对接；继续加大园区基础建设投入，完善水、电、路、气、电信和污水处理厂等配套设施，新建或完善园区配套供水、排水管网覆盖2平方千米以上，尤其是加强污水处理厂的建设，新铺建污水处理管网14千米，同时完善园区路网建设，做优做精做美园区发展环境，不断增强园区吸纳能力。

三、发动群众，镇村提质，建设美丽煤城。一是坚持把美丽乡村建设与基层党组织结对共建、矿山地质恢复治理、群众工作紧密结合，采取领导联村、干部联组、村干部联片、党员包户的工作模式，号召广大群众自发投入建设。二是开展联合整治行动。联合相关部门对全镇范围内的煤坪、洗煤场、沙场、木材场进行综合整治，彻底清除62家，拆除面积达2万平方米，同时在拆除区域已种植树木进行绿化。三是按照美丽乡村建设工作任务整体推进。建设一个美丽集镇：对集镇区进行综合整治，对违规建筑、公路交通、店外经营、流动摊贩等加大了集中整治力度。拆除大型户外广告6处，拆除违章建筑3000平方米；清除破损牛皮癣广告，清除违章违规广告招牌、遮荫篷等400多处；新增停车位100个，查处乱停乱靠40余起。同时完善环卫配套设施，提质街面路面，栽树植绿进行绿化升级，安装节能路灯，做到绿化、亮化、美化；打造3条示范带（玉煤大道、煤城大道，S206和煤双线，煤回线），建设4条美丽公路；建设4个示范村（贺石桥、措树、张家湾、砖塘）；精心打造9个美丽屋场，其中楷树青山屋场和张家湾村张家湾屋场入选全县美丽屋场现场观摩；全镇已有20%的农户庭院达到美丽庭院建设标准。全镇掀起以美丽屋场建设为突破口，形成以点成线、由线带面的美丽乡村建设新局面。

四、加大投入，夯实民生，实现小康煤城。一是稳步推进农业生产。重点抓好了粮食生产和特色农业。确保水稻种植面积达到3066.67公顷，切实做好了“压单扩双”，遏制耕地抛荒工作。继续推行“一稻一油”的农业轮作模式,稳固煤镇万亩油菜基地,建立3个绿肥基地,打造煤镇冬季农业特色。扎实推进土壤重金属镉超标治理修复工作,施散石灰985.47公顷,达1200多吨,完成优化水分管理面积1237.33公顷。双龙村利用信通土地专业合作社加强与农户合作,打造133.33公顷的优质稻基地和油菜种植基地。二是重点发展休闲观光农业。完成20公顷生态水面的红泥湖生态湿地公园建设;投资超3000万元,落地龙石的昌达生态农业规模初显;着力完成果润农业项目包装,扶植农业专业合作社发展,产、供、销自我服务体系渐趋完善,农业抗风险能力逐步增强。结合矿山地质恢复治理和生态修复,全面发展乡村休闲旅游。三是完成集镇与矿区供水供电工程。长沙矿业退出以后,全镇上下克服困难制水、取水,架设管网40千米,安装3800户户表,完成全镇供水管网改造工程,确保集镇和矿区日用水量为5000吨,确保供水正常运行,实现与中国水务市场对接。四是做好农赔、房赔工作。煤炭坝镇组织专门队伍成立农赔、房赔组,经过近6个多月,对13个村(社区)进行调查摸底,勘查受损房屋6223栋,目前已全部完成勘查、丈量、评等定级,签订拆除重建合同495户,现已完成300多户,达成198户的集中安置,农赔范围涉及农田、桥梁、河道、溶洞等;经核实预算,农赔、房赔及其三年后果补偿资金近8亿多元。五是积极争取项目治理资金。煤炭坝镇根据掌握的第一手材料现已经上报省发改委将煤炭坝矿区列入独立工矿区地质恢复治理项目,并向国家发改委申请进行独立工矿区地质恢复治理项目,请求对工矿区范围内及周边受影响的房屋、农田、水系、道路、桥梁、山土等需要逐年治理恢复。截至11月已经到位资金达1.23亿元。已将本镇范围内因采矿影响的房屋、农田、水系、道路、桥梁等基础设施情况汇报到省国土资源厅,省国土资源厅向国土资源部申请矿山地质恢复治理资金。争取的上级资金和相关优惠政策,为煤炭坝镇社会经济可持续发展注入强大的活力。

五、强化党建,淳化民风,构筑幸福煤城。一是加强基层骨干队伍建设。实行党员管理新模式:将全镇13个村(社区)攻击137个组划分为65个片区,形成65个服务网格,同时建立65个党员服务站,将全镇所有党员纳入到65个网格内,实行党员网格化管理,主要是加强党组织建设和党风廉政建设。加强基层服务网格骨干队伍建设:基层服务网格骨干队伍由1个村干部、1名站长、1名专职保洁员和1名社会贤达组成,其主要工作内容是加强党员教育、引导和管理,开展“大走访”活动,重点是开展美丽乡村建设等工作。二是突出纪委监督作用。充分发挥村级监督委员会作用,村级监督委员会不受村委会的指导,直接在镇纪委的指导和村党组织领导下对村级事务实施监督。全镇推行“组级财务村管理”工作模式,加强对村(社区)级、组级财务管理检查力度。

【县委书记谭小平到煤炭坝镇调研工作】 4月14日,县委书记谭小平、县委办主任陈永高及县委政研室一行到煤炭坝镇调研门业产业园,视察了湖南家美门业有限责任公司。谭小平书记高度肯定了煤炭坝镇在社会经济工作中所取得的成绩。他指出对煤炭坝镇总体印象是:班子合力足、工作思路清、集镇格局大、交通区位好、产业特色明,尤其是推进“一城一园”建设,加快发展门业园方面成绩显著。谭小平书记强调,煤炭坝镇要抓住发展机遇,发挥园区优势,优化服务,强化招商,围绕“特”做文章:打造特色园区、注重特色规划、争取特殊政策、制定特殊举措,团结努力,趁势而为,化腐朽为神奇、化破烂为美丽、化包袱为财富,努力为县域经济转型创新发展注入新的活力。

【煤炭坝镇召开首届“社会贤达”和“十佳社会贤达”评选表彰活动动员会】 6月17日,煤炭坝镇召开了首届“社会贤达”和“十佳社会贤达”评选表彰活动动员会。县政协副主席喻立明及煤炭坝镇全体机关干部职工、村(社区)主要负责人及民政专干共150余人参加。在全镇范围内评选表彰70名“煤炭坝镇社会贤达”和“煤炭坝镇十佳社会贤达”,并向县政协推荐了李春建、邹玉兴、谢志平等7名同志参与“宁乡县社会贤达”评选活动。

【周辉县长到煤炭坝镇调研三大建设工作】 7月27日,周辉县长、县政府办和金玉工业园领导到煤炭坝镇调研指导三大建设工作。调研组一行实地察看了煤炭坝门业园工业地产建设项目和楷树村青山组美丽屋场建设情况。周辉高度肯定了煤炭坝镇美丽乡村建设工作取得成效,特别是现代农庄的建设和规划,为打造宁乡特色的美丽屋场充实了实质性的内容。

(党政办)

坝塘镇

党委书记 张永胜(11月免)
王东坡(11月任)

副书记、镇长 张　胜(9月免)
张建元(9月任)
副书记、人大主席
吴辉章(9月免)
张　征(11月任)
政协工作联络处主任
刘厚良
党委副书记 左志华　谈　超
党委委员、纪委书记
姜　玲(女)
党委委员、副镇长
黄献文
党委委员 谢　鹏 凌金玉(女)
副镇长 陈森林 杨　黛(女)
赵国良
人大副主席 王有为　李记为

【概况】 2015年12月，根据全县乡镇区划调整改革工作要求，原坝塘镇与原南田坪乡合并，组建新坝塘镇，合并后镇域面积163.71平方千米，总人口7.09万人，辖13个行政村，1个社区；镇党委下辖41个党支部，党员2752名；机关在职人员158人，站所122人，总人数280人；境内交通区位优越，宁韶线、宁灰线、南坝线、石大线构筑较为完善的交通格局；山水资源丰富，有大小水库13座，骨干山塘3200多口，沩江乌江穿镇而过，森林覆盖率近50%，素有“天然氧吧”和“生态后花园”之称。

2015年，坝塘镇上下围绕“国家生态乡镇、都市休闲乐园、宜居山水新镇”的工作目标，全面落实上级各项决策和部署，凝心聚力、奋勇拼搏、共谋发展，全镇经济和社会各项事业呈现出和谐发展的良好态势。

一、突出重点，加快建设，综合实力稳步提升。一是围绕中心，经济发展平稳快速。坚持把经济发展作为党和政府的第一要务，致力投资拉动，加快经济发展，着力开源节流，促进财政增收，倾力为民服务，带动群众致富。2015年全镇完成生产总产值(GDP)18.12亿元(含南田坪，下同)，比2014年增长13%，稻谷播种面积8376公顷，稻谷产量5.68万吨；完成农业总产值11.57亿元；完成固定资产投资9.9亿元，增长15.7%。完成税收入库1532万元。社会消费品零售总额5.39亿元；农民人均纯收入达到17500元。二是紧扣重点，项目招商成绩显著。始终“以诚招商、以情引商”作为推动经济发展落脚点，通过领导带头、群众参与、政策激励、包装推介等措施，招商引资效果良好。全年共签订远帆科技投资的立体循环车位生产基地项目、沿江珍稀动植物休闲观光基地项目及今朝劳务、喜月饲料厂、保安村湘沩驾校、宁乡花谷动植物观赏园、中宏、华宜两家楚天科技配套企业、金誉嘉农庄、古润山泉、南芬塘集镇农贸市场、南芬塘中心村庄等12个项目，合同总投资4.28亿元，实际到位资金3.92亿元。热情服务加快推进项目建设，全年在建项目27个，新开工项目13个(2个已竣工)：宁乡县珍稀动植物休闲观光基地已完成土地流转；保安小学、停钟完小、南田坪中学和坝塘中学公租房、坝塘中小周转房及附属工程建设基本竣工；金洲天花庵大桥、光辉桥重建、坝塘卫生院、南田坪卫生院医疗大楼等工程基本完工；379户棚户区改造已完成保安集镇200户；金誉嘉农庄建成并投入使用；湖南今朝劳务公司基地项目、南芬塘集镇农贸市场、鑫垒机械、古润山泉、南芬塘中心村庄启动建设。三是聚焦亮点，美丽乡村精彩纷呈。一方面，积聚力量，加速推进美丽乡村建设。全镇共投入1115万元，群众自筹等投入资金895万元，群众义务投工11769天，建设村民文化活动广场5个等乡村建设，美丽乡村建设居全县前列。成功摘牌国家级生态乡镇，乐安村获评省级卫生村。另一方面，精心谋划，科学布展美丽乡村博览展会。会展期间，农家流香系列农产品、龙马基地蔬菜、美丽乡村乐安、文佳丽湖、香山寺、坝塘皮影戏、剪纸艺术等受到游客的一致好评。四是夯实基点，三产发展合力推进。各工业企业运行平稳，势头良好，实现产销两旺。全镇完成工业总产值26.25亿元，增长16.2%，其中规模工业产值18.29亿元，完成工业增加值4.92亿元。农业更强。加强宣传，严格监管，有效控制耕地抛荒、双改单、非法占用耕地等现象和早稻直播现象，稳定粮食生产面积，全年落实油菜面积500多公顷，烟叶53.33多公顷，确定集中育秧点29个，全程社会化服务已全部通过验收，达标面积717.33公顷。通过周密安排、详细部署，完成全镇24个村所有农户承包田块的确权颁证。三是服务业更优。随着美丽乡村建设成效日渐突显，乡村旅游市场正逐步打开；另外，步云生态农庄、耕之健农庄、盛世和园、金誉嘉农庄等一批生态旅游基地正逐步崛起，对推动地方就业、发展坝塘镇旅游产业起到了推动作用。

二、改善民生，强化保障，社会事业有力推进。社会治安平稳和谐。一是加强矛盾调处。健全组织体系，以“三调联动”为平台，加大矛盾纠纷调处，维护社会大局稳定，全年，共调解各类矛盾纠纷有登记在册的113起，成功调处106起，成功率达93.8%，其中重特大矛盾纠纷13起(含非正常死亡事故4起)。二是创建“平安坝塘”。继续深入开展“平安坝塘”创建，印刷分发1.7万份平安创建倡议书、1.7万份平安手册、1.7万份民调问卷，深入群众宣传平安创建工作，提升公众安全感和满意度，上半年坝塘镇民调全县排名第6。三是保障各方安全。食品、生产、交通、校车、消防等安全监管领域继续保持“零事故、零伤亡”目标。民生民本亮点突出。一是科学推进精准扶贫。紧扣“整村推进、劳务培训、产业扶贫、对口扶贫”四项重点，制定发展规划，积极争取项目，多方筹措资金，对全镇168户贫困户落实152名干部结对帮扶，全镇上下党群干群关系切实改进。二是养保社保争先示范。城乡居民养老保险缴费工作率先启动，征缴率已达99.3%，并被授予“长沙市居民基本养老保险经办服务示范点”；全县第一张社会保障卡在坝塘镇发放，目前信息采集率和社保卡发放率分别达84%和73%。人社站工作通过抽检，获得市县领导的全面认可和高度肯定。三是困难救助卓有成效。举办“全国助残日”活动，残疾人创业代表现场捐赠残疾人辅助器材、发放残疾人助学补助和危房改造补助，年内，坝塘镇继续成功创建长沙市“残疾人明星乡镇”；全年完成危房改造54户，修缮加固26户。计生工作有效开展。一是基础工作扎实推进。强化宣传、协调、清查、监管、执法五大重点，坚持抓好基层基础工作和措施落实工作；对各项信息数据实行一月一核查，一季一清理，确保信息全面到位，数据准确有效；全面落实各项计生政策，健全奖惩分明、督管有力的计生服务机制。二是群众自治成效显著。完善队伍，加强培训，开展自治，全年有繁荣村和沿江村成功创建县级计生基层群众自治示范村。三是计生协会爱心突显。开展“5.29”协会活动，表彰先进典型；关心计生家庭，并对计生困难家庭进行慰问，资金5.27万元；关爱留守儿童，在乐安村和洋西村开展关爱留守儿童活动，对留守儿童进行一对一的课外辅导和慰问等。

三、夯实基础，严明纪律，队伍建设不断优化。以“三严三实”为原则和宗旨，要求党员干部严以修身、严以用权、严以律己，谋事要实、创业要实、做人要实，不断提高自身素质，严明工作作风，务实高效作为，打造一支肯干事、能干事、会干事的“狮子型”队伍。强化党建工作，基层基础逐步夯实。以“基层党建规范年”为主题，以“提形象、创先进、促发展”为目标，通过开展能力领航、堡垒领航、骨干领航、规范领航、品牌领航“五大领航行动”，进一步强化管理、组织、队伍、制度“四大基本建设”，打造精品坝塘党建。一是完善制度，强化责任。制定《中共坝塘镇委员会关于切实加强基层党的建设的实施意见》及《坝塘镇村(社区)党建工作目标责任制考核记分办法》，镇村签订责任状，实施计分考核，加强镇村党建工作管理考核，明确责任分工。二是开展培训，提升能力。通过讲党课、外出考察学习等方式，扩大党员干部的视野，全年共聘请专家以及镇党政负责人等讲授党课11堂、村支部书记讲授党课31堂，受教育党员人数达2200人次；以“美丽乡村建设”为核心，先后组织村干部、组长、后备村干部600余人次外出学习考察。三是结对共建，夯实基层。突出“为民、务实、清廉”，机关事业单位深入开展结对共建和“心连心”等活动，结合“美丽乡村”建设，为支部结对共建服务达37次；在各村实行村干部值班制度，全面推进“一站式”服务；加快“两新”组织建设，突出“发展、利民、培育”，重点培育1个“两新”党建工作标杆。党建工作代表宁乡迎接省检获得上级高度肯定。

严肃组织纪律，干部作风日趋优化。一是强化制度建设。贯彻落实省市县纪委关于“两个责任”“三转”等文件精神和工作要求，出台《坝塘镇关于落实党风廉政建设主体责任和监督责任的实施意见》，建立坝塘镇党风廉政建设微信工作平台，不断提高党委党风廉政建设和反腐败主体责任的履职能力。二是强化作风建设。坚持“按制度办事”“靠制度管人”，牵头制定《2015年坝塘镇干部作风建设考核办法》，对干部作风实行“日清—月总—季通报”制度。三是强化监督检查。配合县纪委做好鸟鸣村和红桃山村党风廉政建设专项检查工作，从中发现问题37个，镇纪委对37个问题的整改落实情况加强监督；加强对镇党委“三重一大”制度执行情况的监督检查，修订完善《坝塘镇2015年机关财务管理制度》；进一步规范农村公共资源交易工作，对34个项目招投标工作进行现场监督，节省资金百余万元。四是强化问题查处。制定下发《坝塘镇查处发生在专项工作实施方案》，镇、村分别召开专题会议，对全体镇村干部、村民代表、党员、组长、村务监督委员会成员进行教育，层层发动部署。通过自查、走访调查等方式，对存在问题进行排查，截至年末排查各类问题31个，镇纪委正在抓紧对相关问题进行核实。通过意见收集箱、纪委举报电话、“12345”工作平台、县长热线等，收集民情民意，全年全镇共立案12起，结案12起。践行三严三实，干群关系不断密切。坚持深入群众一线，了解群众需求，解决群众困难，不断加强与人民群众的“鱼水情”，做人民群众的“知心人”，当好公服务者，做好引导者。坝塘镇全体机关干部职工，联合市财政局、市金融证券办、县纪委、县财政局、县地税局、县机关事务局领导共走访慰问群众 20760 户，收集社情民意 103 条，带着感情、带着责任与农户进行深入交流，全面了解广大群众在生产生活中的实际困难，熟悉企业发展中的实际问题，并集聚各方力量予以帮助解决。如市财政局支持 80 万元援建烟田村老年活动中心和村卫生室，市金融证券办领导争取投资 20 万元，帮助铺岭村高标准硬化组级公路 6 千米；投资 50 万元修建光辉桥，方便南田坪和坝塘群众出行；对现有村级活动中心进行改造升级。在县纪委领导的支持下，长新村村级公路主线安装太阳能路灯 120 盏，县机关事务局支持下，军里村东毛塘组安装路灯 48 盏，早安村硬化村主干道 3 千米。

人大、政协、纪检、监察、组织、统战、宣传、武装、工会、妇女、共青团、老干、关协等工作齐头并进，确保全镇经济社会各项事业协调发展。

【坝塘区划调整】 2015 年 11 月，坝塘镇辖 14 个行政村、1 个居委会，镇域面积 100.7 平方千米，其中耕地面积 2520 公顷、林地面积 4333.33 公顷、淡水面积 2333.33 公顷。总人口 4.4 万人，境内省道宁灰公路纵贯南北，南坝、边珊公路横跨东西，沩江、乌江两河穿境而过，有小Ⅰ型、小Ⅱ型水库各 4 座，四清坝拦河坝 1 座。有锰、矽砂等矿产；共有大小企业 20 多家，其中规模企业有 10 家。2015 年 12 月，坝塘镇与原南田坪乡合并，组建新的坝塘镇。

【建设美丽乡村】 2015 年，坝塘镇积极开展美丽乡村建设。一方面，积聚力量，加速推进美丽乡村建设。全镇共投入 1115 万元，各村通过整合项目资金、财政以奖代补、共建单位结对支持、社会捐款、群众自筹等投入资金 895 万元，群众义务投工 11769 天，建设村民文化活动广场 5 个，实现绿化面积 65710 平方米，植树 72180 株，播撒花籽 52100 平方米，安装路灯 508 盏，喷绘文化墙 7210 平方米，添置垃圾桶 4520 个，拆除垃圾池 1021 个，硬化公路 41.9 千米，拆除违法建筑 27 处 2800 平方米、拆除户外广告招牌 46000 多平方米。年内已完成保安、乐安、金洲、长新、洋西、宜坪 6 个美丽村庄、48 个美丽屋场和 3500 个美丽庭院的建设；完成工商所、林业站、畜牧站、农商银行、敬老院、南田中学、军里小学 7 个美丽单位的建设；完成宁灰公路、南坝公路、边企公路 3 条美丽公路的建设；洋西、乐安、军里、保安村示范点分别接受 7 月和 9 月的全县现场观摩并获得好评，美丽乡村建设情况稳居全县前列。成功摘牌国家级生态乡镇，乐安村获评省级卫生村。另一方面，精心谋划，科学布展美丽乡村博览展会。以美丽乡村、美丽乡品、美丽乡韵和美丽产业为展出重点，以图片、画册、模型、实物、现场制作演绎、互动体验展现等为展出形式，立体展示农村新生活、新风貌、新变化和历史风情、人文资源等，会展期间，农家流香系列农产品、龙马基地蔬菜、美丽乡村乐安、文佳丽湖、香山寺、坝塘皮影戏、剪纸艺术等受到游客的一致好评。

【南田坪区划调整】 2015 年 12 月，全县部分乡镇区划调整。南田坪乡与坝塘镇合并设立新的坝塘镇。2015 年 11 月，南田坪乡辖 10 个行政村、275 个村民小组，总人口 2.75 万人，总面积 64 平方千米，其中耕地面积 1764.3 公顷，旱地 1763.1 公顷，水面 330.1 公顷。

2015 年，南田坪乡经济增长稳中求进。全乡共实现乡域生产总值(GDP)7.78 亿元，稻谷播种面积 3689 公顷，稻谷产量 2.5 万吨；完成农业总产值 5.29 亿元，工业总产值 10.06 亿元；完成固定资产投资 4.62 亿元，完成税收入库 697 万元。社会消费品零售总额 2.27 亿元；农民人均纯收入 17500 元。

集镇建设和招商项目统筹推进。新公路已全部拉通，并进行硬化、亮化和绿化；农贸市场建设稳步推进，筹建南田坪电管所和农商银行。完成南田坪小学、烟田小学公租房、停钟中小学楼及老师周转房、军里村部、公墓的立项和国土规划招投标。坚持“工业强乡、农业稳乡、商业活乡”，以招商为动力，以项目为抓手，打造投资的“洼地”。全年新增规模工业企业 1 个，合同引资 1.8 亿元，新引进产业项目 6 个，工业招商 1.4 亿元，飞地招商项目 3 个，完成到位资金 1.2 万元，包装项目 3 个，新开工项目 5 个，竣工项目 3 个。美丽乡村建设循序渐进。按照“一年打基础，两年全推进，三年见成效”的规划，呈渐次式推进建设，使美丽乡村建设在南田坪乡既有点睛之笔，更有满园春色之势。洋西村路基塘组、军里村凤竹井组自发筹资分别达 30 万元和 25 万元并成功通过县级观摩点验收。党建基础不断夯实。一是问题导向抓牢基础，明确抓“基础党建”让党员回家找到归属感，抓“先锋党建”让干部回归找到责任感,抓“民心党建”让群众回心找到幸福感的工作目标。二是个性指导激发活力,充分调动基层党组织和党员的积极性,工作格局实现由上热下冷到上下联动的根本转变。三是四级联动凝聚合力,乡党委在找问题、抓整改的过程中把队伍建设作为落实党建责任,加强党建工作的突破口。四是服务中心取得成效,通过党小组凝聚党员,党员带群众,提高党员对组织的认同度和群众对党员的评价。

民本民生不断改善。全乡完成36户危房户改造,医保、养保等民生工作全面完成;护砌山塘12口,更换闸门6张,高标准渠道护砌6千米,农业“三防”工作有条不紊;安全生产全年实现零事故,开展集镇整治行动18次,整治流动商贩、招牌广告、占道经营的现象86起。社会大局稳定,调解各类纠纷42余起,查处各类案件12起,刑拘8人,排查安全隐患22处;开展打击聚众赌博、拆违控违、禁毒禁赌等专项行动,为全乡营造风清气正的良好氛围;夯实计划生育基础,加强优质服务,计划生育协会工作亮点突出;教育教学工作成果得到上级高度肯定。工会、共青团、妇联、老干关协、科协、人武等工作创造了新的业绩。　　(周　宇)

资福镇

党委书记　张立金(7月免)
　　肖玉华(7月任)
副书记、镇长　李命文
副书记、人大主席
　　张宜斌(9月免)
　　许剑祥(9月任)
政联处主任　谭子成(9月免)
　　丁建斌(9月任)
党委委员、纪委书记
　　贺东义(11月免)
党委委员　副镇长
　　姚雨秋
党委委员　王玉元
副镇长　冯　亮　秦　军
人大副主席　陈义军

【概况】 2015年,资福镇总面积87.4平方千米,辖11个行政村和1个社区,239个村民(社区)小组,总人口4.2万人,水田2200公顷,旱土3000公顷,林地3866.67公顷,小二型水库12座,山塘1200多口,水域面积近533.33公顷。

2015年,资福镇按照县委政府“加快三大建设,实现全面小康”的总体部署,抓实项目载体、强化产业支撑、打造绿色亮点、改善民本民生,镇容村貌焕然一新,各项事业取得长足进步,绩效考核位居前县第十名。

【经济总量展现新成绩】 全年实现镇域生产总值8.5亿元,超目标任务9%;完成固定资产投入5.4亿元;完成税收451万元,增长118%;招商引资合同引资1亿元,实际到位资金4000万元;启动项目工程21个,其中新开工项目14个,总计完成投资5.04亿元,获评县级招商引资和项目工程先进单位的荣誉称号。

【食材园区呈现新形象】 立足资源优势,依托全县飞地园区金玉工业集中区的规划建设,打造食材产业园。现有绿盛农业、恩农农业、志荣农业、味来食界和长沙火宫殿5家企业成功落户,总投资达到2.55亿元;绿盛农业已完成投入4300万元,办公楼、厂房已封顶;恩农农业完成投入3950万元,厂房主体已封顶;志荣农业完成投入4650万元,厂房已竣工,办公楼主体正在进行室内装修;味来食界完成投入3500万元,办公楼、厂房已竣工。火宫殿已完成前期建设工作,即将启动建设。在金玉工业集中区的开发建设中,资福镇是引进项目最多、建设速度最快的乡镇。食材园的建设,为振兴湘菜产业搭建了发展平台,受到了市县的高度关注,2015年获评长沙市湘菜食材加工园区建设第一镇的称号。

【产业发展呈现新特色】 全力确保粮食生产,建设了江泉、珊瑚等多个优质稻生产基地,新增农民专业合作社8家,发展6.67公顷以上种植大户27家;种植晒烟251.73公顷,收购烟叶1.17万担,带动烟农收入1775万元,晒烟稳居全县第一;种植133.33公顷油菜移栽精品示范区面积;双收农业333.33公顷油茶加工基地已投产;珊瑚水果种植园33.33公顷优质水果基地已建成;建业、乐源等2家蔬菜种植专业合作社分别在七星、清泉河新增2个66.67公顷的蔬菜标准化示范基地,成功通过市级验收;新增七星寨、石鱼塘、彩蝶湖3家生态农业公司发展特色种养业;七星寨生态园、鲶鱼山农业产业园、湘宁玫瑰园等现代休闲旅游观光项目强力推进,资福镇荣获长沙市现代农业先进单位。

【集镇建设展现新面貌】 作为宁灰旅游公路的沿线乡镇,按照谭小平书记“打造全县可以借鉴的样板集镇”的要求,高起点规划、多渠道投入,市场化运作、高效能管理,全力建设宜居宜商的新型特色城镇和宁灰公路的美丽节点。城镇建设获得市开发银行重点支持,成功纳入长沙市新型城镇“15+2”平台体系,先后获评“湖南省两型四化明星乡镇”“长沙市绿色集镇示范乡镇”“长沙市集镇管理先进单位”“县美丽集镇”等荣誉称号。共拆除违章搭建846处1.5万多平方米，拆除围墙1500多平方米，清除整治户外广告600多块，建设文化墙2000多平方米，实现了沿线整体打造、一体建设。坚持多方投入、全面带动，高标准推进镇区道路、管网、棚改、绿化、亮化等基础配套建设，宁灰公路资福集镇段380米的拓宽改造已完成开工建设前期工作；建设供排水管网4千米，集镇污水处理厂建成运营；改造资福和万宝山集镇棚户832户；采用立体式混合绿化方法，绿化集镇道路2千米；安装路灯100盏；天天乐市民文化广场投入使用，资福商业街三期竣工，集镇功能更加完善，品质更加完美。创新百姓城管，推动集镇管理社区自治，利用社区人熟、地熟、情况熟，提出了“社区为主、群众参与、政府督导”的“百姓城管”模式，组建了百姓城管综合执法队，成立了百姓城管议事会和志愿者协会，创建了“微信城管”，搭建百姓城管微信服务管理平台。2015年累计采取大型执法行动30次，收缴摊贩120个，拆除违章搭建269处，整治门店招牌、户外广告1000处，成功处置集镇管理中突出问题、不文明行为200余起，实现了集镇经营有序、环境整洁、交通文明的良好形象，集镇管理成为了全县的样板，举办了现场观摩会，并在全县大会上作典型发言。

【美丽乡村精彩绽放】 把美丽乡村建设作为了全镇工作的重要工作，按照“美在环境、美在内涵、美在自然、美在和谐”的工作思路，着力打造“点、线、面”全方位立体型的美丽乡村。县美丽经济博览会资福展馆微信投票第一，综合排名第二。美丽乡村总体排名全县第五，获县“美丽乡村建设先进乡镇”称号，2个屋场被评为美丽屋场。坚持政府主导、全民动员、社会参与的理念，注重发挥社会各界的力量，动员党员组长、人大代表、政协委员、企业业主，以及离退休人员加入到美丽乡村建设中来，示范带动、宣传促动，镇村共筹集各类建设资金近3000万元，新建改造农村公路62千米，新安装路灯1000余盏，新增绿化面积10万平方米，新栽树2800多株，种植花卉苗木200多万株，清淤山塘17口12.47公顷，护砌渠道9条17.2千米。资福镇依托千年窑里、千年古樟、千年古井等文化资源，高标准打造了以“千年窑里“为主题的新塘美丽屋场、以“千年古樟”为主题的紫霞美丽屋场、以“小桥流水”为主题的清泉河孙家美丽屋场、以“鲶鱼山历史文化” 为主题的合星常山湖美丽屋场，龙马仁和、河泉保皮塘等16个美丽屋场在建设和完善之中。生态环境保护大力推进，水库山塘全部退出投肥养鱼，强力整治和打击非法采砂、挖山等破坏生态环境的行为，乌江生态造林面积全县第一，成功创建国家级生态乡镇。

【社会事业全面提升】 坚持公共财政向民生倾斜，“三公” 经费压缩30.3%，民生支出达3.43亿元，占财政总支出的66.6%。为民办实事16项指标任务全面完成。城乡居民年人均可支配收入达1.6万元，增长10.2%。农村低保、城市低保和五保分散供养资金全部发放到位。农村医保、社保征缴率居全县前列，乡镇一卡通信息采集居全县第一。资福中学、珊瑚中学、万宝山小学三个学校72套教师公租房建设基本完成。河泉养老院成功通过省级养老服务中心验收。全面落实优抚政策，慈善医疗救助、尿毒症患者的救助、低保、特困家庭大学生子女慈善助学和强生助孤活动深入开展。全镇危房改建36户，修缮加固21户。落实“654321”干部对口帮扶制度，争取市县帮扶资金近百万元；首创“微信扶贫”模式，经验全县推广，全年脱贫户112户303人。按时完成困难群众2015年冬令春荒救助工作，发放临时救济金3万元。确权颁证工作全面完成。教育工作卓有成效，中考升一中人数居县农村中学首位。确保校车运行安全，在危险地段安装了安全警示标志、减速带、防护栏等设施；文化体育事业日益繁荣，建设了农民文化活动广场5处，新增体育设施5处100余件；疗卫生服务体系进一步健全，基本公共卫生服务均等化进一步人口计生工作扎实推进，基层医提升，村居民健康建档率达95%，群众看病难、看病贵问题有所缓解。社会治理成效明显。突出抓好烟花爆竹、道路交通、食品药品、校车安全等专项整治工作，安全生产形势进一步好转；深入开展“平安资福”创建工作，积极推进社会化治理，“平安创建” 覆盖面达到95%，全镇社会大局持续和谐稳定，群众的安全感和满意度明显提升，民调前县排名前列，获得市禁毒宣传二等奖。广泛开展信访问题“大排查、大接访、大化解”活动，认真落实领导“接访日”制度，信访积案基本办结。一年来，全镇广泛开展在职党员“到社区报到、到家门口服务”活动、“1+1，献爱心”结对帮扶活动、“心系群众、为民履职”活动，为老百姓办好了一批实事，解决了一批难事，得到了广大群众的点赞。 （党政办）

灰汤镇

党委书记　李志敏(11月免)
　　张湘桥(11月任)
副书记、镇长　孙　勇
副书记、人大主席
　　朱洪波(11月免)
　　吴胜其(11月任)
政协工作联络处主任
　　丁建斌(9月免)
　　喻尽忠(9月任)
副书记　贺　伟(11月免)
　　袁暑山(11月任)
　　周求林
　　(原偕乐桥镇)
党委委员、纪委书记
　　欧子强(11月免)
党委委员、副镇长
　　尹　胜　曾勇备
党委委员　吴宝林　黎　毅
副镇长　杨　鹏　廖志红
　　周宇燕(女,兼)
　　黎艳阳　李茂桥
　　张智勇
人大副主席　喻小平
　　周　敏(镇长助理)
　　蔡　敏

湖南长沙灰汤温泉国际旅游度假区管理局
党组书记　李志敏
局　长　易怀念(女)
副书记　黎定辉(女,9月免)
　　欧子强(11月任)
副局长　贺　伟(兼,11月免)

【概况】 2005年11月，灰汤镇辖6个行政村、1个居委会,镇域土地总面积43.30平方千米,其中耕地总面积1836.7公顷,占土地总面积的42.5%；林地面积1542.9公顷，占土地总面积的35.7%。镇域总人口24202人，7156户。其中农业人口21653人,非农业人口2549人。2015年12月,根据省、市、县委有关乡镇区划调整改革工作要求，撤销灰汤镇、偕乐桥镇、枫木桥乡,设立灰汤镇。合并后,灰汤镇镇域面积210.9平方千米，人口9.9万人，辖16个村、2个社区。2015年,在经济形势一直下滑，投资力度与消费热度明显遇冷的背景下,灰汤紧紧围绕稳增长、促发展、惠民生的总基调，奋发有为，心无旁骛,较好地完成了各项目标任务。

一、经济发展彰显新活力。全年完成固定资产投资36.06亿元(含偕乐桥、枫木桥，下同),比2014年增长40%;社会消费品零售总额9.65亿元，增长15%;完成生产总值28.21亿元，增长18%；农业总产值16.01亿元,工业总产值11.75亿元。完成税收6176万元,各项经济建设指标圆满完成。全年接待旅游人次160万人次,实现旅游收入4亿元。

二、各项建设迈出新步伐。以“招商创特色、服务大提质、争资大突破”为目标,以“抓大不放小”的招商思路为引领,2015年实现凝脂美人谷、桃花谷整体开发、小门大户壹空间、岭南雅集大夫第等4个项目入驻。其中小城镇建设项目、“汤泉神韵”文化产业园、东鹜山整体开发项目等三大项目进入长沙市重大招商项目库。申报节能减排项目，力争节能减排奖励资金。全年全镇共启动建设项目19个，完成项目总投资15.18亿元。

三、旅游产业实现新跨越。年内制定出台《灰汤温泉国际旅游度假区管理办法》《灰汤温泉国际旅游度假区地热资源管理暂行办法》《家庭旅馆管理办法》,为灰汤温泉国际旅游度假区管理、旅游行业管理和地热资源管理提供制度。

四、社会建设取得新进步。按照县委三大建设工作要求，把美丽乡村和新型城镇建设、创建国家级旅游度假区有机结合，强化基层组织作用,注重群众参与,全面掀起美丽乡村建设热潮，点面结合的工作效果明显。全年发放农村低保救助资金65万多元,发放农村五保救助资金110多万元,发放大病救助资金8.6万元,精神病人救助药物资金6.53万元,发放优抚资金51.93万元,城乡居民缴费金额达130万元,缴费率98%以上，城乡居民医疗保险收款金额240万元，社会保障卡发放约13167人,危房改造19户,残疾补贴人数202人。成立灰汤镇矛盾纠纷调解中心，共调处矛盾纠纷351起，调解率达100%,调处成功率98%,大大降低了民转刑案件、群体性上访事件的发生。开展平安创建,10月，召开大型创建平安景区活动和开展表彰平安旅游企业、平安村、平安社区、平安单位及平安家庭的活动。年内,灰汤镇民意调查排名全市第四,全县第一。对全镇卫生死角和建设工地进行全面清理整治,修复破损人行道,清洗美化集镇门店,于2015年10月通过“省级卫生镇”检查验收。

五、行政效能有了新提升。把干部队伍建设作为开展一切工作的根本和抓手。坚持“严管理,强作风,提本领”的理念,在作风建设上,镇党委、镇政府始终坚持各项工作有安排、有部署、有落实、有奖惩。严格按照“三转”的要求,积极进取、锐意创新,全面推进党风廉政建设和反腐败工作，大力抓好镇、村干部作风建设,着重于主责主业,有效发挥职能,大力抓好执纪监督问责，全面落实党风廉政建设责任。成立专门的纪委督查室，重点督察镇村干部工作作风、在岗情况、工作状态以及工作效果、工作绩效。为进一步促进镇、村工作高效运转,进一步完善《机关作风建设管理办法》,同时制订《机关干部绩效考核办法》和《村(社区)干部绩效考核办法》。

六、党的建设有了新探索。灰汤镇坚持党建工作党委书记“首要责任”,分管书记“具体责任”,党员领导干部的“基本责任”,基层党支部负责人“直接责任”的职责,建立健全党委定期研究基层组织建设工作制度和班子成员党建联系点等项制度,做到定时开会、定时检查、定时解决难题,党建工作真正上肩,层层落实到位。制定《党委班子履行党建工作职责》,党委及班子成员每月下村走访调研、听取群众意见不少于2次。在全县率先开展党小组建设,创造性地开展党群共建“三联十到户”活动,围绕美丽乡村建设和党的自身建设目标加强对党小组的考核并开展优秀党小组长评选活动。拓宽选人视野和渠道,把那些政治素质好、群众威信高、愿干事、能干事的人及时选配到支村“两委”班子中来的有益尝试。对农村党员实行积分激励考核管理,是灰汤镇在基层党建年加强农村党员管理的一大举措。

【召开镇第十五届人民代表大会第四次会议】 4月29日,灰汤镇第十五届人民代表大会第四次会议在金太阳国际会议中心开幕。本次人民代表大会应到103人,实到102人,符合法定召开人数。大会听取灰汤镇党委副书记、镇长孙勇代表镇人民政府作《政府工作报告》,并在大会上审议通过。与会代表还审议通过《灰汤镇2014年财政预算执行情况和2015年财政预算(草案)的报告》。

【李微微到灰汤调研台资项目】 4月2日,省委常委、省委统战部部长李微微到灰汤对绿野香田温泉生态健康城这一台商项目进行现场调研,并就该项目未来建设发展情况召开座谈会。李微微在座谈会上指出,政府要继续优化投资环境,提供更多优质服务,吸引更多台资企业入驻,为灰汤经济社会发展做出贡献。

【启动区域大合作 三联三促再升温】 7月31日,芙蓉区区委书记梁仲,区委副书记、区长于新凡一行到宁乡县灰汤镇开展“三联三促建三市”(“城区联试点镇,促城乡融合发展”“部门联合作社,促现代农业建设”“企业联村社场,促全面小康建成”)帮扶活动,在宁乡县委书记谭小平的陪同下,实地调研灰汤镇芙蓉广场、温泉文化展示馆、汤泉社区、灰汤相里等项目建设情况。宁乡县委副书记、县长周辉主持召开座谈会,双方将借助“三联三促建三市”工作平台,就干部交流、项目建设、文化旅游、招商引资、市场拓展等工作进行深入交流探讨。

2014年10月,市“三联三促建三市”活动方案明确芙蓉区对口帮扶灰汤镇,当年11月区委书记梁仲,区委副书记、区长于新凡带队赴灰汤镇进行调研后制定三年联点帮扶方案,明确“带着感情、带着责任、带着资金项目和商机”,与灰汤镇“同脉而动、良性互动、联手联动”,充分履行联点单位责任,全力支持灰汤镇发展建设。2015年,芙蓉区在项目建设、社区共建、旅游推介、搭建平台等方面给予灰汤镇大力支持,每月调度援建项目进展,全力助推项目建设。

【创建省级卫生镇】 2015年,灰汤镇结合国际旅游度假区环境升级和美丽乡村和新型城镇建设的要求,以创建国家卫生乡镇为目标,以卫生创建、环境整治、食品安全、环保推进为载体,通过镇容镇貌提质、环境卫生综合整治、基础设施建设完善、社会管理综合治理提升、健康教育开展、病媒生物防制等措施,推动辖区环境卫生明显好转,并重点打造花果山黑家湾、双建金荷、杏村、新风、竹田马家塘、双盆青联等美丽乡村建设示范点(示范片),得到上级领导的高度认可与群众的一致欢迎。11月,灰汤镇成功创建省级卫生镇。

【入选首批国家级旅游度假区】 10月9日,根据国家旅游局发布的消息,首批17家国家级旅游度假区入选名单出炉,灰汤温泉成为湖南唯一一家入选首批国家旅游度假区单位。这对于推动灰汤温泉特色产业和温泉文化提质升级,加快长沙创建“两型”旅游发展示范城市,促进湖南省旅游产业发展均具有重要意义。度假区将以此次成功创建作为一个新起点,始终坚持修炼内功,提升形象,将一个旅游产品更丰富、公共配套更完善、管理服务更优良、品牌形象更靓丽的度假区展现在广大游客面前。

【召开乡镇区划调整改革工作动员大会】 12月3日上午,在华天城召开灰汤镇合乡并镇工作部署会,自此原枫木桥乡、原偕乐桥镇和原灰汤镇合并为灰汤镇,镇政府驻地设灰汤镇人民政府驻地。合并后,灰汤镇域总面积210.9平方千米,总人口约9.6万人,这更利于旅游产业的科学规划和合理布局,形成多点支撑的发展格局,使灰汤旅游发展持续保持强劲的动力。新设立的灰汤镇将从有利于组织建设、资源整合、经济发展的角度出发,全力规划大灰汤旅游度假区版图,打造灰汤发展升级版。

【偕乐桥区划调整】 2015年12月,全县部分乡镇区划调整。偕乐桥镇、枫木桥乡被灰汤镇合乡并镇。2015年11月,偕乐桥合乡并镇前,镇域面积76.5平方千米,辖10个村(居)委会,281个村民小组,总人口3.5万人。2015年,偕乐桥镇经济运行保持平稳的发展态势,全年完成生产总值10.17亿元,稻谷播种面积3790公顷,稻谷产量2.56万吨;完成农业总产值5.32亿元;完成工业总产值3.98亿元,完成固定资产投资3.57亿元,社会消费品零售总额2.52亿元,人均收入达18024元。先后荣获长沙市十快乡镇、长沙市文明村镇、长沙市环境卫生十佳乡镇。

【枫木桥区划调整】 2015年12月,全县部分乡镇区划调整。枫木桥乡、偕乐桥镇被灰汤镇合乡并镇。2015年11月,枫木桥乡合乡并镇前,辖11个行政村,100个村民小组,人口4.2万人,面积92.6平方千米。2015年,枫木桥乡按照"一镇、一路、一园、一建"的工作思路,抓经济、重突破,抓事务、重落实,抓作风、重转变,经济社会事业全面发展,全年完成乡域生产总值7.83亿元;稻谷播种面积4490公顷,稻谷产量3.04万吨;完成农业总产值7.8亿元;完成工业总产值6.76亿元,其中规模以上工业产值5.02亿元;完成固定资产投资4.2亿元,社会消费品零售总额3.15亿元;完成合同引进县域外资金2.3亿元;农民人均纯收19072元。成功化债成零负债乡镇,获评长沙市综治工作先进单位,获评长沙市残疾人工作明星乡镇,美丽乡村第一轮评选名列全县第三名,第二轮评选名列全县第二名。

(党政办)

双凫铺镇

党委书记 肖冠雄
副书记、镇长 汤照武
副书记、人大主席 戴文明
政联处主任 银宝龙
党委副书记 欧旭东
纪委书记 胡铁强(11月免)
党委委员、副镇长 奉旨亨
党委委员 张平辉(女)
副镇长 陈竞芳(女)
喻　斌
人大副主席 黄　勇
镇长助理 洪方圆(女)

【概况】 双凫铺镇辖11个行政村和1个社区,362个村民小组,镇域面积89.5平方千米,其中耕地面积2640公顷,总人口4.2万人,镇区面积6.2平方千米。2015年,全镇共实现镇域生产总值26.7亿元,完成全年任务的103%;固定资产投资12.68亿元,完成全年任务的100.65%,社会零售总额4.6亿元,完成全年任务的106.63%;完成国地两税1580万元;规模工业产值27.38亿元,完成全年任务的101.65%。

一、突出经济转型创新发展,园区产业转型升级

鞋业产业初显成效。为发展培育支柱产业,以"中部鞋都 十里鞋城"为奋斗目标,逐步壮大实力园区,努力打造"一轮明月 满天繁星"的产业格局。政府投资项目部分的6栋厂房、3栋公租房现已全部竣工,部分投入使用;长沙创逸房地产开发公司投资建设的创逸工业地产部分现已步入全面建设阶段,项目进展顺利;园区路网、绿化和消防工程等配套设施进一步完善,鞋业园建设彰显规模。为实现满园目标,组建了招商专班,分批次先后到广州、浙江等地招商10余次,接待客商来访30余次,新签约8个,合同引进资金10亿元,到位资金6亿元。其中,林珂鞋业、鑫颖鞋业、文鑫鞋业、金虹鞋业4家鞋企顺利入驻园区。双凫铺镇荣获县招商引资先进单位。洁美鞋业和睿之敏鞋业为规模企业。

农业产业蒸蒸日上。袁隆平院士的"超级杂交稻百千万高产攻关示范片工程"这一国字号招牌进一步擦亮,2015年亩平测产达866.98千克。年内落实双季稻种植面积200公顷,发展种粮大户5户。种植烟叶186.67公顷,送售5760担,秸秆禁烧、三防、冬修水利等工作平稳推进。

高能耗产业关停退出。以打非治违和环保三年行动计划为契机,顶住压力,拿实举措,共关停纸业2家、水泥厂2家,采石场5家,促使重污染高能耗企业开拓思路、谋划出路,引导资金、人员和厂房向鞋业产业集聚。

第三产业生机勃发。以天天乐商业广场、综合大市场等项目为依托,以高人气集镇为基础,商贸物流持续发展。现有个体经营户760余户,从业人员1820余人,农村合作社80余个。有智达物流、顺丰等10余个物流公司,货运快捷。有农商银行、邮政银行、农业银行和沪农商银行4个银行,交易方便。

服务支撑产业发展。对园区企业实施"一站式"手续代办和跟踪服务,高效率服务企业。通过银企对接会、人才招聘会等活动解

决融资、用工等问题,年内为项目建设多方筹资达5000余万元。持续关注扶持小微企业成长，多形式帮助企业解决运营难题。确定了党政领导联重点项目制度,落实国土、工商等责任部门职责,确保项目建设中存在的征地拆迁、资金筹措、矛盾纠纷等方面的问题得到及时有效解决。

二、突出重大项目攻坚突破,项目工程强势推进

2015年,双凫铺镇项目工程遍地开花,为确保项目有序推进,全镇上下攻坚克难，突破了建设工程中征地拆迁、融资、手续办理等困难,保持了稳步前行的态势,获得了“县项目工作建设先进单位”称号。全年共引进项目8个,启动项目28个,其中重点项目3个。一是双凫完小薄弱学校改造项目，原址新征地16亩，投资1270万元，主体已全部完工，2016年上半年建成投入使用;二是中部鞋都（创逸工业地产)项目，在镇村领导干部的通力协作下顺利推进；三是双凫综合市场二期项目,完成了征地、道路等基础施工,后续建设正火热进行。天天乐商业广场、双洲新材料、金虹鞋业、久合包装材料等12个项目竣工运行,双凫完小、文鑫鞋业、酒湖80万伏线路、湘茗茶叶基地等13个项目在建，鞋都大酒店、盛达康骨医院、兴旺箱包3个项目即将动工。

三、突出美丽乡村统筹建设,农业农村展露新颜

坚持群众参与与政府投入相结合,重点打造了“两点两线”,即双凫集镇中心片、瓦子滩集镇中心片和新老宁横线、双偕线,由此辐射周边，形成了有点有线有面的格局。通过实行干部下村劳动工分制、召开户主会、组织进行环境卫生互促大检查等方式，发动群众全员参与，共建美好家园。2015年,共启动美丽村庄建设示范点(片)12个,创建美丽屋场26个、美丽庭院582户,建成村民文化广场6个。探索“美丽乡村+”建设模式。余新村新屋组推行“苗木销售+休闲赏游”的整体开发思路,其“美丽经济”经验得到各级领导的肯定和广泛宣传推介。泉井村庙家组打造了“四古”历史文化广场，合轩村深山组挖掘原有工农业和知青下乡文化遗存，双桂村水碾子组采集民俗文化，各村各院结合自身优势，打造了一系列群众文化广场和美丽庭院。提质改造,景区换新貌。以美丽乡村建设为契机，旅游产业蓬勃发展,配套设施不断升级,景区形象日益提升,人气持续汇聚。回龙山旅游风景区年内拆除景区违章、破损建筑1200余平方米,景区售票亭、停车场、旅游厕所等基础设施得以提质改造，新建了游客综合服务中心并投入使用,游客体验感逐步增强，景区顺利通过国家AAA级景区复核。全年共接待游客30万人,实现旅游收入190万元。在县委县政府的大力支持下,摇篮坡景区依托“美丽乡村+矿区生态恢复”模式得以挖掘开发,前期规划、立面改造和道路平整等工作稳步推进,2015年上半年开门迎客。

四、突出新型城镇建设管理,城乡一体化进程加速

为提升集镇品质，打造新型城镇,坚持建管并重,破旧立新,集镇焕发新面貌。规划先行。结合双凫铺镇实际,紧紧围绕建设“中部鞋都、十里鞋城”的奋斗目标,按照“两型引领、城乡统筹、产业先行、文化支撑”的思路,进一步规范集镇发展。统筹建设,分点突破。通过规划建设鞋业园区、商贸综合服务区、文化休闲区、配套服务区等多个功能分区，打破了仅以传统商贸为主的城镇建设格局。以建立新。江河老大桥项目完成前期立项、招投标等手续,于2015年年底进场修建,“一环二桥三横四纵”路网格局即将全线贯通。镇区交通主干道增设了安全隔离带、警示标牌等,新划设停车位156个，交通秩序进一步优化。铺设污水管网9.2千米,镇区污水处理厂即将投入运营，集镇功能不断完善。投入100余万元进行美化亮化，建造和维护集镇绿化带6000余平方米,统一规划集镇门店招牌1200空,集镇面貌焕然一新。以管破旧。积极开展集镇市场秩序整治，对主要路段和街道交通秩序实行干部分片包干、责任上肩。印发《城镇管理条约》,签订“门前五包”协议,规范了门店经营。探索创新常态化保洁集镇环卫清扫模式，加强营运车辆的登记造册和监管，让集镇保持序化净化。以铁的手腕拆除违章建筑，双凫铺镇投入200余万元，先后出动人员3000余人次,各类机械300余次,拆除瓦子滩、双凫集镇、新老宁横线违章建筑107处共10800余平方米,拆除户外广告牌260余块共5600平方米，清理墙体广告100余幅共2600平方米，拆除垃圾池16个，一批影响镇容镇貌的老大难问题被成功解决。通过加大财政投入、改革管理模式、细化责任监督等一系列措施，双凫铺镇城乡环境卫生工作跻身先进乡镇行列,上半年获评长沙市优胜乡镇,余新村获评长沙市环境卫生“十佳村”。

五、突出民本民生实事工程,群众获得感稳步提升

2015年,双凫铺镇社会事业稳步推进,基础工作进一步夯实,民本民生得到有力保障。做全社

会保障。完成危房改建73户,争取资金128万元,一批困难弱势群体居住条件得到改善。殡葬改革工作稳步推行,全镇无一例瞒报漏报行为。发放城市低保资金12.2万元、农村低保资金128.4万元、大病救助资金40万元、优抚资金134.7万元。城乡居民养老保险参保率92.9%,城乡居民合作医疗参合率达97.9%。做好民生工程。精准扶贫"654321"工程稳步推进,全镇177名干部对口联系困难群众279户,帮助协调解决各类资金11.16万元,解决困难诉求36个。争取资金80余万元,新建双桂、余新、月华、麦田4处群众户外健身广场,增加运动设施50余套,升级镇文化站前坪健身设施,为农村群众休闲健身提供了多元化的选择。工会、共青团、妇联、老干、关协、计生协会等通过组织活动来服务中心工作、服务群众,工作持续有效开展。做实社会维稳。扎实开展"听民声、解民忧、促平安"大走访活动,收集各类问题401个,解决395个,6个问题持续跟进。社会管理全面加强,全年接待群众来信来访65人次,共化解信访问题59个,调处化解各类矛盾纠纷135起。落实安全生产一岗双责,实行领导干部带队检查制度,共计下村检查160余次,对重点企业下达安全生产行政执法文书160余份,发现问题隐患154条,整改148条。积极开展烟花鞭炮打非清剿行动、校车整治、校园周边环境等专项行动,并对文化、道路交通、消防、旅游、食品安全、校车安全等行业领域的薄弱环节和关键部位进行了相应的安全专项整治。积极开展打击地下"六合彩""黄赌毒"等专项行动,全镇安全指数得以提升。计生工作持续推进,全镇符合政策生育率86.2%,免费孕前优生检测完成341对,征收抚养费165万元,出生人口性别比降至110,完成或超额完成县下达的各项指标任务,社会大局和谐稳定。

六、突出干部队伍作风建设,行政效能有效提高

深入贯彻落实全面从严治党精神,严格落实领导班子成员党风廉政建设一岗双责制,组织开展"三严三实"专题教育活动,淳化党风。夯实基层党组织基础,落实"三会一课""四议两公开"、党员民主评议等党内基本生活制度,加强对基层党建的经费支持和业务指导。加大对违纪案件的查处力度,查处违纪党员7人,查处发生在群众身边的"四风"问题2起,通过朝前抓、主动抓将问题扼杀在摇篮。通过普法考试、法制宣传等提高干部法治意识,通过宣传栏、政府官网、微信等平台强化政务公开,通过制定镇村干部绩效考核制度、落实首问责任制、公开"不作为 慢作为 乱作为"群众举报电话等狠抓干部作风建设。坚持完善县长信箱、县长热线、12345热线和红网等交流平台的答复工作,确保问有所答、求有所应。全年,县长信箱回复10条,满意度90%;县长热线和12345热线回复51条,求助36条,建议5条、投诉、咨询等10条,满意率94%;红网的回复6条,满意率100%。

【中部鞋都 十里鞋城建设】 园区项目包括政府投资2亿元,用地4公顷建设的6栋厂房、3栋公租房和由长沙创逸房地产开发公司投资3亿元开发建设,用地8公顷的创逸工业地产两大部分,政府投资项目厂房和公租房全部竣工,且部分投入使用。现园区已引进睿之敏、睿帮、小斗士、足达鞋材、建豪鞋底厂、林珂鞋厂等7家鞋业企业,6家投入正常生产。同时,双凫铺镇招商专班在全县招商引资"百日竞赛"活动中获得了"最具战斗力的招商专班奖"。

【美丽乡村建设】 2015年,双凫铺镇共启动美丽村庄建设示范点(片)12个,创建美丽屋场26个、美丽庭院582户,建成村民文化广场6个。探索"美丽乡村+"建设模式,打造了余新村新屋组、泉井村庙家组、合轩村深山组和双桂村水碾子组等美丽乡村示范点。同时,对瓦子滩集镇、双凫集镇两处集镇和新宁横线、双偕线两条路线进行综合整治,致力于打造干干净净、整整齐齐、漂漂亮亮的农村环境。

【非煤矿山整治】 双凫铺镇对镇域矿业企业进行全面关停整治,致力于恢复矿区生态环境。投资2000余万元,由湖南艾布鲁环保科技有限公司中标的金河水库石煤采矿区重金属污染综合治理项目于2015年9月完工。关停5家证照到期的矿业企业,对留存的1家(南方公司)矿业企业进行整顿升级。同时,关停摇篮坡范围内的全部矿业企业,结合美丽乡村建设和矿区生态环境恢复,奋力打造摇篮坡景区。

【"百千万"超级杂交稻高产攻关示范工程】 在双凫、月华、双燕、双桂、余新、合轩6个村,建设万亩超级杂交稻万亩高产攻关示范区,属袁隆平"院士工程",粮食生产"总理工程"。2015年9月26日,袁隆平院士到双凫铺镇视察示范片水稻种植情况,对双凫铺镇水稻种植工作给予了肯定,并写了"美丽双凫""美丽乡村"的题

词。10月9日，省农委组织专家组对双凫铺镇超级杂交稻示范片进行了现场考察和测产验收，4个示范片的平均产量为866.98千克/亩，产量大幅提升，成果可喜。　　（党政办）

大成桥镇

党委书记　喻宏建
副书记、镇长　张平飞
副书记、人大主席　黄红卫
政联办主任　商利军
党委委员、副书记　文　献　邓　毅
党委委员、纪委书记　罗新华
党委委员、副镇长　莫华军
党委委员　贺达勋
副　镇　长　任　晖(11月免)　李志光
人大副主席　黄光辉

【概况】 2015年，大成桥镇以党的基层组织建设为引领，以维护社会稳定为前提，以美丽乡村和民生福祉为目标，全力推进“建好一个城镇，探索鹊山土地经营权合作与湘都现代农业两种模式，致力思想、形象、产业三个转型”的“123”工程，取得明显成效。全年共完成财政税收2003万元，完成全年任务的100.15%，其中国税完成1440万元，完成全年任务的120%；地税完成563万元，完成全年任务的70.38%。完成工业生产总值78.23亿元，超额完成目标任务。完成固定资产投入24.86亿元，完成年度任务的117%。社会消费品零售达3.20亿元，完成年度任务的100%。农商银行存款3.02亿元，比2014年同期增长5.5%，贷款发放2.14亿元，比2014年同期增长12.74%。全县年度绩效考核排名第14位，被评为“五好领导班子”。

一、发展现代农业。现代农业是乡镇发展的基础和优势，因地制宜发展特色农业是转型创新发展的必由之路，大成桥镇现代农业发展亮点纷呈，被评为长沙市现代农业发展先进单位。一是培育完善“鹊山模式”。现代农业规模化发展最大的障碍是土地经营权，为突破发展瓶颈，大成桥镇全力支持鹊山村试点全村300公顷土地一次性合作经营，从体制上破解“有田无人种，有人无田种”和农田季节性抛荒等难题，“鹊山模式”得到中央、省、市领导和《湖南日报》等主流媒体高度肯定，并由农业部呈报到中央政治局。引进山河智能集团研发、推广基地项目，有力促进现代农业科技化、现代化发展。基本完成整镇土地合作经营，全镇实施土地合作经营2000公顷，释放长年抛荒的土地80公顷。二是大力扶持“湘都模式”。湘都农业秉承园区与新村共融共建，企业与农户共享共赢的发展理念，承办“湘品进京”“大自然超市”“美丽经济，花开宁乡”等主题活动，10种果蔬获得绿色食品认证，建立起“农户+合作社+农产品深加工企业”的完整产业链，绿色生态农产品直通省城，远销京广。新增拓展娱乐、农耕休闲等项目，带动大成桥镇现代农业向旅游、休闲、观光等更高层级发展。“湘都模式”与“鹊山模式”在全省加快转变现代农业发展方式现场会上予以重点推介。三是畅通产品销售渠道。现代农业规模化发展最大的风险是销售不畅。为保障现代特色农业健康持续发展，大成桥镇积极参与推动湘品进京活动，承办“大自然超市”启动仪式，凝聚集体智慧打造农博会展馆，扩大品牌影响力。四是稳定发展烟叶产业。全年共发展烟农85户，落实烟叶种植面积226.51公顷，收购烟叶30.95万千克，收购金额8357万元，补贴金额78.4万元，镇村两级实现烟叶税收96万元。五是三年造绿效果突出。全镇上下主动出击，任务层层分解，认真落实，超额完成各项目标任务。截至2015年年底，全镇共完成宜林地造林和“三边”“四旁”植树造林20公顷；完成省道209线、宁黄路二条10千米的绿色通道；利用植树节的契机，组织全体机关干部职工义务植树8公顷；全面建成永盛、成功二个绿色村庄和100户绿色庭院，到处呈现绿树成荫、鲜花盛开的新景象。六是完善基础设施建设。争取项目资金5000万元，完成峡山支渠清淤处险、玉河渡槽、二泉万家坝、其他山塘水系扩容提质，实施新泉、深湖塘、梅塘三座小二型水库处险工程，启动涉及成功、鹊山、大成、玉河、二泉、青泉、永盛等七个村小农水建设大成桥项目区及立新坝水闸处险工程。

二、打造实力园区。城镇的发展关键靠产业支撑。煤矿关闭后，大成桥积余大量管理、销售经营和职业工人，以及雄厚的民间资本，同时在完成集镇提质改造后空置大量临街门面。充分发挥现有优势，盘活资源，撬动民间资本，是打造实力园区的关键所在。一是培育支柱产业。经过深入调研，多方论证，将目标定格在培育环保无纺布产业集群。2015年有10家企业投资，其中规模以上企业3家，斯威尼无纺布又引进2家股东，组建成投资额达8000万元的湖南金利宝无纺布有限公司，以环保无纺布为主导产业的特色园区已经起步。二是大力招商引资。大成桥镇本着“抓大不放小”的原则，引进创宇机械、台侨机械、广平电子等项目10家，年末在联在谈项目5个，年度合同

引资完成 8.6 亿元，完成全年任务的 107%，到位资金 2.75 亿元，完成全年任务的 138%。园区规模以上企业达 19 家。被评为“招商引资先进单位”。三是优化发展环境。切实提高服务效能，全面落实项目促进责任制和全程代办制，及时协调解决项目落实中存在的问题，促进签约项目早开工、早投产。全年新开工项目 8 个，续建项目 5 个，2 家新规模企业实现竣工投产，无一阻工扰工、破坏项目环境行为。协调和平息泰成钢构、涌金铝业、奔地圣鞋业等企业与当地群众的纠纷问题，为企业发展保驾护航；组织银企对接，创造条件解决企业融资困难，为园区企业奔地圣鞋业融资 500 万元，湘瑞重工融资 1000 万元提供支持；把握工业扶持政策，积极对接，争取园区企业补贴超过 100 万元；及时处置园区内群众的各种诉求，营造和谐的企业发展环境，获得全县“2015 年度实力园区建设先进乡镇”。

三、建设美丽乡村。良好的环境是最好的公共福利，美丽乡村建设是人民群众的迫切要求。大成桥镇早宣传，早起步，早行动，美丽乡村建设排名全县第 6 名，环境卫生工作由 2014 年的全市“十差乡镇”跃升为“十佳乡镇”候选。以“一路一群”(新宁横公路及沿线美丽组群)为带动，干部入组包户，全面推进美丽乡村建设，全镇 2015 年筹集民资 300 万元，义务筹工 2.7 万个，启动美丽村庄建设 9 个，创建美丽屋场 30 个、美丽庭院 500 户，建成村民文化广场 15 个，绿化 20 万平方米，移栽苗木 7 万株，植树造林 20 公顷，抛洒花种 675 千克，自绘文化墙 200 处。在宁黄公路大成桥段综合整治行动中，全体镇村干部牺牲休息周末时间，通过两天集中行动，全部完成 156 处棚架、60 处广告牌的拆除整治任务，未发生一起矛盾纠纷。永盛村花泉山组、大成村王家组先后接受全县观摩，接待市内外考察团队 40 次，上门授奖表彰捐资 2 万元以上的“美丽大成人”14 名，荣获“2015 年度宁乡县美丽乡村建设先进乡镇”，永盛村被评为县级“美丽村庄”，永盛村花泉山组、大成桥村上灌塘组被评为县级“美丽屋场”。

四、维护大局稳定。稳定是发展的重要基础，责任重于泰山，在矛盾利益错综复杂的局面下，大成桥镇连续两年实现全年无进京上访，综合民调由连续 2 年全市最后一名上升到中游水平。由于煤矿开采的经济利益纠葛，以及地质沉陷引发的民生问题，加上极少数涉利群体唆使诱导，形成越级集访、缠访的痼疾，严重影响社会稳定和地方形象。大成桥镇在纵深推进“正义、诚信、文明、知恩”的价值体系构建的同时，将淳化民风与打击开路相结合，创新实施“社会治安教育训诫机制”，重点打击造谣生事、煽动串联的幕后主谋；承办全县“面对面、互动式”普法活动，深入贯彻落实“讲道德、明是非、守纪律”集中教育活动；破获涉毒刑事案件 7 起、涉毒治安案件 36 起、捕诉 7 人、强戒 6 人、社区戒毒 7 人、治安拘留 36 人，摧毁“地下六合彩”团伙 2 个，拘留 22 人，侵财案件拘留 10 人，涉赌团伙 1 个，涉赌拘留 15 人，涉恶拘留 5 人；接待群众上访 70 次，处理上级交办信访案件 35 起，结案率 100%；提供法律服务 61 人次，涉案资金 200 万元。2015 年，获得县“社会治安综合治理红旗乡镇”“信访工作先进单位”等荣誉，全面实现大成桥“由乱到治”的历史性跨越。

五、注重民生福祉。一是扎实推进精准扶贫。全镇上下强化责任，齐抓共管，全面解决“帮扶谁”“谁来扶”“怎么扶”的问题。全面落实“654321”帮扶机制，实行帮扶全覆盖，全年实现 110 户 211 人成功脱贫。二是切实完善民生保障，大成桥敬老院被评为“全国农村五保供养先进单位”，民政工作接受省民政厅主要领导专题调研。三是改善医疗卫生条件，不断提升卫生院医疗水平和硬件设施，加强医德医风建设，卫生院和村级卫生室建设代表全县接受国家卫生和计划生育委员会崔丽副主任视察。四是稳妥推进沉陷治理，全年共完成 CD 级危房避险搬迁分散安置 527 户，集中安置 20 户，拆除危房 547 户；第一批 313 户拆危补偿资金共 939 万元拨付到位，214 户 CD 级危房年末申报验收，642 万元补偿资金计划 2016 年元月拨付到安置户；对地质沉陷班裂造成 15 处危险地段、76 户较为严重的危房进行预警巡查 90 天；临时转移安置重灾户 8 户 62 人次，确保安全度汛；完成 345 户危房鉴定。五是加大教育投入力度。支持解决教育经费 50 万元，完成教育强镇验收，创建首座农村足球特色学校，启动中心校公租房、大成桥中学校舍维修、中心幼儿园扩建等项目，完成 8 台非标校车的退出及5 台国标校车的进驻运行工作。六是强化安全监管执法。整合监管资源，狠抓教育培训，铁腕执法整治，全年共组织安全生产、环保、校车、食品各类安全生产会议36 次，组织日常安全检查 350 次，组织安全生产大检查、打非治违等联合执法和专项行动 25 次，下达文书 750 份，整改隐患 620 处，取缔违法生产经营单位 8 家，责停环保不达标企业 4 家，收缴各类违法产品120千克。各类行政立案13起,罚没金额8万元。七是提升计生服务水平。以节育措施、社会抚养费、优生检查、流动人口服务管理四项内容为重点，全员人口数据电话录入2.78万人,免费孕前优生健康检查297对,农村奖扶对象确认率51.9%，社会抚养费完成220万元，计生率达82.5%。

六、激发干部活力。干事创业关键在人。大成桥镇率先创建的干部作风建设绩效考核和“微信群”即时管理模式取得非常明显的成效，在县市多次作风建设督查中无一例违纪现象，其他乡镇争相学习取经。深入推进党的基层组织建设工作，以党的建设引导党员意识回归，引导产业转型发展,引导具体问题解决,引导党风民风淳化,先后出台《大成桥机关干部职工岗位绩效考核办法》《大成桥镇村干部管理考核办法》《大成桥镇党员积分定级管理办法》,印发《关于严肃党风党纪相关规定》,将镇村各项工作落实到人，工作绩效与经济收入和政治待遇直接挂钩,即时公示,定期通报,严格兑现奖惩,最大限度打破“吃大锅饭”现象,充分激发镇村干部的积极性和创造性。全镇党员根据参与组织生活、参与公益活动、遵纪守法等情况,纳入日常管理,进行积分定级,严肃处置不合格党员，充分发挥基层党员的先锋模范带头作用。2015年大成桥镇基层党建工作接受全县观摩并在全县农村基层党建工作座谈会上作典型发言，党建工作经验在《长沙晚报》推介。

【实行产业转型】 2015年1月11日，大成桥镇联合煤矿关闭，大成桥镇30年的煤矿产业宣告终结。大成桥从20世纪70年代就开采煤炭，在最高峰时镇内有8家煤炭企业同时开展采掘，累计采掘煤炭1800万吨,累计创造价值30亿元,为国家上缴利税6亿元。随着煤炭资源枯竭和煤炭市场疲软，大成桥党委政府积极谋划“地下向地面,黑色向绿色”的产业转型，着力培育以环保无纺布驻主导的大成工业园，是全县仅有的5个乡镇工业园区之一,跻身长沙市工业小区名录,培养创建全国闻名的“湘都模式”和“鹊山模式”,引进山河智能集团,以“国际视野,国内领先”的理念将鹊山村打造成现代农业发展示范基地。

【创建“鹊山模式”】 2015年,宁乡大成桥镇鹊山村“鹊山模式”创建成功，受到中央和部委省市县各级以及主流媒体的肯定，并由农业部上报中央政治局。大成桥镇鹊山村2014年开始探索实施整村土地合作经营，通过将全村土地经营权按统一价格流转到村级集体所有的土地合作社，再由土地合作社转包给村民集资入股的农业专业合作社，专业合作社负责完善农机、农技、农资和烘干仓储四大服务体系，将土地分包给职业农民发展适度规模经营，有效解决农村土地抛荒、田块零散化、人地不均衡等问题,2015年，全村亩平均增产粮食125千克,93.33公顷油菜亩平均产量75千克,农民每亩平均增收节支达1000元。　（胡　浩）

喻家坳乡

党委书记　张四明(女)
副书记、乡长　王　军
副书记、人大主席
　　张祖明(9月免)
　　隆友鹏(9月任)
政协联络处主任
　　隆友鹏(9月免)
　　贾命春(11月任)
副书记　谈江波
党委委员、纪委书记
　　龚文生
党委委员、副乡长
　　肖永忠
党委委员　张　燕
副乡长　戴碧锋　刘　涌
人大副主席　袁　欣
乡长助理　彭　波(女)

【概况】 喻家坳位于宁乡县中北部，全乡面积96.6平方千米,下辖8个行政村,4.1万人。围绕县委十一届六次全体(扩大)会议确定的“继续壮大烟草、油茶产业,加强集镇建设和管理，着力建设美丽乡村”这一目标,乡党委、政府坚定不移地实施“12345”发展战略。

全年全乡完成生产总值18.8亿元，规模工业产值15.2亿元,固定资产投资8.35亿元,社会消费品零售总额2.95亿元,全部超额完成任务。完成国地两税2100万元,其中国税1350万元,地税750万元，均超额完成全年财税任务。农民人均纯收21418元,比上年增长12.05%。

1.项目建设如火如荼。全年在建项目15个，新开工项目15个，完成全年目标任务的300%；1000万—5000万元规模项目12个，完成全年目标任务的300%；续建项目2个，实现建安营业税119万元，完成全年目标任务的200%。

2. 美丽乡村建设众志成城。党员干部带头,群众积极支持,其中退休干部职工在离退休总支书记银冬生同志的带领下捐资筹款40余万元,得到了《长沙晚报》的宣传报道。一是集镇建设。按照

“先拆违,后建美”工作思路,大力拆违控违,开展集镇净化、集镇规范、集镇美化三大工程,新购买大容量垃圾桶500个,规划停车位130个,投入近100万元对集镇665空门面招牌进行统一制作更换。二是公路整治。以乡村“党员干部带头搞”“党员干部协助搞”“党员干部督促搞”三阶段,投入近500万元在公路沿线拆除垃圾池、拆违控违、美化绿化,对路的两厢植入红叶石楠、小叶女贞12000株,最大力度对煤双公路进行亮化、绿化。三是示范点建设。全乡10个村共打造12个示范点,全乡组织一次观摩会,现场把脉未来蓝图,评定特色亮点。在6月27日全县美丽乡村建设观摩会上,县委谭小平书记竖起了大拇指,并作出了“喻家坳乡基础虽然薄弱,但属于进步最大、变化最大乡镇”的评价。9月22日在第二轮观摩期间,谭小平书记又对南岭村银家示范点所取得的进步表示了赞赏。

3.烟叶产业收获不断。通过“站外专业化分级”和“烟叶精准化预约”两大创新服务,整体质量有了大提升。一是烟叶产量质量双丰收。2015年,全乡共有烟田496.4公顷,位居全县第二。烘烤黄烟率历年最好,全县烟叶技能比赛中,喻家坳乡独获10个一等奖中的7个,获得团体一等奖。全乡共收购烟叶16530余担,平均收购价格再夺全县第一,荣获全县“烟叶生产质量管理先进单位”“烟叶产业稳定发展先进单位”。二是烟叶发展得到上级高度肯定。先后迎接了国家烟草总局杨培森副局长一行、省长助理袁建尧、湖南省烟草专卖局局长樊剑峰、副市长何寄华一行、原市委副书记、人大常委会主任余合泉一行到喻家坳乡进行观摩调研;9月17日,全国烟农专业合作社行业示范社评定会在喻家坳乡召开,金醇烟叶合作社评定全国排名第4,成功创建成为国家级烟草行业示范社,并被湖南省两烟协调领导小组评为“2015年湖南省烟农专业合作社优秀示范社”,被中国烟草总公司评为“烟农专业合作社行业示范社”。

4.农业农村稳步推进。一是农机安全示范创建。全年完成农机年审133台,10月份联合开展农机安全生产打非治违“霹雳”行动集中联合执法行动,并成功创建省级农机安全示范乡镇。二是农业特色产业培育发展。重点加强对鹏峰农业、沃丰牛场、腾辉中药材、唐龙山庄、九龙峰中药基地等大型企业的帮助扶持,油茶、中药材种植等特色农业产业项目引资达4.15亿元。三是粮食生产杜绝季节性抛荒。全年水稻种植面积达到4121.6公顷,油菜733.33公顷。四是农田水利成绩喜人。全乡共计完成了山塘清淤143口,新建山塘8口3.47公顷,清理河道32.5千米,疏浚渠道46.3千米,完成修复全乡所有水毁工程,取得了全县水利冬修第七名的好成绩。五是植树造绿效果显著。完成新增林166.67公顷,全民义务植树3万株,河堤造林3000多米,四旁绿化造林35千米。六是油茶造林26.67公顷,当前喻家坳乡油茶面积达1333.33公顷;七是农村土地承包经营权确权颁证试点工作顺利完成。作为全市唯一的试点乡镇,共有神武、太平、玉山、仁泉4个试点村涉及土地600多公顷,已全部完成颁证的前期工作。

5.保障体系不断完善。一是沉陷治理工作。C、D级危房户签订合同386户,到位资金1260万元。二是社会保障救助。全乡全年共有农村低保548户,城镇低保46户,集中供养五保户94户,分散供养343户,大病医疗救助共180人,完成爱尔眼科救助活动共实施免费手术35例。全乡合作医疗参保在用人数为33892人,共收缴合作医疗406万元,完成慈善助学申请补助对象35人。三是残疾人工作。全乡重度残疾人412人,持证残疾人约1300人。残联工作考核获全县第一名,获市明星乡镇称号。四是危房改造工作。2015年341户纳入全国农村住房信息系统,完成危房改造24户,修缮加固15户。五是敬老爱老工作。敬老院工作硬件建设投入80多万元,继续保持市示范敬老院和省三星示范敬老院。六是殡改工作。全年未发生一例非法土葬,殡改工作稳步顺利推进。七是宣传文化工作。召开了为期2天的喻家坳乡第三届群众文化艺术节,推动县流动图书馆到乡、村摆点,利用“广播村村响”加强了对全乡工作的宣传力度。

6.社会大局和谐稳定。一是加强基层建设。开展“政法干警直通组”活动,建立“乡政府—派出所—联村民警—176名组长—本组户主”的全乡治安信息推送平台,实施“三个一”超越行动,公众满意度评分稳步上升,平安创建知晓率跃居全县第二。二是狠抓聚赌顽症。全乡共摸底棋牌娱乐场所208处,四个主要集镇近35家麻将馆全部取缔,治安风气明显提升。三是扎实做好禁毒工作。全年共查获毒品违法犯罪案件18件,抓获涉毒人员20人,全乡毒情得到了较好控制。四是攻坚克难调处纠纷。主动作为,调处矛盾纠纷62起,调解成功率达100%,无非正常上访。五是化解信访难题。成功化解了湖溪塘村杨花秀、三民村彭利军上访事件和以杨细军为首的对越参战人员进京上访和“9.3”特护期集体上访的行为。

【喻家三宝】 喻家“三宝”：一、县级非物质文化遗产“喻家坳火龙灯”。喻家坳“火龙灯”俗名“耍庙灯”或叫“亮灯”，具有浓郁的地方俗神信仰特征，为喻家坳一带人们过年闹新春时一项不可或缺的民俗文化活动。二、“国画大师 湖湘之子”欧阳笃材（1921年—2014年）。欧阳笃材，号涌泉山人，湖南宁乡喻家坳乡涌泉山村人。师承高希舜、王遐举、陈国钊等艺术大师。绘画涉猎广泛，花鸟、山水、人物、走兽无一不善，且艺术个性鲜明，水墨淋漓中尤见富丽堂皇，生命张力契合自然，笔势墨韵意趣无穷。书法造诣亦深，直取自然万象入书，既不漏书法精神，又不显碑帖影像，大气磅礴，独树一帜。三、市级文物保护单位“大益坝宝塔桥”。宝塔桥位于喻家坳乡集镇东北方向约400米处的大益坝河。大益坝河发源于九仑峰，青山绿水间零星散落着些许现代农家小屋，完全一副江南水乡风景。宝塔桥宛如一颗明珠，恰到好处地点缀在这幅山水画中。

【煤双公路提质改造】 煤双公路是喻家坳乡唯一的主干道，也是全乡人口密度最大的群众集居点，公路两厢共有居民600余户，沿线住户不爱卫生、不讲整洁，乱搭乱建、乱摆乱放的现象极其严重。借助煤双公路体制改造工程，全线黑化14千米，投入近500万元在沿线拆除沿线垃圾池、拆违控违、美化绿化，对路的两厢植入红叶石楠、小叶女贞12000株，最大力度对煤双公路进行亮化、绿化。通过发挥党员干部主体作用，对公路沿线综合整治分乡村党员干部“带头搞”“协助搞”“督促搞”三阶段，开展环境整治专项行动10次，净化道路165千米，清除道路两厢垃圾池334个，带动整体氛围，夯实美丽基础，提升建设标准。此外，还对煤双公路沿线雨阳棚、破旧废弃房屋、不整齐建筑进行全部拆除，先后拆除藕煤厂3个，整治店外经营28次，拆除违章建筑42处，雨阳棚78处，违建房屋7空1100平方米。

【国家烟草专卖局副局长来喻家坳调研视察】 5月15日上午，国家烟草局副局长杨培森、中国烟叶总公司副总经理刘建利来到喻家坳乡现代烟草示范片区进行视察，陪同视察的领导有湖南省烟草专卖局（公司）局长、总经理樊剑峰、湖南省烟草专卖局（公司）副总经理李民灯、长沙市副市长何寄华、长沙市烟草专卖局（公司）局长、经理谢建宏、宁乡县县长周辉等，主要视察了喻家坳乡烟叶种植示范片区、“三民—玉山”综合利用工场、金醇烟叶合作社、喻家坳烟草站。

（党政办）

老粮仓镇

党委书记　蒋　宇

党委副书记、镇长

张学秋

党委副书记、人大主席

钟建军

政联处主任　黄昆明

党委副书记　熊佑武

党委委员、纪委书记

卢　敏（女）

党委委员、副镇长

罗灿军

党委委员　贺湘锋

副镇长　罗君辉　蔡友良

人大副主席　李建伟

镇长助理　周水亮

【概况】 2015年，老粮仓镇辖8个行政村，2个社区，257个村民小组，总人口6.5万。全镇总面积121.98平方千米。

一、党的建设不断加强

牢固树立“党要管党、从严治党”的理念，切实把基层党组织服务发展、保障发展、促进发展作为党建工作的根本任务。一是致力于从严治党，强化责任意识。全面推行党委书记提醒约谈制度，对问题早发现、早提醒、早纠正、早查处，强化其责任意识。2015年先后对仙洪坝村、楚江村、国土所、重点办负责人进行了约谈，严肃了工作风气。先后查处违纪案件8起，开除党籍4人、党内严重警告1人，党内警告2人，记过1人，淳化了干部队伍。二是致力于创新模式，强化服务水平。结合老粮仓镇实际，在全镇开展“夜会夜访夜校”三夜活动，发动镇村干部深入基层，加强“三大建设”和“讲道德，明是非，守纪律”集中教育活动的宣传。活动开展以来，先后举办了机关夜会、村民小组户主会、村组干部会近300次，拜访乡贤、基层骨干、后进人员100多人，举办夜校20余次，增进全镇上下齐心聚力谋发展的共识。三是致力于宣传教育，提升党员素质。举办了基层骨干培训会3次、书记上党课2次，召开了“七一”表彰大会，对全镇基层骨干进行党建、廉洁等方面的培训，大力提升党员素质。四是致力于示范引领，凝聚发展合力。在全镇机关各办开展“狮子型”干部竞选评选，每月评选两个优秀线办进行表彰奖励，极大地带动了机关干部干事创业的激情。发挥群众的主体作用，开展“美丽乡村 爱心同行”公益活动，带动群众筹资600多万元,义务投工10000多个,美丽乡村建设如火如荼。

二、“三仓共建”稳中有进

紧扣县委“加快三大建设,实现全面小康”这一主题,以“加快‘三仓’共建,打造新型城镇,力促和谐发展”为工作重点,镇域经济发展良好。完成国内生产总值14.88亿元,规模工业生产总值28亿元,财税收入650万元,超额完成考核任务。

1.珠宝产业稳步发展。一是工业经济有新进步。新引进企业4家,工业项目投资完成1.5亿元。召开珠宝商会年会,创刊《黄金珠宝世界》杂志,对宁乡珠宝企业进行全面宣传;高标准包装项目2个,捕捉信息20余条,其中招商信息9条,珠宝专班获县最具战斗力专班称号。新建工业项目4个,3个已经投产,玉石加工企业珍宝楼即将投产,将成为全省首家大型玉石加工企业;唐市“章子客”文化争创湖南省非物质文化遗产。二产业规划有新谋划。上半年刘俊武副县长带队书记镇长到郴州永兴考察金银产业生产情况,寻求新的发展方向。制定好了实力园区建设方案,对今后三年的发展进行了重点规划,决心从提升产业平台、组建产业链条、细化招商政策、引导企业从经销向产业过渡、实现传统与创新的紧密结合、多元化融资平台、营造优质高效的硬软环境、营造富有竞争力的人才环境等八个方面努力,把老粮仓镇珠宝产业做大、做强、做特、做美。

2.烟叶生产成效显著。严格按照稳规模,严管理,重示范,求效益的指导思想,千方百计抓面积落实,全镇113户烟农移栽烟叶293.2公顷。组织成立了17个专业分级队,实行专业分级。烟田备耕率先完成,实现烟叶收购9362担,烟农收入1400万元,创造了全县日收购839担最高的纪录,获得县烟叶产业稳定先进单位和烟叶收购工作先进单位。

3.农业生产提质增效。全镇推广农业全程社会化服务项目66.67公顷,大力落实水稻种植面积6080公顷,冬季农业油菜种植面积800公顷,确保了完成全年粮食生产任务。新发展家庭农场12家,农业合作社21家,种植大户79家,土地流转面积4333.33公顷。积极组织大龙畜牧、亚鹏林木等龙头企业申报了全县美丽乡品、美丽乡民、美丽乡韵的评选及参与美丽经济博览会的展览。组织全民植树,全年在公路两旁共植树30.5千米;改造荒山40公顷。申报美丽庭院130户。15天内拆除青年水库、望峰水库养猪场5100平方米,全镇9座小型水库全部退出投肥养鱼。土地确权工作顺利进行。完成扶贫建档工作,并积极开展精准扶贫。为三个贫困村筹集资金145万元硬化公路10千米;筹集40万元拓宽、亮化公路7.5千米;筹集49万元用于美丽乡村建设;筹集160万元建设星光村农村文化养老中心;筹集40万元对15户贫困户进行了危房改造。

三、新型城镇强力推进

一是加强集镇秩序整治。对集镇进行了重点整治,拆除大小型户外广告牌160块,清理、涂刷墙体广告1.2万余平方米。拆除违法建筑面积1500平方米。二是美化集镇“门面”。投入150万元对老粮集镇统一店面招牌。投入50万元建成压缩式垃圾站并投入使用;投入30万元对镇区集镇美化绿化;投入70万元对镇区进行亮化;三是集镇建设扩容提质。投入2400万元对公路、土方工程、辅道、绿化、亮化、下水道、排水沟建设,拉通唐大公路与新S209的连通线,唐市农贸市场、唐市商业街项目、唐市中心村庄、石清村村民集居点、唐大路安置区建设工作有序进行。污水处理厂主体完工,排线管网加紧铺设。在2015年长沙市小城镇建设管理考核中受到通报奖励。四是加强集镇清扫保洁工作。配齐配强管理人员和环卫工作人员,按照“分片到人、责任到位”的原则,对集镇内主要街道按路段进行划分,安排专人负责打扫。

四、美丽乡村建设全面加速。

按照“政府引导、部门支持、群众为主、社会参与”的工作模式,突出建设“五村、四线、三镇、两江、一点”,大力提倡“六讲六美”,通过示范带动,整体推进,形成“生态宜居、乡土文明、生活美好、社会和谐”的幸福老粮新格局。一是开展“美丽乡村爱心同行”公益活动。举行了“美丽乡村,爱心同行”美丽乡村建设爱心公益行活动,号召全镇干群齐心协力投身美丽乡村建设。二是开展城乡环境整治。通过政府引导,村组集资在S209、老灰公路沿线种植花草。在各村进行大扫除活动,对“四边”进行了大清扫。开展网格评比工作,对先进后进照相公示,对村干部家进行拍照公示,调动群众的积极性。积极指导农户开展垃圾分类,拆除道路沿线垃圾池。在全市上半年城乡环境卫生检查中获得全市优胜乡镇称号,楚江村获得全市优胜村称号,年底获全市环境卫生十佳乡镇称号。三是多种手段扎实推进。发放美丽乡村宣传册18000余份,使美丽乡村建设的意识深入人心。通过各村召开组级户主会、卫生评比、“村村响”等形式,发动群众,教育群众,带动群众,使他们自觉投入美丽乡村建设。利用筹备美丽经济博览会的契机，积极打造“珠宝之乡，运动天堂”，发展具有镇域特色的美丽经济新模式。采取群众为主、社会参与、农户筹工筹资、乡友援建的方式进行绿化、亮化、硬化和美化工程。全镇村、组级公路硬化、黑化达70.2千米，亮化40千米，植树植绿达13.1万平方米，完成美丽屋场建设4个，楚江、长田美丽屋场顺利通过县级检阅，老粮社区张家湾屋场、藕塘湾村的磊子头屋场和双舞村的双江湾、伍家湾屋场建设正如火如荼。完成美丽庭院创建560个，启动楚江、长田足球场建设，打造全省第一个乡镇足球俱乐部。

五、社会民生多点开花

一是民生工程建设不断加强。白益小学食堂、公租房和老粮中学新建厕所项目已完成建设并投入使用。卫生院公租房项目、老粮中学、唐市完小保障性住房及教学楼、老粮中学27套教师公租房项目均已竣工验收。村部建设顺利推进。益娄衡高速拆迁8天内签好212户拆迁协议，20天内187栋房屋全部倒地，实现全线最快、服务最优。集中安置区投资3000万，集中安置300户益娄衡高速拆迁户，新郑、星光、竹溪坝、回春堂、藕塘湾已全部安置，石清六组、九组、十组安置小区已基本完工。二是社会保障不断提高。累计发放各类社会保障资金400多万元，保证各类资金准确发放到位；搞好了170户危房改建工作，获市县好评；举行了第31个教师节庆祝表彰大会，对38名优秀教师进行了表彰，奖助资金达8万元；成立镇爱心联合会，组织开展慈善活动，引导全镇7家爱心会举办了“爱心会衣物捐赠仪式”“爱心会助残活动”“爱心会助力美丽乡村活动”等活动，募集款物79万余元，全部用于扶贫助学以及公益事业。三是社会治安综合治理卓有成效。全县“万名干部听民声，解民忧，促平安”大走访活动在老粮仓镇启动。扎实开展平安创建工作，建立“平安老粮”微信公众平台，宣传平安创建、传播法制知识；全镇村(居)委员会纠纷实行三级调解机制，政法综治工作逐步向村为主、户为主、法人为主过渡，全年调处各类民事纠纷179起，调解金额总计150万余元。积极开展积案化解，成功化解了青正坤、谭礼成信访问题。反邪教工作获评一类乡镇，禁毒工作成绩显著。四是安全生产扎实推进。推行安全生产工作“党政同责，一岗双责”制度，领导干部带队检查安全生产工作制度，建立了安全生产谈心对话制度；对全镇六家高危行业企业加大执法检查密度；扎实做好校车安全工作，全镇范围内使用标准化校车，加大考核巡查力度，确保安全。五是计生服务水平提升。老粮仓镇政策生育率创历史新高，超过县下达任务。性别比低于114。优生检测超县指导任务完成104%，社会抚养费征收320多万元，任务完成比例位列全县前四，金石、长田两村成功创建县级计生自治示范村。

【“六讲六美”初见成效】 老粮仓镇充分发挥群众主体作用，带动全镇各阶层各方面的力量积极投入美丽乡村建设，全镇环境卫生整治成效显著，“六讲六美”初见成效。

一、以爱心会为主阵地，扬正气树新风凝聚正能量

开展“美丽乡村爱心同行”公益行动，全镇珠宝商、爱心会成员富裕不忘桑梓，积极投身公益事业，投身美丽乡村建设，以各爱心会为主阵地，积极将爱心公益融入美丽乡村建设。如楚江村李跃强、杨华江村温胜良、藕塘湾村周国军等捐资捐物近百万助力家乡建设和家园美化。各成员开展志愿活动，发挥自身传导作用，引导全镇群众通过各种方式为美丽乡村建设贡献力量。

二、以村组干部、党员为先锋队，做表率当楷模引领新风尚

开展村组干部评比展示，设立曝光台与展示台，形成优差对比。发挥自身先锋模范作用，为全村环境美化义务投资投劳。星光村党员喻忠霞舍小家为大家，放弃外出务工主动留家组织捐款16.9万元，组织投劳510个。

三、以广大群众为主力军，树典型表先进打造新家园

通过夜会夜访夜校，增进干群交流、宣传文明新风尚、共同谋划新发展。通过召开户主会、“村村响”，讲道理摆事实，弘扬爱家爱村爱镇的正能量，团结群众、教育群众，使其自觉投身美丽乡村建设。通过网格管理评比，形成村、组、户互比的机制，来打造你争我赶的竞争态势。

【在建设中美丽，在美丽中建设】 6月1日，老粮仓镇举行“美丽乡村爱心同行”美丽乡村建设爱心公益行推进仪式，活动精彩纷呈，示范带动明显，教育意义重大，这既是对过去三年的一个总结：作为长沙市宁乡县的一个西部乡镇，老粮仓基础条件相对较差，从三年前的环境卫生“十差乡镇”到长沙市环境卫生“优胜乡镇”，再到长沙市环境卫生“十佳乡镇”候选单位；也是对美丽乡村建设的美好展望，老粮仓六万多干群，不讲客观条件，发挥群众主体作用，致力于群众意识的转变，实干巧干、步步为赢，把美丽乡村建设作

为一项项工程来狠抓落实，美丽正在路上。

一、把美丽乡村建设带动成示范工程,让美丽展示

在地域带动上，老粮仓镇突出建设“五村、四线、三镇、两江、一点”:做优五个村庄:楚江、金石村、双舞村、藕塘湾村、石梁村;美化四条线路:S209线、老灰线、老毛线、老麦线;做精三个集镇:老粮、唐市、毛公集镇;绿化两条河流:楚江、杨华江。通过以点带面,以面带线,以线带村的方式,示范带动,整体推进,形成老粮仓镇卫生清洁、环境优美、生态和谐的新格局；在人的带动上，全镇制定82个网格,镇村干部具体落实到每一网格,组长、党员具体落实到每一户,亲力亲为、亲身示范,同时,努力发现、培养一批美丽乡村建设的热心人、能人、达人、贤人,充分发挥他们的组织带头、先锋模范作用，调动广大群众积极参与;积极组织老年人、妇女、学生等群团体开展宣传教育活动,不断提高群众主体意识，提高文明卫生素质。

二、把美丽乡村建设整合成系统工程,让美丽铺开

美丽乡村建设是一项系统工程,需要对美进行横向、纵向的囊括、诠释。按照“六讲六美,乡村自美”的原则来创建,按照“讲生态自然,实现环境卫生清洁美;讲优美宜居,实现摆放有序整齐美;讲美丽老粮,实现庭院设计协调美;讲幸福家园，实现种树栽花绿化美;讲文明道德,实现民风淳化心灵美;讲和谐发展,实现优产提质生态美”的总要求,从禁止悬挂横幅、张贴标语,利用广播、开户主会、走访宣传,拆除广告、清除墙体广告、牛皮癣，到开展集镇交通、经营秩序整治,到采取城管日常监督、住户门前三包的责任制形式,有效治理了交通秩序、户外经营秩序；从镇财政出资对老粮集镇各经营门店的广告招牌进行了规范设计,统一制作,到引导村级或民间资金投入，实现主要公路的绿化、亮化;从开展垃圾分类减量无害处理,金石村在5月31日已实现全村65座垃圾池全部拆除到位，年内全镇垃圾池全部拆除,到农户自行处置生活垃圾,植树种花,养成爱卫、爱美意识。踏石有印,抓铁有痕。

三、把美丽乡村建设构筑成民心工程,让美丽升华

美丽乡村建设,一个人、一个单位是做不好的，需要发挥群众主体作用,强化群众主人翁意识,美丽乡村建设最终是依靠群众来建设,通过宣传发动、示范带动、倒逼推动,最终形成常规行动。镇村干部在建设中发挥了先锋模范作用，以身作则做环境卫生整治的先行者、环境保护的志愿者、高品质生活习惯的倡导者，以一言一行来影响群众、以真情实意来感染群众、以实际行动来服务群众。村组基层骨干成为了建设的主推力，做美丽乡村建设的宣传队和践行者，动员群众、依靠群众、教育群众、造福群众,使全体群众深刻认识美丽乡村建设的重要性和现实意义，使其自觉参与到美丽乡村建设中来。广大群众充分发挥了建设主体地位，从自身做起、从小事做起,以自己的实际行动,自觉建设好、维护好本户本村环境卫生，使镇村面貌焕然一新。同时,爱心会更是充分发挥“先天”优势,整合全镇各行各业有生力量,广泛宣传造势,乡友赞助，有效解决资金问题，村民筹劳,自发建设,有效解决劳动力问题,各家庭户自发进行庭院美化,广栽树木、广播花草、广筑围栏,广大群众自觉投身美丽乡村建设当中，从而形成齐心协力共建共享的浓厚氛围,让群众创造成果、最终由群众享受成果。

四、把美丽乡村建设打造成品牌工程,让美丽唱响

老粮仓镇爱心会数量多,规模大，影响广，已成县市一大特色，爱心公益活动多次得到中央到市县媒体的采访报道。老粮仓镇党委、政府因地制宜，顺势而为，努力寻求在美丽乡村建设道路上的切合点，放大爱心文化优势,以美丽乡村建设为抓手,充分把公益爱心融入到美丽乡村建设中来,6月1日“美丽乡村、爱心同行”推进会的召开,也正是基于老粮仓“章子客”文化到爱心文化，再到爱心文化与美丽乡村建设的完美融合,全镇珠宝商们、爱心协会的志愿者们，通过自身努力先富起来,富裕不忘桑梓,反过来再投身公益事业，投身到美丽乡村建设上来，如楚江村的李跃强,出资38万元援建唐公庙大桥至毛家冲地段公路硬化，捐赠大量苗木对村级公路进行绿化;刘华江村温胜良捐资20万元进行杨华江主干道路灯亮化；藕塘湾村周国军捐资20万用于该村道路硬化。他们勇于充当美丽乡村建设的先行者,凝聚正能量,帮扶弱势群体,淳化民风,彰显协会魅力,让爱心与美丽同行,用爱心和公益去助推美丽乡村建设，用美丽乡村建设去作为爱心公益的落脚点,互为促进,持续发力,创造了美丽乡村建设的老粮仓品牌。

（党政办）

流沙河镇

党委书记　成　亮
镇　　长　张红斌(8月免)
　　　　　　陈　鑫(11月任)
党委副书记、人大主席

欧保明
政协工作联络处主任
胡献堂(9月免)
喻胜祥(9月任)
党委副书记　刘伟强
党委委员、纪委书记
尹红波
党委委员、副镇长
龙凤明(11月免)
党委委员　刘爱军(女)
副镇长　张宁博　龚　峻

【概况】 2015年,流沙河镇辖18个行政村,2个居委会,349个村民小组,总面积140.57平方千米,耕地面积4988公顷,总人口7.2万人,其中城镇人口1.2万人。有县办高中1所,镇办中学3所,民办小学14所,镇办中心幼儿园1所,有中心医院一座,是标准一级甲等医院。全年流沙河镇紧扣县委、县政府"打造省会次中心,构建幸福新宁乡"的发展目标,以建设"商贸繁荣、特色鲜明、人居和谐"的江南名镇为整体目标,抢抓全市试点中心镇机遇,辐射大田方和草冲两个片区,壮大花猪养殖、烟叶生产两个产业,主攻集镇建设、产业整合、民生改善、作风转变四个重点,开启流沙河加速崛起新征程。

【加快项目产业进程】 2015年,流沙河镇一是招商引资成绩斐然。共启动招商引资项目7个,新引进项目5个,合同利用县域外资金近5.75亿元,实际到位资金3.19亿元。从类别上看,工业项目3个,农业项目2个,其他项目2个;从建设情况看,新开工的4个,续建的3个;从项目合同投资规模看,投资在5000万元以上的项目有新城商业街、宁乡花猪金玉工业集中区深加工基地、宁乡花猪原生态养殖基地等4个项目,其中新城商业街、宁乡花猪原生态养殖基地投资规模在1亿元以上。二是项目建设强势推进。2015年,全镇共新开工、续建和筹备各类项目19个(市重大项目一个),完成投资7.47亿元。全镇完成建安税入库728万多元,新开工项目10个,完成任务的200%,竣工项目7个完成任务的233%。三是工业经济活力迸发。全年生产总值要求完成10亿元,规模工业产值4.41亿元,500万元以上项目形成固定资产投资额1.18亿元,新建规模项目(含非工业)1000万元。实际完成工业总产值10.43亿元,完成任务的104%,其中规模以上工业总产值4.64亿元,完成任务的105%;完成2000万元以上项目26个,形成固定资产投资额12.61亿元,完成任务的166%。

【建设美丽乡村】 2015年,流沙河镇一是加大公路沿线环境整治力度。在楚江沿线种植桂花树4000株、红叶石兰3000棵,两厢绿化6.8千米,全镇新造林53.33公顷。对S209线、流沙巷公路、唐大公路及4个小集镇展开全面打非治违工作,成功拆除违章建筑1.76万平方米。二是加大集镇环境整治力度。组织人员对垃圾进行清运,定时不定时对街道和主要干道进行清扫。集镇摩托车、微客车、客运车辆规范停放。对集镇秩序采取巡查、规范、打击等措施,治理垃圾乱倒、污水乱排、杂物乱垛、畜禽乱放等现象,每天巡查三次,清除乱摆摊点。整治后集镇市容秩序明显改善,卫生明显改观,管理水平明显提升,群众满意度明显提高。三是加大示范片建设力度。通过党员带动、群众主动、产业推动、评比促动,老百姓房前屋后自动改造篱笆、清除杂物、鸡鸭圈养、外部乱搭乱建物全部拆除,建设美丽庭院,沿线篱笆规范统一,拆除废旧垃圾池,成功打造合兴村陈家湾、荷林社区8组至12组和瓦子坪竹山等示范片。

【加快集镇建设】 2015年,流沙河镇一是继续加大老集镇提质改造力度。在上年对老集镇主要街道沿街面进行提质改造的基础上,继续对宁涟西路、流大线、民生路、民心路沿街外立面进行提质改造,该项目总投资1500万元,共拆除沿线屋顶广告及擅自搭建的临时建筑121处,完成对流大线至铁路桥段、民生路、民心路共2.4千米路面沥青硬化及206空临街门面外立面改造,改善老集镇面貌。二是完善流沙河大道沿线基础设施。项目共计投资4000万元,提升流沙河大道两厢绿化水平,全线桂花、香樟、红花继木球、金叶女贞、冬青、杜鹃等绿化苗木分层搭配;改善大道两厢亮化工程,对大道两厢路灯进行改线,并加装中国结,丰富大道夜景;完善大道两厢雨污管道,大道两侧所有雨污管道全线铺设暗沟,对大道两厢人行道进行麻石铺装,方便居民生活。三是强力推进第六人民医院整体搬迁。计划新建二甲医院中心卫生院,项目投资1.5亿元,总占地4公顷,总建筑面积4.8万平方米。已完成土地拆迁,在办理前期手续,主体工程即将动工建设。四是大力推进益娄高速连接线项目,新规划建设长8千米,双向四车道,宽12米的改性沥青路面及配套设施建设,绿化、亮化等配套设施建设,已完成规划设计、立项等前期手续,并启动征地拆迁。

【优化农业产业结构】 2015年,

流沙河镇把农业项目作为招商引资的重点向外界企业、集团、公司推介,综合开发农业资源,增添农业新活力。一是和广东春浩集团签约成功,项目达到投入1.2亿元,带动本地劳动力6500个至8000个,为农民增收、农业增效打造一个良好的平台。二是在草冲村扩建土花猪养殖合作社并引进外资。该项目新增用地2.67公顷,投资800万元建成栏舍、饲料库,用传统饲养方法养殖土花猪2000头,带动宁乡花猪原生态养殖,又使湖南仅有的畜禽保护区得到进一步巩固。三是建设万亩油茶林基地。前期已平整土地333.33公顷,根据“逐年建设,逐年增加”的原则,力争用3年时间,抚育油茶林666.67公顷。四是注重农民自主创业。在洪塘村成立农业发展公司,推广油菜和水稻种植,已种植油菜近133.33公顷,带动农民增收,合理布局农业产业。在码联村、瓦子坪村、大田方村、高华村成立家庭农场,发展优质双季稻种植。五是烟叶生产凸显效益。烟叶生产层层落实责任,细化工作目标,狠抓生产环节,从数量向质量转型发展,完成任务400公顷。

【社会大局和谐稳定】 2015年,流沙河镇围绕民生事业,一是稳步推进民政事业。发放低保五保救助、优抚经费、社救经费、高龄补助、共计1236万元,为76名贫困大学新生申请慈善助学补助。为全镇183户贫困户申请到危房改造补助。加强对敬老院的管理,积极争创市示范性敬老院。做好就业失业证审批、医疗保险、就业服务、重点监测乡镇农村劳动力转移就业、认证等工作。二是计生国策贯彻有力。2015年期内出生869人,其中计内出生705人,计外164人,计生率81.1%;性别比1.17;完成计划生育手术261例(其中结扎上环134例、流引产127例);优生检测428例;计生各项工作稳步推进,总体发展态势良好。三是社会治安成效显著。坚持以“平安流沙河建设”为主题,把综合治理工作作为维护社会稳定,保障地方经济发展的政治任务来抓好、抓实。推进社会矛盾化解,集中力量解决影响社会和谐稳定的源头性、根本性、基础性问题。开展“平安创建”,积极组织开展“黄赌毒、盗抢骗”专项治理、校园及周边治安秩序整治,深化“平安流沙河建设”,创造良好的社会政治、治安环境。四是教育医疗保驾护航。助推六医院整体搬迁,推进村卫生室和社区卫生服务中心标准化建设,提高医护人员素质和业务水平。加大教育投入,完善教育基础设施,关爱教职员工,教师节表彰近两年来流沙河镇涌现出的一批优秀教育工作者。五是文化工作特色突出。发挥镇离退休总支和关工委的作用,以“倡孝明德”为指导,开展“孝子评选”,立“德孝门”于罘罳峰山脚,立“英烈纪念碑”于山腰,立“孝子碑墙”于山顶,成功将罘罳峰打造成德孝文化教育基地。六是武装、群团工作有声有色。坚持党管武装工作,把武装工作列入重要议事议程,严把体检关、政审关,全面完成县分配的送检任务和新兵任务。坚持“党建带团建、团建抓创新”的工作思路,组织学校团员青年开展贫困助学,为敬老院老人献爱心、各类竞赛活动。结合美丽乡村建设,开展“美家美妇”评选。完成职工医疗互助,帮扶两名企业困难职工子女。

【党建工作和作风建设】 2015年,流沙河镇围绕从严治党,夯实发展保障。坚持“两手抓、两不误、两促进”,巩固和扩大教育实践活动成果,强力整治“四风”问题,不断把作风建设引向深入,以党风带政风促社风。一是作风建设新气象。落实中央、省、市、县关于加强和转变工作作风的规定,设置机关干部考勤奖,工作日要求指纹机签到签离,并根据签到情况发放考勤奖。通过明察暗访、定期通报、约谈警示等措施,使“出工”难于管理的问题得到有效解决。倡导文明节俭,简办红白喜事,严禁与工作无关的公务宴请,持续治理“走读”,镇村干部遵规守纪、爱岗敬业、高效办事蔚然成风。二是优化经济环境新作为。实施《严肃党内组织生活“八个严禁”》的规定,明确要求各村(社区)实施轮流坐班制度,保证老百姓找得到人、办得成事,村干部作风建设初见成效,党员干部守纪意识明显提高。密切联系群众,加强对弱势群体的帮扶力度,明确每一位干部的帮扶对象,要求干部带着感情、带着责任上门帮扶,切实解决贫困户的生活困境和生活需求。三是执纪问责新常态。自觉接受社会各界监督情况,在政务大厅设立监督电话和意见箱,收集办事群众意见,杜绝门难进、脸难看、事难办和以权谋私以及执法不公、索拿卡要、刁难群众等现象。

【中国农业银行总行考察宁乡新型城镇化建设】 2015年4月2日,中国农业银行总行信用管理部副总经理张建芬,省分行副行长章跃进一行到流沙河镇考察新型城镇化建设情况。农业银行宁乡支行行长黄志光,宁乡县住房和城乡建设局党委书记、局长陈伟平,国开发展(宁乡)城镇开发投资有限公司副总经理喻亮清,流沙河镇镇长张红斌陪同考察。

考察组到现场考察流沙河商业步行街项目后，在镇政府会议室召开会议。张红斌作集镇开发建设情况汇报，陈伟平向考察组介绍宁乡县新型城镇化建设情况。本次调研将给农业银行总行为新型城镇化建设和PPP项目做顶层设计提供决策参考。

【袁观清一行调研新型城镇和美丽乡村建设】 2015年7月3日，长沙市人大常委会党组书记、主任袁观清率主任会议成员到流沙河镇调研新型城镇和美丽乡村建设，市人大常委会副主任张建国、黄佳惠、谭杭生、芮英姿，秘书长柳美景，宁乡县委书记谭小平，县人大常委会主任贺应辉，副主任周泽祥、谢文军、熊志扬、彭曦明等参加调研；流沙河镇党委书记、镇人大主席陪同调研。袁观清一行到合兴村陈家湾组考察美丽乡村建设情况，并走进村民家中，听取村民对美丽乡村建设的意见建议。随后视察楚源文化广场楚江水利建设情况，并在四楼会议室召开调研座谈会上，谭小平、贺应辉就宁乡县三大建设和县域经济社会发展基本情况及县人大常委会工作进行简要介绍。袁观清充分肯定推进新型城镇和美丽乡村建设的好做法，指出宁乡要继续保持更高的发展水准，全力推进实力园区建设、新型城镇建设和美丽乡村建设，切实抓好干部队伍精神状态和作风建设，动员干部群众积极参与三大建设，争取早日实现全面小康。

（罗 欢）

青山桥镇

党委书记 彭力强
党委副书记、镇长
童志国（11月免）
杨新貌（11月任）
党委副书记、人大主席
杨 斌
政联办主任 喻胜祥（9月免）
谢海军（11月任）
党委副书记 胡志辉
纪委书记 谢海军（11月免）
党委委员、副镇长
李 勇
党委委员 任 纯（女）
副镇长 李 伟 李干群
人大副主席 王 科

【概况】 青山桥镇位于宁乡西南边陲，地处长沙、娄底、湘潭三市交界节点，镇域面积138平方千米，下辖16个村、1个社区，总人口5.2万人。省道S311、S209在此交汇，益娄衡高速、洛湛铁路穿境而过，长娄高速出口离集镇12千米。镇为山水环绕，400公顷水面的田坪水库风景优美，省级水利风景区芙蓉山风光秀丽。境内罗家冲新石器时代文化遗址已有近五千年历史，普济寺、芙蓉山文化源远流长，唐代诗人刘长卿曾路过此地并写下《逢雪宿芙蓉山主人》的名诗，“地花鼓”“唢呐”等传统民俗艺术流传至今。青山桥是一个交通优势明显，自然资源独特，人文底蕴深厚的生态乡镇。2015年，青山桥镇党委、政府围绕“依托旅游资源和交通区位优势，以山水为媒，以田园为基，以集镇为核，壮大特色产业，着力打造文化旅游名镇”这一目标，坚持“产业强镇、城建活镇、生态立镇、文化兴镇”的发展思路，团结带领全镇干部群众，较好地完成各项目标任务，镇域经济社会发展迈上新台阶。青山桥镇2015年度绩效考核在2014年全县第13名的基础上，再前进5名，取得全县第8名的好成绩；实现年财政税收1658万元，完成目标任务的208%；成功创建国家级生态乡镇、省级文明卫生单位；荣获长沙市城乡统筹融合发展优秀单位、长沙市政法综治工作先进单位、宁乡县首届“狮子型”团队、优秀基层党组织、五好领导班子、财源建设奖、项目工程建设先进单位、党风廉政建设先进单位、信访工作先进单位、宣传思想文化工作先进单位、校车安全工作先进单位等荣誉。特别是2015年湖南省委常委、长沙市委书记易炼红，长沙市委副书记、市长胡衡华，长沙市人大常委会主任袁观清等先后到青山桥镇调研指导工作，给予高度评价。长沙市委政研室专门到该镇调研，并在市委通报上发表《一个西部边远乡镇的加快崛起之路》，推介该镇工作情况。

【集镇建管跨越升级】 2015年青山桥镇一是集镇面貌改善。全面启动青山集镇二期立面改造工程，对外墙立面统一风格、统一修缮装饰，老集镇全面实现色调一致；在楚江河集镇段全线栽种桂花树、红叶石楠、柳树，对河堤护坡撒种花种，打造10千米绿色生态走廊；在省道S209、S311集镇段两侧栽种桂花树和红叶石楠，打造省道示范性绿色走廊，以集镇为核心的绿色生活圈已具雏形，为群众提供一个舒适优质的生活环境。二是集镇秩序规范。出台严格的管理制度，设立城管中队，开展集中整治，打击集镇流动摊贩、店外经营、车辆乱停乱靠、乱搭乱建等行为。实现常态化巡查，高压式执法，有序化管理。重点整治重点部位、重点地段、重点户，从根本上扭转集镇长期存在的脏乱差局面，集镇管理工作逐步走上规范化、制度化的轨道，镇域面貌大改观。三是集镇品质提高。坚持高标准、高要求、高质量，投入100余万元对集镇文化广场周边进行修缮提质，栽种罗汉松、紫薇、苏铁、桂花树和花坛小苗，安置全民健身器材，提质篮球场、羽毛球场等体育设施，打造精品文化广场，提升群众幸福指数。集镇建管，得到长沙市委、市人大、市政府主要领导的充分肯定，得到广大群众的高度认可。

【产业发展全面提升】 2015年青山桥镇一是旅游产业强势推进。全面启动芙蓉山景区开发建设，投入2000万元推动景区公路、进出广场、芙蓉山普济寺主体工程等项目建设，旅游产业发展进入新阶段。二是中药材产业稳步发展。白洋和友园等中药材专业种植合作社进入稳步发展状态，药材品种改良，种类增多，药材产业从种植向深加工迈进。白洋中药材种植合作社成功创建成长沙市高效特色农业标准化示范性基地。三是桑蚕种养产业逐步做强。完成永锋村133.33公顷的土地整体流转和桑苗种植，建设办公用房、加工房、养蚕房和茧房，成功试养成蚕三批次，并成功实现第一批蚕丝被的加工、销售，带动周边200余户农民就业，产生良好的社会效益、经济效益和生态效益。

【美丽乡村建设深入推进】 2015年青山桥镇环境治理常态化。出台相关治理办法，落实主体责任，逐组逐户开展督促、整改、评比、公示。完善投入机制，购置垃圾桶2000余个，投入120万元新建一座日处理能力30吨的垃圾焚烧处理中心，解决农村生活垃圾难处理的问题。强化宣传意识，利用“村村响”广播平台、发放宣传资料等形式进行宣传教育。集中秩序整治，针对S311、S209沿线，开展整治行动，拆除广告牌、破旧房屋、违规搭建棚架，清除墙体广告、乱堆砂石。示范带动学赶超。挖掘各村人文资源，组织群众筹资筹劳，引导社会贤达支持美丽乡村建设，打造友园三组、罗家冲、摇篮塘等美丽屋场5处，建设友园、桥北、石桥铺、栗狮等美丽村庄4个，打造最清洁小组17个。搭建平台纯民风。深入开展“讲道德、明是非、守纪律”主题教育活动，开设“青山大讲堂”，通过公推民选，颁奖表彰34位“社会贤达”“孝悌之星”。依托传统文化节日，组织“美丽乡村·活力青山”、青山桥镇“九春桑蚕”杯首届金秋马路赛等群众文化活动，为农民群众提供丰富多彩的精神食粮，以文化人、以文育人。美丽乡村建设多点开花，步入从点到面的快车道。

【民生民本固本强基】 2015年青山桥镇着力在民生保障上织好网、兜住底，做到发展同步、服务同质，在共建共享中让群众有更多的获得感。大投入支持学校建设。把学校建设作为利在千秋的民生工程，千方百计筹集资金投入教育基础设施建设，全年投入3000余万元，高标准完成中心幼儿园配套设施建设，启动中心小学、竹峰完小教师公租房及附属工程建设，完成心田中学田径场及附属工程建设，新建田坪九年制学校，全镇学校面貌一新。多举措兴修田间水利。推进田间水利扩容提质工程建设，完成104条150千米的沟渠疏浚衬砌和山塘的清淤工作。完成小一型花园水库的幸福渠的疏浚整修，完成总投资200多万元的青山桥坝闸的建设，完成总投资200多万元的小二型水库天台水库大坝的除险加固工作。全方位探索精准扶贫。按照省、市、县相关指示精神，深入实施精准识贫、精准扶贫、精准脱贫。逐户走访调查贫困户，摸清底子，建档立卡，探明致贫原因；对症下药，为贫困户脱贫开准方子，找准路子；建立“干部联户”的扶贫结对帮扶机制。按标准推进干部对口帮扶重点贫困户，对贫困户进行资金资助、就业协助、致富援助和生产生活帮助。

【基层队伍建设强化】 2015年青山桥镇把队伍建设摆在突出位置，狠抓解放思想，提升素质，优化干部作风，规范干部行为，汇聚发展力量。自身建设不断强化，严格落实中央、省、市、县作风建设新要求，巩固党的群众路线教育实践活动成果，落实作风建设的各项规定。按照县委对基层干部不作为、乱作为专项整治的部署，建立和完善干部作风建设、党务政务公开等一批规章制度，执行日常考勤与年底考核挂钩、人员去向告知等制度，成立督查组不定期明察暗访，对违反规定的工作人员严厉问责、严肃处理，有效转变干部作风，激发队伍活力，提高行政效能。基层党建不断完善。开展党员冬春训，实行党员百分制管理，加强各村党建业务知识培训，完善各村党支部活动场地，在各党小组建设活动室，制定相关党小组制度，开展各项党员活动。以党建促进队伍建设，通过公开招考，选聘15位优秀的村主任助理，充实村干部队伍，在村级工作中发挥重要作用，提升各村的工作水平和效率。

（党政办）

横市镇

党委书记 周泽秋

副书记、镇长 刘建兵(9月免)

　　　　贺向阳（9月任）
副书记、人大主席
　　　　何盛龙（9月免）
　　　　沈迪斌（9月任）
政协联络处主任
　　　　蒋正科（9月免）
　　　　张建良（11月任）
副书记　宋国良
党委委员、纪委书记
　　　　张文兵
党委委员、副镇长
　　　　蔡志伏
党委委员　蔡运辉
副镇长　曾志超
　　　　姜　湘（女，11月免）
人大副主席　刘胜军（7月免）

【概括】 横市镇位于宁乡县中北部，由原铁冲乡、云山乡和横市乡合并，辖13个村和1个社区，2015年全年实现财政税收982万元，完成全年任务的117.42%，其中国税完成353万元，地税完成629万元；实现工业总产值23.5亿元，完成年度任务的112%，同比增长11%；金融机构存款额突破6.5亿元。

一、农商结合互融互促，经济基础更加夯实。1.农业产业新发展。抢抓现代烟草农业发展新机遇，落实烤烟496.13公顷，送售烟叶13766担，实现烟叶收入2054万元，镇村两级税收215万元。在“烟稻轮作”的基础上，采取“油稻轮作”的模式发展粮食生产，种植油菜866.67公顷；扎实推进精准补贴工作，稳定了粮食生产规模，有效杜绝了农田抛荒的现象。鼓励农户种植药材、蔬菜等经济作物，发展蔬菜种植基地66.67公顷，药材种植基地53.33公顷；鼓励农民专业合作社发展，全年新增农民专业合作社27家；农业产业走上了规模化、专业化、合作化发展道路。2.商贸物流新突破。利用日趋完善的交通区位优势，加快集镇建设，不断完善基础设施，集镇日益繁荣；横市粮食仓储扩容项目全面竣工，库容达到2.4万吨；粮食、玉米、麦麸、饲料等农副产品进出频繁，全年实现铁路运输进货量4万吨。

二、借力美丽乡村建设，镇村面貌焕然一新。重大项目稳步推进。铁冲水库扩容工程已全面竣工并安全蓄水，成为全省重大烟基项目中工程进度最快的，获得了省长助理袁建尧的充分肯定；铁冲水厂建设已竣工，管网铺设完成近40千米；投入使用后日产水量将达到1.5万吨；S209、横益、宁横、喻铁等公路改造、铁冲卫生院维修改造、敬老院配套建设、铁冲仁桥133.33公顷土地平整和60套教师公租房项目顺利竣工；益娄高速建设、向阳66.67公顷土地平整、滩山等学校建设、公租房配套设施建设、云山水闸改造、农村党建文化综合服务中心建设等项目都稳步推进。环境整治扎实推进。按照“领导联村、干部包片”的原则和“干干净净、整整齐齐、漂漂亮亮”的要求，开展乱丢乱扔、乱停乱靠、乱堆乱放、乱搭乱建、店外经营、流动摊贩等治理，引导群众主动进行垃圾分类减量，并积极参与环境综合整治，镇村面貌有效改善，全镇环境更加干净整洁、文明有序。金棋村荣获长沙市城乡环境卫生整洁行动“十佳村”。美丽乡村建设成效明显。坚持“突出重点、稳步推进”的原则，打响了拆违控违攻坚战，累计拆除垃圾池364个，拆除违章搭建335处，7800平方米，拆除广告招牌18600平方米。坚持“政府引导、群众主体”的原则推进美丽乡村建设，对集镇和主要公路沿线进行了绿化、美化，引导群众在村组公路旁和房前屋后植树栽花，美化环境，全镇共栽种花草树木20万株以上；统一制作集镇门店招牌1500多空；安装太阳能路灯200盏，亮化集镇道路10千米；黑化集镇道路近500米；集镇新增停车位50个。全镇共打造美丽公路2条、美丽村庄4个、美丽屋场35个、美丽庭院405户。金棋村获评宁乡县“美丽村庄”，向阳五果园、泉柳羊咀获评宁乡县“美丽屋场”，横市被誉为“鸡冠花之乡”。

三、坚持统筹兼顾，各项事业均衡发展。社会保障公开透明。深入开展精准扶贫工作，逐户调查，精准识贫，建立贫困人口档册1126户、2864人，按照“654321”的标准制定了干部对口扶贫表，干部与贫困户进行“一对一”的扶贫帮困，坚持“输血”与“造血”相结合，因户施策，助推635名贫困人口脱贫；望北峰村危房改造集居点建设、逐户核实贫困人口信息等做法获得陈中副市长点赞。扎实开展危房改建工作，71户危房户住进新房，61户困难户的房屋进行修缮加固，改善了困难群众的居住条件；全面落实城乡低保核查工作，实行动态管理，全年共发放低保、五保资金453万元；开展“助残日募捐”活动，为残疾人募得善款2.7万元；积极开展春节、建党节、建军节、重阳节等重要节日慰问活动，发放慰问金73万元。平安创建深入推进。进一步完善社会治安综合治理体系，8月份正式成立矛盾纠纷调处中心，聘请人民调解员参与矛盾纠纷调解，有效释放公安、综治力量，去年共成功调处矛盾纠纷42起，调解金额达38万余元，得到了人民群众的肯定；严格落实网格化管理，开展隐患大排查和矛盾纠纷大调解，及时处置信访事件，对群众诉求及时答复，全年未出现进京非访现象；广泛宣传平安创建，严厉打击黄赌毒和“六合彩”等违法行为，全年共破获侵财案件16起，刑拘11人，查处吸毒人员33人，强制戒毒10人，收缴枪支7支，涉恶刑拘3人，保证了群众的生命财产安全，维护了一方稳定。严格落实“党政同责、一岗双责、齐抓共管”的安全生产责任体系，全面贯彻新《中华人民共和国安全生产法》，完善了安全生产黑名单制度、一岗双责制度、领导干部带队检查制度和包干责任制等各项制度，经常性深入企业开展明察暗访，联合相关部门加大打非治违力度，严查重处违法违规行为，全年未发生安全生产责任事故，获评“宁乡县安全生产工作突出贡献单位”。自身建设不断增强。深入推行阳光政务，定期实行财政预决算、“三公”经费及政务、村务公开，及时更新政府网站政务信息动态，主动接受社会舆论监督。配齐政务服务中心工作人员，打造高效便民的政务环境。强化行政监察和效能监察，严肃查处不作为、慢作为、乱作为等行为。自觉接受人大、政协监督，认真听取社会团体、社会各界的意见和建议，加强队伍建设，切实提高依法行政水平和履职能力。社会事业协同发展。举办“5·29”协会活动，大力宣传计生政策，浓厚计生工作氛围，全镇计生工作迈上了新的台阶。进一步加强村级活动场所建设，完善村级远教站点、农家书屋、会议室、活动室等设施，并对镇文化站和文化广场进行了提质改造，不断丰富群众的文化生活。加强学校建设，扎实推进中小学素质教育，教学质量不断提升。逐步优化医疗卫生条件，完善医疗卫生服务体系，医疗水平不断提升。国防教育、应急、武装、老干、关协、工青妇等工作进一步加强，林业、水管、畜牧、农技、农机、供电、国土、金融等事业也取得了新业绩。

【铁冲水库扩容工程全面竣工并安全蓄水】 横市铁冲水库2013年12月正式启动，施工期间严格质量管理，对各施工环节及大坝质量进行严管监管，强化严格追责，严格控制成本，确保现场施工的安全。于2015年10月铁冲水库扩容工程全面竣工并安全蓄水，正常库容452.4万立方米，坝高20.7米，灌溉和改善面积833.33公顷，每年可向下游乡镇供水275万立方米，有效解决了宁乡县中西部百姓的饮水安全，促进了横市镇现代农业发展，改善了城乡生态环境，成为全省重大烟基项目中工程进度最快的，获得了省长助理袁建尧的高度肯定。

【获誉“鸡冠花之乡”】 2015年横市镇充分发挥群众主体作用，形成“全村人民齐动手”的美丽乡村建设局面，按照点、面、带相结合的原则，在S209、宁沩线沿线打造10余千米鸡冠花带和33.33公顷鸡冠花海，在各村组主干道、示范片全部种植鸡冠花，群众自发与村级千米顺接，在房前屋后围建花围，种植鸡冠花，在美丽乡村建设观摩中横市被誉为“鸡冠花之乡”。

【市标准化财政所创建】 2015年横市镇为全面推进基层财政所规范化建设(科学化、精细化、信息化管理)，该镇根据财政所标准化建设标要求，结合实际，制定了财政所标准化建设的方案。坚持超前谋划，高标准建设，努力打造一流乡镇财政所目标，围绕“节俭实用、方便群众、因地制宜、统筹兼顾”的原则，从硬件上进行了打造，从软件上进行规范，职能定位全面准确、内部管理全面规范、队伍素质全面提升、办公设施全面改善、整体形象全面改观，被评为“宁乡县优秀财政所”、“市标准化财政所”。 (党政办)

黄材镇

党委书记 黄岳君(9月免)
叶　辉(9月任)
副书记、镇长 朱文祥
党委副书记 张子亿
副书记、人大主席
隆赛辉(9月免)
蒋正科(9月任)
党委委员、政联处主任
黄　剑(9月免)
刘　飞(11月任)
党委委员、纪委书记
卢果丰
党委委员、副镇长
贺军辉
党委委员 卢利平
副镇长 姚正端
夏晓虹(女，11月免)
人大副主席
唐业华

【概况】 2015年，黄材镇辖24个行政村，1个社区居委会，276个村民小组，1.99万户，6.76万人，总面积229平方千米，其中水田面积2713.33公顷。

2015年，在县委、县政府和镇党委正确带领下，镇人民政府紧紧依靠全镇广大干部群众，科学统筹，团结拼搏、开拓进取、真抓实干，较好地完成全年各项目标任务。

1.经济实力跃上新台阶。全年实现生产总值16亿元，增长13.3%；完成固定资产投入13亿元，增长16.5%；完成工业总产值

7.1 亿元，增长 10%；完成国地两税 1130 万元，为全年任务的 134.84%，增速位于全县前列。

2.产业发展形成新优势。旅游产业重点发力。全力推进炭河古城建设，半个月征地 100 公顷，一天签订拆迁协议 100 户，一个星期实现 80 栋房屋倒地，100 万土方风雨中搬家，1000 株大树 30 天内栽种，3000 年古城阙 60 天内复原，炭河古城强势推进，千手大屋、西周王宫、西周作坊、西周渔猎、西周博览等项目呼之欲出，成为西部经济发展新引擎。烟叶生产重点巩固。巩固从烟村 13 个，烟农 79 户，落实种植面积 233.33 公顷，烟农经济效益明显。特色农业重点扶持。猕猴桃、油桃等特色小水果产销两旺；新建 200 公顷的姜果生姜产业基地；黄材干鱼、辣酱、香干等特色食品备受青睐。粮食生产重点保障。全镇落实双季稻种植面积 1000 公顷，一季稻 1200 公顷。引进湘穗水稻专业合作社，种植 266.67 公顷优质稻试验基地，胜溪国家农调点顺利迎检。

3.项目建设注入新活力。全年启动项目 32 个，其中新开工项目 29 个，竣工 3 个，完成入库建安税 420 万元，实现项目工程总投入 7.52 亿元。全年组织重要外出招商活动 4 次，完成合同引资 3.9 亿元；新引进产业项目 7 个，其中金玉乡镇工业集中区飞地项目 1 个，实现到位资金 2.2 亿元。深入开展“两帮两促”和“双百”服务活动，落实项目代理、代办制度，为项目提供全程咨询、代办等优质高效的审批服务，一批重大项目得以顺利推进。

4.城乡面貌展示新气象。集镇建设稳步推进。集镇总体规划编制工作全面完成。在完成黄材大道三期建设的基础上，做好绿化亮化工作，展现新集镇的靓丽身姿。生态水景步行街做好道路、广场、标志塔等基础设施建设，完成商铺建设 50 多空，商业步行街初具雏形。完成黄材综合大市场提质改造，集镇及教卫公租房项目全面竣工，集镇污水处理厂完成建设，启动集镇下水管网规划编制。始终坚持建管并重，将集镇保洁工作整体外包；落实与各商业门店的“门前三包”责任，规范临街门面广告设置；常态化整治集镇秩序，强力纠正乱停乱靠、店外经营等行为，集镇管理水平得到提升。美丽乡村成效显著。横雷线、灰黄线等 5 条主要公路进行了连续综合整治，共拆除违章建筑和危旧房屋 112 处，遮阳棚 35 处，共 1.8 万平方米；拆除广告招牌 200 多块，清除墙体广告 5000 多平方米；拆除路边非法沙场两个，报废汽车回收站 1 个，清除报废汽车 30 多台。完成黄沩公路“白改黑”提质改造工作，沿线 522 户立面改造全面完成，沿线拆除危旧房 150 多栋。镇村主要公路全面落实安全防护措施。井冲、黄绢学校建设顺利推进。完成田间水利扩容提质扫尾工程，做好 6 座小型水库除险加固和 45 口骨干山塘扩容提质。建设苗圃场 26 个共 10 公顷；部分村已完成对村组主干道除杂清表，栽种红叶石栏、茶花、樟树、桂花等苗木 2 万多株。重点打造示范点。松华村金马组做活“石头”文章，在 9 月份全县美丽乡村观摩活动中受到好评；胜溪村朱家冲示范点结合炭河里文化，主打商周古部落文化；石龙洞村塔子示范点结合旅游经济发展，做好“乡村慢生活”文化。崔坪村建立生态保护长效机制，环境水平全面提升，顺利通过“省卫生村”验收；松华村进入全省农村人居环境整治试点村。以展示炭河古城为重点，结合项目招商、美丽乡村内容精心组织美丽经济博览会，全面展现黄材厚重历史人文和独特的生态资源，黄材吸引力更加增强。

5.民生事业实现新发展。保障政策全面落实。农村“两保”参保筹资工作顺利完成。全年发放慰问金 85500 元；完成低保年审、五保户走访调查工作。完成大病医疗救助 101 人，发放救助资金 103629 元；落实精神病药物救助 165 人次，争取重度精神病人住院救助 35 人次；完成 90% 社会保障卡“一卡通”发放工作。完成 99 户危改及 288 户修缮加固，发放危改款项共计 538 万元。殡改工作顺利推进。精准扶贫快速推进。制定精准扶贫三年行动方案，建立一户一档，摸清基本情况和脱贫需求，开展党员干部结对帮扶和扶贫培训“雨露计划”，完成 1200 人脱贫任务；积极申报推动异地扶贫安置项目千手大屋建设。推进文化强镇创建。完成农家书屋的全覆盖，完善农民文体广场建设，新建蓝球、羽毛球、健身路径等场所，山歌、广场舞等文化活动开展经常，黄材山歌申报省级非物质文化遗产，成功举办“美丽黄材我的家”大型群众文化汇演。发挥利用好“村村响”广播平台，构建了良好的宣传文化氛围。

6.社会管理实行新统筹。社会管理不断创新。建立群众工作网格化管理模式。将全镇 287 个村民小组共划分为 126 个网格，明确镇、部门和村干部负责，将日常工作全部纳入网格工作考核，有力密切了干群关系，真正促使干部深入群众，服务群众。社会大局平安稳定。深入开展“平安黄材”创建，进一步完善矛盾纠纷一月一排查调处机制，全年共受理矛盾纠纷 178 件，其中涉及死亡赔偿等重大矛盾纠纷20余起,矛盾纠纷调处率100%。调整和充实了240人的“红袖章”巡防和36人的应急处突大队,开展定期巡防工作,强化社会治安面上防控。强力打击违法犯罪行为。共破获各类刑事案件49起,移送起诉犯罪嫌疑人42人,行政处罚78人,打击手段强劲有力,有效震慑了各类犯罪行为,群众安全感上升。安全生产紧抓不懈。切实履行安全生产责任,全年立案6起,处罚3.2万元,取缔15家烟花鞭炮零售店,从源头上控制安全事故的发生。加强校车安全监管,新添置13台制式校车。开展“打非治违”行动,组织联合执法20多次,出动执法人员200余人次,拆除非法违法采砂洗沙场5处,取缔非法储存、运输液化气5起,行政拘留1人,处罚5万元。计生工作推动有力。共落实长效节育措施238例,免费优生检查436对,组织六次集中执法行动,司法拘留2人,征收社会抚养费257万元,全镇符合政策生育率为80.5%。“三防”工作措施到位。认真组织实施了春季动物防疫工作,动物四项免疫均达100%;组建了34人的护林员队伍,建设防火隔离带15.2千米,杜绝了大面积森林火灾的发生。完善了防汛抗旱预案,落实24小时值班制度,重大汛期内全镇未垮一堤一坝,未死伤一人。

【市发改委考察调研黄材镇工作】 4月17日下午,市发改委主任、党委书记张智勇一行到黄材镇调研“一推行四公开”工作情况。张智勇高度赞扬了黄材的青山绿水和勤劳的黄材人民,肯定了黄材镇当前的工作成绩和工作规划,并指出黄材镇今后的发展要朝“农业要强、农村要美、农民要富”的方向努力。同时,张智勇表示将大力支持黄材基础设施和其他项目的建设,要求市发改委驻村领导和队员对松华村承诺的“十件实事”办好、办实。

【县委书记谭小平到黄材镇调研工作】 4月22日,宁乡经开区党工委书记、县委书记谭小平一行到黄材镇调研指导工作。谭小平对黄材镇工作给予了充分肯定,他对黄材镇的整体印象是:幅员辽阔、人文鼎盛、特色明显、区位优越、理念对路、思路清晰、班子年轻、前景可及。谭小平尤其对黄材镇退出工业,以旅游立镇,并以此定位大力推进旅游经济、新型城镇化和特色农业的发展思想表示高度肯定和赞同。

【黄材镇组织开展义务献血活动】 5月28至29日,黄材镇组织开展了“奉献爱心,无偿献血”的义务献血活动,镇政府机关干部职工、各村干部及广大群众踊跃参加了这次活动。

【胡衡华市长调研黄材镇工作】 6月28日,长沙市人民政府市长胡衡华一行莅临黄材镇调研北横线(宁乡段)规划建设和沿线乡镇工作,在炭河里国家考古遗址公园,胡衡华听取了县炭办负责人关于公园规划及建设情况的汇报;镇党委书记黄岳君向市长介绍了黄材镇基本情况并就北横线规划的相关建议向市长作了汇报。

【民进长沙市委调研组来黄材镇调研工作】 7月30日上午,民进长沙市委“精心建设青羊古城文化带,打造精美长沙新名片”课题组赴黄材镇炭河里遗址进行考察和调研。“精心建设青羊古城文化带,打造精美长沙新名片”是2015年中共长沙市委办公厅邀请民进长沙市委调研的重要课题,旨在聚焦古城文化带建设的现状及矛盾,探索文化遗产保护传承与利用,为炭河里古城建设与发展提供对策建议。

【炭河古城项目建设集中开工】 10月28日,位于宁乡县黄材镇的炭河古城项目建设集中开工,全面拉开了炭河古城建设序幕。炭河里遗址位于宁乡县黄材镇,是已知南方地区最早的西周城址。共出土了包括“全国十大国宝”之一的“四羊方尊”在内的2000余件文物,是全国重点文物保护单位。 (韩付丽)

沩山乡

第一书记	蒋改平(11月任)
党委书记	蒋改平(11月免)
	黎国君(11月任)
乡　长	曾含玲(女)
副书记、人大主席	
	杨望伟(9月免)
	贺俊军(9月任)
政联处主任	姜仕强(9月免)
	陈天亮(9月任)
党委副书记	肖立云(9月免)
	周宏斌(11月任)
党委委员、纪委书记	
	刘为良
党委委员、副乡长	
	周宏斌(11月免)
副乡长	张湘华　胡　鹏
人大副主席	刘　军

【概况】 沩山乡下辖8个行政村、1个社区,总人口1.8万人,总面积75.2平方千米,其中耕地面积533公顷。2015年,沩山乡以“打造知名养心地、建设特色小城

镇、构建幸福新沩山”为奋斗目标，着眼“禅都小镇，生态沩山”的发展定位，顺应新常态，践行新举措，致力新作为，经济社会呈现良好态势。获得了湖南省卫生乡镇、长沙市两型示范乡镇、长沙市计生协会模范单位等多项荣誉，成功举办“千手千眼观音圣像开光法会”，开创了科学发展、奋勇向前的良好局面。

一、经济运行态势良好。全年乡域生产总值6亿元，规模工业总产值3.44亿元；完成社会固定资产投资5.3亿元；社会消费品零售总额1.35亿元；实现国地税财政收入1055万元；人均纯收入达15456元，比上年增长12%，人民生活水平进一步提高。

二、产业发展稳步向前。1.旅游产业。全年游客人数达35万人，旅游总收入超1.1亿元，景区知名度不断提升。组织策划“骑行上沩山，万人品黄茶”“湘茗茶业”百千米毅行、“千年古叶，寻源沩山”黄茶文化节、密印禅茶开光及湘茶商城上线等主题活动；持续对接中央统战部、省民宗局等，在实现大佛手续合法化后，成功举办沩山千手千眼观音圣像开光法会、千手爱心基金启动仪式、沩山文化论坛等大型活动，省市领导和世界各地高僧大德、禅宗文化专家莅临指导；开展避暑协会活动，完善214家避暑协会农户并登记成册，来沩山避暑人群2500人次，直接收入达420万元；景区交通不断改善，开通了长沙高铁站至沩山旅游巴士专线。2.茶叶品牌打造。新建牛形山茶叶园基地53.33公顷，全乡茶园面积达1066.67公顷，其中生态茶园面积533.33公顷，茶叶产量达25万千克，比2014年同期增长20%；成功研制沩山黄茶4000千克，生产“密印禅茶”1000千克，规划建设沩山茶文化博物馆、茶艺馆、茶文化长廊等设施，探索恢复“农禅道场”；组织召开专题茶叶产业发展会议，积极帮助茶叶企业缓解资金压力；沩山毛尖申报国家地理标志。

三、项目建设扎实推进。1.招商项目持续发展。外出广州、深圳、天津招商4次，积极捕捉招商信息26条，重点在联招商项目4个，在谈项目6个；引进招商项目7个，其中飞地招商项目2个，合同资金6.6亿元，实际到位资金1.3亿元；制作了沩山招商手册，策划包装芦花湖禅修别院、禅茶文化博物馆、葛坪里休闲农业开发、天茂生态农庄等项目4个。2.建设项目持续推进。全年动工项目17个，其中基础设施项目11个，农业项目1个，旅游产业项目3个，民生工程2个；新建项目8个，续建项目9个；2015年有10个项目在建，2个已经完工，5个待建。开福路延伸线完成3.8千米全改性沥青路面建设；政务中心建成投入使用，集镇公租房已经投入使用，学校公租房已完成主体建设；沩水村活动场所已经完成主体建设，正在进行内部装修；太阳庙安置区基础设施项目全部完工；肖家安置区完成雨污管网铺设、给水和消防栓建设；黄沩公路沿线可视范围内529户房屋全部完成立面改造。

四、生态环境持续优化。1.环境卫生整治。以乡内五条主干道为轴线，以治脏、治乱、治差、治违、统一风格为重点，全面开展环境综合治理，强力清整乱源现象。清理乡村干道沿线1384户房前屋后卫生死角，垃圾收费近3700户；整治道路秩序，拆除主公路沿线垃圾池，新增垃圾桶1200只；处理无主狗434只，疫苗注射率达100%；退出20户养殖大户。以“整理、整顿、清洁、清扫、节约、安全”为内容的环境卫生“6S”管理模式深入推进；免费发放环保袋和环保竹篮，“拒塑行动”深入推广。2.美丽乡村建设。在“五不三要”转变思想观念的基础上，持续推进“五年绿色家园行动”，全乡投入1257.6万元，植树33912棵，栽植小苗55万株，撒播花种子395千克，裸露地块绿化4566平方米。开展植树造景、庭院美化，打造沩水河绿色生态走廊，完成黄祖沩公路和沩水河沿线617户庭院绿化建设。结合旅游开发打造多出美丽乡村示范点。加大沩水源头生态保护力度，推进沩水河流域治理和生态修复。

五、民生民本有力改善。1.社会保障。致力保障百姓安居，成功化解了征拆遗留问题，实现拆迁安置基本清零目标，三年累计支付各类民生债务7000余万元；15年完成67户危房改建；“千手爱心基金”现场募捐近100万元；干群结对帮扶，定期上门慰问，实实在在解决困难群众的问题；扶贫工作精准发力，完成全乡260户贫困户860名贫困人口的建档立卡工作；产业富民、扶贫帮困等措施正在加紧制定。2.社会管理。强化治安管理，推行了网络化全天候巡查式管理，关停不达标校园商店1家，整改不合格餐饮门店6家，收缴过期在售不合格食品70余件，捣毁黑月饼加工厂一家，监督农村集体用餐安全工作63起，安全生产实现零事故；调处各类矛盾纠纷53件、信访稳控9件，比去年同期减少4件，同比下降9%，化解率达100%，全乡实现“零上访”；查处案件10余起，开展打击地下六合彩、地下禁毒禁赌专项行动，无重大刑事案件。

六、政府建设正本清源。结合

“三严三实”教育实践活动，每周组织学习，通过干部职工讲课、专题影片、实地考察等形式开展学习活动20余次，打造学习型政府。完善政府信息公开制度，梳理办事流程，依法依规办理事项，打造法治政府。实行干部竞聘上岗和双向选择制；年初在全县率先成立乡绩效考核办，制定干部职工考核方案，对干部职工绩效进行综合性考核；严格执行考勤制度，强化日常出勤督查；规范干部用餐行为，公务接待一律定点机关食堂，打造廉洁政府。2015年沩山乡获全县“狮子型”团队提名奖，队伍作风建设得到了进一步肯定。

【政务中心及机关建设】 2015年新建项目，机关大楼附属景观工程包括沥青混凝土道路、广场铺装、景观雨水，污水管网、景观照明、挡土墙四段、绿化工程、景观小品、环卫设施等；机关装修包括线路改造、卫生间防水、门更换、护窗更换、外墙瓷砖修复、室内粉饰等，并新建一栋机关食堂。通过以上基础设施的完善，打造更为便利、美观的工作环境，建筑风格与沩山乡立面改造风格相一致，以灰白色调为主，重点突出沩山厚重的历史文化。项目总投资1000万元。在政府机关后侧，新建一栋公租房，规划总用地面积3614.95平方米，总建筑占地面积为1681.28平方米，计容建筑面积5185.63平方米，机动车停车位8个(地上8个)，建设公租房101套，同时建设给排水、通信、电气、消防、道路及绿地系统、设备安装等基础配套设施，项目投资1000万元。

【黄祖沩公路立面改造】 2015年续建项目，对黄沩公路沿线可视范围内526户房屋进行立面改造。以灰白色调的砖瓦为底色，凸显出沩山的古色古香韵味，保证沿线的整齐划一，精致美观。着力于现状建筑基础通过增绿、融入田园风格元素，增设石头围墙，栽植花草树木，打造沿线高山茶园风光带，打造连片的美丽乡村建设示范点。项目总投资约5500万元。

【举办首届宁乡沩山黄茶文化节】 6月13日，首届沩山茶业黄茶文化节在长沙宁乡县沩山密印寺精彩开幕。四方宾客云集沩山，湖南省政协副主席武吉海领衔的省市领导，以及以湖南省茶业协会会长曹文成为首的茶叶专家和学者出席文化节开幕式，一同为文化节拉开盛大序幕，并共同见证“沩山黄茶号”热气球的升空。从海选中脱颖而出的20位黄茶女神选手惊艳亮相，于活动期间进行最后角逐。此外，全国各大主要黄茶生产企业，均携带2015年新产黄茶参加黄茶展销会。

【湖南沩山茶业股份有限公司获湖南旅游休闲博览会大赛铜奖】 10月16日，中部地区最具规模和影响力的旅游产业盛会2015中国湖南(第六届)旅游休闲博览会(简称“湖南旅博会”)在长沙拉开帷幕。湖南沩山茶业股份有限公司送选的“沩山茶”系列产品因其色美味浓、品质独特荣获（大赛）铜奖。

【举办千手千眼圣像开光法会】 12月19日，农历十月初九，在沩山乡密印寺隆重举行千手千眼观音圣像开光盛典。中国佛教协会副会长、湖南省佛教协会会长、闽南佛学院院长圣辉大和尚应邀出席并主法。湖南省市区各级领导及来自海峡两岸及香港、澳门地区的诸山长老、大德法师、护法善信、社会各界人士数千人参加本次盛典。现场和谐喜悦，殊胜庄严，海众云集，盛况空前。

（罗思斯）

巷子口镇

党委书记 邹志平
党委副书记、镇长
张建元(9月免)
唐　正(9月任)
党委副书记、人大主席
刘坚生(9月免)
余树强(9月任)
政协工作联络处主任
余树强(9月免)
杨述红(9月任)
党委副书记 杨述红(9月免)
纪委书记 陈　勇
党委委员、副镇长
唐　鹏
党委委员 郑海军
副镇长 肖　滨(11月免)
戴凯军
人大副主席 黄勇华

【概况】 2015年，在县委、县政府的正确领导下，巷子口镇坚持“农商一起抓，办好建设扶贫点，美化环境树新风，带好队伍创一流”的工作思路，全镇上下紧密团结、奋力拼搏，确保了社会大局和谐稳定，社会经济各项事业蒸蒸日上。先后荣获湖南省生态示范乡镇、长沙市城管示范乡镇、长沙市小城镇建设示范乡镇、长沙市残疾人工作明星乡镇、宁乡县小康建设快进乡镇等集体荣誉。

（一）经济发展平稳向好。2015年完成招商合同引资2.5亿元，完成财政税收667.5万元，完成任务的177%。沩源里商业步行街建成开街、金湾商贸新城启动建设,“红太阳”“月亮湾”等大型商场先后建成运营,进一步巩固了巷子口镇在宁乡西部的商贸物流中心地位。九折仑户外运动中心成功举办首飞仪式,即将成为巷子口镇经济增长的新引擎。着力打造“水果之乡”,稳固发展86.67公顷黄桃示范基地,新增2个猕猴桃示范基地,种植面积达33.33公顷。对原有33.33公顷黄鹤蔬菜基地进行扩面提质,新发展20公顷官步桥蔬菜基地,高山生态蔬菜品牌效应日益显著。新培育26.67公顷以上种粮大户3户,流转土地200公顷。稳固发展晒黄烟66.67公顷,烟叶生产提质增效,农民增收致富。

(二)精准扶贫深入推进。黄鹤村扶贫工作开展以来,紧紧围绕长沙市委书记易炼红提出的“充分发挥建设扶贫作用,建设秀美、富裕、和谐、幸福之村”的总要求,紧紧抓住“发展经济、改善民生、强化保障”三个重点,大力发展特色种植业,建成了黄桃、脆枣、高山生态蔬菜三大种植基地共计106.67公顷,带动村民人均增收4518元。完善公共配套,实施了“一带一区”美丽乡村建设,新建黄鹤现代化学校、村公共服务中心,疏浚河道,平整农田,新修和硬化村级公路,极大地改善了民生基础设施。通过近三年的艰苦奋斗探索出了“黄鹤扶贫经验”,“黄鹤模式”在全市进行推广。10月20日省委常委、长沙市委易炼红书记亲临黄鹤村调研指导精准扶贫工作时用“惊喜”来肯定扶贫工作成果。扶峰、官山、双河三个村的扶贫工作迅速启动,完成了1231户贫困户建档立卡,并因户施策制定了脱贫方案。突出产业扶贫,发动贫困户种植水果、晒黄烟、高山生态蔬菜共计53.33公顷;积极争取后盾单位支持,完善了公路、水利、学校等民生建设。9月28日、29日和11月28日,市人大芮英姿副主任、黄佳惠副主任和李蔚副市长先后亲临巷子口镇调研指导,为全镇精准扶贫工作提振了信心,指明了方向。

(三)美丽乡村建设成效初显。大力整治城乡环境卫生,利用“村村响”等宣传方式,提高了群众的环保意识。健全评比考核机制,加强对河流、集镇、主干道等重点区域的整治,实现村容镇貌大为改观。加大植树造绿的力度,完成了横雷公路沿线近20千米的绿化和美化建设,利用荒山、裸露坡地和火烧林地植树20公顷。有序退出畜禽规模养殖,持续推进农村改水改厕和污水处理,综合整治非法采砂、滥采滥挖等违法行为,加强了黄材水库水源保护。全面推进美丽乡村示范点建设,坚持发动群众,依靠群众,示范引领,分级推进。黄鹤村被评为宁乡县美丽村庄,官山村李家台上屋场被评为宁乡县美丽屋场。

(四)民生事业持续发力。惠民政策落到实处,全镇共保障农村低保户675户1285人,发放农村低保金245万元,共保障“三无人员”418户436人,发放保障金190万元,保障城镇低保户47户73人,发放城镇低保金23.4万元,大病医疗救助210人次,救助金额41万元。城乡居民养老保险覆盖率达到95%,共发放养老金1085万元。城乡居民医疗保险参保人数达到3.98万人,参保率达95%以上,发放优抚金140万元。民生基础设施建设进一步加强,积极发动群众筹资投劳开展农村田间水利扩容提质工作,共计完成山塘清淤25.27公顷,疏浚河道18.22千米,渠道56.43千米,新建及修缮河坝59座,夯实了农业基础设施。大力推进民生项目建设,完成7所中小学教师公租房建设,新建巷子口中心幼儿园,教育教学条件进一步改善。易址新建标准化巷子口敬老院,极大地提升了养老服务能力。状元大道顺利建成通车,拉开了集镇发展的框架。完成集镇1560户棚户区改造,集镇面貌焕然一新。硬化村组公路26千米,进一步改善了人民群众生产生活条件。

(五)社会大局和谐稳定。深入开展“讲道德、明是非、守纪律”集中教育活动,进一步淳化民风。加大宣传力度,使“讲道德、明是非、守纪律”深入人心。开展“社会贤达”“功勋荣誉市民”评选活动,有效促进了民风更加淳化、干部作风更加扎实,干群关系、党群关系进一步融洽。严厉打击地下“六合彩”“黄、赌、毒”等违法犯罪行为,加强民事纠纷的调处力度,成功化解了“4·06”案件、步行街一期办证等影响稳定发展的问题,扫除了发展障碍。充分发挥工会、共青团、妇联、老干、关协、残联等组织的积极作用,共同参与社会管理,为各类社会群体服务,实现了社会大局和谐稳定,人民安居乐业。

【美丽乡村示范带动】 坚持发动群众,干群齐心协力共建美丽乡村,取得了显著成效。全镇共打造15个美丽乡村示范点,评选出150个美丽庭院;黄鹤村被评为市级卫生村、宁乡县美丽村庄,官山村李家台上屋场被评为宁乡县美丽屋场;巷市村弓潭组、金枫园村坝塘组、狮冲村杨柳组等组,结合自身优势,发动群众积极投工投劳,建设美丽乡村示范点,全镇上下掀起了文明、洁净、美丽的新风尚。

【扶贫工作成效显著】 黄鹤村的建设扶贫工作得到各级领导的高度重视和精心指导,省委常委、市委书记易炼红,先后3次到黄鹤村进行调研指导,6次作出重要批示。通过近三年的艰苦奋斗,黄鹤村的面貌发生了翻天覆地的变化,到2015年,共完成了黄鹤学校、村公共服务中心、黄鹤湖、河道整治、农业产业等18个重大项目的建设,村组公路全部硬化,河道、山塘完成整修,平整土地53.33公顷,为产业发展打下坚实基础;发展特色种植业,建成了黄桃、脆枣、高山生态蔬菜三大种植基地共计89.33公顷,带动村民人均增收4518元;打造"一带一区"美丽乡村示范点,建设4个美丽屋场、40户美丽庭院示范户,全村形成文明洁净新风尚;基层党建不断加强,黄鹤村党支部荣获宁乡县2015年"十佳红旗党组织"称号。"黄鹤扶贫经验""黄鹤模式",在全市进行推广、学习。

【特色产业打响品牌】 小水果产业:新建黄鹤、苏家冲等8个标准化基地,到2015年小水果面积发展到近万亩,基本实现"万亩小水果"的愿景,并在原来单一的李子系列基础上,新增黄桃、猕猴桃、脆枣等小水果品种,富硒水果品牌基础更加坚实。高山生态蔬菜:高标准建设的"科鸿蔬菜基地"和"官步桥蔬菜基地",带动周边3个村近100户农户参与种植,生态蔬菜种植面积达到80公顷,并与长沙红星市场、宁乡大型超市建立了"农超对接"的销售渠道,"高山生态蔬菜"品牌逐步打响。黄鹤农产品交易中心启动建设,集农产品包装、加工、销售、配送为一体,建成后将进一步完善巷子口镇的农业产业链条,促进全镇农业产业转型升级。特色旅游产业:以"文化"和"生态"为主元素,充分挖掘历史文化底蕴,推动特色乡村旅游发展。九折仑户外运动中心完成飞机场建设,成功实现了首飞,为特色航空旅游小镇发展奠定了坚实基础;同时积极争取上级领导重视支持,将南轩文化园项目融入炭河古城建设范畴,已经完成前期规划设计,2016年启动建设,成为带动巷子口镇文化旅游产业发展的一个重要项目。

(党政办)

沙田乡

党委书记 徐志平
副书记、乡长
叶刚毅(7月免)
颜志强(7月任)
副书记、人大主席
黄荣国
政协联络处主任
贾命春(9月免)
龙凤明(11月任)
党委副书记 张建军
党委委员、纪委书记
高谷良
党委委员、副乡长
胡跃波
党委委员 陈 敏
副 乡 长 张新华(9月免)
谢 红
人大副主席 肖正乾

【概况】 沙田乡位于宁乡西部山区,是有名的革命老区,为中共一大代表何叔衡、共和国司法奠基人谢觉哉两位先贤的故乡,距离县城68千米。辖13个行政村,总面积74.4平方千米。水田1399.1公顷,林地5407.4公顷。全乡共有10601户,3.65万人口。

2015年,在县委县政府的坚强领导下,沙田乡深入贯彻落实党的十八大和十八届三中、四中和五中全会精神,以县委十一届六次全会及全县党建工作会议精神为指引,紧紧围绕"红色旅游、生态农业、秀美乡村、富民强乡"的总体工作思路,以美丽乡村建设为抓手,以红色旅游开发为重点,以产业转型升级为突破,以加强作风建设为保障,干群同心,真抓实干,全乡经济社会事业呈现出良好的发展态势,较好地完成了各项工作任务,"十二五"圆满收官。

【主攻重点项目建设】 完成国税151万元,地税500万元,超额完成全年财税任务;完成乡域生产总值6.5亿元,完成固定资产投资6.6亿元,完成消费品零售总额2.1亿元,农民人均收入增长11.8%,完成规模工业产值6.9亿元,规模工业税收120余万元,各项经济指标均全面超额完成任务。全年新建沙田晒烟站,完成横雷公路沙田段提质改造、石笋农牧科技、堆资中药材、宝云小学公租房、卫生院公租房、五里中学综合楼、堆资党建文化综合服务中心、金莲党建文化综合服务中心、博兵寨生态运动公园等10个项目建设,其中湖南佳滨制作、晒烟站2个是投资1000万元以上规模项目,湖南佳滨制作、晒烟站、五里中学综合楼、堆资中药材、宝云小学公租房等5个项目竣工,已投入生产或使用。全乡累计完成项目投资8350万元。

【狠抓美丽乡村建设】 坚持分类指导与特色创建相结合、规划引领与群众智慧相结合、政府引导与群众自主相结合、产业发展与美丽经济相结合、美丽乡村建设与精神文明建设相结合的"五结合"原则,全力推进美丽村乡建设。成功打造了沙田四食堂组、五里迎水组、堆资兰馥冲、长冲一组等美丽屋场示范点，四食堂组美丽屋场示范点代表沙田接受县领导观摩，获得充分肯定。一是群策群力投入多。全乡累计发动群众自筹资金268万元，吸纳社会捐助125万元，群众义务投工6000余个。二是绿化美化效果好。全乡共新移栽花卉苗木1.2万株，播撒花种200千克，新增绿化面积3.8万平方米，新建村民文化广场1个，乡域内县道和乡主干道基本完成绿化，硬化村组公路25千米、"白改黑"8千米，安装太阳能路灯近300余盏。三是整洁整治力度大。开展环境卫生大整治行动18次，投工投劳1600多人次，完成道路整治42千米。拆除违章建筑、户外棚架263处，清除道路两厢垃圾池、焚烧炉1320个，清理和拆除公路沿线广告牌、墙体广告8000余平方米。长冲、金莲、宝云、五里四个美丽村庄创建结出硕果，完成美丽庭院授牌835户，6个美丽屋场已初步建成，美丽乡村建设取得了阶段性成绩。

【加强新型城镇建设】 着力提升沙田集镇和五里集镇形象。沙田集镇提质改造后，整体面貌焕然一新，切实加强集镇日常管理，坚持"五个整治"，即和谐、科学、联动、重点、创新整治，集镇管理水平再上新台阶，在县两次考核中，沙田集镇分别排名第三和第七。五里集镇作为沙田东大门，乡党委、政府紧紧抓住市委常委夏建平秘书长联点五里村的机遇，于2014年11月24日召开了现场办公会，争取早日启动五里集镇改造，已将五里集镇288户纳入到了棚户区改造范畴，已完成立项、可研、设计、评审等工作，3月挂网，4月上旬启动建设，对集镇实施房屋外立面改造、雨污管道铺装、路面改造升级，绿化亮化升级等工程，预计投入1600余万元，年内可竣工，改造完成后，五里集镇将成为沙田乡的全新东大门。

【突出农业基础地位】 农业产业健康发展。全乡建成了晒烟种植基地、油菜生产基地、中药材基地、富硒有机稻基地、小水果（锥栗）种植基地五大基地，农业产业结构调整成效显著。烟叶生产虽然在调制阶段受天气影响，每公顷纯利仍在200元以上，为烟农增收600余万元。抓实六寨富硒有机稻种植基地建设，年产优质富硒稻谷超过80吨。长沙德超农业科技有限公司在堆资村流转土地40多公顷，建立中药材基地，新种植玉竹、百合等中药材17.33公顷，正在筹划中药材加工厂的建设。紫玉板栗基地、石笋农牧科技野菜种植基地建设顺利推进。坚持粮食生产主体地位不动摇，坚决遏制耕地抛荒，积极推进土地流转，培育种粮大户。全乡共种植粮食作物1866.67公顷，其中种植水稻面积1400公顷。冬种油菜实现播种826.67公顷，移栽80公顷，均创历史新高。动物防疫春秋两季免疫率达100%。防汛抗旱、森林防火、扶贫户录入等工作按照要求全面落实。水利建设掀起高潮。农田水利基础设施建设得到强化，水利冬修全乡共投入资金800多万元，投入劳动工日2万多个，完成新修山塘12.68公顷、清淤山塘44.99公顷，河道整修19.71千米，渠道衬砌24.65千米，清理水渠36.5千米，修复河坝28座，排名全县前列。扶贫工作扎实推进。制定了精准扶贫三年行动方案，每个贫困村均明确了具体帮扶的单位和领导，每个贫困户均安排干部结对帮扶，一定三年，贫困户不脱贫，扶贫对象不脱钩。宝云、沙田、五里等村修建村级活动场所，改造完善了村卫生室和文化活动中心，方便群众就近就医，丰富群众业余文化生活；宝云、长冲、五里、石笋等村实施人畜饮水安全工程；五里、新飞、石笋启动新一轮农网改造，供电能力明显增强，这些项目的投入使用，进一步改善了群众的生产条件，提高了村民的生活质量。

【社会事业亮点纷呈】 综治维稳形势良好。始终以"创建平安沙田、构建和谐社会"为工作目标，强化队伍挖潜力，整合资源成合力，加大财政投入，健全责任体系，形成了遍及村企、覆盖全乡、反应灵敏的综合管理工作新格局，构建了"横向到边、纵向到底"的群防群治工作体系。深入开展平安创建工作，各村全部建立健全了平安创建工作机制，形成了共创平安乡、平安村、平安单位、平安家庭、平安窗口的良好氛围；依法治访，先后多次召开重点信访对象协调会、听证会，力促信访积案化解，效果明显。成立治安巡防执法大队和民兵应急处突分队，依法打击违法事件、处置突发事件；对非法建房、乱搭乱建等不法行为严厉打击；加大对"黄、赌、毒、邪"的打击力度，进一步净化了全乡社会治安环境。安全生产监管有力。认真贯彻落实"安全第一，预防为主"的方针，抓基层、打基础、强监管，建立健全安全生产监管体系，严格落实安全生产责任制，坚持领导带队检查制度，实行一月一小检，一季一大检。2015年被评为市级安全生产示范乡镇。社会救助全面落实。强化"以民为本、为民解困、为民服务"理念，加大工作力度，着力改善民生，大力开展对困难群众和弱势群体的帮扶救助，全年共发放临时救济20万余元。全年全乡享受城镇居民最低生活保障的对象438户次，发放保障金186370元；累计享受农村居民最低生活保障的对象5068户次,10646人次,发放保障金1533860元;累计发放五保户保障金1447240元；累计救助161人次，发放大病救助款525166元。乡残联认真履行职责，做好了重度残疾人困难生活补助资金和护理补贴发放工作，分别发放资金213360元、263650元,举办了庆祝“国际残疾人日”大型活动,成功创建残疾人工作“明星乡镇”。全乡109户农村危房改造任务已全面完成,共发放补助资金223万元，助力困难群众解决了基本住房需求。社保水平稳步提升。社会保障卡信息采集到位率90%以上，准确率100%,全乡半数以上人员已领卡。城乡养老保险完成参保缴费人数为14934人，参保缴费率98.97%;2016城乡居民医疗保险参保人数为3.1万余人，参保率97%,“两险”基金收缴排名位于全县前列。全年医疗保险兑付人数5266人,兑付金额11182675.5元,切实减轻群众的就医负担,有效遏制了因病致贫、因病返贫。计生工作持续向好。以健全“依法管理,优质服务,诚信统计,村民自治,夯实基础”为出发点,计生工作局面全面好转。计生年度出生450人,合法生育367人,符合政策生育率81.56%,出生婴儿性别比109.8,四项手术120例,完成孕前优生检测216对；征收社会抚养费154.3万余元，完成任务率达138%。教育教学成绩斐然。全乡中考创造佳绩，综合成绩排名全县第一。常抓校车安全、食品安全和校园安全不放松，全年未发生任何安全事故。老干关协工作成效显著。乡离退休总支获评“长沙市五好离退休干部党支部示范点”荣誉称号。卫生部门立足本职,加大卫生事业投入,诊疗水平逐年提升，义务献血超额完成全年任务。人大、政协、纪检监察、武装、宣传、组织、统战、工青妇等方面工作各具特色，取得了较好成绩。

【特色亮点工作】 网格管理:将13个村划分为61个网格化区域，明确一名政府干部具体负责一个网格化责任区，以矛盾纠纷调解、烟叶生产、计划生育、防汛抗旱等中心工作为载体，深入农户问冷暖,帮助群众解忧难,进一步融洽了干群关系。

美丽乡村建设:按照“五个结合”的原则创建美丽屋场,四食堂组美丽屋场示范点代表沙田接受全县观摩,获得充分肯定。五里村栗叶组美丽屋场建设、堆资村兰馥冲美丽屋场、长冲一组美丽屋场建设正在逐步推进，建设成果也逐步显现。 （周艳清）

龙田镇

党委书记 宋　强
镇　　长 王万军
人大主席 李旭东
政联处主任 陈天亮(9月免)
　　贺星宇(11月任)
党委副书记 徐海华
党委委员、纪委书记
　　喻拥军
党委委员、副镇长
　　黄腾飞
党委委员 张　炜
副镇长 邓智勇
　　舒　畅(7月免)
人大副主席 荣　毅

【概况】 龙田镇地处宁乡西部边陲,为长沙、益阳、娄底三市交界之地,距宁乡县城85千米,距娄底市38千米,省道311线和县道104线成“十”字形交叉贯穿东西南北,总面积71.88平方千米,人口2.39万人，合并村后辖5个村、1个社区，水田887.13公顷,旱地179.2公顷,山地3820公顷,是一个山多田少的山区乡镇。机关现有领导班子成员11名,机关站所编制数72个,在职干部职工67人(含领导班子成员11人,借出人员7人),离退休人员33人。龙田历史悠久,地形地貌特殊,平均海拔571米,年降水量丰富,达1400毫米左右，森林覆盖率超82.6%，是全省有名的“千年药乡”,玉竹、银杏、天麻、百合、玄参、射干等药材已驰名省内外;同时又是名副其实的“矿产之乡”,矿产资源丰富，有四十多年的开采历史,已开发利用的有锰、钨、钒、石英、萤石、花岗石等,尚待开发的有石煤、云母、钾长石等十余种。

2015年,面对持续下行的宏观经济形势和日新月异的竞争格局，按照县委政府“加快三大建设,实现全面小康”要求,紧紧围绕“建设资源强镇、打造西部明珠”宏伟目标,以优化经济结构、储蓄发展势能、转变干部作风、优化发展环境为主线，全力以赴求发展、保稳定、惠民生,坚持在挑战中前行、在困境中突破、在磨砺中进取，开创了综合经济稳步增长,财源运行保持良性,基础设施更加夯实,镇村面貌日新月异,干部作风不断改善，干群关系日益紧密，社会大局和谐稳定的良好局面。

【综合经济稳步增长】 完成县域生产总值5.81亿元，同比增长

12.1%；工业总产值13.62亿元，规模工业产值11.19亿元，同比增长15.17%；固定资产投资总额6.49亿元，同比增长30.4%。农民人平纯收14560元，同比增长9.2%；社会消费品零售总额1.73亿元，同比增长12.4%。完成财政税收889万元，圆满完成工作任务。经济发展呈现投入稳步增长、收入稳步增加、运行质效逐步提高的特点。

【发展空间持续拓宽】 全年新引进项目12个，实际到位县域外资金1.32亿元。锦湘锰业年产3万吨电解锰项目总投资达3亿元，建成后年产值将达到4亿元，年纳税可达4000万元；宁益驾校预计投资3000万元，用地10公顷，已经签订合同；湘江流域重金属污染治理项目总投资4000万元，已完成立项审批手续，正在向国家发改委上报项目资料；风力发电项目已完成测风等前期工作，预计投资3.5亿元，已经和三一集团签订初步意向；石屋村综合服务中心竣工投入使用，隔山冲村党建文化养老综合服务中心、七里教师公租房、石屋友谊桥等项目有序推进。中药材等特色农业产业得到扩张发展，中药材种植面积达到533.33公顷，职业药农达到3000户，建成中药材百亩以上连片基地4个，玉竹中药材产品参加台湾农产品国际博览会，成功打入国际市场；蓝莓基地、杨梅基地建设，开创了特色农业种植新局面。项目不断建设、产业不断发展，为全镇的经济腾飞注入了强大的能量。

【美丽乡村成效显著】 按照“全面推进、分步实施”的工作思路，积极推进美丽屋场、美丽集镇、美丽公路、美丽产业建设，打造龙田特色美丽乡村。召开不同规模的动员会议126场，出动宣传车8台，发放宣传材料6000余份，“美丽乡村”思想观念深入人心；强力实施综合整治执法，对“乱搭乱建、乱堆乱放、乱停乱靠、店外经营”等行为严厉打击，共拆除违章建筑35处、遮阳棚189顶，清理乱堆建筑材料63处，处理破烂招牌403个，转移小摊小贩68户；按照“政府主导、群众主体”的建设思路，全力打造美丽屋场，栽种花草11万株，种植法国梧桐、红叶石楠、红桎木、海棠、茶花等等树木2.5万棵，打造了七里山至龙田社区的紫薇大道。安装太阳能路灯486盏，修建、提质公路、渠道等30余千米，全镇美丽乡村建设群众投资超过100万元，义务投工2000余个。由于成绩突出，横岭村获评县级美丽乡村，横岭回水湾屋场获评县级美丽屋场。

【群众生活更加幸福】 全年用于民生的公共财政预算支出达到3800万元，占总额的84%，增长5.8%。卫生院、敬老院、教师公租房等为民办实事任务圆满完成。发放城镇低保资金82.78万元，农村低保资金223万元，发放医疗救助资金38万元，为1050个残疾人建立了保障档案卡。全面实施精准扶贫，成功争取市农业局、市工信委、市水利局、市编办、市机关事务局等单位帮扶联系，争取扶贫资金368万元，2015年实现521人脱贫。改造农村危房59户，完成4家村卫生室标准化建设。提质改造乡镇综合文化站、村（社区）农家书屋，建成6个群众健身广场。“单独二孩”生育政策有序实施，人口计生工作实现全面保障。紧紧围绕“平安龙田”主线，加强综治队伍建设，加强治安巡查力度，进一步完善“打、防、控”一体化的治安防范网络，妥善处置群体性、突发性事件，全镇无一例上访事件。强化企业安全生产主体责任，扎实开展打非治违，全镇没有发生一起安全事故。

【党建工作不断加强】 始终把基层党建工作摆在突出位置，按“六有”要求建立111个党小组，切实开展工作，取得了良好的效果；大力开展“三严三实”活动，解决基层干部中“不作为、乱作为、慢作为”现象，干部作风持续好转；开展“讲道德、明是非、守纪律”集中教育活动，全力营造良好的党风、政风、民风，社会主义核心价值观得到全面宣传。狠抓基层组织建设，整顿软弱涣散党组织，开展基层党员和后备力量培训，提升了基层党组织服务水平；转管理型政府为服务型政府，变单一的抓经济发展为经济、民生、生态三位一体统筹发展。建立健全岗位责任制、服务承诺制、限时办结制、首问责任制等制度，简化了办事程序，缩短了办事周期，提高了办事效率，有效提升政府的公信力。

【各项工作全面进步】 黄泥田村各项工作齐头并进，卓有成效，绩效考核荣获第一名殊荣；横岭村克服种种困难，举全村之力开展美丽乡村建设，赢得了巨大成功；石屋村有效利用市委常委李军书记联点契机，大力开展项目建设，成效显著；月塘村着力化解群众与企业之间的矛盾，得到项目单位与群众的一致认可；七里村扎实开展基层党建工作，切实为民服务，赢得了党委政府与群众的高度评价；龙田社区积极宣传计生政策，扎实开展计生服务，计生工作名列前茅；冬塘村积极开展项目工程服务，推动锦湘锰业电解锰项目正常建设，为镇域经济发展做出了巨大贡献；隔山冲村大力发展中药材产业，基地规模不断壮大，特色农业持续推进；白花村切实改善民本民生，保障一方平安，为全镇和谐稳定做出重大贡献。派出所、国土所创新工作方式，工作成绩非常突出；农商行、供电所坚持优质服务，为镇域经济发展提供坚强保障；中心校、卫生院不断提升自身实力，综合竞争力明显提高；林业站、畜牧站、农技站等部门也努力作为，做出了应有的贡献。离退休的同志积极服务镇域经济发展，值得敬佩；敬老院的同志投身老人服务，管理有方。工、青、妇等群团组织也充分发挥了各自的有效作用，为全镇大发展、大和谐做出了卓越贡献。

（党政办）

玉潭街道

党委书记 陈德奇（11月免）
工委书记 王海潮（11月任）
工委副书记、办事处主任
喻林义（女，11月任）
工委副书记、人大工委主任
范春林
政协工作联络处主任
胡强辉
工委副书记 文再明
工委委员、纪工委书记
阳凤斌
工委委员、副主任
邹铁军
工委委员 周国宁（女）
胡建云（兼）
办事处副主任
曾跃武 黎灿辉
人大副主席 蒋端明（11月免）

【概况】 2015年9月，撤玉潭镇，设玉潭街道。年末，玉潭街道辖八一、楚沩、合安、花明、茆田、南苑、塘湾、通益、文中、香山、新城、学庵12个社区和金星1个村，域内面积22.8平方千米，人口24.4万人。全年实现域内国内生产总值85.2亿元，比2014年增长12%；实现全社会固定资产投资91.86亿元，增长11%；完成社会消费品零售总额85.36亿元，增长15%；完成工业总产值125亿元，增长25%，其中规模工业总产值完成92亿元，增长9.05%；实现农业生产总值3584万元，增长2.02%，城镇居民可支配收入3.3万元。

一、积极开拓创新，综合实力不断提升。楚天科技有限公司加快扩张，三期工程顺利推进，完成投入近5亿元；长宇新型炭材料有限公司荣获“长沙市科技进步奖”“长沙产学研合作成果转化奖”“湖南省工业和信息化技术创新奖”；水晶珠宝有限公司获省著名商标和市工信局“营销创业奖”，街道全年实现工业投入25亿元。按照打造中西部商业物流中心的定位，全面强化豪德、大润发、人人乐、春城万象的辐射功能，天祺·佰潮汇盛装开业，全年新增限额以上企业3家。切实加强税源清理，个体税收较2014年同期增长10%，工商税收继续保持在10亿元台阶。种植粮食48公顷、无公害蔬菜1.67公顷，完成农业投入近50万元，整治道路8千米、沟渠10千米、风貌整治0.5公顷。

二、着力优化环境，招商项目有效推进。阳光拆迁政策落到实处，全年拆迁房屋近1000户、征地26.67公顷，按程序落实失地农民保险相关工作。通过优平台、浓氛围、重实效系列措施，以及主要领导到企业上门招商示范带动，全年招商到位资金20.3亿元，成功引进长沙永塑科技、沃开环保科技、优雅新城等项目。建立健全“一名领导、一套班子、一抓到底”的帮扶机制，启动建设项目21个，其中房地产项目9个、三产业项目2个、工业项目3个、基础设施及民生项目7个，完成项目投入52亿元。

三、集中整治建设，新型城镇成效初显。深入开展“讲道德、明是非、守纪律”专题教育活动和“五好文明家庭”“门前三包示范店”评比活动，街道先后20多次代表全县接受省、市检查，被评为市文明创建先进单位。街道按照一名党政领导具体负责一个社区的拆违控违原则，组织人员4000多人次，拆除违章建筑8.6万平方米、违规户外广告牌标识牌7.2万平方米，新（改）建交通渠化岛6个，新增道口桩500个，规范楚沩路、建材市场广告招牌，改造一环路、楚沩路、建材市场外墙立面，完成人民医院、通益社区、富豪山庄、319国道、青年路等5个社区公园建设，碧玉潭公园一期建设基本完成，二环路植双头香樟树1680株、单杆樟树1700棵，城区保洁优良率95%。

四、完善治理体系，民本民生获得实惠。全年发放各类慰问救助和惠农补贴资金1100多万元，“一卡通”发放、居民养老保险和医疗保险工作按实推进，精准扶贫有效铺开，贺珊在2015全国残疾人技能大赛湖南省复赛中获得服装制作组第一名。打非治违、消防安全、道路安全、生产安全、建筑安全、校车安全、食品安全等专项治理卓有成效，特护期间实现零上访目标，“三调联动”调处成功率99.1%，“红袖章”巡逻防控6349次，刑释解教、社区（村）矫正和戒毒人员管理到位。44个小区有物业公司或业主委员会进行管理，一品江山项目重新启动并有效推进。《玉潭计生》宣传片定期播出，2.5 万册《玉潭人口计生宣传手册》发放到户，5 家流动人口之家积极为流动人口提供优质计划生育服务。离退休支部网络宣讲队的受教育群众近万人次，城北中学梅花校区食堂、玉潭中小综合楼等学校项目积极推进，基本公共卫生服务项目按实完成。文化站示范性综合文化服务活动中心基本建成，民兵武装接受省军区检阅，工会切实履职行权维护职工权益，妇联牵头成立"宁乡女性创业者协会"，团委积极开展"雷锋号志愿者工作站""青年文明号"创建活动，街道党工委在全市群团工作大会上作为乡镇（街道）唯一代表作典型发言。

五、坚持从严治党，基层基础全面夯实。街道党工委严格落实党建两个责任，扎实开展"三严三实"教育活动，按照"六有"（一面党旗、一块标牌、一套桌椅、一个资料柜、一个记录本、一个宣传栏）要求和网格化治理模式推进基层党建，楚天党委和希翼教育集团党支部成为"两新"党建标杆，街道党工委获评"县十佳基层党组织"，玉潭街道获评县"重大项目攻坚年"狮子型团队、全县绩效考核第一名、五好领导班子。街道重点规范干部作风、征地拆迁和财务管理等制度，主动公开党务、政务信息，集体资产交易均进入公共资源交易中心，社区财务不断规范，民主评议基层单位有效铺开，在全县政风行风千人测评中获得乡镇（街道）序列第一名，纪委片区联动工作受到省纪委副书记、省监察厅厅长周农等领导的高度肯定。

【撤销玉潭镇设立玉潭街道】 2015 年 9 月 29 日，宁乡县人民政府根据《湖南省民政厅关于宁乡县玉潭城郊白马桥历经铺 4 个乡镇撤乡镇建制设立街道的批复》（湘民行发〔2013〕18 号）和《长沙市人民政府关于宁乡县玉潭镇城郊乡白马桥乡历经铺乡等乡镇撤销乡镇建制设立街道的通知》（长政函〔2013〕100 号）精神，制发《宁乡县人民政府关于撤销玉潭镇城郊乡白马桥乡历经铺乡乡镇建制设立为街道的通知》（宁政函〔2015〕154 号），成立玉潭街道。以原城郊乡的茆田、塘湾、合安 3 个社区和金星建制村的区域范围，与原玉潭镇的行政区域合并为玉潭街道的管辖区域，玉潭街道辖 1 个建制村、12 个社区，总面积 22.8 平方千米，总人口 24.4 万人，办事处驻塘湾社区。

【政风行风得到全面提升】 2015 年，玉潭街道紧紧围绕党的宗旨，牢固树立安全生产"红线"意识和"底线"思维，创建标准化安监站，保证居民日常生产生活安全；对旅馆、洗浴中心、出租屋、KTV、酒吧等公共场所和华禹商贸城、辐条厂、朝阳巷、横街巷等涉黄部位进行专项整治；"一办两所（综治办、派出所、司法所）"联合调解室全年调处各类纠纷矛盾 338 起，成功调处 335 起；在深入开展"听民声、解民忧、促平安"大走访活动中，走访群众 19201 户，收集涉及矛盾纠纷、征地拆迁、社会保障、城建城管、交通建设、水利建设和公共服务等 7 大类型，涉及 25 个县直科局和 9 个社区的重点问题 296 个，大部分问题都得到妥善解决和回复；严格落实惠民政策，计划生育卫生等公共服务到位，基本满足进城务工经商人员子弟的就学要求，亲民爱民护民机制不断完善，居民的获得感、满足感和幸福感全面增强，在全县 2015 年度政风行风千人测评大会上，玉潭获得乡镇街道类第一名。

【新型城镇建设全速推进】 2015 年，玉潭出台"5+8+9+N"新型城镇建设方案，即用三年时间，全力打造 5 大区域（高新产业经济园区、商贸物流区、基础教育核心区、高品质居住区、都市休闲区）、建设 8 条示范路段（一环路、二环路、人民路、八一路、花明路、春城路、楚沩路、新康路）、创建 9 个新型社区，N 即评选 1000 户示范门店、2000 户五好文明家庭、300 个美丽庭院、40 个美丽小区。全年，玉潭对全域违章情况进行全面摸底和造册，并集中时间、集中人员、集中设备进行拆违控违和建设行动，拆除违章广告牌和建筑 15 万多平方米。通益社区通过推进"三联三包四创"[三联，即单位联路段、干部联小区〈（联组）、党员联住户（庭院）；三包，即环境卫生、市容秩序、公共设施；四创，即创精品路段、创美丽庭院、创示范门店、创五好文明家庭] 工作机制、共建"八好"（社区自治好、环境卫生好、庭院美化好、小区管理好、公共秩序好、社区文化好、部门服务好、文明风尚好）新型示范社区，成为全县唯一一个推荐申报创建"长沙市城市管理示范社区"的社区。玉潭街道被市委、政府评为文明创建先进单位，香山社区推荐为省级文明社区，楚沩社区获评长沙市文明创建红旗社区，通益社区获评长沙市城市管理示范社区、长沙市文明创建示范社区，通益社区、花明社区获评全县新型城镇"金牌社区"。

【玉潭获评全县首届狮子型团队】 2015 年，玉潭街道围绕率先建成"全面小康、两型引领、秀美幸福"

玉潭主题,以"充当经济发展排头兵,争做社会管理示范镇,建设美丽幸福新玉潭"的定位,不断提升队伍的凝聚力、战斗力和创造力,推行长期招商和定期招商相结合的招商模式,成功引进长沙永塑科技、沃开环保科技、优雅新城等项目;坚持和完善"一名领导、一套班子、一抓到底"的帮扶机制,主动化解御园一品、碧玉潭、大河西汽车城等项目建设现场出现的问题,创建优质的发展环境;强化违章建筑拆除和街区店铺不当经营行为、不规范标志牌的整治,加大对社区公园、道路绿化、街巷硬化等投入,创建整洁有序的生活环境。12月23日,玉潭街道被县委、县政府授予宁乡县重大项目攻坚年"狮子型"团队荣誉称号。

(刘志坚)

城郊街道

工委书记 彭欣荣

工委副书记、办事处主任

高建阳

工委副书记、人大工委主任

许立华

政协工作联络处主任

王国荣

工委副书记 彭志武 张凤超

工委委员、纪工委书记

刘巡湘

工委委员、办事处副主任

黄勇强

工委委员 贺再春

办事处副主任

喻剑兵 陈立波

杨 柳(女)

人大工委副主任

张爱群(女)

【概况】 城郊街道位于宁乡县城北部,2015年行政区划调整后,由原城郊乡变更为城郊街道,目前辖11个村(社区),总面积37.42平方千米,总人口3.3万人。2015年,在县委、县政府的正确领导下,街道紧紧围绕年初既定的目标任务,坚持以经济建设为中心,以改善民生为根本,全力推进"三大建设",街道上下凝心聚力、奋发图强、务实创新、砥砺前行,圆满完成了各项工作任务,先后荣获长沙市创新型单位、县乡镇(街道)绩效考核一类单位和五好领导班子等荣誉,经济和社会各项事业得到进一步发展。

一、经济建设取得突破。一是经济指标再创新高。尽管受到经济下行的影响,但街道仍坚持加强财税征管力度,狠抓重大税收入库,2015年街道税收突破3亿元大关。二是工业经济增速平稳。2015年,全街道实现县域生产总值39.95亿元,全社会固定资产投资33.3亿元;社会消费品零售总额5.87亿元,增长15%。完成工业总产值83亿元,其中规模工业产值67亿元。城郊纸业园成功转型印刷包装产业园,实现全面配套经开区发展。工业经济发展呈现主要指标平稳增长、重点领域有效突破的良好态势。三是招商工作成效显著。2015年,街道积极响应招商引资"百日竞赛"活动号召,坚持"走出去、请进来"的招商思路,通过强力实施"以商招商"项目带动战略,外出拜访、结识客商30多人次,捕捉招商信息30多条,其中亿元以上项目有10条。成功引进工业项目2个,签约资金2.1亿元,实现到位资金6.7亿元。

二、城镇建设亮点缤纷。一是项目建设如火如荼。2015年街道新建项目12个,续建项目9个,前期准备项目4个,竣工项目8个,完成项目投资16亿元。城郊医院项目成功封顶,滨江国际城、五街国际项目正加速推进,东申电器和港美化工二期项目在第三季度均顺利竣工投产。宁乡大道高速公路入口迎宾广场、火车站、锁匙社区公园和城区社会停车场的建设工作也在按时推进。二是控建拆违强势推进。始终坚持"以点促面、先难后易"的工作理念,打响了街道集中控建拆违的攻坚战。宁乡大道83处违章建筑(约1万平方米)在一周内全部拆除,并立即开展两厢立面改造工程,全力打造宁乡大道靓丽景观轴线。319国道沿线两侧的98处违章建筑(1.2万平方米)也在一个月内全部拆除。富贵世家小区拆违推进强力,为全面推进全县小区拆违提供了宝贵经验。街道全年累计拆除违章建筑7.9万余平方米,拆除广告招牌1105块。同时,通过"党员干部带头自拆、居民群众齐心共建"的工作模式,粮食局—恒达巷片区、锁匙社区公园等新型城镇示范点也先后涌现。三是重点服务砥砺前行。2015年全力做好了康师傅、格力、越秀、省粮食集团、八家湾水库、精神病医院、宁乡大道北延线等项目征拆工作。截至12月,征地129.11公顷,拆迁房屋325户,安置424户。其中,经开区提前拆迁工作实现一天签约126户;八家湾水库项目1天签约34户,2天实现34栋房屋全部倒地;精神病医院征拆项目由党政主要领导亲自指挥、通宵调度,2天完成12户签约,3天实现房屋全部倒地,确保了省、市、县重大项目的顺利推进。

三、社会事业稳步推进。一是民生保障进一步加强。完成了失地农民养老保险68个组1583人的资料报送,全年共入系统2213人。发放低保1061户1924人,完成危房改建6户。社会救助"一门受理”工作受到市民政局的充分肯定。20户无障碍设施建设通过县级验收。全面落实重度残疾人护理补贴新政策261人，发放居民社保一卡通16000张。城乡居民医保参保率达100%，城乡养老保险缴费率达97%。“爱泽郊扬”志愿服务队开展活动40余次，被国家残联网、中国文明网刊文报道。积极推行环境卫生市场化，投入600余万元，整治成效日益凸显。妥善处理了玉龙国际、嘉诚花园多年的物业遗留问题，让近2000户小区居民生活回归和谐安宁。二是社会管理进一步创新。以创建“平安城郊”为目标，以“大走访”活动为契机，突出群防群治，严打违法犯罪，积极化解各类信访问题。通过微信公众号、移动短信平台、小区电子公示屏等方式不断创新宣传手段，强化平安创建意识，向辖区内6000名群众发送平安短信十余万条；走访群众10395户，成功调解各类纠纷100余宗。三是计生基础进一步夯实。以“百日行活动”为契机，全面深入推进计生村民自治，圆满完成了石泉村省级和金星村县级计划生育基层群众自治示范村的创建工作。全年代征社会抚养费285.1万，免费优生检查264对，上环45例，结扎62例，计生率达89.4%。四是安全责任进一步落实。坚持“安全第一，预防为主、综合治理”的原则，认真开展了生产安全、校车安全、食品安全、消防安全专项整治50余次，发放宣传资料2000余份，实现了安全工作零事故的目标。五是教科文卫进一步推进。深入实施文化惠民工程，街道综合文化站、村(社区)文化室建设全面加强；继续推进村级卫生服务室建设，有效开展防疫、防甲型流感防控工作；深入开展精神文明创建活动，社区文化中心、成人教育中心和幼儿教育中心活动开展得有声有色；坚持教育优先发展，大力倡导尊师重教，为教育发展提供了有力的政策保障和资金支持。

四、党的建设常抓不懈。一是抓班子团结务实。始终坚持一线工作法，主要领导率先垂范，分管领导各负其责，充分发挥班子“心往一处想，智往一处谋，劲往一处使”的领导核心作用。坚持民主决策，定期主持召开党政负责人会议，对财政支出、人事任免、项目建设等重要决定均是民主集体决定，实行党工委书记末位发言制，不搞一言堂。班子成员间心无芥蒂、团结友善、光明坦荡。二是抓基层基础夯实。加强基层组织建设，提升党组织的凝聚力，是基层党组织进行管理、开展活动、发挥效能的基础。2015年街道成立了党建办，进一步严肃了基层组织生活，规范了党员发展程序，确保了各党组织党建活动有阵地、有经费。大力查处发生在群众身边的腐败和“四风问题”，全年处分党员16名，其中开除党籍6名。重视软弱涣散党组织的整顿转化，向2个软弱涣散党组织(县、街道各一个)选派第一书记，安排专门班子走访、调研、帮扶，确保了整改到位。三是抓队伍力量充实。牢固树立“抓好党建是本职、不抓党建是失职、抓不好党建是不称职”的观念，为基层党组织选派党建指导员37名。加强集中学习，以“七一”活动为契机，集中全街道1700多名党员听党课，提升了基层党员的归属感和凝聚力。同时开展“五带头”(带头学习提高、带头争创佳绩、带头服务群众、带头遵纪守法、带头弘扬正气)和“三定两比一评”(定岗位定职责定目标、比成效比积分、评优劣)党员设岗定责活动，引导广大党员干部立足本职岗位，激发热情，提升本领，积极投身街道发展建设。

【财政税收突破3亿元大关】 2015年，尽管受到经济下行的影响，但街道始终坚持“盘点掌控抓税源、查漏补缺抓清理、勤征细管抓入库”的工作思路，2015年街道税收突破3亿元大关，其中国税完成0.45亿元，地税完成2.6亿元，合计完成全年目标任务2.7亿元的113%，比上年同期增长27%。

【打造新型城镇建设示范点】 2015年，街道坚持“以东沩社区为点促城区拆违、以重点片区为点促全面拆违，以典型对象为点促全民拆违”的工作理念，积极打造新型城镇建设示范点，党政班子成员现场指挥，打响了全街道控建拆违的攻坚战。以全县单体面积最大的风驰车仆违章建筑为代表的城区三个大型违章建筑在一个星期内全部拆迁；人民北路片区的消防通道全部打通，基础设施全部完善；东沩路、一环路、人民北路周边的非法广告牌和违章棚屋全部拆除。恒达巷30多户通过“党员干部带头自拆、居民群众齐心共建”的工作模式，自筹资金、自发完善了居民区绿化建设与排水系统，社区面貌焕然一新。

【“爱泽郊扬”志愿服务队】 宁乡县城郊街道“爱泽郊扬”志愿服务队组建于2015年6月，并于2015年9月在宁乡县民政局注册成立，是一个由爱心志愿者组成的民间非营利性社会合法组织机构。团队坚持以“自愿、奉献、友爱、互助、传递社会正能量”为宗旨，以“扶弱、助残、助学”为服务内容，自成立以来，共组织爱心活动40多次，募集社会爱心资助金

5万多元及大量学习、生活用品；为社会特殊人群募集善款15万余元,帮助、服务困难群众和学生700多人次，活动多次被国家残联网、中国文明网刊文报道。

(王文祺)

白马桥街道

工委书记 欧正坤
办事处主任 张 莹(女)
副书记、人大工委主任
易汉池(9月免)
张红斌(9月任)
政联处主任 黄瑞兰(女,9月免)
张宜斌(9月任)
副书记 易 维 丁吉志
工委委员、纪工委书记
易志华
工委委员、副主任
胡艳红(女)
工委委员 熊灿辉
副主任 唐志尧 张新灿
人大工委副主任
吴义军

【概况】 根据宁政函〔2015〕154号文件精神,2015年9月29日,撤销白马桥乡设立白马桥街道,以原白马桥乡的行政区域为白马桥街道的管辖区域。白马桥街道(以下简称白马街道)位于宁乡县城南端,总面积20.44平方千米,耕地面积994公顷，辖3个社区2个村,总人口2.49万人,其中农业人口1.3万人。2015年,街道党工委、办事处团结带领全街道广大干部群众，紧紧围绕“滨江新城、幸福白马”战略目标,以全力加快“三大建设”为抓手,励精图治,务实进取,开创街道经济社会稳健发展的良好局面。白马街道全年完成县域生产总值44.01亿元,比2014年增长10.4%;固定资产投资32.20亿元,比2014年增长10%；社会消费品零售总额8.37亿元，比2014年增长12.7%；人平均可支配收入3.17万元，各项指标圆满或超额完成任务,街道综合实力稳健提升,先后获得“全国文明村镇”,市“十强乡镇”“综治工作先进街道”“计生工作模范单位”“乡镇街道统计站目标管理综合考评一类单位”“残疾人工作明星乡镇”,县“工作绩效考核一等乡镇”“五好领导班子县狮子型团队”“招商引资先进单位”“项目工程服务先进单位”“加快实力园区建设先进单位”“信访工作先进单位”“党风廉政建设先进单位”“优化经济发展环境模范单位”“宣传思想文化工作先进单位”“文明程度指数测评工作先进单位”“乡镇(街道)人口和计划生育工作考核优秀单位”“县计划生育基层群众自治示范乡镇”“教育工作督导评估考核优秀单位”“老干部工作先进集体”等荣誉。

一、抓招商促项目,实力园区建设成绩显著。一是招商引资实现突破。大力开展招商引资“百日竞赛”活动,不断优化平台,及时捕捉信息,热情接待重要客商40批次,精心包装5个重点项目,新引进致美生态、合兴材料、“我喜饭”等项目4个，合同引资7亿元。积极对接中建集团,成功促成中建集团与经济技术开发区签订投资60亿元的重大项目合同,助力宁乡实力园区建设。二是项目建设保障有力。全年完成项目建设投入16.1亿元,全面动工建设项目22个,竣工项目8个。凝聚各方力量,强力攻坚克难,依法公正有序完成28.67公顷征地补偿、170户和1个公司拆迁任务,创造白马征拆新速度，全面保障玉潭公园、城投白马片区、五福广场、古街商厦等重大项目用地需求。进一步优化领导带队帮扶项目机制,持续加压,精准发力,组织召开项目调度会、协调会22次,解决各类矛盾26个,荣获全县“项目工程服务先进单位”。三是工业经济稳健发展。全年完成规模工业产值86.5亿元,多多面业、织尚织造、花明成套、瑞良电子、荣宁饲料等企业创新突破、做大做强,大和机械、楚湘实业、我喜饭、锅烧百味相继竣工投产,缘美美容用品、乐鲜面业主体建成并即将投产。“我喜饭”公司成功获评市“龙头企业”。

二、抓品质促提升,新型城镇建设亮点纷呈。一是加速城镇建设。投资1500万元,全面完成白马大道418户房屋(含832空门面)立面改造,高标准新建白马广场、白龙路与一环南路、白龙路与二环路等分流道,完善白龙路、仁福大道、入园路人行道铺设和绿化亮化工程;实施拆围透绿、植绿增绿行动、推进背街小巷改造,完善学校周边路段标示标牌、减速带等设施，启动社区公园规划设计和建设,积极推进珍洲坝、白龙新型社区等项目建设，街道面貌不断改善,品质逐步提升。二是强力整治市容秩序。认真做好县委、县政府部署的“十二篇文章”,深入开展“七大提升”行动,全面实施“三十工程”,实施最严城市管理，全年先后组织大型整治行动40次,办理处罚案件2000件,拆除大型广告2.3万平方米，小型户外广告、招牌、横幅、灯箱等3756处,街道内大型违规广告牌基本拆除,市容市貌明显改善。依法大力度开展拆违控违，强力拆除白马大道、老宁黄路、老金龙公路、玉煤大道、西一到西八街等道路两厢及五福广场、玉潭公园、东七街、白马广场等重点片区违法违章建筑373处5.72平方米,新建和群众反映强烈的违法建筑全部拆除，实现大型违法违章建筑零增长的目标。同时还解决5户危房改建,依程序申报12户亟须改(扩)建房屋。三是确保房地产业运行平稳。街道在建房产项目11个,新建面积逾12万平方米。爱琴湾、金域蓝湾、皇庭尚品、缇香美岸等大型楼盘顺利推进,成为生态宜居新城的典范。四是商贸旅游日渐繁荣。随着一汽大众、长安福特等品牌4S店的入驻,汽车特色街区规模不断壮大，成为宁乡购车的首选之地,珈同汽贸、华湘汽车等公司销售火爆。联发物流车水马龙，仁福大厦建成开业,服务业态更加繁荣。白马湖一汪碧水,群山环绕,郁郁葱葱;溜子洲大桥架起两岸风光，让滨江生活更富诗情画意;玉潭公园,游人如织；正农古街，彰显沩水古韵。幸福白马已逐渐成为人们日常休闲的好去处。

三、抓示范促全面,美丽乡村建设进展有序。一是“三年行动”扎实推进。通过构建“领导联村(社区)、村(社区)干部联片、街道干部联网格到户”“一定三年、一岗双责、一抓到底”的工作机制,美丽乡村建设氛围不断浓厚,效果持续提升,重点打造美丽街区、美丽屋场、123家美丽庭院。借助美丽经济博览会平台，精心组织策划，成功宣传推介山水洲城特色白马形象。村级环境卫生市场化改革效果良好，正农社区获评市级“卫生社区”。二是民本民生保障有力。着力加强环境保护,严格禁止秸秆焚烧，成功取缔养鸭场、养猪场等一批重点污染源,切实加强农村集体聚餐、校园及周边、小作坊和餐饮店食品安全管理，切实保障人民群众生命财产安全。按政策全面推进社会保障工作，扎实开展113户特困户的精准扶贫工作,顺利下发社保“一卡通”,认真做好涉农补贴、农业三项补贴、农业保险等工作,及时发放失地农民保险572人次4600万元、城乡低保384人87万元、春节慰问13万元,大病医疗救助71人次19万元，救助贫困学生29名6.74万元。成功举办白马桥第二期就业创业培训班和防灾减灾应急救援知识普及培训,社会反响很好;组织开展居家养老志愿服务活动24期;提前完成全国残疾人基本服务状况和需求调查工作。白马社区成功创建省级养老服务示范点。认真开展计生优质服务，扎实开展“百日行”活动,送检优生遗传检测218对,征收社会抚养费144万元,街道计生率90.08%,持续稳定低生育水平,成功创建“县级计生基层群众自治示范乡”。三是社会事务齐头并进。健全规范村级财务监管与农村集体“三资”交易平台，认真清理村(居)财务,扎实推进村(居)务公开。坚持教育优先发展，投资过亿元新建的宁乡一中白马桥中学正式投入使用，面向全国公开选聘15名教学精英加盟白马教育，全面巩固教育强乡成果。加大普法宣传,推进依法行政。积极开展医疗卫生服务,认真开展无偿献血活动，建立健全全民健康档案，公共服务水平不断提高。街道人大工委、政协联络处积极履职行权，认真开展代表委员大走访、代表向选民述职、社会贤达评选、行风评议等活动。老干关协深入开展宣讲活动，关注关心留守儿童,多次组织扶贫帮困。工青妇等群团组织围绕“三大建设”主动服务,大胆作为,成效显著。四是农业经济协调发展。投入89万元对骨干山塘进行清淤扩容，对白龙支渠等渠道进行清淤护砌,水利基础不断夯实;组织2次重金属治理相关培训,对白马、仁福的40公顷水田进行重点治理,土壤治理全面启动;认真做好农业服务和指导，组织培训农村实用技术人员350人次，实现土地流转66.67公顷，广泛宣传推广农业保险，解除农民种粮的后顾之忧;做好白龙、白马、白马桥中学、正农等片区的变压器增容,充分保障居民生活用电；圆满完成农机年检年审、农村贫困户评定建档等工作，积极申报农机补贴,落实三项补贴,切实保障民权民利。

四、抓队伍促管理,基层治理不断提升。一是基层基础不断夯实。强力推进服务型基层党组织建设,深入开展党员春训、民主评议和处置不合格党员、党员“十带头”等系列活动,强化支部和党小组建设,严格党员发展,实行季度走访和季度例会制度，确保民意畅达,政令畅通。创新开展爱琴湾小区党建工作，积极推动基础党建工作新突破。积极开展部门行风评议、代表向选民述职等活动,深入推动社会贤达评选活动,认真迎接政协对乡镇(街道)工作评议,充分发挥老干、工会、团委、妇联等群团组织联系群众的桥梁纽带作用,不断夯实基层基础。二是队伍素质全面提升。坚持按制度办事,以制度管人,重新修订《绩效考核办法》《岗位职责》《机关财务》等规章制度,干部行为更加规范。坚持“目标式管理、台账式推进、点评式督查、绩效式考核”,成功创评“狮子型团队”,涌现出一批有激情、有定力、有办法、有格调的“狮子型”干部。三是党风廉政建设得到加强。组织开展“守纪律、讲规矩”等专题学习,举办廉洁自律准则、纪律处分条例知识讲座和街道党小组长业务培训等活动，全面提高广大党员干部廉政意识。街道纪工委积极加强对财务、"三公"经费、公车、食堂、值班值守、上下班等各方面监督,深入开展农村基层党风廉政建设专项监督检查工作,着力查处发生在群众身边的四风问题和损害群众利益问题,全年执纪办案7起,有力推进党风廉政建设。四是文明创建持续深入开展。积极开展文明城市创建和群众性文化活动,强力整治五小门店,经常开展文明劝导、助学助残、送书下乡、篮球赛、广场舞等各类活动,广泛宣传社会主义核心价值观。引导广大干部群众逐步形成科学、健康、文明的生活方式,以实际行动,移风易俗,破旧立新,坚决抵制不良习俗。民风不断淳化,环境不断净化,社会生态进一步优化,文明指数测评位居全县前列。五是社会大局保持平安稳定。坚持每周一主要领导接访和联席会议制度,集中交办群众反映突出问题,积极办理"两代表、一委员"建议与意见。强化责任,实行重点信访对象交办包案限期化解制度,取得初步成效。结合"三大建设"工作,深入开展"听民声、解民忧、促平安"活动,深入群众,凝聚民心,汇聚民力。切实加强治安巡逻网格化、流动人口管理网格化和社会治理网格化等建设,及时有效地消除和化解各类矛盾纠纷187起,成功调处重大突发事件13起;积极展开"金盾"行动,重拳打击盗骗毒等违法犯罪活动,确保街道大局和谐稳定,获得市"政法工作先进单位",县"信访维稳工作先进单位""反邪教工作全县特殊贡献奖"等荣誉。正农社区成功创评"全国无邪教示范村社区"。强化安全生产,强力打非治违,突出安全监管,确保一方平安。着力探索小区物业管理"六进六化"新模式(推进小区基层党建网络化、推进小区民主管理规范化、推进小区公共服务标准化、推进小区综治维稳智能化、推进小区志愿服务常态化、推进小区文明新风自觉化),创新业主与物管公司交流平台,积极开展周末沙龙等系列活动,努力实现小区服务"零距离"。

【宁乡一中白马桥中学全面竣工】 2015年9月,宁乡一中白马桥中学全面竣工,正式投入使用。现有教职工94人,其中高级教师12人,中学一级教师65人,本科以上学历人数82人,开设教学班25个,共有学生1428名。宁乡一中白马桥中学项目于2014年8月启动建设,项目位于白马桥街道仁福村仁福大道旁,总投资1.02亿元,征用地6.67公顷、建筑面积2.5万平方米,建成为一所能容纳48个班2400个学位的品牌化示范性初级中学。

【白马大道立面改造全面启动】 2015年8月,白马大道立面改造全面启动建设。此立面改造项目改造范围为白马大道沿线临街建筑,总改造户数为205户,涉及门面409空,全长1321米。

【五福广场片区棚户区改造项目全面启动】 2015年10月五福广场片区棚户区改造项目全面启动,此项目改造范围为金龙公路以南,白马桥街道办事处以东,龙江路以北,人民南路以西。征地2.67公顷,拆迁房屋46栋,平整土地4.67公顷,共投资1.2亿元。

【创建全国文明村镇】 2015年,白马街道被中央精神文明建设指导委员会授予"全国文明村镇"。白马街道把创建文明村镇作为精神文明建设的重要内容,成立文明创建领导小组和办公室,制订实施方案,层层分解和落实工作任务,以"三大建设"为总揽,组织志愿者经常性开展文明劝导,开展"讲文明,树新风""爱我家园清洁家园"、送戏下乡、扶贫助学等活动,大力开展环境卫生、市容秩序、裸露地块等整治,全力推进"加强基层党建、联系服务群众、创建新型城镇、美丽乡村"三年行动计划,全面改善居民生活条件和生活质量,大力提升居民文明素质和城乡文化程度。

(张　丹)

历经铺街道

工委书记　文　平

副书记、办事处主任

李锷华

副书记、人大工委主任

彭建兵

政协工作联络处主任

唐咏煌

副书记　杨国军(11月免)

刘肯登(11月任)

何泽波(女)

工委委员、纪工委书记

黄向明

工委委员、办事处副主任

刘　超

工委委员　彭　丹(女)

办事处副主任

郭顺才　谭新华

人大工委副主任

周国强

【概况】 2015年,历经铺由撤乡设立街道建制。年末,历经铺街道辖1个社区、7个行政村,94个村(居)民小组,共有1.01万户、总人口3.05万人;总面积36.88平方千米,其中耕地面积1390公顷。辖区内有沙河市场、喇叭口农贸市场和宁乡汽车东站。

一、紧扣发展主题,经济始终

保持健康快速发展。一是综合实力不断增强。2015 年，全街道税收收入超额完成目标任务，达到 8898 万元，完成县域生产总值 44.47 亿元，稻谷播种面积 2265 公顷，稻谷产量 1.53 万吨；完成农业总产值 4.03 亿元，工业总产值 88.22 亿元，其中规模以上工业总产值 74.75 亿元；社会消费品零售总额 23.76 亿元，农民人均纯收入达到 24995 元，经济始终保持强劲的发展势头，县对街道绩效考核位列全县第四。二是工业经济逆势而上。坚持以科技创新为主导向，以两帮两促为主抓手，围绕技改扩建，不断加大园区投入，全街道现有工业企业 103 家，其中有邦弗特新材料、建和建材、三旺饲料等各类规模企业 33 家，2015 年新入规模企业 3 家，分别是邦弗特新材料、广晟铝业和同力达陶瓷，超额完成目标任务（2 家）；规模工业税收实现 2500 万元；500 万元以上工业项目固定资产投资已完成 13.5 亿元。三是招商引资捷报频传。2015 年，历经铺街道新引进由瀚德集团投资 30 亿元的瀚德大学城项目、投资 2.4 亿元的美美融城项目、投资 1.5 亿元的宁乡鸿图物流公司项目和阿里巴巴、喇叭口停车场、美丽庭院及国道 319 慢行道建设、宁韶路提质改造、宁乡县海博机械制造有限公司项目等 16 个项目，完成合同资金 41.25 亿元，到位资金 14.3 亿元，策划包装项目 7 个，捕捉信息 13 条。四是项目建设加速推进。2015 年新开工项目 30 个，扩建和续建项目 14 个，全年完成固定资产投资 18.04 亿元。基础设施项目建设大力推进。完成滨江大道一期、东城大道一期建设；宁韶路提质改造项目竣工通车；国道 319 慢行道和庭院建设基本竣工；沩江大道、岳宁大道在建设中；启动南太湖水厂建设和历泉公路提质改造规划设计。喇叭口综合停车场竣工投入使用，开展瀚德大学城前期工作。城市功能日趋完善，新东城的承载力、支撑力和吸纳力大力增强。商贸服务后劲夯实。围绕喇叭口商业中心引进一批餐饮娱乐、商贸酒店为主导的高档服务项目，完善瑞海大酒店相关手续；义乌小商品城完成二期拆迁，并进行土方平整；宁邦广场、正大广场进行地下停车场建设。房产项目繁荣兴旺。计划投资 100 亿元的宇业·东方红郡完成一期建设，一期楼房开盘；印象东城、东城首座 7、8 栋楼房基本竣工，宜居城市加速构建。

二、坚持精细建管树形象，城市品质稳步提升。一是新型城镇建设彰显魅力。积极响应县委、县政府三大建设要求，5 月，启动喇叭口周边的拆违工作，成立 4 个工作组，制订提质改造措施。全年相继拆除主要道路两侧、喇叭口周边、沙河市场、工贸街、七村一社区等违章建筑 1483 处、13.42 万平方米，拆除广告招牌 2214 块、2.67 万平方米，全面打赢拆违控违攻坚战。6 月 5 日，全县新型城镇建设大会在历经铺街道拆违现场召开。新型城镇建设工作得到上级的高度肯定，《宁乡督查》第6 期专题撰写《多轮驱动齐攻坚，东城聚力换新颜》一文在全县进行宣传推介，《湖南日报》《长沙市拆违控违工作简报》等多次对历经铺街道控建拆违工作进行宣传报道。7 月 22 日，省委常委、长沙市委书记易炼红率 100 多人考察团到喇叭口进行拆违控违和造绿透绿现场观摩，把历经铺视为标杆。7 月中旬，历经铺街道联合县城建投、国资公司、沩东新城紧锣密鼓地对喇叭口广场、国道 319 沿线与宁韶公路至高坝窑段临街门面进行立面改造，共完成立面改造 1296 空，城市面貌焕然一新。二是美丽乡村建设全面推进。高度重视美丽乡村建设，成立以党工委书记为组长、全体班子成员为组员的领导小组，采取街道党工委书记联点、党政领导联村、干部联组、美丽屋场“一对一”联点的工作模式，美丽乡村建设工作在全街道 7 村 1 社区全面铺开，重点打造历经铺村 10 组曾家河屋场的美丽屋场示范点，南太湖村投入人、财、物，整理规划沿沩河村级公路，打造出美丽村级公路。年末，全街道“美丽屋场”“美丽庭院”随处可见。据初步统计，开展美丽乡村建设期间，南太湖等村（社区）共硬化、绿化道路 16.6 千米，净土庵等三个村改造电网造福 442 户群众，金南社区、新宝塔等村拆除违章建筑 12.61 万平方米，打造美丽庭院 331 个，建成村民文化活动广场 13 处，整治门店招牌 1.86 万平方米。在美丽乡村经济博览会上，历经铺街道投入 40 多万元打造的展馆接待群众近万人次，顺利签约阿里巴巴。历经铺村代表历经铺街道参加美丽乡村投票入围前 8 名，展馆参加最美展馆投票入围前 6 名。三是环境综合治理取得成效。围绕环境脏、乱、差现象严重的突出部位，对症施治，消灭死角。投入 300 万元对国道 319、省道 208 进行绿化、美化、序化，历泉线道路两边干干净净、整整洁洁、漂漂亮亮。全年拆除垃圾池 285 个、新增垃圾桶 1220 只，实行垃圾分类减量模式，历经铺街道在 2015 年全县固体垃圾处置运行工作检查中荣获第三名。

三、坚持全心全意惠民生，群众幸福指数大步攀升。一是社会保障水平有力提升。各项惠农补贴、救灾救济款、低保金、优抚资金和老龄补助均足额发放到位；失地农民保险工作逐步推进，全年共完成失地农民保险入保审查批复56个小组，1173人；投入151余万元对全街道44口山塘34公顷、49条河渠（段）3.8万米进行冬修，耗资30多万元对水管站进行建设并添置全新设备。年内投入180多万元对历经铺中学、历经铺中心小学、历经铺小学进行操场硬化、自来水安装、屋面翻新等基础设施建设，学校办学条件显著改善。投资310万元建设高标准的历经铺街道文化站及政务大厅投入使用。深入开展全县万名干部“听民声、解民忧、促平安”大走访活动，切实做到宣传、走访、问题解决“三到位”，走访过程中收集的各类问题、意见建议221条，并得到基本解决；扎实开展“心连心”活动，历经铺街道联合联点县直科局送出慰问资金共计25万余元；精准扶贫工作深入人心，为确保精准扶贫扶真贫、真扶贫，扎实摸清贫困户底数，按照“654321”的要求（即副厅级干部结对帮扶6户、正处级干部结对帮扶5户、副处级干部结对帮扶4户、正科级干部结对帮扶3户、副科级干部结对帮扶2户、一般干部结对帮扶1户，对贫困户进行资金资助、就业协助、致富援助和生产生活帮助。帮扶安排一定三年，做到“贫困村不脱贫、驻村单位不脱钩、联点干部不断线”）将贫困户逐一搭配到帮扶干部，并组织开展多次上门帮扶慰问，及时给困难群众送去关心和帮助。二是社会事业全面推进。计划生育工作保持先进。全年共计出生365人，计划生育率达90.4%，立案57例，移送法院执行14例；积极开展免费优生检测，共有236对夫妇参加孕前优生检查；组织人员，按照“巷不漏户、户不漏人”的原则，逐户上门走访，对金南社区流入人口进行两次清查，6月末，代表市、县迎接流动人口工作的省检并顺利通过；各项工作指标均在全县前列，荣获长沙市“计划生育工作先进单位”荣誉称号。安全工作常抓不懈。严格执行安全生产“一票否决制”和“一岗双责制”，建立健全安全工作长效机制，2015年，共开展“安全生产大检查”“烟花鞭炮专项整治行动”“危险化学品专项整治行动”等打非治违行动6次，取缔非法场所43家，活动期间共立案3起，排查隐患98处。街道安监站成功创建市标准化安监站；通过市安委会复查验收，继续保持“湖南省安全生产示范乡镇”荣誉称号。严格加强食品安全督查，全年共取缔无证豆制品作坊9家，收缴各类加工工具59件、加工成品160千克，行政拘留一人，共办理食品药品安全案件14例，收缴物资400余千克，罚款8.2万元，限期办理证照80余张，指导农村聚餐164例。历经铺街道生产安全、交通安全、消防安全及食品药品安全等各类安全工作运行平稳。综治维稳实效明显。建立健全社会治安防控体系、矛盾纠纷排查调处、防范处理邪教组织、禁赌禁毒工作等网络，禁毒社会化管理全面启动；积极开展专项严打整治工作、扫黄打非工作，全年共立案89起，批捕23人，劳教4人。注重加强特殊群体的管理，做到底子清、信息灵、控得住、赶得走，在特护期间，严格落实“五包一”监控措施，无一例上访闹事现象；及时调解矛盾纠纷，全年共受理调处民事纠纷101起，调解成功99起，调解成功率98.02%，历经铺街道大局和谐稳定。

四、坚持从严从实转作风，工作效能大幅提升。从严从实抓自身建设。建立健全街道党工委定期研究基层党组织建设工作制度，党建工作责任制落实到位；在宁乡县“重大项目攻坚年”首届赛狮活动中，街道党工委书记文平被评为“狮子型干部”，街道荣获“狮子型团队”提名奖。突出重点抓队伍建设。建立工作责任追究制，领导干部带头签订责任状，日常事务各线为主，突击任务并肩作战，做到既分工，又合作。在全县率先召开党的建设和创新社会管理工作大会，当场与全街道94名村民组长签订责任状，全面发动全街道94个小组长开展组长大竞赛，积极引导党员亮身份、比贡献、树标杆。全面覆盖抓基层党建。街道党工委下设党总支1个，部门单位党支部7个，两新组织党支部14个，村（社区）党支部8个，调优设置党小组57个，共有党员1313名，实现组织全覆盖。制订下发《2015年度历经铺街道对村（社区）基层党建工作绩效考核细则》，项目式开展党建工作，建立一对一联系指导制度，每名党政领导联系一个支部，每个村（社区）支部配备一名党建办干部作为党建工作指导员，具体指导该支部党建工作。重新优化调整党组织结构，全街57个党小组全部按照“六有”（有党组织牌匾、有党旗、有活动场地、有宣传专栏、有制度、有资料柜）标准进行阵地建设，全面铺开党员分类纪实积分管理办法，广大党员群众围绕美丽乡村建设、“讲道德、明是非、守纪律”等主题开展活动，掀起优化政风、纯化民风的热潮。

【撤销历经铺乡建制设立街道】 2015年9月29日，根据《湖南省民政厅关于宁乡县玉潭城郊白马桥历经铺4个乡镇撤乡镇建制设立街道的批复》(湘民行发〔2013〕18号)、《长沙市人民政府关于宁乡县玉潭镇城郊乡白马桥乡历经铺乡等乡镇撤销乡镇建制设立街道的通知》(长政函〔2013〕100号)精神和《宁乡县人民政府关于撤销玉潭镇城郊乡白马桥乡历经铺乡乡镇建制设立为街道的通知》(宁政函〔2015〕154号),撤销历经铺乡设立历经铺街道，以原历经铺乡的行政区域为历经铺街道的管辖区域，历经铺街道管辖7个建制村、1个社区。

【荣获长沙市2015年度经济社会发展“十强”乡镇称号】 2015年,历经铺街道坚持走转型升级、科学发展道路,经济、社会发展逐步步入快车道。全年完成工商税收收入1.02亿元;完成县域生产总值43.5亿元,规模工业总产值62.2亿元，社会消费品零售总额28.3亿元，农民人均纯收入达到2.5万元,经济始终保持强劲的发展势头。年内,引进翰德大学城项目、美美融城项目、宁乡鸿图物流公司等16个项目,完成合同资金41.25亿元,到位资金14.3亿元。邦弗特新材料、重庆三旺、建和建材、广联饲料、农顺生物众多企业百花齐放,设备制造、特种建材、农产品加工、机械、电子、服饰等产业百舸争流，汇成项目集聚和产业辐射的洪流，为经济社会发展打下了基础,荣获长沙市2015年度经济社会发展“十强”乡镇称号。

【征拆工作创“历经铺速度”】 2015年，历经铺街道依法公平公正推进征地拆迁。年内,历经铺街道服务县城建投、国资公司、沩东新城、金洲新区等主要开发平台新征储备土地45.63公顷、拆除259户,完成岳宁大道6户、东城新区19户、滨江棚改二、三期101户、沩江大道38户、喇叭口综合停车场33户、义乌二期64户,拆迁补偿资金总额近4亿元。7月20日,历经铺街道干部奋战两天完成南太湖水厂5户和喇叭口综合停车场33户的协议签订和倒地工作,创造“历经铺速度”,为项目建设顺利推进提供强有力的保障。

【树拆违控违标杆】 2015年,历经铺街道积极响应县委、县政府三大建设要求,高度重视,迅速行动,5月,启动喇叭口周边的拆违工作,成立4个工作组,制定以喇叭口广场为中心,向国道319、创业大道、楚沩路、宁韶路辐射延伸的提质改造图，采取对每位拆迁户“量身定制”的策略,创出仅15天,740处10.07万平方米违法建筑全面清零的“宁乡速度”,范围广、力度大、速度快,打响全县控违拆违的首场战役。《湖南日报》《长沙市拆违控违工作简报》等多次对历经铺街道控建拆违工作进行宣传报道。7月22日,省委常委、长沙市委书记易炼红率100多人考察团到历经铺喇叭口进行拆违控违和造绿透绿现场观摩，把历经铺视为标杆。

(仇　晓)

人 物

先进人物

郑小兵

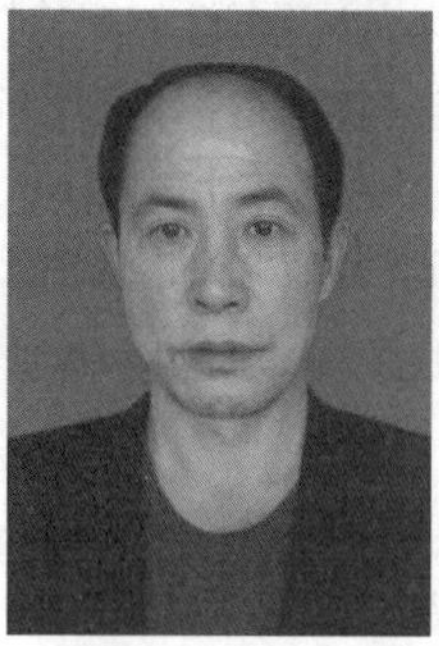

郑小兵，男，汉族，1963年11月出生，1982年5月参加工作，1987年11月加入中国共产党，大专文化，现任宁乡县公路管理局公路养护服务中心工程科科长。

从事公路养护工作30多年来，郑小兵养护技术好，能够吃苦耐劳，能够服从组织安排，对待工作认真负责，关心和爱护周边的同志。他所在的团队心往一处想、劲往一处使，工作业绩十分突出。他个人表现一贯优秀，是大家公认的模范人物。他带领的团队先后荣获共青团长沙市委“青年文明号诚信奖”、长沙市总工会“五一先锋号”“模范职工小家”、长沙市“模范集体”、省级“工人先锋号”、省交通系统“文明示范窗口”、全省公路系统“十佳养护站”等荣誉。他个人多次获得长沙市公路管理局嘉奖，并荣记三等功。在2014年长沙市公路养护技能比赛中，郑小兵获得沥青路面挖补项目第一名，并代表长沙市公路系统参加全省公路养护技能比赛，夺得沥青路面挖补项目第三名，获得全省公路养护“技术能手”称号。获得“宁乡县第二届劳动模范”“优秀共产党员”等荣誉。郑小兵不但公路养护工作出色，在突击抢险中同样尽职尽责。他严守公路养护操作规程，高质量、高标准地完成宁乡县公路管理局和公路养护服务中心下达的各项养护工作任务，并确保无任何安全责任事故。在公路水毁抢险、抗冰保畅抢险、防汛抗旱抢险，郑小兵总是带领队员们冲在最前面，积极参与处理各类突发险情，确保重要干线公路的安全畅通，曾两次获得宁乡县政府授予的“抗洪抢险先进个人”光荣称号。

谢文兵

谢文兵，男，汉族，出生于1970年8月，大学文化，中共党员，现任宁乡县公安局禁毒大队政治教导员，是宁乡县公安缉毒队伍的“领头羊”。在23年的从警生涯中，不管是当侦查员还是身处领导岗位，谢文兵都冲在第一线，参与和指挥侦办公安部督办2013-532曾才团伙贩卖毒品案、2014-799张少春团伙贩卖毒品案，2015-101张令彬等人制造、贩卖毒品案；湖南省公安厅督办2012-112尹鹰团伙贩卖毒品案、2014-116左国强团伙贩卖毒品案等重特大毒品案件80余起，抓获犯罪嫌疑人206人，缴获各类毒品90余千克。在2014年至2015年全国禁毒百城会战行动中，他严格按照“破大案，打团伙，缴毒资，摧网络，断通道”的禁毒思路，带领禁毒大队全体民警共同努力，侦破公安部督办2014-799毒品目标案件，该案共抓获犯罪嫌疑人11人，缴获毒品K粉38千克，扣押毒资5万余元，扣押涉案车辆2台，创下宁乡县禁毒史上单次缴毒最高纪录，一举斩断一条广西到湖南的毒品通道，开创宁乡县禁毒工作新局面。因成绩显著，2015年获全省禁毒工作先进个人及全国公安机关“百城会战”成绩突出个人二项荣誉，得到宁乡县委、县政府和上级公安机关的充分肯定。

谢洛克

谢洛克，男，汉族，中共党员，1969年12月出生，1992年7月毕业于湖南师范大学电大英语专科班，中学一级教师，任教于煤炭坝镇中心小学，同时担任学校支部书记。

2006年12月17日18时左右，时任该镇贺石桥中学副校长的谢洛克正在吃晚饭。突然，学校值班的陈赛华老师跑来报告说有社会流痞来校闹事，谢洛克丢下饭碗就跑向校门口，远远看见两个学生被威胁着跪在地上。谢洛克走过去，保护学生。几个流痞突然把谢洛克摁在地上，一顿乱打，谢洛克奋起反抗。流痞抽出砍刀朝谢洛克一顿乱砍，谢洛克被打成重伤，两根手筋被砍断，左手掌几乎断了。谢洛克用他自己的血肉之躯保护学生,维护学校尊严。2014 年 7 月 5 日 8 时左右,煤炭坝镇楠竹村的刘双连陪同 3 名小孩去县城治病,一不留神,将车开进了两米多深的黄材渠道,河水迅速涌进车内并渐渐漫向车顶,情况十分危急。这时,正在上班途中的谢洛克马上赶过去,纵身跃入水中,和其他人员展开一场生死大营救。四名落水者被救上来以后,谢洛克悄悄地走了。时隔 12 天,落水妇女刘双连找到学校并送来感谢信,谢洛克救人的事情才为媒体所知。

2009 年,谢洛克被宁乡县委、县政府授予"宁乡县首届道德模范"光荣称号。2014 年、2016 年被评为全县十大"忘不了"师德标兵。《湖南日报》誉之为"仗义不怕死、救人不留名"的"人中凤凰",湖南教育电视台以《凡人善事》专题进行报道。2015 年,谢洛克被评为长沙市教育系统道德模范,同年 10 月被评为长沙市第三届道德模范。两次入选"中国好人榜"。

十佳社会贤达

高书仕:沩水源头一"愚公"

高书仕,男,1949 年 1 月出生,沩山乡沩源村人。他是一名残疾人,坚持勤俭持家、严谨治家,一个十口人的大家庭日子过得和和美美,被当地干群视为家庭建设的典范。他是一名有着 45 年党龄的老党员,长期致力于改变家乡落后面貌,曾带领深山沟中 43 户村民克服重重困难修好 4 千米水泥公路,其中入户 37 户。他是一名新时代的"愚公",长期注重沩水源的保护开发,带领村民植树 6000 多株,如今许多已成参天大树;年过花甲主动请缨当组长,通过近 3 年的努力,带头义务投工 300 多个,捐资 2 万余元,组织村民在沩水源头建好兼具防火道功能的盘山旅游公路 10 千米,使之纳入沩山旅游的重点开发范畴。

金枚清:奉献余热显赤诚

金枚清,男,1946 年 2 月出生,中共党员,煤炭坝煤矿退休职工,现任沙子坡片区离退休党支部书记。2012 年煤城社区成立之初,他积极支持社区的工作,主动上门了解每一位住户的情况,及时帮助解决社区群众的实际困难。退休后,他热衷于服务社会,积极参加社区组织的义务劳动,组织 100 多人的志愿者队伍开展清洁家园活动,亲自带头清理卫生死角,辖区卫生面貌得到很大改观。他心系群众,帮助调解纠纷,解决实际困难,默默奉献自己的光和热,在社区群众中树立了良好的口碑,深受广大群众的敬重。

龙国安:青山绿水守护人

龙国安,男,1952 年 5 月出生,中共党员,宁乡县商务局退休干部。近年来,他拒绝了无数"糖衣炮弹",也经受了无数的威胁恐吓,几十次环境问题经他出面得到圆满解决。他两次参加环保世纪行沩江踏勘和回访,徒步 120 多千米,撰写了大量的新闻稿件和调查报告。他领导环保志愿者协会组织了环保知识抢答赛、宣传演出、知识大讲堂 20 多次,出刊《宁乡环保》内参 16 期。连续两年被县优化办聘为政风行风监督员,并获评长沙好人·我身边的雷锋、长沙市环保好市民、湖南省老干局优秀网络宣传员。

李慈君:望北峰麓树标杆

李慈君,男,1953 年 10 月出生,中共党员,横市镇横市社区人。在横市镇企业办工作时,大力整合烟花鞭炮产业,全镇 800 多家个体户经过规划整合成鞭炮厂 15 家。从横市镇政府退休后,退岗不褪色,他修桥补路,关爱贫困学生,走访慰问"五保"老人,做了大量的慈善工作。他热爱公益,作为镇禁毒协会会长,积极呼吁青少年远离毒品,并对吸毒人员进行劝导。他维护公平正义,修村级主干道涉及 4 个组 18 户,多数群众因涉及利益思想不通,修路阻力重重,他看在眼里、急在心里,主动上门挨家挨户做工作,在他的努力下,最后 18 户村民全部同意修路。他是一个创业的模范,一位慈祥的老人,一座道德的高峰,在群众中有很好的口碑,是望北峰当地的道德标杆。

潘继斌:人生担当写大爱

潘继斌,男,汉族,1966 年 7 月出生,宁乡县资福镇人,湖南华程建筑工程有限公司董事长。潘继斌用责任和大爱打造企业,精心打造华程建筑有限公司,建筑质量有口皆碑;他积极响应县委、县政府的号召,捐助资金 20 多万元援建了 10 户危房户,逢洪水泛滥季节,他带领员工投身抗洪抢险,彰显了一名企业家的社会价值;他致力于扶贫助学,对口扶持了 10 名贫困大学生,将关爱洒向社会的每一个角落,为和谐社会构建做出了积极贡献。

阙惠村:扶王山下"不老松"

阙惠村,男,1939 年 7 月出生,龙田镇隔山冲村人。多献余热,是他在退休第一天给今后生活的基本定位。退休 18 年,他坚持做党委政府的好帮手、服务山区的领头雁和热心公益的慈善家,他 7 次获评全市先进个人,25 次被评为全县先进个人,4 次出席全县“七一”表彰大会。他积极投身“五老四教”活动，克服重重困难到当地学校、单位、村(社区)授课131堂，其中自掏腰包租摩托车的费用就有近3000元。他牵头成立镇关心下一代协会、镇老龄协会、镇老科协和镇网络教育协会，会员总数达1600多人，把服务做到大山深处的千家万户。他发起了一场长达十几年的助学行动，已使80多名贫困学子从中受益。

易伯衡：诲人不倦扬正气

易伯衡，男，1936年12月出生，中共党员，玉潭街道学庵社区人。自1996年退休后，他19年如一日，长期担任玉潭街道老龄协会、禁毒协会会长、新城社区老年学校校长。自“五老四教”活动开展以来，每年到机关、学校、社区、企业宣讲不少于70堂，座谈会不少于20次。他时刻关注青少年成长。先后撰写《加强离退休党支部建设的思考与建议》等调查报告10多篇，并在省市县获奖。2014年，他被选为玉潭街道社会禁毒协会第一任会长，主动组织宣传员下基层、到学校、进社区，宣讲禁毒知识40多堂，听众达8000余人，家访130多户，玉潭社会禁毒工作经验在市、县推介。

袁雪松：雪松品格成典范

袁雪松，男，1949年11月出生，中共党员，他退休前是宁乡县司法局巷子口镇司法所司法员。30多年来，他调解处理重大疑难纠纷140余起，使濒临破碎的120多户家庭重归旧好，使80多位老人的赡养问题得到了圆满解决；制止群体性械斗60多起，预防可能发生的自杀事件20多起，避免了一幕幕悲剧的发生；代理经济、民事、行政诉讼320余件，使群众和法人的合法权益得到了有力保障。他经手办理的2000多件案件，没有一件“冤假错”。他不唯上，不唯书，只唯实；不经营领导，不经营关系，只经营事业，深得群众信任。他先后被评为“全国模范人民调解员”“湖南省优秀司法员”“湖南省人民满意公仆”，2005年被国务院授予“全国先进工作者”荣誉称号。

张秀英：三千村民“老管家”

张秀英，女，1937年1月出生，中共党员，老粮仓镇楚江村人。她曾担任村妇女主任，勤勤恳恳，尽职尽责，多次获得省、市、县表彰，是基层干部的典范。1993年，她从村干部岗位退下来，尽管年纪比较大，但她人老心不老，退岗不褪色，多年来始终保持一名优秀共产党员的本色，不怕苦、不怕累、不怕闲言闲语、不怕误解抱怨，在调和邻里关系、关爱弱势群体、助力公益事业、支持上级政策上挺身而出，任劳任怨，执着为党站好最后一班岗。迟暮之年，桑榆不老！她把爱心献给了群众，把丹心留给了党，被楚江村近3000村民称为“老管家”。

周光如：引领和谐新风尚

周光如，男，1961年4月生，中共党员，菁华铺乡泗海村人，长沙清华涂料有限公司董事长。他坚信“家和万事兴”，传承着祖辈们美好的生活愿景，13口人同住一个屋，同吃一锅饭，做到了四代同堂，兄友弟恭，妯亲娌爱。数十年来风雨同舟，全家收入一条线，支出做到“按需分配，不分彼此”，成为了当地口口相传的一段佳话。他常怀感恩，从白手起家到事业有成，不忘回馈社会、造福民生，成为当地的基础建设、慈善公益捐资出力的“及时雨”。他科学履职，参政议政不遗余力，成为服务民生、助推县域发展的“聚能环”。

荣誉在册

获国家(部委)奖励(命名)单位名单

获奖单位	获奖（命名）	授奖（命名）单位
县城建投	模范职工之家	中华全国总工会
县白蚁防治管理所	模范职工小家	中华全国总工会
宁乡经开区总工会	全国职工书室	中华全国总工会
县史志档案局	《宁乡年鉴 2013》年鉴编纂出版质量综合评比三等奖	中国出版协会年鉴工作委员会
农工党长沙市宁乡县基层委员会	先进基层组织	中国农工民主党中央委员会
县法院	全国优秀法院	最高人民法院
县法院黄材法庭	模范职工小家	中华全国总工会
县检察院	全国检察宣传先进区县人民检察院	最高人民检察院
县司法局	人民调解宣传工作先进集体	全国人民调解员协会
县公安局	查处侵权盗版案件有功单位二等奖	国家版权局
回龙铺镇离退休干部党总支	全国离退休干部先进集体	中共中央组织部
县教育局	2015 年国家义务教育质量监测优秀组织单位奖	教育部
金洲新区	国家新型工业化产业示范基地（新材料·电池材料）	工业和信息化部
白马桥乡	全国文明村镇	中央精神文明建设指导委员会
县国土资源局	2014 年度土地利用和管理形势观测分析工作成效突出观测点	国家土地总督察办公室
县国土资源局	全国国土资源管理系统先进集体	人力资源和社会保障部 国土资源部

获国家(部委)奖励(命名)个人名单

获奖人所在单位	获奖人	获奖名称	授奖单位
县公安局	徐　睿	全国社区戒毒社区康复优秀教案评议二等奖	国家禁毒委员会

获省(厅局)奖励(命名)单位名单

获奖单位	获奖（命名）	授奖（命名）单位
宁乡县	全省福利彩票销售工作先进县	省民政厅
	2015 年度经济强县	省委、省人民政府
宁乡电信	2015 年度湖南电信战略单元	中国电信湖南公司
县城管局	湖南省档案工作规范化管理省一级单位	省档案局
玉潭镇		
养鱼塘公路超限检测站	全省公路系统十佳公路超限检测站	省公路局
宁横公路养护站	全省公路系统十佳养护站	
县农机局	全省农机安全生产目标管理先进单位	省农机局
	全省水稻插秧机械化技术推广先进单位	
县烟办	湖南省现代烟草农业建设优秀单位	省两烟协调领导小组
县电力局	安全生产先进集体	国网湖南省电力公司
县城建档案馆	先进集体	省住建厅城建档案办
县房屋产权服务中心	2015 年度房产测绘工作先进单位	省房地产业协会房地产测绘专业委员会
县房地产开发经营有限公司	湖南省“守合同重信用”单位	省工商行政管理局
县房地产业协会通联站	2015 年度《湖南房地产》先进通联站	湖南房地产杂志社
沩山乡	湖南省卫生乡镇	省爱国卫生运动委员会
灰汤镇		
县统计局	湖南省县级统计工作规范化建设先进单位	省统计局
回龙铺镇	湖南省乡镇（街道）统计工作规范化建设先进单位	
玉潭镇香山社区	湖南省计划生育基层群众自治示范社区	省卫生和计划生育委员会
玉潭镇楚沩社区	优秀社区之才艺奖	湖南电视台都市频道

获奖单位	获奖（命名）	授奖（命名）单位
县广播电视台	湖南新闻奖一等奖	省委宣传部 省新闻工作者协会
金洲镇	湖南省服务业示范集聚区（旅游）	省发改委
县老干部局	全省老干部宣传工作红旗单位	省老干部局
县法院执行局	“百日会战”先进集体	省高级人民法院
县工商联合会	湖南省“五好”县级工商联	省工商业联合会
县武装部	民兵工作先进单位	长沙警备区
	安全工作先进单位	
	全民国防教育工作先进单位	省全民国防教育委员会
巷子口司法所	省规范化司法所	省司法厅
县公安局	全省公安机关侦破命案工作成绩突出集体	省公安厅
	“3·12”特大网络非法制贩、持有枪支案宁乡专案组二等功	
	宁乡县局部督“1415”全国一级建造师考场舞弊专案组二等功	
县妇联	全省妇联系统宣传工作突出单位	省妇联
黄材镇崔坪村	2015年度湖南省卫生村	省爱国卫生委员会
坝塘镇乐安村		
东湖塘镇西冲山村		
沩山乡沩水村		
东湖塘镇财政所	2015年度标准化财政所创建工作先进单位	省财政厅
双江口镇财政所		
朱良桥乡财政所		

获省(厅局)奖励(命名)个人名单

<table>
<tr><th>获奖人所在单位</th><th>获奖人</th><th>获奖名称</th><th>授奖单位</th></tr>
<tr><td rowspan="2">县公路局</td><td>喻　晓</td><td>全省公路系统十佳公路局长</td><td rowspan="2">省公路局</td></tr>
<tr><td>郑小兵</td><td>全省公路系统十佳养路工</td></tr>
<tr><td rowspan="3">县房产局</td><td>张　静</td><td>湖南省白蚁防治行业先进个人</td><td>省房协白蚁防治专业委员会</td></tr>
<tr><td>陈洪波</td><td rowspan="2">2015 年度《湖南房地产》通联信息先进工作者</td><td rowspan="2">湖南房地产杂志</td></tr>
<tr><td>周霞明</td></tr>
<tr><td rowspan="5">县广播电视台</td><td>熊建华</td><td rowspan="5">湖南新闻奖一等奖</td><td rowspan="5">省委宣传部
省新闻工作者协会</td></tr>
<tr><td>王敬仁</td></tr>
<tr><td>喻冠男</td></tr>
<tr><td>周　丹</td></tr>
<tr><td>郭志光</td></tr>
<tr><td>县政法委</td><td>刘　平</td><td>省维稳工作优秀个人</td><td>省维稳办</td></tr>
<tr><td rowspan="13">县公安局</td><td rowspan="2">谢文兵</td><td>全省禁毒工作先进个人</td><td>省禁毒委员会</td></tr>
<tr><td>全国公安机关百城“禁毒会战”成绩突出个人</td><td rowspan="12">省公安厅</td></tr>
<tr><td>漆曙光</td><td>一等功</td></tr>
<tr><td>李延扬</td><td rowspan="2">二等功</td></tr>
<tr><td>刘志雄</td></tr>
<tr><td>朱政国</td><td>全省公安机关“抗战胜利 70 周年纪念活动”安全保卫工作成绩突出个人</td></tr>
<tr><td>范旭晖</td><td>全省公安政治工作成绩突出个人</td></tr>
<tr><td>游恩到</td><td rowspan="3">2015 年度春运道路交通安全管理工作成绩突出个人</td></tr>
<tr><td>段志远</td></tr>
<tr><td>谭灿锚</td></tr>
<tr><td>蒋果文</td><td>全省公安监管场所安全管理工作成绩突出个人</td></tr>
<tr><td>周　志</td><td>法治公安建设支招“金点子”三等奖</td></tr>
</table>

获长沙市委、市政府奖励(命名)单位名单

获奖单位	获奖（命名）	授奖（命名）单位
宁乡县人民政府	长沙市加速推进新型工业化工作优秀单位	市政府
宁乡县	市维护稳定工作优秀区县（市）	市委、市政府
龙骧公司	文明单位	
大成桥镇	2014年度现代农业发展优秀单位	
玉潭镇	长沙市2014年度经济社会发展综合实力“十强乡镇街道”	
回龙铺镇	2015年度现代农业发展优秀单位	
	2015年度经济社会发展“十快乡镇街道”	
县信访局	2015年度信访工作目标管理考核优秀单位	
沩山乡	市社会管理综合治理红旗乡镇	
青山桥镇	市社会管理综合治理优秀乡镇	
坝塘镇		
历经铺乡		
龙田镇		
白马桥乡		
回龙铺镇		
玉潭镇	文明标兵单位	
	长沙市人口和计划生育优质服务红旗单位	
玉潭镇通益桥社区	文明社区	
回龙铺镇	长沙市经济社会发展十快乡镇街道	
历经铺乡	人口和计划生育工作优秀单位	
白马桥乡		
夏铎铺镇		
回龙铺镇		
煤炭坝镇		
龙田镇		
历经铺乡	长沙市2015年度经济社会发展综合实力“十强乡镇街道”	
白马桥乡		

获长沙市委、市政府奖励(命名)个人名单

获奖人所在单位	获奖人	获奖名称	授奖单位
县综治办	谢　明	市社会管理综合治理优秀个人	市委、市政府
县公安局	周德龙		
县教育局	喻汉科		
喻家坳乡	谈江波		

获宁乡县委、县政府2015年度奖励部分单位名单

一、五好领导班子(52个)

道林镇	大屯营镇	东湖塘镇	夏铎铺镇
双江口镇	回龙铺镇	灰汤镇	大成桥镇
喻家坳乡	青山桥镇	黄材镇	沩山乡
巷子口镇	龙田镇	白马桥街道	历经铺街道
城郊街道	玉潭街道	县法院	县检察院
县编委办	县发改局	县教育局	县民政局
县人社局	县国土资源局	县交运局	县水务局
县农业局	县审计局	县城管局	县环保局
县统计局	县老干局	县委党校	县市场质监局
县民宗局	县畜牧局	县住保局	县广播电视台
沩管会	沩东新城	县重点办	县机关事务局
县项目办	县城投集团	县征地办	县国资管委会
县公路局	县总工会	团县委	县妇联

二、获得全国先进荣誉称号单位

县域经济基本竞争力全国百强第 39 位	县统计局
获批国家新型工业化产业示范基地	宁乡高新区
全国第二批生态文明先行示范区	县发改局
国家深化县域基础设施投融资改革试点县	县发改局
全国国土资源管理系统先进集体	县国土资源局
国家级旅游度假区	灰汤镇
电子商务进农村综合示范县	县商务局
全国文明村镇	白马桥街道
第三批全国特色景观旅游名镇	花明楼镇
第二批全国宜居小镇	花明楼镇
全国文明村镇	花明楼镇
全国检察宣传先进单位	县检察院
国家级湿地公园	县林业局
梅家田派出所获全国公安一级派出所	县公安局
宁乡农业科技园获批国家农业科技园	县农科园

统计资料

宁乡县 2015 年主要经济指标

单位：万元

指标＼时间	2014 年	2015 年	增长（±%）
GDP 总值（现行价）	9102255	10021715	12.1
一产业	996413	1097188	4.9
二产业	6203310	6755512	12.7
其中：工业	5613931	6131051	13.4
三产业	1902532	2169015	13.0
规模以上工业总产值	17425457	20153859	15.1
农业总产值（现行价）	1528769	1684037	5.0
财政总收入	556802	601586	8.0
其中：公共财政预算收入	353082	407355	15.4
财政总支出	658353	778780	18.3
社会消费品零售总额	1972711	2364476	16.2
全社会固定资产投资总额	7135153	8420886	18.4
金融部门存款余额	3990580	5034187	26.2
其中：城乡居民储蓄余额	2528933	2980466	17.9
金融部门贷款余额	2992909	4624992	54.5
农民人均可支配收入（元）	19719	21469	8.9
在岗职工年平均工资（元）	48943	54521	11.4
城镇居民人均可支配收入（元）	31125	33929	9.0
实际利用县域外资金(万美元)	2538000	2435300	–4.0

（县统计局）

2015 年乡镇基本情况

乡镇名称	土地面积（平方公里）	总人口（人）
总　计	2905.92	1406270
玉　潭	22.84	74317
白马桥	20.44	24895
历经铺	36.88	30501
城　郊	37.42	33004
道　林	135.11	56382
花明楼	113.56	50087
东湖塘	131.68	49302
夏铎铺	103.25	40897
双江口	155.04	84534
煤炭坝	72.6	50361
坝　塘	163.71	70862
灰　汤	210.9	99011
双凫铺	87.98	40780
老粮仓	121.99	65518
流沙河	140.6	69742
巷子口	105.73	47289
龙　田	71.88	23748
横　市	124.12	56519
回龙铺	71.89	40172
黄　材	219.01	66832
大成桥	58.79	34289
青山桥	132.32	52922
大屯营	106.47	44661
金　洲	61.31	32353
资　福	88.54	39777
菁华铺	65.76	33807
喻家坳	96.64	40264
沙　田	74.29	35436
沩　山	75.17	18008

（说明：按照合并后 29 个乡镇街道统计）

2015 年乡镇主要经济指标

乡　镇	稻谷播种面积(公顷)	稻谷产量(吨)	生产总值(GDP)(万元)	农业总产值(万元)	工业总产值(万元)	规模以上工业总产值	社会消费品零售总额(万元)	全社会固定资产投资(万元)	财政总收入(万元)
总 计	121982	828405	6533360	1684037	11128807	9265323	2301756	5036859	203815
玉　潭	112	754	858365	3902	1106739	936374	860145	914000	95397
白马桥	994	6706	440103	28678	1018538	875693	83650	321983	15345
历经铺	2265	15290	444670	40305	882184	747533	237636	180375	8898
城　郊	1261	8556	399529	29092	830422	670570	58724	333000	30493
道　林	6424	43390	179519	52201	116594	88845	45993	97185	1646
花明楼	5839	39429	247078	57332	382090	329792	44005	207765	2243
东湖塘	5810	39221	109573	54292	160702	120526	36935	62113	619
夏铎铺	4625	31283	525303	52920	1873291	1780383	79054	388506	10247
双江口	6339	42961	133901	69723	108227	67800	42155	86000	1804
朱良桥	4116	27784	100151	58345	128136	92380	26855	78846	914
煤炭坝	3107	20969	296818	54776	570911	472474	65707	213198	3936
坝　塘	4687	31739	103337	62786	161897	128734	31180	52945	835
南田坪	3689	25012	77854	52920	100596	54121	22706	46159	697
灰　汤	2173	14681	102192	49930	10126		39850	282881	5381
偕乐桥	3790	25580	101670	53241	39796	15618	25157	35720	422
枫木桥	4490	30418	78245	56882	67620	50178	31468	42000	373
双凫铺	3758	25369	266119	59461	335149	273860	45959	126815	1596
老粮仓	6072	41032	149480	57443	355361	286871	46254	87042	658
流沙河	6006	40542	107316	77616	117463	46235	56252	85457	1137
巷子口	1926	14037	76796	37852	147252	127671	32096	52237	667
龙　田	972	7401	57837	24120	133919	111959	16853	59966	901
横　市	4644	31348	157628	57412	181356	145828	48981	130354	983
回龙铺	4430	29970	148345	66958	237244	177673	36446	80070	2459
黄　材	3217	22233	144967	77895	108905	72037	44396	115110	1191
大成桥	3410	23021	274003	59345	782328	695683	32022	248557	2027
青山桥	4376	29540	126354	60281	156262	133212	40777	53799	1666
大屯营	6003	40518	181921	60255	281521	211584	30836	178047	1041
金 洲	3500	23626	128489	49096	142432	107049	23060	123477	4249
资　福	4486	30307	74190	53582	62885	35200	25908	53690	614
菁华铺	3291	22212	133226	46763	203491	150896	26505	103073	1572
喻家坳	4075	27565	189781	63519	197362	154595	29725	76609	2104
沙　田	1584	11698	62140	29815	85303	69542	21015	66610	644
沩　山	512	4216	56461	25300	42707	34407	13452	53270	1055

（说明：按照合并前 33 个乡镇街道统计）

文件选编

中共宁乡县委 宁乡县人民政府
关于切实做好扶贫济困精准化常态化工作的通知

宁发〔2015〕13号

各乡镇党委、人民政府,县直各单位:

为全面贯彻落实中央和省、市关于做好扶贫工作的各项决策部署,建立健全广覆盖、多层次、高效率的扶贫济困长效工作机制,深入做好我县扶贫济困工作,现就有关事项通知如下:

一、指导思想

以党的十八大和十八届三中、四中全会精神为引领,坚持以人为本、执政为民,以推进民生保障一体化为目标,大力实施精准扶贫,创新推进社会救助,推进扶贫济困精准化、常态化,不断提高困难群众生活水平和幸福指数,为全面建成小康社会奠定坚实基础。

二、工作重点

(一)加大扶贫开发攻坚力度,推进扶贫济困精准化

1. 目标任务:切实增强脱贫致富能力,坚决防止贫困代际传递,全面消除绝对贫困现象,至2017年,实现全县5.6万建档立卡贫困户"清零"、32个国家级贫困村"摘帽"。

2. 主要内容

(1)深入调查分析,完善精准识贫机制。扎实做好扶贫对象的校准复核和返贫人口的调查登记,重点解决好扶贫对象识别信息不全、不准、不实的问题。加强贫困人口建档立卡信息化建设,做到"户有卡、村有册、乡(镇)有档、县有数据库、中央省市县乡村信息平台共享",确保全面、动态掌握贫困底数。根据不同贫困村、贫困户的致贫原因,找准不同类型贫困人口脱贫的突破口,逐村逐户制定帮扶措施,集中力量予以扶持,做到精确指导、有的放矢。

(2)实施结对帮扶,抓准扶贫攻坚着力点。建立"县领导联乡、县直部门联村、干部联户"的扶贫结对帮扶机制。按照"654321"的标准,推进干部对口帮扶重点贫困户,即副厅级干部结对帮扶6户、正处级干部结对帮扶5户、副处级干部结对帮扶4户、正科级干部结对帮扶3户、副科级干部结对帮扶2户、一般干部结对帮扶1户,对贫困户进行资金资助、就业协助、致富援助和生产生活帮助。帮扶安排一定三年,做到"贫困村不脱贫、驻村单位不脱钩、联点干部不断线"。重点实施四项"到村到户"工程。一是产业扶持到村到户。实行产业规划到村、项目到户、增收到人,注重增强贫困地区"造血"功能。大力发展特色种养业,沩山乡、黄材镇以发展优质茶叶产业为主,巷子口镇、沙田乡以发展优质果蔬产业为主,龙田镇、青山桥镇以发展中药材产业和丝蚕产业为主,流沙河镇以发展宁乡花猪原生态养殖为主,老粮仓镇、横市镇以发展烟叶产业为主,其他乡镇因地制宜,结合实际,挖掘人文,发展美丽经济,形成"一村一品"的产业发展布局。力争到2017年,贫困村农民人均可支配收入每年高于全县增长比例20%以上。二是教育培训到村到户。加强与经开区、金洲新区、金玉乡镇工业集中区等园区用工需求对接,促进贫困地区劳动力就近就业。有针对性地开展贫困人口职业技能培训,落实"雨露计划"、新型职业农民培训等培训项目,确保每个贫困劳动力至少掌握一项职业技能,增强扶贫对象自我发展能力。三是基础设施到村到户。解决好水利基础设施向下延伸问题,建立小型水利灌溉体系,改善农村水利基础条件;推进农村饮水安全工程建设,2017年年底前实现农村居民饮水安全率100%,加快形成安全有效、保障有力的"小康水"。加大农村电网升级改造力度,重点解决贫困地区低电压、容量不足等影响农民生产生活用电的问题,加快形成安全可靠、智能绿色的"小康电"。加大对贫困村公路、危桥建设支持力度,每年改造村组公路200千米,2017年底前完成全县162座中小危桥

改造,加快形成畅通美化、安全便捷的“小康路”。四是公共服务到村到户。2016年6月底前完成50个农村党建文化养老综合服务中心项目建设。积极推进贫困村公共文化设施、广播电视户户通工程和宽带网络建设。加快推进贫困村卫生室规范化建设和幼儿园配套,确保2017年底前实施贫困村卫生室、幼儿园全覆盖,加快建成配套齐全、方便高效的“小康村”。

(3)积极探索试点,打造特色宜居移民小镇。加快改善和解决贫困户无住房、住房不安全等问题,三年内力争所有贫困户中的危房户全部完成危房改造或搬迁。探索跨乡镇异地搬迁模式,围绕“农民集居、产业集聚、旅游门户、资产增值”定位,坚持自愿原则,推进黄材水库库区周边巷子口镇、沩山乡及黄材镇的贫困户在黄材镇炭河古城进行集中安置。支持鼓励其他乡镇有意愿的贫困户按照“两分两换”(宅基地与承包地分开,搬迁与土地流转分开,以土地承包经营权换股、换租、增保障,推进集约经营,转换生产方式;以宅基地换钱、换房、换地方,推进集中居住,转换生活方式)模式在夏铎铺镇进行搬迁安置。重点解决好安置区配套设施建设和涉迁户就业安置问题,确保涉迁群众“搬得出、留得住、能就业、有保障”。

(4)切实强化措施,妥善解决失地农民社保问题。加大社保资金征缴力度,加快被征地农民参保审批,确保2017年年底前全面解决历史遗留的被征地农民社保问题。

(二)建立社会救助“一门受理、协同办理”工作机制,推进扶贫济困常态化

1. 目标任务:以保障和改善民生为主线,健全“政府领导、民政牵头、部门配合、社会力量参与”的社会救助工作机制,在住有所居、学有所教、病有所医、老有所养、业有所就、困有所帮和难有所助等方面为困难群众服务,让困难群众“求助有门、受助及时”,实现扶贫济困常态化的工作目标。

2. 主要内容

(1)建立社会救助联动机制。民政、卫生、计生、人社、教育、住建、住保等成员单位应切实履行职责,依托乡镇社会救助工作站,设置“一门受理、协同办理”便民服务窗口,在最低生活保障、特困人员供养、受灾人员救助、医疗救助、教育救助、住房救助、就业救助、临时救助、社会保险等方面为困难群众排忧解难,提供服务。

(2)提高特殊残疾人员补助标准。从2016年1月起,不分户籍,将重度残疾人特殊生活补助标准提高到100元/人/月,对一户多残贫困户发放生活补贴100元/人/月。

(3)搭建“千手”爱心救助平台。一是建立“千手”爱心救助网络。建设宁乡县扶贫济困大数据平台,建立健全已获得社会救助家庭经济状况信息核对系统,实现部门单位、乡镇数据共享、实时互动、及时公开。二是开通“千手”爱心救助热线。设立“千手”爱心救助受理处置中心,24小时受理困难群众求助事项,并及时为其提供紧急爱心救助。受理处置中心工作人员由志愿者、慈善义工组成。三是设立“千手”爱心驿站。乡镇、村(居)设立“千手”爱心驿站,负责对社会各界及爱心人士捐赠物资进行整理、消毒、包装、储存、管理和派送。在县城设立“千手”爱心驿站总站,对“千手”爱心求助热线、“千手”爱心救助基金管理机构和义工组织进行集中管理。

(4)设立“千手”爱心救助基金。通过财政注资、社会募集的方式,筹措1亿元“千手”爱心救助基金,基金的运作管理由县财政局负责,基金增值部分用于助医、助学、助困等慈善救助项目。各乡镇成立“千手”爱心救助基金分会,负责本乡镇慈善捐赠、救助及日常慈善管理工作。

三、保障措施

(一)加强组织领导。成立由县委书记任组长,县长任第一副组长,其他相关县领导为副组长,县委办、县政府办联系扶贫济困工作的同志、县直相关部门主要负责人和驻宁部队负责人为成员的扶贫济困精准化常态化工作领导小组。领导小组下设办公室(设县农办),姚鹤舜同志任办公室主任,陶文良、刘要军同志任办公室副主任,负责扶贫济困工作的指导、督促、调度和考核。全县各级各部门要充分认识扶贫济困工作的重要性,坚持党政主要负责人亲自抓,加强领导,落实任务,强力推进。各乡镇要成立相应领导机构,扎实做好进度安排、项目落地、资金使用、人力调配、推进实施等工作。

(二)加强协调配合。宣传部门要积极做好扶贫济困工作的舆论引导;教育部门要重点关注贫困村教育软硬件设施的改善;民政部门要加强对困难群体的救助和慰问;人社部门要抓紧落实好困难群体医疗、养老等社会保障和促进就业的政策措施;交通部门要大力支持贫困村农村公路建设;住建部门农村危房改造指标分配要向困难群体倾斜;卫生、计生部门要大力加强医疗服务体系建设;团县委要配合做好爱心志愿者招募工作;县妇联要牵头做好留守儿童关爱工作;发改、农业、水务、林业、电力、电信等部门要全力支持农村基础设施建设,切实推动资源

要素向贫困地区和困难群体流动。其他有关部门要立足自身职责职能，有针对性地开展扶贫济困工作。

（三）严格管理考核。将扶贫济困精准化常态化工作纳入对乡镇、部门的年度绩效考核，制定考评机制。加强检查督促，确保各项工作任务落到实处。对完成年度目标任务好的给予通报表彰和奖励；对年度任务完成情况不好的给予通报批评，并对单位一把手进行诫勉谈话。

附件：1. 宁乡县精准扶贫工作联乡（镇）安排表

2. 宁乡县精准扶贫工作联村安排表

3. 宁乡县扶贫济困精准化常态化工作责任分解表

中共宁乡县委

宁乡县人民政府

2015 年 8 月 28 日

附件一

宁乡县精准扶贫工作联乡（镇）安排表

乡镇	人口总数	贫困人口		联点领导	联点单位
		户数	人数		
玉潭镇	67000	33	78	谭小平	县委办、县法院、县信访局
花明楼镇	49587	764	1336		县人社局、县旅游局、县公路局
城郊乡	39230	155	417	戴中亚　吴国强	经开区、县商务局、县妇联
煤炭坝镇	50371	256	687	周　辉　周明山	县政府办、县工信局
青山桥镇	52475	1659	3539		县审计局、县法制办、县工商局
双凫铺镇	40412	547	1054	邓杰平	县统计局、县安监局、县供销社
白马桥乡	24385	140	140		县住保局、县政务中心、县征地办
老粮仓镇	64879	1535	3754	贺应辉　胡　长	县人大办、县粮食局、县残联
菁华铺乡	33370	445	1045		县民政局、县编委办
回龙铺镇	39587	976	1401	喻亚军	县政协办、县国土资源局、县科协
东湖塘镇	48863	890	1799		县畜牧局、县环保局
夏铎铺镇	40140	503	1127	刘永红　孔秋生	县委统战部、金洲新区、凤凰山森林公园、今日宁乡
道林镇	55997	1013	2578	刘　亮	县人口计生局、县经管局、宁乡供电公司
巷子口镇	46809	1239	3079	汤智斌	县委组织部、县水务局、县金融证券办
灰汤镇	24202	203	591	龚　畅	县城乡规划局、县招商局
横市镇	56129	1185	2878		县卫生局、县食药监局、县质监局
坝塘镇	42544	582	1491	张　武　谢文军	县纪委、县财政局
大成桥镇	33959	501	913		县检察院、县老干局
大屯营镇	44423	847	1768	谢圣彬　田　剑	县人武部、县科技局、县重点办
朱良桥乡	35885	549	1159	刘　平	县委政法委、县610办
黄材镇	66328	1898	4415	王湘云	县委宣传部、沩管会、黄水局、炭办
流沙河镇	69234	1977	4709	周泽祥	沩东新城、县住建局、县林业局
龙田镇	23661	709	2183	熊志扬	县委党校、县城投集团
偕乐桥镇	34201	528	1025	闵志平	县文体广局、金玉乡镇工业集中区、县国税局、县烟草局
沩山乡	17728	532	1394	彭曦明	县交通运输局、县民宗局
枫木桥乡	39761	640	1383	钟利仁	县教育局、县工商联、县食安办
金洲镇	32046	348	770	刘俊武	县司法局、县国资管委会
南田坪乡	27882	463	1095	漆曙光	县公安局、县机关事务局、县地税局
双江口镇	47887	809	1594	冯智君	县绩效办、县广播电视台、县总工会
历经铺乡	29799	153	414	彭　韬	县城管局、县档案局
喻家坳乡	39955	705	1620	喻立明	县发改局、县能源办、县烟办
沙田乡	35161	970	2567	李　纯	县农业局、县项目办
资福镇	39638	776	1997	杨志武	县农办、县农机局、县移民局、团县委
合计	1393528	24530	56000		

1

附件二

宁乡县精准扶贫工作联村安排表

村 名	人口总数	贫困人口		年人均收入（元）	联点领导	联点单位
		户数	人数			
青山桥镇友园村	2170	179	456	4940	周 辉 周明山	县住保局
青山桥镇芙蓉村	3158	315	663	4800		县工商局
青山桥镇竹峰村	4096	321	803	4850		县审计局
青山桥镇永峰村	2647	198	530	4800		市供销社（市派）
老粮仓镇楚江村	2753	188	650	4900	贺应辉 胡 长	县粮食局
老粮仓镇星光村	2897	228	733	4850		县商务局
老粮仓镇藕塘湾村	2523	173	563	5080		县残联
东湖塘镇在凤村	3100	238	655	5060	喻亚军	县畜牧局
道林镇靳水村	3280	165	614	5080	刘 亮	宁乡供电公司
巷子口镇扶峰村	2495	231	618	4800	汤智斌	市农委、市水务局（市派）
巷子口镇官山村	2210	171	566	5100		县委组织部
巷子口镇双河村	2620	173	547	5080		县水务局
横市镇关圣村	2654	241	661	4850	龚 畅	县卫生局
横市镇望北村	3548	229	832	4950		县质监局
黄材镇松溪村	3810	251	695	4850	王湘云	县委宣传部
黄材镇烟溪村	1324	91	247	4850		沩管会
黄材镇龙溪村	2218	186	395	4800		县国资管委会
黄材镇新桥村	4032	236	707	4800		黄水局
流沙河镇草冲村	3326	216	669	4800	周泽祥	县林业局
流沙河镇清江村	1960	159	430	4910		县住建局
流沙河镇高华村	3265	205	652	4630		县移动公司
龙田镇隔山冲村	1847	130	402	4950	熊志扬	县城投集团
龙田镇横岭村	2980	183	675	4900		县电信公司
龙田镇黄泥田村	2385	162	550	4980		县委党校
沩山乡沩源村	1427	99	353	4850	彭曦明	县农商银行
沩山乡同庆村	1785	128	358	5080		县交通运输局
沩山乡祖塔村	671	49	168	4800		县民宗局
枫木桥乡杏村	3468	153	520	4880	钟利仁	县教育局
沙田乡石笋村	2558	206	568	4980	李 纯	县农科园
沙田乡合塘村	2306	157	482	4950		县项目办
沙田乡堆资村	2742	165	513	4980		县农业局
资福镇珊瑚冲村	3099	227	626	4928	杨志武	县农机局
合 计	85354	6053	17901			

附件三

宁乡县扶贫济困精准化常态化工作责任分解表

目标	任务分解		牵头单位	责任单位
推进扶贫济困精准化	完善精准识贫机制	扎实做好扶贫对象的校准复核和返贫人口的调查登记，重点解决好扶贫对象识别信息不全、不准、不实的问题	县扶贫办	各乡镇
		加强贫困人口建档立卡信息化建设，做到“户有卡、村有册、乡（镇）有档、县有数据库、中央省市县乡村信息平台共享”，确保全面、动态掌握贫困底数	县扶贫办、县民政局	各乡镇
	结对帮扶	建立“县领导联乡（镇）、县直部门联村、干部联户”的扶贫结对帮扶机制。按照“654321”的标准，推进干部对口帮扶重点贫困户	县委组织部、县扶贫办	各联点帮扶单位、各乡镇
	产业扶持到村到户	发展特色种养业，沩山乡、黄材镇以发展优质茶叶产业为主，巷子口镇、沙田乡以发展优质果蔬产业为主，龙田镇、青山桥乡以发展中药材产业和丝蚕产业为主，流沙河镇以发展宁乡花猪原生态养殖为主，老粮仓镇、横市镇以发展烟叶产业为主，其他乡镇因地制宜，结合实际，挖掘人文，发展美丽经济，形成“一村一品”产业发展布局	县农业局、县畜牧局、县林业局、县烟办、县旅游局	各乡镇
		力争到2017年，贫困村农民人均可支配收入每年高于全县增长比例20％以上	县扶贫办、县统计局	相关乡镇
	教育培训到村到户	加强与经开区、金洲新区和金玉乡镇工业集中区用工需求对接，促进贫困地区劳动力就近就业	县人社局	经开区、金洲新区、金玉乡镇工业集中区、各乡镇
		针对性开展贫困人口职业技能培训，落实“雨露计划”、新型职业农民培训等培训项目，确保每个贫困劳动力至少掌握一项职业技能	县人社局、县农业局	县农办、县畜牧局、县林业局、县教育局、县经管局、各乡镇

目标	任务分解			牵头单位	责任单位
推进扶贫济困精准化	基础设施到村到户		建立小型水利灌溉体系，改善农村水利基础条件，推进农村饮水安全工程建设，2017年年底实现农村居民饮水安全率100％	县水务局	各乡镇
			加大农村电网升级改造力度，解决贫困地区低电压、容量不足等用电问题	宁乡供电公司	各乡镇
			加大对贫困村公路、危桥建设支持力度，每年改造村组公路200公里，2017年年底前完成全县162座中小危桥改造	县交通运输局	县公路局、各乡镇
	公共服务到村到户		积极推进公共文化设施、广播电视户户通工程和宽带网络建设	县文体广局	县工信局、县广播电视台、各乡镇
			2017年年底确保贫困村卫生室、幼儿园全覆盖，建成配套齐全、方便高效的“小康村”	县卫生局、县教育局	各乡镇
	探索打造特色宜居移民小镇		探索加快改善和解决贫困户无住房、住房不安全等问题，三年内力争所有贫困户中的危房户全部完成危房改造或搬迁	县住建局	各乡镇
			探索跨镇异地搬迁模式，坚持自愿原则，推进黄材水库库区周边巷子口镇、沩山乡及黄材镇的贫困户在黄材镇炭河古城进行集中安置。支持鼓励其他乡镇有意愿的贫困户按照“两分两换”模式在夏铎铺镇进行搬迁安置。重点解决好安置区配套设施建设和涉迁户就业安置问题	县政府办、县农办	县移民局、黄水局、沩管会、县林业局、县住建局、相关乡镇
推进扶贫济困常态化	建立健全社会保障体系	加强最低生活保障	建立低保标准与物价上涨联动机制，逐步落实低保家庭自来水、电、有线电视、燃气等价（费）减免措施	县民政局	县发改局、县财政局、县教育局、宁乡供电公司、县住建局、县广播电视台
		完善特困人员供养	建立与城乡居民基本养老保险、基本医疗保险、最低生活保障、孤儿基本生活保障等制度相衔接的特困供养人员供养机制。落实残疾人凭证免费乘坐公交车优惠政策		县人社局、县卫生局、县交通运输局
			保障特困供养人员基本的衣、食、住、医、葬，户口所在地村（居）委会应为其办理丧葬事宜。高标准实施农村敬老院改扩建工程		县卫生局、县住保局、县住建局、县交通运输局、县财政局、各乡镇

目标	任务分解			牵头单位	责任单位
推进扶贫济困常态化	建立健全社会保障体系	完善特困人员供养	从2016年元月起，提高重度残疾人特殊生活补助标准至100元／人／月，对一户多残贫困户实施生活补贴100元／人／月	县残联	县财政局、各乡镇
		完善社会保险制度	扩大城乡居民养老保险覆盖面，确保符合待遇享受条件的到龄人员按时享受养老金待遇。实现特困供养人员、残疾人基本医疗保险全覆盖。逐步提高医疗保险参保人员住院费用报销比例、最高支付限额，逐步减轻参保人员医疗费用负担。持有第二代《中华人民共和国残疾人证》且残疾等级为Ⅰ级和Ⅱ级的重度残疾人参加城乡居民基本医疗保险，其个人缴费部分由县财政全额代缴	县人社局	县残联、县民政局
			扩大企业失业保险覆盖范围，建立失业动态监控体系和失业调控预警机制，完善失业保险金申领办法，形成失业保险与促进就业的良性互动。建立安全生产委员会各成员单位联动机制，把与企业建立劳动关系的各类人员特别是一线工人纳入工伤保险，建立工伤补偿与事故预防、工伤康复相结合的工伤保险体系		县安监局、县总工会
		推动住房保障全覆盖	对分散供养的特困人员、住房困难的最低生活保障家庭和低收入家庭的住房进行维修和改造。住房救助通过配租公共租赁住房、公共租赁住房、农村危房改造等方式实施，确保困难家庭有房住，保证住房安全	县住建局	县住保局、县民政局、各乡镇
	建立健全救灾救助体系	健全受灾救助体系	设立自然灾害应急物资储备库，对因自然灾害造成房屋倒塌或严重毁坏的受灾人员进行过渡性住房安置，按标准给予修缮和重建资金救助	县民政局	县财政局、县卫生局、县住建局、各乡镇
		加大临时救助力度	制定《宁乡县城乡困难居民临时救助实施细则》，对因水灾等重大自然灾害、住房失火、交通事故等重大意外事件，家庭成员突发重大疾病，或者因生活必需支出突然增加超出家庭承受能力、导致基本生活暂时出现严重困难的最低生活保障家庭，以及其他特殊困难家庭，加大临时救助力度		县政务中心、县财政局、县信访局、县应急办、县慈善办
			加强部门联动，成立民政牵头，公安、城管等职能部门联合执勤的常态街头救助巡查劝导队，负责本辖区重点街道、主要场所以及城郊结合部的城市生活无着流浪乞讨人员的巡查、劝导，将愿意接受救助的城市生活无着流浪乞讨人员护送到救助站		县公安局、县城管局、各乡镇

目标	任务分解			牵头单位	责任单位
推进扶贫济困常态化	建立健全医疗救助体系	实行“十免十减”政策	确定全县所有公办医疗卫生机构为“惠民医院”，对Ⅰ级和Ⅱ级重度残疾人住院实行“十免十减”政策	县卫生局	县人社局、县财政局、县残联
		扩大医疗救助范围	适时制定《宁乡县城乡困难居民医疗救助办法》，扩大救助范围，将白血病、先天性心脏病等大病纳入基本医疗保障和救助范围，逐步提高救助限额	县民政局	县人社局、县财政局、县卫生局、县计生局
		扩大医疗救助范围	特困供养人员在县内定点医院住院治疗的，其基本医疗费用在基本医疗保险、大病保险和其他补充医疗保险支付报销后的个人自负部分，给予医疗救助；生活无着流浪人员住院医疗费用，按基本医疗保险政策报销后的剩余费用，由财政部门解决	县人社局	县财政局、县民政局、县卫生局
			争取实行医疗救助一站式即时结算服务。对艾滋病人、结核病人、麻风病人的常规检查、控制性药品、随访管理产生的费用全免，治疗费用实施优惠减免。对精神病人实行药物救助，对重症精神病人实行住院救助		县民政局、县卫生局
	建立健全教育救助体系	保障特困供养人员等学习生活需求	对在高等教育阶段就学，或在县域范围内中小学校、幼儿园就读的特困学生、幼儿（指父母双亡、父母因残丧失劳动能力、父母患癌症、尿毒症等重大疾病致贫、天灾人祸致贫家庭）采取发放生源地助学贷款、助学金等方式，保障教育救助对象学习、基本生活需求	县教育局	县民政局、县卫生局、县残联、各乡镇
		保障留守儿童等享有教育机会	做好留守儿童教育帮扶工作，构建学校、家庭、社会三位一体的关爱网络。为随班就读义务教育公办学校的特困留守儿童、残疾学生、孤儿、就读特殊学校的残疾学生，发放助学金或生活补助		县民政局、团县委、县妇联、县残联

目标	任务分解			牵头单位	责任单位
推进扶贫济困常态化	建立健全就业救助体系	创新就业安置办法	对最低生活保障家庭中有劳动能力并处于失业状态的成员，通过贷款贴息、社会保险补贴、岗位补贴、培训补贴、费用减免、公益性岗位安置等办法，给予就业救助	县人社局	各乡镇
		加强创业就业培训	实施创业富民工程，大力开展帮扶对象创业就业免费培训		各乡镇
		引导困难群众就业	多途径开发公益性岗位，优先安排特困家庭成员就业。完善县、乡（镇）、村（居）就业服务平台，创新下岗失业人员、失地少地农民、返乡农民工、残疾人等促进就业方式，积极引导困难群众就业。机关企事业单位和社会团体按比例安排残疾人就业		县残联、各乡镇
		鼓励困难群众创业	落实商事登记制度改革政策、减免经营税费、贷款担保和贴息等优惠政策，推进特困群体创业。加强对失地农民、下岗人员、残疾人、矫正对象、刑释解教人员办企业、办企经商等创业帮扶力度		县工商局、县地税局、县国税局、各乡镇
	建立社会救助一门受理、协同办理工作机制		民政、卫生、计生、人社、教育、住建、住保等成员单位应切实履行职责，依托乡镇社会救助工作站，设置“一门受理、协同办理”便民服务窗口，在最低生活保障、特困人员供养、受灾人员救助、医疗救助、教育救助、住房救助、就业救助、临时救助、社会保险等方面为困难群众排忧解难，提供服务	县民政局	各成员单位
	搭建“千手”爱心救助平台		建设宁乡县扶贫济困网站，建立健全已获得社会救助家庭经济状况信息核对系统，实现部门单位、乡镇大数据共享		各成员单位、各乡镇
			在县政务中心设立“千手”爱心救助受理处置中心，开通“千手”爱心求助热线，受理和处置各类社会救助申请事项，并及时提供紧急救助。爱心救助受理处置中心工作人员由志愿者、慈善义工组成	县政务中心	各成员单位、各乡镇
			乡镇、村（居）设立“千手”爱心驿站，负责对社会各界及爱心人士捐赠物资进行整理、消毒、包装、储存、管理和派送	县民政局	各单位、各乡镇

目标	任务分解		牵头单位	责任单位
推进扶贫济困常态化	设立“千手”爱心救助基金	通过财政注资、社会募集的方式，筹措 1 亿元“千手”爱心救助基金，基金的运作管理由县财政局负责	县财政局	县民政局
		“千手”爱心救助基金增值部分由县财政拨付给县慈善会用于助医、助学、助困等慈善救助项目，充分发挥慈善在社会救助中的补充作用。各乡镇成立慈善分会，负责本乡镇慈善捐赠、救助及日常慈善管理工作，所募集资金由县慈善会监管	县民政局	各乡镇

NXDR-2015-01004

宁乡县人民政府办公室
关于印发《宁乡县新型职业农民认定管理办法(试行)》的通知

宁政办发〔2015〕14 号

各乡、镇人民政府,县直各单位:

《宁乡县新型职业农民认定管理办法(试行)》已经县人民政府同意,现印发给你们,请认真遵照执行。

宁乡县人民政府办公室

2015 年 11 月 19 日

宁乡县新型职业农民认定管理办法(试行)

第一章 总 则

第一条 为加速推动我县农业现代化发展进程,加快培育一批“有文化、懂技术、会经营、善管理、讲责任、守道德”的新型职业农民,促进农业专业化、标准化和规模化经营,提高农产品产出率和商品化率,制定本办法。

第二条 新型职业农民是指以农业为职业、具有一定的专业技能、收入主要来自农业的现代农业从业者。主要包括生产经营型、专业技能型和社会服务型职业农民。

第三条 本办法适用于全县范围内新型职业农民的申报认定与管理。对认定的新型职业农民,由县人民政府颁发《宁乡县新型职业农民证书》,并从项目、资金等方面予以扶持。

第二章 认定原则

第四条 新型职业农民资格的认定坚持“政府主导、农民自愿、严格标准、动态管理”的基本原则。

第五条 根据我县农业产业发展现状, 遴选水稻、养殖、蔬菜、中药材、茶叶、烟叶、小水果七大产业作为培育新型职业农民的试点产业。

第六条 根据产业规模和从业年限,对新型职业农民分初级、中级、高级三个等级进行评定。

第三章 认定标准

第七条 新型职业农民主要评价指标包括基本要求、职业道德、教育学习、生产规模、生产效益等 5 个方面。

(一)基本要求:新型职业农民年龄原则上不超过 55 周岁,产业发展成绩突出的,可放宽至 60 周岁;稳定从事农业生产或服务 2 年以上;自愿参加认定。

(二)职业道德:热爱农业,遵纪守法,诚实守信,熟悉农业农村政策,环保意识较强,注重农业可持续发展, 在生产经营活动中遵守农产品质量安全等法律法规,乐于帮助和带动其他农户共同致富,无其他不良行为和违法犯罪记录。

(三)教育培训:新型职业农民一般应具有初中及以上学历, 自觉参加新型职业农民培育学习不少于 70 学时(专业技能型和社会服务型不少于 40 学时),结业考核成绩合格,持有新型职业农民培训证书。

(四)生产经营规模:参照县内扶持专业大户明确的生产经营规模标准。

(五)生产经营效益:生产经营收入不低于外出务工收入水平且 80%以上来源于农业, 产业投入科学合理,发展后劲充足,产品产量、质量和经济效益明显高于周边农户, 产业年收入明显高于我县城镇居民人均收入,示范带动能力显著,得到当地干部群众认可。

其中专业技能型和社会服务型新型职业农民应具备相应的专业技能资质和技术, 并以此为主要收入来源, 经营服务收入明显高于当地农民平均收入水平且不低于城镇居民人均可支配收入。

第四章 认定程序

第八条 新型职业农民按以下程序进行认定:

(一)符合条件的农民到所在乡镇农业综合管理服务中心领取并填写《宁乡县新型职业农民资格认定申请表》,由乡镇农村工作领导小组办公室初审。

(二)初审合格后,经乡镇人民政府同意,出具意见并附新型职业农民资格认定的申请表一式三份及其身份证、毕业证书、培训证书、专业技术资格证书、有关成果证明、获奖证书或荣誉证书(复印件)各一份,报县新型职业农民培育培训工作领导小组办公室审核,审核合格后向社会公示。

(三)公示无异议后由县人民政府认定发证。

第五章　培训管理

第九条 成立县新型职业农民培育培训工作领导小组,由县长任组长,分管农业工作的副县长任副组长,县委组织部、县委宣传部、县农业局、县财政局、县发改局、县人社局、县教育局、县科技局、县畜牧局、县国土资源局、县农机局、县农广校等单位负责人为成员。领导小组办公室设县农业局,由县农业局局长任办公室主任,县农广校校长任办公室副主任,具体负责全县新型职业农民培育培训协调管理工作。

第十条 建立新型职业农民信息库和职业农民档案,将认定的新型职业农民信息采集表录入新型职业农民信息库,实行电子化管理。指派专人定期对入库人员情况进行核查、统计和更新,建立从申报到认定发证全过程完整档案资料,并对认定后的跟踪服务情况进行详细登记和信息更新。

第十一条 对已认定的新型职业农民,按照属地管理的原则,每年由培育培训工作领导小组牵头,组织相关部门及乡、村两级对其产业发展情况、带动增收情况、参加培训教育情况等方面进行考核。考核不合格的,进行强化培训;连续两次考核不合格的,注销其新型职业农民证书。注销新型职业农民资格的,五年之内不得重新申报。

第六章　培育机制

第十二条 充分利用国家新型职业农民培育工程项目,分级分类加强对新型职业农民进行培养,提高新型职业农民的整体素质,培训费用全免。

第十三条 派遣一批实践经验丰富的农业技术指导员与认定的新型职业农民进行技术对接,根据农民需求,适时开展针对性强的技术培训与指导。

第十四条 组织编写新型职业农民培训教材,引导新型职业农民健康稳定发展。

第十五条 加强与湖南农业大学、湖南生物机电职业技术学院等农业职业技术院校和隆平高科等大型农业企业的合作,充分利用现有资源优势,探索校企合作办学新模式,分批选送新型职业农民到高等院校进行免费就读。

第七章　退出机制

第十六条 建立新型职业农民“能进能出”的动态管理机制,有下列情况之一的,退出新型职业农民培育管理体系:

(一)转行不从事农业产业生产;

(二)生产规模达不到新型职业农民认定最低标准;

(三)连续两次不参加上级业务部门组织的培育培训学习;

(四)有违法行为、不诚信行为或者套取项目资金;

(五)示范带动效果不强或者连续三年以上亏损。

第八章　附　则

第十七条 本办法由宁乡县新型职业农民培育培训工作领导小组办公室负责解释。

第十八条 本办法自印发之日起试行。

中共宁乡县委　宁乡县人民政府
关于在全县广大干部群众中开展“讲道德、明是非、守纪律”集中教育活动的意见

宁发〔2015〕18号

（2015年12月3日）

为深入贯彻落实中央关于协调推进全面建成小康社会、全面深化改革、全面推进依法治国、全面从严治党“四个全面”的战略部署，推动社会主义核心价值观在楚沩大地落地生根、开花结果，县委、县人民政府决定，在全县广大干部群众中开展“讲道德、明是非、守纪律”集中教育活动。这是通过党风政风转变带动民风淳化的具体措施，是推动县域长治久安的系统工程和根本之策。现就活动开展提出如下意见。

一、切实加强基层组织建设。上面千根线下面一针穿。基层党组织这一“神经末梢”要更健康、更灵敏、更畅通。全面开展党员冬春训。有的党支部组织生活不经常、不严肃、不到位，部分党员纪律意识、道德意识、规矩意识、身份意识不强，党员松一尺，群众松一丈。要迅速组织开展以“讲道德、明是非、守纪律”为主题的党员冬春训活动，让党组织生活实起来、紧起来、热起来，让游离状态的党员深切感受到“党支部一直都在”。每个基层党组织都要做到“四个一”：组织一次以《准则》《条例》为核心内容的集中学习；党组织书记讲授一堂主题党课；以党小组为单位，组织一场专题讨论；利用“村村响”广播系统，每周进行一次专题宣传。健全完善“党小组+”工作模式。党小组作为党组织的最小单元，照样可以“+”出大舞台、大作用。要将党小组建立在项目工程、产业培育、民生保障第一线，让党小组活动与三大建设、行业生产、服务群众有机结合，将党小组建成基层组织和自治管理中的“活力因子”。创新开展党员“积分评星”活动。要打破小部分党员“不姓党”、起反作用的怪圈，推进全县党员分类积分管理，开展积分评星活动，建立健全党员积分评星档案，根据考核得分按“五星、四星、三星、二星、一星”评定星级，该奖则奖，该罚则罚，该处置则处置，使我们党员队伍真正“姓党姓公”。组织修订完善村规民约。村规民约虽不具法律强制力，但更有道德约束力。全县要以乡镇为主体，指导各村、社区结合实际，围绕“讲道德、明是非、守纪律”主题，用通俗易懂、简便易记的语言修订完善村规民约，不在于长、不在于多，而在于管用、实在、有效，广大群众都能够做得到、做得好。要在全县评选一批最佳村规民约，让大家“有样学样、无样看世上”，在全县上下加快形成“讲道德、明是非、守纪律”的乡风民风。

二、广泛开展“七五”普法教育。人人都要遵纪守法。每个公民都要认真学习法律知识，增强法治意识，不断消除法律盲区，搞清楚什么事可以做，什么事不能做。要有“举头三尺有神明”的法律敬畏，每做一件事都要三思而行，是否有违道德、是否触犯法律，会带来什么样的后果，坚守法律底线。创新开展“面对面互动式”法治宣传活动。利用以案说法、以案普法、以案学法等方式普及法律常识，采取“你提问我作答”和“以案释法”的方式，提升群众的法律意识和法律水平。精选群众关切的征地拆迁、民间借贷、交通事故、工伤、婚姻家庭、侵权等不同案件，邀请专家、律师对发生在群众身边的案例深入解析，并听取当地干部以及案件利害关系人的意见。通过面对面、互动式交流，教育引导全社会增强法治观念、养成守法习惯、善于依法维权。形成宁乡特色的法治宣传品牌。结合“12·4”国家宪法日活动，每年组织签名或宣誓等大规模、有影响的主题宣传，营造浓厚法治氛围。开设法治主题电视节目和报刊栏目，开展年度“法治人物”评选，形成宁乡特色法治宣传品牌。组织开展法律知识竞赛，在全县各村民小组长中，选取一批具有法治思维、热心工作、具有妥当处置突发问题能力的优秀代表，推选出“法律明白人”，让他们成为法治宁乡的生力军。

三、发挥群众在美丽乡村建设中的主体作用。坚持由点到线到面搞好环境整治，由表及里及深严格保护环境，由初级到中级到高级逐步提升品质，推动美丽乡村建设“芝麻开花节节高”。将发动群众参与摆在首要位置。广大群众要转变传统观念，追求美、维护美，提高自觉参与积极性，变“被动接受”为“主

动参与”，主动投身到美丽乡村建设中来，让群众促动群众、群众教育群众、群众点赞群众，推动美丽乡村建设再上新台阶。推进环境治理再提升。每个公民要把做好环境卫生作为日常功课，既注意个人卫生，也注重家庭卫生、公共环境卫生。配合村庄保洁队伍，全面消除垃圾乱扔、污水乱排、秸秆乱烧等现象。深入推进农村改水、改路、改厨、改圈、改厕等工作，全面做好路边、屋边、水边、田边、山边“五边”沿线整治，创建美丽集镇、美丽村庄、美丽屋场、美丽庭院、美丽单位、美丽公路和美丽河流，打造村点出彩、沿线美丽、面上洁净的良好环境，逐步达到人民群众设想的“干干净净、整整齐齐，漂漂亮亮、舒舒服服，快快乐乐、甜甜蜜蜜”的标准。要能记得住“乡愁”。从各乡镇(街道)、村(社区)的实际出发，通过精心规划设计，提高村庄布局水平、村落规划水平和民居设计水平，避免把村庄建成“夹皮沟”，把村落建成“军营式”，把民居建成“火柴盒”。村民建房要依山就势、傍河就景、错落有致，慎砍树、禁挖山、不填湖、少拆房；少点高墙围挡、少点水泥硬化，多栽花种草，培植绿篱，与自然山水融为一体，体现生态田园风光，杜绝挖山洗砂，加强农村环境保护和专项整治，使青山常在、绿水长流、空气常新。及时总结推广好经验好做法。广大人民群众要开动脑筋、发挥聪明才智，多想好办法、多出好点子。要发现、培育一批美丽乡村建设的“田秀才”“土专家”，大力推广竹篱笆、废旧电线杆当座椅、瓶瓶罐罐垒花坛等土办法，就地取材，变废为宝。对于工作推动得好的美丽乡村建设示范点，要及时总结推介，组织观摩交流，以点带线带面，带动美丽乡村建设处处皆景、全面开花。

四、移风易俗，减轻群众不合理负担。广大党员干部群众要自觉弘扬勤俭节约、艰苦奋斗的好传统，既不“出风头”，也不“跟风走”，淳化社会风气。提倡婚庆新办，反对“预喝风”。人情是把锯，你一来我一去。要避免“娶回一个新娘子，全家劳作半辈子”，合理控制人情往来，不滥发请柬，不铺张浪费，坚决反对以预备餐将酒席化整为零；不搞豪华车队，不搞气球、拱门，不搞“闹洞房”“烧火佬”游街等。提倡公益婚礼、集体婚礼、旅游结婚等方式办理婚事，树立文明节俭、个性现代的婚俗新风。提倡丧葬简办，反对“迷信风”。“生前重养方是孝，死后重葬白费烛”。提倡厚养薄葬，不搞封建迷信，自觉做到不择日子，治丧时间原则上不超过 3 天，不收非亲属的礼金、礼物，按规定控制酒席桌数，不吃“流水席”；不占用公共场所，不燃放烟花爆竹，不影响居民正常生活；控制送丧规模，出殡车辆不影响交通秩序；逐步实行火化和公墓埋葬，倡导鲜花祭祀、植树祭祀、网上祭祀，献一束花、敬一杯酒、植一棵树，树立文明、节俭的丧葬新风。提倡小庆不办，反对“攀比风”。广大干部群众对乔迁、生日、升学、晋级等喜庆事宜要理性、要节俭，不能盲目跟风。坚决反对大操大办、挥霍浪费，积极倡导“光盘行动”，反对“土豪”做法，反对“有钱任性”或者“打肿脸充胖子”，反对借喜庆事宜大收礼金。提倡礼轻情谊重，通过一杯清茶、一声问候等方式表达心意、增进感情。提倡勤劳致富，反对“懒惰风”。勤是摇钱树，俭是聚宝盆。坚决反对游手好闲、小富即赌、未富先懒的懒惰风，去除坐享其成的等靠望思想，杜绝干部不上班、农民不种田、妇女不持家的懒人现象，走出越懒越穷、越穷越懒的恶性循环。让“想要日子甜，家无一人闲”成为全民共识。广泛开展乡风民风评议活动。开展乡风“红黑榜”活动，开设文明风尚榜和陋习曝光台、评选十大风尚十大陋习、举办百场宣讲、组织千场点评、开展万户嘉奖，充分发挥村民议事会、道德评议会、红白理事会、禁毒禁赌协会等群众组织的作用，促进移风易俗，用民间舆论的力量引导群众自我约束、自我管理、自我提高，让文明乡风新观念深入人心。

五、有效发挥社会贤达的重要作用。社会贤达要乐于发挥独特优势，成为党和人民群众联系的桥梁、纽带，成为社会和谐的催化剂。扩大社会贤达队伍。广泛开展社会贤达评选，评选出群众公认的“宁乡县社会贤达”“宁乡县十佳社会贤达”。将农村优秀基层干部、道德模范、身边好人、“两代表一委员”等在当地有较高威望和影响的人，培养成社会贤达新主体。以“乡情、亲情、友情”为纽带，通过节日慰问、互通信息、拜访联谊等形式，多管齐下寻访社会贤达，建立完善乡贤资料库，让这一群体越来越壮大。让社会贤达当好“解铃人”。广大社会贤达要发挥好“讲话有人信，喝酒有人敬”、一句顶万句的威望和影响力，带动家属、邻居、亲朋好友明辨是非。探索“群众说事、乡贤说是”工作法，抓住农村“熟人社会”特点，邀请社会贤达用拉家常的方式，积极参与农村矛盾调解，当好乡村的智囊团、治安队、慈善家以及和事佬。发挥社会贤达的示范引领作用，对他们的事迹进行广泛宣传，用他们的一言一行垂范乡里，培育文明乡风，让社会主义核心价值观在宁乡每个村落深深扎根。

六、综合分类化解社会矛盾。引导群众通过法律途径依法依规解决矛盾纠纷，扭转当前部分群众“小闹小解决、大闹大解决、不闹不解决”的错误观念，综合分类化解社会矛盾和信访积案。充分发挥人民调解员作用。人民调解员要站在第三方立场，依照天理、国法、人情,公平公正"解是非";广大群众应当"上半夜想自己,下半夜想别人",互相谅解,消除矛盾纷争。人民调解委员会要在交通事故、教育医疗、物业管理、征地拆迁、消费者权益保护、婚姻家庭纠纷等矛盾突出领域发挥"四两拨千斤"的重任。要健全农村人民调解组织网络,通过"以奖代补"解决经费问题,培养义务调解员,引导社会贤达与人民调解员形成调解工作的强大合力。以法律援助引导群众信法用法。将法律援助作为弱势群体获得法律支持的"救命稻草",把法律援助覆盖面从低保人群拓展到低收入人群,让广大群众受益;开通特殊群体法律援助"绿色通道",优先受理未成年人、老年人、妇女、农民工、残疾人等特殊群体的申请;法律援助律师每月至少到村定点办公一次,畅通群众诉求表达渠道,提高法律援助办案质量和服务水平。实行诉访分离。对于涉法涉诉信访,广大群众要通过司法程序逐级寻求解决,多走法律途径,消除法律盲点,厘清信访与行政复议、仲裁、诉讼等法定途径的不同范围,做到有一说一,不能缠访、闹访、无理访,不能步入"职业上访户"歧途、触犯法律底线。

七、同各类社会丑恶现象作坚决的斗争。广大人民群众要积极行动起来,自觉同盗窃、诈骗、"黄赌毒"等各类社会丑恶现象作斗争。深入开展群防群治"红袖章"工程。着力打造以专业巡防队伍为主体,保安队伍为补充,平安志愿者队伍为基础的群防群治"红袖章"防控大格局。开展"群防群治"和"十户联防",参与义务巡逻,倡导"我为别人守一天,别人为我巡十夜",让更多群众加入"红袖章"队伍,以雪亮的眼睛发现、防控违法犯罪行为。时时处处站稳是非立场。"不摸锅底手不黑,不拿油瓶手不腻",首先要保持自身站得稳、行得正,做到"盗骗抢"不干,"黄赌毒"不沾,黑恶势力不拢边。不听别有用心者挑拨,不做谣言的传声筒,发现非法聚会、聚众闹事等要及时报告,不挑拨是非,不扩大事态。倡导见义勇为。不能事不关己,高高挂起,更不能让"英雄流血又流泪"。每个人都要敢于扶正祛邪,遇人危急,要见义勇为,伸以援手,"路见不平一声吼",该出手时就出手,努力为他人、为自己创造良好的社会环境。

八、大力弘扬中华民族传统美德。深入推动"道德宁乡"建设,培育爱国情怀、坚持拥军爱民、传承孝道文化、提倡友善品质、培养诚信意识,以传统美德的熏陶,引导全县人民群众形成向上的力量、向善的力量,让加快三大建设、实现全面小康充满希望。人人都要讲道德。要守社会公德。良言一句三冬暖,恶语伤人六月寒。互相交往中,要有和悦的语气、亲切的称呼、诚挚的态度,杜绝出言不逊、失礼不道歉、无理凶三分等不文明表现。人人都应该助人为乐,在赈灾救荒、捐资助学、义务献血、支持社会福利事业中,有钱出钱,有力出力。要有更强的公德观念,不能认为"公家的东西不拿白不拿"。要守职业道德,把职业当成事业而不仅是谋生手段,干一行、爱一行。要守家庭美德,尊老爱幼、男女平等、夫妻和睦,父母精心抚养和爱护子女,子女赡养和尊敬老人;不盲目追求高消费,过自己的生活不过别人的生活,让家庭成为"爱心的殿堂,避风的港湾,休养生息的领地,加油充气的驿站",让构成社会的一个个"家庭细胞"充满生机与活力。培育树立一批道德模范。通过开展"身边好人""最美宁乡人"系列评选活动,积极发现、培育道德模范。倡导建设"道德银行",让道德模范都可以把道德事迹"存起来生利息",让他们能在社会公益事业、社会公共服务上享有优先权,使道德模范成为人们不只敬仰、更为羡慕的称号,调动人人争当道德模范的积极性。构筑道德建设平台。从娃娃抓起,切实加强广大青少年的道德建设,使他们扣好人生的"第一粒纽扣"。各乡镇(街道)、部门、企事业单位、村(社区)、学校要普遍建立起"道德讲堂",引导道德模范、身边好人开展宣讲。宣传部门要编印好《"讲道德、明是非、守纪律"简易教育读本》,与《增广贤文》《三字经》等国学经典一同进机关、进社区、进车间、进家庭、进学校进行宣讲;县级媒体要加大"讲文明树新风"公益广告刊播力度,在城区主要广场、公园和道路两旁建设公益广告宣传平台,形成立体式、全天候宣传的浓厚氛围,在全社会形成强大正气场。

九、大力开展家风建设。广泛开展诚信教育、孝道教育、勤劳节俭教育,促进家庭和睦,促进亲人相亲相爱,促进下一代健康成长,促进老年人老有所养,让核心价值观在家庭里生根、在亲情中升华。评选一批"最美家庭"。每个家庭都要以"好家风""好家训"为引领,讲好家风故事,传播治家格言,明晰做人、做事、立业的标准,以良好的家风带动乡风民风。大力征集优秀家训、家风故事,开展以"家训、家规、家风"为主题的宣讲、展示活动。推进夫妻恩爱家庭、孝老爱亲家庭、教子有方家庭、勤俭持家家庭、邻里友善家庭五类"最美家庭"评选,评出一批好媳妇、好公婆、好姑嫂,引导群众向上向善。要让广大中小学生敬长辈、爱劳动、重节俭。父母作为孩子的第一任老师,家庭作为孩子的第一所学校,要注重言传身教,切勿放纵溺爱。要让广大中小学生明白"百善孝为先"的道理,感恩父母、孝敬长辈,多说尽孝的话、多做尽孝的事。不将孩子看作小皇帝、小公主,经常教育告诫孩子热爱劳动、参与力所能及的劳动，绝不饭来张口衣来伸手，四体不勤五谷不分。注重从小培养孩子艰苦朴素、自力更生、自食其力，让孩子早点“断奶”，避免坑爹啃老败家业。

十、构建友好和睦的邻里关系。远亲不如近邻。要摒弃“各人自扫门前雪，不管他家瓦上霜”的冷漠，提升“我为人人，人人为我”的精神境界，与邻为善、与邻为亲、与邻为乐，让近邻胜过远亲。社区、小区、园区、厂区要倡导“问一声好，敲一扇门，聊一会儿天，解一分忧，吃一顿饭，帮一个人”的文明新风，去掉“不和陌生人说话”的戒备心理，破除“老死不相往来”的自我封闭；开展以邻里美食比赛、邻里好媳妇、好儿女评选活动、邀请专家义诊、倡导文明养宠、邻里互相守望、车间技能比武等为内容的“邻里节”活动，共同栽种“邻居树”，吃团聚饭，照“团圆像”，增强小区居民、工厂员工的归宿感。农村屋场要倡导“亲戚是走出来的、邻里是帮出来的”理念，一家有难大家帮，公益事业齐参与，亲为亲好，邻为邻安；充分发挥社会贤达影响力、号召力，积极引导村民在农村建房、农事操作、土地界址等影响邻里关系和睦的焦点问题上，形成“让他三尺又何妨”的包容、谦让风尚；要在端午、中秋、春节等节日将上下屋场邻居聚集起来，组织一些有益身心的文娱活动、亲子活动，不断拉近邻里距离、促进情感交流，形成友好和睦的邻里关系。

十一、大力弘扬宁乡精神。“人是要有点精神的”。宁乡人民历来具有团结互助、吃苦耐劳的精神特质，每个公民都要把这种精神自觉融入到工作、生活实践中，成为自身的思想修养、价值观念、道德准则。广泛征集评选宁乡精神表述语，把评选和弘扬宁乡精神的过程，变为凝聚全县人民智慧力量的过程，变为全方位提升人民群众素质的过程。广大干部群众都应该发扬团结互助的精神，我为人人、遇难相帮、见危相救、热心公益，多献一点爱心，多添一份真情，在社会生活中做一个热心人，让更多的当代“活雷锋”涌现在楚沩大地。要营造好劳动光荣、懒惰可耻的社会舆论氛围，让吃得苦、耐得烦、霸得蛮的湖湘精神在宁乡发扬光大。表彰一批经济能人、致富能手，鼓励和倡导广大百姓辛勤劳作创家业，广大经营业主搏击市场办实业，广大党员干部脚踏实地干事业，让每一个公民在加快三大建设、实现全面小康的过程中贡献力量。

十二、切实提升集镇管理水平。集镇是人群聚集最多的地方，是一个地方的形象窗口，好比一个人的脸面。要管好这个“脸面”，广大群众都要参与进来，管好店子、摊子、车子、屑子等。要主动参与集镇卫生整治。街道要干干净净、清清爽爽，居民要多栽树、多栽花、多种草、不毁绿、不露黄。做到卫生有人管，垃圾有人运，可视范围内不出现乱七八糟的杂物、垃圾；工地施工要文明规范、围挡作业，不能晴天一身灰，雨天一身泥；广大群众要改掉车窗抛物、乱丢乱扔等陋习，清醒认识到抛出的是垃圾，扔掉的是公德。要自觉维护市容秩序。门店要整整洁洁、清清澈澈，经商开店的不能以路为市、以街为市，确保“坐商归店，行商归市”；要按规划好的交通标线标识，安全行车，规范一致停放汽车、摩托车、自行车；广告和招牌要规范设置，不能一店多牌、非法广告。要及时拆除违章建筑。集镇居民要去掉“方便自己、妨碍他人”的自我中心意识，主动及时拆除违章建筑，对拆出来的脏乱地块、零星地块，及时“洗脸打粉”，绿化美化。通过开展十佳乡镇、十佳社区、十佳门店评选活动，落实“门前三包”责任制；通过组织“文明城市从我做起，城市管理与您同行”宣传活动，广泛动员老百姓参与到城镇管理工作中来。

十三、狠抓市场主体的诚信经营。每一个公民都要讲信誉、守承诺，以信用取信于人，对他人给予信任。开展功勋企业家评选及示范创建活动。评选表彰一批在依法纳税、创新创业、产业拉动、转型升级、保障就业等方面对宁乡经济和社会发展有突出贡献的功勋企业家。开展经营秩序和经营环境大整治，推动“诚信经营示范街道”“示范门店”创建，创建一批“买卖公平，童叟无欺，当地人、外地人一个样”“不宰客、不杀黑”的消费者信得过示范门店。建立健全社会信用体系。建立领导干部个人诚信档案，让领导干部带头讲信用。加强诚信监管，完善企业和个人信用记录，健全守法诚信褒奖机制和违法失信惩戒机制，将失信者列入“黑名单”并向社会公布，铲除“老赖”生存土壤，使其“一处违规、处处受限”，全方位提高失信成本，让失信行为和失信人成为“过街老鼠，人人喊打”。

十四、着力增强群众安全防范意识。各级各部门要切实管好自己的“责任田”，尽职尽责当好老百姓的“保护神”。广大人民群众要“看好自己的门，管好自己的人”，提升防范于未然的安全意识，杜绝安全意外事故发生。突出单位宣传，提高自防能力。定期组织安全宣传活动，全面排查各类安全隐患，指导大型商场、市场和企事业单位，做好应急演练，落实防范和自救措施，切实提升企业单位的安全防范意识和能力。注重村社宣传，提升城乡居民防范意识。根据发案重点区域、部位和重点时段，印制预防入室盗窃犯罪温馨提示宣传单，在辖区内居民小区门口、社区公告栏张贴，增强群众和业主的自我防范意识。紧盯校园宣传，增强师生自我保护能力。针对校园保卫人员、教职工和学生、儿童的不同特点，开展火灾逃生、意外自救、防恶性伤害等培训，提高校园师生防范、抵御违法犯罪和自我保护的能力。突出媒介宣传，增强对各类诈骗的免疫力。充分运用新闻网站、电视和报刊、官方微博、民警微信等媒体，及时通报、“揭秘”典型案例，让群众更直观、更全面了解新型诈骗手法，坚信“天上不会掉馅饼”，去掉“捡便宜”的侥幸心理，进一步提高群众的防骗识骗能力，切实降低各类诈骗案件发案率。

十五、进一步推动扶贫济困精准化、常态化。扶贫济困是全面小康的补短板工程。各级各部门要按照既定目标、既定思路抓落实，还要动员社会各方力量齐参与。大力倡导企业扶贫。鼓励一批有实力、有爱心、讲社会责任的企业家联系贫困村和贫困户，通过资源开发、产业培育、市场开拓等多种形式到贫困地区投资兴业；贫困户要主动接受实用技术、生产技能、经营管理等技能培训，通过基地带动、订单合同收购等模式，形成密切的利益联结机制；探索政企合作方式，引导企业参与整村异地搬迁“千手大屋”建设。积极引导社会组织扶贫。优先发展具有扶贫济困功能的各类慈善组织，有计划、有重点地培育和发展一批信誉好、专业化程度高、服务能力强、业绩突出的社会扶贫组织，支持社会团体、基金会等各类组织通过开展志愿服务、人才支持、扶贫募捐，让千手爱心基金、千手爱心热线等基础更夯实、网络更健全、效果更明显。广泛动员个人扶贫。引导社会各界人士通过爱心捐赠、志愿服务、结对帮扶等多种形式参与扶贫。开展“扶贫一日行”活动，引导爱心人士用一天时间就近赴贫困农家送温暖；组织“扶贫进校园”活动，引导大中小学学生积极参加扶贫实践活动；鼓励社区、学校、商场、超市等设置千手爱心驿站，方便居民捐资捐物。全力支持自力更生脱贫。贫困群体要去除“等靠要”的思想依赖，去除“破罐子破摔”的悲观情绪，将各种方式、多种途径对贫困村、贫困户的人文关怀转化为脱贫致富的动力，依靠自身努力和政策扶持，在种植养殖、外出务工、乡村旅游、边贸物流等领域“笨鸟先飞”，依靠勤劳双手脱贫致富。

十六、有效发挥群团组织作用。积极引导工青妇、老干、关协等群团组织发挥作用，架起党委政府同人民群众的桥梁，做协调社会关系、化解社会矛盾、构建社会和谐的“润滑剂”。工会要广泛开展“寻找老师傅”活动，彰显一线职工和技能人才的光辉风采，充分展示我县文化软实力。团县委要开展“寻找好青年好少年”活动，让青年在集中教育活动中勇当先锋、争做楷模；开展青年沙龙系列活动，让每一位青年都成为传播宁乡精神的小喇叭；依托“雷锋号”志愿者工作总站、总队的成立，让“讲道德、明是非、守纪律”集中教育活动传遍千家万户。妇联要充分发挥“联”字优势，广泛发动更多的“巾帼英雄”投身三大建设，发挥好“半边天”作用。把“评选最美家庭、共建文明家风”活动做深做细做出成效。老干、关协要将集中教育活动与离退休党组织建设、网络宣传、“五老四教”等工作有机结合，建立夕阳红“五老”志愿服务队，实现千名“五老”志愿者带动万名“五老”发力，真正将老同志的思想凝聚起来、智慧积攒起来、作用发挥出来。各类商会、理事会、民办教育协会、律师协会、禁毒协会、环保志愿者协会等社会组织要结合发展宗旨和职能职责，在发展产业、维护和谐、扶贫济困、志愿者服务等领域充分发挥作用，为三大建设添砖加瓦。

（此件发各乡镇(街道)党(工)委和人民政府(办事处)，县直各单位）

索 引

说明：

一、本索引把年鉴的条目（特载、概述、大事记、荣誉在册、统计资料、文件选编和各单位概况除外）用主题分析的方法，按照英文字母顺序排列。

二、分目标题用黑体字标明。

三、索引名称后的阿拉伯数字表示所在的页码，英文字母（a、b、c）表示栏别（从左至右）。

E

F

G

H

J

K

L

M

N

P

Y

Z